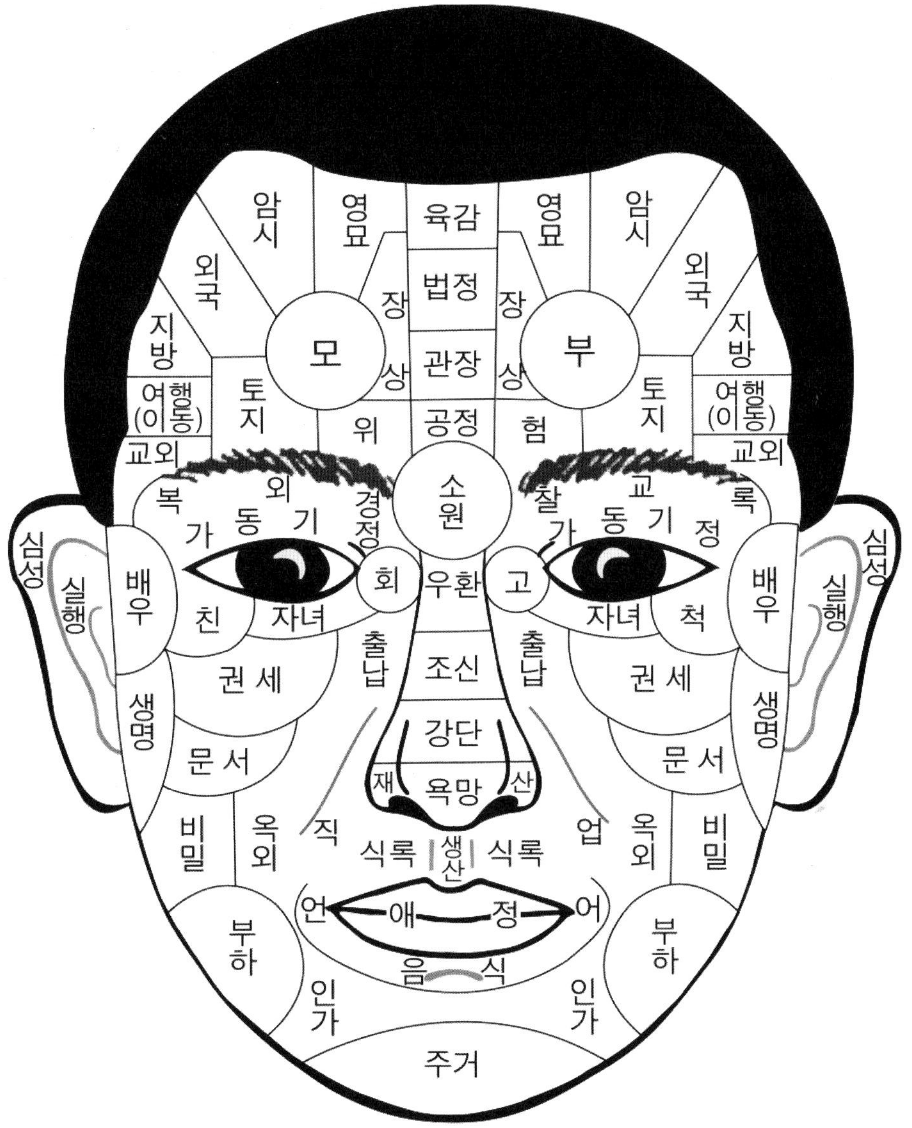
암시
영묘
육감
영묘
암시
외국
법정
외국
장
장
지방
모
관장
부
지방
상
상
여행
(이동)
토지
공정
토지
여행
(이동)
위
험
교외
교외
소원
복
외
경정
찰
교
록
가
동
기
가
동
기
정
심성
배우
회
우환
고
배우
심성
실행
친
자녀
자녀
척
실행
출납
조신
출납
권세
권세
생명
강단
생명
문서
문서
재
욕망
산
비밀
옥외
직
업
옥외
비밀
식록
생산
식록
언
애
정
어
부하
부하
음
식
인가
인가
주거

중요 부위도

관상학 사전

관상학 사전

- 초판 2쇄 2022년 4월 1일
- 편저 咸山 박중환   · 편집 이연실
- 교정 조용현 김시연 윤치훈
- 발행인 윤상철   · 발행처 대유학당 since1993
- 출판등록 2002년 4월 17일 제305-2002-28호
- 주소 서울 성동구 아차산로17길 48 SK V1센터 1동 814호
- 전화 (02)2249-5630   · 유튜브 대유학당 TV
- 홈페이지 http//www.daeyou.or.kr 대유학당
- 여러분이 지불하신 책값은 좋은 책을 만드는데 쓰입니다.
- ISBN 978-89-6369-069-8
- 값 50,000원

　「이 도서의 국립중앙도서관 출판예정도서목록(CIP)은 서지정보유통지원시스템
　 홈페이지(http://seoji.nl.go.kr)와 국가자료공동목록시스템(http://www.nl.go.kr/kolisnet)에서
　 이용하실 수 있습니다.(CIP제어번호:CIP2016019058)」

관상학 사전

관상이란?

사람의 감추어져 있는 성질이나 운명을 보며, 얼굴 생김새 뿐 아니라 체격, 언변, 걸음걸이까지 종합적으로 관찰하여 사람의 기질과 속성을 파악한다. 인상은 개인의 얼굴에 나타나는 눈, 코, 입, 귀 등의 윤곽이 어디에 장점이 있으며, 결점이 있는지, 그리고 근육의 변화와 형성된 골격을 통해 개인의 기질과 속성을 본다. 다른 한편으로는 구성원간의 대인 관계, 즉 긍정적 혹은 부정적 상호작용의 내용을 관찰하고 인식하여 읽기도 한다.

사람의 얼굴은 사용 방법에 따라 표정이 만들어지고, 이것이 근육의 변화를 이루어, 그 얼굴 속에 자신의 운명과 삶의 방향등을 나타나게 한다. 이것은 얼굴뿐 아니라 마음의 모습, 체상, 언상, 걸음걸이, 제스처 등 그 사람의 전체적인 모습과 행동에서도 나타난다.

현대 생활에서는 인상학이 지극히 평범하고 타당한 학문에 포함되고 있다. 사람의 마음을 담고 있는 얼굴표정에서부터 손끝과 발끝에 이르기까지 포함되며 움직이는 행동, 일거수일투족과 사람 생김의 모양새와 함께 인상을 이루고 있다.

인상에는 격이 있는데, 그 중에 마음을 다스려 외부에 표출되는 심상이 있으며, 골상으로 보는 관상이 있고, 색으로 보는 찰색이 있다. 인상은 음성으로 알아보는 언상에 이르기까지 다양한 학문이 있으며, 역학과 함께 포함되어 심오한 학문이라 할 수 있다. 물질 만능 시대에 물질을 접하면서 변하는 찰색을 연구하고, 변화 해가는 과정을 관찰하면서 생활 철학을 배우고 익혀 일상생활에 많은 참고가 되었으면 한다.

현대 사회의 인사 관리에서 성격 분석이나, 조직 심리학, 적성 평가 등을 이용하여, 직접적으로 사람을 살펴 성품, 천성, 기질 등을 파악 할 수 있는 인상학을 이용하면 많은 도움이 될 수 있다. 이러한 관점에 기초하여 현대적 활용가치를 인사관리나 성형, 교육에 인상의 장점을 살려 보완 한다면 좋은 결과를 얻을 수 있을 것이다.

▍ 관상학의 기원

관상은 3,000년 전부터 보아왔다. 관상의 기원은 동주(東周)시대의 상술가로서 노나라의 내사(內史) 숙복(叔腹)이 나왔는데 관상학의 시조라 할 수 있다.

숙복 다음으로는 진나라의 고포자경(姑布子卿)이 천문학과 점성술을 연구한 최초의 학자이며, 공자가 태어난 시기(2,400년전)의 사람으로 공자의 상을 보고 장차 성인이 될 것이라고 예언 하였다. 1대 숙복과 2대 고포자경은 골상으로 보는 관상가로서 탁월한 능력을 발휘 하였다.

고포자경 다음으로는 전국시기 초(楚)나라의 당거(唐擧)가 있었다. 3대 당거는 기색(氣色)과 찰색(察色)으로 보는 방법을 학문적으로 체계화시킨 사람이기도 하다. 전국시기에 중국의 상법은 3가지 특성을 지닌다. 첫째는 전통 철학과의 접목이고, 둘째는 중의학 지식의 유입이며, 셋째는 도교와 불교의 영향이다.

관상이 전통 철학 사상인 기(氣)의 이론이 접목되기 시작 하면서 상법은 새로운 모습으로 태어난다. 또한 중의학을 흡수하여 인체 내부의 생리적 변화가 있으면 인체 외부 및 얼굴에 나타난다고 보는 얼굴 부위의 기색을 관찰 하였으며, 종교와도 깊은 인연을 맺게 된다.

이후로 한나라 고조 유방이 관상학을 신봉하여 천하를 통일한 후에 관상 학자를 크게 등용시켰는데 이때에 나온 관상학자가 허부(許負)이다. 허부의 상서(相書) 16편은 현존하는 상서로는 가장 오래된 것으로 알려졌으며, 이목구비 모형을 최초로 기록한 인륜식감(人倫識鑑)이 있다. 그 외에 유명한 상법 이론으로 왕충(王充)의 원기설(元氣說)과 왕부(王符)의 골상설(骨相說)이 나왔다. 그 후로 한나라 시대에 겸도(鉗徒), 동방삭(東方朔)이 나왔으며, 후한 시대에는 허교(許敎)라는 관상가가 배출 되었다.

남북조 시대에 이르러 화산(華山)의 석실(石室)에 은거하고 있던 마의도자(麻衣道者)가 인도에서 온 달마가 저술한 달마상법(達磨相法)을 포함하여 구전으로 내려오던 모든 상법을 망라하여 제자인 진단(陳搏 : 송태종이 시호를 하사하여 진희이(陳希夷)라 부름)에게 전수한 상법을 진희이가 글로 옮겨 마의상법(麻衣相法)이라 이름 지어 현재까지 내려오고 있는데 상법의 원조라고 할 수 있다.

진단 이후 명조(明朝)에 들어서면서 지대한 공헌을 한 인물로는 유장신상(柳莊神相)의 저자이며 마의도자의 제자인 원충철(袁忠澈)이 유명하며, 그의 관상학 저서 『유장상법(柳莊相法)』은 현재에도 유용한 관상서로 많이 읽히고 있다.

송나라 이후 마의상법이나 유장상법 이외에도 수경신상(水鏡神相), 신상전편(神相全編), 신상철관도(神相鐵關刀), 상리형진(相理衡眞), 신상금교(神相金較) 등의 상법서가 전해내려 오고 있다.

동양의학의 고문헌 중에서 『황제내경(黃帝內徑)』이 있는데 인간의 건강과 수명은 자연과의 조화 여부에 의해 좌우 된다고 보았다. 『황제내경』의 논리는 인상학에서 찰색 등의 상을 보는 하나의 방법으로 이용 되었다.

우리나라는 신라 선덕 여왕 때에 당으로 유학 간 승려들이 달마대사의 상법을 배워 왔다. 풍수학의 시조로 불리는 신라 말의 도선 국사는 당나라 일행 선사의 학설을 배워 왔으며, 왕건을 보고 장차 국왕이 될 것으로 예언한 것으로 유명하다.

고려시대에는 문익점에 의해 상서가 도입 되었으며, 고려 말 혜증이 이성계의 상을 보고 장차 왕이 될 것을 예언 하였으며, 조선시대 영통사의 도승은 한명회의 상을 보고 장차 재상이 된다는 예언 하였다. 화담 서경덕, 토정 이지함, 서산대사, 사명당, 권율장군, 정약용, 격암 남사고, 정북창 등 조선의 학자, 종교인들이 인상학에 관심을 가졌다.

이제마의 『동의수세보원(東醫壽世保元)』에 나타난 체형에 따라 체질을 분류하고, 체질에 따라 성정이나 심리상태를 보고, 체질에 따른 병리적 파악 등 체형을 인상학적 기준으로 분류 하였다. 이상과 같이 동양의 관상학은 오랜 인류의 역사와 함께 귀중한 학문으로 전해져 내려왔다.

서양에서는 고대 그리스의 철학자 피타고라스(B.C.580~490년)는 친구를 사귀거나 제자를 뽑을 때 관상을 보고 결정을 했다고 한다. 히포크라테스(B.C.460~370년)는 겉모습만을 말하지 않았으며 실제로 몸의 기능이 건강하여 표출되는 내면과 외면의 조화를 말하고 있다. 즉 인상학적 입장에서 정신적 자세와 외형적 조건을 말하였다.

인상학이 의학에 적용된 4체액으로 흑 담즙, 황 담즙, 혈액, 점액을 각각 우울한 기질, 성마른 기질, 쾌활한 기질, 냉담한 기질로 4체액의 균형이 신체의 건강상태를 결정한다고 하였으며, 몸의 건강 상태가 얼굴 등 신체에 나타나고 신체의 형태에 따라 질병이 온다고 밝혔다.

다음으로 아리스토텔레스(B.C.384~322년)의 스승인 플라톤(B.C.427~347년)도

"사자형의 인간은 도량이 크고 용감하다"는 말로 관상학을 설명하였으며 그리스의 철학자 아리스토텔레스는 "관상을 보고 성격을 추론할 수 있다"고 했다. 그리고 아리스토텔레스는 동물과 인간을 비교하여 신체의 특성과 성품을 추론했다.

 서양의 관상학은 19세기부터 골상학으로 이어졌다. 27개 조각으로 나뉜 뇌 모양으로 인간의 심성을 구분할 수 있으며, 뇌의 모양은 골격에 그대로 드러난다는 것이다. 관상은 철학적 입장에서 본 인간의 존재 양식과 정신 분석학적인 시각에서 본 개개인의 정신상황 및 심리학에서 본 대중의 심리상태 등의 측면에서 고대로부터 현대까지 발전되어 온 학문이다.

 동양의 인상학은 천인상응 관념, 음양오행 관념, 도교사상, 골상법 등이 근간을 이루며, 서양의 경우는 분석적 사고와 정체성(Identity)에 기인한 민족 차별 관념이 주요 사상적 배경으로 파악된다.

차례

‖ 관상이란?	5
‖ 관상학의 기원	6
‖ 차례	9

제 1장. 얼굴   15

【1】 삼정   17
  1) 상정   17
  2) 중정   18
  3) 하정   20

【2】 오악   22
  1) 이마   24
  2) 코   24
  3) 뺨(양 관골)   25
  4) 턱   26
  5) 고전의 얼굴 분류법   26
  6) 현재의 얼굴 분류법   27

제 2장. 음양·오행   29

【1】 음양과 오행   31
  1) 음양의 구분   32
  2) 오행의 구분   33

【2】 관상학에서의 오행   36
  1) 목(木)형으로 생긴 사람   36
  2) 화(火)형으로 생긴 사람   38
  3) 토(土)형으로 생긴 사람   39
  4) 금(金)형으로 생긴 사람   41
  5) 수(水)형으로 생긴 사람   42

【3】 오행의 상생·상극과 조화   44
  1) 오행의 상생(相生)   44
  2) 오행의 상극(相剋)   44
  3) 상극의 최고 조화   45

【4】 하도와 오행   46

【5】 오형상설(五形象設)   47

제 3장. 안면 분류　　49

　【1】 상모(相貌)　　51

　【2】 오관(五官)　　51

　【3】 사독(四瀆)　　54

　【4】 오성 육요(五星 六曜)　　56

　【5】 오성 육요 정리　　59

　【6】 육부, 삼재(六府, 三才)　　61

　【7】 사학당(四學堂)　　62

　【8】 팔학당(八學堂)　　62

　【9】 인면총론(人面總論)　　64

제 4장. 12궁　　65

　【1】 명궁(命宮) : 인당(印堂)　　67

　【2】 재백궁(財帛宮)　　68

　【3】 형제궁(兄弟宮)　　69

　【4】 전택궁(田宅宮)　　69

　【5】 남녀궁(男女宮)　　70

　【6】 노복궁(奴僕宮)　　71

　【7】 처첩궁(妻妾宮)　　72

　【8】 질액궁(疾厄宮)　　72

　【9】 천이궁(遷移宮)　　73

　【10】 관록궁(官祿宮)　　74

　【11】 복덕궁(福德宮)　　74

　【12】 부모궁(父母宮)　　75

　【13】 상모궁(相貌宮)　　76

제 5장. 형·신·기·성　　77

　【1】 형(形)　　79
　　1) 논형(論形)　　79
　　2) 형(形)의 유여(有餘)　　79
　　3) 형(形)의 부족(不足)　　80

　【2】 신(神)　　81
　　1) 논신(論神)　　81
　　2) 신(神)의 유여(有餘)　　82
　　3) 신(神)의 부족(不足)　　83

　【3】 기(氣)　　84

　【4】 소리(聲)　　86

제 6장. 골육론　　89

　【1】 골상(骨相)　　91
　　1) 두상 면골(頭相 面骨)　　92
　　2) 12기골(氣骨)　　95
　　3) 기타 골격　　100

　【2】 육상(肉相)　　103

제 7장. 신체 각 부위 관찰 105

- 【1】 머리(頭) 및 머리털(髮) 107
  - 1) 머리 머리털을 관찰하며 읽기 110
- 【2】 이마(額) 116
  - 1) 천중·천정·사공·중정 121
  - 2) 일·월각(日月角) 122
  - 3) 복당(福堂) : 천이궁 안쪽 122
  - 4) 천이궁(遷移宮)·산림(山林) 123
  - 5) 인당(印堂)과 이마 124
  - 6) 이마의 선골 129
  - 7) 이마의 색 129
  - 8) 이마의 주름 130
  - 9) 이마를 관찰하며 읽기 132
- 【3】 얼굴(顔面) 148
  - 1) 10가지 얼굴 유형 151
  - 2) 얼굴 13부위 153
  - 3) 얼굴을 관찰하며 읽기 157
- 【4】 눈썹(眉) 168
  - 1) 눈썹의 각 모양(眉形論) 170
  - 2) 눈썹을 관찰하며 읽기 178
- 【5】 눈(目) 190
  - 1) 눈의 모양(眼形) 196
  - 2) 눈을 관찰하며 읽기 203
- 【6】 관골(顴骨) 236
  - 1) 관골을 관찰하며 읽기 239
- 【7】 코(鼻) 247
  - 1) 코의 모양(鼻形) 253
  - 2) 코를 관찰하며 읽기 257
- 【8】 법령(法令) 282
  - 1) 법령을 관찰하며 읽기 285
- 【9】 인중(人中) 292
  - 1) 인중을 관찰하며 읽기 295
- 【10】 수염(鬚髥) 304
  - 1) 수염을 관찰하며 읽기 306
- 【11】 입(口) 311
  - 1) 입의 모양(口形) 314
  - 2) 입을 관찰하며 읽기 316
- 【12】 입술(脣 : 입술순) 326
  - 1) 입술을 관찰하며 읽기 327
- 【13】 혀(舌 : 혀설) 339
  - 1) 혀를 관찰하며 읽기 340
- 【14】 이(齒 : 이치) 343
  - 1) 치아를 관찰하며 읽기 344
- 【15】 귀(耳) 351
  - 1) 귀의 모양(耳形) 355
  - 2) 귀를 관찰하며 읽기 358
- 【16】 턱(地閣) 375
  - 1) 턱을 관찰하며 읽기 376
- 【17】 목(亢) 388
  - 1) 목을 관찰하며 읽기 389
- 【18】 어깨(肩) 394
  - 1) 어깨를 관찰하며 읽기 395
- 【19】 가슴(胸) 398
  - 1) 가슴을 관찰하며 읽기 399
- 【20】 등(背) 412
  - 1) 등을 관찰하며 읽기 412

【21】 배(腹部)와 허리 415
　1) 배와 허리를 관찰하며 읽기 416

【22】 배꼽 423
　1) 배꼽을 관찰하며 읽기 423

【23】 무릎과 정강이 426
　1) 무릎과 정강이를 관찰하며 읽기 426

【24】 팔과 다리 429
　1) 팔과 다리를 관찰하며 읽기 431

【25】 손(手) 434
　1) 손바닥 무늬(掌紋) 437
　2) 손등 무늬(手背紋) 437
　3) 손을 관찰하며 읽기 438

【26】 발(足) 453
　1) 형태에 의한 분류 454
　2) 발바닥 무늬(足紋) 455
　3) 발을 관찰하며 읽기 456

【27】 둔부(臀部) 459
　1) 둔부를 관찰하며 읽기 460

【28】 음부 465
　1) 음부를 관찰하며 읽기 466

【29】 피부 469
　1) 피부를 관찰하며 읽기 470

【30】 점(點) 474
　1) 얼굴에 나타난 점의 의미 475
　2) 몸에 나타난 점의 의미 478
　3) 손에 나타난 점의 의미 480
　4) 여성에게 나타난 점의 의미 482
　5) 점을 관찰하며 읽기 487

【31】 문(紋) 492
　1) 문(紋)을 관찰하며 읽기 494

【32】 흑자(黑字) 반점(斑點) 497
　1) 흑자 반점을 관찰하며 읽기 498

【33】 보행 502
　1) 보행을 관찰하며 읽기 503

【34】 찰색 507
　1) 재액의 예방 507
　2) 나빠지는 몸을 좋게 508
　3) 찰색으로 병색 보기 508
　4) 기색에 따른 사망 508
　5) 소생의 찰색 509
　6) 팔자를 좋게 하는 기색 510
　7) 오색 510
　8) 흩어지는 기색 511
　9) 기다려야 하는 기색 511
　10) 도움이 되는 색 511
　11) 해로운 색 511
　12) 취색 512
　13) 만들어야 할 색 512
　14) 이루어야 할 색 512
　15) 색의 생성 기간 512
　16) 역마 부위의 색 512
　17) 찰색을 관찰하며 읽기 513

제 8장. 좋은 인상 만들기 517

【1】 좋은 인상　519
　1) 성형의 경우　519
　2) 기색을 만드는 일　519
　3) 기색의 작용　519
　4) 사독(四瀆) 바로 잡기　523
　5) 찰색의 관찰　524
　6) 심상에 나타나는 길흉　525
　7) 연령으로 본 기색　527
　8) 계절로 보는 색　542
　9) 찰색 간별법　542
　10) 좋은 찰색 만들기　542

【2】 여인 곤명(坤命)의 상　544
　1) 곤명의 심상　544
　2) 곤명의 부귀　545
　3) 곤명의 좋지 않은 상　545
　4) 자녀가 없는 상　546
　5) 곤명의 빈한 상　546
　6) 곤명의 천한 상　547
　7) 음란한 곤명　548
　8) 곤명의 장수　548
　9) 곤명의 단명　548

제 9장. 관상의 관찰 551

【1】 얼굴의 삼정　553
　1) 상정 운기(上停 運氣)　554
　2) 중정 운기(中停 運氣)　557
　3) 하정 운기(下停 運氣)　560
　4) 상정 흉기(上停 凶氣)　562
　5) 중·하정 흉기(中·下停 凶氣)　565

【2】 얼굴로 판단하기　570
　1) 얼굴 인상　570
　2) 입 모양에 의한 운세 판단　570
　3) 눈 모양에 의한 운세 판단　570
　4) 눈썹 모양에 의한 운세 판단　571
　5) 코 모양에 의한 운세 판단　571
　6) 귀 모양에 의한 운세 판단　571
　7) 얼굴색으로 보는 관상　572
　8) 얼굴 형태 보기　573
　9) 얼굴 모양에 의한 성격 판단　573

【3】 신체로 판단하기　579
　1) 목으로 본 성격　579
　2) 발 모양으로 본 성격　579
　3) 발가락으로 본 성격　580
　4) 엉덩이 모양으로 본 성격　581
　5) 종아리 모양에 따른 운세　582

【4】 신체로 보는 관상 요약　584
　1) 머리털　584
　2) 골격 / 뼈 / 살　584
　3) 음성 / 수염　585
　4) 목 / 어깨 / 등　586
　5) 허리 / 가슴　587
　6) 배꼽 / 음부　588

【5】 쉽게 보는 관상　589

1) 현재에 보는 관상	589
2) 심상이란	590
3) 인상을 쉽게 보는 법	594
4) 인상을 관리 하라	595
5) 재력과 인상	595
6) 악수 할 때 심상	596
7) 다른 유형	596
8) 전래의 심상	597

제 10장. 음성 : 언상(言相) 599

【1】 음성에 대하여	601
1) 음과 성	601
2) 음성의 생성	602
3) 음성과 오행	602
4) 음성의 정의	605
5) 소리	605
6) 언상이란?	606
7) 음과 혀	608
8) 음성과 치아	609
9) 음성과 입술	609
【2】 음성 판단	611
1) 여자 음성의 여러 가지 유형	611
2) 인상과 목소리	613
3) 목소리 판단	614
4) 오행으로 보는 소리	615
5) 얼굴과 목소리의 관계	616
6) 목소리의 특징	616
7) 목소리의 성격	617
8) 목소리와 건강	617
9) 목소리와 표정관리	618
10) 남자 목소리	620
11) 여자 목소리	620
【3】 음성의 성질별 구분	621
【4】 음성상학	625
【5】 언행	644
1) 언행의 관찰	645
【6】 음성과 운(運)과 명(命)	652
【7】 운을 좋게하는 말하기	657
1) 운을 좋게 하는 말하기 습관	657
2) 소외당하기 쉬운 언행	659
3) 의사소통 방법	660
4) 성공하는 말투	660
5) 효과적인 의사소통	661
6) 부부간 의사소통	662

부록 665

【1】 숫자로 본 인체의 신비	667
【2】 참고 문헌	676
【3】 찾아보기	678

제 1장. 얼굴

　얼굴은 삼정(상정, 중정, 하정)으로 먼저 본다. 상정은 발제부터 눈썹까지이고 초년운을 본다. 중정은 눈썹부터 준두까지이며 중년운을 본다. 하정은 준두부터 턱까지이며 말년의 운을 보는 자리이다. 어느 한 부분이 짧다면 그 삼정 부위 중 짧은 부분에서 어려움이 있다고 본다. 삼정이 균등하여야 좋다.

【1】 삼정

　삼정이란 얼굴을 三分하여 상부, 중부, 하부로 나눈 것을 말한다.
　상정은 발제에서부터 인당까지로 초년운을 지배한다. 15세부터 30세까지 운을 본다. 중정은 산근에서부터 준두까지로 중년운을 지배한다. 31세부터 50세까지 운을 본다. 하정은 인중에서부터 지각까지로 말년운을 지배한다. 51세 이후의 운을 본다. 14세 전까지는 좌우의 귀가 지배한다.
　시간적 개념으로 사람의 얼굴을 3단계로 나누어서 일생의 궁통(窮通), 득실과 배우자, 재산, 자식, 복록과 길흉화복, 장수와 요절, 재앙, 질병 등의 상리(相理)와 호불호(好不好)를 평가하는 것이다. 세 개의 횡단면으로 구분해서 건강과 지혜, 성격을 평가하는 관상법이라고 할 수 있다.
　삼정이 균등하게 잘 발달되어 있으면 운세가 왕성하고, 삼정의 길이가 같으면 평생 의식이 풍족하다고 본다. 어느 한 부위가 부족하면 그때의 부위에 들어서면 운기가 약해진다. 삼정의 길이가 같아도 얼굴에 흠이 없어야 한다.

1) 상정

　天人地 三才에서 천에 해당한다. 이 부위를 통해 선천적인 지능이 우수한지, 뇌 조직 중 전뇌의 기능이 발달 되었는지, 뇌가 건강한지 여부를 판단할 수 있다. 또한 지혜, 예술, 종교, 도덕, 감정 등이 표현 되는 곳이기도 하며, 윗사람과 부모의 운이 좋은지 좋지 않은지도 판단한다. 여자의 경우는 남편의 덕을 판별하기도 한다.
　상정은 풍만해야 하며, 뾰족하고 좁으면 좋지 못한 상이라고 하여 천하게 보고, 부모덕이 없다고 판단한다. 이마가 좋은 사람은 일찍부터 총명하여 공부도 잘하고 성적이 상승하면서 관운도 좋아진다. 상정부분이 발달한 사람은 초년운이 좋고, 운세가 강한 사람이다.
　이마가 전체적으로 넓으면서 둥글고, 혈색이 좋은 사람은 기억력이나 사고력이 뛰어나다.
　이마는 반드시 볼록하면서 넓고 커야 하며, 흉터나 반점·움푹 파인 자국이 없어야 하고, 주름살이 적고 단정해야 한다. 머리털이 난 자국은 가지런해서 인당을 침범하지 않아야 하고, 일·월각 중 어느 한쪽이 높거나 낮아서는 안 된다.

이마의 상부에 흠집이 없는 사람은 뇌기능과 신경기능이 모두 좋고, 사고력·이해력을 천성적으로 타고나 학문을 구하는 과정 또한 순조롭다. 이마 중간 부위에 흠집이 없는 사람은 천성적으로 기억력이 아주 뛰어나다. 이마의 하부에 흠결이 없는 사람은 직관력과 실행 능력을 타고 난다.

이마가 약간 볼록하게 내민 듯이 튀어나오고, 이마 양쪽에 있는 천창은 흉이나 움푹 파인 곳이 없고, 기색이 환하여 사주와 잘 맞으면 최상급의 상이 된다.

이마가 경사지거나 상하좌우로 좁고, 푹 파인 자국이나 흉터·반점이 있으며, 머리카락이 가지런하지 못하고 낮게 내려와 인당을 침범하며, 인당에 보기 흉한 주름이나 점이 있고, 이마에 주름이 많아 지저분하고, 머리가 난 자국이 일·월각을 덮고 있거나, 이마 전체에 광택이 전혀 없고 윤기도 흐르지 않으며, 양쪽 귀가 이마를 비추지 못하면 나쁜 상이다.

상정의 상이 좋지 않은 사람은 참는 것을 배우고, 자신을 낮춰 기술직에 종사하고, 승부에 집착하거나 경거망동 하거나, 남을 탓하지 않아야 한다. 과욕을 부리거나 급하게 행동하지 말고 중정의 호기가 올 때를 기다려야 한다. 그렇지 않으면 수확은커녕 일을 망치고 후회하게 된다.

2) 중정

중정은 천인지의 인에 해당하는 부위이다. 양쪽 눈썹사이 인당 하단에서 시작해 준두에서 끝나며, 눈썹, 눈, 코, 광대뼈 등의 부위가 포함된다. 나이로는 중년에 해당하며 코가 쓸개를 달아 맨 것처럼 생겨야 한다.

눈썹 모양은 약간 둥글고 털은 길어야 하며, 눈과 적당히 떨어져야 하고, 수려해야 하며, 눈보다 길어야 좋다. 두 눈은 흑백이 분명하고 맑아야 하며, 생기가 있어야 한다. 코는 탐스럽게 솟아 있고, 콧구멍이 드러나지 않아야 하며, 양쪽의 광대뼈는 둥글고 볼록하여 코와 잘 어울려야 좋은 상이라고 할 수 있다. 상정과도 조화를 잘 이룬다면 초년, 중년에 크게 발복할 것이다.

중정을 통해 순환기, 호흡기, 소화기 계통과 팔의 선천적 발육상태와 후천적으로 정상적인 기능을 발휘하고 있는지 등의 여부를 관찰할 수 있다. 또한 사회적응력,

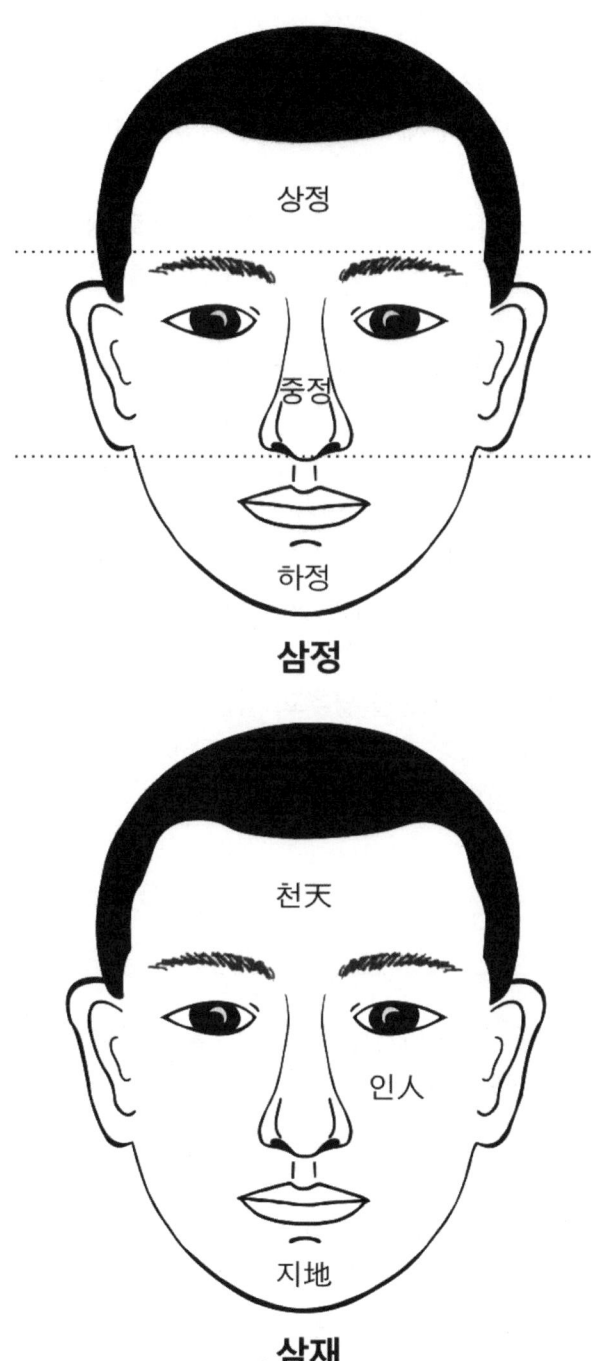

자립능력 및 사업 구상능력, 추진력, 금전에 대한 소유욕과 장악능력 등이 표현된다.

건강과 기력, 정력과 의지력, 결단력의 좋고 나쁨과 결혼, 금전, 사회적 지위 등을 포함하여 중년기의 모든 운세가 순행할지의 여부를 나타낸다. 또한 형제와 처자의 덕을 중정에서 판단한다.

눈, 코, 귀, 관골을 포함하는 한참 일하는 장년 시대로 생활 전선에서 재산을 모으고, 명예를 얻고, 가정을 거느리며 사회적으로 뿌리를 잘 내리고 있는가를 보는 자리이다. 눈에 광채가 있고, 코가 반듯하며 관골에 힘이 있고, 관골이 코를 잘 감싸 안은 관상은 이마가 좋지 않아 초년고생이 많았던 것을 만회 할 수 있으며, 열심히 노력을 하면 성공을 이룰 수 있다.

이와 반대로 관골도 약하고 코나 귀가 작으면 운세가 가라 앉아 힘이 약하다. 눈썹 모양이 좋지 않고, 눈썹이 눈에 붙었거나 인당을 가로막고 있으며 눈 모양이 좋지 않고, 코가 납작하여 기세가 없거나 코만 삐죽 솟아 있고, 양쪽 광대뼈가 납작하거나 뼈가 튀어나와 옆으로 길면 나쁜 상이 된다. 이런 상은 상정의 상이 좋아도 중년에 들면서 서서히 역경이 들어온다.

중정의 상이 나쁜 사람은 자신을 낮추고, 힘든 일이라도 고정된 수입이 있는 직업에 종사하는 것이 좋으므로 과욕을 부리거나 급하게 투자해서 창업하는 것은 삼가 해야 한다. 그렇지 않으면 실패하게 된다.

3) 하정

입, 입술, 법령, 인중, 턱 등의 얼굴 하단 부위를 말한다. 하정은 노년의 운기를 보며 수명의 장단, 자녀의 성취 등을 본다. 신체 중에서는 생식기(生殖器), 비뇨기(泌尿器) 계통 및 하지의 기능을 보며, 생활수준, 처세관, 품위 등 말년의 재력을 판단한다.

인중은 깊고 길어야 하고, 법령은 환하고 둥글며 깊고 또렷해야 한다. 수염은 색이 검고 윤이 나야 하고, 입모양은 벌리면 크고 다물면 작아야 한다. 입꼬리가 밑으로 쳐지면 안 되고 입술의 빛깔과 광택은 선명하고 짙어야 한다. 지각은 넓고 도톰하며 다른 부위와 잘 어우러져야 한다.

하정이 좋은 사람은 아랫사람과 자녀의 덕이 있다. 인중은 아래쪽은 넓어야 좋으며, 법령은 입을 둥글게 싸고돌아야 좋고, 입은 빛깔과 광택이 있어야 하며, 턱은 앞으로 오긋해서 상정과 조응을 이루어야 좋다. 턱이 짧거나, 인중이 틀어지고 짧으며 흠이 있거나 힘없이 오므라든 사람은 중년에 번성을 하였다 하더라도 말년에는 자손이 등을 돌리거나 불효하게 되어 삶이 안정을 찾지 못한다.

윗입술과 아랫입술 사이는 61세의 환갑의 나이이다. 환갑은 자기가 낳은 해에 해당함으로 운이 좋을 수도 있고 극히 나쁠 수도 있다. 다시 태어 난 나이로 돌아와 인생 종말에서 다시 시작하는 뜻이기에 강(입술과 입술 사이)을 건너기가 어려워 환갑을 잘 넘겨야 이후의 삶이 좋다고 하여 환갑잔치를 베풀어 남에게 성대하게 대접하여 액막이를 한다.

하정이 특별히 길거나 짧은 것은 좋지 않다. 인중이 얇고 비뚤거나 짧고 가늘며, 인중에 보기 흉한 주름이나 점이 있으며, 윗입술에 수염이 없거나 수염이 입을 가두고 있고, 법령이 짧아서 보이지 않거나 법령문이 입을 막고 있으며 입 모양이 나쁘고 아주 작거나 입꼬리가 아래로 쳐져 있고, 지각이 울퉁불퉁하거나 볼이 움푹 파이고, 귀의 색이 어둡고, 귓불이 입을 향하고 있지 않으면 나쁜 상이다.

이런 사람은 초년과 중년의 운이 좋더라도 노년에 파산을 면하기 어렵거나, 질병에서 헤어나지 못하고, 아내와 자식과 인연이 없다. 초년·중년에 운이 좋지 않으면 노년에 더욱 외롭고 고달프고 힘들며, 가난과 질병에 시달리고 수명 또한 길지 않다. 인중이 길고 법령선이 선명하면서 턱이 발달되어 있으면 장수를 하며, 만년까지 운이 지속된다.

【2】 오악

    오악이란 얼굴의 솟은 곳 다섯 군데의 명칭을 말하는데, 이 오악의 명칭은 중국의 오대산을 부합시킨 것이다.[1] 관골과 이마, 코, 턱은 서로 조화를 잘 이루어야 하는데, 그중에서 중악인 코가 주인에 해당하여 코가 크고 길며 뾰족하지 않은 코를 가지고 있어야 귀하다. 또한 양쪽 관골은 기울지 말아야 하고 풍만하게 솟아야만 자비심이 있고 악독하지 않다.

    오악에서 중악을 가장 중요시한다. 중악은 위엄과 권세를 보며 수명도 같이 본다.

    오악으로 보는 골격 구조는 그 사람 일생의 건강과 성공에 영향을 미친다. 오악 중에 가장 중요한 중악은 그 사람의 척추골격 계통의 건강 유무를 나타낸다. 중악만 높은 것은 "고봉이 홀로 우뚝 솟은 상이다." 이는 길상이 아니며 평생 성공하기 어렵고 고독하다. 나머지 사악이 높은 경우에 뼈가 튀어 나와 있으면 좋은 상은 아니다. 이런 사람은 뼈는 무거운데 살은 적어 평생 고생만 하고 얻는 것이 적다.

    오악이 모두 가라앉은 사람은, 뼈는 가벼운데 살이 많은 것으로 평생 이루어 놓은 재력도 적고 단명 한다. 어느 한 부위가 솟아 있지 않으면 20년 동안 일이 잘 풀리지 않으며, 오관의 상이 좋다고 해도 운을 펴지 못하거나 얻는 것이 절반으로 줄어든다. 남악은 주로 가산의 파탄을 보며, 북악은 귀천을 보고, 동악과 서악은 인·의를 본다.

    오악은 얼굴 전체의 조화를 봐야 한다. 1악만 보는 것이 아니다. 오악 전체를 한꺼번에 봐야 관상이 성립한다. 악이 하나라도 높지 않다면 격·국은 형성되지 않고, 귀한 상이 아니다. 이마 부위와 지각 부위가 서로 마주하지 않고, 이마 부위와 턱 부위가 움푹 파이고 깎여 있으며, 유독 관골만 높으면 길한 상은 아니다.

    관골이 높게 생기면, 농토(재산)를 지키기 어렵고, 자식과 처가 상해를 입는 아주 흉한 상이다. 다른 사악은 깎여 있고 좋지 않은데, 코만 높고 풍만하여 산봉우리처럼 외롭게 우뚝 서 있으면 고독한 상이다.

---

[1] 이마 : 남악(南嶽, 衡山), 양관골 : 동악·서악(東嶽·泰山, 西嶽·華山), 코 : 중악(中嶽, 崇山), 턱 : 북악(北嶽, 恒山).

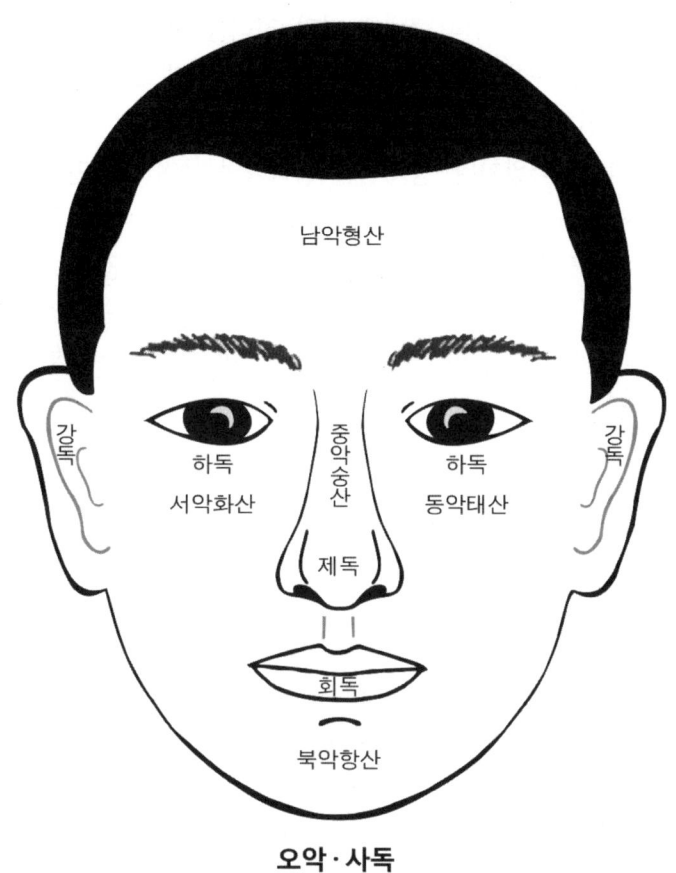

오악 · 사독

　오악이 아무리 발달 하였어도 오지(五地)와 균형을 이루지 못하면 오악의 가치는 떨어진다. 오지란 산림(山林), 천택(川澤), 구릉(丘陵), 분연(墳衍), 원습(原濕)을 말한다. 산림이 너무 빽빽하면 빛이 투과하지 못하여 생물이 살기 어렵듯이, 머리카락이 너무 많으면 융통성이 없고, 고집만 앞세워 대인 관계에 문제가 발생한다.
　물이 흐르는 곳이 깊게 패이면 사나움이 많고, 얕으면 고기가 살지 못하듯이 사람의 얼굴도 조화를 이루어야 순조롭다. 물이 흐르는 곳만 있고 저장소가 빈약하면 평생 동안 재물을 모으기 어렵다. 하늘이 있으면 땅이 있고, 땅은 높고 낮음이 있듯이 오악과 오지는 조화를 이루어야 한쪽으로 치우치지 않는다. 산림은 인체에서 털에 해당한다. 천택은 산에 나무가 있으면 계곡에 물이 흐르며 못이 형성되고, 산과 나무, 물이 있으면 촌락은 자연히 형성되어 간다.

법령의 깊이, 인중의 상태, 턱의 형태에 따라 천택을 보고, 얼굴의 주름에 따라 천택을 구분하기도 한다. 구릉은 악을 따라 크고 작은 상태로 언덕이 형성되며, 오악의 주변이 구릉이 된다.

이마만 지나치게 튀어 나왔거나, 광대**뼈**만 튀어나와 살이 없으면 복록이 자연히 감소한다. 분연은 제방과 물의 흐름과 깊이와 속도를 보는 곳이다. 물이 잘 흐르려면 반드시 제방이 필요하다. 원습은 물의 상류보다 하류에 더 많다. 사람의 얼굴에서도 물의 흐름이 가장 중요한 곳은 하류에 해당한다. 법령의 끝, 코의 끝, 인중의 끝, 입꼬리의 끝, 눈꼬리의 끝이 원습에 해당한다. 그러나 습이 지나치면 도리어 인생이 꼬인다는 것을 알아야 한다.

1) 이마

이마는 하늘의 복을 내려 받는 마당이다. 이마는 간을 엎어놓은 듯 둥그스름한 모양이 첫 번째요, 편편한 이마가 두 번째다. 이마는 넓은 것이 좋고 주름이 있으려면 굵은 일자형으로 3개(三紋)가 있으면 좋다. 가운데 주름은 본인의 성공, 위 주름은 부모와 집안의 성공을 나타내고, 아래 주름은 부인의 내조와 자식의 성공을 상징한다. 이마가 좋은 사람은 사물을 이상적으로 생각하며, 위엄과 인덕이 많아 여러 사람으로부터 존경을 받는다. 이마의 골격은 넓고 굴곡이 없는 것이 좋다.

남악은 예(禮)를 주관하는 자리이다. 예의범절이 바르고 깍듯한 사람일수록 흠이 없고 밝게 빛이 난다. 남악이 발달한 경우는 학문에 관한 것, 정치에 관한 것, 경제·증권에 관한 것, 외국과의 거래 등에 관한 국제 문제 연구, 무역, 증권 취급 등이 적합한 직업이라 할 수 있다. 남악이 좁은 사람 또는 넓고 좋으나 흉터, 검은 점 등이 있으면 이런 일들에는 실패를 하게 된다.

2) 코

코는 재물 복을 상징한다. 강한 에너지는 부를 부른다. 코는 건강, 사회위상, 자존심, 부, 공격과 방어력, 성격, 중년운을 볼 수 있는 중요한 부위이다. 코에는 온몸의 건강, 오장육부의 모습이 다 들어 있다. 코의 **뼈**대가 굵고 뚜렷하면 에너지가 강해서 신체의 다른 부위도 튼튼하다는 뜻이 된다. 코는 자신의 위상을 나타내며 코가 높으면 도도해 보인다.

중악은 신(信)을 보는 곳이다. 믿음과 진실을 보는 곳이기 때문에 신용장으로 봐도 될 정도로 중요하다. 중악이 낮으면 작은 일은 잘하나 분에 넘치는 일을 하면 문제가 생긴다.

코가 높은 사람은 실제로도 고집이 세고 자기주장이 강해 직업상 학자나 연구원 등에 어울리는 반면, 코가 낮으면 겸손하게 보이므로 사람과 어울리는 직업을 선택하면 좋다.

코는 곧 자신이다. 코는 넓고 뭉툭 납작하면 자존심을 앞세우기 보다는 수평적 정서를 잡아야 한다. 코의 높이는 자신의 위상을, 광대뼈의 크기는 남을 의식하는 명예욕을 나타낸다. 코가 좋은 사람은 금전운이 좋다. 코가 다른 부위와 비교하여 작을 경우 "얼굴이 크고 코가 작으면 일생 파란을 겪는다." 하여 평생을 세파에 휩쓸린다.

3) 뺨(양 관골)

뺨은 위장과 직접 관련되는 부위이다. 사람이 스트레스를 받으면 위산이 더 많이 나오고 나빠진 위는 뺨의 색을 어둡게 만든다. 오랜 고민이 있는 사람은 뺨에 살이 빠져 패어 보인다. 아이들은 배고프면 울고, 즐거우면 웃기 때문에 스트레스를 받지 않는다. 편안한 마음으로 세상을 관조하고 고뇌하지 않으려는 마음으로 세상을 살아가면 뺨에 살이 오른다.

뺨은 뼈와 살의 균형에 따라 얼굴의 다른 부분과 상관관계를 갖는다. 광대뼈가 너무 크면 잘생긴 뺨도 들어가 보인다. 턱이 날씬해도 뺨이 쳐져 보인다. 한편 뺨의 살이 지나치게 많으면 나이 들어서 탄력을 잃고 축 쳐지게 된다.

관골은 남자의 경우 왼쪽을 동악, 오른쪽을 서악이라고 한다. 여자인 경우는 반대가 된다. 관골은 적당히 튀어나온 것이 좋다.

동악은 인(仁)을 보는 곳으로 어진 사람인지 교만한 사람인지를 파악한다. 서악은 의(義)를 보는 곳으로, 언행일치와 비밀을 얼마나 지킬 수 있는지를 보는 곳이며, 뒤 행실을 살피는 곳이다. 여성의 경우 광대뼈가 많이 튀어 나오면 과부상이다.

동악이 튀어 나온 경우 자선 사업, 해양 산업, 발명 등으로 성공한다. 서악이 튀어나온 사람은 옛것을 지키는 사업, 가정을 대상으로 하는 일, 식품에 관계되는 일을 하면 성공한다. 양 관골이 좋은 사람은 의지가 강하고 꾸준한 노력형으로 자수성가 한다.

4) 턱

턱은 아랫사람과 부인의 내조를 상징하는 자리이며, 턱이 약해지면 노년의 활동이 적어지고 자식과 함께 오순도순 어울려 살지 못한다. 턱은 U자형 턱이 좋으며, U자형 턱은 자녀의 운도 따르고 처의 내조도 든든하여 말년의 복이 좋다. 턱이 약하면 사랑을 주기 보다는 받는데 강한 형이다. 턱은 살이 잘 감싸주어 나이가 들면서 자식 복과 처덕을 많이 받을 수 있도록 하여야만 한다.

턱이 좋은 사람은 말년에 윤택한 생활을 한다. 북악은 지(智)를 살피는 곳이다. 어려운 일이 닥쳤을 때 굴하지 않고 좋은 책략이나 계책을 내는 곳이다. 북악이 약하면 남에게 의지하는 습관이 있다.

턱은 사업과는 관계가 없고 본인의 가정, 주택을 보며, 자식운을 보기도 하는데, 자식이 효자인지 아닌지를 볼 수 있다. 만일 사업을 한다면 주택에 관한 일, 물을 사용하는 일, 부동산에 관한 일 정도가 된다.

5) 고전의 얼굴 분류법

① 위맹지상(威猛之相)-극귀지명(極貴之命)
풍모가 두려울 정도로 엄숙하고 위엄이 서려 있는 상이며, 큰일을 해낼 타고난 귀상(貴相)이다.

② 후중지상(厚重之相)-대부지명(大富之命)
용모가 두텁고 중후하며 덕이 있는 상으로 일생 부귀를 누리는 타고난 부상(富相)이다.

③ 청수지상(淸秀之相)-청고지명(淸高之命)
얼굴이 맑고 깨끗한 수려한 상으로 지혜가 총명하여 문장으로 풍미할 길상(吉相)이다.

④ 고괴지상(古怪之相)-불출지명(不出之命)
평인과는 약간 다른 행동을 하고 생활은 고독하지만 도인 승려나 기인(奇人)으로 명성을 떨치는 묘상(妙相)이다.

⑤ 고한지상(孤寒之相)-고독지명(孤獨之命)
얼굴이 추워 보이는 상으로 목이 길고 어깨가 힘이 없어 보이며 신체가 한쪽으로 기우는 듯한 빈상(貧相)이다.

⑥ 박약지상(薄弱之相)-불운지명(不運之命)
기(氣)가 쇠약해 불운한 상으로 단명치 않으면 고독하고 가난하게 지내는 천상(賤相)이다.

⑦ 완악지상(頑惡之相)-형옥지명(刑獄之命)
눈동자에 살기가 서려있고 독하게 생긴 상으로 불구·단명·형액이 따르는 악상(惡相)이다.

⑧ 속탁지상(俗濁之相)-빈천지명(貧賤之命)
형모(形貌)가 탁하여 천하게 생긴 상으로 빈고(貧苦)·요절·병액으로 매우 불운한 상이다.

6) 현재의 얼굴 분류법

① 웃는 상
항상 웃는 얼굴로 덕이 있어 친근감이 있는 상으로 복덕·행운·건강·장수의 명을 가졌다.

② 우는 상

항상 우는 사람처럼 보이는 상으로 불운·실각·병액·고독한 명으로 일생을 고통 속에서 지낼 명이다.

③ 슬픈 상
항상 슬퍼 보이는 상실의 명으로 고독하고 가난하게 지낼 명이다.

④ 추운 상
쓸쓸하고 추워 보이는 상으로 원망·고독·병액으로 단명하지 않으면 빈한(貧寒)하게 지낼 명이다.

⑤ 악한 상
눈 주위에 살기가 돌고 얼굴 전체가 포악하게 생긴 상으로 사람을 다치게 하는 화(禍)가 있고 형벌·도적 등 단명할 상이다.

마의 선생은 "얼굴을 보기 전에 먼저 마음의 상, 심상(心相)을 보라 하였다. 마음은 형상보다 먼저 있고 형상은 마음 다음에 머문다."고 하였다. 예나 지금이나 얼굴은 마음의 표현기(表現器)이며, 표현된 인상은 자신의 운명을 창조한다.

격(格)의 분류는 얼굴의 균형과 체격, 피부의 기색이 골고루 격에 맞아야 한다. 즉 오악이 서로 감싼 듯 조응하고, 얼굴은 인자하며 덕스럽게 생겨서 항상 웃는 모습으로 따뜻한 느낌을 주어야 한다.

옛날부터 웃는 상을 복상으로 규정, 귀상(貴相)으로 봐왔으며 "웃는 얼굴에 만 가지 복이 깃들고, 우는 얼굴에는 재앙이 찾아 든다."고 하였다.

이같이 자기의 인상(人相)을 좋게 가짐으로써 불운에서 행운으로 전환 시킬 수 있다. 이러한 방법이 과거로부터 내려온 상법(相法)의 기본 원칙이다.

제 2장. 음양·오행

【1】 음양과 오행

자연의 이치와 상학의 원리를 쉽게 이해하려면 음양오행(陰陽五行)을 아는 것이 중요하다. 음양오행의 이치를 상에 적용시켜 살피는 원리를 알고 나면, 상을 보는 이해의 폭이 달라진다. 근본적인 이치를 깨닫게 되기 때문이다. 음양오행의 원리는 상학뿐만 아니라 삶을 살아가는 모든 분야에 적용되므로, 기본적인 개념은 알아야 한다.

세상 만물이 이루어지기 전의 세상은 하늘과 땅의 구분 없이 깜깜한 혼돈 상태였는데 이를 무극(無極)이라 했고, 이 무극 상태로 계속 움직이면서 변화를 모색하여 가벼운 것은 위로 오르고, 무거운 것은 아래로 내려오면서 태극의 형태가 되었다. 이후 태극의 형태는 음기(陰氣)와 양기(陽氣)의 두 기운으로 구분되어 생겨나게 되고, 태극이 움직이면서 발산·상승할 때는 양의 기운이 생기고, 수렴·하강하면서 멈출 때는 음의 기운이 생긴다. 움직이는 운동이 계속되는 결과 가벼운 기운은 하늘이 되고, 무거운 기운은 아래로 모여 땅이 되었다.

음양을 한마디로 말한다면 양전기와 음전기라고 할 수 있다. 음양의 구분은 남과 여, 하늘과 땅, 태양과 달, 밝은 곳과 어두운 곳, 더운 곳과 차가운 곳, 강한 것과 부드러운 것, 단단한 것과 물렁한 것, 뾰족한 것과 무딘 것, 좁은 것과 넓은 것, 가는 것과 굵은 것, 위와 아래, 높은 곳과 낮은 곳, 앞과 뒤, 왼쪽과 오른쪽 등 양의 기운과 음의 기운이 있다. 오행은 음양의 기운이 활동하면서 생겨난 다섯 가지 원소로 목(木)·화(火)·토(土)·금(金)·수(水)를 말한다. 이 다섯 가지 기운은 천지 우주공간에서 끊임없이 유동하며 순환한다. 오행의 기운에 따라 사계절인 봄, 여름, 가을, 겨울이 번갈아 바뀌며, 이 오행의 작용은 음양의 이치에 따라 이루어진다.

오행 중에서는 수(水), 물이 가장 먼저 태어났다. 물 다음으로 화(火), 불이 생겨났고, 다음은 목(木), 나무이며, 그 다음은 금(金), 금석이다. 마지막으로 토(土), 땅의 기운으로 완성되었다.

1) 음양의 구분

음	양	음	양
암(어두움)	명(밝음)	응축(모여서 엉김)	확산(흩어져 나감)
음지	양지	정(움직이지 않음)	동(움직임)
밤	낮	부드러움	단단함
흐림	맑음	약함	강함
탁함	투명함	무거움	가벼움
달	태양	차가움	따뜻함
낮음	높음	춥다	덥다
뒤	앞	습함	건조함
오른쪽	왼쪽	겨울	여름
아래	위	평지	산
속,안	겉,바깥	여자	남자
내려감	올라감	노인	소년
뒤로 물러남	앞으로 나감	짝수	홀수

음양의 구별은 생각보다 모호한 부분이 많다. 불은 위로 확산되고 올라감으로 양이고, 아래로 흘러 내려가는 물은 음이다. 하지만 불꽃의 내부는 흐리고 탁하므로 음의 성질을 가지고 있기도 한다. 물 또한 투명하고 맑으므로 양의 성질도 있다.

남녀도 마찬가지다. 여자는 유연하므로 음이고, 남자는 강하므로 양이다. 그러나 여자는 남자보다 강한 생명력을 갖고 있어 외유내강하므로 내면은 양이다.

여름은 덥지만 습도가 높아 건습으로 따지면 음을 내포한 것이고, 겨울은 날씨가 춥지만 건조하므로 건습으로 따지면 양이다. 양에 음이 내포되기도 하고, 음에 양이 내포되어 있는 경우도 있다. 따라서 체(體)와 용(用)에 의해서 음양의 구별이 다르게 되어야 한다. 어떠한 상황을 설명 하느냐에 의해 음양을 구별해야 한다.

오행도 음양의 원리처럼 변화의 원리이다. 변화의 원리를 다섯 종류의 상(象)으로 설명하는 것이므로 복합적인 개념을 가진다. 오행에는 공간과 시간 개념이 있고, 방향과 계절 등 많은 것을 오행으로 분류한다.

오행에서 숫자를 십진법으로 사용하고, 5와 10은 토를 의미하며, 사람은 땅위에서 살고 죽으면 흙으로 돌아간다. 5라는 숫자는 한쪽 손에 있는 손가락의 숫자로 홀수는 양이라는 사실과 관련이 있다. 다섯이라는 숫자는 익숙하면서 기본적인 숫자이다.

- 오감(五感) : 다섯 가지 감각(시각, 청각, 후각, 미각, 촉각)
- 오곡(五穀) : 다섯 가지 곡식(쌀, 보리, 콩, 조, 기장)
- 오관(五官) : 다섯 가지 감각 기관(눈, 코, 귀, 입, 피부)
- 오륜(五倫) : 다섯 가지 인륜(부자의 친애, 군신의 의리, 부부의 분별, 장유의 차서, 붕우의 신의)
- 오미(五味) : 다섯 가지의 맛(매운 맛, 짠맛, 단맛, 신맛, 쓴맛)
- 오방(五方) : 다섯 방향(동쪽, 서쪽, 남쪽, 북쪽, 중앙)
- 오복(五福) : 다섯 가지 복(장수, 부자, 명예, 건강, 자식)
- 오색(五色) : 다섯 가지 색(빨강, 파랑, 노랑, 흰색, 검정)
- 오성(五性) : 다섯 가지 성정(기쁨, 화냄, 욕심, 두려움, 근심)
- 오음(五音) : 다섯 가지 음(궁, 상, 각, 치, 우)
- 오장(五臟) : 다섯 가지 장기(폐, 심장, 간장, 위, 신장)

오행에는 시간과 계절, 방위와 공간, 삼라만상의 의미를 함축하고 있다. 다섯 가지로 변화하며 순환하는 개념을 표시하기 위해 행의 의미를 붙인 것으로 본다.

2) 오행의 구분

구분	목(木)	화(火)	토(土)	금(金)	수(水)
계절	봄	여름	계절의 마지막 달	가을	겨울
방위	동쪽	남쪽	중앙	서쪽	북쪽
색	청색	홍색	황색	백색	흑색
숫자	3, 8	2, 7	5, 10	4, 9	1, 6
맛	신맛	쓴맛	단맛	매운맛	짠맛
장기	간·담	심장·소장	비장·위장	폐·대장	신장·방광
성질	인	예	신	의	지
음	각	치	궁	상	우
오행상생	목생화	화생토	토생금	금생수	수생목
오행상극	목극토	화극금	토극수	금극목	수극화

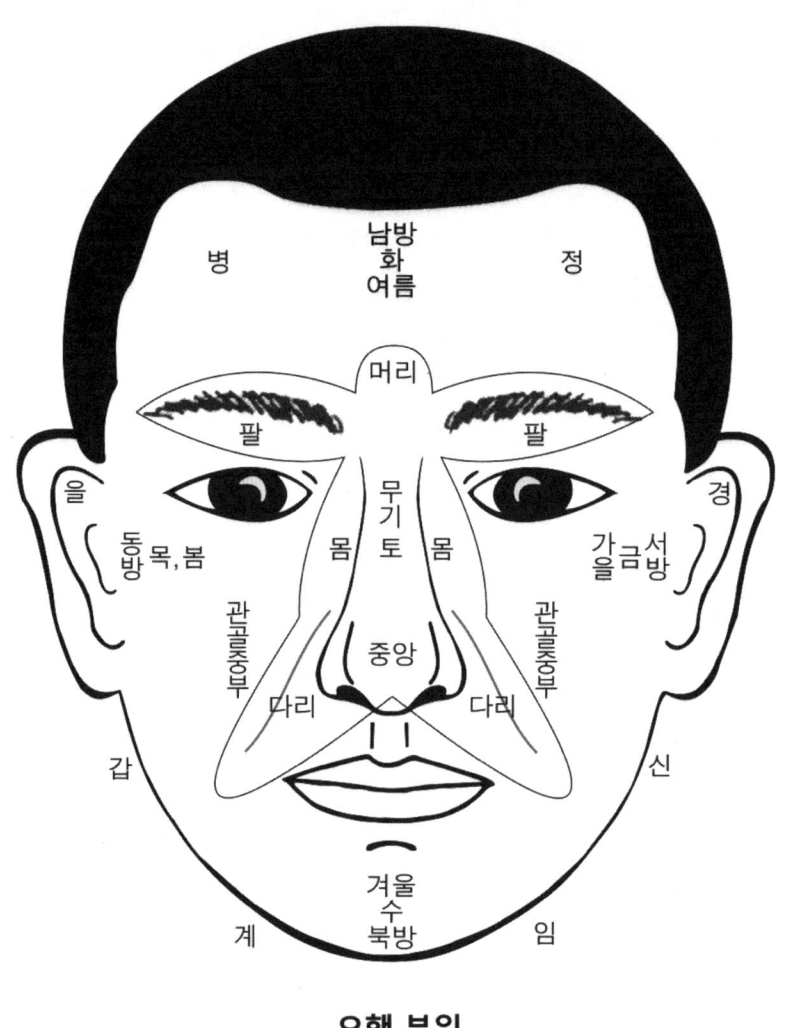

오행 부위

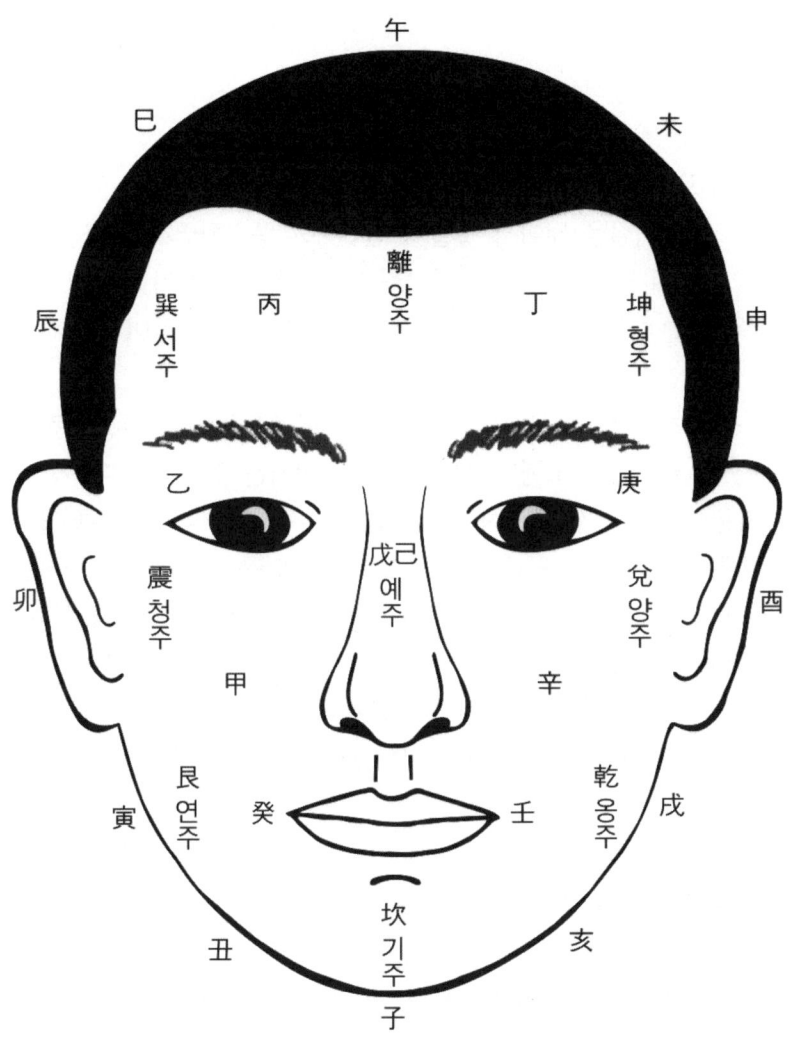

팔괘 · 구주 · 간지

【2】 관상학에서의 오행

목형은 나무가 위로 뻗어 올라가는 기운을 상징한다.
화형은 불꽃이 위로 뾰족하게 타오르듯이 날렵하게 생기고 기색이 약간 붉다.
토형은 흙의 중후한 기질을 닮아서 얼굴이 원만하고 풍후하면서 황색을 띤다.
금형은 쇠의 모난 성질을 닮아 얼굴이 사각형으로 균형을 이루며 얼굴빛이 희다.
수형은 물의 윤택한 성질과 둥근 모양을 따라 얼굴과 몸집에 살이 많아서 풍요롭다.

오행의 다섯 가지 체형은 그 사람이 지닌 특성에서 대체적으로 두드러진 것을 의미하는 것이고, 똑 떨어지게 오행의 기운대로 나누어지는 것은 아니다. 기본적으로 다섯 가지 기운 중 어느 것이든 하나의 기운을 뚜렷하게 타고 날수록 좋다.

토형이라면 다른 것과 섞이지 않은 순수한 토의 기운만을 강하게 타고나야만 한다. 다른 기운과 혼합되었더라도 상생하는 기운끼리 혼합되면 좋지만, 상극하는 기운끼리 혼합된 체형은 좋지 않다.

목형의 기운을 많이 타고난 사람이 수기나 화기를 겸한 것은 서로 상생하기 때문에 괜찮지만, 토기나 금기를 겸했다면 상극이므로 해롭다고 본다.

1) 목(木)형으로 생긴 사람

얼굴이 갸름하고 대체적으로 체형이 마르고 키가 큰 사람이 많다.
얼굴이 길다란 것과 같이 신체의 각 부분 목, 몸통, 다리 등 모두 가늘고 길어서 살이 충분히 붙지 않고 골격도 또한 가늘어 보이며 체중이 가벼운 사람이 보통이다.
목형은 운동 신경보다도 지각의 신경이 미묘하여 보고 듣는 것, 맛을 보는 감각 등이 특히 민감하여 그것이 곧 쾌, 불쾌의 표정으로 얼굴에 나타나 신경질처럼 보이기도 한다. 눈이 청수하고 사슴 눈처럼 아름다운 사람이 많고 허리는 가늘지 않고 가득 차 있어야 하며 손은 고운 편이고 남자는 잘 생긴 사람이 많고 여자는 예쁜 사람이 많다.

목형 중에서도 살집이 있고 튼실하게 체격이 좋은 사람도 많다. 목형은 살이 쪘더라도 다리가 길고 훤칠한 맛이 있기 때문에 보기에 좋고 당당하다. 주로 팔다리가 길고 키가 크면서 말랐거나, 또는 체격 좋은 이들이 모두 목형에 속한다. 몸집이 작더라도 팔다리와 몸체가 균등하게 조화를 이루면 역시 목형이고, 다리가 짧은 사람은 목형이 아니다.

바짝 마른 목형이라도 제대로 목형의 체형을 갖추었으면 재복이 있다. 손가락 역시 길게 뻗은 맛이 있는데, 삐죽하기만 한 것이 아니라 마디마다 옹이가 맺혀 있으며, 머리는 다소 둥글고 이마도 약간 나온 듯해야 한다.

목형이 뼈도 굵고 살도 튼실하게 쪘는데, 옆에서 볼 때 허리나 등이 얄팍하면 운세가 약하다. 앞에서 볼 때 널찍하면서 옆에서 볼 때도 전체적으로 둥그스름한 맛이 있어야 하며, 허리나 등이 얄팍하거나 굽지 말아야 한다.

목형에는 마른 체형이 많지만, 살이 없이 말라서 힘줄이나 뼈가 두드러져 보이면 부족한 상이다. 살이 있어도 탄탄하지 못한 살이거나 윤기가 없이 피곤하게 늘어지면 장수를 누리기 어렵다.

빼어난 목형은 맑고 깨끗한 기운이 인당에 서려 있고, 눈썹과 눈이 수려하며, 모든 이목구비가 준수하다. 심성은 인자하여 불쌍한 이를 보면 측은해 하는 마음이 깊으며, 성격은 정직하고 곧다.

목형인 사람이 검정색 양복을 입으면 잘 어울리고 귀격으로 보이는 것은 수가 목을 상생하기 때문이다. 적당히 화기가 있어서 얼굴 기색이 밝고 활기차 보이면 목이 힘이 있어 화를 밀어주는 좋은 상태이므로 목이 화를 생하여 주기 때문에 이를 목화 통명이라 할 수 있다. 성질은 인자한 사람이 많고 신체가 쭉쭉 뻗어 시원한 체형으로 긴 장(長)에 포함되어 머리 얼굴 손발 신체가 전부 긴 것이 특징이라 목형은 오(五)장(長)의 본체에 기가 탁하지 않고 청아한 사람은 거부나 학자가 많다.

살이 있는 듯한 사람은 생명력이 있어 활기차 보이고 싱싱하고 짙푸른 나무가 위풍스럽게 서있는 기색을 풍기는 형이 목형이다. 목소리는 깨끗하고 가는 편이며, 자존심이 유난히 강하고 외모에 신경을 많이 쓰지만 경제면에는 잘 따지지 않는 편이다. 목형인은 오형 가운데 가장 많아서 인구의 70퍼센트 정도를 차지 하지만, 발전이 비교적 늦은 편으로 여러 번의 시련을 거친 후에야 재목이 될 수 있다.

2) 화(火)형으로 생긴 사람

　　화형은 불꽃이 위로 뾰족하게 타오르듯이 날렵하게 생기고 기색이 붉다. 살집이 별로 없으며, 오행 형 중에서 제일 날렵하고 날씬하다. 얼굴이나 피부는 발그스레하면서 얇고 투명하며 관골이 붉게 나타나면 구설수에 엮인다. 화형의 얼굴은 위가 좁고 아래는 넓으며, 우람한 기운이 전체적으로 날렵한 인상을 준다.
　　순수한 화형은 이목구비가 뾰족하고 날렵하며, 불의 성질을 그대로 닮아 가볍고 기분파이며 솔직하고 즉흥적이다. 불꽃이 티없이 깨끗하고 순수하듯이, 오행 형 중 가장 영혼이 맑고 욕심이 없으며 착한 심성을 갖고 있다.
　　속으로 생각하는 것이 겉으로 그대로 드러나며, 싫고 좋은 것이 분명하고 솔직하여 속이 빤히 들여다보일 정도이며, 정열적이면서 즉흥적인 열정이 많고, 급한 중에도 예절이 있어 사양심이 많다.
　　화형은 얼굴이 길고 귀가 약간 높이 붙었으나 뒤집힌 사람이 많고, 수염이 많지 않고, 힘줄이 밖으로 드러나 보이지만 기색은 선명하다. 화형은 입이 너무 크거나 배가 나오면 좋지 않다.
　　화형은 역삼각형의 얼굴이 많고, 머리털 색깔은 붉은 편에 속하며, 머리숱이 적다. 음성은 카랑카랑하고, 두뇌가 좋고 밝은 표정이며, 일찍 부를 쌓지만, 쌓은 부를 끝까지 지키지 못하는 경우도 있다. 다른 오행 형에 비해 자손이 적다.
　　화형이 목형을 만나면 점진적으로 큰 벼슬을 갖게 되고 이름을 널리 알린다. 화형의 사람은 기와 색이 홍윤하여 환한 홍색이 만면에 가득하면 운이 잘 열린다. 약간의 청색이 깨끗하게 서리는 것은 길하지만, 흑백의 색을 많이 띠면 운이 무거워서 가라앉는다.
　　화형인 사람은 예의가 바르고 정이 많으며 잘 살지 못하는 사람이 없지만 그렇다고 큰 부자도 많지 않은 것이 특징이다.
　　화형은 그 체상이 오로에 속하므로 다섯 가지를 노골적으로 노출 시킨다. 비밀이 없고 성격이 활달하며, 시원스러워 정을 잘 주고, 상대의 입장에서 양보를 잘하고, 기를 발산하여 이슬을 말려주는 역할을 잘하고, 체격이 태양같이 밝고 빛이 나기 때문에 오형의 체형 중에서 가장 멋이 있다고 본다.
　　화형의 여자는 실내적인 일에 흥미를 가지며 그 때문에 운동 부족이 되어 그것이 쌓이고 쌓여서 신경 쇠약이나 내장의 기능이 쇠약한 소모성 병에 걸리기 쉽다. 그러나 건강하지 못한 자기 자신을 알아서 잘 관리하는 사람은, 살이 찌고 혈기가 많은 사람보다도 성실히 일을 하며 보람 있게 살아간다.

개개인의 인상과 사주에 따라 관찰을 해야 하겠지만 화형의 대표적인 기질은 위로 상승하려는 특성이 있어 순진하고 노골적이며 착하여 사기꾼에게 당하기 쉬우므로 이점을 항상 주의하면 길한 운으로 생을 살게 된다. 그러나 성질 급한 것이 큰 단점이므로 느긋하게 사는 습관을 길러야 한다.

화형인은 기가 안으로 숨어들어 조용한 것을 꺼리며 둥글고 살찐 체형은 좋지 않다. 목소리가 헐떡이는 소리를 꺼리는데, 그럴 경우 일생동안 운을 펼치지 못한다. 뾰족한 귀는 좋지 않아 일찍 화를 당하고, 얼굴색이 붉고 건조한 것 역시 좋지 않아 파산 또는 사업에 실패한다.

3) 토(土)형으로 생긴 사람

토형은 흙의 두텁고 윤택한 기운을 타고나서 얼굴이 원만하고 풍요로우며 황색을 띤다.

머리와 얼굴이 크고 둥글둥글하며 두텁고, 이목구비 중에서 코가 풍요롭고 왕성하게 발달되어 있고, 입이 큼직하고 입술이 두터우며 턱도 풍부하여 전체적으로 원만해 보인다.

목형이나 금형, 화형에 비해 피부가 환하지 않고 약간 탁한 듯이 누런빛을 띠며, 손과 발의 살결은 부드럽고 두터워 복스러운 느낌을 준다. 음성은 깊고 굵어서 아랫배의 단전에서 울려 나오는 듯이 웅장하다. 순수한 토형의 등과 허리는 거북처럼 넓고 두터우며 약간 구부정하다. 토형은 얼핏 보면 수형과 비슷한 면도 있으나, 수형보다 크고 널찍하며 장대한 체형이다.

토형은 몸이 중후하고 키도 큰 편이며 뼈의 마디가 무거워서 범하기 어렵고 정직한 편이다. 준두가 풍부하고 여유가 있으며, 등허리가 거북등이고, 이마가 짧고 손발이 두터우며, 남자는 가슴에 살이 붙고 배가 나와 묵직해 보인다. 사람을 대하는데 부드럽고 텁텁하게 보이며 속은 피곤하게 보인다. 근로정신이 부족하여 비판을 받을 때가 있고, 육체의 향락에 빠지는 본능이 강하고, 식욕이나 성욕에 빠질 때가 있으니 항상 조심해야 한다.

살이 엷어 깡마르고 혼탁하여 기가 어둡고 살이 어두운 색이면 빈천하여 몸으로 행하는 노동이 많아 육체가 고단하다. 이 토형은 화형을 만나면 부자가 되고 좋으나 목형을 만나면 가난하거나 요절한다. 토형은 홍색과 황색을 만나야 좋은데 청색을 띠는 목형을 만나면 상극 이므로 좋지 않다. 성품이 단정하고 오상인 머리, 얼굴, 몸, 손, 발이 두텁고 좋으면 인덕과 복록이 많고 좋다.

순수한 토형은 원형의 얼굴에 중화의 기운을 타고 났기 때문에, 그 속이 깊고 두터워 마음속으로 무엇을 생각하는지 겉으로 전혀 드러나지 않으며, 신의가 두텁고 성실하며 헛된 말을 하지 않는다.

토형으로써 뼈가 드러나고 살집이 얇으면 운이 박한 상이며, 정신이 혼미하거나 목소리가 가늘고 약하면 장수하기가 어렵다. 행동거지가 경망하고 걸음걸이가 가벼운 토형은 경박함을 타고 났기 때문에 신의가 부족하고 천한 사람이다. 토형은 오행 중 가장 재복이 많아 순수한 토기를 강하게 타고난 사람은 재벌이 되어 부귀를 겸비하게 된다.

토형이면서 토기를 제대로 타고 나지 못했다면 오히려 가난하고 천한 삶을 살게 되며, 남의 돈을 떼어 먹는다. 정신이 혼란하고 기색이 잡스런 교만은 재산을 없애고 단명하게 된다. 콧대에 마디가 솟고 목에 결후가 있는 것과, 수염이 짙고 숱이 많은 것을 꺼린다. 이런 사람은 성격이 급하고 고집스럽다. 목소리가 걸걸한 것도 좋지 않아 운을 떨치기 어렵다. 토형인의 직업은 상인이 가장 잘 맞는다.

고쳐야 할 점

- 사람을 바르게 보지 못하는 것 즉 정시를 못하는 것이므로 상대를 바로 보면 좋다.
- 상대가 말할 때 상하로 올려 보고 눈을 치켜뜨는 행동을 삼가야 한다.
- 말을 급하고 방정맞게 크게 외치듯이 하는 습관을 고쳐야 한다.
- 상대방이 말을 할 때 입을 삐죽거리는 버릇을 바로 잡아야 한다.
- 걸음걸이가 일정치 못하고 갈지자 걸음걸이는 똑바로 걷는 노력이 필요하다.
- 입이 새 입같이 뾰족하고 입술이 얇은 사람은 웃음 띤 모습을 생활화해야 한다.
- 갈고리 코에 눈썹털이 서 있는 사람은 눈썹 누운 방향으로 자주 쓰다듬어 주면 좋다.
- 매부리코에 눈이 항상 붉은 사람은 선한 마음을 가져야 한다.
- 목소리가 기어들어 입안에서 옹알거리는 사람은 자신을 갖고 말하는 힘이 필요하다.

4) 금(金)형으로 생긴 사람

금형은 금석의 모나고 치밀한 성질을 닮아 얼굴이 사각형으로 짜임새가 있으며 얼굴빛이 희고, 이목구비와 치아 등이 비뚤어짐 없이 단정하고 단단하게 생겨야 한다.

키는 별로 크지 않은 편이나 단단한 근골이 전형적인 무인형으로 옛날이면 무장, 요즘 같으면 사관생도나 군인 타입이다. 금형은 맑고 아담하지만 뼈대가 단단한 체형을 지니고 있으며, 음성 역시 맑고 깨끗하여 윤택한 여운을 남긴다. 손은 단정하고 손가락이 짧으며 허리나 배는 둥근 듯이 보이며, 살집이 견실하면 좋다.

작아도 힘이 세고 알차기 때문에, 금기를 타고난 사람이 사관학교를 가면 장성급이 될 수 있으며, 눈에 정기가 충만하여 빛나는 눈빛을 지니고 있다. 인물이 잘 생기고 단정하며 귀는 약간 작으면서 예쁜 편이고 입술과 이가 고르고 좋으며, 등허리와 배가 둥글고 기색이 맑고 밝아 환한 인물에 색이 깨끗하고 흰색에 가까우면 금형이다.

순수한 금형인은 견실하고 단단한 피부와 골격, 사각형의 단정함, 정기가 충만한 빛나는 눈빛과 분명하고 강직한 금기를 이어받아 불의를 용납하지 않는 전형적인 무인 형이다. 금형인이 지나치게 작거나 짧으면 운이 박하다. 전체적으로 격조에 맞지 않게 어느 한 부위만 짧다든지 할 경우에도 부족한 상으로 본다.

얼굴은 수려한데 거기에 비해 목이 너무 짧아 보이면 수려한 기운이 감해진다. 탄력 없이 물렁물렁한 살은 금형으로는 가장 흉한 상이다. 후덕하고 좋은 토형을 만나면 명성을 얻고 풍부한 생활을 하며 모든 일이 잘 풀려서 세상에 태어난 보람을 느끼고 살며 노후까지 넉넉하게 잘 산다.

금형인이 코끝이나 위 눈꺼풀에 붉은색이 떠오르면 안 좋은 일이 생기고, 토가 많아서 파묻혀 있어도 금이 매몰되어 빛을 보지 못하며, 재앙이 찾아와 조금이나마 가정 파산을 해야 액을 때우고, 그 후로는 좋아진다.

사주에 금이 많이 있는 사람은 교통사고나 다른 사고로 큰 수술을 하게 되는데, 몸에 흉이나 점이 있으면 액을 때우게 되므로 좋다. 금이 적당하게 있는 사람은 금이 인격을 다듬어 주게 되므로, 나이가 들면서 좋아진다. 화가 너무 왕하면 해로우나, 색이 냉하고 차가운 금이 불속에서 금우화련(金遇火煉 : 적당한 불로 연마해서 빛을 내는 것)이라 하여 불원간에 크게 재능을 발휘하게 된다.

땅속에서 금방 발굴한 금(金)은 용광로의 불로 녹여서 제품을 만들어야 하는데 금이 많고 목이 하나 있을 때에는 작벌(斫伐)하는 운을 만나서 성공하게 된다. 즉 '찍을 작'에 '칠 벌'이라 부인인 재(財)를 잘 요리하는 운이 오면 재주를 총 동원하여야 하는 뜻이니 초년에는 운이 잠시 막혔다가 중년 이후에 부귀를 얻어 성공 한다. 금형인은 황색이 비쳐야 좋으며, 홍색이나 적색을 비치는 것은 좋지 않다.

악인에 대해서는 추상과 같이 매섭고 의리와 협기가 있고, 대범한 기질로써 거취에 절도가 있고, 기색이 좋으며 위엄이 있고 의젓하다. 즉, 바위와 같이 위엄이 있어 귀인이다. 금형인은 코가 뾰족하고 끝이 붉은 것과 해골처럼 하얀 기색을 꺼리는데, 이런 사람은 평생 가난을 면치 못한다.

코와 귀가 작으면 좋지 않아서 작은 성취라도 고생스럽게 얻는다. 날카로운 목소리 또한 좋지 않아서 잘되는 일이 없고 실패가 많다. 콧대에 마디가 솟은 것도 좋지 않은데, 이런 사람은 성질이 급하고 형벌을 면하기 어렵다.

금형인은 대부분 의롭고 용감하며, 타인을 돕고 일처리를 잘하며, 신뢰성이 있다. 직업으로는 공직이나 자유업에 종사 하는 것이 좋다. 여성이 금형인 경우 지혜롭고 총명하며 유능하고, 재주가 남성에게 뒤지지 않는다. 그러나 가리는 것이 많고 목소리가 쉰 듯한 사람은 그렇지 않다.

5) 수(水)형으로 생긴 사람

수형은 물의 윤택한 성질과 둥근 모양을 따라 살이 많이 쪄서 항아리처럼 둥글다. 골격의 움직임은 가벼워 보이고, 뼈는 작은 듯이 잘 드러나 보이지 않는다. 순수한 수형은 원형의 얼굴에 몸집이 항아리처럼 널찍하게 두툼하면서, 구부정한 형상을 취하고 땅을 내려다보며 걷는다. 빼어난 수형은 물의 지혜와 윤택함을 타고나서 머리가 매우 영민하여 수재형에 속한다.

수형은 토형과 어느 정도 비슷하지만 토형보다 부풀어 오른듯하며, 키가 작고 모양이 나지 않는 체형이다. 머리나 팔다리, 손바닥, 발바닥 등 신체의 각 부분과 귀, 코, 입, 눈 등에도 골고루 살이 많고 두텁다. 기색은 윤택하고 기운이 안정되고 조용해 보이며, 피부는 흰 편이나 다소 검은 듯한 기풍이 감돈다.

살이 쪄서 몸은 무겁고 뼈는 가는 편이며, 기색은 가무잡잡 하고, 등허리와 엉덩이가 풍후하며 손에는 살이 토실토실하게 쪄있고, 이목구비도 살이 있어 둥근형을 수형이라고 한다. 얼굴색이 어둡고, 기가 사납고, 뼈가 튀어나고, 분바른 것처럼 색이 희면 나쁘다.

　수형은 색이 홍색이고 수염이 없고, 피부에 개기름이 흐르면 일생을 가난하게 살며, 자녀운도 따르지 않는다. 살이 쪄도 탄력이 없으면 무지하고 감각이 둔한 편이다. 탄력이 알맞게 있으면 활기차고 생기가 넘치며 힘이 있어 부귀를 겸한다.

　또한 오랫동안 정성을 들여 하는 일은 잘하지 못한다 해도, 남을 배려하거나 서비스를 근본으로 하는 장사는 잘할 수 있으므로 재복을 얻을 수 있다.

　수형인이 금기운을 얻으면 지혜로워지고, 마음이 넓고 커지며 명리(名利)가 쌍전한다. 수형인이 토를 만나면 가산이 줄고 병고가 끊이지 않으며 몸이 분주하고 고민이 많다.

　수형인은 불그스레한 얼굴색을 띠는 것이 좋고, 황색은 토극수 이니 불리하다. 수형인이 마음이 안정되고 수의 운이 잘 올 때에는 겸허하여 많은 사람과 화합을 잘 이루며 자선을 많이 베푼다.

　수형인은 얼굴이 탁한 황색이거나 목소리가 갈라지고, 성격이 막히고 둔한 사람은 일생 동안 빈천하다. 또한 코가 지나치게 솟았거나 결후가 있는 것, 귀에 결함이 있거나 눈이 흐리고 콧구멍이 보이며 입술이 치켜지면 평생 운이 나쁘고 재앙이 많다.

　여성이 수형인 사람은 얼굴이 보름달 모양이 많은데, 여기에 눈썹이 둥글고 수려하면 대부분 부자에게 시집간다. 성격이 원만하고 슬기로우며, 부를 굴리고 만들어내는 재주가 있으며, 두뇌회전 또한 빠르다. 이러한 여성이 금형인이나 목형인의 이성과 결합하면 남편을 흥하게 하고 집안을 일으킨다.

【3】오행의 상생·상극과 조화

1) 오행의 상생(相生)

　나무가 성장하는 것은 목(木)의 목(木)이고, 꽃이 활짝 피는 것은 목(木)의 화(火)가 있다는 뜻이며, 단단한 열매와 껍질은 토금(土金)의 기운이 작용한 탓이다. 딱딱한 껍질 속에는 씨의 핵을 보호한다.
　금(金)은 수(水)를 생하는 기운이 있다. 낮은 곳으로 흐르는 물은 나무를 만나면 높은 곳으로 올라간다. 위로 성장하는 목(木)을 만나면 변화가 일어난다. 목생화(木生火)·화생토(火生土)·토생금(土生金)·금생수(金生水)·수생목(水生木)은 원으로 돌아가 서로를 도와주고 북돋아주는 관계가 된다.
　목은 수의 도움을 받고 화를 도와준다. 화는 목의 도움을 받고 토를 도와준다. 토는 화의 생을 받고 금을 도와준다. 금은 토의 생을 받고 수를 도와준다. 수는 금의 도움을 받고 목을 도와준다. 하나를 얻으면 반드시 하나를 도와주는 구조로 서로 싸우지 않고 순행한다.
　내 얼굴이 목형체(木形體)인데 목소리가 화성(火聲)이면 목(木)이 화(火)를 생(生)해 좋은 관계는 유지하나, 수음(水音)에 가까워야 목소리가 얼굴을 도와 더 좋은 에너지를 전달 받을 수 있다. 나머지도 이와 같이 생각 하면 된다.

2) 오행의 상극(相剋)

　나는 누구는 이기지만 누구에게는 꼼짝하지 못한다. 서로 상대적인 관계 속에서 중심을 잡으려고 움직이는 우주공간의 기운이라고 생각하면 된다. 자연 생태계가 파괴되지 않는 것은 상극구조가 한쪽으로 편향되지 않기 때문이다.
　서로 극하는 관계에서 평형이 깨지면 자연의 대재앙을 초래하듯이 사람의 상(相)과 성(聲)도 이런 관계를 유지한다. 음성은 내 몸에서 나온 에너지이지만 나를 돕기도 하고 해치기도 한다. 그리고 서로의 소리구조에 따라 대인관계나 일의 성취도가 달라진다.

금극목(金剋木)·목극토(木剋土)·토극수(土剋水)·수극화(水剋火)·화극금(火剋金)으로 이루어졌다. 금은 목을 이기고, 목은 토를 이긴다. 토는 수를 제어하지만 수는 화를 이긴다. 화는 금을 이기지만 금은 목을 극한다. 하나를 이기면 반드시 다른 하나에게 지는 구조로 이루어졌다.

얼굴이 금형체(金形體)인데 목소리가 목성(木聲)이면 금(金)이 목(木)을 극하기 때문에 얼굴이 소리의 에너지를 파괴시킨다. 이런 사람은 어질지 못하다. 만약 음성이 화성이면 내 몸에서 나오는 소리가 얼굴의 기운을 상하게 만들기 때문에 흉하다. 이런 사람은 의리가 없다. 나머지도 이와 같이 추론하면 된다.

3) 상극의 최고 조화

✿ 금기(金氣)가 왕성한데 화(火 : 용광로)를 얻으면 그릇이 된다.
얼굴은 금형체(金形體)이며 기운이 강하고, 몸은 화기(火氣)를 이루면 상극이나 오히려 대성한다. 목소리가 수(水)이면 화(火)가 필요한데 불을 꺼버리는 결과가 되기 때문에 종합적인 구성에서는 좋지 않다.

✿ 화기(火氣)가 왕성한데 수(水)를 얻으면 비로소 재목이 된다.
얼굴에 화(火)가 가득한데 몸까지 화형이면 신경과민 등 정신적인 질병이 따른다. 이런 사람은 몸이 수형이어야 강한 화기와 조화를 이룬다.

✿ 수기(水氣)가 왕성한데 토(土)를 얻으면 못과 늪을 이룬다.
물은 토(土)의 극을 받지만 물줄기가 강해지면 흙을 파고 강둑을 무너뜨린다. 왕한 물은 반드시 토(土)로 제방을 튼튼하게 해야 못이나 호수를 만든다. 얼굴은 수기가 강한데 몸은 토형으로 단단하게 제방하면 만인을 살리는 사람이 된다.

✿ 토기(土氣)가 왕성한데 목(木)을 얻으면 비로소 소통된다.
드넓은 대지도 사람과 마찬가지로 숨을 쉬어야 살아 있는 땅이 된다. 높은 산에 나무 한 그루 없다면 황량하기 그지없을 것이다. 땅에는 나무가 살아야 생명체가 함께 할 수 있다. 사람의 얼굴도 토기가 왕성한데 몸이 목으로 소통하면 덕이 풍성해진다.

✿ 목기(木氣)가 왕성한데 금(金)을 얻으면 동량이 된다.
　어리고 여린 나무는 금(金)을 두려워 하지만 아름드리 큰 나무는 금(金)과 중화를 이루면 아름다운 건물을 만드는 등 많은 혜택을 준다. 얼굴이 목형체(木形體)로 기운이 왕성한데 몸이 금(金)이라면 필요한 오행을 취하여 국가를 경영하는 큰 그릇이 될 수 있다.

【4】 하도와 오행

　혼재되어 있던 음과 양 중에서 맑고 가볍게 움직이는 양이 먼저 뭉쳐 양의 움직임이 극에 이르러 멈추면 다음으로 음이 형성된다. 음은 탁하고 무거운 것으로 양의 위를 둘러싼다. 양이 음에 둘러싸여 움직이고 멈추는 가운데 압축되면서 압력이 높아진다.
　압축된 양의 힘이 음의 약한 곳을 뚫고 한 가닥으로 분출된다. 이때 한 줄기로 분출되는 상은 나무에서 새싹이 나오는 상과 같으므로 목(木)이라고 한다. 한줄기로 뻗어가는 양의 기운이 압력을 잃게 되면 양의 본래 특성대로 상승하며 확산해 나간다.
　이 모습이 마치 불이 타오르며 확산하는 상과 같아 화(火)라고 한다. 상승하며 확산 되던 기운은 무한정이 아니다. 어느 순간에 다시 수렴되기 시작하면서 상승하며 확산하는 더운 기운과 수축하며 하강하는 차가운 기운은 상반되는데, 이런 과정을 위해 중재할 수 있는 기운이 필요한데, 편향되지 않고 중재하는 중화작용의 상이 토(土)이다.
　분출되어 확산하며 상승하던 양의 기운이 토의 중화 작용으로 다시 수축하며 하강하기 시작하고, 이를 음이 양을 감싸며, 수축 하강하여 표면부터 수렴되는 상을 금(金)이라고 한다. 양이 음에 둘러싸이며 수축 하강하던 상태에서 완전히 음기에 수장되어 응고하는 상이 수(水)이다. 수의 응고작용에 의하여 압축되고 힘이 축적되면 어느 순간에 다시 분출하게 된다. 이처럼 일동일정(一動一靜)하는 과정이 반복되면서 우주와 만물이 순환한다. 오행에서는 방향을 동, 서, 남, 북 그리고 중앙으로 나누고 색을 정했다. 동방은 목에 속하니 푸른색, 서방은 금에 속하니 흰색, 남방은 화에 속하니 붉은색, 북쪽은 수에 속하니 검정색, 중앙은 토에 속하니 노란색이다. 금형은 각이 지고 하얗고, 수형은 둥글고 검으며, 목형은 길고 푸르다. 화형은 뾰족하고 붉으며, 토형은 두텁고 노랗다.

【5】 오형상설(五形象設)

사람은 수(水)에서 정(精)을 받고 화(火)에서 기(氣)를 받아 사람이 되었다(남녀 교합을 뜻함). 정(정자와 난자)이 합한 뒤에 정신(精神)이 생기고 신이 생겨난 후에 온전한 형체가 이루어지게 되는 것이다. 사람의 외형상에 나타나는 형태로는 금, 목, 수, 화, 토의 오행의 형상이 있고, 날짐승 들짐승의 상이 있다.

금형(金型)은 모진 것을 꺼리지 않고, 목형(木型)은 마른 것을 싫어하지 않고, 수형(水型)은 살찐 것을 싫어하지 않고, 화형(火型)은 뾰족한 것을 싫어하지 않으며, 토형(土型)은 탁한 것을 싫어하지 않는다.

金과 비슷한 형에는 金을 만나야 성정이 강직하고 바르며, 木과 비슷한 형에는 木을 만나야 재물이 풍족하고, 水와 비슷한 형에는 水를 만나야 학문이 높아 존경을 받게 된다. 火와 비슷한 형에는 火를 만나야 기교와 과단성이 있고, 土와 비슷한 형에는 土를 만나야 재·곡이 풍부하다.

사람의 형상이 넉넉하고 근엄한 자는 부자가 아니면 존경받는 사람이 되고, 천박하고 성미가 경솔해 보이는 자는 빈궁하지 않으면 요수(夭壽)한다. 자녀의 기는 사랑받아 귀엽고 순해야 하며, 용모가 엄숙하고 단정한 경우에는 부를 누리지 않으면 귀히 된다.

금형인은 작은 체구에 맑고 단단하고 모가 나듯 반듯하여야 한다. 모양이 짧으면 형이 부족함이요, 살집이 단단한 자는 형이 여유가 있다는 것으로 길상이다. 얼굴의 부위 중에 가장 중요한 곳이 중정인데 삼정이 모난 모양을 갖춘 자는 금형인의 체격으로 출세하여 스스로 이름을 날린다.

목형은 길쭉한 모양으로 마르고 쭉 곧고, 키가 크고, 마디가 드러나고 머리는 높고, 이마가 솟은 형상이니, 뼈가 굵거나 살이 많이 찌고 허리와 등이 납작하거나 얇으면 목형에는 좋지 못한 격이라 할 수 있다. 형체가 모진 듯하고, 뼈는 굵지 않으며 늠름한 기상에 꿋꿋하고 길쭉한 것이 목형이며, 눈썹과 눈이 또한 수려한 기상을 띠었다면 늦게라도 영광을 누리게 된다.

수형은 가볍게 일어나고 도량이 넓고 두터우며 형체가 굽은 듯하고 걷는 모습이 자박자박하고 하체가 짧은 모양을 한 자는 수형의 참격이다. 눈썹이 성기고 눈이 크며, 얼굴의 모양이 성곽처럼 둥글어야 좋다. 이런 상이 수형의 참격이니 평생 복록을 갖는다.

화형은 위가 뾰족하고 아래는 넓으며, 또 위는 날카롭고 아래는 풍만하며, 성품이 조급하고 살빛이 붉은 것을 화형의 참 모습이라 할 수 있다. 화형의 모습을 알고자하면 아래는 넓고 위 머리는 뾰족한가를 살펴야 한다. 그리고 거동이 안정감이 부족하고, 양 구레나룻에 수염이 적어야 한다.

토형은 살집이 많고 튼튼하며, 등은 둥실하게 수북하고 허리가 굵어서 그 형상이 마치 거북이와 같다. 엄숙함이 깊고 두터우며 성정이 심중하고 장상하고 단단하여 큰 산과 같다. 마음과 지혜가 깊으며 도량이 넓어서 헤아리기 어렵고 신의가 두터운 사람이다.

제 3장. 안면 분류

【1】 상모(相貌)

상모를 볼 때는 우선 오악(이마, 코, 좌우관골, 턱)을 살피며, 오악이 풍만하면 부귀와 영화로움이 많다. 다음으로 삼정(이마, 코, 턱)을 보아 삼정이 고르게 균형을 이루면 평생을 복을 보전하고 현달한다.

오악이 서로 응하면 관록을 얻어 영귀하고, 걸음걸이와 앉음새가 위엄이 있으면 사람됨이 높고 귀중하다. 이마는 주로 초년운이요, 코는 주로 중년운이며, 턱은 말년운을 주관한다. 극을 받거나 결함이 있으면 흉악한 상이라 단정할 수 있다.

【2】 오관(五官)

오관이란 귀(耳), 눈썹(眉), 눈(眼), 코(鼻), 입(口)의 다섯 가지를 오관이라 하는데 귀를 채청관(採聽官)이라 하고, 눈썹을 보수관(保壽官)이라 하며, 눈을 감찰관(監察官)이라 하고, 코를 심변관(審辨官)이라 하고, 입을 출납관(出納官)이라 한다.

일관만 길한 격을 얻으면 십년의 귀를 누리게 되고, 오관이 모두 길한 격을 이루면 늙도록 귀함을 누리게 되는데, 채청관은 빛이 선명해야 하고 높게 솟은 눈썹을 지나고 윤곽이 뚜렷하며 살집이 두툼하면 귀한 격을 이루었다고 할 수 있다.

보수관은 눈썹이 넓고 맑고 길어서 두 눈썹 끝이 귀 옆머리에 닿을듯하고, 쇠뿔을 달아 맨 것 같으며 초생달 모양 같고, 머리와 꼬리 부분의 살집이 풍부하게 차고 이마의 중간쯤에 높게 위치하면 귀한 격을 잘 이루었다고 할 수 있다.

감찰관은 눈이 감싸인 듯 드러나지 않고 검은 창과 흰 창이 분명하고, 눈동자가 단정하며 광채가 사람을 쏘아 보는 듯하고 눈의 모양이 가늘고 길면 귀한 격을 잘 이루었다고 할 수 있다.

심변관은 코의 콧대가 단정해야 하고 인당이 평평하고 넓으며, 산근이 인당, 연상, 수상을 연결하여 높고 바르며 코끝이 둥그스름한 가운데 정위(庭尉), 난대(蘭臺)가 도도록하게 솟아 쓸개를 달아 맨 모양같이 생겼으며, 콧대의 가지런하기가 대통을 쪼갠 것 같고 빛깔이 선명하여 누른 듯 밝으면 귀한 격이 잘 이루어졌다고 볼 수 있다.

출납관은 입이 모지고 커야 하며, 입술은 붉어야 하고 단정하고 두툼하며 당긴 활처럼 생겨 입을 벌리면 크게 보이고 다물면 작게 보여야 귀한 격이 잘 이루어졌다고 할 수 있다.

① 채청관

채청관은 귀를 말하며, 귀는 소리를 듣고 판단하는 곳이다. 귀가 뒤로 넘어갔으면 상대의 말을 들을 때 신중한 마음을 가져야 한다. 귀는 귓바퀴가 분명하고 빛깔이 선명하며 눈썹보다 약간 높은 것이 좋다. 귓구멍이 크게 벌어지지 않는 것이 길하며 두텁고 딱 붙어 있어야 한다.

② 보수관

보수관은 눈썹을 말한다. 사람은 나이가 60세가 넘으면 수명을 보호하려고 호르몬의 분비와 함께 변화가 오기 시작하여 길이가 달라진다. 눈썹은 넉넉하고 넓으며, 약간 높은 듯이 위로 붙어야 한다. 모양이 곱고 빛은 맑고 윤기가 있으면 좋다. 눈썹의 미두에 살이 있어야 하고 꼬리인 미미는 눈을 지나야 하며 약간 높게 자리 잡아야 길상이다.

③ 감찰관

감찰관은 눈을 말한다. 사물이나 격물의 기본이 눈에서 시작되니 눈이 잘못되면 모든 것이 수포로 돌아간다. 눈은 흑백이 분명하고 눈동자가 단정하며 광채를 머금은 듯 빛나고 모양이 가늘고 길어야 좋다. 눈에 깃든 신기인 안신은 감춰져 있어야 한다. 눈썹이 초승달 같거나, 버드나무가지 같으면 부족함이 없는 눈썹이다.

④ 심변관

심변관은 코를 말하며, 분별력을 살피는 곳이다. 매의 코처럼 휘었거나 어린아이처럼 아주 낮으면 여기에 맞는 기능이 발달한다. 코는 높고 풍후하며 반듯하여 구부러지거나 꺾이지 않아야 한다. 콧구멍은 드러나지 않고 준두가 뾰족하거나 오그라지지 않는 것이 좋다. 코의 모양이 쓸개주머니를 매달아 놓은 것 같으면 재복이 많다.

⑤ 출납관

출납관은 입을 말하며, 금전이나 물건을 사용하는 마음을 살핀다. 입꼬리가 위로 향하고, 오므리면 작고 벌리면 커야 하며, 웃을 때는 이가 보이지 않고 상하가 단정해야 한다. 입술은 붉고, 이는 하얀 것이 좋다. 입술에 무늬가 많으면 잘못을 감추고 비밀을 잘 지킨다.

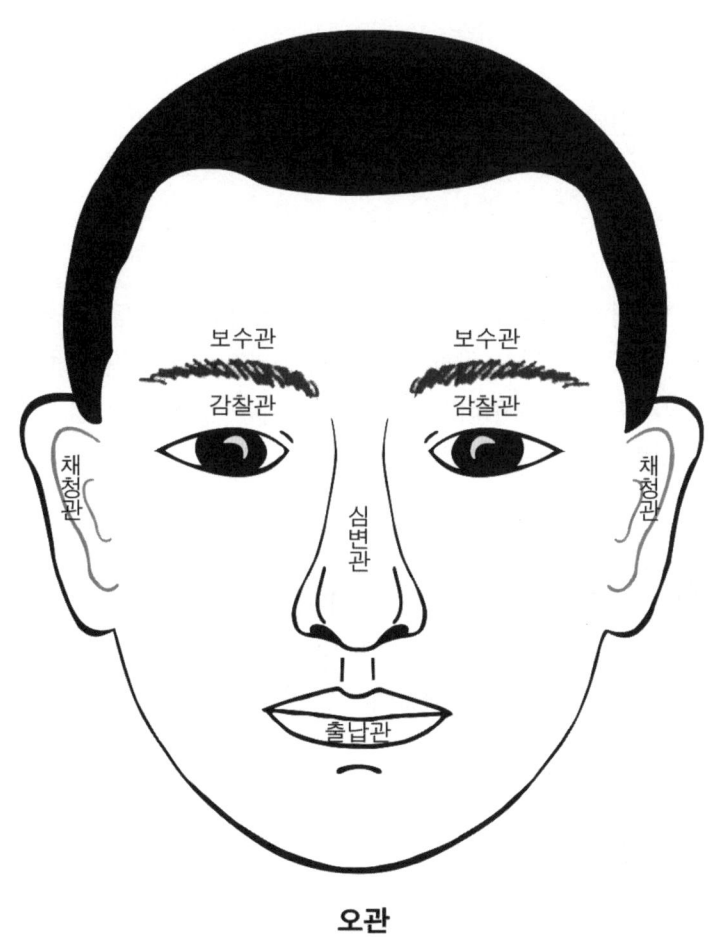

오관

【3】 사독(四瀆)

사독은 눈, 코, 귀, 입의 네 군데 깊은 곳을 강에 비유한 것이다. 얼굴의 깊은 곳 네 군데 중 귀(耳)의 오목한 곳을 강독이라 하고, 눈(目)의 오목한 곳을 하독이라 하고, 입(口)의 오목한 곳을 회독이라 하고, 콧구멍을 제독이라 한다.

사독은 모두 물 흐르는 것에 비유한 것이므로 물의 근원이 깊고 장원하여 물굽이가 순하여 급하지 않음을 요하는데 이렇게 되면 재·곡이 풍성하고 재물의 소비보다 축적을 많이 하게 된다.

① 강독(江瀆 : 귀)

귀는 구멍이 넓고 깊어야 하며, 성곽이 두텁고 튼튼하게 되면 총명하고 가업을 잘 보전하게 된다.

② 하독(河瀆 : 눈)

눈은 가늘고 길면 귀하게 되며 광채가 있으면 총명하고, 얕으면 단명하고, 혼탁하면 일에 막힘이 많고, 눈자위가 짧아서 둥글게 보이면 수명이 길지 못하고, 너무 크지 않고 너무 작지도 않아야 귀하게 된다. 눈이 나온 것은 물이 넘쳐서, 반대로 너무 깊은 것은 고여 있어서 좋지 않다.

③ 회독(淮瀆 : 입)

입은 모지고 넓고, 입술은 다물어져야 길격이다. 아래 입술보다 윗입술이 엷어도 안 되고, 윗입술보다 아랫입술이 엷어도 좋지 않으므로 이렇게 되면 명도 길지 못하고 만년에 박복한 상이며, 입술이 다물어지지 않는 사람은 재산의 손실이 많게 된다.

입은 크고 각이 지고 입술은 붉고 두터우며 입 끝이 위쪽으로 향하는 것이 좋다. 윗입술과 아랫입술은 균형이 맞아야 하고, 입술의 선이 깨끗해야 한다.

④ 제독(濟瀆 : 코)

코는 풍만하여 광채가 나고 둥그스름한 것을 요하며, 코가 이지러지지 않고 반듯하며 콧구멍이 뻔히 들여다보이지 않으면 집이 반드시 부유하게 된다. 코는 크고 곧아야 하며, 삐뚤어지거나 휘어지지 않아야 한다.

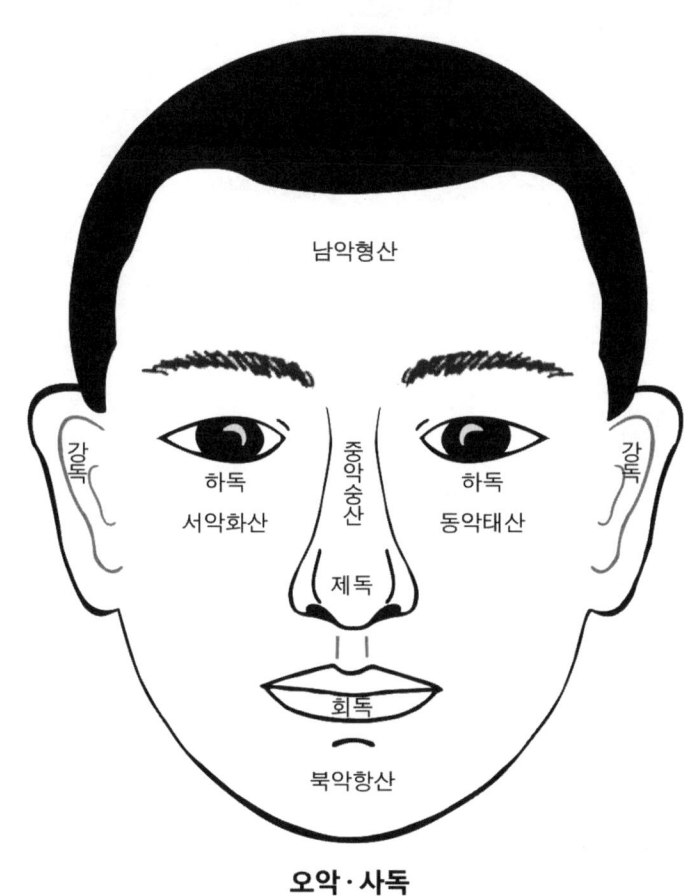

오악·사독

【4】 오성 육요(五星 六曜)

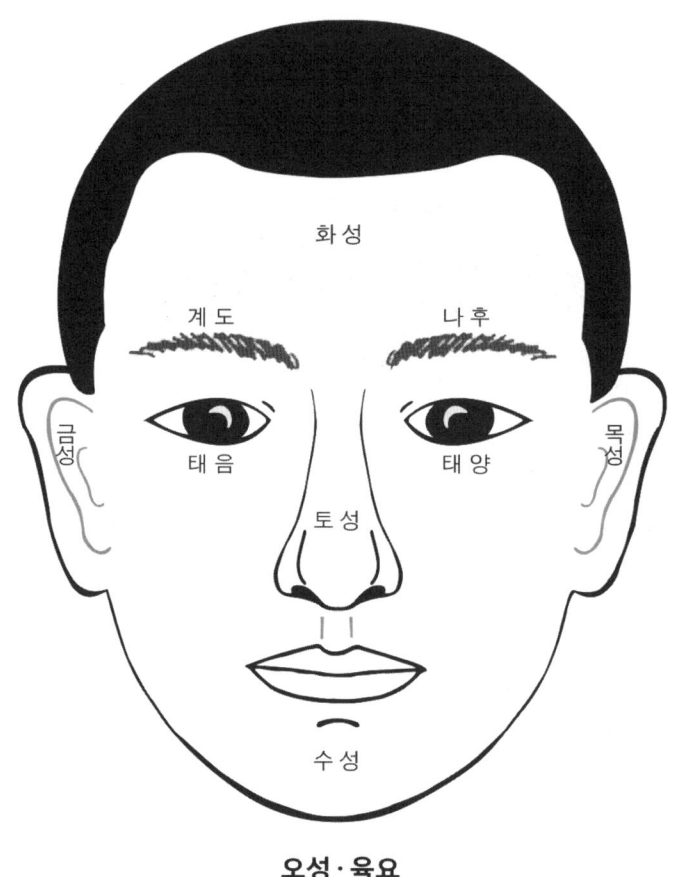

오성·육요

　오성이란 木, 火, 土, 金, 水를 칭하는데 얼굴에는 오성이 차지하는 각각의 위치가 정해져 있다. 오성의 위치는 이마, 좌우 귀, 코, 입의 다섯 군데이니 이마(額)를 화성(火星)이라하고, 왼쪽 귀(左耳)는 목성(木星 : 여자는 金星), 오른쪽 귀(右耳)는 금성(金星 : 여자는 木星) 이라 하고, 코(鼻)는 토성(土星)이라 하고, 입(口)은 수성(水星)이라 한다.
　화성은 이마로써 입·벽의 네모진 것을 얻어야 한다. 발제가 높으며 풍만하게 꽉 차고 널찍하면 관록이 있다. 화성은 생명궁이므로 화성이 힘을 얻어야 장수할 수 있고 부동산 복이 있다. 이마에 내천(川)자 모양으로 뼈가 솟아 있으면 일찍 관직에 오를 수 있다.

　이마가 넓고 머리털이 높이 난 사람은 녹위와 의식이 풍족하다. 자기성은 인당 바로 밑에 자리하고, 인당에 주름이 없고, 둥글기가 구슬 같으면 존귀한 사람이고, 흰 빛으로 은빛 같으면 부귀하고, 누런 사람은 의식이 넉넉하다.

　이마가 뾰족하고 좁고 주름살이 많으면 공직과 명예의 길이 험난하고, 자식을 일찍 두기 어렵고, 재산을 모으기 어렵다. 장수가 어렵고, 부인을 잃기도 한다.

　이마가 좁고, 평평치 않고 주름이 있는 사람은 자식이 2~3명이라도 힘이 되지 못하고 녹은 두터우나 전택은 손감한다. 인당이 좁고, 잔주름이 많은 것은 좋지 않고 부동산 손실이 많다. 난대와 정위가 응하면 말년에 영화를 누리고 재복도 있다.

　나후성(좌측눈썹)과 계도성(우측눈썹)은 눈썹이 빽빽하지 않고, 빛이 검고 길이가 눈을 지나 빈제(귀 옆머리)까지 닿는 사람은 의·록이 풍부한 상이다. 좌우 눈썹이 서로 붙은 듯하고 누른빛 또는 붉은빛을 띠고 짧으면 주로 골육과 자식에게 액이 미치는 상으로 형을 범하고 악사하는 경우가 많다.

　태음(太陰)과 태양(太陽)은 좌우의 눈이니 동자가 흑백이 분명하고 길고 가늘어 눈꼬리가 귀 옆머리에 가깝고, 검은 창은 많고 흰 창이 적으며 광채가 나는 사람은 음양 두 가지가 명(命)에 조림한 상으로 크게 귀하게 된다.

　두 눈이 조악하지 않고 순해 보이는 사람은 골육이 모두 귀히 된다. 그러나 검은 창은 적고 흰 창이 많으며 눈빛이 누르거나 붉은빛을 띤 것은 음양이성(陰陽二星)이 낙함(落陷)하여 힘을 잃은 상이라 부모 처자를 극·해하고 전택을 파손하며 재앙이 많고 단명할 상이다. 눈썹이 아주 성기고 미릉골이 높게 솟으면 성급하고 흉악하며 횡포한 행동을 잘 한다. 버드나무와 같이 늘어진 눈썹은 이성관계가 복잡해지기 쉽다.

　토성은 코이다. 두터우면 장수한다. 코는 양쪽 콧구멍이 드러나지 않아야 한다. 연상과 수상인 콧등의 살이 두툼하고, 단정하게 한쪽으로 치우치지 않고 이마에 이어져야 한다. 월패성(月孛星)은 산근을 말하고 인당으로부터 곧게 아래로 뻗은 것은 월패성이 바르게 이어지는 것으로 길격이다.

　산근은 인당을 따라 바르게 아래로 내려오고 산근이 인당보다 약간 낮은 듯 꺼지지 않은 것이 좋고, 광채가 빛나면 관록이 따른다. 산근이 꺼지면 자손에게 불길하고 재액이 많으며, 산근이 좁고 뾰족하면 집안의 재산을 일찍 잃게 된다.

　토성은 코를 말함이니 준두가 풍후하고, 두 콧구멍이 보이지 않아야 하며 콧대가 평만하여 곧고 바르게 뻗은 경우 토성이 제대로 입명(入命)하였다 해서 복록과 수를 누린다. 코가 바르지 못하고 콧마루가 뾰족하거나 콧구멍이 환히 보이고 높거나 중악토성이 함하면 빈천하고 가업이 흥왕치 못하며 성품은 비뚤어진다.

중악인 토성이 삐뚤어지고 준두가 뾰족한 것은 가난하여 가업이 적고 사람됨이 곧지 않다. 갈고리나 매의 부리같이 굽어 있으면 마음이 간교하여 다른 사람에게 해를 끼칠 수 있다.

금성과 목성은 두 귀를 말하는데 왼쪽 귀가 목성이고, 오른쪽 귀는 금성이다. 귀가 희고 윤이 나면 평생 공직에 있을 수 있고, 귓불이 입을 향해 들려 있으면 오복이 있고 부유하게 된다.

귀가 크든 작든 윤곽(輪郭)이 분명해야 하고 빛은 선홍색이며, 귀문(耳門)은 귀의 크고 작음을 불문하고 넓어야 하며, 귀가 뒤로 젖혀지거나 뾰족하지 않아야 한다. 작거나 얇지 않고 눈과 눈썹 위에 높이 붙고, 흰빛 그리고 은빛과 같은 것은 모두 좋은 상으로 이는 복록의 발함이 빠르다. 귀가 뒤로 뒤집힌 듯하거나 좁거나, 한쪽은 크고 한쪽은 작거나 한 경우는 금성과 목성이 함한 격이 되어 전택(田宅)과 재물의 손실이 많을 뿐 아니라 학식도 부족하다.

수성은 입을 말하는데 내학당(內學堂)이라고도 한다. 맑은 홍색으로 넓고 네모지면 고위직에 오른다. 인중이 깊고 입과 치아가 단정하면 재능과 학문이 뛰어나고 관록과 식복이 있다. 입술은 붉어야 하고 입을 벌리면 모지고, 인중이 깊어야 하며, 이(齒)가 단정히 나온 것 등은 길격이며, 문장이 출중하고 관록과 식록 운이 좋은 상이다. 선홍색이고 양쪽 입꼬리가 위를 향하면 문장이 뛰어나고 고위 공직에 오른다.

입술과 치아가 거칠고 입꼬리가 아래로 쳐지며 누런색이면 가난하고 천하다. 입이 또렷하지 않고 이완되어 입꼬리가 아래로 쳐지고 뾰족하게 나오면서 얄팍한 사람은 아주 가난하다. 한쪽으로 치우쳐 있거나 삐딱하면 마음이 간사하다.

【5】 오성 육요 정리

① 귀(耳) : 左木右金(여자는 右木左金)

✿1. 왼쪽 귀는 목이요 오른쪽 귀는 금인데 목·금으로 두 귀를 이룬다.
✿2. 귀문은 손가락이 들어 갈만하게 넓으면 총명하다.
✿3. 귀가 단정하고 곧게 나후(좌측눈썹)과 계도(우측눈썹)에 조응하면 의록과 복록이 풍후하다.
✿4. 두 귀가 꽃잎처럼 뒤로 젖혀지면 일생이 가난하다. 연예인은 그렇지 않다.
✿5. 귀 바퀴와 귓밥이 뒤로 뒤집히면 가난하여 고생을 많이 하게 된다.
✿6. 4~5번의 귀를 가지고 벼슬에 오르면 늙도록 말직에 머물며 출세를 못한다.

② 입(口) : 水星

✿1. 입을 다물면 四자 모양에 입술은 주홍처럼 붉어야 한다.
✿2. 두 각이 능선을 이루어 위로 향하여야 한다.
✿3. 1~2가 이루어지면 문장이 높고 총명하여 높은 지위에 오른다.
✿4. 입술에 주름이 많고 다문 모습의 두 끝이 아래로 쳐지면 안 좋다.
✿5. 입이 뾰족하거나 얇거나 하여 도도록한 맛이 없는 것은 걸인의 상이 된다.
✿6. 입 모양이 한쪽으로 치우치고 좌, 우로 삐뚤어져 있으면 좋지 않다.

③ 이마(額) : 火星

✿ 이마가 넓고 모지면 평탄하다.
✿ 살빛이 윤택하여야 좋다.
✿ 뼈가 도도록하고 이마에 내 천자 주름이 있으면 젊어서 높은 지위에 오른다.
✿ 이마가 뾰족하고 좁으면 안정을 찾지 못하고 고향을 떠나 방황한다.
✿ 주름이 가로 세로로 어지럽게 잡히면 외진 곳에 살거나 감옥에 간다.
✿ 붉은 힘줄 두 줄기가 일·월각까지 뻗치면 칼날에 다치거나, 죄를 짓거나 객사한다.

④ 코(鼻) : 土星

- 코가 단정하고 둥글며 대롱을 쪼갠 것 같아야 좋다.
- 두 콧구멍이 보이지 않아야 높은 지위에 오른다.
- 좌우 코언저리가 풍만하면 반드시 출세하여 이름을 날린다.
- 코가 비뚤어지거나 기울면 고생을 많이 한다.
- 콧마루가 뾰족하고 박약하면 고독하고 빈궁하다.
- 옆에서 보아 매부리코 같으면 마음속에 간특한 죄로 반드시 사람을 해치게 된다.
- 인당이 넓으면서 둥그스름하고 오긋하게 솟아 조응하면 유명 인사가 된다.
- 좌우 코언저리가 풍만하여 서로 응하면 말년에 관록이 영귀하고 금전도 풍요롭다.
- 인당이 몹시 좁거나 뾰족하고 짧거나 빰이 없으면 배움이 없고 사람됨이 소인이며, 의식이 궁핍하여 가세가 점점 기울어진다.
- 산근이 좁거나 뾰족하면 가산을 일찍 파하고 일마다 순조롭지 못하다.

【6】육부, 삼재(六府, 三才)

얼굴의 육부는 성벽과 같은 것으로 보골을 말한다. 좌우보골(좌우 이마), 좌우관골(좌우 광대뼈), 좌우이골(좌우 턱뼈)을 함께 칭해서 육부라 한다.

이마의 양쪽 천창 부위가 높이 솟아 있고 꽉 차며 풍성하면 재복이 많고 출세한다. 양쪽 광대뼈가 힘 있게 뻗어 있으면 "호취갈(呼聚喝) 산적권세(散的權勢)"라 하여 입을 한번 벌려 사람을 모았다 흩어지게 할 정도의 권세가 있다는 것이다. 양쪽 턱뼈가 안으로 솟아 있으면 말년에 재복이 많고 자손도 번성하며 많은 부하를 거느린다.

육부의 여섯 군데가 기울거나 빠진 곳 없이 균형을 이루는 것이 중요하다. 육부는 살이 팽팽하게 차고 서로 응하면 길격이라 하고, 쭈글쭈글 하거나 오목하게 들어가거나 툭 불거지면 좋지 않다.

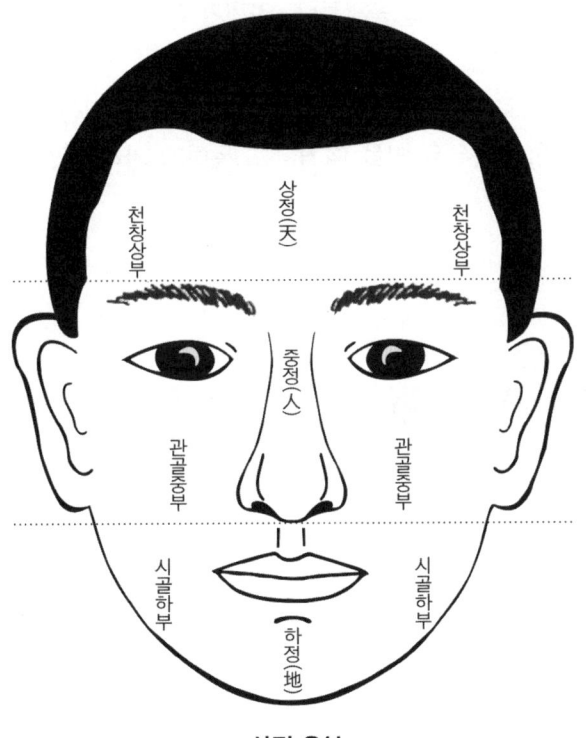

삼정 육부

삼재(三才)란, 천인지(天人地)를 말하는데, 이마를 天이라 하며 넓고 둥그스레하게 나타나면 天자를 가진 것은 귀(貴)하고, 코는 人이라 하는데 바르고 가지런 하려 하니 이름하여 이르기를 人자를 가진 것은 수(壽)며, 턱은 地라 하는데 모나고 넓으니 이름에 이르기를 地자를 가진 것은 부(富)하다.

【7】 사학당(四學堂)

사학당은 눈(眼), 이마(額), 이(齒 : 앞니 두 개), 이문(耳門)을 말한다.
✿ 눈을 관학당(官學堂)이라 하니 눈은 길고 맑아야 관직에 오르고,
✿ 이마를 녹학당(祿學堂)이라 하니 이마가 넓고 길어야 관록과 수를 누리고,
✿ 당문양치(當門兩齒 : 앞니 두 개)를 내학당(內學堂)이라 하니 바르고 촘촘해야 충성되고 신의 있고 효도하고 공경하나, 잇새가 뜨거나 이지러졌거나 작으면 좋은 운이 들지 않는다.
✿ 이문(耳門 : 命門)의 바로 앞을 외학당(外學堂)이라 하니, 이문 앞이 풍만하여 광채가 윤택해야 길하고 어두운 빛을 띠거나 오목하게 가라앉았으면 어리석고 우둔한 인물이 된다.

【8】 팔학당(八學堂)

팔학당은 머리(頭), 액각(額角), 인당(印堂), 눈빛(眼光), 귀(耳), 이(齒), 혀(舌), 눈썹(眉)의 여덟 부위가 된다.
✿ 고명학당(高明學堂)이니 머리가 둥글고 이골(異骨 : 툭 불거진 머리)이 솟은 것을 말한다.
✿ 고광학당(高光學堂)이니 액각(額角 : 옆 이마)이 밝고 뼈가 윤택하며 도도록

하게 솟은 것을 말한다.
- 광대학당(光大學堂)이니 인당(印堂)이 평평하고 밝고 흠집이나 상처가 없는 것을 말한다.
- 명수학당(明秀學堂)이니 눈빛이 밝고 눈동자가 검고 사람의 神을 감춘다.
- 총명학당(聰明學堂)이니 귓바퀴에 홍(紅), 백(白), 황색(黃色)을 띤 것을 말한다.
- 충신학당(忠信學堂)이니 이(齒)가 가지런하고 촘촘하고 하얀 것을 말한다.
- 광덕학당(廣德學堂)이니 혀(舌)는 길어서 코끝을 닿을 듯하고 주름이 있는 것을 말한다.
- 반순학당(班笋學堂)이니 눈썹이 길고 초승달같이 둘이 있는 것을 말한다.

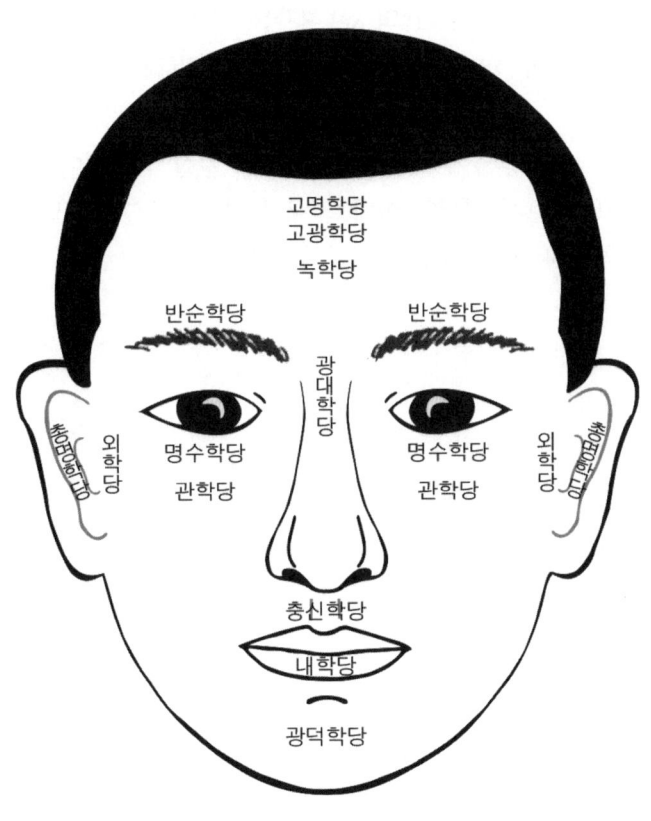

사학당 · 팔학당

【9】 인면총론(人面總論)

　천정은 도도록하게 솟음을 요하고, 사공은 평평해야 하며, 중정(이마의 중앙)은 넓게 틔어야 하고 인당은 맑아야 한다.
　산근은 솟고 끊어지지 않고, 연상·수상은 넓어야 하며, 준두는 가지런하게 둥글고, 인중은 약간 골이 깊고 아래로 내려가면서 넓어야 길상이다.
　입은 四자와 같고, 승장은 넓어야 하며 지각은 오긋하여 천창과 서로 도와야 한다.
　산림(눈썹)이 둥근 듯 원만하고, 변지·역마는 반듯하게 맑으며 넉넉하고 풍요로워야 한다. 일·월각은 구슬 모양이 감춰진 것처럼 나타나고 높아야 한다.
　태음(우목:右目), 태양(좌목:左目)의 눈(여자는 반대)은 위·아래쪽에 살집이 많아야 하고, 어미는 길어야 하며, 관골을 바로 보면 신광(神光)의 빛이 감돌아야 한다.
　난대와 정위는 모양이 좋게 두터운 듯 팽팽하게 살집이 있어야 하고, 법령은 황색으로 기색이 살고, 바르게 되어야 한다. 좌우 눈(삼음삼양)이 풍만하면 크게 귀하게 될 상이요, 오악과 사독이 서로 부서지는 경우가 없으면 좋은 상이 된다.

제 4장. 12궁

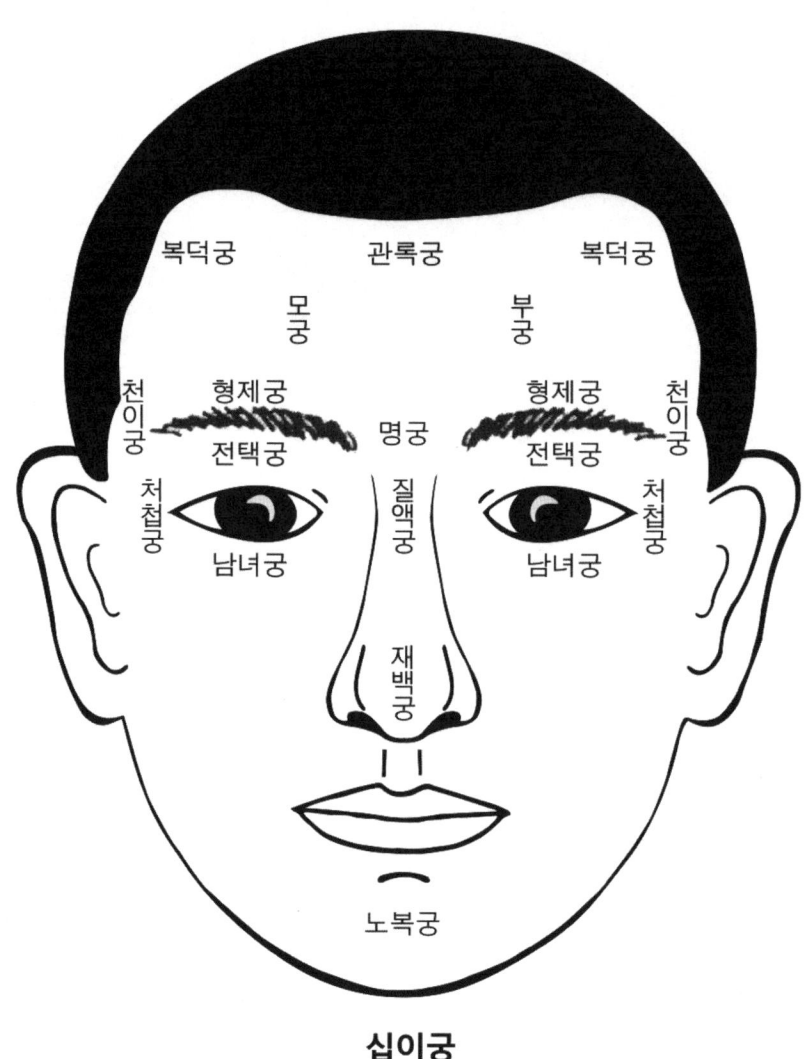

십이궁

【1】 명궁(命宮) : 인당(印堂)

　인상에서 가장 먼저 상대에게 시선을 주는 곳이 명궁(인당)이다. 아침 일출과 동시에 이곳으로 몸의 기가 모였다가 일몰이 되면 기는 장기로 모여 휴식에 대비한다. 아침에 잠에서 깨어나 세안을 하기 전에 명궁에서 몸의 기와 찰색을 먼저 살피고 다른 곳을 본다. 명궁은 그 사람의 운명을 한눈으로 볼 수 있는 곳이다.
　명궁은 두 눈썹과 눈썹의 사이 즉 양미간으로 콧등을 타고 올라가 눈썹 사이에 위치한 곳을 말한다. 코 바로 위의 양미간으로 얼굴의 중심에 해당하며, 인당이라고도 하는 운명학적으로 가장 중요한 자리로 그 어떠한 것들보다도 우선시 되는 곳이다. 이는 얼굴에서 중심으로 보게 되며 사람의 운명을 가늠할 때에도 무시할 수 없는 자리이다.
　즉 일생 운명의 성쇠를 보는 곳이며 선천적으로 타고난 운과 후천적으로 일구어 놓은 운으로 힘의 강약을 표시하고 학식, 직업, 심덕, 음덕, 부부의 운 등 여러 가지를 본다. 겉의 빛깔과 속에 잠재되어 있는 빛깔, 주름의 유무와 위치 등 하나도 소홀히 볼 수 없을 만큼 중요한 위치가 된다. 좋은 명궁은 은은한 광채가 나며 이 자리가 좋으면 평생의 운이 좋다고 본다.
　명궁의 기색이 밝고 윤기가 나며 요철이 없고 팽팽하면 학문이나 다방면에서 뛰어나고, 여기에 산근이 힘이 있고 연수가 높으면 수명도 길고, 눈이 꺼지지 않고 빛이 나면 갑부의 상이다. 나쁜 일이 생기기 전에는 이 자리의 빛이 어두워지는 색에 따라서 어떠한 액운이 닥쳐올지 가늠할 수 있다.
　명궁의 자리는 넓은 것이 좋으나 너무 넓으면 바람기가 있다. 두둑하게 윤기가 있으면서 빛이 나고 맑아서 거울과 같으면 학문에 통달하고, 산근이 평평하고 가득 차면 주로 복록과 수명을 누리는데 명궁에 점이나 문(紋)이 있으면 자주 이사를 하게 되고 부부 사이가 좋지 않지만, 이곳이 넓은 사람은 성격이 담대하고 통솔력도 있다. 이곳의 눈썹이 서로 붙으면 간섭이 심하여 내향적인 성격으로 변할 수 있어 좋지 않다.

【2】 재백궁(財帛宮)

이 자리는 명궁 다음으로 중요한 자리가 된다. 재(財)는 '돈 재' 자로 돈을 말하며 얼굴에 길게 내려 있는 코는 돈을 상징한다. 또한 백(帛)자는 '비단 백' 자로 비단이 많다는 뜻으로, 코는 재물운을 보는 곳이다.

코는 죽통을 쪼갠듯하고, 쓸개를 달아 맨듯하면 부귀하고, 곧게 솟고 풍성하게 일어나며 중정이 바르고 좋으면 재가 왕하여 부귀하다. 이 궁의 위치는 코 전체를 보며 재·복의 유무와 평생의 재산 운을 보는데 크기와 모양과 찰색에 따라 달라지는 경우가 많다.

코가 얼굴과 비교하여 너무 높거나, 너무 크거나, 삐뚤어져 있거나, 너무 낮으면 재복이 약하다. 코가 너무 크거나 높은 사람은 모든 것을 우습게 여기는 경향이 있으며, 유아독존적이어서 주위에 사람이 없고 외로워 좋지 않다.

재백궁은 재산관계, 금전출납, 명예 등을 보며 코의 모양이 쭉 매끄럽게 뻗은 것이 좋으며 콧구멍이 드러나지 않고 윤기가 있고, 콧방울이 좋으면 재물이 많이 모인다. 콧등에 세로 주름이 있거나, 검은 점이나 흠집이 있는 주름이 생기면 본인의 건강뿐 아니라 가족의 건강도 좋지 않으며 금전손실이 발생한다.

콧대가 약간 솟으면 자존심이 강하고, 매부리처럼 코끝이 구부러진 사람은 욕심이 많고 냉정하며 이기적이다. 콧구멍이 너무 작으면 본인의 주장이 너무 강하고 융통성이 부족하며 수전노 기질이 다분하다.

또한 콧구멍이 너무 크고 코가 크면 용전여수(用錢如水)와 같다고 하여 너무 헤프고 품위유지비 지출이 과다하며, 이런 사람은 사주에 편재가 많아 일확천금(一攫千金)을 벌기도 하는데 삶의 행로에 파란이 많다. 콧구멍이 위로 향해 있으면 재물의 손실이 많아 쌓아 둘 재산이 별로 없다.

재백궁의 기색은 빛이 밝고 힘이 있어야 하고, 양 관골이 잘 감싸 주어야 하며, 지각이 잘 조응하면 일생동안 재물운이 좋다.

【3】 형제궁(兄弟宮)

이곳은 말 그대로 형제나 자매들과의 관계와 대인관계를 주로 본다. 평생을 살면서 피를 나눈 형제간의 관계가 중요한 것은 사실이다. 그 어느 누구 보다도 나에게 힘이 되어 줄 수 있는 사람들이기 때문이다.

형제궁의 위치를 보면 눈썹을 중심으로 예측하게 되며 그 모양과 위치, 색, 그리고 결까지도 보며 눈썹 주변의 피부까지도 살피며 보게 된다. 눈썹은 초승달 모양의 눈썹을 가장 으뜸으로 쳐주며 털이 부드러워야 하고 결을 고르게 가져야 한다.

눈썹이 눈을 넘고 눈썹 털이 많지도 않고 적지도 않으며 청아하고 단정하면 총명하고 형제간의 우애가 돈독하며 화목하여 평생 동안 서로에게 버팀목이 되어줄 든든한 관계가 유지되며, 주위 사람과의 대인관계도 원만하게 유지한다.

눈썹이 거칠고 짧으면 형제간에 이별수가 있고, 두 가지 모양의 털이면 반드시 배다른 어머니가 있다고 본다. 눈썹이 나오다 끊어지고 몽탁하며, 기색이 탁하고 털이 짧고 거칠면 형제 덕이 없고, 양 눈썹이 짝 눈썹이면 어머니와 장모를 모시거나 두 어머니를 모시게 될 상이다.

털의 색이 노랗거나 드문드문 나고, 눈썹 중간이 끊어지면 형제 복이 없다. 눈썹 끝이 이중으로 갈라져 있으면 양자로 가든가 서모나 의부와 같은 두 부모를 모신다. 눈썹 사이가 좁거나 양 눈썹이 붙어있고 기색이 얕고 안 좋으면 타향에서 단명한다. 눈썹이 거꾸로 자라면 형제끼리 원수가 되고 도적처럼 여기고 질투하며 해한다.

【4】 전택궁(田宅宮)

이 궁의 위치는 눈과 눈썹사이 눈꺼풀부분을 가리키며, 평생의 주택 및 전답과 상속에 관한 운을 예측하여 보는 자리이다. 이 위치의 크기나 찰색 등에 따라 어떠한 집에서 살게 될지를 가늠할 수 있게 된다.

좋은 전택궁은 넓고 맑은 빛을 띠며 상처가 없어야 좋다고 본다. 이곳에 상처가 있게 되면 부모의 좋은 집이나 재산을 물려받지 못하게 되는 경우가 발생한다. 이곳이 넓고 맑은 빛을 지닐 경우 일생을 좋은 집에서 편안하게 지내게 되며, 토지에 대한 운도 강하여 많은 토지를 소유하게 되고, 재물도 많고 지위도 높게 갖는다.

이 부위가 좁든가 상처가 있으면 상속을 받지 못할 경우가 있다. 붉은 맥이 눈동자에 침입하면 초년에는 가산을 파산하고, 노년에는 양식이 떨어지며, 좋지 않은 일이 자주 발생 한다.

눈동자가 검은 칠을 한 것 같으면 종신토록 가업이 번창하며, 전택궁이 좋아도 눈에 정기가 없고 희멀거면 주택을 가져도 단명 한다.

【5】 남녀궁(男女宮)

양쪽 눈 바로 아래 뼈가 없는 부위로 와잠(臥蠶)이라고 부르며, 누당(淚(눈물루)當)이라고도 한다. 자손 관계를 본다고 하여 자녀궁이라고도 한다. 이 궁은 이름처럼 남녀 관계에 관한 것들을 알 수가 있는 위치이며, 이위치는 다른 위치보다 찰색에 의하여 알 수 있는 것들이 많은 것이 특징이다.

남녀궁은 자녀의 건강과 자신의 이성 관계를 나타내기도 한다. 이곳이 붉은 혈색을 띠게 될 경우 좋은 관계가 지속되고 있음을 말해주며, 옛날에는 혼사가 있을 때 이곳의 기운을 살펴 혼사의 성사여부와 길흉여부를 예단하기도 하였다.

와잠이 좋으면 마음이 평안하고 자손과 복록이 영화롭고 창성하며, 여기에 푸른 빛이 감돌면 신장에 문제가 있다는 표시이고 신체가 허약함을 나타낸다. 와잠이 푹 꺼지면 남녀의 인연이 없고, 와잠에 가로세로 주름이 유난히 많고 기색이 어두우면 자녀를 두지 못하게 되거나 액운이 많이 든다.

와잠에 검은 사마귀가 있거나 주름이 비스듬히 있으면 늙어서 자손들에게 해를 끼치고, 와잠에 볼록볼록하게 검푸른 살이 융기했거나, 주름이나 정(井)자의 줄이 있으면 자식운이 없거나 안 좋다. 와잠에 검푸른 색이 돌고 푹 들어가 있는 사람은 성적인 과로나 신체의 과로로 인하여 생식기 이상으로 자손을 얻지 못하거나 정신박약아, 허약아, 심신 불량아를 낳을 수 있다.

남녀궁은 건강 부분에서는 신장 계통을 보며, 또한 새끼손가락이 짧아도 신장 기능이 약하다고 볼 수 있다. 인중은 별도이나 인중으로도 자녀운을 본다. 입이 뾰족하여 인중이 없는 것처럼 희미하게 보이고, 귀의 안쪽 테가 바깥 이륜보다 더 높으면 자녀운이 안 좋아서 노년에 자식으로 인하여 남모르는 스트레스를 많이 받게 된다.

【6】 노복궁(奴僕宮)

턱을 노복궁이라고 하는데 지각(地閣)에 위치하고, 인중과 입 그리고 광대뼈와 턱 사이의 볼 부분까지를 같이 본다. 이곳은 부하운, 자식운, 가정운, 건강운, 말년운, 주택운, 재복의 유무를 본다.

노복궁은 남에게 부림을 받게 되는지 아니면 남을 부리며 살게 되는지를 판단하며 나를 둘러싸고 있는 사회관계를 가늠하는 위치가 된다. 처첩이나 고용인과의 관계도 본다.

이 궁의 생김에 따라 길흉을 보게 되는데 적당히 도톰하고 불그스레한 것을 좋은 것으로 본다. 볼에 살이 없이 푹 들어가고 광대뼈가 도드라져 보이는 것은 좋지 않은 흉상으로 본다.

턱이 뾰족하거나 얇으면 사장이 된다 하여도 차후에 배신을 당하고, 흉이 있고 주름이 있으면 고용인을 부리기 어려워 사장보다는 고용인의 자리를 유지하는 게 좋다.

턱이 수성과 잘 어우러져 있고 둥글고 풍만하면 모시려는 자들이 무리를 이루고, 지각이 뾰족하고 비스듬하면 깊은 은혜를 받은 것이 오히려 원한으로 변한다. 이처럼 노복궁에서는 노년운과 아랫사람과 자녀의 관계를 보며 건강운과 주택과 전답 그리고 재물의 운을 보는 곳이다.

【7】 처첩궁(妻妾宮)

부부궁이라고도 하며 이 궁의 위치는 양쪽 눈꼬리 부분에서부터 귀 앞머리 털까지 사이의 부분을 말하며 부부에 관한 운기를 판단하는 자리이다.

이곳은 위치나 생김새에 따라 이성운이 결정지어 지게 된다. 스치고 지나가는 이성의운을 보는 것이 아니고 자신과 배우자에 대한 평생의 운을 볼 수 있는 곳이다.

처첩궁은 부부간의 금슬, 가정의 화목 등 결혼이후의 생활을 이곳에서 예측하게 된다. 이 자리가 윤기가 나고 흠이 없으며 살이 적당히 있어야 배우자 덕이 있고 재물이 집안에 넘치며 자손이 번창 한다.

눈 끝을 간문 또는 어미라고 하는데 이곳이 주름살이 많고 푹 꺼져 있으면 일찍 이별하고 자주 결혼하는 상으로 부부의 인연이 박약하고, 이곳 어미 끝 부분에 부채 살처럼 주름이 생기면 바람을 잘 피우고, 눈가에 가는 주름이 많고 빛이 검푸르면 앞날에 불운이 닥친다.

처첩궁이 풍만하고 깨끗하면 처를 얻은 후에 재복이 가득하고, 관골이 이마와 조응하면 처로 인해 록을 얻는다. 여자가 간문이 깊게 꺼지면 여러 번 시집을 갈수 있다. 이처럼 처첩궁에서는 주로 배우자의 운을 보는 곳이므로 부부궁이라고도 칭한다.

【8】 질액궁(疾厄宮)

재해궁이라고도 한다. 코 위의 가장 낮은 부분, 눈과 눈 사이에 들어간 부분을 말하며, 산근이라고도 하는데, 질·액궁은 산근부터 콧등에 이른다. 이 궁은 평생을 살아가면서 겪을 수 있는 사고나 재난에 관한 것들을 본다.

질·액궁이 좋지 않으면 평생 동안 재난이 끊이지 않고 질병이나 사고에 시달리게 된다. 이곳에 상처가 없어야 하고 검은 점도 없이 맑은 빛을 띠어야 질병과 재앙이 없고 일생 동안 무사하다. 반대로 이 자리에 상처가 있고 빛이 어두우면 좋지 않으며 흉터가 있거나 살이 없어 뼈가 튀어나온 사람은 병약할 뿐 아니라 금전운도 없어 가난하게 살아갈 상이다. 양쪽 눈 사이가 넓은 여성은 조혼을 하고, 명궁과 조응하여 산근이 풍만하게 솟아오르면 복록이 왕성하고, 가로 문과 흉이 있고 낮게 빠지면 해마다 심한 질병을 앓는데 이곳의 찰색이 좋으면 면한다.

콧등에 백골이 뾰족하게 기울면 고생을 면하기 어렵고, 이곳이 앙상한 느낌을 나타내면 몸이 좋지 않거나 사고를 많이 당하게 되고, 이곳의 기운이 좋으면 무병장수한다.

이 곳의 기가 안개와 같으면 주로 질병에 관한 재액이 있다고 판단하면 된다.

【9】 천이궁(遷移宮)

이마의 변두리 좌우 양끝으로 변지, 역마와 천창에 위치하며, 이 궁에서는 그 사람의 이동수에 관한 것들을 보게 되며, 전근, 전직, 여행 등 현재의 위치에서 벗어난 위치에 해당하는 것들을 모두 볼 수 있고, 먼 곳과의 거래 관계도 보며, 그 사람이 한평생을 살면서 움직이는 것에 관한 모든 것들에 대하여 보는 자리이기도 하다.

이동할 시기가 다가오면 천이궁의 색이 변하여 알 수 있게 되며, 이곳의 색이 변하게 된다하여 그 결과가 좋지 않다거나 하는 것은 아니다. 이 부위가 보통 때의 혈색이라면 거래처와 이상이 없지만, 이 자리에 색이 변하여 거무스레하든가 혹은 그늘진 것같이 된다면 전직, 이사, 여행 등 현재의 위치에서 벗어난다는 것을 의미한다.

그러므로 이 부분의 색이 변하게 되면 자신의 위치에 이상이 생기게 되므로 마음의 준비가 있어야 한다. 이 자리가 풍만하게 차올라 화려한 빛이 나면 근심이 없고, 이 부위가 평만하면 사람들의 선망을 받게 되고, 역마의 기세가 오르면 벼슬을 하게 된다.

이마가 낮고, 꺼지면 늙을 때까지 살아야할 집이 없어 고생하고, 눈썹이 서로 연결되어 있으면 집을 떠나게 되며, 이곳이 명윤하고 풍만하게 살이 차면서 색이 밝으면 외국에서 성공하여 돈을 많이 번다. 천이궁은 주로 이사나 장거리 여행 등 변동 사항을 살핀다.

【10】 관록궁(官祿宮)

관록궁은 이마 가운데를 가리키고 중정에 자리하고 있으며, 이 궁의 위치는 주로 이마 전체를 보는 것이 정석이다. 이마 전체에 걸쳐 나타나게 되며, 그 한가운데를 기준으로 보게 되는데, 이곳이 함하지 않고 간을 엎어 놓은 것처럼 볼록하고 예쁘게 색이 명윤하고 맑으면 관에 입신양명하게 된다.

관록궁은 직업의 운이나 명예 등을 살펴보게 되며, 이 궁에 흠집이 없고 깨끗하면 관직이 지속되는 명예를 얻고, 흉터가 있거나 오목하게 들어가면 좋지 않은 일을 당한다.

볼록한 이마가 정수리까지 미치면 일생동안 송사가 없고, 옥돌처럼 맑고 깨끗하게 빛나면 직장에서 승진을 하게 되고, 오랫동안 자리를 지키게 된다. 액각이 당당하면 관가의 법을 어기는 일이 있어도 탈 없이 해결된다.

관록궁은 관이나 직장의 운을 보면서 학습능력, 사고력, 창조력 등을 보고, 자신이 정한 목표를 기준으로 적합한지 아닌지를 볼 수 있는 자리가 되기도 한다.

【11】 복덕궁(福德宮)

양쪽 눈썹 윗부분 가장자리를 뜻하며, 이 궁은 천창에 있고 지각과 조응 한다. 복이 적고 많음과 덕이 두텁고 얇음을 판단하는 자리이다.

좋은 복덕궁은 이 자리에 흠이 없고 깨끗하며 윤기가 있어야 하고, 그 사람의 행실이 좋고 대인 관계가 원만하면 덕과 복이 많다. 이 부위에 상처가 있으면 자기 재산에 손해를 끼친다.

턱이 둥글고 이마가 좁으면 초년에 고생이 많고, 이마가 둥글고 턱이 좁으면 말년에 고생이 따른다고 하여 복덕궁은 재물의 정도를 표시하고, 말년의 안녕까지도 보는 곳이며, 일을 추진함에 있어서 타인의 도움을 받을 수 있는지 유·무를 이 궁의 변화로 가늠할 수도 있다.

【12】 부모궁(父母宮)

왼쪽(여성은 오른쪽)이마의 일각(日角)으로 아버지, 오른쪽(여성은 왼쪽)이마의 월각(月角)으로 어머니를 보는 부모에 관한 운을 판단하는 자리이다. 부모궁이 밝고 선명하고 상처가 없으면 부모가 강녕 장수하고, 낮고 꺼져 있으면 어려서 부모와 이별할 운이며, 부모궁의 위치가 어둡고 검은 빛이 감돌며 깨끗하지 못하면 부모에게 질병이 생긴다.

일각은 오로지 아버지만을 보고 월각은 어머니만 본다. 나후(羅睺)와 계도(計都)가 이중이면 두 부모를 섬길 운이고, 아버지가 방탕하면 어머니도 음란하고, 다른 사람과 간통하면 부모들이 서로 방해한다.

왼쪽 눈썹이 높고 오른쪽 눈썹이 낮으면 아버지만 생존하고, 어머니는 먼저 돌아가시며, 반대로 왼쪽 눈썹이 낮고 오른쪽 눈썹이 높게 붙으면 아버지가 먼저 돌아가시고 어머니는 생존하며 개가도 하실 수 있다.

이마가 깎인 듯 뾰족하고 눈썹이 서로 엉키면 부모와 일찍 이별한다. 부모궁의 기색이 청색을 띠면 부모에게 우환이 생기고, 이곳이 검거나 희뿌연 색이 보이면 부모가 사망한다. 이 궁이 홍색 또는 황색을 띠면 두 부모에게 기쁜 경사가 있다.

부모궁은 부모를 잘 만나서 부모에 대한 덕을 보는 자리이며, 조상의 음덕을 보는 자리이기도 한다.

【13】상모궁(相貌宮)

　얼굴 전체를 본다. 먼저 오악을 보고 다음에 삼정을 분별해야 한다. 오악이 서로 돕고 응하면 일생동안 관운이 좋다.
　주로 초년운을 주관하는 이마인 상정과, 중년운을 주관하는 코의 중정과, 지각 수성으로 말년운을 보는 하정이 서로 극하는 기운이 없이 두루 좋아야 하는데, 만약 극함이 있고 끊어지면 흉한 운이 된다. 좌측 눈썹이 높고 우측 눈썹이 낮으면 아버지는 있으나 어머니를 먼저 여의게 된다. 우측 눈썹이 높고 좌측 눈썹이 낮으면 반대가 된다. 이마가 뾰족하고 두 눈썹이 바짝 붙어 있어도 조실부모한다.

제 5장. 형·신·기·성

(形·神·氣·聲)

【1】 형(形)

1) 논형(論形)

사람은 음양의 기를 받아서 천지의 형상과 같고, 오행의 도움을 받아서 만물의 영장이 되었다. 머리는 하늘을 본뜨고, 발은 땅으로 본을 뜨게 되었다. 두 눈은 해와 달을 본뜨고, 소리는 천둥소리를 본뜨고, 혈맥은 강하를 본뜨게 되었다. 골절은 금석을 본뜨며, 코와 이마는 산악을 본뜨고, 가늘고 긴 털은 초목을 본뜨게 되었다.

그러므로 하늘은 높고 넓어야 하고, 땅은 모나고 두터워야 한다. 일월은 밝고 광채가 나야 하고, 소리는 음향이 울려 퍼져야 하며, 혈맥은 윤택해야 한다. 뼈는 튼튼해야 하며, 코와 이마는 높이 솟아야 하고, 털은 수려해야 한다.

이는 사람의 형체를 논하는데 큰 줄기로 인상을 보는 여덟 가지 방법이 이것이다.

2) 형(形)의 유여(有餘)

형의 유여란 형상을 올바르게 갖추었다는 말로써 머리는 둥글고 두텁고, 배는 넉넉하고 등은 두툼하고, 이마는 네 귀가 풍족하고, 입술은 붉으며, 이는 희고, 귀는 바퀴가 둥글게 이루어져야 하고, 코는 곧고 쓸개 모양과 같고, 눈은 흑백이 분명하며, 눈썹은 성기고 길어야 한다.

어깨는 넓고, 배꼽 부위는 두터우며, 가슴은 앞이 평평하고 넓어야 하고, 배는 약간 둥글게 아래로 드리워지고, 걸음걸이와 앉은 자세는 단정하며, 오악(코, 이마, 좌우관골, 턱)은 도도록하게 솟아 서로 도와야 한다.

삼정(이마, 코, 턱)은 균형을 이루며, 살은 탄력 있고 윤택해야 한다. 손가락뼈는 굵지 않고 길어야 하고, 발은 모가 난 듯 두툼하여야 형이 여유가 있는 생김새라 할 수 있을 것 이다.

형에 여유가 있는 사람은 귀하게 되고, 병이 없어 수명이 길고, 부귀영화를 누릴 상이다.

3) 형(形)의 부족(不足)

　형이 부족하다는 것은 상학 적으로 형상을 올바르게 갖추지 못하였다는 것으로 즉 머리통이 둥글지 않고 뾰족하거나 박약하고, 어깨 부위가 좁고 기울어지며, 허리와 갈빗대가 성기고 가늘며, 팔꿈치가 촉박하면 형이 부족한 것으로 본다.

　손바닥이 얇으면서 손가락은 장대하며 입술이 굴절되고 이마는 화살을 대고 당기는 것과 같이 오목하며, 코는 위로 들려있고, 귀는 뒤로 젖혀지고, 허리는 낮고, 가슴은 함하며, 한쪽 눈썹은 굽고 한쪽 눈썹은 곧으며, 한 눈은 치붙고 한 눈은 쳐졌으며, 한쪽 눈동자는 크고 한쪽 동자는 작으며, 한쪽 관골은 높고 한쪽 관골은 낮으며, 한손은 손금이 있는데 한손은 손금이 없으면 형이 부족하다.

　잠잘 때도 눈을 뜨고, 남자가 여자의 음성이고, 치아는 누르거나 이가 드러나고, 입술은 얇거나 뾰족하고, 머리에 머리털이 없고, 눈이 움푹 들어가 눈동자가 보이지 않으며, 걸음은 삐딱하게 걷고, 얼굴빛은 겁을 먹은 듯 자지러지며, 머리통은 작은데 몸집은 크고, 상체는 짧은데 하체만 긴 경우 이것을 모두 형이 부족한 상이라 할 수 있다. 형이 부족한 자는 질병이 많거나 단명하고 박복하며 빈천하다.

【2】 신(神)

1) 논신(論神)

　형(形)으로 혈(血)을 기르고, 혈로 기(氣)를 기르고, 기를 써 신(神)을 기르는 것이므로 형이 온전하면 혈도 온전하고, 혈이 온전하면 기도 온전하고, 기가 온전하면 신도 온전하므로 이것은 형이 신을 기르는 것을 알아야 기를 가탁해서 편안하니 만일 기가 편안하지 않으면 신이 일어나서 안정치 않게 된다.
　깨었을 때는 신이 눈에서 놀고 잠이 들었을 때는 신이 마음에 있는데 이는 형이 신에서 나와 있고 형이 되는 겉은 일월의 빛과 같아서 밖으로 만물을 비치게 되며 그 신은 두 눈 속에 있으니, 눈이 밝으면 정신이 맑고, 눈이 어두우면 정신도 흐리게 된다.
　정신이 맑은 자는 귀히 되고 정신이 흐린 자는 천하게 되며, 정신이 맑으면 잠이 적고, 정신이 흐리면 잠이 많으니, 잠이 많고 적음으로 추산해서 그 사람됨이 귀하고 천한 구분을 할 수 있다.
　꿈의 경계는 대개 신이 마음에서 놀고 있는 때이니, 멀리 노는 것을 보며 오장육부 사이와 귀와 눈으로 보고 듣는 것 사이의 밖을 벗어나지 않는다.
　신이 처하는 경계는 사실을 보고 느낌에서 생기거나 일을 당하여 발생하는데 나의 몸속 범위 안에 있는 것이므로 꿈속에 보이는 일은 내 몸 속의 작용으로 기인한 것이지 내 몸 밖의 사실에서 연유되는 것이 아니다.
　꿈은 다섯 가지의 경계가 있는데 하나는 영경(靈境)이요, 둘은 보경(寶境)이며, 셋은 과거경(過去境)이요, 넷은 현재경(現在境)이며, 다섯은 미래경(未來境)이라 한다.
　정신이 손상하면 꿈이 생기고 정신이 안정되면 꿈의 경계가 사라지게 된다. 형을 바라봄이 물로 씻은 듯 맑고, 낭연(달빛처럼)이 밝고, 혹은 튼튼하게 뭉친 모양이 무게가 있으니 신이 안에서 발동함을 겉으로 나타나기 때문이다.
　신이 맑고도 화하고, 빛이 밝고 맑으면 부귀의 상이요, 신이 어둡거나 유약하고 흐리거나 응결된 자는 단명하고 박복한 상이다. 그러므로 형이 실하고 안정된 자는 그 신도 편안하고, 형이 허하거나 마음이 조급한 자는 그 신이 참담하다.

신이 안에 거하여 그 형상을 보지 못하나 기와 신을 기르는 것은 생명의 근본이라 하며, 기가 씩씩하고 혈이 화하면 신도 편안하고, 혈이 마르고 기가 흩어 질 경우 정신도 빛처럼 달아난다. 형상이 영특하게 나타나고 청수하면 심신도 상쾌하고 기와 혈이 조화되어 정신이 흐리지 않다. 정신이 맑고 흐림이 형의 표면에 나타나서 귀하고 천함을 정하니 말로는 형용할 수 없다.

신은 겉으로 나타나지 말아야 하며, 겉으로 나타나면 신이 떠도는 상태라 반드시 흉·액 이 있다. 신은 안으로 감춰져 있는 것이 위함이니 은연히 바라보면 두려워 복종하는 마음이 있어 가까이 하면 신이 기뻐한다. 상이란 신에 여유가 있으면 형이 부족할지언정 형이 유여하고 신이 부족하지 않아야 한다.

정신에 여유가 있는 사람은 귀히 되고 형에 여유가 있는 사람은 부하며 신은 놀라지 말아야 한다. 신이 놀라면 수명이 짧아지게 된다. 신은 조급하지 말아야 한다. 무엇이든지 급하게 서두르면 행하는 일들을 잘못 판단함이 많기 때문이다. 사람의 상에 사람의 재능 과 도량과 식견의 여하를 살펴야 하니 기국이 큰 사람은 사람을 용납할 줄 알뿐더러 덕망도 크고, 학식이 높으면 사물에 밝고 심령이 맑다. 그릇이 얕고 학식이 부족하면 재물은 넉넉할지 모르나 소인됨을 면치 못한다.

소년은 신혈(神血)을 취한다. 소아는 두 가지로 분류하는데 3세에서 5세까지를 영아(嬰兒)라고 부르고 신과 기가 왕성한가를 본다. 6세에서 14세 까지를 동자(童子)라고 하여 안력(눈빛)과 후골(뒤통수)을 봐서 운명을 정한다.

2) 신(神)의 유여(有餘)

신이 유여한 자는 눈빛이 맑고 선명하며, 돌아봄이 망령되지 않고 얼굴빛이 맑으며 행동이 점잖아서 멀리 봄으로 가을 햇빛에 비치는 서리 내리는 하늘과 같다. 정신이 솟아 움직이고, 인물이 뛰어나 가까이 보면 화창한 봄바람에 움직이는 봄의 꽃과 같다.

일에 임함에 강직하고 굴하지 않아 마치 맹호가 깊은 산속을 거니는 것 같고, 무리 속에 있어도 봉황새가 구름 사이로 날개를 치는 것 같다. 앉음에 경계에 세운 돌과 같이 무거워 흔들어도 움직이지 않고, 누움에 마치 깃들인 큰 부리 까마귀 같아 흔들리지 않는다. 걸음걸이는 양양하기가 마치 평평한 물이 흐르는 것 같고, 서 있는 모습은 높직하기가 마치 외로운 산봉우리가 솟아 있는 것 같다.

말을 함에는 성난 음성을 내지 않고, 성품은 망령되거나 조급하지 않으며, 희·노의 감정이 마음을 동요하지 않는다. 영욕에 지조를 움직이지 않아서 만 가지 태도가 항상 차분하고 단정하며 변함없이 한결 같으면 정신이 유여한 사람이라 할 수 있다. 정신이 유여가 있는 자는 모두 귀격으로 흉한 재앙이 몸에 침입하기 어렵고 천록이 생을 다한다.

3) 신(神)의 부족(不足)

　신이 부족한 자는 술에 취하지 않았어도 취한 것 같고, 언제나 술로 인한 병을 앓는 것 같다. 근심하지 않아도 근심하는 것 같고, 졸리지 않아도 조는 것 같아 방금 잠에서 깨는 것 같다. 울지 않아도 우는 것 같으며 놀랐다 기뻐하는 것 같고, 놀라지 않아도 놀란 것 같으며, 어리석지 않아도 어리석은 것 같으며, 두렵지 않아도 두려워하는 것 같다.

　서 있는 동작이 혼란하고, 얼굴빛이 혼탁하여 물든 것 같으며 신색이 처량하여 빈번하게 실책을 저지르고 제정신이 아닌 것 같은 모습으로 공포에 쌓인 것 같다.

　펴거나 오므려서 수치를 감추는 것 같이 하고, 몸의 모습은 낮고 꺾여 업신여기어 욕됨을 당한 것 같이 하며, 얼굴빛은 선명했다가 어두워지고, 말은 쾌활했다가 기어들어 가는 것 등은 신의 부족이다. 신이 부족한 사람은 형옥을 빈번히 살고 횡액 등이 따르며 관직에 올라도 오래 지키지 못하고 직위를 상실한다.

【3】기(氣)

돌 속에 쌓인 옥이 산을 빛내고 모래 속에 묻힌 금이 냇물을 아름답게 한다. 이는 좋은 보배가 빛으로 나타나고 기로 발하는 것이다. 형(形)이란 곧 질(質)인데 기가 질에 충만해야 기로 인하여 질이 좋게 된다.

신(神)이 완전하면 기가 너그러워지고, 신이 편안하면 기가 안정을 얻고 잃음에 기를 사납게 하지 않고, 기쁘고 성냄이 신을 놀라게 하지 않으면 덕에 용납됨이 있게 하고 양에 헤아림이 있게 하니 이는 태도가 점잖고 마음씨가 너그러우면 유복한 사람이다.

형(形)은 재목(材木)과 같아서 재목에는 기(구기자), 재(노나무), 경(느릅나무), 남(남나 무), 형(광대싸리나무), 극(가시나무)의 다름이 있고, 신은 흙과 같아 재목을 다스려 그릇에 쓰고, 소리는 그릇과 같아 소리를 들은 후에 그릇의 좋고 나쁜 것을 알 수 있다.

기(氣)는 말(馬)과 같아서 말이 달리는 길은 좋고 나쁜 구분이 있는데 군자는 재목을 잘 기르고, 덕을 잘 높이고, 그릇을 잘 다루고, 말을 잘 길들이지만, 소인은 이와 반대이다. 그릇은 물을 용납할 만하게 너그러워야 하고 물을 접함에 조화로워야 한다. 물(物)은 제압함에 굳세야 하고, 물을 표함에 맑아야 하고, 물을 다스림에 올바르게 해야 한다.

기국이 너그럽지 못하면 사물에 막힘이 있고, 조화롭지 못하면 어지러워지고, 강하지 못하면 나약해지고, 맑지 못하면 흐려진다.

기의 얕고 깊음을 보고, 색의 들뜨고 안정됨을 살피면 군자와 소인을 구분할 수 있다. 기는 길고 멀고도 느릿해야 하고 조화로워 사납지 않으면 복록과 천수를 누릴 것이다. 기의 사나운 빛이 겉으로 나타나는 사람은 소인이요, 천박한 사람이 된다.

한번 호흡을 일식(一息)이라 하는데 사람이 하루에 일만 삼천 오백 번 숨쉬기를 하는데, 사람의 호흡을 살펴보면 빠르고 느린 것이 급히 숨 쉬는 자가 열 번 쉬는 동안 느린 자는 일곱 여덟 번에 지나지 않고, 늙고 살찐 사람은 빠르게 쉬고, 어린이와 여윈 사람은 느리게 쉰다.

호흡은 얼굴 표면으로 나타나는 것이므로 호흡을 보아 길하고 흉한 징조를 알 수 있다. 호흡은 퍼지는 것이 털과 같고 모이는 것이 모래알 같아 바라보면 형체가 있으나 만지면 자국이 없는 것이므로 정밀치 못한 마음으로 살피면 화·복을 추정하지 못한다.

　기(氣)는 나가고 들어옴에 소리가 없으므로 귀로 들어도 살피지 못한다. 누워 자는 숨소리가 들리지 않는 사람은 거북 숨이라 하고, 숨 쉬는데 기가 넘쳐 몸까지 흔드는 사람은 멀지 않아 죽음을 당할 징조이다. 욕심에 어두워 이익을 탐하고자 억지로 힘쓰는 자는 색과 기를 사납게 하는 사람이다.

　기(氣)는 곧 형(形)의 근본이라 잘 살펴보면 밝고 어두움이 나타나는데 소인은 급하고 방정 맞으며, 군자는 너그럽고 차분하다. 사납게 거슬리면 재앙이 오고, 기가 깊고 침착하며 무게가 있으면 복록이 풍부하다.

　노인은 기혈(氣血)을 취하는 까닭에 기와 혈색을 영화로 삼는다.

【4】 소리(聲)

사람에게는 소리가 있으니 종소리, 북소리와 같은 음향이 있다.

그릇이 큰 사람은 소리도 우렁차고 크며, 그릇이 작은 사람은 소리도 작고 짧게 울린다.

정신이 맑으면 기가 좋아지고, 기가 좋아지면 소리도 깊게 울려나와 맑고 밝으며, 정신이 흐리면 기가 나빠지고, 기가 나빠지면 소리가 좋지 않고 몹시 급하여 가볍고 목쉰 소리가 나온다.

귀인의 음성은 단전에서 나와 심기(心氣)로 통해서 밖에 이르니 단전이란 곳은 소리의 근본이 되고, 혀끝은 소리를 표현하는 곳이다. 근본이 깊으면 소리도 무겁게 들리고, 근본이 얕으면 소리가 가볍게 나오므로 소리는 단전에서 나와서 혀끝에서 표현됨을 알 수 있다.

소리가 맑으면서 둥글고, 크기가 큰 종소리와 같고, 높은 곳에 올라 악어 북을 쳐서 진동하는 소리와 같고, 작기가 옥수(玉水)가 쏟아지는 소리 같고, 기색을 보면 순수하게 피어나 말소리와 서로 응하면 귀인의 상이다.

소인의 말소리는 모두 혀끝의 상단에서 발하며 급하면서 트이지 않아 본받을게 없다.

남자가 여자의 음성을 가졌으면 고단하고 빈천하며, 여자가 남자의 음성을 가졌으면 남편의 위치가 좋지 않다. 또한 몸집은 크면서 소리가 작아도 흉하고 좋지 않다.

소리가 메마르면서 고르지 못한 것을 나망성(羅網聲)이라 하고, 크고 작음이 고르지 않음을 자웅성(雌雄聲)이라 하는데, 처음에는 느리면서 나중에는 급하고, 처음에는 급하면서 나중에는 느리면서 말소리가 끝나기 전에 기가 이미 끊어지고, 마음은 움직이지 않았는데 얼굴색이 먼저 변하는 사람은 모두 천박한 사람이다.

대개 신(神)은 안에 있고 기(氣)는 밖으로 비친 뒤에야 사물을 접하게 되는데, 선후의 차례가 있으므로 안색은 변하지 않아야 한다. 다만 신이 불안하고 기가 불화하며, 소리가 선후의 차례를 잃고 말할 때의 안색이 흔들리는 것은 아름답지 못한 상이다.

사람이 오행의 형태를 받았다면 소리 또한 오행의 상을 받는다.

토성은 옹기 그릇 속에서 울려 나오는 것처럼 깊고 두텁고, 목성은 높게 울리고, 화성은 입술이 타는 듯하고, 수성은 원만히 급하고, 금성은 부드럽고 윤택하게 나온다.

소리가 가볍게 들리는 사람은 일을 결단함에 무능하고, 소리가 깨진 사람은 일을 일으켜 성취를 못하고, 소리가 탁한 사람은 경영하고 운영하는 일에 발전성이 없고, 소리가 낮은 사람은 재치가 부족하고 학식이 없다.

그러나 소리가 시냇물이 흐르는 물과 같이 맑고 찬 사람은 극히 귀하고, 소리가 맑고 밝아서 스스로 깨닫되 독 속에 울려 퍼지는 사람은 오복을 온전히 갖추게 된다.

귀인의 소리는 반드시 단전으로부터 나오며, 기질은 목구멍이 너그럽게 울리고 튼튼하다. 빈천한 상은 말소리가 입술과 혀끝에서 떠나지 않아 일생 분주하다.

소리는 커도 형체가 없어 기에 붙어 나오는 것이므로 천한 자는 소리가 가볍고 탁하며, 귀한 자는 맑고 넘친다. 소리가 너무 부드러우면 겁이 많고, 너무 강하면 요절하기 쉽다.

소리는 산이 막고 있어도 서로 들리는데 둥글고 이지러지지 않으면 귀인의 음성이라 멀리 바람의 음절이 나타난다.

몸집은 작으나 소리가 웅장하면 높은 관직에 오르고, 몸집은 큰데 소리가 작으면 단명한다. 소리가 깨진 징과 같으면 토지와 재산을 잃게 된다.

제 6장. 골육론

【1】 골상(骨相)

뼈는 사람의 몸 안쪽에 감춰져 있다. 우주에 비유하면 금(金), 은(銀), 동(銅), 철(鐵) 등 광물과 암석이 땅속에 묻혀 있는 것과 같다. 주택의 기둥이나 대들보와 같은 형상이다.

뼈는 둥글고 무거우며 높이 솟아야 한다. 또한 너무 드러나지 않고 가볍거나 살이 부족하여 뼈만 앙상한 것은 좋지 않다.

뼈는 신체의 근간이 되는 중요한 역할로 외부의 물리적인 충격으로부터 뇌와 심장 그리고 중요한 장부(臟腑)를 보호한다. 뼈는 옆으로 퍼진 것과 모가 난 것은 좋지 않다. 뼈는 살이 적당히 쪄서 후덕해 보여야 복이 있다. 뼈와 살이 서로 맞닿고 기(氣)와 혈(血)이 서로 응해야 좋다. 뼈만 앙상하거나 어깨가 쳐진 자는 빈궁하지 않으면 일찍 죽는다.

등이 가로 퍼지면서 몸집이 기울고 뼈만 앙상하면서 어깨가 축 늘어진 것 등은 온전하지 못한 상이다.

골(骨 : 뼈)은 양이 되고, 육(肉 : 살)은 음(陰)이 되니, 살은 너무 찌지 말아야 하고 뼈는 불거지지 말아야 한다. 음양의 골육이 균형을 이루면 젊어서 귀히 되고, 일생 부자로 산다. 뼈가 높이 솟은 사람은 단명하고, 뼈만 앙상하게 솟은 사람은 힘이 없으며, 뼈가 연약한 사람은 수는 누리되 즐거움이 없다.

✧ 목골형(木骨形)은 수척하면서 검푸른 빛을 띤다. 머리가 거칠고 크면 재앙이 많다.
✧ 수골형(水骨形)의 머리가 양쪽이 뾰족하면 부귀를 말할 수 없다.
✧ 화골형(火骨形)은 머리가 거칠면 덕이 없고 천박하다.
✧ 토골형(土骨形)은 뼈가 굵고 피부가 두터우면 자식이 많으면서 재복이 있고, 살과 뼈가 굳고 단단하면 수명은 길지만 즐겁지는 않다.
✧ 금골형(金骨形)은 얼굴이 네모지고 근육이 발달하여 다부지게 보이는 형으로, 뼈가 가늘면 빈곤하고 병액이 있다.

가마가 두각(頭角)의 뼈에 나 있는 사람은 만년에 복록을 누리고, 가마가 이마에 있으면 만년에 부자가 된다. 귀인의 골절은 뼈 위에 힘줄이 없어야 한다.

임금 같은 뼈와 신하 같은 살이 응하여 도우면 근심이 없고, 벼슬이 없어도 천창의 녹을 먹는다. 좌우 골은 서로 극함이 없어야 한다. 두개골은 전산(면부) 38골과 후산(뇌침) 34골로 구분되어 있다.

1) 두상 면골(頭相 面骨)

① 금성골
일각의 왼편과 월각의 오른편에 곧게 솟은 뼈로 일찍이 관직에 들어 높은 벼슬에 오르는 길상이다.

② 역마골
타지에서 출세할 명이며 개척 운과 고관 운이 있다. 눈과 코가 받쳐주면 대중을 지배할 만한 상으로 군인, 외교관, 정치가에 적합한 상이다.

③ 옥량골
광대뼈에서 귀까지 뻗힌 뼈로서 장수할 상이며, 더불어 코와 귀가 잘 생겼으면 문장으로 세상에 이름을 떨치고, 부귀를 함께 누릴 상이다. 수명을 보는 자리이다.

④ 천주골
인당에서 천정으로 높게 솟은 뼈로 이런 사람은 젊은 시절에 크게 출세한다.

⑤ 현담골
준두·난대·정위가 크고 둥글며, 콧구멍이 안쪽으로 다소곳한 것이 현담골이며, 맨손으로 부귀를 이룬다.

⑥ 거오골
양쪽 귀 옆으로 뼈가 솟아 아래로 호이, 위로 옥당을 관통하여 정수리에 든다.

관운이 좋아 고관이 될 상으로 부귀 겸전할 명이다.

⑦ 복서골
인당에서 뼈가 솟아 천정을 지나 정수리까지 이어진다. 장관급 이상의 관직을 얻는다.

⑧ 용각골
중정 양쪽의 뼈가 좌우로 뻗어 나와 후뇌로 들어간다. 공명을 떨친다.

⑨ 일·월각골
왼쪽 눈썹 위 뼈를 일각골, 오른쪽 위 뼈를 월각골이라고 한다. 일각과 월각이 힘 있게 솟아나면 저항력과 투쟁력이 굳세 세상에 크게 이름을 떨칠 상이다.

⑩ 옥루골
귀 뒤쪽으로 높게 솟은 뼈를 말하며, 수근골이라고도 부른다. 이골은 장수를 판단하며, 노년의 운도 같이 본다. 지나치게 높게 솟으면 장수는 누리지만 외로움을 겪게 된다.

⑪ 관골
양쪽 볼의 광대뼈를 말하며, 권세를 주관한다. 힘있게 솟으면 건강하고 의지력이 강하다. 여자는 과부가 되어 가정을 꾸려나가야 하고, 자녀운이 약하다.

⑫ 천록골
천창에 뼈가 불룩 솟아 있으면 평생 동안 가난하지 않고 의식 걱정이 없다.

⑬ 용골
어깨부터 팔꿈치에 이르는 뼈이며, 임금을 상징하고 길고 굵어야 좋다.

⑭ 호골
팔꿈치에서 손목까지 연결된 뼈를 말하며, 신하를 상징하고 짧으면서 가늘어야 한다.

⑮ **장군골**
일·월각이 옆으로 귀의 바로 위에까지 뻗고 가지런하게 솟은 뼈이며, 무장과 같은 대단한 지위까지 오른다.

⑯ **현서골**
관자놀이에 뼈가 솟아 산림까지 이어진다. 대학총장 이상의 직위에 오른다.

이외에 22골이 있으며, 후산 34개 침골이 있다.

"머리는 백가지 뼈의 주인이요, 얼굴은 모든 부위의 영혼이다."는 말은 관상에서 머리와 얼굴의 골격을 얼마나 중요하게 보는지를 알 수 있다.
"안에 있는 것은 반드시 밖으로 드러난다."는 것은 관상의 가장 기본적인 원리이다. 일반적으로 삼정, 사독, 오관, 육부, 오성, 육요, 십이궁 등의 상을 보는 것이 관상의 표준이지만, 관상에는 뇌 조직을 비롯하여 몸 안의 골격 구조 및 오장육부가 간접적으로 표현되어 있다는 것을 알아야 한다.
"뼈는 정기가 만든 것이고, 살은 피가 이룬 것이다." 이 말은 부모의 정혈(精血)이 우리 신체의 뼈와 살을 형성 한다는 것이다. 사람마다 유전자의 우열이 다르기 때문에 그 골육의 차이는 각각 다르게 생기게 된다.
"뼈는 주(主)가 되며 살은 부(副)가 되고, 뼈는 형(形)이 되며 살은 용(容)이 된다."는 이 말은 뼈의 우열은 살의 좋고 나쁨에 영향을 미칠 수 있지만 살의 좋고 나쁨은 뼈의 우열을 좌우할 수 없음을 뜻한다.
관상을 볼 때 먼저 두면의 골격을 본다. 중국 인상학에는 '머리에는 기골이 있다'는 말과 '머리에는 악골이 없다'는 말이 있다. 하지만 기골이 좋아도 색이 응해야 균형을 이룬다. 재능을 갖추었더라도 모든 부위의 형태가 균형을 이루지 못하면 부귀해도 편안하지 못하다. 귀한 사람은 뼈마디가 섬세하고 둥글고 길쭉하다.
얼굴의 뼈는 코뼈가 눈썹에 이어지고 관골이 옆으로 힘 있게 뻗어있으며 이마 뼈가 솟은 것을 최상으로 본다.

2) 12기골(氣骨)

12기골은 인생 전반의 운세와 사업 운을 보는 곳으로 남자·여자 구분 없이 사람이면 누구나 가지고 있는 것으로 '솟아 있고(起)' '튀어 나왔고(露)' '패어 있는(陷)'것의 세 가지로 구분된다.

① 천정골

앞이마 뼈가 솟아 반듯하고 널찍하며, 간을 뒤집어 놓은 것 같은 사람은 웅대한 이상과 포부를 가지고 있고, 천성이 총명하고 재치가 있으며 사물에 대한 분석력이 뛰어나고 일을 처리 할 때에는 신중하다.

아랫사람을 다스리는데 융통성이 있으며, 윗사람에 대한 존경심과 복종심이 있다. 기억력이 좋아 남보다 빨리 습득하며, 심미안과 유머감각 및 육감을 갖추고 있다. 성격은 온화하고 인자하며, 일생동안 사업이 번창하고 장수를 누린다.

이마 뼈가 너무 튀어나온 사람은 성격이 불량스럽고 표현이 과장되며, 현실과 거리가 먼 망상가로 사업을 할 때 좌절이 많고 얻는 것이 적다. 노년에는 외롭고 고달프며, 여성의 경우 결혼생활이 원만하지 못하다.

이마 뼈가 꺼진 사람은 미련하고 신념이 부족하며, 조금만 좌절을 겪어도 낙심한다. 성격은 조급하며 고집스럽고 극단적이어서 대체로 크게 성공하기 어렵다.

여성의 천정골은 둥글고 수려하며, 높지도 넓지도 않고 푹 꺼지거나 볼록 튀어나오지 않은 것이 길상이다.

② 미수골

눈썹이 미릉골을 따라 나 있고 뼈가 솟아 있는 사람은 정력이 뛰어나다. 눈썹 모양까지 좋으면 운이 트이고 인간관계가 좋다. 일을 처리할 때 선견지명이 있고 지략이 뛰어나 일찍 출세한다. 성격은 급하지도 않고 굼뜨지도 않아 적당하며, 이성적인 생활을 좋아하고 질서 의식 및 일의 경중에 대한 관념이 확실하고, 뛰어난 육감을 지녔으며 예술적 감각이 우수하다.

미릉골이 높게 튀어나오고 눈썹이 미릉골 위에 붙어 있지 않은 사람은 고집이 세고 편견이 강하며, 오만하고 매정하여 나아갈 줄만 알고 물러설 줄을 모른다. 교만하고 수양이 부족해서 일을 망치고 나서 후회하며, 심한 경우에는 위험에 봉착하게 된다. 여성일 경우에는 효심이 부족하고 남편을 해롭게 한다. 미릉골이 푹 꺼지고 밋밋한 여성은 가족과 친지에게 도움을 받지 못한다.

고소공포증이 있거나 차와 배 멀미를 하는 경우가 많으며, 노년에 외롭고 고달프다. 여자의 미릉골은 평평하고 볼록한 것이 길상인데, 인당 뼈보다 높으면 남편을 해롭게 하거나 불효한다.

③ 좌관골

이마 양 옆의 구릉·총묘 부위에 뼈가 솟은 것으로, 이것을 가리켜 두각을 드러낸다고 한다. 그 뼈가 클수록 좋으며, 이마가 좁더라도 부귀하게 될 수 있다. 남성의 경우에는 초년운이 좋고, 여성의 경우에는 성격이 강한 인물이다. 아주 총명하고 성적이 우수하며, 언변 또한 뛰어나다. 주변의 정황을 살펴가며 일을 진행시키고 경각심이 풍부하며, 유머 감각이 많고 다른 사람과의 화합을 중시한다.

구릉과 총묘 두 부위가 움푹 꺼진 사람은 성질이 급하고 한 곳에 정착하지 못하며, 평생 재앙이 많고 육친과는 상극한다.

④ 태양혈

천정 부위가 볼록하게 솟아오른 사람은 평생 동안 부모의 음덕을 입는다. 적극적인 성격이며, 눈빛이 날카롭고 육감이 풍부하며 웅대한 이상이 있다. 시간과 숫자 감각이 뛰어나고, 과학적 두뇌를 가지고 있으며, 일을 꼼꼼하게 처리한다. 천창에 뼈가 불거져 나온 사람은 종교에 대한 열정으로 성직자가 될 생각을 품고 있으며, 상이 자주 변한다. 천창 부위가 움푹 꺼진 사람은 우매하고 식욕이 좋지 않으며, 평생 동안 운세가 순조롭지 못하고 부모와 상극이다.

여성의 경우는 천창 뼈가 볼록하게 솟은 것이 길상이다. 천창이 높고 넓으면서 옆으로 돌출된 것은 좋지 않다. 천성적으로 흉악하고 중형을 당할 가능성이 높다.

⑤ 비골

산근에서 준두까지 우뚝 솟아 총명하고 지난 일에 대한 기억력이 뛰어나고, 담력과 식견을 두루 갖추고 있다. 결단력과 의지력이 강하며 성격이 시원시원하고 정의감이 있다. 재물을 다루는 솜씨가 뛰어나고 조상의 음덕을 누린다.
신체가 건강하여 병이 적고 정력이 넘치며, 현명하고 지혜로우며 예쁘거나 잘생긴 배우자를 만난다. 산근이 인당보다 높으면 부모 또는 배우자와 상극이고, 자신도 고독한 상으로 변한다. 여성의 경우라면 더욱 좋지 않다. 산근과 연수가 좁고 뼈가 툭 튀어나온 사람은, 고집이 세며 힘들게 일하고도 얻는 것이 적다.
산근이 작고 연수가 낮게 꺼진 사람은 담력과 식견이 부족하고, 몸이 약하고 병이 많으며, 초년에 고달프다. 조상에게 해를 입히고 고향을 떠나게 되며, 육친과도 상극으로 도움을 받지 못한다. 성격은 우유부단하고 기억력도 좋지 않으며, 평생 일만 고되게 하고 얻는 것이 적다. 연수의 상마저 나쁘면 못생기고 성격이 매우 나쁜 배우자를 만난다. 여성의 경우 산근이 너무 높은 것은 꺼리는데, 이를 장부상이라고 한다.

⑥ 광대뼈

양쪽의 광대뼈가 둥글게 솟아 있으면 성격이 자유분방하며 거만하지도 비굴하지도 않다. 책임감이 강해서 중임을 맡겨도 잘 해내고, 일처리에 선견지명과 통솔력을 가지고 있다. 광대뼈의 기세가 위로 천창을 찌르는 듯하면 의지와 품행이 고결하며, 코의 상까지 잘 어우러지면 중년에 운이 트여 크게 출세한다. 얼굴에서 광대뼈만 두드러져 보이면 곳간이 없는 것으로, 일생동안 사업에 성공도 많지만 실패도 많다. 광대뼈가 꺼져 있으면 의지와 품행이 고귀하지 못하고, 일생동안 권력도 없다.
광대뼈가 뾰족하게 튀어나오거나 옆으로 긴 사람은 성격이 고집스럽고 일생동안 고달프게 일만하고 얻는 것이 적다. 여성의 경우에는 남편을 잃고 외롭다.

⑦ 정수리 뼈

정수리 뼈가 넓고 평평하게 솟아 마치 엎드린 거북이처럼 생긴 것은 복록과 장수를 다 갖춘 상이다. 이런 사람은 정직하고 인자하며, 생각의 폭이 넓고 이상이 높다. 명예를 중시하고 정의감이 있으며, 자존심이 강하고 의지력 또한 강해서 고난과 좌절에도 굴하지 않는 정신을 지니고 있다. 동시에 침착하게 일을 처리해 나가고, 원칙을 중시하며 분별력이 있고, 재물을 잘 다루며 일찍 출세한다.

정수리 뼈가 뾰족하게 튀어나온 사람은 교만하고 우쭐거리며 고집이 세고, 부모와는 상극이며, 일생동안 사업에 성공을 거두지 못하고, 늙어서 외롭고 가난하게 된다.

정수리 뼈가 움푹하게 꺼진 사람은 두뇌의 발육상태가 좋지 않으며, 신경이 쇠약해서 걱정이 많고 예민하며 나약하고 무능하다. 독립심과 자립심이 없으며 부모와는 상극이고 단명한다.

⑧ 침골

뒤통수 뼈가 옆으로 길게 솟아 있거나, 높게 솟아 있고 살이 두텁게 덮인 사람을 말한다. 옆으로 크게 한 줄이 솟은 사람은 지위가 높고 큰 부와 장수를 누리며, 보통 수준으로 솟은 사람도 중년 이후의 운세가 좋고 장수를 누리고 자손이 번창한다. 단 뼈는 솟고 살이 없는 사람은 외롭게 늙어간다.

뒤통수에 뼈가 솟은 사람은 강한 책임감을 가지고 있으며, 독창성과 지구력, 인내심이 강하다. 뒤통수 뼈가 결후(結喉)처럼 뾰족하게 튀어나온 것을 자극골이라고 하는데, 자기 억제가 심하고 이상만 높아서 교만하고 남을 얕본다. 신변에 변화가 거의 없고 항상 소인배들에게 해를 입으며, 결혼생활도 원만하지 못하다.

뒤통수 뼈가 튀어나와 위로 곧추선 사람은 반골(反骨)이고, 튀어나와 수그린 사람은 앙골(殃骨)로서, 성격이 좋지 않고 사업도 성공하기 어렵다. 뒤통수가 움푹 꺼졌거나 납작한 사람은 지구력이 부족하고 사업을 하면서도 좌절을 많이 겪으며 성과가 적다.

사람들과 잘 어울리지 못해 늘 고독하며 식구들 간에도 화목하지 못하고 병이 많으며 단명한다. 여성 중에 뒤통수 뼈가 뾰족하게 튀어나온 사람은 성격이 괴팍하다.

⑨ 목덜미 뼈

목덜미 쪽 소뇌 부위가 넓고 평평하게 솟은 사람이다. 노년에 운이 트이고, 만년에 신체가 건강하며 결혼생활이 원만하다. 자손도 번창하여 자손들 모두 출세하며, 자녀에 대한 사랑도 매우 깊다. 동시에 성격도 낙천적이고 사랑이 넘치며, 재앙을 만나더라도 슬기롭게 헤쳐 나간다.

목덜미와 침골이 서로 이어져 둥글게 솟아 볼록 튀어나오지 않은 사람은 공직에 있으면 고속 승진하고, 상업에 종사하면 크게 번성한다.

목덜미에 뼈가 불거져 나온 사람은 성격이 비정상적이고 성기능만 유난히 발달되고, 노년에 고독하고 빈천하게 된다.

목이 가늘고 힘이 없는 사람은 병이 많아 명이 짧고, 사업에도 성공하지 못한다.

⑩ 인당 뼈

인당 뼈가 널찍하게 솟고, 피부가 탄력 있고 윤기가 나는 경우 복록이 많고 천수를 누린다. 조상의 덕을 크게 보고, 공직에 종사하는 것이 가장 좋고, 상업에 종사할 경우 나쁘지는 않다.

뇌조직의 총사령탑은 인당이며 지식을 불러들이는 창구 역할을 한다. 정보수집 능력이 뛰어나고 분석력이 특출하며 상황판단이 매우 빠르다.

인당 뼈가 튀어나온 사람은 특출한 재능은 갖췄지만 성격에 문제가 많다. 심성이 좋지 않아 처자를 위험에 빠뜨리고, 조상과 고향을 등지고 살며, 사업은 성과가 미약하다.

인당 뼈가 꺼져 있거나, 주름이나 점 혹은 상처가 있거나, 눈썹이 인당을 가로막고 있는 사람은 성격이 흉악하고 마음이 초조하며, 의지가 약하여 걱정과 의심이 많다. 질병과 위험이 끊이지 않고, 일은 많이 하나 얻는 것은 적다.

육친과는 상극이며, 고향을 떠나 생계유지에 허덕이게 되고, 처와 자식도 늦게 얻는다.

눈썹이 인당을 가로막지 않고 인당에 점이나 주름, 상처 같은 것만 있는 사람은 다른 사람들이 잘 하지 않는 드문 일을 하여 발전하고 영화를 누린다. 여성도 같이 본다.

⑪ 이근골

귀 뒤의 근령골이 둥글게 솟은 사람이다. 질병에 대한 저항력이 강해서 건강을 잘 지켜 장수한다. 투지가 강하고 정의롭고 용감하여 강한 자를 두려워하지 않는다. 일에는 어떠한 난관이 닥쳐도 잘 헤쳐 나가며, 사업에 위험이 닥쳐도 잘 해결하여 성공한다.

근령골이 지나치게 뾰족하거나 큰 사람은 성격이 괴팍하고 고집이 세며, 쉽게 화를 내고 파괴적이다. 살아가는 동안 사업에 성과가 적고, 나이가 들수록 외롭고 가난하며, 육친과는 상극으로 어려움이 많다.

근령골이 푹 꺼진 사람은 변덕이 심하고 편향된 성격을 갖는다. 중년에 사업에 실패하고, 일생동안 고되게 일만하고 운이 트이지 않는다. 청소년기에 질병과 재난이 많고 자살을 할 경우가 발생한다.

⑫ **옆머리 뼈**

양쪽 귀 위와 관자놀이가 볼록하게 솟은 사람이다. 정의감이 넘치고 인자 하며, 다른 사람을 존중할 줄 알고, 설득력이 있으며 평생 사업 운이 좋다. 부유하지만 검소하고, 지위가 높으면서 청렴공정하다. 이마까지 높고 넓으면 천부적인 소질로 발명가가 된다.

옆머리뼈가 지나치게 돌출한 사람은 성격이 모나고 자기 욕심만 채우며, 간사하여 남을 잘 속이고 심성이 잔혹하다. 고집이 세고 제멋대로 행동하며, 육친에게 해를 가할 수 있다.

옆머리 뼈가 납작한 사람은 생활력이 부족하고 행동이 느리고 게으르다. 신용이 부족하여 사업으로 성공하기 어렵고 가난하게 되며 수명이 짧다.

3) 기타 골격

✧ 기골이 있으면 반드시 기신(奇神)이 있어야 한다. "머리는 모든 양(陽)의 으뜸이요 온갖 뼈의 주인이다." 눈은 온몸이 응집된 곳으로 모든 구멍과 연결되어 있으며 온몸의 기운이 담겨 있다.

머리에 기골이 서 있는 사람이라도 반드시 정신과 기백이 받쳐 주어야 부귀하게 된다. 두상·면상에 기골이 있어도 눈에 기신이 없어 서로 응하지 못하면 장수는 누릴지 모르지만 외롭고 빈천하게 된다.

✧ 코에 복서(伏犀)가 있으면 반드시 코끝이 우뚝해야 한다. 코끝이 대나무를 쪼개 놓은 듯 가지런하며, 난대·정위 또한 둥글게 솟고 콧구멍이 위로 들리지 않아야 한다. 그렇지 않으면 귀하게 되기는 하지만 비명횡사한다.

산근은 오행 중에 화(火)에 속하고, 준두의 상단은 토(土)에, 하단은 수(水)에 속한다. 산근이 높이 솟으면 강한 불(強火)이 되고, 준두가 높이 솟으면 '흙 속에 물을 담은 것'이 되어 강한 불의 침범을 두려워하지 않아 서로에게 이익이 된다.

산근 뼈는 인당골과 미릉골보다 높아서는 안 된다. 높을 경우 기골로 치지 않는다. 이때는 오히려 부모와 형제 또는 처자를 해친다.

✿ 뼈가 솟은 것과 튀어나온 것은 전혀 다르다. 기골(起骨)은 뼈가 은근하게 솟은 것을 뜻하고, 뼈가 뾰족하게 튀어나오면 흉하다. 모든 기골은 복서골이라고 할 수 있는데, 산근·연수·준두에서 자랐다고 해서 그런 이름이 붙은 것은 아니다. 다만 솟은 모양을 쉽게 변별하기 위한 것이다.

✿ 기골이 상하로 겹쳐서 솟거나 좌우로 나란히 솟았을 경우에는 반드시 대칭을 이루어야 한다. 그렇지 않을 경우 길하지 않고 오히려 흉해서, 높은 지위에 오른다 해도 지속되지 않거나 혹은 극형을 당한다. 전자가 삼재 침이라면, 후자는 일·월각과 같다.

✿ "골격은 일생의 영고성쇠를 결정하고, 각 부위로 그 해의 길흉을 점치며, 기색으로 그 때의 길흉을 판단한다."고 했다. 신체발육에 있어서 남자는 생식기에 털이 완전하게 자랐을 때, 여자는 생리 주기가 정상적이 되었을 때 이미 발육이 끝난 것이다. 골격의 우열은 뼈 위에 부착된 오관육부 및 오성육요의 우열에 영향을 주기 때문에 골격이 일생의 영고성쇠를 결정한다.

✿ "전산이 좋은 것은 후산이 좋은 것만 못하고, 전산이 나쁜 것보다 후산이 나쁜 것을 더욱 꺼린다" 여기에서 전산이란 초년운을 주관하는 이마, 중년운을 주관하는 코, 말년운을 주관하는 턱 등의 전산 삼주를 가리킨다. 후산에서는 초년운을 주관하는 정수리, 중년운을 주관하는 뇌, 말년운을 주관하는 뒤통수 등이 후산 삼주가 된다.

전산 뼈가 솟고 후산이 꺼지는 것은 좋지 않은 것으로, 후산이 꺼지면 부유한 듯하나 부유하지 않으며 귀한 듯하나 귀하지 않다. 후산 뼈가 솟고 전산이 기우는 것도 좋지 않아, 전산이 기울면 부귀하게 되더라도 고생을 면하기 어렵다. 뒤통수가 있고 이마가 없는 것이 더 좋다. 이마만 있고 뒤통수가 없는 것은 좋지 않다.

✿ 달마 대사는 "貴는 이마에서 찾고, 富는 코에서 찾는다."고 하였다. 여기에서 이마란 이마와 두상 전체를 가리키는 것이며, 코는 복서 골이 있는 산근만을 가리키는 것이 아니라 연수·준두·난대·정위 및 양쪽 광대뼈까지를 말하는 것이다.

공직으로 출세하려면 반드시 이마에 기골이 있어야 한다. 장사로 큰돈을 벌고 싶으면 반드시 코가 대나무를 쪼개 놓은 듯 반듯하고 담낭을 매달아 놓은 듯 단정해야 하며, 코와 광대뼈가 서로 도와주어야 한다.

단 어떤 경우에도 눈에는 반드시 생기가 있어야 하며, 그렇지 않으면 지위가 높아져도 재앙이 많고, 부를 가져도 지속되지 못한다. 코의 상이 비록 좋다 해도 이마의 상이 둥글지 않거나 좁으면 큰 부를 얻을 수 없으며 간신히 작은 부를 이룰 수 있다. 만약 뒤통수가 납작하면 부유한 것 같지만 부유하지 않고, 72골 중에 기골이 일부라도 있어야 부를 누린다.

✿ 뼈는 세 가지 중요한 것이 있다.

첫째, 심와골(心窩骨 : 명치뼈)은 평평하고 매끈해야 한다. 움푹 파인 사람은 탐욕스럽고 돌출한 사람은 흉폭하며 뾰족한 사람은 악독하다.

둘째, 미려골(尾閭骨 : 엉덩이뼈)은 길고 커야 하는데, 이것이 볼록 튀어나오고 딱딱한 사람은 신체가 건강하고 장수를 누리며 부귀하게 되고 성공한다. 미려 골이 뾰족하거나 드러나지 않은 사람은 평생 평범하며 이루는 것이 적다. 또한 뼈를 만져보아 물렁하고 푹 파인 사람은 평생 병이 많고 단명 한다.

셋째, 침골은 살이 감싸야 한다. 살이 없는 사람은 성공한다 해도 일을 고되게 하며, 장수를 누리더라도 고독하다.

【2】 육상(肉相)

　육(肉 : 살)이란 혈(血 : 피)을 생하고 뼈를 감추는 것이니 흙(土)과 같다. 살은 뼈를 보좌한다. 풍요로운 살은 피를 생하고 뼈를 갈무리 한다. 따라서 뼈는 금석(金石)이고, 살은 토(土)이니 풍요로워야 한다.

　흙은 만물을 생하고 키우는 것처럼 살은 풍만하여야 하고 야위지 말아야 하며, 야위어도 뼈가 솟도록 마르지 말아야 한다. 살이 너무 많으면 음(肉은 陰이다)이 양(骨은 陽이다)보다 너무 과하여 기가 짧아 숨을 쉴 때 헐떡거린다. 살이 너무 없는 것은 양이 음보다 강하므로 좋지 않아 죽음이 가까워지고 있는 경우로 본다. 음이 양을 승하거나 양이 음을 승하는 것 등은 모두 한쪽으로 치우친 상이니 좋지 않다.

　살은 탄력 있고 튼실하며 곱게 도도록해야 한다. 살이 뼈 속으로 들어 갈 수 없는 것처럼 뼈도 살 밖으로 나와서는 안 된다. 살이 뼈 속에 묻힌듯하면 이는 음의 부족이요, 뼈가 살 밖으로 돌출돼 있으면 양유여라 한다.

　그러므로 살이 많아서도 안 되고 뼈가 가늘어서도 안 된다. 살쪄서 숨결이 가쁘게 되고 살이 가로 지르면 성질이 강하면서 비뚤어지고, 살이 느즈러지면 성질이 유약하면서 막히는 일이 많고, 살이 주름이 많아 피부가 얇아지고 뼈가 드러나는 사람은 죽음이 가깝다. 살결이 기름기가 없거나 어둡거나, 피부가 검거나 냄새가 나고, 혹이 많아 흙덩이 같으면 귀상이 아니다.

　살이 굳고 피부가 거칠면 가장 좋지 못하며 명이 길지 않다. 붉은 기가 적은 살결은 막힘이 많고, 온 몸에 털이 난 사람은 성품이 급하고 강하다. 살이 쪄서 옆으로 삐져나오지 않아야 하고, 살이 터서 어지러운 무늬가 생겨서도 안 된다.

　살이 꽉 차는 것은 죽음이 가까운 징조이다. 파리하게 마르고 살색이 어둡고, 피부가 건조해서 거칠고 윤기가 없으면 박복하다.

　신(神)과 지간(枝幹)이 제대로 생기지 못해 고르지 못하며, 힘줄이 뼈를 감싸지 못하고, 피부가 뼈를 감싸지 못하면 빨리 죽음을 당한다.

　귀인의 상은 살이 섬세하고 매끄럽다. 빛은 붉고 희게 빛나고 단정하면 부귀가 돌아온다. 손으로 만져보면 솜을 두른 것처럼 부드럽고 따뜻하면 일생을 마칠 때까지 재앙이 적다.

제 7장. 신체 각 부위 관찰

【1】 머리(頭) 및 머리털(髮)

　머리는 몸의 가장 높은 곳의 부위로 몸 전체에서 존귀한 것으로 여기며 모든 뼈의 주인이다. 하늘을 상(上)으로 여기므로 머리는 둥글어야 한다. 남자의 머리가 둥글면 부유하고 장수한다. 여자의 머리가 둥글면 좋은 자식을 둔다.
　머리는 모든 양기가 모인 곳이며 오행(五行)의 조종(祖宗)이 되는 곳이다. 높은 데 있으면서 둥근 것은 하늘의 덕을 상징함이니 뼈는 풍만하나 일어나야 하고, 높으나 도도록해야 하며 피부는 두터워야 하고 이마는 넓어야 한다.
　상서에 보면 "머리는 오행의 백맥(百脈)이 열려 있는 영거(靈居)이며 오장(五臟)이 통하는 길"이라고 했다.
　머리는 꺼진 곳이 없어야 하고 빛깔이 깨끗하고 맑아야 한다. 머리가 크면서 두각이 없다면 비루한 일에 종사한다. 어깨가 없으면 외롭고, 목이 짧으면 수명이 짧다. 두피가 두터워야 복록과 수명이 있다. 두피가 얇은 것은 가난하고 사회적 신분이 낮으며 수명도 길지 못하다.
　머리가 기울면 좋지 않다. 하늘을 떠받치는 기둥이 쇠약하여 기울어진 격이다. 머리가 작아도 둥글고 반듯하며 꺼진 곳이 없으면, 크고 납작하여 꺼진 곳이 많은 머리보다 훨씬 좋다. 머리통이 짧으면 두터워야 하고, 머리통이 길면 모가 져야 하고 정수리가 볼록하게 도도록한 사람은 고귀하지만 뼈가 드러나면 외롭고 가난한 상이다.
　머리통의 오른쪽이 꺼진 사람은 어머니를 잃고 왼편이 꺼진 사람은 아버지를 잃게 된다. 남자의 머리가 뾰족하면 끝까지 목표를 이룰 수 없고 부유하지 못하다. 머리가 뾰족하면서 두각(頭角)이 없으면, 어려서 가난하고 보잘 것 없다.
　전두골이 발달하면 직감과 관찰력이 매우 뛰어나다. 후두골 상층부가 발달하면 의지가 강해 추진력이 좋다. 후두골 하층부가 발달하면 애정심이 많고 성욕이 넘쳐 매사 본능적으로 행동하기 쉽다.
　머리 좌우 횡부가 발달한 사람은 허영심이 많고, 권모술수가 뛰어나 임기응변에 능하며 거짓말을 잘한다. 머리의 좌우가 틀어지면 부모운이 불길하고, 머리털이 드물고 살가죽이 얇으면 가난한 상이다. 머리 위의 뼈가 아미산처럼 모가 나면 높은 지위에 오를 수 있고, 머리 뒷골이 두둑하여 산과 같으면 부귀하다.

머리 뒷골에 베게와 같은 모양의 뼈가 있으면 일생 복록이 그치지 않고, 두상이 위가 뽀족하고 아래가 짧으면 천한 상이다. 머리뼈가 거칠게 드러나는 것은 근심하고, 노역하는 것이 닥쳐오며 선대를 일찍이 형극한다.

머리뼈에 결함이 있는 것은 수명이 짧으면서 부귀하기 어렵다. 머리가 뽀족한 여자는 남편이 왕성하지 못해 남편의 사회적 신분이 낮고 주로 형극한다. 앞쪽이 편편하고 정수리가 볼록 나오면 직위가 매우 높은 귀인이다.

두골이 좋고 나쁨의 판단은 형태와 색(色)과 기(氣)와 신(神)을 본다.

첫째, 형태를 본다. 머리뼈는 이어진 것으로써 귀함을 판단 한다. 이어진 것 다음은 넓은 것이며 부서진 것은 그 다음이다. 치우치고 꺼진 것은 가난하고 수명이 짧다.

둘째, 색을 본다. 두골이 푸른 것으로써 귀함을 판단 한다. 푸른색은 기가 맑은 것이고 자색은 기가 배어난 것으로 영화롭다. 흰색은 춥고 복이 박하다.

셋째, 기와 신을 본다. 두골은 신으로써 귀함을 판단 한다. 기로 신령하다는 것을 가늠한다. 기골이 있으면서 신이 없으면 수명이 짧거나 고독하고 가난하다.

뼈가 있는데 살이 없어 기가 없는 것은 막힌 것이고, 막히면 고독하다. 살이 있는데 뼈가 없고 신이 없으면 약한 것이다. 약하면 요절한다. 살이 있고 뼈가 있으면서 기가 있는 것을 두텁다고 한다. 두터우면 영화롭다.

뼈가 있고 기가 있으면서 신이 있는 것은 빼어나다고 한다. 빼어나면 대귀하다. 머리뼈는 모름지기 정신과 기백이 서로 도와야 한다. 뼈가 신을 얻으면 살이 빛나고 깨끗하다. 살이 신을 얻으면 기가 윤택하고 따뜻하다. 기가 신을 얻으면 색이 맑게 펼쳐진다. 귀 뒤에 뼈가 있는 것을 수골이라 하는데 이 수골도 도도록하면 장수하고, 이지러졌거나 꺼져 있는 사람은 단명 한다.

태양혈에 뼈가 있는 것을 부상 골이라 하고, 두 귀 위에 있는 뼈를 옥루 골이라 하는데 부상골이나 옥루골은 부귀를 주관한다. 걸을 때 머리를 흔들지 말아야 하고, 앉았을 때는 머리를 낮게 하지 않아야 한다. 머리를 흔들며 걷거나 앉았을 때 머리를 낮게 하면 빈천한 상이 된다. 머리 위(정수리)에 각골이 있으면 무관이 되며, 머리 뒤통수에 산을 연결한 뼈가 솟으면 부귀를 누린다. 침골이 다시 생기면 종신토록 복록이 따른다.

머리털은 부드럽고, 곱고, 윤택하고 향기로 와야 부귀수복을 누린다. 머리털이 곱고 부드러우면 그 사람의 성격도 온유하다. 굵고 거칠고 윤택하지 못하고 빽빽하고 추한 냄새가 나는 것 등은 모두 빈천한 상으로 성질도 거칠고 포악하다. 머리털이 너무 부드러워 힘이 없거나 듬성듬성하게 나온 사람은 지능은 발달하나 정욕이 약하고, 반면에 머리털이 뻣뻣하고 빽빽한 사람은 호색무치(색골)하다. 머리털이 너무 누르거나 붉으면 재액이 많으며 여자는 음란하다.

　심장의 혈이 허약하면 머리카락이 희어지고 심장의 혈이 메마르면 탁해진다. 숱이 지나치게 많으면 길고 검게 빛나야 하는데 성욕이 강하다. 뚱뚱한 사람은 머리카락이 많아야 좋고, 너무 적으면 병의 재난이 있다. 마른사람은 머리카락이 적어야 좋은데 너무 많으면 신체가 허약하다.

　거칠고 단단하며 짧은 머리카락은 강직하고 강하며 고독하고 오만하며 조급하고 번거로우며 도량도 적다. 유연하고 가늘면 마음이 여리고 인자하며 총명하고 재빠르면서 영리하다. 부드럽고 향기가 나면 성품이 원만하고 지혜가 풍부하며 인내력이 강하다. 탁하고 냄새가 나면 운세가 지체되고 일생을 고생하며 지내고 자녀복도 없다. 머리숱이 빽빽하게 자라면 관재와 형벌에 주의해야 한다.

　곱슬머리는 색을 좋아하는 욕심이 지나치게 왕성하고 일마다 막히며 직업이 자주 바뀌고 인내심이 없다. 발제가 높고 이마가 광활하면 일찍이 뜻을 얻게 되고 총명하며 통달한다. 발제가 낮고 이마가 좁고 답답하면 일찍이 고향을 등지게 되고 부모와 인연이 짧고 박하다. 미인첨(美人尖)형 발제는 진취성이 강하고 사고력이 풍부하지만 육친과는 형극하기 쉬우므로 둥글게 다듬는 것이 좋다. M자형 발제는 품행이 단정하다. 초년은 힘들지만 만년은 좋은 운으로 바뀐다.

　양쪽 귀 옆의 발제와 귓불이 귀의 뾰족한 부위보다 높거나 같으면 명리심이 중하고 이기적이며 인색하다. 반면 낮으면 명리에 박식하고 중후하며 성실하고 낙관적이며 분발심이 강하고 속마음을 드러내지 않는다.

　대머리는 처세가 원만하지만 현실적이다. 가운데 머리만 대머리이면 총명하다. 머리카락이 빨리 희어지면 마음과 머리를 많이 쓰고 사려가 지나치게 깊다. 어려서 백발이 되면 심신 조양에 관심을 가져야 한다.

　일찍 백발인 사람이 다시 검어지면 대길하다. 하지만 자손을 형극한다. 노년에 머리카락이 빠지지 않으면 성욕이 여전히 강하다는 증거이다. 이마 위에 머리카락이 가지런하게 늘어진 머리는 좋지 않다. 이마의 명궁과 관록궁을 가려 영향을 끼치기 때문이다. 머리카락은 이마의 1/3은 덮지 않은 것이 좋다.

　가마가 머리 정수리 중앙이나 중앙의 전후에 있으면 길하다. 정수리 양쪽 변에 있으면 일이 순조롭지 않고 영고성쇠가 일정치 않다. 머리카락이 두텁고 많으면 머리를 기르는 것이 좋고, 머리카락이 적고 박하면 짧게 깎는 것이 좋다.

머리카락의 색은 검게 윤기가 나고 아름다운 향기가 나면 귀하다. 황색이면 호색하고 형극이 많다. 적색이면 재난이 많고 빈천하고, 지나치게 검은색이면 성욕이 강하다.

1) 머리 및 머리털을 관찰하며 읽기

① 머리 형태

✿ 머리는 하늘이므로 둥글어야 한다.
✿ 머리는 높고 둥글어야 하늘에서 주는 복을 받는다. (유산=천창(하늘에서 받는 복), 지고(땅에서 받는 복))
✿ 머리는 크고 목이 가늘면 단명 한다.
✿ 머리가 크고 하체가 작으면 처음에는 잘 살지만 나중에는 가난하다.
✿ 머리가 지나치게 작으면 조두(새머리)라고 한다. 생각이 짧고, 경솔하며, 일의 성사가 없다.
✿ 머리가 작은데 목이 길거나 뱀 머리처럼 굴곡이 생기면 의식이 궁핍하다.
✿ 머리가 지나치게 크고 몸이 가늘면 단명한다. 생각이 비현실적이며, 백치가 많다.
✿ 머리도 크고 어깨도 크면 부귀 장수하나 어깨가 좁으면 고생이 많다.
✿ 여자가 머리가 크고 이마가 넓으며, 목소리가 거칠고 뼈가 솟으면 과부가 된다. 남자를 우습게 본다.
✿ 걸을 때 머리를 흔들거나 앉으면 머리를 숙이는 버릇이 있으면 모두 빈천하다.
✿ 여자가 머리통이 큰 사람은 가장 노릇을 하게 되므로 팔자가 세다.
✿ 머리가 몸에 비해 지나치게 크면 저능아(백치)이다. 머리가 크면 더 많은 지적장애가 있다.
✿ 정신박약아 및 지적장애인은 먹는 것을 잘한다.
✿ 머리가 큰 사람은 운동을 하여 몸을 키워야 한다. 균형이 중요하다.
✿ 가장 먼 거리는 머리에서 가슴까지 오는 거리이다. (머리의 생각을 가슴이 받아들이지 않는다.)
✿ 반골이 솟으면 배반(제갈공명이 위연의 상을 보고)한다.

✿ 귀 뒤쪽 솟은 뼈(수골)가 높으면 장수한다. (수골, 인중으로 수명을 본다.)
✿ 머리 양옆이 발달하면 허영심이 많으며 조직력, 권모술수와 임기응변에 능하다.
✿ 머리가 찌그러지고 말이 많으며, 시선이 모이지 않고 흩어지면 횡액을 당한다.

② 뒤통수

✿ 뒤통수가 납작한 경우에는 초년운이 좋다. 냉정하고 이기주의(변덕쟁이)자이다. 뒤통수가 납작하면 단명할 수 있다.
✿ 앞과 뒤가 납작하면 냉정하고 변덕이 심하다. (스님은 납작이가 많다.)
✿ 뒤통수가 많이 나오면 고독하고 부부인연도 안 좋다.
✿ 앞이 낮고 뒤쪽이 솟은 경우는 신경과민, 사교성 결여, 가정운 등이 결여된다.
✿ 앞뒤로 짱구는 기억력과 창의력이 좋으며, 장난이 심하다. (엉뚱한 짓을 잘함)
✿ 앞과 뒤통수가 나오면 자수성가형이고, 독선적이며, 정이 많고, 성욕이 강하다.
✿ 이마에서 뒤통수까지 긴 경우(뒤짱구), 자주성, 자존심이 강하고, 자기 의지로 성공하며, 기억력이 좋고 독선적이다.
✿ 뒷골이 높으면 노력한 만큼 성공한다. (장수한다. 치정에 얽힐 수 있다. 배신을 잘한다.)
✿ 전두골이 발달한 사람은 지각력과 관찰력이 빨라서 성공하는 율이 높다.
✿ 후두골 상층이 발달한 사람은 의지가 강해 한번 결심하면 백전 불굴하고 추진한다.
✿ 후두골 하층이 발달한 사람은 애정심이 많고 성욕도 강해 동물적으로 흐르기 쉽다.

③ 정수리

✿ 머리 중앙이 낮은 경우는 평생 고생하며 일의 성공률도 낮다.
✿ 머리가 전체적으로 뾰족한 경우는 평생 쓰라린 노고가 많고 비사교적인 성격(여자는 첩살이)이다.
✿ 머리 위 정수리가 평평하면 운세도 강하고, 곤란한 경우도 잘 헤쳐 나간다.
✿ 정수리에 홈이 있거나 울퉁불퉁하면 손윗사람과 맞지 않고 사교가 짧으며 재산을 못 지킨다.
✿ 머리가 뾰족하면 사교적이지 못하다. (여성은 외롭다. 어린이의 머리가 뾰족하

면 복을 타고 태어나지 못한 경우이다.
- ✿ 머리의 중앙 상부가 발달한 사람은 고등 감정이 발달해 도덕심과 신앙심이 강하고 인품이 고상하다.
- ✿ 어린애가 정수리 부분이 뾰족하면 고독하고 산만하며 계속 병치레 한다.
- ✿ 정수리가 평평하면 하늘의 복을 많이 받는다.
- ✿ 정수리가 흠이 있으면 재산을 지키지 못한다. 정수리가 꺼지면 사교성이 없다.
- ✿ 일반인이 도독골이 솟으면 하늘의 복이 없고 고생을 많이 하며 살인자의 상이다. 고행을 겪는 스님은 수행을 많이 할수록 도독골이 높이 솟는다.
- ✿ 우울하고 쪼잔한 사람은 정수리 쪽부터 머리가 빠진다. 속알머리 없다는 소리의 상징이다.

④ 발제(이마 위의 머리털이 난 경계)
- ✿ 발제는 집안과 기능을 본다. 발제 부분이 들쭉날쭉하면 긍정적이지 못하며 이단으로 치우치고, 튀는 행동을 하고 싶어 한다.
- ✿ 남자의 이마가 좁고 머리숱이 많으면 답답해 보이고 융통성이 없어 보인다.
- ✿ 여성이 발제 부분에 잔머리가 많으면 예체능 쪽으로 진로를 선택해야 한다.
- ✿ 이마의 발제에 머리가 빠진 자리는 다른 부위보다 더 번들거린다.
- ✿ 발제가 들쭉날쭉하면 거짓말을 많이 한다. 긍정적인 것보다 부정적인 면이 많다.
- ✿ 발제가 낮고 이마가 좁고 답답하면 일찍이 고향을 등지고 부모와 인연이 약하다.
- ✿ 젊어서 이마가 알맞게 벗겨지면 일찍 출세한다.
- ✿ 앞쪽이 대머리인 남자는 정욕이 좋다.
- ✿ 이마 바로 위쪽에 머리숱이 많고, 정수리 쪽으로 가면서 머리가 없으면 단순하고 머리를 쓸 줄 모른다.(책을 많이 읽어야 한다.)
- ✿ 머리 가죽이 두터운 자는 재복이 많고 엷은 자는 빈궁하다.
- ✿ 가마가 정수리 양변에 있으면 일이 순조롭지 못하고 잘 풀리지 않는다.
- ✿ 가마는 정수리 중앙이나 중앙의 전후에 있어야 한다.

⑤ 머리털이 많은 경우
- ✿ 머리카락은 머리를 보호하는 중요한 기운의 결집체이며, 머리카락의 상태가 곧

뇌의 기운과 연결된다.
✿ 80세가 넘어서도 머리털이 억세면 자식에게 해롭다.
✿ 90세가 넘어 머리가 검어지면 자식에게 이롭지 않다.
✿ 노년에 머리카락이 빠지지 않으면 성욕이 강하다.
✿ 굵고 억센 머릿결은 고독하다. (지적 장애인도 굵고 억세다.)
✿ 머리털이 뻣세고 숱이 많은 사람은 정욕이 강하고 호색가이며 기가 세다.
✿ 머리털이 쑥대처럼 우거진 사람은 평생 가난하고 고생을 많이 한다.
✿ 답답할 정도로 머리카락이 많은 사람은 융통성이 없고 딱딱한 사람이다. 자기 생각은 맞고 다른 사람의 생각이나 입장은 고려하지 않는다. 나이가 많은 사람일수록 고집이 세고 답답하다.
✿ 머리털이 굵고 뻣뻣한 사람은 성질이 급하다.
✿ 추운 지방 사람은 머리털이 많고 검다.
✿ 남성이 머리숱이 많으면 머리를 많이 써야 벗겨진다.
✿ 머리숱이 많으면 성욕이 강하고 남자는 자식을 극하며 여자는 과부가 되면서 자식을 극한다.
✿ 여자가 머리숱이 많고, 너무 빨리 흰 사람은 팔자가 세다.

⑥ 머리털이 적은 경우
✿ 머리를 쓰는 사람은 이마가 벗겨지고, 노동이나 품팔이는 정수리가 빠진다. (속알머리가 빠진다.)
✿ 머리털이 적은 사람은 지능은 발달했으나 정욕은 왕성하지 못하다.
✿ 머리털은 부드럽고 윤택해야 좋으며 뻣뻣하고 거친 것은 좋지 않다.
✿ 머리털이 가늘고 부드러운 사람은 성질도 부드럽고 유연하다.
✿ 귀 뒤에 있는 머리털이 몹시 드문 사람은 사기꾼이 많다.
✿ 곱슬머리는 욕심이 많아 과욕으로 인한 시비와 구설수가 많고, 외골수이며 성욕이 강하지만, 인내력은 부족하다.
✿ 머리털이 가늘고 부드러운 사람은 가정적, 안정적, 정서적, 창조적, 지구력, 섬세하다.
✿ 머리가 따뜻하면 머리카락이 힘이 없다. 신의 기능이 떨어진 결과이며 혈압 및 고지혈증이 있다.
✿ 머리는 촉촉하고 차가워야 한다. 머리가 따뜻하면 머리카락이 힘이 없다. (신

의 기능이 떨어진 결과이며 혈압 및 고지혈증이 발생한다.)
✿ 머리털이 많지 않으면 말을 많이 한다. (양기가 위로 올라오기 때문이다.)
✿ 나이가 든 대머리인 사람은 화끈하고 폭발적인 에너지를 사용한다.
✿ 남성 호르몬과 대머리는 밀접한 관계가 있다.
✿ 폐경기에 접어들면 여성 호르몬 분비가 없기 때문에 나이 많은 할머니에게 대머리가 나타난다.
✿ 젊은 사람이 대머리가 되면 상대하기 피곤하다. 대화중에도 침묵으로 일관하며 머리는 쉼없이 회전한다. 음흉하다고 할 수 있다. 하늘의 기운과 직접 통하기 때문에 머리가 좋은 사람이다.
✿ 대머리 여자는 일찍부터 고생을 한다.
✿ 신의 기능이 나빠지면 머리가 빠진다. (검은 콩이 신의 기능을 보강한다.)
✿ 담즙이 많이 나오면 머리카락이 빠지므로 본인의 몸을 잘 조율해야 한다.
✿ 머리숱이 없는 경우 신장 및 방광인 신의 기능이 떨어진 경우이다.
✿ 배설이 잘 안되면 머리숱이 없어진다. 방광 기능이 약하면 머리숱이 없다.
✿ 머리 뒤가 벗겨지면 항상 누워만 있는 꼴이다.
✿ 머리는 산천초목에 해당하며, 우거지고 수기가 있어야 한다. (신장은 수를 다스린다.)

⑦ 머리털의 형태
✿ 스포츠머리는 성격이 단순하다.
✿ 짧은 머리는 단순하다. 짧고 강한 쾌감을 좋아하는 습관이 있다.
✿ 윤기 없는 머리털은 비만인 자가 많다.
✿ 말총머리는 뇌졸중이 잘 일어난다.
✿ 머리카락은 기질도 보면서 건강도 같이 본다.
✿ 정신박약아는 머리털이 빳빳하고 숱이 많으며 생각이 단순하다.
✿ 머리털이 듬성듬성 나고 피부가 엷으면 가난한 상이다.
✿ 곱슬머리이거나 송곳니가 크고 뾰족한 사람은 한번 물면 놓지 않는다.
✿ 깍두기 머리는 대부분 조직폭력배를 상징하기도 한다. 힘과 의리는 좋지만 고도의 두뇌를 사용하는데 그만큼 어렵다. 긍정적인 기운보다 상대를 부정적으로 보지만 건드리지 않으면 해치지 않고 피해도 없다.
✿ 예술방면에 있는 사람은 긴 머리카락을 가지고 있다.

- 예술을 전공한 사람의 긴 생머리는 고집이 세고 타협을 하지 않는다.
- 사람의 행위와 머리카락 관리의 관계가 깊다.
- 머리는 촉촉하고 차가워야 한다.
- 머리와 눈썹과 눈동자만 검게 색상이 같아도 좋아 보인다.
- 머리카락을 물리적으로 지지고 볶아 새로운 형태로 앞머리를 높인 사람은 우월해지고 싶은 심리적인 요인이 있다. 튀고 싶고 새로운 물건을 찾는 사람들이다. 여성은 심리적인 요인이 겹치면 머리에 변화를 준다. 여자가 머리를 높이 세우는 경우는 팔자가 세다.
- 머리를 세우면 자기가 대단하다는 위상의 표시이며 대접을 받고 싶어 한다.
- 여성이 지나치게 오버라인을 하면 오버하고 싶어 한다.
- 이마 위의 머리카락을 명궁과 관록궁을 가릴 정도로 늘어뜨리면 머리가 좋지 않다.

⑧ 머리색

- 어린나이에 머리털이 노랗고 희면 부모에게 해롭다. 조실부모한다. 신장이 약하다. 부모 한쪽이 돌아가신다.
- 머리털이 노란 사람은 고독하고 음란하며 가난하다.
- 노인이 백발을 검게 염색하면 자식에게 좋은 일이 생기지 않는다.
- 머리털이 붉고 쌍가마는 에너지가 강하고, 성격이 급하며 횡액을 당한다.
- 붉은 머리는 끈기가 없고, 미련하며 거칠고 사납고, 인내심이 없다. (갈색이면 붉어 보인다.)
- 머리카락이 적색이면 재난이 많고 빈천하다.
- 머리는 진한 녹색이므로 채식을 하면 머리가 좋아진다.

【2】 이마(額)

　이마는 부모와 하늘의 복을 받는 자리이다. 손윗사람과의 관계와 직업, 명예와 승부운, 천운, 부모운, 재운을 보고, 사람의 옳고 그릇됨을 보는 자리이다.
　천중(天中), 천정(天庭), 사공(司空), 중정(中正)은 모두 이마에 있다. 이마를 화성이라 하는데 천정, 천중, 사공의 위치를 통틀어 이마라 하고 귀·천의 구분을 나타내는 곳이다.
　이마가 모나고 정수리가 일어난 사람은 귀하다. 천정에 뼈가 일어나서 붉고 윤이 나면 귀하고, 천정이 위로 이어지지 못하면 공명을 얻는 것에 막힘이 많다. 무너진 것은 극하면서 실패하고, 낮은 것은 형벌을 받기 쉽다. 왼쪽이 꺼지면 부친을 잃고, 오른쪽이 꺼지면 모친을 잃는다.
　이마 안에 힘줄이 있거나 주름살이 어지럽고 뼈가 약하면 모두 불리하다. 여자의 이마가 지나치게 모지고 크고 높은 것은 모두 남편을 극한다. 발제가 지나치게 높이 있는 것은 화염이 하늘에서 불타오르는 격으로 결혼을 못하거나 과부로 산다. 일·월각이 지나치게 높으면 살기가 강해 남편을 극한다.
　이마의 뼈는 도도록하게 솟아 널찍하고 가지런해야 한다. 액골이 정수리까지 뻗으면 귀하고, 이마의 높이가 세워진 벽과 같고, 그 넓이는 간(肝)을 엎어 놓은 것 같아야 하고, 윤택하고 밝으면서 모지고 긴 사람은 귀와 수를 함께 누리는 상이다.
　이마가 넓고 원만하게 보기 좋은 사람은 손윗사람과 화합을 잘한다. 여자는 남편과의 관계도 좋고 운도 있어 부를 누린다. 이마가 좁고 얇으면 윗사람과의 의견 충돌이 많아 사랑을 받지 못하고 고생하며 운도 따르지 않는다.
　이마에 흠이 있거나 비뚤어진 자는 윗사람과 조화가 이루어지지 않아 일을 하여도 보람을 느끼지 못한다. 이마가 네모진 자는 운세가 늦게 들어오며, 살아가는 동안 한번은 큰 고통이 따르게 된다.
　이마가 왼쪽으로 치우친 자는 아버지를 잃고, 오른쪽으로 치우친 자는 어머니를 잃는다.
　이마의 좌우가 치우치거나 이지러졌으면 천한 상이니 젊은 나이에 부모를 모두 이별하게 된다. 주름살이 침범하거나 사마귀가 나오거나 결함이 있는 것 역시 배우자를 극해 홀아비나 과부가 된다.

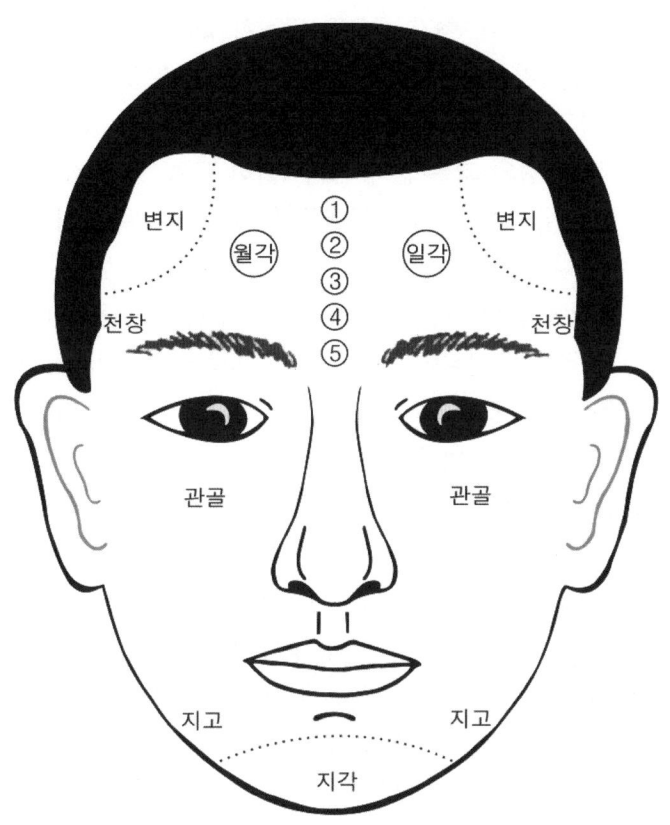

1. 천중   2. 천정   3. 사공   4. 중정   5. 인당

  잘 생긴 이마에 일각과 월각까지 당당하게 생기면 금상첨화이다.
  일월각이 당당히 솟으면 관록뿐만 아니라 모든 면에서 이름을 날린다.
- 천창은 둥근듯 하면서 넓직하게 네모를 이루어야 한다. 천창의 기운이 좋으려면 광대뼈에서부터 풍만하게 기세를 몰아 붙여, 눈꼬리에 이르러서도 기운이 죽지 않고 뻗어 올라가서 천창까지 이르러야 한다.
- 복덕궁은 천창과 지고 및 변지, 그리고 액각(일·월각)을 말한다. 그 가운데 주로 천창이 기본이니 천창이 풍만하면 복이 온다.
- 복덕궁은 천창과 지고를 말하며 얼굴의 성곽에 해당하는 테두리로서, 이들을 합하여 사고라고도 한다.
- 일월각은 둥글게 높이 솟아서 깨끗하게 기색이 좋아야 하며, 그 기운이 위로는 정수리까지, 옆으로는 천창까지 뻗쳐 있으면 일생을 두고 부모의 음덕이 나에게 미치며, 부모 역시 건재하고 장수한다.

이마가 뾰족하고 귀가 뒤집히면 몇 차례 시집가는 것으로도 멈출 수 없다. 이마가 뾰족하고 광대뼈가 튀어나온 삼면권(三面權) 즉 얼굴에 세 개의 주먹이 있는 것은 여자는 남편 셋을 형한다. **뼈**가 작으면 관직이 없고, **뼈**가 크면 관직도 크다. 변지골(邊地骨)이 논두렁처럼 일어나면 임금을 호위할 수 있게 귀해진다.

발제 부위가 넉넉하고 보기 좋게 **뼈**가 높이 솟으면 언어에 능하며 성품이 영특하고 밝으며 호쾌하다. 천창의 좌우가 넉넉하면 귀히 되고, 일·월각이 솟은 자는 벼슬이 높은 지위에 이른다. 이마가 좁아도 관록 부위에 살이 두툼하게 솟아 일어나면 윗사람의 발탁이나 부모의 관록을 이어받아 명예와 부를 갖는다.

일·월각의 **뼈**가 천정에 응한 것은 재상의 권세를 얻는다. 사공에 **뼈**가 있으면 공경이 되고, 중정은 2, 3급의 관직이고, 복당은 4, 5급의 직급이다. 인당에는 금성골이 있는데 **뼈**가 봉긋하게 솟은 곳이다. 바로 위쪽으로 발제에 다다른 것은 옥주골이라 하는데 크게 귀하다. 귀 위에는 옥침골이 있고 귀 뒤에는 수골이 있다. 옥침은 영화롭게 여긴다.

광대**뼈**가 천창에 꽂히듯 이어지고, 천정에 꽂히듯 이어지면 천정과 천창이 귀하다. 또 **뼈**가 일어나 다섯 개의 기둥이 되면 종신토록 영화를 누린다. 이마 **뼈**가 높게 일어난 것과, 코**뼈**가 눈썹에 이어진 것과, 광대**뼈**가 천창에 꽂힌 것처럼 이어진 것이다. **뼈**가 세 개의 산처럼 일어나면 최고의 관직에 오른다. 코**뼈**가 천중에 곧바로 들어간 것과 광대**뼈**가 곧바로 천창에 통한 것을 말한다.

이마의 중정이 솟은 자는 많은 재물을 소유하고, 이마가 들어간 자는 자녀에게 좋지 않은 일로 근심 걱정이 발생한다. 여자가 이런 상이면 여러 번 시집을 가게 되고, 남자는 벼슬자리에 오래 있지 못하고 그만두게 된다. 인당이 윤택하고 **뼈**가 높이 솟으면 젊은 나이에 고시에 합격하여 국가의 녹을 먹고 벼슬은 귀한자리 까지 오른다. 우러러보는 달의 형상으로 얼굴이 둥글고 빛나고 윤택하면 용감한 영웅호걸의 상으로 본다.

이마가 M자 형은 남을 믿지 못하고 본인이 모든 것을 속시원하게 처리를 하여야 직성이 풀리는 성격의 소유자인데, 이 부위가 밝지 못하고 어두우면 직업이 불안정하고 장애가 많아서 지위와 명예에 좋지 못한 영향을 끼친다.

이마가 좁고 한쪽으로 기울거나 빛이 어둡고 잔주름이 많고, 움푹 파이거나 색이 검푸르거나 주름이 난잡하고 흠이 있으면 부모가 가난하지 않으면 정이 없고, 가정 형편이 어려워 학업을 중단하지 않으면 신체가 허약하여 병고에 시달리며 하는 일마다 잘 되지 않아 불행한 삶을 살아간다.

여자의 이마가 너무 넓으면 남편의 운을 누르는 상이 되어 가정에 불화가 잦으며, 여자의 이마가 몹시 좁으면 재취 자리에 들거나 아니면 재가할 운명이다.

이마는 관록궁이라 하여 중정 부위를 보는데 이곳은 관직에 올라 입신출세를 하는 자리이므로 자세히 살펴야 하고 천창과 지고의 자리가 서로 조응해야 좋다. 이마 양쪽을 천창이라 하는데 이곳은 창고에 속하며 약간 나온 듯이 둥글고 빛이 윤택하면 일생동안 복록을 누리고, 이곳이 뾰족하거나 함하거나 깎여 있으면 의식이 풍족하지 못하고 생활이 궁핍하다.

이마에 가로로 주름 세 개가 뚜렷하게 나타나면 이것을 삼문이라 하는데 맨 위 주름을 천문이라 하여 윗사람과의 관계 및 부모의 복을 보는 자리이고, 가운데 주름은 인문이라 하여 본인의 재운과 건강 및 복의 많고 적음과 출세와 본인이 자수성가하여 성공을 할 수 있는지를 판가름 하는 자리이다. 맨 아래에 있는 주름은 지문이라 하는데 가정의 운이나 손아래의 일을 살핀다. 지문이 좋으면 부인이나 아랫사람이 잘되어 덕을 보게 되고 의식주에 부족함이 없다. 천문이 끊어지면 윗사람과 사이가 좋지 않고 충돌이 잦으며 윗분의 눈 밖에 난다.

인당은 이마와 연결되며 가장 먼저 눈에 보이는 곳이다. 얼굴의 중요한 위치에 있으므로 명당의 자리라 할 수 있는데 주택으로 말하면 대문과 같다. 사람은 사회생활을 하는 중에 많은 사람을 만나게 되며 이때 가장 먼저 인당을 보게 되므로 사람 얼굴의 명당이 인당임을 알 수 있다.

인당에 세로로 일문이 있으면 천주문이라하며 재상의 록을 받고, 인당 미간에 세로로 두 줄이 있으면 학족문이라 하여 관운이 순탄하고, 우물 정자가 있으면 갑부상이며, 인당에 바늘처럼 세로로 예리하게 한 줄이 서 있으면 현침문이라 하여 무관의 상이다. 부인의 이마에 현침문이 있으면 남편은 고독할 상이다. 연구직에 근무하는 연구원에게도 인당에 세로문이 생긴다.

이마의 가로 주름은 길고 끊어지지 않아야 하고 이마의 가로 주름이 짧고 끊긴 것은 불길한 상이다. 이마 주름의 양쪽 끝이 위로 향하면 미래에 운을 받으며, 아래로 향하면 고독하다.

이마에 한 개의 횡문이 구불구불하게 있는 자는 타향에서 객사할 상이고, 이마에 난문이 어지럽게 교차된 자는 평생 동안 재앙이 따르고 빈곤한 상이다.

여자의 이마에 삼횡문이 있으면 남편을 극하고, 이마에 산(山)자의 무늬가 있으면 극귀할 상이며, 여덟팔자의 문(우각 문)이 있는 자는 초년에는 고생이 많지만 고관이 될 상이다.

천문이 끊어진 자는 윗분과의 관계가 안 좋아 많은 고생을 하고, 천문에 힘이 없으면 힘을 얻는 자가 없으며, 천문이 깊고 좋으면 상관에게 좋은 위치로 발탁 된다.
　인문이 끊어진 자는 일생동안 한번은 실패를 하게 되고, 인문이 천문이나 지문보다 깊고 길면 많은 발전과 상당한 재운을 얻는다.

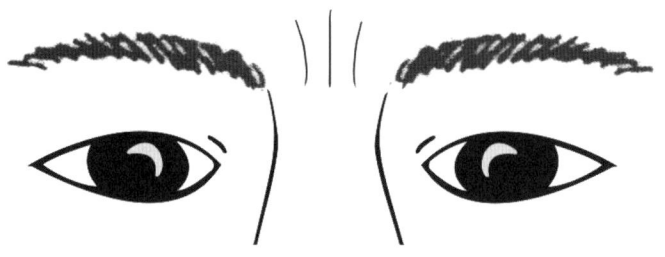

인당의 천자문 : 인당에 천자문이 있는 사람은 대개 배궁에 극하여 이혼하는 예가 많다.

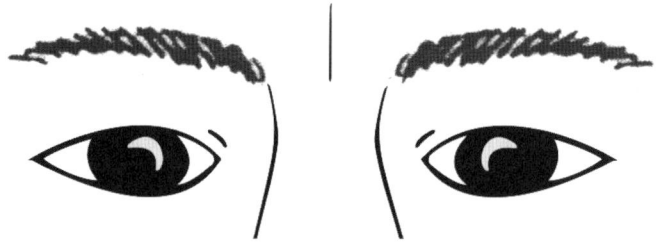

인당의 현침문 : 인당에 현침문이 있는 사람은 장가를 늦게 가지 않으면 중도에 별거 생활을 하며 자녀에게도 해롭다.

　지문이 끊어진 자는 가정과 인연이 약하여 가정을 늦게 이루며, 지문이 좋으면 주택 및 가정운이 좋고 아랫사람의 뒤를 봐주는 위치가 된다.
　산근에 뿌리를 둔 미간에 세로주름이 한 개 있으면 성격이 급하고 욕심을 채우지 못해 현실에 불만이 많으며, 자존심이 강하여 대인 관계가 원만하게 이루어지지 않는다. 여성의 경우에는 금전에 욕심이 많고 신경질적이다.

　세로로 두 줄의 주름이 있으면 정신적인 능력이 뛰어나다. 하지만 사소한 일까지 신경을 쓰는 경우 스트레스를 많이 받을 수 있다. 여성은 신경질적인 성격 때문에 인심을 잃을 수 있다.

　'내 천' 자 주름을 가진 자는 성격이 소심하여 걱정이 많으며, 개성이 강하지 못하고 우유부단하여 인심을 잃는다. 여성의 경우엔 소심한 성격 때문에 가정을 힘들게 할 수 있다. 미간에 역 '팔 자'의 주름을 가진 사람은 모든 일에 불만이 많고 집중력이 떨어진다. 여성의 경우에는 남편의 능력이나 자녀의 학습을 다른 집 남편이나 자녀와 비교하는 습관이 있다.

　이마는 명예와 귀천을 보는 자리로 넓고 윤택하고 천정이 광활하고 일·월각이 흠결이 없고 변지가 깨끗하고 혈색이 좋아야 한다. 여자는 남편운을 보는 자리이고 남자는 명예와 발전운과 승부욕을 보는 자리이다.

1) 천중·천정·사공·중정

✿ 천중에 붉은 얼룩무늬 반점이 나타나면 화재를 조심해야 한다. 출행할 때 재앙이 따르므로 항상 조심해야 한다. 반대로 이곳이 좋으면 송사에서 이긴다.

✿ 천정의 거무스레하고 주변에 흑암이 많으면 세금징수나 그로 인해 마음의 상처를 받아 건강이 악화된다.

✿ 천정과 사공에 붉은 반점이 생기면 도움 받기로 약속한 사람에게 도움을 받지 못하게 된다.

✿ 중정의 색이 어둡거나 이상이 생기면 현재 계획하고 있는 일에 지장이 있어 중도에 어려움을 겪게 된다. 만약 이곳이 좋고 빛나면 불가능하게 생각했던 일이 성공한다.

✿ 천중에 점이 생기면 아버지에게 문제가 발생하고 천정은 어머니에게 질병이 생긴다. 사공에 검은 점이 생기면 부모님에게 모두 문제가 생긴다.

✿ 이마와 머리카락 사이에 계속해서 지저분한 것이 생기면 일이 지속적으로 막히고 어렵게 만든다. 이런 경우 영가와 접촉을 할 수 있는 사람을 만나면 해결할 수 있다. 미신 같지만 신기하게 효과가 있다. 단 오래된 것이라면 해결하기 힘들다.

✿ 천중·천정·사공·중정이 밝고 윤기가 있으면 모든 일이 순조롭다.
✿ 정 중앙에 선홍빛이 감돌면 승진하는 기쁨이 있다. 일반인이 이런 색이 나타나면 귀인의 도움으로 모든 일이 순조롭다.

2) 일·월각(日月角)

✿ 일·월각이 너무 넓어도 부모덕이 없고, 지나치게 좁아도 부모덕이 없다. 튀어나오고 돌출된 사람은 부모와 충돌이 일어나고, 부모가 하지 말라는 행동만 골라서 한다.
✿ 일·월각이 한쪽이 나쁘면 부모에게 문제가 생긴다. 남자는 좌(양 : 아버지) 우(음 : 어머니) 여자는 반대로 보면 된다.
✿ 일·월각이 돌출되었으면 당대에는 흥하나 후손들은 힘들게 살아간다.
✿ 일·월각에 상처가 있거나 붉은 실선이 있으면 부모가 여행 중에 몸을 다친다.
✿ 일·월각이 도도록하고 윤택하면 만사가 뜻대로 이루어진다. 관직에 있는 자는 승진하고 사업가는 날로 재산이 늘어난다. 일반인이 일·월각이 좋으면 부모에게 유산을 상속 받는다. 만약 피부가 전체적으로 검은 사람은 조금 더 신경 써야 볼 수 있다.
✿ 일·월각이 함몰되고 지저분하면 부모의 유산을 한 푼도 받지 못하고 평생 고생 하면서 살아간다.
✿ 일·월각이 검으면 조상의 영혼이 떠돌고 있다는 뜻이다. 영가를 천도해야 한다.
✿ 천중·천정·사공·중정에 이르기까지 이마가 튀어 나오고 일·월각까지 발달했으면 문관보다 무관직으로 크게 성공한다.

3) 복당(福堂) : 천이궁 안쪽

✿ 복당에 지저분하고 종기 같은 것이 자꾸 생기면 결혼하자마자 이혼하기 쉽다. 여기에 재백궁까지 혼탁하면 정신과 재물이 한꺼번에 나간다.
✿ 복당에 황색기운이 감돌고 윤이 나면 재물이 들어온다. 자기(紫氣)를 띠면 더

욱 좋아 큰 재물과 문서가 들어온다.
- ✿ 복당에 흠이 있으면 평생 고생한다. 이런 사람은 성형외과나 피부과 치료를 받아야 한다.
- ✿ 복당에 어두운 색이 보이면 도둑이 침범한다.
- ✿ 복당이 함몰 되었으면 조상의 음덕이 없다는 뜻이다.
- ✿ 복당에 세로무늬가 있으면 구설과 시시비비가 일어난다.
- ✿ 복당에 가로 무늬가 길게 있으면 평생 일이 풀리지 않는다.

4) 천이궁(遷移宮)·산림(山林)

- ✿ 천이궁(역마)과 산림에 상처가 있으면 외국에서 성공하지 못한다. 교정해야 한다.
- ✿ 천이궁이 너무 작으면 외국과 인연이 없다.
- ✿ 천이궁은 좋은데 일·월각에 흠이 있으면 우리나라와 최소 12시간 이상 차이가 나는 곳으로 가야만 한다. 되도록 먼 곳과 무역을 해야 큰 이익을 남길 수 있다.
- ✿ 천이궁은 좋은데 산림이 검거나 지저분하면 외국에서 뜻하지 않는 변수로 많은 고생을 한다. 일·월각이 빛을 잃으면 지하는 들어가지 말아야 한다. 계약이 있을 경우 햇빛이 훤하게 비추는데서 하고, 미시(오후 1시 30분~3시 30분)에는 결정을 하지 말고 관망만 해야 한다.
- ✿ 산림에 붉은 실선이 있으면 여행 중에 강도를 만나거나 피습을 당할 징조이니 항상 조심해야 한다.
- ✿ 산림에 상처가 있으면 빨리 제거해야 좋다.
- ✿ 산림과 천이궁이 모두 좋으면 외국과의 무역으로 큰 이익을 얻는다.
- ✿ 천이궁이 어두우면 일행에게 배신을 당한다.
- ✿ 역마와 복당이 윤택하면 외국에서 타인의 도움을 받아 큰 이익을 남긴다.

5) 인당(印堂)과 이마

① 인당

✿ 인당이 넓은 사람이 더 크게 출세한다. 남자는 넓으면 양(陽)에 해당하기 때문에 좋지만 여자가 너무 넓으면 좋지 않다. 음(陰)은 음의 기운이 흐를 때 가장 아름답다.
✿ 인당이 지저분하거나 큰 세로 주름이 있으면 평생 운이 열리지 않는다.
✿ 인당이 밝은 빛을 잃으면 생명이 다하고, 어두우면 감옥에서 신세를 한탄한다.
✿ 인당에 八자 무늬가 생기면 부부의 건강이 좋지 않다. 만일 가로 무늬가 선명하거나 어두운 색이 나타나면 절대 출행을 삼가야 한다.
✿ 인당이 윤택하고 밝은 빛이 나면 운이 열린다는 증거이다. 이 빛이 뻗어 천중까지 올라가면 크게 출세한다. 운동선수는 신기록을 세운다.
✿ 인당과 간문(부부궁)이 밝게 빛나면 아내의 공으로 성공한다.
✿ 인당과 간문이 어두우면 결혼의 어려움을 겪는다. 만일 일·월각이 어두우면 부모의 반대 때문이다.
✿ 인당에 굵은 선이 생기면 중년에 크게 패한다. 윤택하고 빛이 나면 처음은 좋으나 끝이 불안하다.
✿ 인당이 좁거나 양쪽눈썹이 붙어 있는 경우, 산근이 좁거나 무너지듯 낮은 경우, 삼정의 길이가 다른 경우, 코가 빈약하거나 모양이 나쁜 경우, 눈의 모양이나 눈빛이 좋지 않은 경우 등은 이마가 좋아도 발전하지 못한다.

② 넓은 이마

✿ 성공하는 사람의 공통적인 특징은 이마가 넓고 두터우며, 살이 풍만하고 반듯하며 윤택하다.
✿ 이마는 초년운을 주관하는 곳으로 학업·진로·적성·직업에 많은 영향을 준다.
✿ 이마가 넓으면 꿈은 절반은 이루어진다. 그러나 피부가 거칠고 거무스레하면 아무리 넓어도 좋지 않게 본다.
✿ 이마가 넓은 사람은 일찍 사회에 적응하고 좋은 환경 여건 속에서 능력을 발휘한다.
✿ 이마가 울퉁불퉁하고 흠이 있거나 상처가 있는 사람은 성격이 급하고, 원인과 결과를 판단하기 전에 화부터 내는 사람이다.

- 넓은 이마는 상상력, 이해력, 직관력, 창조력 등이 좋아 사회적으로 인정받기 쉽다.
- 이마가 균형미가 없거나 윤택하지 않고 검은색이 감돌면 아무리 이마가 넓어도 좋은 기운이 나오지 않는다.
- 넓은 이마지만 이마에 요철이 있으면 중도에 실패가 많다.
- 여자의 이마가 지나치게 넓고 크면 고독하거나 가정에 애정운이 좋지 않다.

③ 좁은 이마
- 여자의 이마에 잔털이 많으면 학업 운이나 남편운이 대폭 줄어든다.
- 이마가 좁은 사람은 열심히 노력해도 대가가 없다. 사람이 좋아도 운이 없어 하늘의 도움을 받지 못한다.
- 이마가 좁은 사람은 집중력이나 분석력은 좋다. 리더보다는 기술자가 맞는다.
- 이마가 좁은 사람은 매초마다 변하는 시장의 법칙을 체득하면 좋다.
- 이마가 좁아도 힘이 있고 깨끗하며 윤택하면 좋게 본다.
- 이마가 좁고 뾰족하면 유년시절에 고생이 많다.
- 이마가 좁고 살이 얇으면 손윗사람과 의견대립이 많고, 운세가 고르지 못해 고생한다.
- 이마가 좁고 깎인 듯해도 살집이 풍만하면 노력한 만큼의 성과를 얻을 수 있다.
- 여자의 경우 이마가 매우 좁고 뾰족하며 깎인 듯하면 고난이 많다.
- 여자에게 이마는 남편 덕과 관련이 깊다. 이마가 좁고 살이 쭈글쭈글하거나 잔줄이 많으면 몸이 고되고 운세가 순탄치 못하며 배우자 복이 좋지 않다.

④ 튀어나온 이마
- 이마가 튀어나온 사람은 성격이 급하다.
- 이마가 튀어나온 사람은 초년에 일찍 성공한다.
- 이마가 튀어나온 사람은 뭔가를 결정해야할 경우에는 생각의 여유를 가져야 한다.
- 위쪽 이마가 튀어나오면 윗사람과 마찰이 심하고, 중간은 동료와 단결하지 못하고, 아래 부분이 튀어나오면 부하와 잡음이 끊이지 않는다.
- 이마가 튀어나온 사람은 리더가 될 때까지 참아야 한다. 리더가 되면 어떤 사

람이 됐든 두렵지 않다.
✿ 이마가 튀어나온 사람은 모든 일에 능동적이고 적극적으로 도전하고 성취한다.
✿ 이마가 튀어나온 사람은 남녀 모두 재치가 있고, 감수성과 감각이 예민하며, 임기응변과 사교적 재능이 뛰어나다. 일반적으로 이런 이마를 가진 사람은 금전운이 좋은 편이다.

⑤ 반듯한 이마
✿ 이마가 반듯한 사람은 머리가 좋다. 은행에서 성공하고 싶으면 천부(天府)가 살아 있어야 한다.
✿ 이마가 반듯한 사람은 신용으로 성공한다. 큰 권한으로 사람을 움직이는 얼굴은 이런 이마에 광대뼈가 조금 나와야 가능하다.
✿ 이마가 반듯한 사람은 기억력이 매우 좋다.
✿ 이마가 반듯한 사람은 평생 굴곡이 없다. 그러나 색이 검으면 운의 흐름이 나쁘다.
✿ 이마가 반듯하면 혼자만 잘난체하는 사람으로 오인받기 쉬워 대인관계를 잘 해야 한다.
✿ 무를 자른 것처럼 너무 반듯한 이마는 30세 이후에 경제적인 위기가 한번 닥쳐온다.

⑥ 뒤로 넘어간 이마
✿ 이마가 뒤로 넘어간 사람은 항상 깊이 생각하는 습관을 가져야 한다.
✿ 이마가 뒤로 넘어간 사람은 사업을 하면 성공과 실패가 자주 바뀐다. 직장 생활에 전념하는 것이 좋다.
✿ 여자가 이마가 뒤로 넘어가면 남을 잘 배신한다.
✿ 이마가 뒤로 넘어간 사람은 부모의 혜택을 보기 어렵다.
✿ 이마가 뒤로 넘어간 사람이 오관이 잘 발달했다면 성공은 빠르나 마무리가 좋지 않다. 마무리는 턱으로 판단 한다.
✿ 이마가 뒤로 넘어간 사람은 주체성이 부족하고 감정에 따라 행동하며, 계획성과 도덕성이 부족하고, 지적 능력이 결여되어 전문적 분야에는 적성이 맞지 않는다.
✿ 이마가 뒤로 넘어간 사람은 계획적인 행동과 차분하게 움직이는 습관을 몸에

익혀야 한다.

⑦ 둥근 이마
✿ 이마가 둥근 사람은 문제가 생기면 즉각 해답을 찾아내는 능력이 있다.
✿ 이마가 둥근 사람은 사람들 사이에 갈등이 생기면 설득하는 사람이다.
✿ 이마가 둥근 사람이 전문지식이 있으면 사업으로 성공한다.
✿ 이마가 둥근 사람은 부모덕이 없어 자신이 알아서 인생을 개척해야 한다.
✿ 이마가 둥글면서 튀어나온 사람은 개혁주의 성향이 강해 실력을 인정받아도 직장을 자주 옮긴다.
✿ 이마가 둥근 사람은 가난한 집에서 태어나면 열심히 노력해서 성공하지만 넉넉한 집안에서 자란 사람은 우유부단하다.
✿ 이마가 둥근 사람은 상대에게는 너그러워도 자기 행동은 엄격하다.
✿ 눈이 튀어나오고 이마가 둥근 사람은 항상 바쁘고 가정을 돌보는 시간이 없다.
✿ 이마가 둥근 남자는 업무처리가 꼼꼼하고 책임을 다하는 열심히 일하는 형으로 경제관념이 투철하다.
✿ 이마가 둥근 여자는 알뜰한 생활력으로 남편에게 내조를 잘한다. 가정생활 이외에 부업을 할 경우 금전적 수입을 많이 얻게 된다.
✿ 둥근 이마의 남녀는 모두 사교와 결혼운이 좋다.

⑧ 사각형 이마
✿ 사각형의 이마는 머리가 난 이마의 양쪽 끝이 각이 져 있는 모양이다. 이성적이고 수완이 좋다. 냉정한 판단력과 우수한 머리 그리고 뛰어난 기획력으로 승부한다.
✿ 사각형 이마의 남자는 사리가 분명하고 직선적이며, 업무관리가 철두철미하여 전문적인 영역을 갖는다. 애정운은 가급적 늦은 결혼이 좋다.
✿ 사각형 이마의 여성은 자립심이 너무 강하고 강직하며 고집이 세다. 연애에 실패하기 쉽다.
✿ 사각형 이마의 여자는 배우자와 이별수가 있고 한집안에 산다고 해도 마치 타인처럼 지내는 경향이 많다.
✿ 네모진 이마는 운이 늦게 트여 고생 끝에 성공할 수 있고, 손윗사람과 충돌하기 쉬운 상이므로 융화에 힘써야 한다.

- 넓고 네모진 이마와 좁고 네모진 것은 차이가 많다. 넓은 이마는 모든 일이 순조롭게 진행된다.
- 네모난 이마는 실리와 합리를 병행하여 일을 처리 한다. 사람도 시원시원하다.
- 네모난 이마는 대인 관계가 호탕하고 일은 세밀한 부분까지 놓치지 않는다.
- 네모난 이마는 이마 상부 양측이 발달하고 양쪽 가장자리가 벗겨진 모양이다.
- 네모난 이마의 남자는 유머가 있고 임기응변의 재치가 번쩍이며 날카롭고 섬세한 감각이 뛰어나다. 상사가 무능력하면 등을 돌린다
- 사각형 이마는 20세기에 이름을 날린 세기의 과학자에 가장 많이 있다.
- 네모난 이마는 난공불락의 요새를 점령하는데 가장 큰 공을 세우지만 성을 지키는 임무는 완벽하지 못하다. 이런 일은 성격에서 나오는 현상이다.

⑨ M자형 이마

- 선천적인 M자형과 후천적으로 나타나는 두 가지 유형이 있는데 특징은 고정관념을 갖지 않도록 하는데 가장 큰 공헌을 한다.
- M자형 이마의 여자는 섬세한 성격에 부드러우면서도 약간 까칠함이 있다. 문학과 예술 분야에서 뛰어난 활약을 할 수 있다. 애정운은 고독한 부분이 있다.
- M자형 이마는 머리 가운데가 꼭지처럼 내려온 모양이다. 남자는 여성처럼 부드러운 성격이다.
- M자형 이마는 우유부단한 단점과 손윗사람에게 반항하는 특징이 있지만 애정운은 원만하다. 감정 표현을 너무 쉽게 한다.
- M자형 이마는 직장의 상사가 단점을 지적하면 감정을 먼저 나타내지 말고 공적인 부분과 사적인 일을 구분해야 한다.
- M자형 이마는 자신이 할 일은 남에게 부탁하지 말아야 한다. 조직에서 특수 임무를 띠고 행동하는 신념이 있어야 틀림없이 성공할 수 있다.
- 꼭지가 2~3개이면 인생 풍파를 엄청나게 겪는다.
- M자형 이마의 여자는 인정이 많고 가정적이며 성장 과정도 순탄하다. 질투가 강한 것이 흠이다. 애정운도 상대방에게 전력을 다하는 타입이다.

6) 이마의 선골

✿ 이마 위 양쪽 가장자리 부위를 가리킨다. 볼록하게 발달한 사람은 영감이 강하다.
✿ 이마에 상처가 눈에 띨 정도면 극부(剋夫)하므로 애정생활에 파란이 올수 있다.
✿ 울퉁불퉁한 이마는 성격에 문제가 있고, 이마에 요철이 심하고 잡티가 많고 깎인 듯하면 부모덕이 부족하고, 사리 판단이 정확하지 못하여 아집으로 살아간다.
✿ 이마 좌우가 움푹 들어가면 어려서 부모와 이별수가 있고 고생이 많다.
✿ 중정 부위가 꺼진 사람은 관록에 지장이 생긴다. 여자의 경우는 재혼하는 경우이다.
✿ 양쪽 천정 부위가 꺼지면 재복이 없고, 천정 위쪽 변지가 꺼지면 고위직은 어렵다.
✿ 이마 뼈가 솟은 경우는 좋으나, 튀어나온 뼈에 살이 없이 뾰족하면 좋지 않다.
✿ 일·월각 부분이 나온 사람은 머리가 좋고, 중정 부분이 나온 사람은 부자가 된다.

7) 이마의 색

✿ 이마는 전체의 색으로 현재의 운세를 판단한다. 빛깔이 밝고 윤기가 있으면 현재 운세가 안정된 것으로 본다. 대내외 여건이 호의적으로 조성된다.
✿ 이마가 검푸르거나 회색빛을 띠면 부모의 우환이나 구설 등의 쇠운의 시기가 된다.
✿ 일·월각 부위가 검어지면 부모에게 좋지 않은 일이 생기고, 윤기가 없어지고 하얗게 되는 것도 좋지 않다.
✿ 이마 양쪽 가장자리가 어두울 때는 부동산 계약이나 이사를 하면 손해를 본다.
✿ 중정 부위가 어두워지면 직업 운이 좋지 않다.
✿ 인당에서 양쪽 눈썹과 이마가 밝아지면 운세가 좋다.

8) 이마의 주름

✿ 이마의 세 줄의 주름을 삼문이라고 하는데, 위쪽 주름을 천문(天紋), 가운데 주름을 인문(人紋), 아래 주름을 지문(地紋)이라고 부른다.
✿ 천문은 부모와 손윗사람, 관청과의 좋고 나쁨을 판단한다. 주름이 선명하고 끊긴 곳이 없으면 손윗사람의 복을 받고, 관청의 덕을 보는 좋은 운세를 만난다.
✿ 천문이 얇거나 중간이 끊겨있고 양끝이 아래로 처져 있으면 부모나 손윗사람과 불화가 있고 관청의 업무에 장애가 발생한다.
✿ 중간 주름은 인문으로 운명을 점치며, 금전운을 보는 곳이다. 이 주름이 분명하고 깊게 새겨져 있고 양끝이 위로 올라가 있으면 자수성가하고 사업에 성공한다.
✿ 인문이 구불구불하고 양끝이 처져 있거나 인문이 자주 끊겨 있으면 업무에 좌절이 많고, 직업의 이동이 빈번하여 주거가 안정되지 못하고 건강에 문제가 생긴다.
✿ 지문은 처와 자식, 손아래 사람이나 부하, 그리고 주거 관계를 판단 한다.
✿ 지문이 바르고 끊긴 데가 없고 선명하면 주거가 안정 되고, 처자식의 복이 많으며 손아랫사람에게 명망과 인기를 얻게 된다.
✿ 지문이 자주 끊겨 있거나 양끝이 아래로 처져 있으면 주거가 불안정하고 처자식과의 인연이 약하고 대인관계에 구설이 많게 된다.
✿ 천문, 인문, 지문이 얇고 끊겼는데 시간이 지나면서 주름이 깊어지고 바르게 되고, 끊긴 곳이 없어지면 그때부터는 운세가 순탄하게 진행된다.
✿ '한 일' 자 주름
이마 한가운데에 선명하게 한 줄로 그어진 주름을 말한다. 이 주름이 길면 통솔력이 있고, 여러 사람을 지휘하는 위치에 서게 되며, 운세도 좋다. 짧으면 형제 덕이 없고, 아집이 강하며, 운세도 평탄치 못하다. 여자는 가정적으로 안 좋다.
✿ '임금 왕' 자 주름
가로로 세 개의 금이 있고, 중앙에 세로로 한 줄이 나 있는 임금왕(王)자의 주름을 말한다. 부귀 장수하고 번영과 발전의 운세를 타고 났다. 심성이 나쁘면 뒷골목 패거리들의 두목이 될 상이다.
✿ 곡선 주름

이마의 주름이 곡선 모양으로 심하게 굴곡 된 주름이다. 의지가 약하고 우유부단하며 소심하다. 불분명한 주관으로 시작과 끝이 없고, 신체적으로 몸이 약해 수동적인 삶을 산다. 잔꾀에 능할 수 있으며, 여자는 일찍 이성에 눈을 뜨나 연애운이 좋지 않아 마음이 고독하다.

✪ 난 문

이마에 주름이 많으면서 주름마다 토막이 나 있는 모양이다. 직장과 주거운이 나빠 자주 직업을 바꾸게 된다. 이사가 잦고 신체적으로 병약하며, 정신적 고통이 있고 잔걱정을 많이 하게 된다. 여자는 반드시 생활전선에 뛰어들게 된다.

✪ 일조 직문

현침문이라고도 하며, 세로로 한줄 난 무늬를 말한다. 심신이 번잡스럽고 배우자를 형극을 하게 되며, 파재하거나 심장이나 폐, 위 기능에 장애가 온다. 일조 직문에 가지가 생긴 경우는 분주하게 떠돌아다니게 된다. 어려움을 만나도 해결이 이루어지고, 흉을 만나도 길하게 변할 수 있다.

✪ 이조 직문

세로로 두 줄난 무늬로써 머리를 많이 쓰고 심사숙고 한다. 어린나이 이조 직문이 생기면 조숙하다는 평가를 받는다. 학족문 이라고도 한다.

✪ 삼조 직문

천자문이다. 세 줄난 무늬를 말한다. 결혼운이 좋지 못하고 자식과의 인연도 박하고, 고독하고 노고가 많다. 분주하게 떠돌게 되고 근심걱정이 많다.

✪ 상해 뇌 옥문

상해나 형벌의 재난을 받기 쉽다. 수도자의 길로 나가야 한다. 평인은 몸이 구속을 당하므로 자유롭지 못하게 된다.

✪ 인자 문

팔자 문이라고도 한다. 노고와 수고가 많고 분주하게 떠돌게 된다. 관재 구설이 따르고 재물을 파하게 된다.

✪ 횡문

화개 문이고 일횡문, 이횡문, 삼횡문, 다 횡문으로 구분된다.

✪ 일횡문

주름 끝이 위로 들리면 뜻이 크고 활동적이다. 아래로 구부러지면 가난하고 운이 지체된다. 꼬불꼬불 굽으면서 뱀이 기어가는듯하면 재난이 많고 중년에 어려움이 많이 따른다.
- 이횡문
  반달문이라고도 하며 뼈를 깎는 인내와 노력으로 귀하고 장수하게 된다.
- 삼횡문
  복서문이다. 머리는 총명하고, 마음은 자비로우며 애를 많이 쓰고 고생한다.
- 다횡문
  노록문이다. 복을 누리기 어렵다. 주름 무늬가 끊어지고, 어지러우면 흉하다.
- '왕' 자 문
  호문이다. 호탕하고 귀하게 되어 실권을 장악할 수 있다. 보통 사람이 이런 무늬가 있다면 불길하다.
- '정' 자 문
  재물과 부를 중하게 여긴다. 곡절이 매우 많다. 두 번 이상 결혼하기 쉽다.
- '산' 자 문
  청소년기에 높은 지위를 갖고 이름을 날린다. 현달하고 장수하지만 고독이 따른다.
- 난잡 문
  매우 바쁘게 일하는 반면 결실은 적다. 부부간 애정운이 담담하고 얇다.

9) 이마를 관찰하며 읽기

① 좋은 이마
- 이마(상정)는 사회생활을 보는 곳이며 이마를 볼 때는 찰색을 먼저 본다.
- 이마는 간을 엎어 놓은 듯 도톰하면서 뒤로 넘어지지 않아야 잘 생긴 이마이다.
- 이마는 이해력, 사고력, 상상력, 손윗사람과의 관계, 지식과 지혜, 문화적 요소, 성장 배경, 관록 유무를 볼 수 있다.
- 이마가 분명하고 반듯한 사람은 전문가 타입으로 만물박사다.
- 이마는 하늘이며 양이다. 드러나고 노출되는 것이어야 좋다.
- 이마가 넓으면 이지적이고 활달하며 자활능력을 갖춘 활동가다.
- 이마가 넓고 좋은데 턱이 안 좋으면 만들어 가면서 살 수 있다.

✧ 이마는 높고 넓어야 한다. 두뇌를 많이 쓰면 좋아진다.
✧ 이마의 모양은 둥그스름하면서도 일·월각이 솟고 천주골과 보골(천주골 양옆)이 기둥이 서 있듯 힘찬 기운으로 솟아 있어야 한다.
✧ 이마가 높이 솟고 넓어 액골 전체가 정수리까지 뻗었으면 극귀하다.
✧ 이마의 양쪽 끝을 선골이라 하고, 선골을 통해 상상력, 사색하는 능력을 파악한다.
✧ 수려한 눈과 이마는 대귀한다. 코만 잘 생기고 눈이 형편없는 귀인은 없다. 관록운은 눈을 같이 봐야 한다.
✧ 사고와 코, 광대뼈 그리고 눈썹이 높고 눈꼬리가 올라가면 대귀한다.
✧ 어미의 양 가장자리 위쪽 천창과 턱의 양 가장자리인 지고가 풍요로워 하늘과 땅이 서로 조응하면 부귀영화를 누린다.
✧ 이마가 높이 솟고 두터운 사람은 고관이 될 상이다.

② 이마 형태에 따른 구분

✧ 툭 튀어나온 이마는 재주가 많고 말을 잘하며 금전운도 좋다.
✧ 윗사람과 대인 관계는 이마와 눈썹을 같이 봐 준다.
✧ 변지 역마가 좁아도 찰색이 좋으면 이사운과 직장운이 좋아진다.
✧ M자형 이마를 가진 사람은 예술성이 뛰어나고, 철학적이며 창의적이다.
✧ 이마가 M자면 철학적인 이마이며, 살면서 점점 나아진다.
✧ M자 이마는 아버지 덕이 없으며, 부모와 인연이 약하고, 부모가 빨리 사망한다. 남자의 경우는 M자 머리가 깊어질수록 관찰력이 많아진다.
✧ 이마가 넓으면 중요한 것이 무엇인지만 빠르게 판단한다.
✧ 이마가 좁으면 계산하는 생각이 빠르다. (천창부위 쪽이 좁으면 계산적이다.)
✧ 이마의 윗부분이 뒤로 젖혀진 사람은 계획성과 도덕성이 결여되고, 까불기를 잘 한다.
✧ 이마의 살이 도톰하면 가정적이며, 가정이 윤택하고 평안하다.
✧ 둥근 이마는 경제관념이 뛰어나고 생활력이 강하며 부귀를 겸비한다.
✧ 이마가 둥근 사람은 실용적인 것을 좋아하면서 예술적인 가치를 중요시 한다. 물건을 구입할 때 자신의 선택을 자랑스러워하는 사람이다.
✧ 이마가 둥글면 직관이 뛰어나고, 납작하면 직관이 늦다.
✧ 이마는 사회조직 및 생활을 보는 신의 영역으로 평생을 관찰하는 자리이며 복

이 들어오는 마당이 된다.
- ✿ 미골(눈썹 위)이 많이 나온 사람은 자수성가형으로 적극적인 삶을 살아간다.
- ✿ 남자의 이마가 좁으면 조실부모를 하거나, 부모가 있더라도 큰 덕이 없고, 자손궁도 좋지 않다.
- ✿ 이마가 좁은 사람은 초년에 고생이 많다.
- ✿ 이마가 위는 좁고 아래가 넓으면 완력이 세고 억지가 심하다.
- ✿ 이마가 좁은 사람은 생각이 많아 행동력이 떨어진다. 상대와 대화하고 싶은 마음은 간절한데 말이 잘 나오지 않고 머뭇거리는 사람이 많다.
- ✿ 이마가 좁아도 표피가 두터우면 부와 수를 하고 부귀하다.
- ✿ 이마가 앞쪽으로 동그랗게 나오면 주장이 강하고, 기억력이 좋다.
- ✿ 이마가 네모지면 강하다.
- ✿ 선골이 벗겨져 올라간 사람은 학문을 좋아하고 영감이 뛰어나다.
- ✿ 이마 윗부분이 나온 사람은 논리적인 능력이 탁월하다.
- ✿ 이마 가운데가 나온 사람은 추리력, 기억력이 뛰어나다.
- ✿ 이마 아래가 나온 사람은 예술적 노력형이고 관찰력이 뛰어나다.
- ✿ 이마가 낮은 사람은 실행력이 있고 성실하지만 상사에게 인정받기 어렵다.
- ✿ 이마가 좋으면 해외에서 일을 해도 판단이 빨라 좋다. 색이 나쁘면 좋지 않다.
- ✿ 이마의 양 가장자리인 천창과 턱의 양 가장자리인 지고가 서로 조응해야 좋다.
- ✿ 이마에 줄이 있는 사람은 살이 있기 때문에 줄이 생기므로 좋은 의미로 본다.
- ✿ 이마가 평평하면 귀한데, 살이 너무 많으면 귀히 되나 바쁘게 산다.
- ✿ 이마와 턱이 삐딱하면 떠돌아다니고 빈한하며, 턱은 풍만한데 이마가 좁고 낮으면 초년은 좋지 않으나 말년이 좋고, 이마는 널찍하고 높으나 턱이 뾰족하면 초년은 걱정 없이 지내나 늙어서 좋지 않다.
- ✿ 이마가 낮으나 넓고, 피부가 부드럽고 윤기가 나며, 복당이 풍만하고, 눈썹이 맑고 수려하며, 천창·지고가 풍만하게 돌출해 있고, 산근의 복서골이 일어나 있으면 총명하고 부귀하다. 반대이면 고생하고 관액이 있을 수 있다.
- ✿ 눈썹 산이 올라가면 이마가 벗겨진다.
- ✿ 이마가 좁으나 턱이 넓고 돌출해 있으며 귀밑 턱이 풍만한 사람은 청·중년기에 좋은 운이 있기 어려우나 50세 이후의 운은 반드시 좋다.
- ✿ 이마가 좁고 눈썹털이 적고 인당이 함몰되어 있으면 일생동안 가난하다.
- ✿ 이마가 뾰족하고 좁으면 일생동안 수확과 성과가 부족하다. 턱이 크면 수극화

의 형국이 되어 평생 고생하며, 관액을 당한다.
✿ 이마가 좋으면 공짜를 좋아한다. 이마가 벗겨지면 공짜를 좋아한다는 말이다.
✿ 이마가 네모지고 기골이 있으면 관직에 나가는 것이 좋으며, 이마가 둥글고 기골이 없으면 상업에 종사하는 것이 좋다.
✿ 앞이마가 나오면 암기력이 좋다.
✿ 나이가 어릴 때에 앞이마가 짱구인 경우 부모를 친다.
✿ 짱구 이마인 사람은 이중적인 성격이 강한 사람으로 까다롭지만 시원시원하기도 하다. 깐깐하면서 결정된 일은 번복을 싫어한다.
✿ 이마가 나오면 잘난 척 하는데, 이마가 발달하여 머리가 좋기 때문이다.
✿ 이마는 생각을 행동으로 옮기는 기운이 강한 곳이다. 이마가 튀어나온 사람은 불필요한 말은 하지 말고 요점만 간추려서 빨리 말해야 좋다.
✿ 네모난 이마는 귀(貴)를 뜻하며, 둥근 이마는 부(富)를 뜻한다. 이마가 좁고 둥글지 않은 사람이 장사를 하면 반드시 망한다.
✿ 이마가 높으나 옆에서 보았을 때 덜 돌출했으면 관직에서 발전에 한계가 있고, 학술연구 방면에서는 성과가 나온다.
✿ 이마 양쪽의 살집이 눈썹을 압박하는 사람은 성정이 어리석고 일생동안 가난하다.
✿ 이마가 환한데 아래는 어두운 사람은 현재는 어려우나 나중에는 좋아진다.
✿ 이마가 튀어 나오면 하극상을 당한다.
✿ 이마가 아무리 좋아도 혈색이 좋지 않으면 운이 열리지 않는다.
✿ 이마가 넓게 넘어 갔으면 기억력과 직관은 좋지만 일은 많다.
✿ 이마 양쪽의 변성, 산림, 역마 등의 부위가 한쪽은 높고, 한쪽은 낮으면 생각이 극단적이며 사업에 풍파가 많다.
✿ 이마가 크고 입이 작은 사람은 중년기까지의 운이 좋지 않다.
✿ 이마의 상과 입의 상이 부합하여 표준이 되는 사람은 중년기까지의 운이 모두 좋다.
✿ 이마는 부모, 학력, 승진, 유산, 사회적 관계, 여행, 재산정도를 본다.
✿ 이마가 돌출해 있고 준두가 치켜 올라간 것은 큰 부귀를 누리지는 못하지만 가족의 음덕으로 밖에서 자신의 사업을 펼칠 수 있다.
✿ 삿갓이마는 좋은 이마는 아니며 40대가 넘어야 발복한다.
✿ 이마의 사공·중정 부위가 풍성하고 돌출해 있으면 소년기에 뜻을 이루고, 반대

- 이면 재능과 지혜가 부족하고 적응력도 떨어져 성공이 어렵다.
- 이마와 귀를 관찰하면 상대의 집안을 볼 수 있다.
- 나이가 들면서 꺼진 중정부위 이마가 다시 올라오면 열심히 일을 할 수 있다.
- 어렸을 때 머리가 있던 곳이 빠지면, 빠진 자리는 다른 곳보다 더 번들거린다.
- 납작한 이마는 일의 과다에 대한 계산이 빠르며 절제를 잘한다.
- 돌출된 이마에 코까지 높으면 일이 많고, 정도 많으며 스케일도 크다.
- 차남이 이마가 넓으면 장남 노릇을 한다.
- 서자가 이마가 넓으면 유산을 많이 받는다.
- 이마 중간 부위가 함몰되었거나 돌출해 있는 사람은 부모를 극하거나 부모와 인연이 약하다.
- 이마가 높지만 좁으면 어머니와 인연이 적거나 어머니를 극한다.
- 이마가 높이 솟아 있으나 두관골과 코, 턱이 발달되어 있지 않은 사람은 냉정하고 충동적인 성격을 가지고 있다.
- 이마가 높고 넓으나 턱이 뾰족하고 마른 사람은 사상이 고상하고 사고력이 강하나 실행력은 부족하다.
- 이마가 낮고 협소하나 턱이 넓은 사람은 모방은 뛰어나지만 창조력이 부족하다.
- 이마가 경사져서 바르지 못하면 음란하나 외모는 정중하고 단정하게 보인다.
- 이마와 턱이 돌출하고 코가 오목하게 들어가 있으면 계략은 많으나 성취가 어렵다.
- 이마가 넘어지지 않고 똑바로 서있는 모양(입벽)과 마치 간을 엎어 놓은 모양(복간)에 이마가 川자 모양이면 관록궁이 좋다. 川자는 보골과 천주골의 자리이다.
- 남자의 이마가 넓고 좋으면 이해심이 많다. 이마는 넓어야 한다.
- 이마와 미골 중에서 미골이 더 튀어 나오면 강한 정신력, 추진력, 두려움을 모르는 성격으로 개성이 강하고 야심이나 정복욕도 지나치게 강하다. 일반적으로 직장생활은 잘 하지만 사업을 하면 다성 다패하기 때문에 굴곡이 많다.
- 천이궁이 좋으면 고생을 하지 않는다. 성격이 활달하여 교제가 넓고 생활력이 강하며 남의 도움을 잘 받기 때문이다.
- 이마가 아무리 좋아도 목이 부실하면 이마의 장점이 발휘되기 어렵다.
- 이마가 좋아도 귀가 까지거나 뒤집어지면 복록이 감소된다.

✿ 이마가 넓고 좋아도 입이 작으면 소심하고 담력이 약하다.
✿ 이마가 넓고 좋아도 관골이 없으면 직장운이 약하다.
✿ 이마가 넓고 좋아도 산근이 약하면 외롭다.
✿ 오관이 좋고 활달해도 등이 약간 굽었으면 모사를 즐긴다.
✿ 이마는 좋은데 눈썹이 약하거나 작으면 고독한 사람이다.
✿ 이마가 너무 좁고 함하고 빛이 검으면 남편·궁이 불길하며 재취하게 되고 재앙이 자주 온다.
✿ 머리나 이마가 크고 몸이 작고 왜소하면 빈천한 상이다.
✿ 남자는 양(陽)에 해당하기 때문에 이마가 벗겨져도 상관없지만 여자의 이마가 벗겨지면 가정생활에 큰 문제가 생긴다.
✿ 이마가 반짝이는 사람은 현재 상황이 다른 사람에 비해 여유가 있다는 뜻이다. 이마는 좋은데 코가 작은 사람은 돈을 쓰는데 인색하다. 이마가 넓은 사람과 좁은 사람도 윤택하면 현재 상황이 좋다고 보면 된다.

③ 여성의 이마
✿ 여자의 경우 이마는 부모, 코는 남편, 입은 자식, 눈은 귀천을 나타낸다.
✿ 여자의 이마가 넓으면 받을 복이 많다.
✿ 여성이 이마가 너무 넓으면 핑계를 잘 대고 남편을 얕보는 경향이 있다.
✿ 여자의 이마가 너무 높거나 너무 넓은 경우 30세 이전에 결혼하면 결혼생활이 순조롭지 못하여 남편을 극하지 않으면 이혼을 하게 된다.
✿ 여성의 이마가 지나치게 높으면서 목소리가 지나치게 크고, 낭랑하거나 날카로워 귀에 거슬린 경우 여러 번 남편을 극한다.
✿ 여자의 이마가 좁은 사람은 본 남편과 해로하지 못하고 두 번 시집갈 상이다.
✿ 여성의 툭 튀어나온 이마는 난산하기 쉽다.
✿ 이마가 꺼진 여자는 여러 번 시집갈 상이다.
✿ 여자의 이마가 옆이 좁으면 이성적이며 계산적이다.
✿ 여자의 이마가 뾰족(삼각형 이마)하거나, 이마 위쪽이 넘어간 사람은 일찍 재취로 시집가는 것이 좋다.
✿ 여자의 이마가 뒤로 넘어가고 앞만 나오면 두 번 시집간다.
✿ 여자의 이마가 삼각형처럼 뾰족한 경우 부부간에 화목하지 못하고 남편을 극한다.

✿ 이마와 코·입이 뾰족하며 눈썹이 없는 여성은 성격이 불같고, 자녀를 양육하기가 어려우며, 남편을 극하지 않으면 이혼한다.
✿ 이마가 뾰족하고 귀가 뒤집혀 있는 여성은 여러 번 결혼할 가능성이 있다.
✿ 이마가 뾰족하고 관골의 뼈가 드러나 있으면 남편을 극하거나 이혼한다.
✿ 여자는 이마가 너무 넓거나 너무 좁거나 너무 솟은 사람은 재운이나 남편운이 좋지 못하다. 재취로 많이 간다.
✿ 여성이 나이가 들어서도 이마가 튀어나와 있으면 과부 상으로, 하고 싶은 일은 다해야 한다. 이다. 윗사람을 치고 남편과 부모를 치기 때문이다.
✿ 여자의 이마가 짱구 일 때는 남편을 친다. 이마가 나온 여자는 본인이 잘났다고 생각 한다. 산근이 꺼진 경우가 많고 남편을 친다.
✿ 여성 이마의 부모와 배우자 자리에 흉이 있으면 남편을 맘에 들어 하지 않는다.
✿ 여성의 이마가 네모지면 성격이 남자 같아 결혼생활이 순조롭지 못하고 이혼한다.
✿ 여성의 이마가 높고 입술이 뒤집어져 있으면 남편과 자식을 극한다.
✿ 여성이 이마의 천정부위에 깊고 긴 수직주름이 있거나 세 개 이상의 가로 주름이 있으면 결혼생활이 순조롭지 못하여 이혼하고 재가한다.
✿ 천정부위가 좁은 경우 부모로부터 유산이 별로 없다. 부모궁이 좋아도 유산은 별로 없다.
✿ 이마 양쪽에 솜털이 많은 여성은 아버지를 극한다.
✿ 여성의 이마에 회색이나 흰색의 혹이 있는 경우 일생동안 애정의 풍파를 겪는다.
✿ 이마의 천창이 돌출하고 높고 넓은 여성은 일찍 부모를 극하고, 가난하게 산다.
✿ 여자 이마가 넘어가면 일이 많아 바쁘고 힘들다. 많이 벗겨지면 과부상이다.
✿ 여자의 M자 이마는 남편을 치고, 부모를 치며 자식을 친다. M자의 가운데 부위에 흉이 있으면 남편을 극한다.
✿ 여성의 이마가 오목하게 함몰되어 있고, 인당에 나쁜 주름이나 나쁜 점이 있으면 남편을 부추겨 법을 어기는 나쁜 짓을 할 가능성이 있다.
✿ 이마가 좁고 낮으며 턱과 귀밑 턱이 넓고 큰 여성은 남편의 운에 누를 끼친다.
✿ 여성의 이마가 넓으면 가정에 대한 책임감이 강하고, 눈썹이 검고 진하면 재능

도남성에 뒤지지 않아 집안을 일으키는 효성스런 여성이 된다.
✿ 여자의 이마가 벗겨지면 가정생활에 큰 문제가 생긴다.
✿ 여자의 이마가 좋으면 가난한 집에 태어나도 결혼 후에는 남편이 대성한다.
✿ 여자가 이마 쪽으로 머리를 길게 내리면 공부를 잘하지 않는다.
✿ 여자가 이마의 머리를 올리면 자기 위상을 높이고 싶어 하는 경우이다. 이마에 머리를 내리면 남편을 출세시킨다.
✿ 이마가 나오면서 관골이 튀어나오고 눈빛이 강하면 과부상이다.
✿ 여자 이마에 주름이 4개가 있으면 팔자가 세다.
✿ 여성의 이마가 너무 튀어나오면 과부 이마다. 머리가 너무 좋아 남편을 치기 때문이다.

④ 이마의 주름
✿ 이마의 가로 주름 3문(천문, 인문, 지문)이 끊어지지 않고 분명한 사람은 길상이다.
✿ 이마에 세 개의 주름이 있고 주름 꼬리가 아래로 향해 있는 사람은 고독하고 대를 이을 자식이 없다.
✿ 횡선 주름은 이마에만 있어야 한다.
✿ 이마의 주름이 갈매기 모양은 적극적인 삶을 살아온 자이며 자수성가형이다.
✿ 이마의 주름이 끊기고 꼬부라지면 직장운이 불길하고 주거 운도 나쁘다.
✿ 이마가 수면을 취하지 못하고 고민한 경우 붉어지거나, 검어지고 송사에 패한다.
✿ 이마 중앙에 인문 한 개의 주름이면 지도자의 운이라 하여 다스리는 위치에 있다.
✿ 이마에 주름이 가로세로 어지럽게 잡히면 주로 멀리 떠나거나 감옥살이를 한다.
✿ 이마에 깊은 주름이 있으면 성격이 우울하고 걱정이 많거나 사업상 풍상과 고초를 많이 겪는다. 노인 이마에 깊은 주름이 있으면 장수 한다.
✿ 이마에 주름이 산만하게 생기고 산근이 단절되어 있는 사람은 청년기 및 중년기 모두 좋은 운이 있기 어렵다.
✿ 이마의 상에 결함이 있고 주름이 많고 복잡하면 일생동안 풍파가 많고 고생하며, 사업도 성패가 교차되며, 언행에 실수가 많아 시비가 자주 일어난다.

✧ 이마에 일찍부터 주름이 있는 경우에 주부에게는 좋지 않다.

⑤ 이마의 발제

✧ 이마의 발제 부위가 고르지 않으면 집안이 안 좋다. (예술적 끼가 있다.)
✧ 이마의 발제 부위가 고르게 나와야 집안이 안정적이다.
✧ 발제가 들쭉날쭉 난 경우 기회가 오면 돌다리 두드리다가 놓치는 수가 있다.
✧ 이마의 발제가 들쭉날쭉 난 경우 잘 따지며 야당기질이 강하고 스스로 힘들게 살며, 일찍 연애하고 사랑을 나눈다.
✧ 이마의 발제 부위가 고르지 않으면 집안이 안 좋다. 예술적 끼가 있다.
✧ 남성의 이마에 발제 부위가 고르게 나와야 집안이 안정적이다.
✧ 인당골이 천정까지 뻗으면 천주골이라 하고 천정 이상 발제까지 뻗으면 복서골이라 하여 높은 직위까지 오른다.
✧ 발제가 풍후하고 높이 솟은 자는 웅변을 잘하고 호걸 객이다.
✧ 발제가 풍만해서 뼈가 높이 솟으면 언어에 능하고 성품이 영명 초래한다.
✧ 이마에 잔털이 많으면 생각하는 자리가 덮혔기 때문에 생각이 적다.
✧ 이마 발제의 중앙이 오목하게 들어가 있는 사람은 종교계나 교육계에 종사가 좋다.
✧ 이마의 발제가 30세 이후에 벗겨지면 복이 있는 사람이다. 금형인, 수형인, 토형인이 대머리가 잘된다.
✧ 이마의 발제가 톱날 모양이면 유년시절에 부모를 극하거나 유복자로 태어난 사람이다. 일생동안 고생을 많이 하나 수확이 적다. 이마에 솜털이 많으면 더욱 그러하다.
✧ 이마의 발제가 M자 모양이나 이마 양쪽의 변성·산림 부위가 돌출하지 않았으면 소자본의 장사나 예술계통의 일을 하는 것이 좋다.
✧ 이마의 발제가 가지런하지 못한 사람은 마음고생을 하지 않으면 몸 고생을 하게 된다. 또한 성격이 고집스러워 남의 충고를 듣지 않고 자주 실패하고 좌절한다.
✧ 여성이 이마의 발제가 소용돌이 모양이면 부모를 극한다. 결혼생활도 어려움이 많다.
✧ 여성의 발제가 톱날 같거나 세 개의 미인 첨이 있으면 일생동안 고생이 심하다.

✿ 여성의 이마가 좁으면서 잔털이 많으면 끼가 있어 빨리 결혼한다.
✿ 이마가 좁고 잔털이 많으면 외국에서 고생한다.
✿ 부모덕은 발제 부분과 부모궁을 같이 봐 준다.
✿ 이마가 벗겨질 경우 남자는 출세하고, 여자는 일이 많아서 고생하며 심신이 고달프다.
✿ 이마가 높으나 머리카락이 잡초처럼 어지러운 사람은 일생동안 출세하기 어렵다.
✿ 정수리에 머리가 빠지면 아무리 얼굴이 잘 생겨도 돈이 없고 정력도 약하다.

⑥ 천창과 지고

✿ 천창은 양 눈썹의 끝부분에서 올라가면서 살 비스듬히 풍만하고 뼈가 죽지 않아야 재운이 발복한다.
✿ 천창은 하늘에서 받은 복을 간직하는 곳으로, 거부는 이마의 천창이 좋다.
✿ 천창(천이궁)을 복덕궁으로 보며 벼슬과 승진운까지 관장한다. 천창이 풍만하면 복덕이 많아서 높은 벼슬에 이른다.
✿ 천창과 지고가 살아 있으면 재가 들어온다. 천창이 좁으면 유산은 없다.
✿ 천창은 둥근 듯 널찍하게 광대뼈에서부터 풍만하게 이어져야 좋다.
✿ 천창의 자리는 역마궁도 같이 보며, 천창은 반드시 눈썹의 색깔을 함께 봐야 한다.
✿ 천창 좌우가 풍후하면 부하고 귀한 상이다.
✿ 천창과 지고를 합해서 창고라 하는데, 하늘의 복록과 땅의 복록이 더해 창고가 된다. (얼굴의 성곽에 해당하는 테두리로 네 개의 창고라 하여 사고(四庫)라 한다.)
✿ 천창, 액각(이마의 모서리에 둥글게 솟은 뼈)이 좁거나 꺼졌으면 늘그막까지 머물 집을 걱정해야 한다.
✿ 천창이 좋으면 벼슬을 하고 복록을 누린다.
✿ 천창이 함몰되면 흉한 남녀궁이 된다.
✿ 천창은 둥근 듯 널찍하게 네모를 이뤄야 하며 광대뼈부터 풍만하게 이어져야 한다.
✿ 천창은 역마궁도 같이 보는데 반드시 눈썹의 색을 함께 봐야 한다. 눈썹에 맑은 빛은 반드시 기쁜 일이 생긴다.

- 기본적인 복덕운은 천창과 지고를 보며, 주로 천창에서 주관한다. 복덕이 풍만하려면 천지와 오관이 조화를 이뤄야 한다.
- 천창이 두둑하게 살이 붙어 풍만하면 근심 없이 화려한 생활을 누린다.
- 천창의 기운이 좋으려면 광대뼈에서부터 풍만하게 기세를 몰아 눈꼬리에 이르러서도 기운이 죽지 않고 뻗어 올라 천창에까지 이르러야 한다.
- 부도난 사장은 평균적으로 눈썹에 하자가 있고 천창의 자리 색도 좋지 않다.

⑦ 일·월각
- 일·월각 부위가 많이 튀어 나오면 부모덕이 없다.
- 일·월각이 솟지 않고 내려앉으면 부모운이 좋지 않아 부모를 잃거나, 일찍 부모 곁을 떠나고 자수성가 하는 경우가 된다.
- 이마에 붉은 힘줄 두 줄기가 일·월각까지 뻗치면 칼날에 다치거나, 전사하거나, 형벌을 범하거나, 객사한다.
- 일·월각 중 한쪽이 기울면 기운 쪽 부모를 잃거나 새로운 부모가 생긴다.
- 일·월각의 기색이 어두우면 부모에게 화가 미친다. 검푸르거나 하얗게 되면 부모에게 근심, 질병, 사망 등 변괴가 일어 날 수 있다.
- 일·월각이 솟은 자는 관록이 있다. 일·월각 위쪽이 넘어가면 좋지 않다.
- 일·월각이 나오면 명궁(인당)이 약해진다.
- 일각의 왼쪽과 오른쪽에 반듯한 골을 금성골이라 하는데 이 골이 일어난 사람은 지위가 장관의 위치에 오른다. 모든 면에서 이름을 날린다.
- 이마의 역마 또는 일·월각 부위에 상처가 있는 사람은 평생 불행한 일을 겪는다.
- 남녀궁은 잘 생긴 이마에 일각과 월각까지 당당하게 생기면 금상첨화다.
- 일·월각은 둥글게 솟아서 깨끗하고 기색이 좋아야 하며, 그 기운이 위로는 정수리까지 옆으로는 천창까지 뻗쳐 있으면 일생을 두고 부모의 음덕이 나에게 미치며, 부모 역시 건재하고 장수 한다.

⑧ 인당과 명궁
- 인당(명궁)에 천자문이 있는 사람은 대체적으로 배궁(配宮)을 극하여 이혼하는 경우가 많다.
- 인당에 川자 주름이나 바늘처럼 가는 주름이 있는 경우 흉한 남녀궁이 된다.

- 인당의 주름이 이마까지 올라가면 성공한다. 신경을 많이 쓴 관계로 주름이 생긴다.
- 여성의 인당에 현침문이 있으면 성격은 강하나 외롭고, 남편과 자식을 극한다.
- 인당에 천(川)문이 있는 여성은 집안을 망치고, 빈천하며 성격은 음험하고, 색을 밝혀 운수 사나운 일을 쉽게 불러들인다.
- 인당의 주름 결이 복잡한 여성은 지혜롭지 못하고 고생하며 건강도 좋지 않다.
- 여성의 인당이 오목하게 함몰되어 있으면 부부의 인연이 적고, 결혼 생활도 좋지 않다.
- 인당에 살이 많고 솟아 있는 여성은 성격이 남성적이다. 사업을 하면 성공한다.
- 여성의 인당에 점이나 주름이 있으면 남편의 운을 억압하여 뜻을 펼치지 못하게 한다.
- 인당이 낮게 함몰되어 있고 두 눈썹의 침범을 받으면 일생동안 관직에 나가지 못하며 가난에 시달린다.
- 인당이 넓고 평평하고 윤기가 흐르며, 두 눈썹이 넓고 맑고 수려하면 일생동안 관운이 좋고 크게 성취가 있다.
- 인당이 함몰되고, 앞 눈썹이 붙어 있는 사람은 평생 동안 힘들고 사업성취가 어렵다.
- 인당에 어지러운 주름이나 상처가 있으면 직업 변동이 많고 노력만큼 성과가 적다.
- 인당이나 산근에 마마자국이 있는 사람은 부모와의 인연이 박하다.
- 인당의 골이 높게 돌출해 있는 사람은 특이한 재능과 성격을 가지고 있다.
- 인당에 잔털이 많은 사람은 호흡기 계통의 건강이 좋지 않다.
- 인당에 엷게 붉은 기색이 생기거나 껍질이 벗겨지는 것은 폐에 열이 많기 때문이다. 붉은 기색이 나타나면 중풍에 걸릴 위험이 있다.
- 인당에 기색이 검으면 뇌에 병이 생겼다는 신호로 급사하거나 큰 위험에 처한다.
- 인당이 좁으면 마음이 좁고, 지혜와 덕도 부족하다.
- 인당이 깊게 함몰되고, 나쁜 주름이나 점이 있으면서 얼굴이 네모나고 두 귀가 뾰족하게 드러난 사람은 일생동안 가난하고 흉·재가 많다.
- 인당이 어둡거나 주름살, 마마자국, 사마귀 등이 있으면 안 좋다.

✿ 이마가 좋으면서 명궁이 들어가면 산근과 똑같은 역할을 한다. 명궁은 복이 들어오는 자리이기 때문이다.
✿ 명궁(인당)에 현침문이 있는 사람은 장가를 늦게 가지 않으면 중도에 별거생활을 하며, 자녀에게도 해롭다.
✿ 명궁은 심폐 기능을 보는 자리이다. 명상이나 책을 많이 보는 경우 명궁부위가 올라간다.
✿ 명궁이 함몰된 경우나 지저분한 경우는 인생살이가 자주 막히므로 살아가는데 힘이 든다.
✿ 명궁이 넓으면 자유롭고 포부가 크다.
✿ 명궁이 좁으면 순발력이 있으며 급한 성격의 소유자이다.
✿ 이마는 훤한데 명궁이 붉으면 잘리는 색은 아니고 부서를 바꿀 확률이 높다.
✿ 명궁은 소원과 희망의 자리이며, 복이 들어오는 지리이다.
✿ 명궁 위쪽은 공부운을 보는 자리인데 꺼지면 공부운이 없다.
✿ 이마가 꺼져 있으면 공부운이 안 좋다. 이마가 꺼지지 않아도 눈썹이 안 좋으면 학운이 없다.
✿ 명궁이 살아서 두툼하게 주름도 없다면 책을 많이 보거나 명상을 한 경우이다.
✿ 명궁의 위치는 심폐기능을 보는 자리이고, 타고난 복을 보는 자리이다.
✿ 명궁자리가 꺼지면 잘 나가다 한 번씩 풍파가 온다.
✿ 명궁은 인상의 척도이다. 부귀와 빈천, 길흉과 선악, 학문과 성품, 수명과 건강 등을 간파할 수 있어 모든 운명의 척도가 된다.
✿ 명궁에 검은 빛이 나면 일이 잘 안 풀린다.
✿ 명궁에 주름이 잡힌 경우 전문가에게는 좋고, 아닌 경우에는 나쁘다.
✿ 명궁의 주름이 깊으면 고민을 많이 한 경우이다.
✿ 전문가가 명궁에 주름이 있으면 집요한 사람이다. 눈이 각이진 경우에는 아주 많이 집요하다.

⑨ 재백궁/천이궁/관록궁/부모궁

✿ 재의 뿌리는 이마이다. 이마 양 옆이 좋으면 큰돈을 갖는다.
✿ 재의 뿌리는 이마이므로 재는 코보다 이마가 더 중요하다.
✿ 천이궁은 평범한 이동이 아니라 이사, 변동, 여행, 벼슬, 승진운까지를 관장한

다.
✿ 천이궁은 눈썹 가장자리 위쪽을 보며, 이사나 장거리 여행(변지, 역마)등 변동 사항을 본다.
✿ 이사는 변지, 역마, 승장, 전택궁을 본다. 해외에 나갈 경우도 같다.
✿ 미각을 통해서 천이궁을 보는데 위치는 눈썹 끝 윗부분이다. 황색의 윤기가 보이면 가장 길한 색으로 본다.
✿ 관록궁은 이마 중앙의 중정(이마의 귀기(貴氣)가 집약된 곳)을 보고, 이마 전체를 함께 봐야 한다. 관이나 직장의 운을 보며 학습능력, 사고력, 창조력 등을 판단한다.
✿ 이마가 죽은 사람은 관록이 있더라도 오래가지 못한다. 중정골이 꺼지면 학운이 없다.
✿ 이마 가운데 천정 부위가 꺼지지 않으면 관록이 높다.
✿ 부모궁을 알아 볼 수 없을 때 귀와 산근을 본다. 명궁이 꺼지면 학운이 없다.
✿ 이마는 부모궁을 먼저 보고 다음으로 관록궁, 복덕궁, 명예, 학운 순으로 본다.
✿ 이마의 부모궁 자리가 나온 경우 부모덕이 없다.

⑩ 이마가 좋지 않은 경우
✿ 이마가 뒤로 넘어가면 일이 많다. 미리 알고 있기 때문이다.
✿ 모발 바로 아래쪽 검버섯은 사회적 영역자리이다. 검버섯이 오랫동안 지속되면 오랜 시간이 지나야 회복된다.
✿ 이마에 검버섯이 피면 기존에 있던 자리를 그만두게 된다. 검버섯이 피는 자리는 사람마다 다 다르다.
✿ 이마 뼈와 관골이 툭 불거져 주먹같이 나온 사람은 남자는 자식을 극할 뿐 아니라 빈궁하고 여자는 남편을 극하고 천하다. (이마만 또는 관골만 불거진 경우는 아니다.)
✿ 이마가 앞만 개발되면 자기만 잘난 사람이며, 잘났다고 생각하는 사람이다.
✿ 이마에 힘줄이 푸른색으로 뻗치면 극도로 예민한 사람이다.
✿ 이마가 툭 불거져 나오면 자존심이 강하며 고집불통이다.
✿ 이마가 바가지처럼 튀어 나오면 배우거나 대화를 나누어도 자기만 옳다하고 싸움도 잘한다.
✿ 원숭이 이마는 아버지와 의견이 안 맞거나 인연이 약하다. 이마 앞이 툭 불거

져 나온 경우이다.
✧ 이마가 좁거나 함몰되거나 삐뚤거나 산란한 주름과 흉터가 있으면 운이 박하여 관록은 없다. 화가 미치지 않도록 하여야 한다.
✧ 이마가 너무 어두우면 회사에서 잘리거나, 그렇지 않으면 부모가 아프다. 윗사람 때문에 신경 쓸 때 붉어졌다 어두워진다.
✧ 이마의 핏줄이 푸르스름하면 윗사람에게 문제가 생기거나 윗사람에게 혼난다.
✧ 남자의 이마가 좋지 못하면 자손궁도 좋지 않다.
✧ 이마가 꺼진 자는 자녀에게 슬픔과 두려움이 있다.
✧ 이마가 꺼진 남자는 녹이 있을지라도 조정에서 물러난다.
✧ 변지 역마가 들어간 사람은 부부궁이 안 좋다.
✧ 이마의 붉은 점이 시간이 지나면서 검게 되면 송사에 패한다.
✧ 이마 가운데가 검으면 오래간다. 아래쪽으로 내려오는 시간이 많이 걸린다.
✧ 이마가 울퉁불퉁하면 아버지와 의견의 일치를 보기가 쉽지 않다.
✧ 이마를 옆에서 봤을 때 납작하면 어렵게 산다.
✧ 이마에 핏줄이 있으면 예민하다.
✧ 이마와 양쪽 관골, 턱 네 부분의 뼈가 일어나 있으나 코뼈가 내려앉은 사람은 일생동안 흉·재가 많고 관액을 겪을 수 있다.
✧ 이마 위 중정 부위에 흑·회색의 점이 있으면 인내심이 부족하며, 성격이 집요하고 고집스럽다. 평생 관록을 누리기 어렵고 직업을 자꾸 바꾼다.
✧ 이마의 좌우 산림 및 구릉 일대에 어두운 흑색의 점이 나 있으면 청·중년기에 재산을 모으기 어렵고, 평생 사업에 변화가 많다. 외출 시에는 사고에 주의해야 한다.
✧ 이마가 번들거리면 힘이 들고 피곤하기 때문이다. (피부가 얇아져서 나오는 현상이다.
✧ 이마의 뽀드락지는 이동하고 싶은데 마땅히 갈 곳이 없을 때 생긴다.
✧ 이마가 옆이 어두우면 사업가는 사업에 성공하지 못한다.
✧ 이마가 좁거나, 함몰되거나, 삐뚤거나, 산란한 주름과 흉터가 있으면 운이 박하여 관록은 없다. 화가 미치지 않도록 하여야 한다.
✧ 이마의 천중 부위에 적·홍색의 반점이 나타나는 사람은 화재를 격을 수 있다.
✧ 이마에 실핏줄이 보이면 예민하다. 정신적인 충격이나 건강에 문제가 있다. 배려와 사랑이 약하기 때문이다.

✿ 이마는 신경을 많이 쓰면 피부가 얇아진다. 장기도 안 좋아진다.
✿ 이마가 삐뚤어진 사람은 사소한 일로 시비를 걸어오는 사람이다. 시간이 흘러야 관심을 보이는 타입으로 점진적으로 다가서야 부작용이 없다.
✿ 좌편이 꺼진 자는 父선망이 비뚤어져 父가 사망한다.
✿ 우편이 꺼진 자는 母선망이 비뚤어져 母가 사망한다.
✿ 운기가 떨어지면 평평한 이마가 찌그러진다.
✿ 이마를 성형한 경우 나이가 들면서 진피가 아래로 쳐진다. 성형은 위치보다 약간 높게 해줘야 한다.
✿ 살아가면서 이마에 살이 빠지고 뒤로 넘어가면 꺼진 것과 같이 본다.
✿ 학생이 이마의 중정부위가 함몰하면 재수한다.

【3】얼굴(顔面)

얼굴에는 신체 모든 부분의 영(靈)이 나타나 있고, 오장육부의 신(神)의 길을 통하며 삼재(三才)의 형상을 이루어 한 몸의 득실을 표현하는 것이 얼굴이다. 그러므로 오악(五嶽 : 좌우관골, 이마, 코, 턱)과 사독(四瀆 : 눈, 귀, 코, 입)은 서로 조응(朝應 : 코를 중심으로 오긋하게 골이 솟은 모양) 함을 얻어야 하고, 삼정육부(三停六府 : 삼정은 이마, 코, 턱, 육부는 이마의 좌우, 좌우 관골, 좌우 이골)는 풍만함을 얻어야 한다. 형모가 단정하고 신이 안정되고 기(氣)가 화(和)한 자는 부귀의 기본이다.

만일 이상의 부위가 기울어지거나 바르지 못하고, 삐뚤고 이지러지고 들어가고, 빛이 침침하고 모양이 추악한 것 등은 모두 빈천한 상이다. 그러므로 얼굴은 희기가 비계덩이 같고, 검기가 옻빛 같으며, 누르기는 삶은 밤 같고, 붉기는 붉은 비단 같은 자는 모두 크게 부귀하다. 그리고 얼굴은 오관이 뚜렷하고, 기와 찰색이 좋아야 한다.

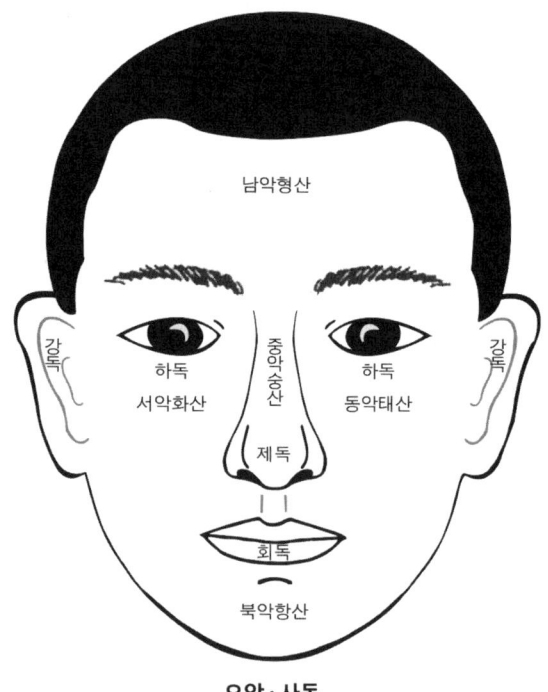

오악 · 사독

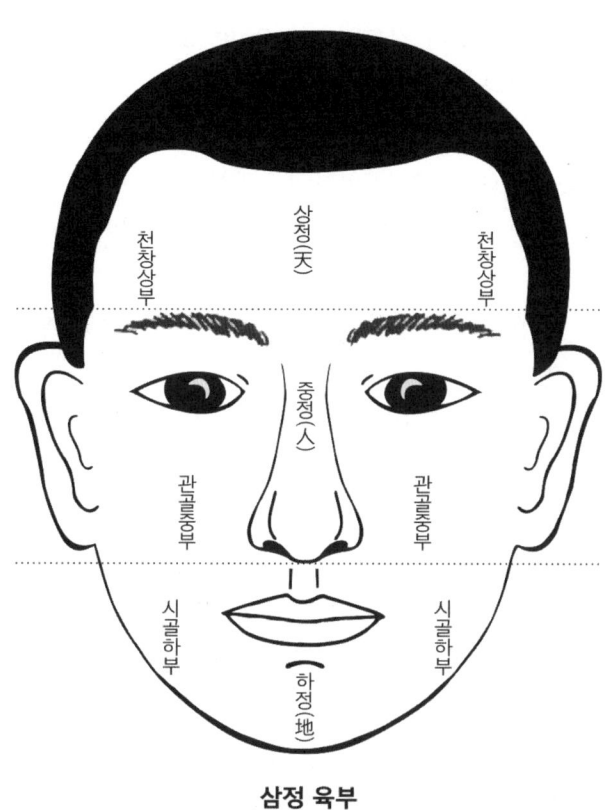

삼정 육부

  얼굴빛이 붉기가 타오르는 불꽃같은 자는 단명하여 갑자기 숨을 거두고, 터럭 빛깔이 혼탁하고 메말라서 윤기가 없으며 티끌처럼 지저분하면 빈궁하거나 일찍 죽는다. 성나면 얼굴색이 청남색으로 변하는 자는 독으로 해치는 사람이요, 이마와 뼈와 관골이 툭 불거져 주먹같이 나온 사람은 남자는 주로 자식을 극할 뿐 아니라 빈궁하고, 여자는 남편을 극하고 천하다.
  얼굴이 보름달같이 맑고 깨끗하게 빼어나고, 눈(신)의 광채가 사람을 쏘듯 하는 사람은 아침에 해가 돋을 때의 빛과 같으니 남자는 일품의 높은 직에 오르고, 여자는 주로 후비(왕후, 왕비)가 아니면 정경부인이 된다.
  얼굴 피부가 두터운 자는 성품이 순수하고 효도하며, 얼굴 피부가 엷은 자는 성질이 예민하고 빈궁하며, 몸은 살찌고 얼굴이 수척한 자는 명은 길고 성질은 느리며, 몸은 마르고 얼굴이 살찐 자는 명이 짧고 성질은 급하다. 얼굴이 희고 몸이 검은자는 성품이 경솔하고 천하며, 얼굴은 검은데 몸이 흰 사람은 성질이 까다로우나 귀하다. 그러므로 얼굴이 누런 오이 같으면 부귀영화하고, 얼굴이 푸른 오이 같은 자는 지혜가 깊고 사리에 밝다.

중년에 주름이 촉급하면 명이 길지 못하다. 지각(턱)이 넉넉하여 보기 좋고 둥글면 전지(토지)가 성하고, 천정(이마)이 평평하게 넓으면 자손이 창성한다. 정면으로 보아 귀가 보이지 않는 자는 크게 부귀하고, 정면으로 보아 뺨이 보이지 않는 자는 불길한 상이다.

얼굴은 거친 듯하나 몸집이 곱고 섬세한 사람은 복록이 따르고, 얼굴이 거칠고, 몸집도 거칠면 일생 빈한하다.

곧게 좋은 머리 골을 갖고 있어도 머리털이 곧게 나지 않으면 일생 친한 사람도 없고 또한 친척도 없다. 얼굴에 가로줄이 있으면 악사하고, 목 양옆에 세로로 난 힘줄은 항도라 하여 수명이 장수할 사람이다.

얼굴의 성형으로 운명에 영향을 끼치지 않는 경우와 조금만 성형을 하여도 운명이 변하는 부분이 있다. 얼굴 성형으로 운명이 최악으로 가는 사람이 있고, 반대로 간단한 부분을 수술해서 사업운이 좋아지는 경우도 있다. 그러므로 성형하고 싶다면 전문가와 상의 후에 하여야만 한다.

상학은 미를 선택하면 복이 적어지고, 미가 얇아지면 복이 생긴다. 얼굴 형태는 모든 사람의 성격이나 운명을 주관하지 않는다. 미인에게 얼굴과 몸매를 주었다면, 재벌은 재와 덕을 주었고, 천재는 재주를 주었다. 모든 사람이 모든 것을 만족하고 살아갈 수는 없다.

얼굴에서 옳고 그름을 보려면 눈과 코를 보고, 참과 거짓을 보려면 입과 입술을 보며, 공명함은 기개를 보고, 부귀함은 정신을 보고, 수명은 손톱과 발톱을 보며, 풍파가 있는가는 발과 발꿈치를 보고, 조리가 있는가는 언변을 보라고 했다. 이처럼 얼굴을 보고 사람의 심성을 살필 수 있다.

"재물을 보려면 눈을 보고, 부를 보려면 코를 본다." 여기서 재물이란 금전운을 말하는 것으로 이는 눈의 좋고 나쁨에 따라 운세가 결정된다는 뜻이다. 부란 재물이 모이는 것을 가리키는 것으로, 부의 많고 적음을 보려면 코 상리의 우열을 보아야 한다. 코는 사람의 의지력과 행동력을 나타내기 때문이다. 의지력이 부족한 사람은 비록 지혜가 발달하고 안목이 높다 해도 인생이라는 전쟁에서 궁극적인 힘을 발휘하지 못한다.

그래서 "귀함은 이마를 보고, 관직은 눈을 보며, 직업은 코를 보고, 권력은 광대뼈를 본다."고 한다. 코는 부처성의 상징이다. 코에 상리적인 결함이 없다면 남성은 어질고 지혜로우며 용모가 빼어난 아내를 맞이하고, 여성의 경우 영준한 남편을 만나고 성공한다. 코의 모양이 좋지 않다면 본래의 품격과 운세를 잃어버리게 된다.

1) 10가지 얼굴 유형

① 갑(甲)자형 얼굴
✿ 모든 일에 협조적이고 두뇌 회전이 빠르고 민첩하다.
✿ 예쁜 얼굴로 참신하며 선이 아름답다.
✿ 미인대회 출신에게 가장 많으며 현대인이 좋아하는 얼굴이다.
✿ 열등감이 많은 사람으로 일등을 하지 않으면 만족하지 못한다.
✿ 갑자 형이 턱이 뒤로 넘어가거나 아래턱이 없으면 파격으로 본다. 하늘은 있는데 땅이 없는 격이니 한곳에 뿌리를 내리지 못한다.
✿ 갑자 형이 눈이 맑지 않으면 자만심이 강하다.
✿ 머리를 너무 짧게 하면 복이 사라진다.

② 유(由)자형 얼굴
✿ 위에는 빈약하고 아래로 내려올수록 강한 기운이 응축되어 있어 처음에는 어렵고 힘들지만 시간이 지나면서 차츰 좋아진다.
✿ 처음에는 늦게 출발하나 결론은 확실하다. 여자는 남성적인 면이 있으니 절제하면서 조심스럽게 행동해야 한다.
✿ 얼굴의 중심이 아래로 내려와 있는 느낌이다. 초년부터 중년까지는 일이 잘 풀리지 않는다. 초년에 물려받은 유산은 지키기 어렵다.
✿ 자수성가하고 40대 이후에 성공한다.

③ 신(申)자형 얼굴
✿ 마름모꼴 얼굴로 여자 개그맨 중에 이런 형이 많다.
✿ 이런 형에 코가 너무 높이 솟아 있으면 남편 복이 없다.
✿ 일을 하고 나면 공치사를 너무 많이 한다. 고생고생하고 자신의 복을 감소시킨다.
✿ 결혼 후에 시부모와 충돌이 많아 고생을 많이 한다.

✿ 남자는 수염을 기르면 기운이 다르고 생활에 변화를 가져온다.
✿ 보편적으로 27세가 지나야 운이 열리기 시작한다.

④ 전(田)자형 얼굴
✿ 뚝배기 맛이 우러나는 얼굴이다. 푸념과 불만이 없는 사람으로 남이 나를 도와준다.
✿ 보스형 얼굴에 많이 있다.
✿ 초년·중년·말년이 모두 안정적이다.
✿ 어딜 가든 자신이 선두에 있지 않으면 가슴이 답답하다.
✿ 논밭에 좋은 인연을 맺는다. 부자들 중에 가장 많은 얼굴이다.

⑤ 동(同)자형 얼굴
✿ 항상 원만하고 부드러운 인생을 설계하고 경쟁을 싫어한다.
✿ 시간을 길게 끌면 짜증을 내니 짧고 강하게 처리해야 한다.
✿ 많은 질문이 쏟아질 때 가장 난감해 한다.
✿ 어린아이처럼 순수하고 맑은 면이 많고 항상 즐거운 사람이다.
✿ 얼굴은 부드럽고 연약해 보이지만 마음은 강한 성격이다.

⑥ 원(圓)자형 얼굴
✿ 미인형은 아니지만 복은 많다.
✿ 얼굴이 윤택하면 많은 사람을 거느린다. 능력은 사용자의 것이다.
✿ 남자는 미시(오후 1 : 30~3 : 30)가 넘어가면 계약이나 문서에 관한 일은 내일로 미뤄야 한다. 여자는 반대로 미시가 넘어가면 좋다.
✿ 이마가 좁게 보이는 얼굴은 여기에 속하지 않으니 주의해서 살펴야 한다.
✿ 초년에 고생을 많이 한다. 나이가 먹을수록 위력은 커진다.

⑦ 왕(王)자형 얼굴
✿ 힘들고 어려운 일을 잘 처리한다.
✿ 수련을 쌓을수록 점점 강해진다.
✿ 장난이라도 이런 사람과 비꼬는 말이나 조롱 섞인 말을 하면 안 된다.
✿ 쉽게 흥분한다.

⑧ 목(目)자형 얼굴

✿ 피카소가 여기에 속한다.
✿ 부자도 많고 가난한 사람도 많다.
✿ 평생 한우물만 파서 성공한 사람이 많이 있다. 사회에서 능력을 인정받고 발휘한다.
✿ 현미경처럼 아주 작은 부분을 보는 특징이 있다.

⑨ 풍(風)자형 얼굴

✿ 집안에 항상 풍파가 많아 순탄한 인생을 살아가기 힘들다.
✿ 가지 많은 나무에 바람 잘 날 없다.
✿ 초년은 좋은 편에 속하지만 중년과 말년이 힘들다.

⑩ 용(龍)자형 얼굴

✿ 상사를 잘 만나야 자신의 능력을 발휘한다.
✿ 좌우가 다르면 인생살이도 힘들다.
✿ 술과 기분을 억제하고, 종교생활을 열심히 해야 인생이 좋아진다.

2) 얼굴 13부위

① 천중

머리카락과 이마가 시작되는 자리이며, 사회적인 지위의 고저를 본다. 높고 잘 발달하면 초년에 성공하고, 상처가 있거나 쏙 들어가면 결과가 좋지 않다. 찰색이 어두우면 모든 일이 지체되어 답답하다. 이곳은 富 보다는 貴를 주관한다.

② 천정

위로 천중, 아래로 사공이 있다. 뼈가 솟아 있고, 일·월각이 함께 비추면 높은 직의 위치에 오른다. 그러나 결함이 있고 검은 점이 있거나 색이 밝지 않으면 꿈을 이루기 어렵다.

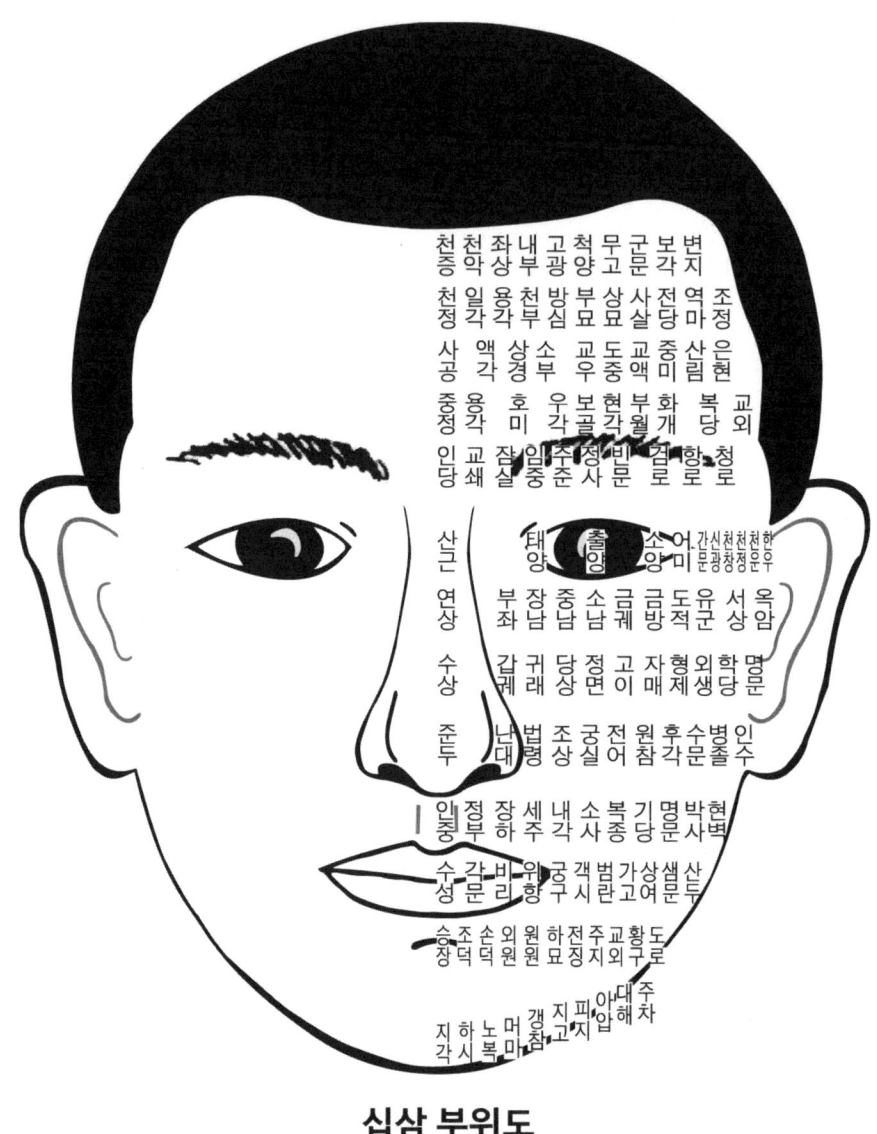

십삼 부위도

③ 사공

귀천과 지위를 보는 자리이며, 뼈가 솟고 윤택함을 최고로 본다. 사공부터 인당까지 붉은색이 감돌면 흉하고, 사공에 검은색이 감돌면 송사로 큰 재물이 나간다. 여자가 천중, 천정, 사공이 발달하고 흠이 없으면 남편을 고위직까지 오르게 하며, 이곳에 문제가 있거나 푹 꺼져 있으면 남편이 자리를 오래 지키지 못한다.

④ 중정

관리의 높고 낮음이나 진퇴를 본다. 이곳이 어두우면 직장인은 일이 중복되어 힘들고, 송사가 있는 사람은 뜻하지 않은 변수로 패소한다. 뼈가 솟고 윤택하며 중정 부위가 넓으면 고관이 되고 귀인과 인연이 좋다.

⑤ 인당

풍만하며 넓고, 평평하며 바르고, 아름답게 윤이 나고, 약간 도톰하면 좋게 본다. 인당에서 내려와 준두, 난대 정위까지 기운이 뻗어 있어야 귀하고, 위로는 천중으로 기운이 소통되어야 모든 일이 순조롭다. 28세 이전에 결혼한 사람이 여기에 잔털이 많거나 보기 흉하면 이혼을 많이 한다.

⑥ 산근

질병을 보는 자리이다. 눈과 눈 사이가 좁아 이곳이 날카로우면 신경질적이며 형제가 고통을 당한다. 재백궁의 뿌리이고, 오악 중 중악에 해당하여 동서남북의 기운과, 위로는 하늘 아래로는 땅과 연결되는 아주 중요한 부분이다. 이곳에 상처나 주름이 있으면 금전 문제가 발생한다. 이곳이 끊어지면 육친, 형제, 부모의 덕이 약하고 초·중년에 학업중단, 사업실패가 따른다.

⑦ 연상

살보다 뼈가 먼저 보이거나 칼처럼 날카로우면 평생 고생만 한다. 이곳은 중앙 토(土)이기 때문에 푸른빛이나 검은빛이 보이면 가장 흉하고, 검은 점이 있어도 흉으로 판단한다. 반듯하고 윤택하면 건강하고 재산 복이 많으며, 꺼지고 어두우면 질병에 시달리고 가난으로 고생한다.

⑧ 수상

수명의 장단과 일의 길흉을 판단하는 곳이다. 솟아오른 모습이 좋으면 업무능력이 좋고, 일에 대한 스트레스를 이겨낸다. 청, 흑, 적색이 어려 있으면 괴질과 가난이 따른다.

⑨ 준두

심성, 지혜, 덕, 부의 능력을 보는 곳이다. 모가 나거나 각이 지지 않고 동그랗게 생겨야 좋다. 인당에서 밑으로 뻗어 코의 끝부분으로 악산인지 아닌지도 판단한다. 산이 너무 날카로우면 사람이 재와 덕이 부족하다. 둥글고 풍만하고 난대와 정위가 두텁고 명윤하며 힘이 살아 있으면 부유하고 심정이 좋아 인정을 베푼다.

⑩ 인중

자손의 길흉과 식록 집안의 운세를 보는 곳이다. 경영인은 회사나 상품, 직원들과의 관계를 나타낸다. 인중이 곧고, 반듯하고, 명확하면 심성이 바르고, 의지가 굳고, 자손이 훌륭하여 집안을 빛낸다.

⑪ 수성

식성과 대인관계를 보는 곳으로, 천중에서 내려와 입에서 머문다. 물은 지혜를 뜻하고 생명을 싹틔우기 때문에 이곳이 좋으면 많은 생명을 살린다. 위아래 입술이 짝짝이거나 틀어졌으면 부모의 은덕이 없고, 입이 튀어 나왔으면 자신의 입으로 복을 버리는 격이다. 입은 자신의 말에 대한 신의와 신용을 보며, 수명의 장단, 마음의 도량도 관계한다. 입에 점이나 사마귀가 있으면 식록이 좋고, 요식업이나 언어를 구사하는 직업에 종사하는 사업이 좋다.

⑫ 승장

음식의 기운이나 약물의 반응상태를 나타내는 곳이다. 질병 치료를 받는 중에 이곳이 색이 좋지 않다면 약이 효과가 없다. 임·맥의 최종적인 상황을 살피는 곳이 승장이므로 약의 반응을 쉽게 알 수 있다. 운의 길흉은 법령을 보고 판단한다. 이부위에 점이나 사마귀가 있으면 술로 인한 큰 손해가 발생하고, 심한 경우엔 술로 인한 사망을 할 수가 있다.

⑬ 지각

풍만하고 좋으면 만년에 큰 재물을 얻는다. 주택·거주와 부동산 여부를 보기도 한다. 이곳이 빈약한데 땅이 많다면 항상 몸이 아프고, 하는 일이 뜻밖의 상황 때문에 망치게 된다. 지각이 짧거나 없는 사람은 장사를 해도 꼭 망하는 집으로 들어간다. 이런 사람은 다른 어떤 조건보다도 햇빛이 잘 들어오는 집을 찾아야 한다.

뾰족하고 함몰하면 형제·육친으로 인한 화를 당하고, 주택과 인연이 없어 항상 주거가 불안하다.

3) 얼굴을 관찰하며 읽기

① 개요
✿ 관상은 3,000년 전부터 시작 되었다. 상은 변한다. 자신의 상과 운명은 스스로 만들어 나가는 것이다.
✿ 얼굴이 울퉁불퉁하면 삶에 굴곡이 많다.
✿ 오늘날은 이미지 및 리더십을 보기 위한 상을 본다.
  서양 : 토막토막 잘라서 본다. 동양 : 여러 곳을 함께 본다.
✿ 남성은 눈빛이 강해야 한다. 기운은 눈빛이다.
✿ 여자가 눈빛이 강하면 가정을 지키기 힘들지만, 바깥일을 할 경우는 괜찮다.
✿ 여성의 남편복은 이마, 코, 입, 치아 순으로 본다.
✿ 여자는 자식을 볼 때 와잠, 인중, 턱을 본다.
✿ 이마에서 코까지 잘 내려오고, 관골이 좋고, 턱이 좋으면 여성도 일을 해야 한다.
✿ 남편이 부자인 여성은 관골도 별로이고, 콧방울도 빵빵하지 않지만 귀격이다.
✿ 관골이 튀어나오고 이마가 나오면서 눈빛이 강하면 과부상이다.
✿ 매춘부는 유방암에 걸리지 않는다. 여러 남자의 정액을 받아들이기 때문에 예방된다. 매춘부는 균이 잘 옮겨지기 때문에 자궁암에 잘 걸린다.
✿ 끼가 있는 여자는 의처증으로 매를 맞는다.
✿ 여자는 나이가 들면서 남성화가 되며, 겨드랑이에 털이 많이 나오고, 기가 강해져 건강하고, 성생활도 왕성하다.
✿ 상은 관찰과 통계이다. 인상은 얼굴만 보는 것이 아니라 전체를 본다.
✿ 얼굴은 자기의 정보를 알려주는 곳이다. 성공하려면 자기 자신을 상대방에게 다 보여주지 않아야 한다.
✿ 인상은 보는 사람에 따라 달라질 수 있다. 정확하게 보는 것이 중요하다. 상은 다른 사람과 비교해서 보는 것이 아니다.

✧ 얼굴의 인상이 우는 상인 경우에는 자녀를 극하거나 자식운이 빈약하다.
✧ 얼굴의 정확하게 대칭이 되면 딱딱하고 냉정하게 보인다.
✧ 얼굴이 한쪽(입 주위가 비대칭이 심할 때)만 발달하면 편협한 생각을 골똘하게 한 경우이다.
✧ 얼굴의 중심선을 기준으로 오른쪽과 왼쪽이 다르면 이중적이다. 위아래가 다른 경우도 이중적이다.
✧ 사회생활은 얼굴을 강하게 갖는 것이 좋다.
✧ 상은 항상 좋은 부분을 먼저 본다. 상대방의 장점에서 본인의 단점을 알 수 있다.
✧ 인상학은 과거에는 길흉화복을 보았으나 현재는 성격 분석 쪽으로 많이 본다.
✧ 중요한 일을 추진할 때 에너지가 좋은 사람과 만나 氣를 받는 것이 좋다.
✧ 상은 그 사람의 사회적 관계, 즉 어울리는 사람을 같이 보아야 한다.
✧ 부모 복을 보는 자리는 이마의 부모궁과 산근 그리고 윗니를 본다.
✧ **뼈**를 보고 살이 쪄야할지 빼야할지를 본다. 뼈가 가늘면 빼야 하고 굵으면 쪄야 한다.
✧ 상에서 축 처지고 늘어진 것은 모두 나쁘다.
✧ 나이에 해당하는 부위가 잘 생겼어도 색과 탄도가 안 좋으면 안 좋다.
✧ 추위나 더위와 상관없이 땀을 많이 흘리는 사람(다한증)은 매우 하천한 상이다.
✧ 얼굴 가죽에 살이 없어 뼈를 감싸지 못하면 30세를 넘기지 못한다.
✧ 나이에 비해 젊게 보이는 사람은 자손이 잘 안 된다.
✧ 양의 기운을 가진 자와 음의 기운을 가진 자 중 상대하기 쉬운 자는 양의 기운을 가진 자이다.
✧ 상에서 가장 먼저 보는 것은 균형이며 다음으로 고저를 본다.
✧ 외향적인 자와 내향적인 자중 내향적인 자가 더 무섭다.
✧ 현재 상태를 알고 싶을 때는 찰색을 본다.
✧ 남성의 얼굴이 탄도가 너무 좋으면 부인이 고생한다.
✧ 나이가 들어서 얼굴이 너무 탱탱하고 탄력이 있으면 풍을 맞거나 심장이 안 좋고 자손이 잘 안 된다.
✧ 탄도가 너무 좋으면 본인은 좋으나 옆 사람은 안 좋다.
✧ 양은 **뼈**가 강하고, 음은 살이 많다. 음이 많으면 많을수록 음적인 기질이 많아

진다. 뼈도 색(황색, 흰색, 검은 빛)이 있는데 황색 빛이 좋다. 흰색, 검은 빛은 천격이다.
✿ 얼굴이 너무 미인이면 팔자가 세다. 반드시 남편이 바람을 피운다.
✿ 입=바다, 인중=강, 얼굴과 편편한 곳=들판, 코·관골·이마·턱=산악, 머리카락·수염·눈썹 등 털=나무와 풀이다.
✿ 머리=하늘(하늘처럼 높고 둥글어야 한다), 발=땅(모가 나고 두터워야 한다), 양쪽 눈=태양과 달(눈빛은 해와 달처럼 맑고 빛나야 한다), 음성=우레(울려야 한다), 혈맥=강과 하천(윤택해야 한다), 뼈=금석(단단해야 한다), 살=흙(풍요로워야 한다).
✿ 이마는 이해력, 사고력, 상상력, 손윗사람과의 관계, 지식과 지혜, 문화적 요소, 성장배경, 관록유무 등을 본다.
✿ 상정=15~30세 : 초년운, 부모, 학운, 관록, 역마, 유산 등 지적인 요소를 가린다.
✿ 중정=31~50세 : 감수성, 감정컨트롤, 결단력, 실행력, 개성, 심리상태, 건강을 본다.
✿ 하정=51세 이후 : 윗입술 : 정신적, 아랫입술 : 육체적·성적 에너지 관찰.
✿ 하정은 말년운, 부하, 자녀, 주거, 만년의 행복을 본다. 순간적 느낌을 중요시한다.

② 얼굴 성형
✿ 양악 수술(지각과 지고를 깎는 수술)을 하면 나중에 쳐지고 음식을 씹을 수 없게 된다.
✿ 성형을 하면 사회적 관계에서는 많은 영향을 미치나 운명은 바뀌지 않는다.

③ 얼굴의 형태
✿ 얼굴은 큰데 목이 왜소하면 고생을 많이 한다. 몸은 작고 얼굴이 크면 단명한다.
✿ 여성의 옆면 얼굴이 예쁘면 사생활(개인적 생활)이 재미있고, 옆면 얼굴이 일자형이면 사회적 생활이 맞다. (보이는 대로 행동하고, 말도 직선적이다.)

✧ 나온 얼굴(돌출된 얼굴)은 자기표현을 잘 한다. 활동력이 많으며 나서기를 좋아 하며, 추진하는 일을 적극적으로 한다.
✧ '눈 목(目)' 자형 여자는 자식과 남편을 먼저 보낸다. 관골이 없으므로 흘러 내려서 생기는 현상이다.
✧ 여자가 센 기운이 있는 경우 자녀가 잘 안 된다.
✧ 여성의 얼굴이 원형과 사각형도 팔자가 세다.
✧ 욕심이 많은 자는 시골이 넓은 자(바람풍자 얼굴)이며, 턱이 지나치게 풍만한 자이고, 준두가 늘어진 자(마귀 할멈)이며, 입술이 두꺼운 자이다.
✧ 입은 올라가고 눈이 처지면 이중적이다.
✧ 木형은 이마가 발달하고, 火형은 시골과 지각 쪽이 발달하고, 土형은 오각형에 모서리가 없는 형이며, 金형은 사각형에 각이 지고 딱딱하게 끊어져 절도가 있다. 水형은 물이 흐르듯 애교 있는 소리에 둥근형(살이 찜)이다.
✧ 동그란 얼굴은 칭찬에 약하다. 얼굴이 긴 경우는 칭찬에 약하지 않다.
✧ 土형은 부와 가장 가까우며 속을 알 수 없다.
✧ 土형인 자가 배가 많이 나오면 水형도 갖고 있어 좋지 않다.
✧ 얼굴을 인체에 대비하여 인당은 머리, 코는 몸통(오장 육부), 눈썹은 양팔, 법령은 양다리이다.
✧ 火형은 수염이 없다. 눈썹도 얇다. 가볍고 경쾌하며 날렵하다. 고생을 많이 해도 관골이 발달한다.

④ 얼굴 피부
✧ 여자의 얼굴피부가 얇으면 욕심이 없다.
✧ 여성이 얼굴 피부가 두터우면 뻔뻔하고 욕심이 많으며 우유부단하고 음흉하다.
✧ 여자의 얼굴 살이 딱딱하면서 탄력이 좋지 않으면 성생활을 하지 않는 경우이다.
✧ 여자의 얼굴이 두꺼우면서 예쁘면 애교스럽다.
✧ 여자의 얼굴피부가 너무 하얗게 보이면 그 여자는 독하고 과부상이다.
✧ 피부가 뱀 껍질 같은 경우는 자녀를 극하고 가난하고 박복하며 남녀운도 좋지 않다.
✧ 피부가 거칠고 껄끄럽고 광택이 없으면 일생동안 고생이 심하다.
✧ 피부가 얇아도 전문가는 돈이 많다.

✿ 얼굴이 작아도 탄도가 살아나면 운기가 좋아진다. 살이 없어도 꺼지지 않아야 한다.
✿ 얼굴에 있는 점 가운데 좋은 것은 거의 없다.
✿ 한번 나빠진 피부는 6개월 이상 지나야 회복한다.
✿ 경영자의 얼굴은 약간 붉고 피곤한 얼굴이어야 한다. 열심히 일한 표시이다.
✿ 얼굴이 번들거리면서 탄도가 좋으면, 힘든 몸에 개기름이 나온 상태로써, 몸을 많이 써서 육체적으로는 힘들지만 정신적으로는 기분이 좋다.
✿ 얼굴에 리프팅을 하면 살이 위쪽으로 올라간다. 지고 쪽을 올려 주는 경우가 된다.
✿ 나이가 들어서 얼굴이 너무 탱탱하고 탄력이 있으면서 피부가 희면 풍을 맞거나 심장이 안 좋다.
✿ 얼굴 탄도가 지나치게 좋으면 이기적인 사람이다.
✿ 피부가 두터우면 장기가 좋아지고 돈도 붙는다. 잔주름이 없다. 돈 없으면 잔주름이 많이 생긴다.
✿ 콧등의 점이든 다른 부위의 점이든, 점에 털이 나 있으면 살아있는 점이고, 좋은 점이다.
✿ 기미가 많은 여자는 바쁘기만 하다.
✿ 여자의 얼굴에 주근깨가 많으면 분주하고 고달프다.

⑤ 찰색
✿ 찰색은 얼굴 가운데가 좋으면 상하좌우로 퍼져나가면서 좋아진다.
✿ 찰색과 탄도는 1주일이면 회복되고, 지방은 3주 정도에 변한다.
✿ 얼굴의 찰색을 보고 정보를 읽는다. 피부가 가장 빠르게 반응을 한다.

⑥ 얼굴색
✿ 여자의 형광빛 피부는 소박을 맞는다. 형광빛은 차갑기 때문이다.
✿ 얼굴색은 목의 피부색 또는 손등과 비교하여 같은 색이어야 한다.
✿ 얼굴색과 탄도가 좋아도 눈빛이 안 좋으면 안 좋다. 돈이 많아 놀고먹으며 사는 자는 얼굴색과 탄도는 좋으나 눈은 기가 떨어진다. (생각이 많기 때문이다.)
✿ 얼굴에 검은색 기운이 많으면 죽음의 기운이 있다는 뜻이다. 운전자의 얼굴에

이런 증상이 나타나면 기를 환기시키거나 차를 갈아타야 한다.
✿ 피부가 새까맣고 푸른빛이 나오면 신의 기능이 안 좋다.
✿ 얼굴에 흰색 기운이 가득차면 상복을 입는다. 평소에도 피부가 희면 무정한 사람이다. 핏기가 없이 하얗게 얼굴에 나타나면 중병이 온다.
✿ 얼굴에 푸른색 기운이 있으면 일이 막힌다. 멀리 떨어진 곳에서 제를 올리면 된다.
✿ 얼굴이 청황색을 띠거나, 명궁이 빛을 잃으면 일하면서 부상이나 중상을 입는다.
✿ 간이 안 좋은 경우 몸에 붉은 점이 생긴다. 피부색은 검게 나타난다. 얼굴에는 붉은 반점이 생긴다.
✿ 얼굴에 황색 기운이 돌면 질병이 왔다는 징조이다. 피부색이 노란색에 검은 기가 있는 경우 쉬게 되면 다시 돌아온다. 근력과 함께 심장의 기능을 향상시키며 많이 노력해야 한다.
✿ 살집이 좋고 기름기가 번지르르하게 보이나 맑지 않고 탁하면 꽃망울을 펴보지도 못하고 지는 것과 같다. 규칙적인 운동이 필요하다.
✿ 얼굴이 불에 그을린 것 같은 사람은 관에 가야할 일이 생긴다는 암시이다.
✿ 얼굴이 술에 취했다가 깬 사람 같으면 형옥을 면하기 어렵다. 고개가 한쪽으로 치우치거나 두 눈의 크기가 다르면 감옥 생활을 오래 한다.
✿ 얼굴에 붉은 끼가 있으면 화기가 올라온 경우이므로 화병이 난 경우로 푹 쉬어야 한다. 얼굴에 붉은 반점이 생기면 간이 안 좋다.
✿ 얼굴빛은 얼굴 가운데부터 밝은 빛이 나야 한다. 밝은 빛은 중앙에서 바깥으로 퍼져나간다.
✿ 얼굴이 푸석거리면서 부기가 올라올 경우는 명상으로 풀어줘야 한다.
✿ 얼굴색은 마음 관리와 같이 간다. 속이 안 좋으면 탄도가 떨어진다.
✿ 사랑을 하면 도화 빛이 된다. 피곤해도 피부가 약간 붉어진다(상기된 피부). 심장에 무리가 가기 때문이다.

⑦ 습관
✿ 얼굴을 옆으로 돌리고 말하는 습관이 있는 사람은 마음속으로 도모하는 것이 있고 비밀도 갖고 있다.
✿ 돈이 많아도 눈동자가 빨리 움직이면 불안한 상태이다.

✿ 사물을 볼 때 미간 주름을 모으는 습관이 있는 사람은, 걱정으로 마음에 여유가 없으며 성질이 급한 면도 있다.
✿ 이야기를 할 때 눈을 감고 있는 사람은 위선이 많다. 단 생각이 필요할 때 가끔 눈을 감는 경우도 있으므로 착각하지 않도록 한다.
✿ 웃으면서 말하는 사람은 상대를 경시하는 경우와 호의적인 경우가 있으므로 실수하지 않도록 한다. 마음이 바른 사람이다.
✿ 항상 불평하는 사람은 운명적으로는 고독한 상이다.
✿ 고개를 흔들면서 말하는 사람은 뇌일혈의 전조이거나, 마음이 불안하거나, 재산을 잃을 상이다. 경제관념에 주의가 필요하다.
✿ 말할 때 아귀에 침이 잘 고이는 사람은 일을 밀렸다가 하는 경향이 있다.
✿ 웃을 때 우는 듯 표정이 되는 것은 빈약한 상이며 불행이 계속된다.
✿ 큰일도 아닌데 항상 놀라는 사람은 비밀을 숨기고 있는 것으로 본다.

⑧ 주름
✿ 얼굴(관골부위) 주름이 횡으로 잡히면 가족을 극한다.
✿ 피부가 얽어 있고 주름이 많으면 쓸데없이 몸만 바빠진다.

⑨ 질병
✿ 갑자기 하얀색으로 변하면 운기가 떨어졌거나 질병이 온다.
✿ 상은 얼굴에서 찰색과 탄도를 본다. 건강은 운기와 연관하며, 상이 좋지 않아도 탄도와 색이 좋으면 현재 상태도 좋다.
✿ 여성이 자궁을 드러내면 식·녹창에 주름이 생긴다. 나이가 들어도 주름은 생긴다.
✿ 자궁을 드러내면 인중이 틀어지거나 골이 생긴다. 난산과 순산도 인중을 본다.
✿ 여성의 얼굴에 무엇이든 많이 나오면 변비가 있다는 표시이다.
✿ 여성의 하단전은 붉은색이므로 붉은색 옷을 입는 것이 성적 에너지를 충족시킨다.
✿ 여자의 음부는 빨강색이므로 단백질이 있는 붉은 고기를 많이 먹어야 보호된다.
✿ 큰일도 아닌데 항상 놀라는 여성은 색난이 있는 상이다.
✿ 석류는 붉은색이므로 여성에게 성적 에너지를 높이는데 쓰인다.

✿ 제왕 절개하여 낳은 아이는 지구력이 약하다.
✿ 순산 후 산모 자궁의 노폐물은 모두 빼내주어야 한다.
✿ 여자가 스트레스가 많으면 갑상선암과 자궁암이 온다.
✿ 얼굴의 지각 부위가 변하면 물과 관계가 있는 사고가 생긴다. 입술까지 검게 변하면 아주 큰 사고가 발생 할 수 있다.
✿ 몸에서 가장 스트레스를 많이 받는 곳은 침샘이며, 그 영향으로 갑상선 암이 찾아오고 자궁이 안 좋아진다.
✿ 찰색은 현재 상황을 본다. 장기의 건강 유무에 따라 얼굴색이 나온다.
✿ 중병을 앓고 있는 사람은 신체 기능이 많이 떨어져 혈색이 살아나지 않는다.
✿ 중병을 앓지 않은 사람은 살이 많이 빠져도 운기가 변하지 않으므로 살색이 그대로 유지된다.
✿ 피부가 두터우면 대장도 두껍고, 피부가 매끄러우면 대장도 매끄럽다.
✿ 혈압 약이나 당뇨 약을 먹으면 살색을 잘 유지하기가 어렵다. 운기 유지를 위해 복용하지 않아야 한다.
✿ 심장이 열을 받으면 코가 붉어진다.
✿ 간이 안 좋은 경우에는 복부 양옆이 볼록하게 나온다.
✿ 신장을 이식하면 얼굴이 검은색으로 변한다.
✿ 바쁘게 움직이면 얼굴색이 붉어지면서 피부는 얇아지는데 탄도는 살아나고, 피부는 광택이 난다.
✿ 방광이 나쁘면 머리가 빠진다.
✿ 폐가 약하면 얼굴색이 하얗게 변한다.
✿ 췌장은 24시간이면 변하고, 위장은 3일이면 나아진다. 안 좋으면 황달에 걸린다. 우리나라는 노란 음식이 없기 때문이다.
✿ 子·午선 쪽으로 살색이 검으면 회복되는 시간이 오래간다. 다른 부위는 조금 빨리 회복한다.
✿ 간이 안 좋으면 얼굴색이 푸른빛이 돈다.
✿ 머리가 무거울 때는 붉은색 옷을 입는다.

⑩ 이마
✿ 직장에서 계속 근무할 수 있는지의 여부는 이마 색으로 본다.
✿ 이마가 높고, 미골이 높고, 인중이 길고, 오악이 제대로 서고, 지각이 발달하면

장수한다.
✿ 학운은 이마를 보며 잘 모를 때는 눈썹을 같이 본다.
✿ 윗사람과 대인 관계는 이마와 눈썹을 같이 봐 준다.

⑪ 눈과 눈썹, 눈빛
✿ 눈과 눈썹이 쳐지면 과부상이다. 처첩궁을 치기 때문이다.
✿ 눈썹이 내려가면 처첩궁의 부부자리를 치면서 우는 상이 되어 이혼한다. 눈썹이 쳐지면 눈도 같이 쳐진다.
✿ 눈썹이 적고 전택궁이 좁은 여자는 이혼을 많이 한다.
✿ 눈썹을 보면 여성의 음모를 알 수 있다. 눈썹의 형태를 본다.
✿ 눈과 눈 사이의 간격이 좁은 여자는 이혼을 많이 한다.
✿ 여성의 눈빛이 강하고, 목소리가 찢어지고, 남성 목소리일 경우 혼자 산다. 여자는 목소리가 고와야 한다.
✿ 교제를 하고 싶을 때는 상대방의 눈빛을 봐야 한다.
✿ 인상은 상대방의 눈에 기가 있는지 없는지를 본다.

⑫ 코와 관골, 귀
✿ 여성의 코는 본인의 위상이며 남편 자리이다. 건강, 명예, 골격을 관찰한다.
✿ 코가 길면서 밑으로 처지면 아랫배가 차고 가스가 찬다.
✿ 밝고 명랑한 사람은 코가 짧고 애교스럽다.
✿ 삼성의 이건희 회장은 코가 낮아서 본인의 위상은 세우지 않는다. 하지만 이마가 좋고 식·녹창이 좋아서 돈이 많다.
✿ 여성이 관골이 크고 많이 나오면 남편을 친다. 과부상이다. 눈빛 및 소리가 좋으면 부드럽고 기질이 세지 않다.
✿ 코와 관골은 균형이 맞아야 한다. 나의 행동력의 발달 유무를 보여주는 자리이기 때문이다.
✿ 남자는 준두와 난대, 정위를 보면 연애운을 살필 수 있다.
✿ 코는 잘 생겼는데 관골이 없으면 외롭다.
✿ 광대뼈가 발달하면 정력도 좋고 오래 살며 배짱이 두둑하여 추진력도 대단하다.
✿ 배태당시 산모가 힘들고 어려우면 아이의 귀가 예쁘지 않다.

✿ 열이 나는 것은 귀를 보고, 살인자는 눈을 본다.

⑬ 인중과 입, 치아
✿ 인중에 잔털이 많은 여자는 남성호르몬을 받지 않아서 생긴 현상이다.
✿ 여성의 인중에 털이 많으면 중성이 되어간다. 호르몬 부족 현상이다.
✿ 남자의 인중에 수염이 많으면 성생활이 좋고, 늦게까지 일을 하며 늦게까지 돈을 번다.
✿ 남성의 인중에 털이 부족하면 식창·록창이 약해진다.
✿ 인상을 부드럽게 써야 입모양이 예뻐진다.
✿ 보조개가 있는 여성은 56~57세에 힘들다.
✿ 여성이 너무 귀격이면서 옥니를 가졌으면 과부가 된다.
✿ 여성의 인중이 검으면 성생활이 약하다. 남성과 성 접촉이 없기 때문이며 50대가 넘으면 자궁이 안 좋다.
✿ 입이 튀어 나와도 과부상이다. 하고 싶은 일은 다해야 한다.
✿ 입이 내려가면 운기가 다 된 것이므로 구강을 살려야 한다.
✿ 여자의 인중은 자궁 및 생식기로 본다.
✿ 여성의 단정한 모습의 유무는 치아로 본다. 치아가 가지런하고 좋아야 한다.
✿ 여자는 입과 인중, 와잠, 어미와 어간을 보면 연애운을 살필 수 있다.
✿ 지각과 지고가 좋으면 말년운이 좋다.
✿ 웃을 때는 치아가 보이도록 활짝 웃어야 한다.
✿ 치아 하나만 빠져도 입안의 균형이 틀어져 얼굴이 삐뚤어진다.
✿ 짧은 턱에 탄력 있는 이중 턱은 좋다. 두꺼워진다. 조화가 이루어져야 하며 탄력이 없으면 안 좋다.
✿ 애정 및 배우자를 볼 때는 주로 여성은 입, 남성은 코를 중요하게 본다.

⑭ 도움되는 말들
✿ 식복은 타고난 것이고, 인복은 만드는 것이다.
✿ 상이 좋지 않은데 잘 사는 것은 균형과 격이 좋기 때문이다.
✿ 뒷목이 두터우면 재물은 있으나 혈압이 안 좋다.
✿ 상은 눈이 가장 많이 변하고, 다음은 입, 다음은 지각이다.
✿ 상은 에너지가 가장 우선이다. 찰색과 탄도를 보고 피부가 깨끗한 정도를 본

다.
✿ 水형인이 검은 옷을 입으면 섹시해 보인다. 水는 검은색이다.
✿ 살다가 언어가 거칠어지면 힘든 생활을 하게 된다.
✿ 살아가면서 거만해지면 얼마 지나지 않아 어려워진다.
✿ 소리 내어 웃으면 인상이 좋아진다.
✿ 음성이 부드럽고 조용하고 조리 있게 대화를 하더라도 옥니를 가진 자는 속으로 벼르고 심성이 독하다.
✿ 음악을 전공한 사람의 생머리도 고집이 세고 타협을 하지 못한다.
✿ 얼굴이 부족해도 운기는 만들어 가면 좋아진다.
✿ 무속인과 연예인은 팔자가 같다.
✿ 수면할 때 입을 벌리고 자면 충치가 생기고, 기가 빠져 나간다.
✿ 겉으로 보기에 강하면 강하지 않다.
✿ 급한 성격은 음식을 같이 먹어보면 알 수 있다. 씹어서 삼키는 것까지 본다. 본능이 순간적으로 나타난다.
✿ 말을 많이 하면 복이 달아난다.
✿ 음식을 빨리 먹는 사람은 실수가 많다.
✿ 언어 표현은 무언중에 속마음을 표현한다.
✿ 운기가 너무 안 좋을 때는 음식으로 보시하라. 베풀어야 인정을 받는다.
✿ 운기가 너무 안 좋을 때는 기도를 하라. 마음의 평정을 찾아야 한다.
✿ 운기가 너무 안 좋을 때는 책을 읽어라. 교양을 쌓아야 한다.
✿ 자비를 베푸는 곳은 눈꺼풀과 법령을 본다. 전택궁과 법령이 넓어야 하고 식·녹창이 풍부해야 한다.
✿ 얼굴 격이 높게 생겼어도 언어 단어 사용 및 문화 교양이 좋지 않으면 격이 낮다.
✿ 모든 것을 알고 싶을 때는 음성을 들어야 한다.
✿ 말을 할 때 상대방의 표정을 읽을 줄 알아야 한다. 교양 유무를 본다. 언청이는 부모덕이 없다.
✿ 아기를 엎어서 키우면 앞짱구가 된다. 눈 양쪽 옆은 죽는다.

【4】 눈썹(眉)

　눈썹은 교감, 부교감 신경을 관장하는 곳이다. 십이궁에서 형제궁에 해당하며, 팔학당 중 반순학당에 해당한다.
　눈썹은 형제관계, 성격과 재운, 지혜 등을 판단하며, 사주명리의 비견과 겁재에 해당한다. 눈썹은 '곱다'는 의미와 통하는 말로써 '두 눈을 물총새의 깃으로 장식한 산'이라고 볼 수 있다. 눈썹은 얼굴의 윤곽을 뚜렷하게 만드는 의표요, 눈의 모양을 돋보이게 밝게 칠하여 만든 형체라 할 수 있다.
　눈썹으로 어질고 어리석음도 분별할 수 있으므로 눈썹은 맑고 섬세해야 하고, 양미간이 넓으면서 긴 사람은 천성이 총명하다. 눈썹털이 거칠게 나거나 빽빽하고 거슬러 나거나 단정치 못하면서 짧고 갈라진 사람은 천성이 흉폭하고 악하다.
　눈썹이 길어서 눈을 지나는 자는 부귀하고, 눈썹이 짧아 눈을 덮지 못하는 자는 재물이 궁하고 식량이 부족한 상이다. 눈썹이 앞으로 뻗친 자는 기가 강하고, 털이 높이 서있는 자는 성품이 호탕하며, 눈썹이 아래로 쳐진 자는 성품이 나약하고, 좌우 눈썹머리가 맞닿은 듯 붙은 자는 빈천하고 박복하며 형제운이 좋지 않다.
　눈썹털이 거슬러 나온 자는 성질이 불량하여 처자를 형극하고, 눈썹 뼈의 능선이 솟은 자는 성질이 흉악하고 일에 막힘이 많다. 눈썹 가운데 검은 사마귀가 있는 자는 총명하고 귀하고 어질며, 눈썹이 이마에 높직하게 있으면 대귀(大貴)하고, 눈썹 가운데 흰털이 나온 자는 수명이 길다.
　눈썹위에 곧은 주름이 많이 있으면 부귀하고, 눈썹위에 가로 주름이 많으면 빈곤하며, 눈썹위에 결함이 있으면 간계(姦計)가 많고, 눈썹이 박약하여 눈썹이 없는 것 같은 자는 교활하다.
　눈썹이 높이 붙어 가지런하고 수려하면 권세와 두터운 작록을 얻고, 눈썹털이 길게 늘어졌으면 장수(長壽)할 것이며, 눈썹털이 윤택하면 재물을 쉽게 얻는다.
　눈썹이 서로 붙거나 분명치 않으면 소년에 황천객이 되고, 눈썹 모양이 활같이 휘어진 자는 성품은 선량하나 웅지(雄志)가 없다. 눈썹이 초승달 같이 아름다우면 총명함이 뛰어나고, 눈썹이 늘어져 실과 같으면 음탐하고 자식이 없다.
　눈썹이 활과 같이 굽어 초승달과 같으면 호색탐음(好色貪淫)하고, 눈썹이 길어 눈을 지나면 충직하고 작록이 있으며, 눈썹이 눈보다 짧으면 심성이 고독하고, 양

미간이 마주 닿는 듯 좁으면 형제간에 별거한다.

눈썹이 옆머리까지 나온 자는 사람됨이 총명 준수하고, 눈썹털이 소용돌이로 났으면 동기간이 많고, 눈썹털이 어지러우면 아들은 적고 딸이 많다. 눈썹이 높게 붙어 곧은 자는 청직에 종사하고, 눈머리에 주름이 흩어지면 모든 일에 막힘이 많다.

눈썹은 인륜자기성(人倫紫氣星)이니 능선이 높고 성기고 담하고 수려함을 겸하여 맑으면 일생 명예롭고 식록이 따르며 집안이 창성한다. 눈썹이 너무 짙게 나거나 두터우면 천한 상이요, 눈썹이 거슬러 났거나 거칠면 좋지 못하다.

눈썹에 긴 털이 있으면 90세 이상의 수를 누릴 것이며, 눈썹 모양이 근심을 띠거나 매우 짧으면 단명하고 재산도 적다. 눈썹의 길이가 눈보다 짧으면 자식 복이 없고 자손도 인연이 없다. 눈썹은 눈 위에 있고 정해진 모양이 없으며 도중에 형상이 바뀔 수 있다.

눈썹이 어지럽게 나고 안정을 찾지 못하면 반드시 재난이 따르고, 말할 때 눈썹이 움직이는 자는 상사와 의견 충돌이 많으며, 부모로부터 물려받은 재산도 지키지 못하고 파산한다. 눈썹의 꼬리가 쳐진 사람은 자비심이 깊고 눈물이 많아서 부처님 같은 원만함을 가졌으며, 눈썹이 두텁지 않고 길쭉길쭉 한 자는 장남 상이고, 만약 차남이라면 부모의 일을 대신 물려받는다.

눈썹이 아주 옅은 자는 육친과 친척의 인연이 없으며 자식과도 안 좋으며 재운도 없다. 눈과 눈 사이부터 눈썹이 난 자는 처와의 인연이 희박하고 부부의 금슬 또한 좋지 않다. 눈썹이 가늘던 자가 어느 때부터 눈썹 폭이 넓어지면 그 시기부터 일이 순조롭게 잘 풀려 나간다.

눈썹의 꼬리 부분을 복당이라고 하는데 여기에 약간의 솜털 같은 눈썹이 뻗혀 있으면 운세가 좋아진다. 눈썹 속에 흉이 없는데 눈썹이 가운데부터 쪼개진 것처럼 변하면 육친과 생이별이나 사별할 수 있다. 눈썹이 살이 보이지 않을 정도로 짙거나 털이 너무 굵은 자도 나쁜 상으로 파산을 할 수 있다. 눈썹에 세로금이 눈썹을 뚫으면 자식복이 없어 자손운을 파괴 한다.

눈썹이 짧아도 짙은 경우에는 독립심과 진취적인 의욕이 강해 일찍 독립하지만 눈썹이 짧고 옅은 경우에는 이성에 대한 관심이 많아 애정 문제에 빠질 수가 있다.

부드럽게 곡선을 이루어 초승달 같은 눈썹은 마음이 넓고 덕이 있으며 집안의 대를 이어간다. 남자의 경우 부드러운 성격과 세심함을 갖추었으나 소극적이며 인내심이 부족하다. 여자의 경우 순수한 마음을 갖고 있으며 대인 관계에 부드럽고 섬세한 면이 있어 사람들에게 인정을 받는다.

눈썹이 빠져서 보기에 좋지 않으면 화장으로 보충하여 흉의 작용을 피할 수 있으며, 운기를 상승 시킬 수 있다. 눈썹을 깎거나 검은색을 칠하거나 잔털을 뽑거나 미용문신을 하는 행위는 관상학적으로 매우 중요하다. 눈썹을 그리거나 심거나 문신을 하고자 할 때는 관상 전문가와 상담 후 자신의 운을 개선하는 방향으로 손질을 하면 좋은 효과를 얻을 수 있다.

눈썹은 행운이 들어오는 대문으로 본다. 눈썹과 눈썹의 사이는 본인의 집게손가락과 중지 2개를 세우고 있는 정도의 넓이가 좋다.

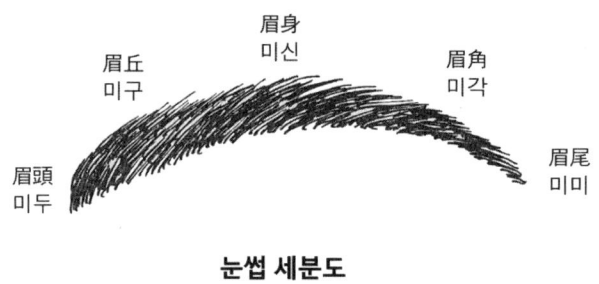

눈썹 세분도

1) 눈썹의 각 모양(眉形論)

① 일자 눈썹

주관이 뚜렷하고 신념이 강하므로 대인 관계에 신경을 써야 한다. 주관이 너무 강해 독단적 성향이 일을 실패하게 할 수가 있다.

남자의 경우 의지가 강하고 자신감이 있지만 다른 사람과의 협조가 결여되어 오해를 받기 쉽다. 여자의 경우는 섬세함과 부드러움이 부족하고 강한 성격 때문에 사람들의 기를 꺾는 경우가 있다. 사람들의 입장을 이해하는 지혜가 필요하다.

여성은 이치로만 따지려 하기 때문에 남자가 지쳐 인연이 멀어지는 경향이 있다.

제 7장. 신체 각 부위 관찰 | 171

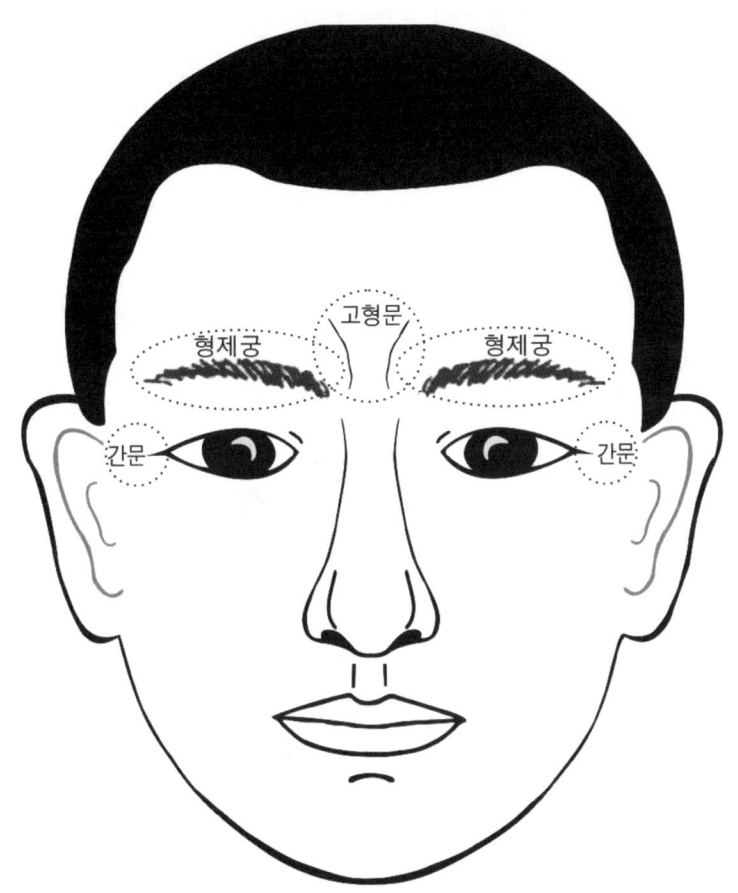

처첩궁 : 부부궁으로 어미와 간문을 말한다. 처첩궁을 통해서 남편 덕과 처 덕의 좋고 나쁨을 알 수 있다.
고형문 : 주름살이 양쪽 미두 사이를 가로막아 자르듯이 하는 형상을 고형문이라 한다. 이런 상을 가진 사람은 집안이 몰락하면서 형제들이 뿔뿔이 흩어진다.
형제궁 : 형제궁은 눈썹으로 본다. 눈썹이 수려하게 길고 털이 가지런하게 잘 나서 중간에 털이 빠지거나 산란하지 않으면 형제운이 좋다. 형제궁이 좋은 사람은 친구 사이도 좋은데, 그것은 눈썹이 좋으면 인맥이 많기 때문이다.

② 중간이 끊긴 눈썹

눈썹 중간에 군데군데 끊겨서 털이 빠지거나 너무 옅어서 끊어진 것처럼 보이는 눈썹으로 남자의 경우 기대는 크나 실행력이 따라 주지 않아 손해를 보거나 인정에 끌려 일을 망치는 경우가 있다. 이러한 눈썹을 가진 사람은 원하는 만큼 매사가 따라주지 않으며 홀로 고독한 상이다. 사업은 중도에 좌절하는 일이 많고, 부모 형제와 인연이 박하다. 정에 흔들리지 말고 자기주장을 펼 수 있도록 인품을 만드는 것이 중요하다. 여자의 경우는 유혹에 쉽게 넘어가며 남편을 불신하는 경향이 있다.

③ 팔자 눈썹

눈썹의 꼬리 부분이 처진 팔자 눈썹을 가진 사람은 포용력이 있고 의리를 중시 한다. 포용력과 여유가 있어 아랫사람들이 많이 따르고 친구나 동료들과의 대인관계도 매우 좋다. 인정이 많아 정에 약하고 낭비와 허영이 심하며 겉치레에 신경을 쓴다.

남자의 경우 포용력으로 작은 잘못을 넘기므로 주위 사람들이 우습게 여긴다. 눈썹과 함께 눈꼬리가 쳐진 경우에는 처복이 없고 부부생활에 파란이 많다. 여자의 경우 남자에게 인기는 많지만 남자를 친구로 보기 때문에 결혼이 늦다. 수입보다 지출이 커져 재정에서 궁핍을 면키 어렵다. 지혜와 감성을 키울 수 있는 직업에 종사하면 성공할 수 있다.

④ 곤두선 눈썹

눈썹이 곤두선 것처럼 뻗쳐있는 사람은 마음이 강하고 성격이 급하며 본인에 대한 콤플렉스를 갖고 있다. 한번 도전하면 물러서지 않는 강인함을 갖고 있으며, 남자의 경우에는 급한 성격 때문에 자신의 능력을 객관적으로 판단하지 못하고 무조건 덤볐다가 차후에 후회하는 일이 많다.

여자의 경우 자기만의 틀을 정해놓고 그 방식에 동화하지 않는 자는 배제하는 경우가 강하기 때문에 독단적이고 오만하다는 말을 들을 수 있다.

⑤ 옅은 눈썹

듬성듬성 성긴 것처럼 생긴 옅은 눈썹을 가진 사람은 성격이 급하고 도전 의욕이 높아 교활한 면이 있으며, 감정의 기복이 심해서 운세에 변화가 많다. 생각보다 행동을 앞세워 무슨 일이든 쉽게 손을 대고 도전하지만 고집이 세고 계획성이 부족하며 즉시 결과를 보려 한다. 남자의 경우 시작이 좋아 주위 사람들의 눈길을 모으지만 급한 성격에 마무리를 짓지 못하고 도중에 포기하여 신뢰감이 떨어진다.

여자의 경우에는 애정이 깊고 여성스러우며 내성적 성격을 갖고 있어 남성의 보호 본능을 자극해 사랑을 받는다. 계획성이 없는 생활 때문에 남편이나 상사에게 불만을 심어 줄 가능성이 높으며 고독을 즐긴다.

⑥ 색기 있는 눈썹

일자, 수평선의 눈썹보다는 반달형의 눈썹이 색녀의 조건이 된다. 눈썹이 일자와 수평이 아닌 둥글고 반달 모양의 여자일수록 여성의 내성기의 조직이 좋고 멋져 강한 섹시함으로 쾌감을 불러들인다.

반면 눈썹의 모양이 일자 즉 일직선의 경우 섹스에서 기교가 없고, 너무 감성적이고 여성스러움만 표현하며 섹스에 적극적인 부분이 부족하여 흥을 감소시킨다. 요즘은 눈썹을 뽑거나 밀어 버리는 경우가 많아서 판별하기가 쉽지 않다.

⑦ 엉킨 눈썹

눈썹털이 이리저리 엉켜진 것으로 크게 흉하며 중년에 형옥(刑獄)을 면치 못하고 파산(破産)하여 빈천하게 된다. 이와 같은 눈썹을 가진 자는 해로움이 형을 따라 아우에게 미치며 부모는 동서로 흩어진다.

정이 없고, 도전의식이 있으며, 격정적이고 교활하며, 운세에 파란이 많다. 계획성이 없으면 인생이 틀어지는 경우가 많다. 고집과 성급함을 누르고 노력해 나간다면 만년에는 성공할 수 있다.

⑧ 귀신 눈썹

눈썹이 가지런하지 못하고 거칠며 얇게 붙어 눈을 덮을 듯이 생긴 모습으로 도적(盜賊)의 상이니 매우 흉한 눈썹이다. 이러한 눈썹을 가진 자는 마음이 착하지 못하여 겉으로는 어질고 의리 있는 것같이 가장하나 속으로는 악독한 마음이 있다. 백가지 일이 어긋나고 항시 도벽(盜癖)이 있어 남의 물건 훔치는 것만 생각하며 일생을 지낸다. 운세의 부침이 심하고, 인정이 없고 시기심이 강하다. 시기와 질투를 버리고 어떤 일에 대해서든 조심스러운 마음가짐이 중요하다. 모험이나 도벽, 도박은 실패의 원인이 된다.

⑨ 산만한 눈썹

눈썹털이 듬성듬성하고 이리저리 갈라져서 가지런하지 않는 것을 말한다. 이러한 눈썹을 가진 사람은 평생 재산의 흥패(興敗)가 많으며, 재산을 없애지 않아도 재물이 남지 않는다. 외모는 온화하나 속마음은 냉담하여 여유가 없으며 재물이 생기면 없어져 가난한 생활을 면치 못한다.

⑩ 누런 눈썹

눈썹 빛이 소털(牛毛)같이 누르고 박약하며 길이가 짧고, 성기고 이리저리 흩어진 눈썹을 말한다. 이러한 눈썹에 눈이 눈썹보다 길면 일찍 재물의 실패가 많고, 이 부위가 비록 좋다 해도 운이 오래 가지 못한다. 그리고 신(神)이 어둡고 기(氣)가 흐리며 타향에서 객사할 염려가 있다. 이러한 눈썹을 가진 사람의 형제운은 동기간과 이별하는 상인데 주로 타관에서 객사 한다.

⑪ 용의 눈썹

눈썹이 수려하고 모양이 활시위 같으며 빽빽하지 않은 것을 용의 눈썹이라 하는데 대귀하고, 형제도 벼슬을 한다. 부모는 청·귀하고 장수하며 천하에 그 명성을 떨친다.

⑫ 버들잎 눈썹

눈썹 모양이 버들잎같이 생긴 것을 '유엽미'라고 하는데 골육 간에는 무정하나 일신은 발달한다. 눈썹털이 가지런하지 않고 탁하며, 탁한 가운데 맑은 기운을 띠었으면 부모형제와 정이 없고 자식을 늦게 둔다. 벗을 사귐에 신의가 있고 충직하며, 귀인의 눈매를 가졌으면 이름을 날린다.

⑬ 검의 눈썹

눈썹의 모양이 칼처럼 생겨 가지런하고 날카롭게 보이는 것을 칼 눈썹이라 한다. 눈썹이 수풀처럼 생기고 수려하게 길면 권위가 높고 지혜가 많으며 임금을 받드는 신하가 된다. 일생동안 가난을 모르고 청귀하며, 자손도 많고 건강하여 장수하게 된다.

⑭ 사자 눈썹

사자의 눈썹 모양을 닮은 것인데 눈썹털이 거칠고 탁할지라도 눈에 높직이 붙은 것은 좋은 상으로 화기(和氣)가 없는 것이 결점이나 부귀는 누린다. 사자 눈썹을 지닌 사람은 대체로 발달이 늦으나, 아내(여자는 남편)를 사자 형상을 가진 사람을 만나면 일생 부귀영화를 누린다.

⑮ 빗자루 눈썹
눈썹머리가 좁고 끝으로 나가면서 넓어지는 모양으로 빗자루의 모양과 비슷한 형이라 해서 소추미라 이름 하였다. 이 눈썹이 앞은 맑고 가지런하나 뒤는 성기고 이리저리 흩어지면 형제간에 정이 없고 시기하고 속이는 마음을 갖는다. 나이가 들면서 재물이 궁핍해진다.

⑯ 칼끝 눈썹
끝이 뾰족한 칼 모양의 눈썹인데 성질이 흉포(凶暴)하다. 이는 눈썹이 몹시 거칠어 악살(惡殺)이라 하는데 마음이 간특하고 음험하여 사람을 대할 때 거짓 온화한 기색을 낼뿐 속마음은 간교하다. 성품이 집요하고 독하며 흉포하므로 법을 잘 범하고 이로 인하여 몸을 손상하게 된다.

⑰ 부처 눈썹(나한미)
나한미는 두 눈썹 머리가 서로 닿는 것을 크게 꺼리는데 이렇게 되면 결혼운과 자식운이 늦으며 초년에는 자식 없는 어려움으로 많은 마음 고생을 한다. 만년에 첩의 몸에서 자식을 둘 수 있으나 정실의 몸에서는 자식이 없으므로 늘그막에 쓸쓸하다. 매사에 열중하는 타입이며, 온후하고 총명하며 설득력이 있고, 저돌적이며 용맹하다. 가족 운이 좋지 않다. 그 일이 과연 그럴만한 가치가 있는지를 먼저 살펴보아야 한다. 주위의 상황을 읽고 균형감각을 키우는 노력을 하여야 하고, 젊은 시절의 고생을 꺼리지 않고 약속한 것을 끝까지 관철시키고자 하는 의지가 있다면 대성한다.

⑱ 흩어진 꼬리 눈썹
눈썹머리는 청수한 반면에 꼬리로 나가면서 흩어진 모양을 말하는데 끝이 흩어져도 맑게 보이면 일찍 공명을 얻고 재물도 궁핍하지 않다. 중년과 말년의 운은 명예와 재물이 따르니 뜻을 성취하여 문전에 축하객이 모여드는 상이다.

⑲ 성긴 꼬리 눈썹

모양이 활처럼 굽고 길며 청수한데 눈썹 꼬리가 성기다. 이러한 눈썹을 가진 사람은 일찍 귀히 되는 상인데 큰 도시를 왕래하여 공명을 세우고 영화를 누리는 상이다. 형제간에 정의가 좋고 모두 화순하며 벗을 사귀는데 있어서도 처음과 끝이 한결같으니 신의가 두터운 인물이다.

⑳ 짧은 눈썹

눈썹이 비록 짧으나 청수한 것을 말하는데 이러한 눈썹을 가진 사람은 장수하고 고귀하다. 방명(芳名)이 나고 준수하니 영걸스럽고 호쾌하여 평생 약속을 소중히 여기는 자리며 충성되고 효도를 하며, 인자하고 청렴한데 자손 또한 고귀한 자가 된다.

㉑ 소라 눈썹

모양이 소라처럼 생긴 것인데 이런 눈썹을 가진 이는 세상에 드물다. 이 눈썹을 가진 이는 권위가 높아 명성을 세상에 떨치게 된다. 보통사람이 이 눈썹을 지니면 모두 좋지 못하고 다만 영웅이나 무관의 직은 천기를 응함이니 크게 출세한다.

㉒ 누에 눈썹

눈썹 모양이 누에가 잠자는 모양같이 생긴 것을 와잠미(누에 눈썹)라고 하는데 눈썹이 수려하면 심중이 총명하므로 기회를 잘 포착해서 처세를 잘하고 수완도 좋다. 일찍 높은 직위에 올라 공을 세워 이름을 떨치게 되나 형제간의 우의가 좋지 않다.

㉓ 초승달 눈썹

눈썹 모양이 가지런하고 초승달같이 생긴 것을 말한다. 눈썹이 맑고 눈이 수려한 것이 가장 좋은 상이다. 좋은 눈썹은 눈썹꼬리가 천창 쪽으로 향한다. 본인뿐 아니라 형제간에 화목하고 모두 부귀를 누리는 상이다.

다른 사람의 애정에 의해 운이 열리며, 협조적이고, 남에게 정성을 다하는 타입이다. 소극적이고 인내력이나 생활력이 약하지만, 사람들의 호감을 산다. 여성은 마음씨가 곱다. 형제간의 우애가 좋고 분위기가 밝은 집안에서 자란 사람에게 많이 나타난다. 긍지를 지나치게 내세우면 행운이 달아난다. 윗사람의 인도나 이성의 사랑으로 운세를 펼쳐나간다.

㉔ 호랑이 눈썹

눈썹이 범의 눈썹을 닮은 것을 호미라 한다. 이 눈썹은 거치나 위엄이 있으니 평생 담력이 크고 원대한 뜻을 성취한다. 이 눈썹은 반드시 부자가 되는 상인데 부자가 안 되면 크게 성공한다. 타고난 수명도 오래 누리나 형제간의 정이 없음이 결점이다.

㉕ 작은 빗자루 눈썹

작은 빗자루 모양으로 생긴 눈썹을 말하는데 짙은 것 같고 터럭이 긴 것 같으나 거칠지 않고 눈썹 꼬리가 가지런히 천창 쪽으로 거슬러 메마르지 않고 윤택한 것이 길상이다. 다만 형제간에 정이 없고 남북으로 서로 떨어져 살게 되거나 별거 하거나 골육(骨肉)의 형상(刑傷)이 있으니 없는 것만 못하다.

㉖ 크고 짧은 눈썹

눈썹이 크고 짧고 촉박한 것을 말한다. 짧아도 빼어나게 아름답고, 눈썹털이 맑고 깨끗하며, 눈썹 꼬리는 약간 누른듯하고, 눈썹 머리는 서 있는 것이 가장 좋은 상이다. 이러한 눈썹을 가진 사람은 재물이 많이 생겨 쌓아 놓기 어려울 정도가 된다. 또한 자식은 준수하고 아내는 화목하며 형제간에 모두 운세가 좋은 상이다.

㉗ 단정한 눈썹

눈썹이 맑고 깨끗하며 가지런하고 단정한 것을 청수미라 한다. 눈썹이 수려하게 모양을 이뤄 길이가 천창을 지나고, 눈을 덮으며 구레나룻이 맑고 길다. 이러한 눈썹을 가진 자는 총명하여 일찍 높은 직위에 오르며 형제간에 우애가 깊고 이름을 빛낸다.

2) 눈썹을 관찰하며 읽기

① 개요

✿ 눈썹은 형제와 대인관계를 보는 자리이며 눈동자가 검고 크면 이재에 밝다.
✿ 눈썹은 눈을 보호해 주면서 감성을 보여준다.
✿ 눈썹이 흩어져 있고 성글게 나 있으면 형제자매가 길에서 만나도 모르는 사람처럼 지낸다. 형제운이 좋은 사람은 친구사이도 좋은데, 눈썹이 좋으면 인덕이 많기 때문이다.
✿ 눈썹이 희미하고 짧으면 부모 형제와 인연이 약하다.
✿ 눈썹이 듬성듬성하면 호르몬 계통의 질병을 조심해야 한다.
✿ 눈썹이 길게 눈을 지나가면 형제간에 반드시 신의가 있다.
✿ 눈썹이 눈보다 길면 애정이 풍부하고 성격이 온화하며, 여자는 친정과 멀어진다.
✿ 눈썹은 나후와 계도 2개성으로, 높고 길며 맑아야 한다.
✿ 형제궁은 눈썹을 말하고, 눈썹은 신체의 팔로 보며, 사주의 비겁에 해당한다.
✿ 눈썹은 두 눈을 보호하는 것으로 형제관계, 교감, 수명장단, 성격, 재운, 성품, 대인관계, 사회성을 보고 31~34세 까지를 본다.
✿ 머리와 눈썹과 눈동자만 검게 색상이 같아도 좋아 보인다.
✿ 눈썹은 교감, 부교감 신경 자리이기 때문에 학습 능력 유무를 보기도 한다.
✿ 좋은 눈썹은 눈에서 높게 뜨고 눈보다 길어야 한다.
✿ 눈썹이 갈라지면 부모 또는 식구 중에 상을 당한다. 서자인 경우 또는 엄마가 계모인 경우가 많다.
✿ 자기주장의 강약은 눈썹에서 나온다.
✿ 화가 나면 눈썹이 곤두서고, 마음이 가라앉으면 눈썹이 차분해진다.
✿ 얼굴이 비대칭이면 눈썹도 비대칭이다.
✿ 친부모가 아닌 다른 부모를 모시는 눈썹은 일·월각, 눈과 마찬가지로 두 눈썹의 모양이 확연히 다른 눈썹이다.
✿ 눈썹은 에너지이며 눈썹이 나이가 들어서도 왕하면 늦게까지 일을 한다.
✿ 귀가 크고 눈썹이 작으면 형제와 불화하고 항상 외롭다.
✿ 눈썹이 크고 코가 작으면 될 수 있으면 경영은 삼가는 것이 좋다. 이런 사람은 열심히 땀 흘려 모은 재산을 40대에 소진한다.

- 눈썹이 크고 눈이 작으면 함부로 행동하지 말고 항상 신중해야 실수가 없다.
- 장남이나 장녀보다 차남이나 차녀가 눈썹이 더 짙다면 집안에서 하는 일이 바뀐다.
- 눈꼬리가 살짝 올라가고 눈썹이 수려하면 인덕과 인기가 있다.
- 눈썹 안에 마마자국이 있으면 형제간에 인연이 박하며 대를 이을 자손이 없다.
- 눈썹이 휘날리는 사람은 아무리 말이 없고 얌전해 보여도 시간이 없고 급한 사람이다. 무언의 기운을 사용하는 사람이다.
- 소년은 눈썹을 보고 노년은 수염을 본다.
- 앞머리가 눈썹을 덮으면(깻잎머리) 공부를 하기 싫어한다.
- 눈과 눈썹은 화장을 한 전과 후도 살펴봐야 한다.
- 눈썹이 전체적으로 서면 정서가 불안하다.
- 눈썹이 광채가 나면 좋은 일이 생긴다. 좋은 소식이 오는데 이마와 같이 본다. 이마가 검으면 안 좋다.
- 눈썹이 높이 나고 드물게 나면 록을 오래 계속 받는다. 눈썹에 약간 살이 보여야 한다.

② 눈썹의 형태에 따른 구분

- 눈썹이 두텁고 눈이 동그랗고 예쁘면 빨리 결정하고 빨리 포기한다.
- 초승달 같은 눈썹은 예술적 감각이 뛰어나고 부모와 가정운도 좋다.
- '한 일(一)' 자로 생긴 눈썹은 직선적이며 독선, 독주, 독단하는 성격이다.
- '여덟 팔(八)' 자로 생긴 눈썹에 눈썹꼬리가 칼같이 위로 치켜 올라간 사람은 집념이 강해 뜻한 것을 반드시 실행하는 행동파이다.
- 팔자 눈썹은 처세술이 강하다. 부인은 운이 없다. 팔자 눈썹이 내려가면 부인과 사별하거나 헤어진다. 처첩궁을 치기 때문이다.
- 눈썹이 많이 내려오면 여자는 과부상이고, 남자는 이혼 후 재혼한다.
- 눈썹이 한쪽은 올라가고 다른 한쪽은 내려오면 이복형제가 있을 수 있다.
- 눈썹이 거꾸로 난 경우 남자는 아내를 극한다.
- 남성의 눈썹이 예쁘게 생기면 처복이 있다. 여자에게 인기가 있다.
- 눈썹의 높낮이가 다르면 배다른 형제가 있다.
- 눈썹이 곤두선 사람은 자아가 강하고 성급하여 흉포하고, 윗사람과 충돌하기 쉽다. 냉정하게 자신을 돌아보고 인격 형성에 노력을 하여야 한다.

✧ 눈썹이 서 있으면 예민한 상태로 본다. 잘못 건드리면 싸움난다.
✧ 눈썹이 왼쪽이 서면 하고자 하는 욕구가 강하다.
✧ 눈썹이 곧추서고 관자놀이가 깊은 사람은 육친을 극하며, 재난이 자주 닥친다.
✧ 양쪽 눈썹이 계속 서 있으면 탐구욕이 강하다.
✧ 눈썹위에 잔털이 많으면 남자는 병약하고 명이 짧다.
✧ 눈썹이 많으면서 얼굴이 찌그러져 있으면 사납다.
✧ 눈썹이 너무 거칠면 상대하지 않아야 한다. 성격이 포악한 자이다.
✧ 갈매기 눈썹은 평상시에는 아주 좋으나 한번 아니라고 하면 끝까지 아니다.
✧ 눈썹에 결함이 있으면 간사하고, 드물게 나면 교활하다.
✧ 눈썹에 흰털이 섞인 사람은 장수한다. 40대에 음모에 흰털이 있으면 성격이 강하고 변태적이다.
✧ 듬성듬성 엉성한 눈썹은 형제간에 우애가 없고 성격에 기복이 심하다.
✧ 눈썹이 너무 없으면 철면피이고 자식운이 없다.
✧ 눈썹이 아주 없는 사람은 고독하다. 눈썹은 적당히 살이 보일 정도가 되어야 하고, 깨끗하고 가지런하고 곧아야 한다.
✧ 눈썹 모양이 칼처럼 생기면 성격이 급하다.
✧ 눈썹의 모양은 탱탱하고 가늘고 길면서 水기가 있어야 한다.
✧ 눈썹 끝이 위로 향하면 기가 강하다.
✧ 갈매기 모양의 눈썹은 적극적인 노력형이며, 생활력이 강하다. 남성은 결단력과 행동력이 있고, 적극적으로 일하고, 여성은 지기 싫어한다. 근검절약에만 치중하여 활력에 찬물을 끼얹는 일이 발생한다.
✧ 눈썹은 기러기가 선두를 중심으로 질서 정연하게 날아가는 모습과 닮아야 한다. 형제간의 의로움을 상징한다.
✧ 눈썹 앞쪽 털이 서는 경우 배우는 열정이 많으며, 흥미가 많다.
✧ 눈썹이 앞으로 삐치면 기가 강하고, 높고 단단하게 보이면 성품이 넓고 너그러우며, 눈썹이 아래로 내려진 사람은 성질이 유약하다.
✧ 가늘고 긴 눈썹은 부모·형제와의 인연이 두텁고 정이 깊다. 남성은 소극적이고 신경질적이며, 너무 결벽하여 스스로를 괴롭히는 결과를 낳게 된다.
✧ 튀어나온 눈보다 들어간 눈이 더 무섭고, 눈썹도 올라간 것보다 내려간 것이 더 무섭다.
✧ 눈썹이 수양버들처럼 생기면 음란하고 자식이 없다.

✽ 눈썹은 사용하는 데로 발달한다. 눈이 내려가고, 눈썹은 올라가면 이중적이다.
✽ 난초 잎처럼 수려하게 길고 털이 가지런하게 잘 나오고 중간에 빠지거나 산란하지 않은 눈썹이 형제운이 좋다.
✽ 火형은 수염이 없다. 눈썹도 얇다. 가볍고 경쾌하며 날렵하다. 고생을 많이 해도 관골이 발달한다.
✽ 토막 눈썹은 산만하고 거친 행동을 한다.
✽ 눈썹이 삼각형인 사람은 간교하고 불효하며 의롭지 못하다. 결단력이 부족하여 평생 사업에 성공하기 어렵다. 삼각 눈썹은 정열적이며 성취욕이 강하다.
✽ 동글동글 꼬인 눈썹, 양쪽이 붙을 정도로 가까운 눈썹, 황색으로 누런 눈썹, 털이 너무 거칠고 삐죽삐죽 서있는 눈썹은 동기간의 우애와 다복함이 없는 눈썹이다.
✽ 눈썹이 구부러져 있으면 처자를 잃고 혼자 사는 경우가 많다.
✽ 눈썹으로 개인 성생활을 알 수 있다. 가지런하면 난잡하지 않고, 무질서하면 변태적이다. 눈썹이 없는 사람은 감각이 무뎌 지나치게 요구하는 경우가 있다.
✽ 성인군자로 정평이 나있어도 눈썹이 가지런하지 않으면 이중생활을 한다.
✽ 눈썹이 가지런하며 윤기가 있는데 한 가닥이 구부러지지 않고 길게 나오면 귀인을 만나고, 명궁이 좋고 윤택하면 1년 안에 도움을 받는다.
✽ 눈썹이 가지런한 사람은 긴 시간이든 짧은 시간이든 대화를 다 들은 후에 자신의 마음을 열고 말문을 여는 사람이다. 결정이 느리다.
✽ 눈썹이 없고 눈이 깊이 패인 사람은 자식 복이 없다.
✽ 눈썹이 굵고 거칠며 산근이 깊으면 고향을 등지고 떠나게 되며, 많은 재난이 온다.
✽ 눈썹이 밑으로 처졌거나 귀가 눈보다 낮은 사람은 첩으로부터 자신감을 얻는다.
✽ 얼굴이 크고 눈썹이 없는 경우, 코가 높고 눈썹이 없는 경우, 광대뼈가 솟고 눈썹이 없는 경우, 구레나룻이 두껍고 눈썹이 없는 경우, 수염이 짙고 눈썹이 없는 경우, 눈썹 머리가 찌그러진 경우는 자식 복이 없다. 장수는 하지만 고독한 상이다.
✽ 눈썹이 성기고 입이 큰 사람은 물을 조심해야 한다.
✽ 눈썹이 올라간 사람은 과시욕이 강한 사람이다. 자기 잘난 맛에 사는 사람으로 감칠맛 나게 대해주면 된다.

✧ 독수리 눈썹인 사람은 개성도 강하고 창조력도 뛰어나 평범함을 싫어한다. 이런 사람은 분위기를 잘 타므로 적극적으로 대하면 된다.
✧ 눈썹이 안 좋으면 정서적으로 문제가 많다. (깡패, 성 폭행자. 부도난 CEO 등)
✧ 눈썹 숱이 흐려지면 신의 기능이 떨어진다. 눈썹에 힘이 없으면 에너지가 떨어진다.
✧ 눈썹이 말총같이 억세면 성질이 괴팍하다.
✧ 눈썹 가운데가 끊어졌거나 희미한 사람은 신체 호르몬 균형이 불규칙하다는 뜻이다. 마음에 변덕이 심하고 상대를 얕잡아 보는 습관과 거짓말을 아주 잘한다.
✧ 눈썹이 아주 가는 사람은 성장 과정 중에 돈에 대한 남다른 과거가 있다. 짧고 단순하게 대화 하면 사이가 좋아질 수 있다.

③ 진한 눈썹
✧ 눈썹이 짙으면 하고 싶은 일을 본인 생각대로 밀고 나간다. 다른 사람의 의견도 잘 듣는다. 그러나 수용은 안 한다. 늦은 나이까지 일하며, 경쟁심이 강하고, 운세가 강해 성공한다.
✧ 짙고 단단한 눈썹을 가진 사람이 집단의 선두에서 성과를 거두려면 용의주도 해야 하고, 성공을 위해서는 예비조사와 자금 조달을 충분히 해야 한다.
✧ 눈썹이 아주 진한 사람은 호르몬 분비가 왕성한 사람이다.
✧ 눈썹이 새까맣고, 두텁고 진한 자는 성격이 단순하다. 지적 장애인이 많다.
✧ 눈썹이 너무 짙거나 누리거나 붉거나 짧은 것 등은 천한 상이며 고독한 상이다.
✧ 눈썹이 투박하고 숱이 많으면 천한 상이다. 숱이 흩어지면 더 안 좋다.

④ 옅고 부드러운 눈썹
✧ 눈썹이 옅고 부드러우면 자주성과 용기가 부족하고, 부모·형제·자식과의 인연이 박하다. 남성은 적극적이지 못하고 고독하다.
✧ 옅고 부드러운 눈썹은 목적을 정한다음 행동하는 습관을 들이면 자주성이 몸에 밴다. 전업과 부업의 구별을 두고 일을 해 나간다면 운이 열린다.

⑤ 미골

✿ 미골이 많이 나온 사람은 적극적으로 산다. 자수성가형이다.
✿ 눈썹이 정연하면 사교성이 좋다. 미골이 튀어나온 경우도 마찬가지다.
✿ 눈썹 뼈가 왕하게 일어났으나 털이 부족한 눈썹은 난폭하고 불의를 저질러 형제를 극하는 눈썹이 된다. (험준한 돌산과 같다.)
✿ 눈썹 뼈가 칼등처럼 솟은 경우 기질이 너무 강해 배우자를 극한다.
✿ 눈썹 바로 위(보골)는 눈썹보다 형제운을 더 중요하게 보는 자리이다.
✿ 눈썹 위가 꺼지면 형제 관계가 안 좋다. 왕래도 안한다. 주름이 가면 더 안 좋다.
✿ 눈썹 골이 솟은 사람은 성질이 흉악할 뿐 아니라 매사에 막힘이 많다.
✿ 눈썹 및 눈썹 위 미골이 나오면 추진력이 좋다. 끝까지 밀고 나간다.

⑥ 눈썹의 길이

✿ 눈을 덮을 만큼 길게 뻗은 눈썹은 부귀할 상이다.
✿ 눈썹이 너무 길어서 늘어지면 음탕하고 자식이 잘 되지 못한다.
✿ 눈썹털이 길게 난 사람은 장수하고, 윤택하면 재운이 좋다.
✿ 눈썹이 너무 길어 눈을 가리면 작게는 부모, 처첩, 일의 진행, 운의 행로가 막힌다.
✿ 눈썹은 길이가 길수록 좋다. 눈을 덮어야 하기 때문이다. 짧아도 최소한 눈보다는 길어야 한다.
✿ 눈썹이 눈보다 짧으면서 끊어지면 가난하다.
✿ 눈썹이 짧은 사람은 격정적이며, 협조성이 부족하여 대인관계가 잘 이루어지지 않고, 고독하며, 육친과 부부의 인연이 박하다.
✿ 눈썹이 짧거나 흠이 있으면 고독하다. 인당이 좋으면 괜찮다.
✿ 눈썹이 짧으면 후계자가 없이 늦게까지 일한다.
✿ 눈썹이 짤막하고 털이 거칠거나 중간이 끊어진 눈썹은 형제가 없거나 동기간이 없는 눈썹에 해당한다.
✿ 토막 눈썹은 산만하고 거친 행동을 한다.
✿ 눈썹 끝이 없거나 아주 짧은 사람은 외로운 사람으로 친절하고 따뜻하게 대하면 좋다. 결단력이 약하기 때문에 인간미를 느낄 수 있도록 하면 좋은 이웃이 된다.
✿ 눈썹이 앞에만 있고 뒤가 없는 사람은 머리는 좋으나 대인관계는 약하다.

⑦ 전택궁(눈과 눈썹 사이)

✪ 전택궁은 탱탱해야 하고, 부동산을 보며 에너지를 본다.
✪ 전택궁이 꺼지면 에너지가 딸린다. 아프고 난후 눈이 들어간 이유이다.
✪ 전택궁에 주름이 없는 경우는 긍정적인 사고와 눈을 크게 뜨기 때문이다.
✪ 눈썹이 높게 붙은 사람은 전택궁이 넓으므로 대귀한다.
✪ 동양은 전택궁이 넓어야 귀격이고, 백인은 전택궁이 좁아야 귀격(과학적, 치밀)이다.
✪ 전택궁이 넓으면 계산이 타산적이지 않고 믿는다.
✪ 전택궁이 좁으면 참을성이 없고, 계산적이며 치밀하다.
✪ 섹시해 보이는 것은 전택궁이 두껍기 때문이다. 힘이 있어야 한다.
✪ 눈썹과 눈 사이가 넓을수록 느긋해 보이고 실제로도 느긋하다.
✪ 눈썹과 눈썹사이는 눈 하나가 들어가야 한다. 여유가 있어 보이고 균형이 맞는다.

⑧ 눈썹 안의 점

✪ 눈썹 안에 점이 있으면 비밀이 탄로나지 않는다.
✪ 눈썹 중간에 검은 사마귀가 있는 것은 총명함과 재능의 상징이다. '풀 속에 진주가 숨어 있다'고 볼 수 있다. 사업상으로는 큰 풍파가 있고, 수액을 조심해야 한다. 눈썹 속에 있는 점은 항상 변수에 약하다.
✪ 눈썹에 점이 있으면 숨겨 놓은 애인이 있다.
✪ 눈썹에 점이 있으면 살아있는 점이라 해서 좋다. 썸씽이 있다.
✪ 눈썹에 점이 있으면 자신의 마음을 털어놓지 않아 음흉하다는 오해를 받는다.
✪ 눈썹 상단에 사마귀가 있으면 운세가 좋지 않으므로 욕심을 부리면 파탄한다.
✪ 눈썹머리에 종기나 사마귀가 있고 움푹하게 들어간 사람은 중년에 직장에서 나쁜 일에 휘말리거나 실패를 겪을 수 있다.

⑨ 눈썹 머리

✪ 눈썹 머리가 산근을 향해 휘어진 사람은 부모를 형극한다.
✪ 눈썹 머리가 눈썹 꼬리보다 높으면 형제의 성공이 자신만 못하다.
✪ 눈썹 머리가 낮고 눈썹 꼬리가 높은 사람은 자신조차 속이고 범죄를 저지른다.
✪ 눈썹 앞쪽이 서 있는 경우 탐구적이며 호기심이 많다.

⑩ 눈썹꼬리

✿ 눈썹꼬리가 올라간 사람은 개성과 특기를 살려 한 가지 기술에 몰두하는 것이 좋다. 지나친 자만은 실패를 초래한다. 제멋대로 하고자 하는 마음을 눌러 겸허함을 잊지 말고 주위의 의견에 귀를 기울이는 노력이 필요하다.
✿ 눈썹꼬리가 치솟은 눈썹은 자존심이 강하고 타협을 싫어하며, 어떤 일도 해낸다는 신념과 끈기가 있지만, 협조성은 부족하다.
✿ 눈썹꼬리가 소라 고동처럼 말려 있으면 길흉이 반반이고, 일이 잘 풀리지 않는다.
✿ 눈썹 끝이 산만하면 끝맺음이 좋지 않다. 속을 알기 어렵다.
✿ 눈썹꼬리가 내려가면 마음이 약하고 동정심이 많다.
✿ 남성이 눈썹 꼬리가 내려가면 운은 나쁘지 않으나 처첩궁을 치는 관계로 이혼 또는 상처할 상이다.
✿ 태어나면서부터 눈썹 끝이 내려간 사람은 부모를 극한다.
✿ 눈썹 끝이 흩어지거나 무질서하면 파산, 산재, 가정불화 등이 따른다.
✿ 눈썹 끝은 처자와 재물을 보는 궁이다.
✿ 눈썹 끝부분 천창 부위에 사마귀가 있으면 결혼에 실패한다.
✿ 눈썹 끝의 간문에 핏줄이 많으면 아내의 건강상태가 좋지 않다.
✿ 눈썹 끝과 눈의 끝, 그리고 눈꺼풀에 연분홍빛이 나타나면 이성과 연분이 생기고 교제가 원하는 대로 된다.
✿ 눈썹 끝이 위로 쳐들렸으면서 광대뼈가 노출되고 목소리가 쉰 경우는 만년에 홀아비가 되어 고독 할 상이다.
✿ 눈썹 끝에 솜털이 약간 있으면 좋은 운이 다가오고 건강이 좋아진다.

⑪ 미간

✿ 눈썹과 눈썹 사이가 넓은 사람은 주위로부터 경제적인 도움이나 후원을 받는다.
✿ 눈썹과 눈 사이는 넓을수록 좋으며 색이 윤택하고 아름다워야 한다.
✿ 미간이 넓으면 자유분방하다. 좁으면 치밀하다. 눈썹과 눈썹 사이는 손가락 두 개 정도의 거리가 적당하다.
✿ 눈썹과 눈썹 사이가 좁으면 도량이 좁고, 신경질적이며, 쓸데없는 걱정이 많고, 운이 늦게 열리며, 중년에 큰 병을 얻는다. 애정에 빠지면 자신을 놓칠 위험이

있다.
- 눈썹과 눈썹이 좁으면 진취적인 자세로 일에 열중해야 하고, 정밀한 기술을 요하는 일을 하는 것이 좋다.
- 눈썹이 마주 붙으면 요사(어려서 죽는 것)한다. 형제간의 사이가 좋지 않고, 부모와도 좋지 않아 부모를 극한다.
- 눈썹 머리가 서로 가까이 붙어 있어 손가락 한 개가 들어가지 못할 정도인 사람은 성격이 급하고 제멋대로이며 고집이 세고 강직하다. 도량이 좁고 논쟁을 잘 한다.
- 눈썹과 눈썹 사이가 좁은 사람은 의심이 많아 가만히 듣고 있는 것 같아도 딴청을 부리거나 심술궂은 사람이다. 항상 초조해하는 성격이다. 보수적인 성격이 강해 자신을 드러내지 않으므로 자존심을 높여 주고 칭찬을 많이 해줘야 한다.
- 눈썹과 눈썹사이가 좁고 눈썹털이 길어 눈을 덮은 것 같으면 부모형제 처자와 관계가 나쁘고 불행이 많다. 성격이 급하고 미련하며 지혜롭지 못하다.

⑫ 눈썹의 주름
- 눈썹 위에 세로로 주름이 있으면 부귀하는 상이다. 세로주름은 눈썹에 살이 많아야 생긴다.
- 눈썹에 가로로 주름이 있으면 빈천한 상이다. 자식을 얻지 못하거나 극하며, 노년이 순탄치 못하다.
- 주름살이 양쪽 눈썹머리 사이를 가로막아 형제궁을 갈라놓듯이 방해한 눈썹은 집안이 기울고 동기간이 흩어져 이산가족이 되는 눈썹이다.
- 고형문은 주름살이 양쪽 미두 사이를 가로막아 자르듯이 하는 형상이다.
- 눈썹 끝 천창 부위에 어지러운 주름이 있으면 아내를 극하고 재혼한다.

⑬ 눈썹을 움직이는 습관
- 말을 할 때 눈썹을 움직이면 윗사람과의 의견이 맞지 않다.
- 눈썹이 움직이는 사람은 재치 있고 사교적인 성격이라 금방 친해진다. 화가 나면 범죄형으로 변할 수 있으므로 작은 말다툼도 피해야 한다.

⑭ 여성의 눈썹

✡ 여성의 눈썹이 내려가면 처첩궁을 치면서 우는 상이 되어 이혼할 수 있다.
✡ 눈썹이 많은 여자는 음부에도 털이 많고, 눈썹이 적으면 음부에 털이 적다.
✡ 눈썹꼬리와 눈꼬리가 같이 내려가면 과부상이고, 아니면 재취자리로 간다.
✡ 여성이 눈썹위에 잔털이 많으면 건강하고 장수 한다.
✡ 여자가 눈썹과 눈썹사이가 너무 넓으면 유방과 유방사이가 넓고 남편 복이 없다.
✡ 여성에게 눈썹이 없으면 자녀에게 질환이 온다. 눈썹이 너무 많거나 없는 여자는 팔자가 세다.
✡ 눈썹이 짧은 여자는 그려서라도 보기 좋게 해줘야 한다.
✡ 여자의 눈썹이 거꾸로 나면 남편을 극한다.
✡ 눈썹이 없는 여자는 陽기가 강하고, 水기가 부족하다.
✡ 여자가 눈썹이 많으면 水기가 많아 기가 세다.
✡ 눈썹을 짧게 그리면 순발력이 있어 보인다. 그러나 눈썹이 너무 짧으면 천하거나 요절하는 것으로 본다.
✡ 여성의 눈썹이 동그랗게 중앙이 올라가면 한 남자로 만족하지 못한다.
✡ 눈썹이 가늘고 고운 여자는 어질고 귀하게 된다.
✡ 둥근 눈썹은 얌전하고 현모양처 형이다.
✡ 눈썹 미골 뼈가 나온 여성은 눈썹을 흐리게 그려야 한다. 미골이 살아 있을 때 눈썹을 진하게 그리면 강하게 보인다.
✡ 속눈썹이 너무 진한 여성은 음탕할 수가 있다.
✡ 여자의 속눈썹이 길면 부부생활이 원만치 않다. 자식 때문에 눈물 흘릴 일이 생긴다.
✡ 눈썹은 곱고, 가늘고, 가지런하고, 검고, 초승달 같아야 일생 명예가 있고, 의·록이 있고, 형제자매가 우애한다.
✡ 여성의 눈썹이 너무 강하면 성격과 기질이 매우 강하다.
✡ 눈썹이 매우 검은 여자는 연하의 남자를 만나야 한다. 눈썹이 매우 많고 검은 여자는 자식을 친다.
✡ 눈썹이 짙고 단단한 여성은 여성스러움은 부족하지만 여장부로 활약한다.
✡ 약간 올려 그린 눈썹은 강함을 표시한다.
✡ 눈썹이 적고 전택궁이 좁은 여자는 이혼을 많이 한다. 여성이 눈썹이 성글면 남편과의 연분이 박하고 자녀와의 인연도 적다.

✿ 눈썹이 옅고 부드러운 여성은 상냥하고 내성적이다.
✿ 눈썹이 별로 없고 머리털이 많은 여성은 품성이 변덕스럽고, 남편을 극하며 자식을 형한다. 눈썹숱이 드물게 나고, 숱이 적은 경우 기형아를 낳을 확률이 높다.
✿ 눈썹 끝이 칼끝 같으면 산고를 겪고 자궁에 수술 칼을 댄다.
✿ 눈썹을 보면 여성의 음모를 알 수 있다.
✿ 여성의 눈썹 끝이 위로 쳐들렸으면서 광대뼈가 노출되고 목소리가 쉰 경우는 과부가 되어 고독할 상이다.
✿ 여자의 이마가 매우 넓고 눈이 쳐지고, 눈썹이 쳐지면 부모와 남편을 친다.
✿ 일자이면서 곱슬머리이거나 콧대가 높고 양쪽 광대뼈가 드러난 여성은 남편을 형극한다.
✿ 여성의 눈썹이 낮아 눈을 누르고 털도 어지럽게 났으면 성공한 남자와 결혼하기 어렵고 일생을 빈천하게 살아간다.
✿ 눈썹에 문신을 하면 좋지 않다. 여성이 눈썹 끝을 뾰족하게 문신을 하면 자궁수술을 하게 된다.
✿ 여성의 눈썹과 눈썹사이가 좁으면 의심이 많아 질투심이 강하고 잘 틀어진다.
✿ 눈썹이 눈을 누르며 턱이 높이 솟고, 광대뼈가 없는 사람은 아내가 남편의 권리를 빼앗는다.

⑮ 좋지 않은 눈썹
✿ 눈썹 주변에 옅은 흑색을 띠면 친척 중에 환자가 생기고, 진한 흑암색이 오래가면 상을 당한다.
✿ 눈썹이 곤추선 사람은 성격이 잔인하며, 덕이 없고 큰 위험이 따른다.
✿ 눈썹이 누렇고 얇은 것은 간사하며, 평생 빈곤함을 면치 못한다. 눈이 어둡고 눈빛이 밝지 않으면 형액을 당하거나 옥사하게 된다.
✿ 눈썹이 반대로 나거나 털이 거칠고 길면 평생 빈천하고, 흉이 끊이지 않는다.
✿ 눈썹머리의 털이 짙고 빽빽하거나, 눈썹 끝의 털이 드문드문하거나 없는 사람은 33세 이후나 늦어도 39세 이후에 사업 운이 좋지 않게 변하고, 만년에 고독하다.
✿ 눈썹이 탁하고 맑지 않은데다 눈이 수려하지 않으면 31세 이후 운세가 나빠진다.

✿ 눈썹이 이유 없이 난잡하게 변하고 모이지 않는 사람은 재산상의 손실을 본다.
✿ 눈썹이 이유 없이 빠지면 좋은 운이 나쁜 운으로 바뀔 수 있다.
✿ 눈썹이 성기게 나고 구레나룻도 적거나 없으면 만년에 고독하고 빈곤하다.
✿ 눈썹털이 없는 사람은 부부의 인연이 박하다. 결혼을 해도 부부 금슬이 좋지 않다.
✿ 털이 꼬불꼬불하거나 사납게 거슬러 나고 억세게 빳빳이 일어난 눈썹은 흉하다.
✿ 눈썹 중간이 넓으면서 색이 안 좋고 눈이 둥글면 출신은 부유하지만 도벽이 있다.
✿ 눈썹털이 얇으면서 눈썹 끝에 검은 점이 있으면 척추에 고질병이 있다.
✿ 눈썹이 너무 없으면 철면피이고 자식운이 없다.
✿ 붉고 짙은 눈썹은 조직력이 있고, 부하가 많으며, 지도력이 강하다.

【5】 눈(目)

　　천지가 해와 달의 힘으로 빛을 비추니 일·월은 천지 만물이 소생하는 힘의 거울이다. 눈은 사람에게는 일·월과 같다. 왼쪽 눈은 해가 되고 아버지를 상징하며 오른쪽 눈은 달이 되고 어머니를 상징한다(여자는 좌우를 바꾸어서 본다).
　　사람이 잠이 들면 신(神)은 마음에 있고, 잠들지 않고 깨어 있을 때는 神은 눈에 의지하므로 눈은 신이 머물러 있는 집이라 할 수 있다.
　　눈의 좋고 나쁨을 보면 신의 맑고 탁함을 알 수 있다. 눈은 인체에서 가장 소중한 부분이며, 그 사람의 정신과 마음을 읽을 수 있는 곳이다. 눈은 사람의 신체 중에서 비중이 55~65%에 해당하여 그 비중이 가장 높다. 눈은 그 사람의 기분을 잘 표현하여 주는 곳이기도 하다. 입으로 말할 수 없는 것도 알 수 있도록 해 준다.
　　눈은 사람의 마음을 표현하는 창으로 눈의 선·악에 따라 상대방의 마음을 읽을 수 있다. 눈이 흐린 자는 정신도 흐리고, 눈이 탁한 자는 운기도 약하다. 눈이 안정감이 없는 자는 마음에 안정을 찾지 못한다.
　　눈을 자주 깜빡이는 자는 불안하고 끈기가 없으며 신경질적이다. 눈이 약간 나오고 곁눈질로 쳐다보는 자는 정신병을 앓기 쉽고, 눈에 힘이 없고 검은 동자에 연기처럼 뿌옇게 낀 사람은 병을 앓거나 큰 고생이 따른다. 검은 눈동자가 아래쪽에 있는 사람은 의지가 약하여 자기가 하는 일을 말하지 않는다. 눈 속에 물기가 고인 것처럼 있는 사람은 호색가이다.
　　눈이 길면서 깊이 박히고 빛나면서 윤택한 사람은 귀하고, 검기가 옻으로 점찍은 것같이 검으면 총명한 문장가이다. 눈망울이 솟지 않고 자연스럽게 빛나고 광채가 나는 사람은 부귀하고, 가늘면서 깊은 자는 장수한다.
　　눈동자가 툭 불거진 자는 가난하며, 사람의 왕래가 드물고 일찍 죽는다. 눈동자가 크고 동그랗게 튀어 나와 성난 눈처럼 보이면 수명이 짧고, 눈이 툭 불거져 흘겨보는 것 같이 생긴 자는 음란하고 남의 물건을 훔치는 버릇이 있으며, 눈이 흐릿하고 자주 성난 눈빛을 가진 자는 바르지 못한 사람이다.
　　붉은 핏줄이 동자를 가로 지르면 비참하게 죽게 되고, 눈에 겁이 없어 보이면 神에 힘이 있는 경우가 된다. 눈이 짧고 작은 자는 생각하고 행동하는 것이 천하고 어리석다.

눈 밑에 와잠이 있는 자는 귀한 자식을 낳는다. 두 눈 밑에 도톰하게 올라온 부위를 와잠이라고 하며 자손궁이라고도 부른다. 와잠은 풍만하고 들어가지 않아야 길상이다. 부인의 눈이 흑백이 분명한 자는 용모가 준수하고, 눈 밑에 적색을 띤 자는 재앙을 당할 염려가 있으며, 남모르게 흘깃흘깃 훔쳐보는 자는 음탕하다.

눈이 수려하고 길면 반드시 높은 관직에 오르고, 눈이 크고 빛나면 토지가 늘어난다. 눈 머리에 홈집이 있으면 재산이 점점 줄어든다. 눈이 세모진 자는 사람됨이 흉악하고, 눈은 짧은데 눈썹이 길면 토지와 식량이 넉넉하다. 눈빛이 매섭고 위엄이 있으면 모든 사람이 마음으로 순종하고, 눈이 활처럼 휘어지면 간교가 많은 사람이다. 눈꼬리가 아래로 쳐진 사람은 부부간에 이별이 있고, 눈꼬리가 위로 치켜진 사람은 복과 록이 많다. 여자의 눈이 흰자위가 많으면 바람둥이 남자와 정을 통하고, 흑백이 분명하면 높은 분을 보좌하는 자리까지 오르고, 여자가 이와 같으면 정숙하고 절개가 있다.

눈자위가 희고, 길고 가늘면 빈궁한 상이고, 눈 밑에 한일자 모양이 나타나면 사리가 분명하다. 눈 밑에 와잠이 좋으면 여자는 사내자식이 적고 딸자식이 많으며, 눈 밑에 물기가 반짝거리면 간음을 범하여 후회하게 된다.

누른 눈에 붉은 핏줄이 있으면 좋지 않은 눈으로 흉·액이 많아 성취하고자 하는 일이 잘 이루어지지 않는다. 가늘고 깊이 파인 눈은 마음을 놓고 믿을 만한 사람이 따르지 않으며, 흘겨보는 눈을 가진 사람은 흉한 눈으로 사귀지 않아야 한다.

눈이 빼어나게 아름다운 사람은 크게 귀하게 되고, 항상 맑으면 부귀가 따른다. 눈이 동그랗고 불거진 자는 가끔씩 피해야 할 재앙을 당한다. 눈에 흰자위가 많은 여자는 남편을 이별하고, 여기에 다시 동자가 누르고 붉은 힘줄을 띠었으면 더욱 상부 상처함을 면치 못한다. 눈이 깊이 들어간 사람은 재물이 부족하고 남편을 극하며 자녀들은 병약하고 단명한다. 눈에 검은 동자만 있는 것같이 보이는 여자는 간사함이 많고, 두 눈이 모진 듯 둥글면 장수할 얼굴이다.

검은 동자가 둥글고 크면 어진 사람이 된다. 두 눈꺼풀 밑에 사마귀가 뚜렷하면 집에 먹을 것을 두고도 스님이 되는 운이다. 훔쳐보는 눈으로 보는 사람은 도벽이 있다. 왼쪽 눈이 작으면 아내를 무서워하고, 눈이 양의 눈같이 생기면 고독으로 성질이 못되고 비꼬인 행동을 하며 부모 형제 자녀를 극한다. 눈이 벌 눈처럼 생겨도 악사하거나 고독하며, 눈이 싸우는 닭 눈 같아도 역시 악사 하며, 닭의 눈동자에 쥐의 눈은 모두 도둑이 된다. 소의 눈은 인자하고, 거북의 눈은 막힘이 많다. 눈동자가 뱀눈같이 생기면 사납고 독하여 사람을 상하게 한다.

용안은 눈이 크고 길면서 쏘아보는 힘이 있고, 진한 광채가 은은하게 빛난다. 봉안은 관직에 몸담으면 승승장구하며 귀하게 될 상이다. 호안은 호랑이가 보는 눈이 정확하듯이 눈빛이 멀리까지 빛나며, 사나우면서 정도가 있고 도전적이면서 재능이 있는 상이다. 사 안은 뱀의 눈을 가진 자로 사람을 대하는 인상이 좋지 않고 사악한 면이 있다.

상안은 코끼리의 눈으로 말없이 실천을 하는 인격자이며, 덕이 많아 일생동안 부귀가 따른다. 학안은 학의 눈으로 이 눈을 가진 자는 고귀하고 품위 있게 사는 지혜를 가졌고 일생동안 부귀를 누린다. 기린 안은 심성이 착해 보이고 목이 길어 기린 체격을 가진 자는 귀하고 재복도 넉넉하다. 사자 안은 호안과 비슷하다. 후안은 잔나비의 눈을 가진 자이며 영리하고 자애로워 사업이 잘되고 사람들에게 인기가 있으며 복이 많은 편이다.

눈은 진한 광채를 발하여야 귀골이며, 정신을 마음속에 간직하고 밖으로 노출 시키지 않으며, 검은 동자는 까맣고 흰자위는 백옥같이 맑아야 좋으며, 상대를 바라보는 눈빛이 길고 따뜻해 보이고 좋으면 감찰관이 잘 이루어졌다고 볼 수 있다. 눈꼬리가 올라갈수록 처녀막을 지키려는 의지가 약하다. 요즘 여성들은 화장을 하면서 대부분 눈꼬리를 올려서 그린다. 눈이 크면서 눈꼬리가 올라간 여성의 경우 섹스를 즐기고 밝히는 타입이다.

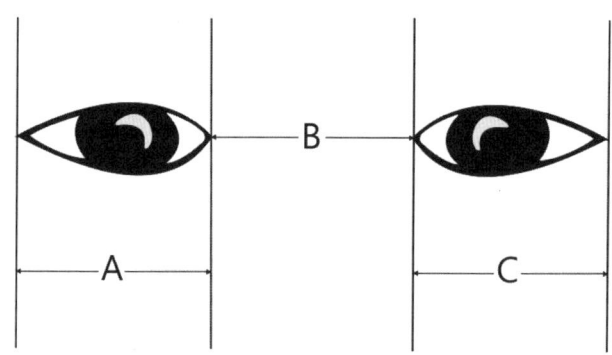

눈의 거리 : A = B = C

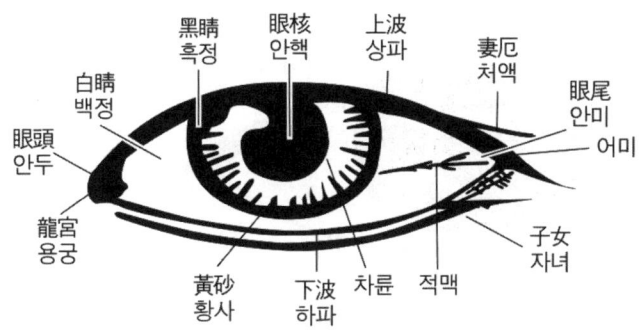

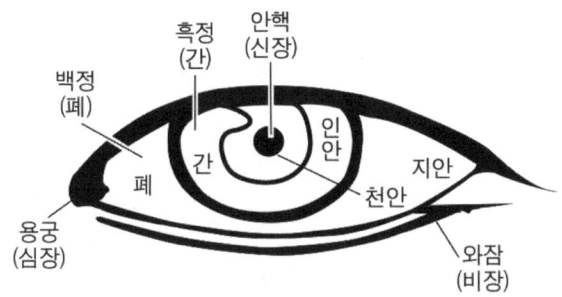

- 35세~40세까지의 운세를 본다(평생을 본다).
- **안두** : 눈머리, 즉 코옆(산근 좌우)
- **용궁** : 눈머리의 흰 창 전에 있는 붉은 곳(좁으면 이혼 : 과거)
- **백정** : 흰 창
- **흑정** : 검은 동자
- **안핵** : 검은 창 속의 작은 동자
- **차륜** : 안핵의 주위 바퀴모양의 곳
- **황사** : 검은 동자 안의 누런 색
- **적맥** : 흰 창 안에 있는 붉은 핏줄
- **상파** : 눈 위 뚜껑의 가는 선
- **하파** : 눈 아래 뚜껑의 가는 선
- **안미** : 눈의 끝부위
- **어미** : 눈의 맨 끝 다음 갈라지는 곳
- **천안** : 정신적인 것을 본다
- **인안** : 인간성(성향을 본다)
- **지안** : 본능적인 것을 본다(표현)

눈의 세분도

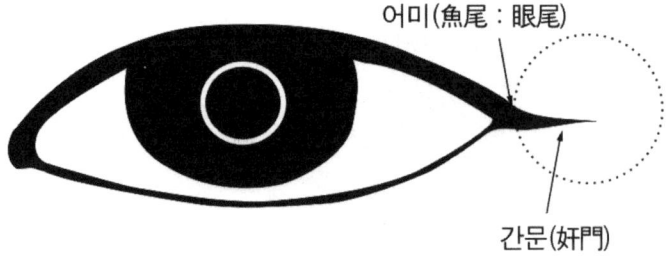

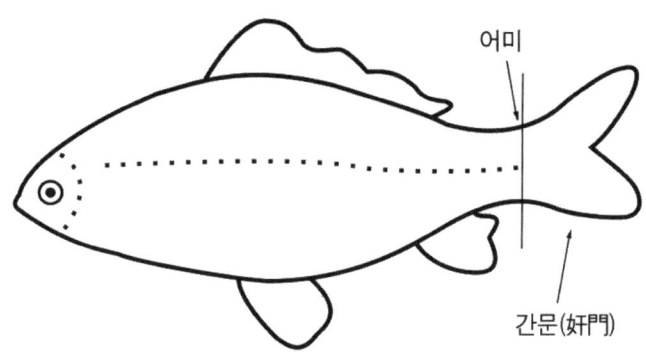

어미와 간문 : 눈에는 상파와 하파가 있는데, 눈의 위 꺼풀과 아래 꺼풀의 가장자리를 말한다. 그 상파가 하파와 꼬리에서 서로 맞닿는 지점이 바로 어미다. 이 지점에서 어미 꼬리는 끝난 것이며 그 다음은 꼬리의 지느러미일 뿐이다. 이 지느러미의 위치가 바로 간문이 된다. 어미와 간문이 좋으면 좋은 배우자를 만나 행복한 일생을 구가하지만 이곳이 나쁘면 갖은 풍파를 겪는다. 간문은 눈꼬리 부분으로 살 비스듬이 풍만해야 한다.

제 7장. 신체 각 부위 관찰 | 195

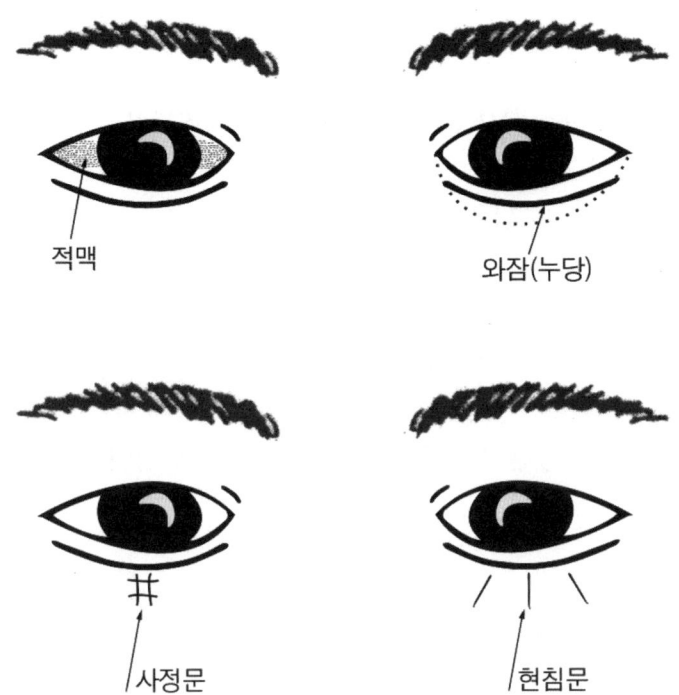

- **적맥(붉은 실핏줄)** : 붉은 실핏줄이 동자를 침범하면 집과 전원을 모두 잃어 버린다. 붉은색은 파재와 살상의 색이다.
- **남녀궁의 사정문** : 눈밑에 사정문이 있으면 반드시 자녀를 극하니 수술을 할 필요가 있다.
- **남녀궁의 현침문** : 눈밑에 어디든지 한 개라도 현침문이 있으면 반드시 자녀를 극하니 수술을 할 필요가 있다.
- **와잠** : 누에처럼 탄력있게 살이 있고 윤택하면 반드시 귀한 아들을 둔다. 일명 누당이라고도 한다.
- **누당** : 와잠 바로 밑이 누당이 된다.
- **와잠(누당)** : 눈의 정기가 눈 아래 꺼풀에 모여 누에 모양을 이룬다. 그 모양이 누에 모양으로 도드라지게 생기고, 탄력이 있고 색이 윤택하면 귀자를 낳는다.

1) 눈의 모양(眼形)

① 용 눈
용의 눈은 대귀하는 상으로 벼슬이 아주 높은 자리까지 오른다. 흑백이 분명하면 정신이 강하고, 눈꺼풀이 길게 째지고 눈은 크며 기와 신이 눈 속에 있으면 많은 부를 누리고 귀함을 얻는다.

② 봉 눈
봉의 눈을 가진 사람은 총명함이 비범하다. 눈이 길고 영롱하게 광채를 발하면 이는 기가 수려하고 신이 맑음이다. 이러한 상은 머리에 총명한 지혜가 있어 공명을 성취하며 많은 사람 가운데 뛰어난 영웅의 상이다.

③ 소 눈
소의 눈과 같으면 거부가 되는 상이다. 눈이 크고 눈동자가 둥글며 시력이 좋아 멀고 가까운 것을 잘 분별한다. 이러한 눈을 가진 자는 재물이 흥하여 많은 재화를 얻게 되며 수명이 길고 일생의 복록을 누린다.

④ 공작 눈
공작의 눈을 가진 자는 부부간에 매우 화목하다. 눈꺼풀이 뚜렷하고 눈동자가 맑고 검게 빛나니 푸른 기가 많고 흰 기운이 적으면 성품이 악하고 흉하며 강하다. 이러한 상은 소박하고 부끄러워 할 줄을 알며 맑고 깨끗하고 따뜻하여 초년부터 말년까지 매사에 기운차고 성하게 일어나 이름을 세상에 알리게 된다.

⑤ 원숭이 눈(猴眼)
원숭이의 눈을 가진 사람은 일생동안 생각이 많은 상이다. 검은 동자가 위로 붙은 듯하고 주름이 첩첩하게 잡혀 있으며 눈동자를 움직이는 동작이 매우 재빠르고 날랜 것이 좋은 격으로 이러한 상을 가진 사람은 부귀에 결점이 없이 완벽하다. 먹는 것을 매우 즐기는데 특히 과일을 즐기며 앉을 때는 머리를 숙인다.

⑥ 거북 눈

거북의 눈은 눈동자가 둥글고 수려한 기운을 감추고 있으며 위 눈꺼풀에 섬세한 주름이 여러 개 잡혀있는 것이 이 형의 진실된 모습이다. 이러한 상을 가진 사람은 장수하며 일생동안 복록을 누리는 상이다. 귀안의 눈을 가진 사람은 건강하고 수와 복이 많아 영화가 자손에게까지 미친다.

⑦ 코끼리 눈

코끼리의 눈은 주로 부귀를 누리는데 겸하여 복록과 수한도 무궁한 상으로 위 아래에 물결진 주름이 있고 수려한 기운이 많으니 눈꺼풀이 길고 눈이 가늘면 어질고 온화한 기운이 있다. 그러므로 때를 따라 모두 부귀를 묘하게 성취하니 부귀장수를 누린다.

⑧ 까치 눈

까치눈을 가진 사람은 주로 믿음과 의리가 있으며 부귀 발달한다. 위에는 주름이 있고 수려하며 길은 것이 올바른 격인데 평생 신의가 있고 독실하며 충실하고 선량하다. 젊어서 발달하여 평평히 지내다가 말년에 이르러 다시 운이 트인다.

⑨ 원앙 눈

원앙의 눈을 가진 자는 주로 부를 누리나 음탕하고 난잡한 상이다. 눈이 수려하나 눈동자가 붉고 윤택하며 가는 줄이 있고 눈이 둥글고 눈동자가 약간 튀어 나온 듯하며 복숭아 꽃 색을 띤다. 부부간에 정분이 좋고 온화하며 순하다. 부를 얻게 되면 음탕하고 난잡하게 될 수 있다.

⑩ 명 봉황 눈

이는 울고 있는 봉황의 눈이라 하여 귀함을 나타내며, 뜻이 높고 벼슬과 명망이 높아 이름을 세상에 알린다. 위 눈꺼풀에 물결 같은 주름이 있고 귀를 보는 눈동자라도 눈동자가 신을 노출시키지 않는다. 이러한 상을 가진 사람은 중년에 장가들어서 귀인을 만나 출세하여 나라를 빛내고 문호를 혁신하는 상이다. 젊어서 일찍 출세하지 않으면 말년에 크게 될 상이며 부와 복과 수를 누리는 상이다.

⑪ 봉황이 조는 눈

봉황이 조는 눈은 온유 정대하다. 눈이 평평하고 수려하며 바라봄에 치우치거나 비뚤어지지 아니하고 웃음을 띤 얼굴은 기색이 수려하여 아름답다. 본래 타고난 성품이 너그러운 사람이어서 아량이 있으나 부귀가 넉넉하여 자신을 뽐낼 줄을 안다.

⑫ 상서로운 봉황 눈

서 봉안은 주로 귀함을 상징 한다. 대체적으로 이 눈을 가진 사람은 부귀는 물론 세상에서 명성을 얻게 되는 상이다. 좌우 눈이 분명하고 두 각이 가지런하며 두 가닥주름이 길고 수려하고 웃음을 머금은 상으로 쳐다보는 눈동자가 흐르듯 하면서도 움직이지 않고 신이 광채가 있으며 학문으로 이름을 떨치고 조정에 공을 세우게 되는데 후손에게 추앙을 받게 되는 상이다.

⑬ 사자 눈

사자의 눈을 가진 자는 주로 부귀하다. 눈이 크고 위엄이 있으며 거친 눈썹이 이를 쫓아 단정하고 장엄하다. 이와 같은 눈을 가진 사람은 모든 일에 호탕한 성격을 지니고 있다. 악하지 않으며 행동에 엄한 절제를 할 줄 아는 상이다. 탐하지도 않고 혹독하지도 않으며 인정을 베풀어 부귀영화와 수복을 누린다.

⑭ 호랑이 눈

범의 눈을 가진 사람은 위엄이 있고 많은 부귀를 누리게 된다. 눈이 크고 눈동자는 약간 누른빛이고 눈은 일반인보다 짧고 둥글다. 범의 눈을 가진 사람은 성품이 강하고 침착하며 무게가 있어서 별다른 근심이 없으며 재물의 복을 타고나 부귀하게 되는 상이다. 그러나 말년에는 자손의 손실이 있게 된다.

⑮ 황새 눈

눈이 황새 눈 같은 사람은 귀히 된다. 눈 위에 주름이 수려한 모양을 이루어 간문까지 이르고 흑백이 분명하며 눈동자가 청수하다. 사람을 치우쳐 보지 않는 것이 좋은 상으로 현명함과 견식이 높고 많아 인격자로서 중년에 출세하여 영화를 누린다. 이러한 눈을 가진 자는 장수 하는 복을 누리게 된다.

⑯ 거위 눈

거위의 눈 형상을 가진 사람은 성격이 편안하고 마음이 고와 불쌍한 사람을 도와준다. 이러한 눈을 가진 사람은 선하고 온순하며 인정을 베풀어 많은 사람이 따르며 높은 지위에 오른다. 여러 줄기의 주름이 천창을 향하므로 사물을 관찰함이 분명하며 정신이 건전하다. 흰자위는 적고 검은자위가 많으며 마음이 인자하고 선량하며 오래도록 수복을 누리며 건강하다.

⑰ 기러기 눈

기러기 눈을 닮은 자도 부귀를 누리게 된다. 눈동자가 옻칠을 바른 듯이 검고, 주위는 황금색을 띠고 눈꺼풀 아래위로 가지런한 무늬가 길게 나타난다. 이러한 눈을 가진 사람은 고위직에 올라 부귀를 누리게 된다. 이와 같은 눈을 가진 자는 총명하며 동기간에도 모두 출세하여 이름을 널리 알리게 된다.

⑱ 음양 안

두 눈의 동자가 하나는 크고 하나는 작은 것을 '음양안'이라 하는데 거짓이 많고 남을 잘 속이는 상이다. 눈에 광채가 나고 곁눈질 하는 듯이 보이는 상으로 속마음은 그릇되나 입만은 옳은 체 하는 성실성이 없는 상이다. 간계가 많고 권모술수에 능하여 어려운 일이 닥쳐도 스스로 잘 대처하며 부귀를 누리되 사치하지는 않는다.

⑲ 돼지 눈

눈이 돼지 눈같이 생긴 사람은 흉악한 상이다. 이와 같은 눈을 가진 자는 아둔하고 오래 살지 못하는 상이다. 눈에 흰자위가 침침하고 눈동자는 튀어나오고 잠에 취한듯 몽롱한 형상을 말하는데 주름이 굵게 잡히고 눈꺼풀이 두터우며 성질이 사납고 나쁘며 모질다. 한때 부귀를 누릴지라도 형벌과 재앙이 있는 상이니 결국은 큰 죄를 범하고 악사 한다.

⑳ 뱀 눈

뱀눈처럼 생긴 자는 사납고 독하며 윤리가 없어 의에 어긋나는 행실이 있고 흉액이 많아 일생동안 성취함이 없다. 눈이 작고 둥글며 튀어 나오고 눈동자가 붉고 눈자위에 붉은 줄을 띠었다. 이러한 눈을 가진 사람은 형상은 사람이나 마음은 독사와 같아 간교하고 거짓뿐이며 사납기는 이리와 같고 흉악하기는 호랑이와 같아 인륜을 어기고 의로움을 모르니 아들의 신분으로 아비를 해치는 자라 할 수 있다.

㉑ 도화 안

도화 안을 가진 사람은 주로 음란하다. 남녀를 막론하고 도화 안은 이성을 만나면 요염하게 웃고 눈에 물빛을 보인다. 눈꺼풀에 눈물이 있는 듯 촉촉하고 곁눈질을 잘하는 사람은 사치와 환락을 즐기며 음란하다.

㉒ 취한 눈

붉은 빛과 누른빛이 혼잡하고, 흘겨보며 취한 듯 졸린 듯 몽롱한 눈빛을 취안이라 하는데 여자는 음란하고 남자는 반드시 도둑이 된다. 이러한 눈을 가진 사람은 비록 도를 닦는 승려나 학문을 많이 한 학식을 갖춘 사람이라 할지라도 지조를 지키지 못하고 색정을 범하게 된다. 이런 눈을 가진 자는 방탕하고 음란하여 잘 살지 못하고 궁핍하게 살아간다.

㉓ 학 눈

눈에 정신이 들고 수려하고 흑백이 분명하며 신(神 : 초능력)이 눈 속에 숨어 튀어나오지 않으면 이를 학의 눈이라 하는데 사리 판단을 분명하게 하므로 지위와 명망이 높아지고 귀함을 얻는다. 높은 뜻을 세워 이루게 되며 막중한 임무를 받으므로 높은 지위에 올라 부귀를 누리게 된다.

㉔ 양 눈

양의 눈은 검은 동자가 흐릿하고 미미한 누른빛이 생겨 신이 맑지 못하고 눈동자에 실처럼 가로금이 그어졌으며 눈자위가 흐릿하다. 이러한 눈을 가진 사람은 조상으로부터 물려받은 재물이 없고 있더라도 지키지 못하며 중년과 말년에는 더욱 빈궁해진다.

㉕ 비둘기 눈

비둘기의 눈은 눈동자가 누르고 작으며 동그랗게 생긴 것인데 머리를 흔들고 무릎을 흔들며 앉은 자세가 바르지 못하고 비스듬하다. 이러한 사람은 남녀를 막론하고 매우 음란하며 게으르고 허영심과 탐욕이 많다.

㉖ 난새 눈
난새 눈의 형상을 가진 사람은 학식이 풍부하고 정신이 맑으며 크게 부귀하다. 준두가 둥글고 크며 눈은 가늘고 길며 걸음이 빠르고 말이 곱고 마음은 선량하다. 이러한 사람은 귀함이 군왕에 가까워 크게 쓰이게 되며 높은 지위에 올라 부귀를 누린다.

㉗ 이리 눈
이리의 눈은 성질이 흉포하므로 흉·액이 많이 따른다. 눈동자가 누르고 눈이 뒤집힌 듯 위로 치켜 보거나 아래로 내려 보는 자는 위인이 졸렬하고 탐욕이 많다. 정신 착란이 일어나기 쉬워 일생을 제 정신으로 지내지 못한다.

㉘ 물소 눈
물소 눈은 성격이 인자하여 대귀한다. 머리가 둥글고 눈이 크며 두 눈썹이 짙고 귀안에 긴 털이 나고 몸집이 두텁다. 이러한 사람은 성격이 청정하고 어질며 신의가 있으므로 기초를 튼튼히 세워 부귀를 누리고 무병장수하게 된다.

㉙ 물고기 눈
눈망울이 불거지고 신이 어둡고 눈에는 물기가 어려 시력에 초점을 잃은 듯 흐릿한 눈을 물고기 눈이라 한다. 이러한 눈을 가진 사람은 단명한 상으로 대개 젊은 나이에 죽을 수 있다.

㉚ 말 눈
말의 눈은 곤란하고 괴로움이 많은 눈인데 눈꺼풀이 삼각을 이루고 눈동자가 튀어나왔으며 슬프지 않을 때도 항상 눈 밑에 눈물이 마르지 않는다. 얼굴은 마르고 살결은 늙은이처럼 짜글거리는 상은 아내와 자식을 잃고 홀로 몹시 바쁘게 세월을 보낸다.

㉛ 사슴 눈
사슴의 눈 모양은 동자가 검고 위아래 눈꺼풀에 주름이 길게 잡힌 것인데 걸음은 나는 듯 빠르고 성격은 매우 강하다. 이러한 사람은 의리에 소홀함이 있기 쉬우니 항상 이를 염두에 두고 처신해야 하며 숲이 우거진 산속에 살면 복록이 따르게 된다.

㉜ 곰 눈

곰의 눈은 눈동자가 둥글고 힘만 세며 흉하고 어리석다. 앉아서도 오래 견디지 못하고 숨결이 가쁘다. 빈들빈들 노는 사람은 오히려 이런 현상이 없다.

㉝ 해오라기 눈

해오라기의 눈을 가진 자는 성질은 청정하나 빈한한 상이다. 눈은 누르고 몸결은 깨끗하여 때 묻지 않고 행동은 흔들려 오그라들며 천성은 정직하다. 눈썹이 짧고 몸이 길며 다리가 마르고 가는 것이 참격인데 거부가 되어 방자하면 다시 빈한하게 될 상이다.

㉞ 원숭이 눈

원숭이의 눈은 약간 누르고 위 눈꺼풀이 감겨지지 않으며 마음이 교활하고 의심과 질투와 거짓이 많다. 이러한 사람은 헛되고 실속이 없는 명예만 있고 자식은 많으며 성품은 영악하지만 영리하거나 재주가 있다는 말을 듣지 못한다.

㉟ 제비 눈

제비 눈을 가진 사람은 신의가 있다. 입은 작고 입술은 붉으며 머리를 흔들고 눈이 깊으며 흑백이 분명하고 눈빛이 밝다. 그리고 말이 많고 빠르며 신용이 있고 기교 있으나 헛수고로 의식이 넉넉지 못하다.

㊱ 자고새 눈

자고새는 눈이 붉고 누르며 얼굴은 붉은 빛을 띠고 머리를 흔들고 걸을 때 발자국을 높지 않게 떼고, 몸이 작고 귀도 작으며 항상 땅을 보고 걷는데 평생 고생을 하고 재물이 없어 궁핍하다.

㊲ 두꺼비 눈

두꺼비 눈은 동자가 동그랗고 솟은 상인데 평생을 조심스럽게 처세해야 한다.

풍채가 있고 모양이 저속하지 않으며 성품은 곧고 바르다. 말년의 영화가 무궁하지만 수명은 길지 못하다.

㊳ 게 눈
게 눈은 눈동자가 튀어 나오고 성질이 거만하고 모질며 어리석어 강과 호수를 좋아한다. 자손이 있어도 부모에게 봉양을 받지 못하니 자식이 있으나 없는 것과 마찬가지인 불효자식이다.

㊴ 고양이 눈
고양이의 눈은 눈동자가 누르고 모양이 둥근데 온화하고 순진하며 천성이 소금에 절인 생선을 매우 즐긴다. 재주와 능력이 있으므로 맡은 임무를 다하여 뭇 사람의 존경을 받으며 부귀를 누린다.

2) 눈을 관찰하며 읽기

① 개요
✿ 좋은 눈은 옆으로 살짝 찢어진 듯하고 쌍꺼풀이 없어야 한다.
✿ 눈은 몸의 태양이며, 태양은 하늘의 해와 달과 같아 밝고 빼어나야 한다.
✿ 눈은 오악사독 중 하독이며, 오관에서는 감찰관이고, 육요 중에서는 태양과 달이며, 오장에서는 木인 肝에 속하여 세상 만물을 보는 기관으로 35~40세운을 관장한다. 중년기 사업성패의 관건이 된다.
✿ 얼굴이 10점일 때, 눈은 5점, 이마·코·광대뼈·턱은 각각 1점, 눈썹·귀·입·이를 합쳐서 1점으로 본다.
✿ 달마의 좋은 상 일곱 가지 모양을 다음과 같이 말했다. "눈은 수려하고 반듯해야 한다. 눈은 가늘고 길어야 한다. 눈은 안정되고 신(神)이 나타나야 한다. 눈은 나오기도 하고 들어가기도 해야 한다. 눈은 아래위가 희지 않아야 한다. 눈은 오래 보아도 피곤하지 않아야 한다. 눈은 변화가 있어도 흐릿하지 않아야 한다."
✿ 눈은 현재의 운, 건강상태, 자신의 내면세계, 신체 내부의 에너지가 응축되어

자신의 모든 것이 눈의 표정으로 표현된다.
✿ 눈은 입으로 하는 것만큼이나 많은 것을 말한다. 눈은 거짓을 말하지 않는 '마음의 창'이라고 할 수 있다.
✿ 눈에도 오장 육부가 있다. 동공은 신장, 검은자위는 간, 흰자위는 폐, 위 눈꺼풀은 위장, 아래 눈꺼풀은 비(위)장, 눈의 시작과 끝 부분은 심장에 각각 해당된다.
✿ 식물과 비교하면 "눈은 싹, 코는 꽃, 치아는 잎, 귀는 열매"로 꽃, 잎, 열매도 좋은 싹에서 나오는 것은 눈이 가장 중요하기 때문이다. "좋은 싹은 좋은 눈에서 만들어지고, 좋은 눈은 바른 정신에서 얻어진다."
✿ 눈동자는 어두운 곳에서는 커지고, 밝은 곳에서는 작아지지만, 사람의 마음이 어떻게 움직이는가에 따라서도 변한다. 흥미나 호감이 있는 것을 볼 때는 커지고, 관심이 없는 것을 볼 때는 작아진다.
✿ 연애와 섹스운은 눈의 크기와 균형, 두 눈 사이의 간격, 눈이 나왔는지 들어 갔는지, 눈초리의 상태, 검은자위와 흰자위의 균형을 기준으로 보게 된다.
✿ 부부의 정연은 눈에서, 부부의 정분은 눈썹에서 알 수 있다. 부부의 애정은 입술을 보고, 부부의 정은 귀를 보며, 부부의 정욕은 코끝과 수염(여성은 겨드랑이 털)을 본다. 그래서 눈은 정연궁, 눈썹은 정분 궁, 입은 정애궁, 귀는 정은궁, 코끝과 수염(여성은 겨드랑이 털)은 정욕궁이라고 한다.
✿ 심성과 지혜, 정신과 체력, 능력은 모두 눈에 집중되어 표현되므로 눈은 사람의 건강과 지혜, 성격을 알 수 있는 축소판이다. 눈을 통해 사람의 마음을 가장 잘 볼 수 있다.
✿ 눈을 보는 순서로 먼저 눈에 깃든 신기, 정기, 기운인 안신을 관찰하고, 다음은 눈의 형태를 본다. 그런 후에 눈 주위의 주름 무늬, 흔(痕), 반(班), 지(痣 : 사마귀)의 유무와 기색을 살핀다. 귀함 여부는 안신으로, 부함 여부는 눈의 형태로 참작한다.
✿ 눈이 선하면 마음도 선하고, 눈이 악하면 마음도 악하다. 눈이 비뚤어져 있으면 마음도 비뚤어져 있다.
✿ 마음이 바르면 눈이 맑고 밝으며, 마음이 바르지 않으면 눈이 어둡고 흐리다.
✿ 눈은 쳐지고 입은 올라가면 이중적이다.
✿ 눈은 짧은데 눈썹이 길면 토지와 식량이 넉넉해진다.
✿ 눈의 형태에 따라 상대를 관찰하는 것도 중요하지만, 가장 중요한 것은 눈의

표정과 움직임이다.
✲ 눈이 튀어 나오고 신체가 왕하면 사고가 잦다.
✲ 안두(눈머리)에 흠집이 있으면 재산이 줄어든다. 용궁은 참을성을 본다.
✲ 졸린 눈은 가난하고, 의욕을 상실하고 단명하며 운이 없다.
✲ 눈이 긴 사람보다 동그란 사람에게 배신자가 많다.
✲ 눈매가 세도 코끝이 둥글면 편안한 사람이다.
✲ 눈이 화려하면 사람들을 싫어하고 튀는 행동을 한다.
✲ 눈이 코보다 커 보이면 팔자가 세다.
✲ 눈이 크고 눈동자가 드러나 있으면서 코가 날카로운 사람은 평생 부유하지 못하며 중년에는 아주 위험한 풍파가 온다.
✲ 눈이 너무 크면 단명하고, 너무 작으면 자기만 본다.
✲ 눈의 상이 좋고 콧대가 지맥을 관통하며 광대뼈가 돌출된 사람은 큰 행운이 온다.
✲ 좋은 눈은 옆으로 길게 찢어진 듯하고 쌍꺼풀이 없는 것이 좋다.
✲ 눈은 마음의 거울이다. 뇌의 생각과 심성은 눈에 나타난다.
✲ 얼굴에서 눈이 가장 많이 변하고 다음은 입, 다음은 지각이다.
✲ 눈을 뜨고 자는 사람은 지능은 뛰어나지만 신경이 날카롭고 위장의 기능이 좋지 않아 천수를 누리지 못한다.
✲ 눈의 모양은 기를 쓰는 방향으로 잡히므로 눈의 형태는 내가 살아온 흔적이다.
✲ 눈이 선한 사람은 지혜롭고 착한 성격을 가지고 있으며, 눈이 악한 사람은 지혜 및 성격도 결함이 있다.
✲ 눈이 기울어져 미간 쪽으로 향한 사람은 흉악하고 잔인하다.
✲ 눈 양쪽 앞뒤가 뾰족하면 표현력과 사고력이 뛰어나다. 순하지는 않다.

② 눈 사이의 거리
✲ 양쪽 눈의 간격은 눈과 눈 사이에 눈 하나가 들어갈 정도의 공간이 이상적이다.
✲ 눈 사이가 넓으면 낭만적, 사치, 상식적, 온화, 한가한 성격으로 동조를 잘하며 의타심이 강하다. 지나치게 넓으면 자유분방하고 사생활이 복잡하며, 여자는 헤프다.
✲ 두 눈 사이의 거리가 넓고 산근이 낮으면 일을 처리하는데 적극적이지 못하다.

✿ 눈과 눈 사이가 넓으면 참을성이 많다. 화내면 무섭다.
✿ 눈과 눈 사이가 너무 좁으면 일월이 싸우는 형상이니 평생 고생만 한다.
✿ 눈과 눈의 거리가 가깝고, 산근이 좁은 사람은 남과 다투기를 좋아한다.
✿ 두 눈 사이가 가까운 눈은 남성은 선견지명이 있고, 여성은 남성과 여성 모두에게 호감을 산다. 순조로울 때는 괜찮지만 문제가 발생했을 때에는 자신감이 떨어진다.

③ 눈과 눈썹사이
✿ 눈과 눈썹사이가 넓은 사람은 대범하고 인기가 많다.
✿ 눈과 눈썹 사이가 넓으면 느긋하고, 눈꼬리가 길면 세상을 넓고 길게 본다.
✿ 눈과 눈썹사이가 먼 눈은 온화하고 느긋한 성격이며, 직감력이 있고 시야가 넓고, 다른 사람을 쉽게 믿는다. 여성은 교활하다. 젊은 시절부터 높은 인기를 누리고, 허영심이 많으므로, 겉모습만 보고 판단하여 실속 없는 사람이나 불성실한 자에게 속을 염려가 있다. 남성중에는 플레이보이가 많으므로 여성들은 주의가 필요하다.
✿ 눈과 눈썹 사이가 좁은 경우는 성격이 급하고 재치, 센스가 있어 치밀하고 정확한 일에 적합하다.
✿ 눈과 눈썹사이가 가까운 눈은 의심이 많지만 잘 속는다. 성질이 급하고 시야가 좁고 판단력이 부족하지만 재치가 있고 남의 말이나 행동에 장단을 잘 맞춘다.
✿ 눈 사이가 좁으면 예감이 빠르고, 섬세하고 감정적이며, 처세에 재주가 있다.
✿ 눈과 눈 사이 간격이 많이 좁으면 이혼한다.
✿ 눈과 눈썹이 붙은 사람은 질투심이 많고 교활하며 간사하다. 그리고 장손을 극한다.

④ 속눈썹
✿ 속눈썹이 길면 사기 근성이 있다.
✿ 속눈썹이 긴 사람은 예술성과 손재주가 있으나 몸이 약하다. 슬픈 일이 생긴다.
✿ 속눈썹이 많지도 적지도 않으면 총명하고 융통성이 있고, 예술방면에 재능이 있다.

✿ 속눈썹이 지나치게 흐트러져 있으면 인생의 기복이 심하다. 난세에는 성공한다.
✿ 속눈썹이 없는 여성은 천재성을 지녔으나 성격이 괴팍하고 변덕스럽다.

⑤ 큰 눈

✿ 눈이 큰사람은 남녀가 모두 쉽게 상대방을 좋아해서 연애를 많이 하지만 결혼에 실패하는 경우가 많다.
✿ 눈이 큰 사람은 정열적이고 권태를 잘 느끼며 감수성이 예민하다. 호감도 쉽게 주고 변신을 잘하고, 적극적인 성격으로 대범한 행동을 하기도 하며, 유혹에 약해 즉흥적인 감상에 잘 빠지기도 하지만 체념도 빠르다.
✿ 눈이 큰 사람은 세상의 아름다움에 동화되기 쉬워 유혹하기가 쉽다.
✿ 눈이 큰 사람은 매우 감성적이다. 냉정한 성격도 있다. 호소나 도와달라고 하면 쉽게 응해준다. 눈이 반짝이면 잘 도와줄 것처럼 생각하지만 그렇지 않다.
✿ 큰 눈일수록 자기표현을 잘하며, 눈을 많이 움직일수록 탐색을 하는 중이다.
✿ 눈이 크고 긴 사람은 다른 사람의 기분을 헤아릴 줄 안다.
✿ 눈이 크고 이마가 높이 솟았으며 광대뼈가 굵은 여성은 남편을 극해 고독하다.
✿ 눈이 크고 광대뼈가 솟은 여성은 남편의 권리를 강제로 빼앗는다.
✿ 눈이 크고 콧방울이 약하면 자기 것을 잘 챙기지 못한다.
✿ 눈이 크고 얼굴이 말상이면 평생토록 바쁘게 뛰어다녀 피곤하고 남편 복이 없다. 만약에 여기에 눈썹이 희박하고 목이 가늘면 음란하고, 첩으로 시집가게 된다.
✿ 눈이 큰데 눈썹이 굵고 짧으면 부부가 극하여 헤어지고 재혼할 수 있다.
✿ 큰 눈은 다양하게 접근하며, 전택궁이 들어가면 음해 보이므로 섹시해 보인다.
✿ 눈이 크고 검은자위가 크며, 눈빛이 흩어져 모이지 않으면 단명 한다.
✿ 눈이 크고 입이 작으면 이해력이 부족하다.
✿ 눈이 크고 이마가 좁은 사람은 학문의 뜻을 이룰 수 없고 공직에 종사할 수 없으며 명을 재촉한다.
✿ 눈이 크면서 이마가 좁고 작은 사람은 평생 운이 따르기 어렵고 명을 재촉한다.
✿ 눈이 크고 검은자위가 많이 돌출되어 있고 神이 드러난 사람은 야심과 욕망이 넘치지만 천수를 다하지 못한다.

✧ 눈이 큰 사람은 재능은 있지만 크게 귀한 신분이 되기는 어려우며, 눈이 작은 사람은 귀하지만 성취가 어렵다.
✧ 큰 눈은 자기를 잘 보여준다. 작은 눈은 자기는 안보여주고 남만 본다.
✧ 크고 날카로운 눈은 감수성이 예민하고, 재치가 있고 빈틈이 없으며, 강한 신념과 기백이 있어 따르는 사람이 많지만 적도 많다. 담력이 있어 승부에 강하지만, 기대했던 것이 반대로 나타날 수도 있다.
✧ 크고 부드럽고 온순한 눈은 예술적인 감각이 풍부하며, 사교적이고 직감력이 뛰어나고, 남성은 관찰력이 날카롭고 생활력이 있으며, 여성은 다정다감하다. 애정을 많이 쏟으면 서로의 발전에 지장을 초래하므로, 자기완성을 우선시해야 한다.
✧ 포도알 눈은 검은 동자가 크고 화려하며 인기가 있다. 자기표현이 좋으며 기분 좋고 나쁨의 감정의 기복이 심하다. 남을 배려하는 것이 약하다. 하지만 자기 자신은 행복하게 산다.

⑥ 작은 눈

✧ 작은 눈은 인내심이 강하고 노력파이다. 초년에는 불운하나 중·말년이후부터 기반을 닦기 시작한다. 대기만성 형이며 관찰력이 좋고 꼼꼼한 성격이다. 저돌적인 면도 있고 의지가 굳고 고집이 세다. 감수성이 부족하여 본인 생활을 영위하는 현실주위자이다.
✧ 전체적으로 작은 눈은 내향적이고, 남을 배려하며 사람을 사귈 때 깊이 사귄다.
✧ 작은 눈을 가진 여자는 모험을 꺼리고 화려한 생활을 피하며 건전한 생활을 추구하는 현모양처 형이다.
✧ 눈이 작으면 무엇을 하든 조심스럽게 접근한다. 계산적이다.
✧ 작은 눈은 관찰력이 예민하고 경계심이 강하고 소박하며 차분하게 노력하는 형이다. 만년에 운세가 좋으나 답답하고 고집스럽다.
✧ 작은 눈은 중년이후가 순조로운 대기만성 형이며, 착실하고 꼼꼼하고, 남성은 의지가 강하고 고난을 잘 극복하며, 여성은 수수하고 인내심이 강하며 좋은 인연을 만난다. 감각이 둔한 편이므로 재치 범위 안에서 승부하고 장점을 바라지 않는 방식이 성과를 거둬 만년의 행복을 가져온다.
✧ 눈이 작으면 진실한 사람이라고 봐도 좋다. 과장된 표현을 할 때는 눈이 훨씬

커지는 경우 있기 때문이다. 눈이 작고 전택궁이 넓으면 길게 멀리 본다.
✧ 눈이 작고 찢어진 사람은 인내심이 강하고 성질이 있다.
✧ 눈이 작고 흰 창이 많으며 속눈썹이 없으면 이해타산이 밝고 도덕심이 없다.
✧ 눈이 작고 쳐지고 각이 진 눈은 삶이 많이 힘들며 자식복도 없다.
✧ 눈이 작아도 관골이 큰 경우 표현을 하지 않아도 자존심이 세다. 건드리면 안 된다.
✧ 눈이 작으면서 동그랗게 튀어나온 사람은 자기가 하고 싶은 대로 한다.
✧ 눈이 작으면 진실한 사람이라고 봐도 좋다.
✧ 왼쪽 눈이 작으면 아버지가 먼저 사망하고, 오른쪽 눈이 작으면 어머니가 먼저 사망한다.
✧ 왼쪽 눈이 작으면 아내를 무서워하고 여색에 빠질 수 있다. 오른쪽 눈이 작으면 부인을 학대하고, 말년운이 좋지 않으며 자손과 연이 적다.
✧ 작은 눈은 자기는 안보여주고 남만 본다.
✧ 눈이 작고 찢어진 듯하며 위로 약간 올라간 눈은 인내심이 있는 현모양처형이다.
✧ 눈은 작으나 형태가 아름다운 여성은 성실하고 본분에 충실하며 지구력이 있다. 재무나 회계 같은 세심한 일을 하면 좋다.
✧ 눈이 작으면서 긴 경우 영리하고, 관찰을 잘하는 강한 눈이며 멀리 본다.
✧ 눈이 들어가고 작은 눈은 신이 난다. 내 기분이 좋아도 상대방에 신경 쓰며 조심스럽게 접근한다. 시집살이하면서 힘들어하는 경우도 같다.
✧ 눈이 작고 귀가 크면 평생 가난하고 고독하다.
✧ 눈이 작고 입이 크면 부귀를 바라기 어렵다.
✧ 눈이 작고 얼굴이 큰 사람은 재난을 조심해야 한다.
✧ 눈은 작고 눈빛이 충만하며 눈썹과 수염·구레나룻의 털이 성긴 경우 쉽게 성공한다.
✧ 눈이 작으면서 눈썹털이 굵고 짙은 사람은 서로 기만하기 때문에 운이 좋지 않을 뿐 아니라 평생 순탄하지 않고 재난이 끊이지 않는다.

⑦ 각진 눈
✧ 눈꺼풀이 내려와 각이진 눈은 감정을 삭이며, 생각이 많고 다지는 성격이며, 고민이 많아 재미없게 살아 왔다고 할 수 있다.

✧ 눈이 각이 지고 날카로우면 한번 아닌 것은 아니다. 남은 속 터지나 자신은 괜찮다. 옆을 보지 않는 회계사나 변리사가 되면 좋다. 경영인의 눈은 아니다.
✧ 눈에 각이 지지 않으려면 눈을 크게 뜨는 운동을 한다.
✧ 눈매와 각이 진 것과 상관없이 눈빛이 빛나면 준엄한 기상이다.
✧ 각이 진 눈에 쌍꺼풀 수술을 하면 좋아진다. 좋지 않은 부위는 수술하면 좋아진다.
✧ 눈이 각이 졌다면 대단한 연구가이거나 성질이 사나운 자이다.
✧ 집중을 하면 눈에 각이 진다. 기능에 따른 각을 봐야 한다. 선한 각, 악한 각이 있기 때문이다.
✧ 살모사 눈(삼각 눈)은 독한 눈이며, 무서운 사람이다. 성질이 사납다. 남을 속여서라도 자기 이익을 추구한다.

⑧ 짧은 눈
✧ 짧은 눈은 순간 판단 능력이 좋다.
✧ 짧은 눈을 가진 사람은 증권 단타에 좋다.
✧ 눈의 길이가 짧으면 꼼꼼하고 잘 따진다. 눈 앞의 것만 따진다.
✧ 눈이 짧은 사람은 상대방이 강제로 권리를 빼앗는다.

⑨ 긴 눈
✧ 긴 눈을 하목(河目)이라고 하는데, 이런 사람은 자신을 잘 돌본다.
✧ 눈이 길면서 눈두덩이가 나오면 사람을 잘 믿는다.
✧ 눈꼬리가 길면 세상을 넓고 길게 보며, 남을 배려하고 눈앞의 이익만을 취하지 않는다. 눈 옆으로 길이가 늘어나면 각이 진 눈의 특성을 많이 상쇄한다.
✧ 눈의 길이가 길면 거시적이고 길게 본다.
✧ 눈이 길면 멀리보고, 눈이 작으면 참을성이 많다.
✧ 눈은 흑과 백이 뚜렷해야 하고, 옆으로 긴 눈은 안목이 넓다.
✧ 옆으로 긴 눈은 거시적이며 보수적이다. 통찰력, 포용력, 결단력, 인내력이 뛰어나다. 학자, 높은 관직, CEO 등에 오른다.
✧ 눈이 옆으로 길면 자식을 많이 생각한다.
✧ 눈이 길면서 눈두덩이 두둑하면 한번 믿으면 끝까지 믿는다.
✧ 사람이 살생을 하거나 살기를 띠면 일시적으로 눈이 길어진다. 눈에서 빛이 나

고 살기가 나타난다.

⑩ 둥근 눈

✿ 눈이 동그랗고 눈덩이가 튀어나오면 자기표현을 잘하며 운동을 잘하고 잘 논다. 표현을 많이 하면 눈이 동그랗게 된다.
✿ 동그란 눈은 명랑하면서도 고지식하며, 감각이 예민하고 유혹에 약하다.
✿ 눈이 동그라면서 눈두덩이 두둑하면 놀기를 좋아하고 이성을 찾는다.
✿ 둥근 눈은 겉과 속이 같고, 다른 사람에게 사랑 받으며, 감수성이 강하고 외곬이다. 남녀 모두 조숙하고, 중년기에 금전적인 어려움에 주의해야 한다.
✿ 눈이 둥근 사람은 자기 과신에 빠지거나 지나치게 외골수로 일관하면 함정에 빠질 수 있어 유혹에 약하고 부화뇌동하기 쉬우므로, 상대를 봐가면서 수단을 선택하거나 욕심을 버릴 필요가 있다.
✿ 눈이 둥글고 크며 안신이 있는 사람으로서 광대뼈에 기세가 있으면 대귀할 상이나 말년에 흉사 할 수 있다.
✿ 눈이 동그라면서 눈두덩이가 두둑하면 이성이 잘 따른다. 에너지가 많다.
✿ 눈썹이 두텁고 눈이 동그랗고 예쁘면 빨리 결정하고 빨리 포기한다.
✿ 눈이 둥글고 작으며, 눈동자가 흐리고 황색을 띠며, 잘 깜박거리지 않는 눈을 계안이라고 하는데, 이런 사람은 성격이 매우 급하고 음란하며 도벽이 심하다.
✿ 눈이 둥글고 작으며 동공이 황색인 것, 흰자위에 청색이 약간 도는 것, 눈 안에 붉은 핏줄이 가득 퍼진 것을 사안(蛇眼)이라고 하는데, 성격이 간사하고 악랄하며 비열하고 염치가 없다. 이익을 위해서는 친구도 저버리고, 육친과도 인연이 없다.
✿ 눈이 크고 눈동자가 드러나 있으면서 귀가 지나치게 얇고 작으면, 공부는 많이 해도 성공이 적다. 평생 순탄하지 못하며 명을 재촉한다.

⑪ 옴팍 눈

✿ 옴팍 눈은 치밀하지만 끈기가 약하다. 체력도 약하고, 인덕이 없으며, 남편 덕도 없다. 처첩궁의 자리를 같이 봐야 한다.
✿ 옴팍 눈은 예민하기 때문에 피부가 두껍지 않으며 머리가 좋다.
✿ 눈이 깊숙이 들어간 사람은 재물이 부족하고 남편을 극하며 자녀들은 병약하고, 입염이 들여다보이면 빈천하고 타향에서 사망한다. 눈썹이 청수하고 광대

뼈가 솟고, 지각이 복스럽게 생기고 뒷머리가 솟았으면 자손이 번창한다.
- ✿ 눈이 깊이 들어간 사람은 평생 동안 큰 재산을 모으기 어렵다. 눈썹이 짧고 퍼져서 나있으면 41세 전에는 허송세월을 보낸다.
- ✿ 깊은 눈은 세세한 것까지 알고, 현실주의자로 경계심이 강하다. 집요한 근성이다.
- ✿ 옴팍 눈은 인덕이 없으며 속을 알 수가 없고 이중적이다.
- ✿ 움푹 파인 눈은 도박에 약하고, 참을성이 많은 노력형이며, 무슨 일이든 신중하다. 큰돈을 얻는 경우는 드물지만, 살아가기에 곤란하지 않을 만큼의 돈은 남긴다.
- ✿ 눈이 들어간 사람은 이것저것 생각하느라 시간을 소비하는 사람이다. 의심도 많고 생각도 많아 말도 없는 편이다. 결정적인 일을 생각하느라 결정을 못한다.
- ✿ 푹 파인 눈은 보기에는 멋있어 보일지 모르지만 관상에서는 좋은 얼굴이 아니다. 유산 및 상속을 받지 못하고 부모덕이 없다. 전택궁에 살집이 없어서 생기는 현상이다.
- ✿ 눈이 깊이 파인 여성은 마음이 악하고 어질지 못하다. 눈이 둥글고 크면 재가한다.
- ✿ 눈이 깊이 파였으면서 검은자위에 황색이 돌고, 흰자위에 붉은 핏줄이 도는 여성은 편협되고 급한 성격을 지녔다. 자식을 극하고 남편을 형한다.

⑫ 튀어나온 눈(출안)

- ✿ 출안(튀어나온 눈)은 무엇이든 잘 찾는다. 안구 자체가 튀어나온 눈은 직감력이 날카롭고 예민하다. 위 눈꺼풀이 두꺼운 사람은 대단한 활동가이다. 끝장을 본다. 단명할 가능성이 높다.
- ✿ 눈이 불거져 나온 사람은 에너지가 강한 눈이라 자신이 하고 싶은 일은 밀어붙인다. (삼성 이건희 회장)
- ✿ 눈망울이 툭 불거지면 통찰력이 좋다.
- ✿ 눈이 돌출된 사람은 권력을 쉽게 잡지 못하며, 평생 영화롭지 못하고 부인과 자녀로 인해 곤경에 처할 수 있다.
- ✿ 눈이 돌출되었지만 안신이 드러나지 않고 흑백이 분명한 사람은 반드시 출세하며 사업상 큰 성취를 이룬다. 안신이 드러났지만 위엄이 부족하거나 눈이

젖어 있는 사람은 고생이 심하며 평생 성공을 기대하기 어렵다.
✿ 눈이 튀어나온 사람은 무슨 일을 하든 항상 급하다. 부부간의 관계도 일방통행을 좋아한다. 대화중 이해한다고 고개를 끄덕여도 결론은 자신의 생각대로 한다. 마음먹은 것은 꼭 하고 만다. 그리고 후회한다.
✿ 출안이면서 얼굴 전체가 튀어나오면 뭐든지 **빨리**하고 싶어 한다. 급하게 한다.
✿ 눈이 돌출되고 광대**뼈**가 드러난 여성은 산액이 있고 자녀를 극한다.
✿ 눈이 돌출되고 목소리가 굵은 여성은 결혼생활이 원만하지 않아 이혼하게 된다.
✿ 눈이 돌출되고 눈썹이 노란 여성은 심성이 불량하여 독하고 음흉하며, 이혼을 하거나 재가할 수 있다. 산액을 입어 태아를 잃을 수 있으니 조심해야 한다.
✿ 눈이 툭 불거져 나온 것도 좋지 않다. 눈이 나오면 화가 날 때 과격하게 화를 낸다.
✿ 출안에 코가 둥글면 부드럽고 유연한 성격이다. 출안은 연기도 잘 한다.
✿ 출안은 예술적 감각이 있고, 감성적이며 생각이 많다. 쌍꺼풀이 없는 경우이다.

⑬ 볼록한 눈
✿ 눈이 볼록한 것이 만약 갑상선에서 비롯된 병이 아니라면 성격이 비정상적이고 수다떨기를 좋아하며 인내력과 의지력이 부족하다. 여기에 입술이 쳐들려 있는 경우라면 남녀를 막론하고 매정하고 의리가 없으며, 쉽게 약한 자를 괴롭히고 남의 재물을 강탈한다.
✿ 눈이 볼록하고 눈동자 언저리에 물빛이 비치는 사람은 41세를 전후로 사업에 좌절이 있고 생명을 장담하기 어렵다.
✿ 눈동자를 굴릴 때 볼록함이 드러나는 사람은 성격이 거칠고 흉포하고 무정하며, 사업에 성공이 적다.

⑭ 가느다란 눈
✿ 가느다란 실눈을 가진 여자의 경우 섬세하고 내조를 잘한다. 건강이 약한 것은 운명으로 받아들일 수밖에 없다.
✿ 눈은 가늘고 긴 것이 가장 좋다. 조강지처의 눈이며 참을성이 있는 눈이다.
✿ 눈이 가늘고 긴 사람이 큰 사람이 될 수 있으며 장수를 누린다. 눈이 길기는 하나 가늘지 않으면 우매하고 악하다.

✧ 눈이 옆으로 찢어지고 올라간 사람은 승부욕이 강한 사람이며 자기 것만 챙긴다.
✧ 가느다란 실눈은 통찰력이 있으나 음울하다. 냉정하나 신경질이 많은 것이 흠이다. 친구가 적고 가려서 사귀며, 생각이 깊고 의심이 많다.
✧ 가는 눈을 가진 사람은 수수하고 사려가 깊고 냉정한 판단력을 갖고 있으며, 여성은 의지가 강하고 정이 깊다.
✧ 가는 눈을 가진 사람은 냉정함이나 차가움으로 오해를 받을 수 있다. 다른 사람이 잘하지 않는 일이나 기술 등에 항상 주의를 기울이고, 신뢰를 얻어야 한다.
✧ 눈이 가는 사람은 정보력이 우수하다. 모든 일에 전문가 이상의 수준을 갖는다. 남자의 눈이 가늘면 정력이 약하다.
✧ 강의하는 사람은 눈이 가늘어야 한다. 승부욕이 강하기 때문에 준비를 잘한다.

⑮ 음양안(짝눈)

✧ 눈이 짝짝이인 경우에는 머리가 좋다. 상대방이 알려고 해도 헷갈려 알기 어렵다.
✧ 양 눈이 짝짝이면 간사하고 말과 행동이 다르며, 권모술수에 능하다.
✧ 왼쪽과 오른쪽 눈이 뚜렷하게 다르면 이복형제가 있다.
✧ 좌우 크기가 다른 눈이면 길흉의 변화가 심하고 파란이 많으며, 남성은 왼쪽 눈이 크면 활동적이고 승부욕이 강하며, 여성은 부지런하지만 버릇이 없고 초혼은 오래가지 못한다. 남녀 모두 요령이 좋고 금전운도 있다.
✧ 눈의 크기가 좌우가 다를 때 왼쪽이 큰 경우 이상만을 쫓으면 좌절하므로, 정력을 헛되게 쓰지 않아야 한다. 오른쪽 눈이 큰 사람은 공부나 수련을 열심히 하면 통찰력과 지도력이 생겨 자신감과 신뢰를 얻는다.
✧ 왼쪽 눈이 크면 아버지가 먼저 돌아가시거나 부인을 극한다. 오른쪽 눈이 크면 어머니가 먼저 돌아가신다.
✧ 음양 안은 이중적 성격을 갖고 있다. 얼굴의 비대칭도 이중적 성격의 소유자이다.

⑯ 아래로 처진 눈

✧ 아래로 처진 눈은 소극적이고 수동적이며 온후하고 사교성이 있고, 부부의 인

연이 약해 고생한다. 결단력은 부족하지만 협동심은 있고, 여성은 옳고 그름이 분명하다.
✧ 처진 눈을 가진 사람은 성실하고, 다른 사람의 행동으로 자신의 운을 열게 된다. 남성은 유혹당하기 쉬우며, 여성은 사교적이고 정이 깊다.
✧ 처진 눈은 개성 있는 매력을 키우는 것이 중요하며, 상대의 마음을 모르는 체 애정을 기울이거나 독선적이어서는 좋지 않다. 세심하여 용의주도한 것은 좋지만, 잔재주가 화가되어 일을 망치지 않도록 주의해야 한다.
✧ 눈이 내려가고 눈썹이 올라간 것은, 눈이 작아 내성적이나 일할 때 적극적이므로 눈썹이 올라간다. 이중적이다.
✧ 눈꺼풀이 쳐진 눈은 이성에게 인기가 없으며, 정력이 약하고 신경질적이다. 남의 일에 신경을 쓰며 남을 험담 하고, 여성은 남성에게 인기가 없고 남편운이 나쁘다. 좋은 인연이 약하고, 결혼을 해도 남편을 여월 가능성이 높다.

⑰ 눈두덩

✧ 눈두덩이 높고 색깔이 검으면 사람을 해치고 물건을 훔친다.
✧ 눈두덩이 좁으면 잘 따지고, 순발력이 있다. 이마가 좋으면 줄어든다.
✧ 눈두덩이 좁고 이마도 좁으면 따지면서 챙긴다.
✧ 눈두덩이가 적당하면 좋고 너무 볼록하면 좋지 않다. 볼록하면 밝힌다.
✧ 여자가 눈덩이가 튀어나오면 욕심과 심술이 많으며 과부상이다.
✧ 눈두덩이 부어 있는 상태면 욕심은 있지만 실속은 없다.

⑱ 젖어있는 눈

✧ 항상 젖어 있는 눈은 자기 현시욕이 강하며, 여성에게 많이 나타나고, 순정적이고 다감하다. 유연하고 협조성이 풍부하다.
✧ 젖은 눈은 현실성이 없는 생각을 하기 쉬우므로, 현상을 잘 파악하여 행동해야 한다. 자신감이 지나치면 실패의 원인이 된다.
✧ 눈동자에 물기가 많아 너무 촉촉한 것은 신장의 기운이 왕성한 것이다. 욕심이 많고 성적욕구가 강하며 수명이 짧다. 눈에 물기가 보이면 호색가나 과부격이며, 남자는 처자를 극하고 여자는 남편을 극한다.

⑲ 동물에 빗댄 눈의 모양

✧ 소의 눈은 일찍 재복이 있으나 단명할 수 있다. 인자하다. 미련하다. 마음이 너그럽다. 큰 눈은 외향적이며 화려하고 표현을 잘하며 겁도 많지만 다양하게 접근한다.
✧ 도토리 눈은 남을 쉽게 배반한다.
✧ 붕어눈은 재물이 창성하며, 눈물이 많고, 고집이 세다. 감정이 풍부하고 예능에 소질이 있다. (예 : 탤런트 하희라의 눈).
✧ 토끼눈은 형액이 있으며 단명 한다.
✧ 닭의 눈은 동그랗고 찢어져 있는데 핏발이 있고 놀란 듯이 여기저기 쳐다본다.
✧ 쥐 눈은 찢어지고 조그마한데 동자가 빨리 움직이는 도적 무리로 악사 한다.
✧ 염소 눈은 성품이 불량하고, 편벽되고, 행동이 간악하고, 음란하며 거짓됨이 많아 믿을 수 없다.
✧ 양의 눈은 부모형제 자녀를 극하고, 벌 눈은 악사하고 싸우는 닭 눈도 악사 한다.
✧ 양의 눈에 뱀 눈동자를 가진 사람과는 친교를 맺지 말라. 반드시 후환이 있게 된다.
✧ 용안은 귀한 벼슬을 하는 눈으로 검은 동자가 광채를 뿜어내는 것 같고 파장은 길다. 높은 기상은 재상자리 이상 모든 자리를 감당할 수 있다.
✧ 뱀의 눈은 눈이 가늘고 핏발이 서고 검은 동자가 툭 튀어나온 눈, 성품이 간악하고, 남을 속이기를 쉽게 하며 안정이 없고 아버지를 거스르는 경우가 많다.
✧ 뱀눈은 독하고 간사하다. 욕심이 많고 비열하여 범법자에게 많다.
✧ 원숭이 눈은 이익이 안 되면 고춧가루 뿌리고 간다.
✧ 말상에 돼지 눈이면 칼 맞아 죽을상이다.
✧ 말상에 쥐 눈이면 남의 집 담을 넘는다.
✧ 눈동자가 쥐처럼 생긴 사람은 도둑질 할 상이다.
✧ 조류 눈(작고 길쭉함)은 모성애가 강하다.
✧ 까마귀 눈처럼 작고 흰자위가 많으면 옥살이를 하지 않으면 가난하게 산다.

⑳ 눈빛
✧ 눈이 전체적으로 빛이 나면 꾀가 많고 정신이 맑다.
✧ 눈의 기(빛, 신)가 좋으면 우유부단함을 예방한다.
✧ 눈은 광채가 있으면 총명하고, 눈이 흐리면 운이 막힌다. 광채가 없는 눈은 음

탕하고 결단력이 없다.
✧ 남성은 눈빛이 강해야 한다. 기운은 눈빛에서 나온다.
✧ 눈에 좋은 기운이 있는 사람과 상대하면 그 사람으로부터 좋은 기운을 전달받는다.
✧ 눈빛이 약하면서 목소리에 힘이 없는 경우 건강에 이상이 있다는 것을 알 수 있다.
✧ 눈동자가 고정이 안 되고 흔들리는 사람은 믿음직스럽지 않다.
✧ 눈빛이 약하면서 목소리에 힘이 없는 것은 기가 약한 것이다.
✧ 눈의 움직임이 날카로운 사람은 사람을 꿰뚫어 보는 직감력이 있다. 평소에는 눈이 매우 상냥하지만 때때로 날카로워진다면, 과거에 엄청난 혼란을 경험한 사람이다.
✧ 눈에 신광이 뿜어질 때는 신념과 재능·지혜가 드러나며, 갈무리 되면 친화력·신뢰성·공정함·인자함이 나타난다. 신광이 나타나고 갈무리 되지 않으면 방탕한 생활을 하게 되고, 질투심이 많아 원한을 사며, 사업에 장애나 좌절이 온다.
✧ 눈에 비록 神은 없지만 눈빛이 맑고 탁하지 않은 사람은 총명하고 지혜로우며 재능이 있고, 사업적으로도 어느 정도 성취와 부귀가 있다.
✧ 안신이 탁한 사람은 건강이 좋지 않고 성격적으로도 심한 결함이 있어 성취가 적다.
✧ 눈빛이 푸른색이 많고 흰빛이 적은 사람은 성품이 강하고 흉한 일이 많다.
✧ 눈의 검은자위 주위에 푸른색이 비치는 사람은 평생 고생하지만 사업의 성취와 행운은 누릴 수 있다. 푸른색이 비치는 것은 체내에서 발산되는 에너지가 강하기 때문이다.
✧ 안신의 빛이 완전히 드러난 사람은 재산을 탕진한다. 공무원이나 교사라면 소송 사건에 휘말린다. 재산이 탕진되거나 소송사건이 생기지 않으면 화재의 위험이 있다.
✧ 눈빛이 탁하고 안신이 없는 사람은 재산의 손실이 있다. 공무원일 경우 다른 사람이 대신 손해를 본다.
✧ 책을 많이 보면 눈 안에서 빛이 난다. 행동은 약간 느리다.
✧ 행동이 바르면 눈 밖에서 빛이 난다. 자기표현이 빠르다.
✧ 여자가 눈빛이 매우 강하면 자녀가 잘 안 되며, 가정생활이 행복하지 않다. 바깥일을 할 경우는 괜찮다.

✿ 눈빛이 너무 약한 경우 남녀 모두 운이 좋지 않고 자녀를 극한다.
✿ 눈빛이 날카로우면서 머리카락이 검고 많으며, 입술이 두텁고, 턱이 둥글고 두터운 여성은 음란하고 남편을 극한다.
✿ 눈빛이 차가우며 얼굴이 검은 사람은 냉혹하며 악독한 성격을 갖고 있다. 이런 사람은 자신의 이익을 위해 남에게 해를 끼친다.
✿ 눈빛이 퍼져 보이거나 얼굴이 희고 연한 붉은색이 도는 경우 음란하고 외설적이며 방탕하다. 친지를 형극하고 결혼생활이 원만하지 못하다.
✿ 안신이 흐릿하고 취한 것 같거나 안광이 흩어지는 것을 '음안'이라고 한다. 이런 사람은 매우 음란하고 탐욕스럽다.

㉑ 쌍꺼풀이 있는 눈
✿ 쌍꺼풀이 깊게 진눈은 개방적이고 행동적이며, 눈자위가 깊은 사람은 자유분방한 섹스를 즐긴다. 바로 유혹하기 쉬운 상대가 된다.
✿ 남자가 쌍꺼풀이 있는 경우는 여자들에게 인기가 있는 반면 여자 때문에 크게 낭패를 볼 수 있어 항상 조심해야 한다.
✿ 쌍꺼풀이 눈머리 쪽에서 떨어져 있는 눈은 정조 관념이 희박하다. 애인 타입의 운명이며, 후처 자리로 가거나, 두 번 이상 시집을 가는 경우가 많다.

㉒ 눈가 주름, 점
✿ 눈가에 부채살 주름이 있으면 아내는 남편과 자식을 극하고, 남자는 여난이 있다. 여자에게 인기가 있다.
✿ 남자는 왼쪽 눈에 점이 있으면 장남에게 근심이 있고, 여자는 오른쪽 눈에 점이 있으면 장녀에게 근심이 있다.
✿ 눈 옆주름이 내려오면 내 감정을 돌출할 수 없는 생활을 한다. 참고 살아 힘들다.
✿ 눈 쌍꺼풀 위에 주름이 있으면 생각을 매우 많이 하는 사람이다.
✿ 눈 아래에 직문이 있는 여성은 아들을 극하고 산액이 있다.

㉓ 눈에서 나타나는 습관
✿ 눈이 많이 움직이면 안정된 삶을 살지 못해 불안하다.
✿ 강하게 빛나는 눈은 진실성이 있으며, 눈을 자주 내리뜨는 사람은 불신을 불러

일으킨다. 눈의 움직임이 격하거나 눈알이 좌우로 흔들리는 사람은, 마음의 안정을 찾지 못하고 교활하다는 느낌을 받는다.
✿ 대화 중에 검은자위가 아래를 향해 움직인다면, 존경과 공포가 나타나는 것이라고 본다. 서로 바라볼 때 눈동자가 아래를 향하면 적대감을 갖는 경우가 많고, 위를 향한다면 개방적으로 친근감을 나타내는 경우가 많다.
✿ 눈동자가 자주 움직이거나, 헛기침을 하면 거짓말이 나온다.
✿ 대화중에 눈을 깜빡이는 것은, 다른 것을 생각하고 있거나, 생각을 정리하고 있거나, 상대방에게 본심을 들켰을 때 놀라움을 나타내는 표현이기도 한다. 반대로 눈을 깜빡이지 않는 것은 고집이 있어서 자기주장이 강함을 나타내거나, 실망이나 방심 상태라고 할 만한 정신적인 원인을 나타내기도 한다.
✿ 실의에 빠졌을 때의 눈, 기분이 최상일 때의 눈, 건강할 때 또는 아플 때의 눈, 등은 자신의 심리 상태를 눈을 통해 표현한다고 본다.
✿ 투시(남모르게 흘깃 흘깃 훔쳐보는 것)하는 사람은 음탕하다.
✿ 눈을 깜박거리는 사람은 사기 근성이 있다.
✿ 눈이 웃지 않는 사람은 냉정하고, 감정을 드러내지 않는다.
✿ 뒤를 힐끗힐끗 본다든지, 시선이 똑바르지 못하면 흉한 사람이다.
✿ 대화할 때 아래를 보는 여성은 마음이 밝지 못하고 근심이 많다.
✿ 사람을 대하고 있으나 눈은 사람을 상대하지 않는 사람은 이중적이다.
✿ 사람을 볼 때 습관적으로 밑에서부터 위로 보는 사람은 의심이 많고 오만방자하여 사람들한테 자주 미움을 산다. 경찰계통의 일을 하면 좋다.
✿ 대화할 때 위를 보고 아래를 살피는 사람은 결단력이 부족하다.
✿ 대화할 때 안구가 빨리 움직이는 사람은 가식적이며 간사하다.
✿ 위를 보며 대화하는 사람은 우유부단하고 의지가 약하며 오만하고 의심이 많다.
✿ 아래를 보며 대화하는 사람은 마음이 음흉하고 간사하며 고집이 세고 완고하다.

㉔ 눈으로 살피는 질병
✿ 붉은 핏발이 눈 전체에 있으면 남의 집에 빌붙어 살며 직업도 없이 백수가 된다. 눈이 붉으면 컨디션이 좋지 않으므로 운동을 하거나 쉬어야 한다.
✿ 눈두덩이 쏙 들어간 경우는 인덕이 없으며, 재산을 다 주어도 다 돌아오지 않

는다. 사람을 믿지 않는다.
- 눈을 비비는데 눈에 핏발이 터지는 날은 고민이 많고 운기가 약할 때 터진다.
- 눈이 충혈된 것은 마음의 불편에서 온다.
- 눈 끝의 적맥이 동공에 가깝게 보이면 재앙의 조짐일 수 있다. 흰자위 전부가 붉으면 뜻밖의 재해를 조심해야 한다. 적맥이 눈을 관통하는 것은 간과 폐의 기가 상승했기 때문이다. 따라서 뇌에 압력이 가해져 사물에 대한 판단 착오가 생겨 재난이 쉽게 발생하며, 성격도 나쁘게 변한다. 적맥이 눈 끝에서 가로로 관통하면 횡사하고, 위에서 아래로 관통하면 위험한 일을 당해 장애를 입을 수 있다.
- 눈 안쪽에 붉은색이 감돌면 입으로는 긍정적인 척 하지만 보복심이 강하다.
- 붉은 실핏줄이 자녀궁을 향하면 자녀에게 나쁜 일이 생긴다. 이 실선이 굵게 나타나면 자녀가 이성 때문에 가출한다.
- 눈이 사시와는 다르게 초점이 바르지 않고 눈이 돌아간 것은 뇌에 이상이 있다.
- 눈이 붉고 노랗게 보이면 흉한 상이 된다.
- 눈 주위가 모두 솟은 것 같으면 일찍 죽고 붉은 줄이 동시에 있으면 관액이 중중하고 눈자위가 붉고 동자가 누르면 소년에 사망하고 눈에 빛을 잃으면 단명한다.
- 눈에 水기가 있으면 간음을 범할 수 있다.
- 간에 열이 있어 피가 마르면 눈이 어두워 잘 보이지 않는다.
- 간을 알고 싶으면 눈을 본다. 눈이 충혈 된 사람은 눈의 상태가 좋지 않고 간도 안 좋다.
- 눈이 부어 있는 사람은 성격이 극단적이고 음탕하며 천하다.
- 몸이 약하거나 콩팥에 이상이 있으면 와잠부위가 칙칙해 질 뿐만 아니라 푸른 빛을 띠기도 한다.
- 눈꺼풀에 경련이 일어날 경우 왼쪽이라면 길하지만 오른쪽이면 흉하다.
- 눈썹이 눈을 압박하여 산근이 낮게 꺼지면 형벌을 받기 쉽다. 심장과 폐기능이 좋지 못하다.
- 눈 밑이 너무 어두우면 신장과 위장에 병이 있다.
- 누당은 신장, 신경계통을 보는데 새끼손가락이 짧으면 신장기능이 약하다.
- 누당은 자녀궁으로 이곳이 깊이 파이면 순환기 및 생식기 계통에 결함이 있다.

㉕ 눈의 색깔

✿ 푸른 눈은 끈기 있고 지속성이 강하다. 청순하다. (서양인, 북 유럽인)
✿ 파란 눈은 폐 쪽이 약하고, 갈색 눈은 예술적 기질이 있고, 검은 눈은 이재에 밝다.
✿ 눈동자가 푸르면 친구가 적고, 자기 본위로 행동하며 협조성이 부족하고, 신경질적이며, 가정운이 좋지 않다. 감정적인 경향이 있어 콤플렉스에 시달리기 쉽다.
✿ 눈동자가 갈색·회색눈을 가지면 내장이 약하고, 일과 가정으로 인해 고민이 많고, 다른 사람과의 관계가 나쁘며, 자존심이 너무 강하면 일에 방해가 될 뿐이다.
✿ 녹갈색 눈은 안정되고 현명한 눈이다.
✿ 엷은 갈색 눈은 개인주의다. 성질이 급하며 독하다. 예술성이 있으므로 연예인이면 좋다. 돈과 거리가 멀다. 연예인이면 돈이 있다. (예술성이 강하면 돈을 많이 번다.)
✿ 짙은 갈색 눈은 마음먹은 일은 기어이 해내고 마는 성질을 갖고 있으며 예술적 감각이 뛰어나다.
✿ 검은 갈색 눈은 까다롭다. 눈동자가 갈색을 많이 띠면 냉정하고 사납지만 정직하다.
✿ 회색 눈은 적극적이고 용감하다. 지성적이나 구두쇠다. (독일인. 유태인) 피부가 하얀 사람은 눈동자가 회색빛이다.
✿ 노란 눈은 남이 안 되길 바라고 시기와 질투가 강렬해 매사 부정적이다. (원숭이 눈)
✿ 노란 눈은 정직하지만 각이 지고 사납게 생겼으면 성질이 사납다.
✿ 노란 눈은 감정 기복이 심하고 독하다.
✿ 눈이 황색을 띠며 눈썹이 성기게 나고 결후가 드러난 사람은 자손이 끊기는 것을 우려해야 한다. 고생할 운명이며 재산을 모으기 어렵다.
✿ 색이 검은 눈은 순정과 정열이 있고, 갈색 눈은 재능은 있지만 경솔하다. 색채 감각이 뛰어나다.
✿ 검은 눈은 성미가 급하다. 충동적이며 충동구매를 잘한다.
✿ 눈알이 작으면서 까만 눈은 돈과 관계가 깊다.
✿ 마음이 상하면 눈이 적갈색으로 변한다.

㉖ 눈동자

✿ 눈동자는 맑고 깨끗해야 하고, 눈 안의 핏줄이 터지면 좋지 않다. 운기를 잃는다.
✿ 눈의 검은자위가 아주 검고 빛나면서, 눈 안에서 빛이 발산되고, 이마가 높고 넓은 사람은 총명하고 지혜로우며 어질다. 사업에 성취가 있고 부귀하다.
✿ 눈의 검은자위가 눈을 다 덮고 있는 것은 간사한 영웅의 상이다. 지략이 뛰어나지만 윗사람을 극하는 야심이 있다.
✿ 눈의 검은자위에 흰 구름이 덮인 듯 보이거나 눈꺼풀에 사마귀나 점이 있는 경우, 눈의 형태가 좋더라도 뜻을 이루기 어렵다.
✿ 눈이 검고 동자가 크면 영리하고, 이재에 밝다.
✿ 눈동자가 붉게 흐려진 눈은 조숙하고 색욕이 지나치다. 정이 너무 깊거나 성미가 지나치게 과격하면 반드시 실패한다.
✿ 검은 동자가 크면 화려하고 인기가 있고, 자기표현이 좋으며, 감정의 기복이 크고 정도 많으나 남을 배려하는 것은 적지만, 자기 자신은 행복하게 산다.
✿ 여성의 검은 눈동자가 반질반질하게 빛나면 음이 양으로 변하여 과부가 된다.
✿ 눈의 검은자위에 황색이 돌며 용모가 수려하면 자녀를 극하고 남편을 형한다.
✿ 결혼 전 검은 눈동자 주변이 지저분하고 색이 선명하지 않으면 부모의 반대로 결혼이 지연되고 자살충동을 느낀다.
✿ 눈 끝의 적·맥이 눈동자를 관통하는 여성은 산액이나 자동차 사고에 주의해야 한다.
✿ 눈동자가 검으면 돈과 인연이 많다. 검은 눈동자는 연예인이 없다.
✿ 눈동자가 불 그림자와 같은 사람은 흉한 사람이다.
✿ 눈은 깊은 것이 좋다. 눈동자 부분이 깊은 듯해야 한다. 강이 얕으면 물이 적듯이 어느 정도 깊은 것이 좋다. 눈 부위가 불쑥 나온 데다 눈동자까지 나온 것은 매우 좋지 않다. 물이 넘쳐흐르는 형상이기 때문이다.
✿ 하륜 안은 불을 뿜는 것 같다. 사람들이 쳐다볼 수 없다고 했다. (박정희전 대통령)
✿ 차륜 안은 눈동자가 차바퀴처럼 보인다. 부부인연 맺지 않아야 한다. 상대편이 어지럽다. (상부 상처 한다.)

㉗ 검은자위 흰자위

✿ 흰자위가 갑자기 붉게 변하고 얼굴에도 붉은 기가 도는 경우에는 조만간 소송사건이나 재난이 생긴다. 이런 사람과는 교제하지 않는 것이 좋다.
✿ 검은자위의 상단부위가 탁하면 중년에 사업에 실패하고 소송사건이 생긴다.
✿ 검은자위가 상하좌우 모두가 탁하면 사업 성공이 어렵고, 천수를 다하지 못한다.
✿ 흰자위에 남청색이 돌며 안신(눈빛)이 흐린 사람은 지병이 있거나 신경이 쇠약하다. 수재를 겪을 수 있으니 조심해야 한다.
✿ 검은자위에 굵은 핏줄이 가로로 침범하고 실핏줄이 침범하면 생명에 치명적이다.
✿ 검은자위에 붉은 빛이 돌면서 수염이 황색인 사람은 성격이 극단적이고 거칠며 쉽게 분노한다. 만년에는 뜻밖의 사고를 당할 수 있다.
✿ 흰자위에 실핏줄이 약간씩 있는 것은 크게 문제가 되지 않는다.
✿ 검은자위가 황색을 띠면서 흰자위에 붉은 핏줄이 감도는 사람은 성격이 급하고 편협하며 독하고 간사하다. 욕심이 많고 과격하여 소송사건을 일으키기 쉽다.
✿ 흰자위가 혼탁하고 검은자위에 황색이 돌며 눈썹이 어지럽게 난사람은 전쟁이나 재난으로 인해 목숨을 잃을 수 있다.
✿ 눈의 검은자위에 청록색을 띠는 사람은 귀할 뿐만 아니라 장수할 수 있다. 도를 닦거나 종교인이 되면 좋다.
✿ 눈의 검은자위가 누르스름하거나 지나치게 잘 띄는 사람은 재산을 탕진하고 뜻을 이루지 못한다. 안신에 위엄이 있고 난세에 태어난 사람이라면 귀하고 성공 한다.
✿ 눈에 흰자위가 많은 여자는 남편과 이별하고, 남자의 눈에 흰자위가 많으면서 동자가 누렇고 붉은 힘줄을 띠었으면 상부 상처한다.
✿ 흰자가 많고 검은자가 적으면 일찍 사망한다.

㉘ 백안
✿ 눈은 검은자위가 흰자위보다 많이 보여야 한다. 정면에서 보았을 때 흰자위가 너무 많이 보이면 좋지 않다. 눈의 위쪽에 흰자위가 보이면 상백, 아래쪽에 흰자위가 보이면 하백, 세 곳에 흰자위가 보이면 삼백, 사방에 흰자위가 보이면 사백이다. 불행을 초래하며 부모를 형극한다. 이러한 사람은 눈 모양이 수려하

다 해도 건강과 지혜, 성격에 반드시 문제가 있으며, 사업과 결혼생활 또는 수명에까지 영향을 끼칠 수 있다. 여성의 경우는 아이라인을 넣거나 속눈썹을 붙이는 등 화장법으로 커버할 수 있다.

- 일백안은 마음이 비뚤고 교활하다.
- 삼백안은 부부간 충동(흥분된 신경)으로 성관계 후 임신할 경우 자녀의 눈이 삼백안이 된다. (변태적인 성관계의 문제이다.)
- 삼백안이나 사백안은 음탕하다. 포르노 배우들에게서 많이 나타난다.
- 상삼백은 눈 위쪽에 흰색이 보이고 눈 밑에 보이는 것이 없어 교만하고 위로 치켜뜬 경우 '나 잘 났어'라고 표현하며 아는 것은 많지만, 상대방을 얕본다.
- 상삼백안은 소심하고 말이 없다. 간사함, 반항적, 도벽이 심함, 탐색 즐김, 남의 결점을 잘 보고 깔본다.
- 상삼백안은 운이 따르지 않아 파고들기를 좋아하고, 모든 일을 비밀로 하며, 지인·친구가 따르지 않고, 남자는 파란만장하다.
- 상삼백안은 다른 사람의 결점을 발견하는 데는 능하지만, 자신의 일에 관해서는 철저한 비밀을 고수하므로 의사소통이 되지 않는다.
- 하백안(아래쪽이 하얀 눈)을 가진 사람은 보이는 것이 없고 무자비하고 포악하다.
- 하삼백안은 정신 불안증, 파괴성, 자기이익추구, 타산적, 냉정함, 야심가, 집념 강함, 끈기가 부족하고, 운기가 결여가 있다.
- 하삼백안은 검은 동자 아래 흰자가 보인 사람으로 이재에 밝고 조폭부하 상이다. 욕심이 많고, 이기적이고 옹고집이며, 사람을 배반한다. 여성은 이성에게 친절하지 못한다. 무리하게 자기주장을 관철시키거나 힘으로 밀어 붙이면 오히려 불리해진다. 높은 곳을 쳐다보면 한이 없다는 것을 알아야 한다.
- 사백안은 극악무도한 범죄 상, 형벌과 횡액으로 사망, 독함, 정신병자, 요절, 본능적 감각적이며, 육친도 해한다.
- 사백안은 잔인한 성격을 속에 감추고 있고, 업무상 트러블을 일으키기 쉽고, 치한 같은 언동으로 문제를 일으키기 쉽다.
- 살인자의 경우 눈이 사백안이 되면서 눈빛에 살기가 나타난다. 살인자의 유형은 얼굴이 비대칭이다.

㉙ 사시안

✿ 사시안은 한 곳에 몰입, 부정한 색정에 탐닉, 색난, 교활하고 욕심 많음, 재산을 못 지킴, 여자는 섹스에 강함, 임신 중 집안에 생활환경 문제가 발생한다.
✿ 사시 눈은 이중성이므로 언젠가는 반드시 배신을 한다. 선천적 사시도 마찬가지다.
✿ 사시인 사람은 겉과 속이 다르고 거짓말을 많이 한다. 사람과 사물을 대하는 경계심이 높다.

㉚ 누당, 와잠, 자녀궁

✿ 질투가 심한 눈은 누당에 해당하는 곳이 삼각형으로 뾰족하게 되어 있는데, 이런 눈의 남자는 말을 매우 잘하며 달콤한 사탕발림의 소유자이고 성실성이 없는 방정맞은 사람이다.
✿ 와잠은 자녀궁 및 남녀궁이다. 에너지는 와잠에서 찾는다.
✿ 와잠 부위는 남녀 모두 에너지로 본다. 와잠이 좋으면 섹시해 보이며, 정력가이다..
✿ 와잠은 대를 이을 수 있는 곳으로 조상과 나의 음덕이 서려 있는 곳이다.
✿ 와잠은 신장에 속하는 부위이므로 남녀의 생식기능과 밀접한 관련이 있다.
✿ 와잠의 기색이 장기간 어슴푸레하거나 주름에 손상이 있으면 자녀를 형극한다.
✿ 와잠이 너무 튀어나오면 색을 밝히고 여자는 과부상이다.
✿ 와잠부위가 탄도가 떨어지면 과식과 과음을 한 경우이다.
✿ 와잠에 사마귀가 있는 사람은 자녀를 매우 사랑하고 자녀에게도 성취감이 있다.
✿ 눈의 하현(와잠부위)이 밖으로 뒤집혀 있고 색이 검은 사람은 자녀를 극한다.
✿ 눈의 하현에 긴 털이 난 사람은 자녀가 없다. 와잠이 낮고 어두워도 마찬가지다.
✿ 눈 밑에 수포 같은 것이 생기고 좀 벌레가 옆으로 누운 형상으로 부푼 것은 자식에게 좋지 않다.
✿ 누당에 직문이 있는 것을 곡자문(哭子紋)이라고 한다. 이런 사람은 자녀를 극하는데 여성은 더욱 심하다. 누당에 정자문(井子紋)이 있어도 마찬가지이다. 늙어서 자녀의 덕을 보지 못하며, 주름이 오른쪽 눈밑에 있으면 부인을 극한다.
✿ 누당에 사마귀가 있으면 자녀를 형극한다. 반점이 있으면 자녀 때문에 걱정한

다.
✿ 눈 밑에 현침문(세로줄)이 어디든지 한 개라도 있으면 반드시 자녀를 극한다.
✿ 누당에 '우물 정(井)' 자나, 十자 주름이 있으면 자식을 두지 못한다.
✿ 누당이 분명하지 않고 횡문을 볼 수 있는 것을 음즐문(陰騭紋)이라고 한다. 이런 사람은 쌓인 음덕이 많아 자녀가 입신출세 할 수 있다. 주름에 황홍색이 감돌면 더욱 좋으나, 주름이 굵고 깊으면서 길면 자녀를 형극한다.
✿ 누당이 부어 있거나 검으면서 천지가 위로 향하지 않는 경우, 엉덩이 부위가 뾰족하고, 얼굴 전체에 광이 나면 만년에 아들을 잃거나 자녀와의 연이 적다.
✿ 여성의 눈 밑(검으면 매춘부)과 인중을 보고 음모가 발달하였으면 성에 강하다.
✿ 밤늦게 과식을 하면 눈 아래에 다크써클이 생긴다.
✿ 누당이 매끄럽지 못하고 살이 없는 사람은 심성이 악독하며 건강이 좋지 않다.
✿ 누당이나 간문이 밝고 윤택하면 남자는 결혼 후에 성공하고, 여자는 부드러운 결혼생활을 한다. 그러나 결혼 전에 성이 문란하면 이곳의 색이 어두워진다.
✿ 누당이 까칠하게 달라붙고 색이 검푸르면 자식을 두지 못한다.
✿ 누당에 청색과 흑색이 혼잡하게 돌면 음란하고 외설적이다. 어두운 검은색이 돌면 음탕하고 가정의 운이 좋지 않다. 아들을 극하고 남편을 형 한다. 여기에 손이 부드러워 뼈가 없는 듯 하는 여성은 화류계와 인연을 맺는다.
✿ 누당의 색이 어두우면 자녀가 불효를 한다는 증거이다.
✿ 누당과 복당이 검거나 나망무늬가 많으면 선조의 악업으로 일이 풀리지 않는다. 이런 사람은 영적인 부분과 소통이 가능한 사람에게 상담을 받아보는 것이 좋다.
✿ 누당에 갑자기 청색선이 가로로 생기면 사흘 안에 근심거리나 재난이 온다.
✿ 누당이 부었거나 살이 늘어져 주머니 같은 모양을 한 사람은 자녀를 극하거나 자식이 적다. 부부간에 사이가 좋지 않다.
✿ 바람을 심하게 피우면 누당(와잠)이 빈약해지고 색깔도 검어진다. 남녀관계가 복잡해지면 눈꼬리(처첩궁)에 이상이 생긴다.
✿ 누당이 풍만하게 솟은 사람은 성기능이 뛰어나고, 이해력이 깊고 해박하며, 사리분별을 잘하여 일을 확실하게 처리하는 노련미가 있다.
✿ 누당이 빛나면 자녀가 사회적으로 크게 성공한다.
✿ 누당이 풍만하게 솟은 사람은 손재주가 뛰어나고, 사람을 대하는 태도가 평온

하고 온화하다. 누당이 이상하게 부어있는 사람은 그렇지 않다.
✿ 누당이 깊이 파이면 자녀를 형극하거나 자녀와 연분이 없다. 자식을 극하지 않더라도 중년에 자녀와 이별을 한다.
✿ 누당에 정(井)자 문이 있는 사람은 자살할 수 있다. 결후에 사마귀가 있으면 더욱 좋지 않다. 그러나 비뚤어진 정(井)자 문이나 음즐문은 아주 길하다.
✿ 누당은 심장과 신장의 교차지인데, 심장은 불이고 혈이며 어머니를 뜻하고, 신장은 물이고 정이며 아버지를 뜻한다. 아버지의 정과 어머니의 혈이 만나 태아가 생기게 된다. 그러므로 이곳에 문제가 생기면 자녀와의 연이 없거나 자녀와 상극한다.
✿ 와잠이 끊겨져 있으면 아들이 죽을 수 있다.
✿ 눈두덩이와 와잠이 두둑하면 연애 박사이다.
✿ 와잠부위는 성적 에너지를 본다. 입모양과 입술, 그리고 인중도 같이 봐야 한다.
✿ 여자의 경우 눈 밑에 와잠(애정궁, 자녀궁, 남녀궁)이 있으면 여자가 강해 사내아이가 적게 태어난다.
✿ 눈꺼풀과 와잠 부분이 너무 두꺼워도 팔자가 세다.
✿ 처녀가 와잠이 좋으면 성에 강하다.
✿ 눈의 상하현에 검은 기색이 옅게 나타나면 비정상적인 남녀관계를 맺을 가능성이 높으며, 사춘기의 연애로 인하여 몸을 그르치는 일이 생긴다.
✿ 하현에 검은 기색이 도는 것은 불면증에 시달리거나 피로하다는 증거이다.
✿ 하현에 장기간 적색이 있으면 언쟁을 좋아하고 마음속에 노여움이 많다.
✿ 하현이 풍만하고 중앙부위로 향했으면서 눈웃음을 치는 사람은 성격이 부드럽고 순하며 친근하지만 음란하다.
✿ 상현과 하현에 눈꺼풀이 겹치거나 눈이 자주 좌우로 움직이고 표정이 많은 사람은 남녀를 막론하고 음란하다. 말하기 전에 웃음이 앞서는 사람은 정도가 더 심하다. 여성의 경우 머리카락이 검고 짙으면 화류계에서 일한다.
✿ 눈 밑에 주름이 많으면 여자의 경우 자손이 많다.

㉛ 부부궁 자녀궁 남녀궁 전택궁
✿ 부부궁이 넓고 평탄하며 주름이 없는 사람은 현명하고 지혜로우며 아름다운

부인을 맞는다. 간문은 간과 뇌의 혈이다.
✿ 눈이 너무 옴팍하거나, 누르스름하거나 탁하거나, 뱀눈처럼 붉으면 남녀 운이 좋지 않다.
✿ 어미와 간문은 부부간의 금슬과 남편덕, 처덕의 좋고 나쁨과 이성 문제를 본다.
✿ 남녀궁은 어미, 간문 외에도 보는 부위가 많으므로 연계 시켜서 봐야 한다.
✿ 처첩궁은 부부궁이라고도 부르며 눈꼬리의 어미와 간문을 말한다.
✿ 처첩궁을 통하여 남편 덕과 처덕의 좋고 나쁨을 알 수 있다.
✿ 전택궁과 자녀궁이 좋지 않으면 평생 구설이 따른다.
✿ 전택궁이 깊게 패인 여성은 연애가 순조롭지 못하고 결혼이 이루어지기 어렵다. 광대뼈가 높으면 결혼을 했더라도 가정 및 부부생활이 원만하지 못해 심지어는 이혼을 하게 된다. 사마귀나 마마 자국이 있으면 흉이 반감된다.
✿ 전택궁의 기색이 어두운 사람은 가정운이 좋지 않다. 심하게 혼탁하면 가정에 변고가 발생하고 사업에 실패하여 재산을 잃는다.
✿ 전택궁에 사마귀나 종기 또는 상처가 있는 사람은 조상의 유산을 물려받기 어렵고, 집을 건축하거나 구입할 때 손해를 본다. 자주 거처를 옮기며, 평생 부인 때문에 고생하고 집안에 골치 아픈 일이 자주 발생한다.
✿ 전택궁이 특별히 넓은 사람은 수양을 많이 쌓아 마음이 평안하고 반듯하며 학문이 깊다. 그러나 실용성이 부족하고 영리에 어둡다. 종교계통에 종사하면 길하다.

㉜ 눈꼬리

✿ 포동포동한 눈꼬리는 이성에게 인기가 많고, 정력이 강하며 좋은 반려자가 많고, 여성은 성적인 매력이 있다. 연애나 결혼운이 좋고, 건강하다면 즐거운 인생이다.
✿ 눈꼬리가 길면 세상을 넓게 본다. 남을 배려하고 눈앞의 이익만 취하지 않는다.
✿ 선이 흩어진 눈꼬리는 고독하고 가난하며, 우유부단하고 협조성이 부족하고, 부부운이 좋지 않다. 급하게 결혼하면 불륜에 이르거나 심할 경우 이혼에 이른다. 계획성 없는 생활이 나쁜 상황으로 만든다.
✿ 눈꼬리에 손상이 있으면 중년에 파산한다. 41, 44세에 조심해야 한다.

✧ 선이 흩어지지 않는 눈꼬리는 사교적이고 인간관계가 좋다. 우쭐대는 마음을 억제하고 행동해야 하며, 실력을 연마하고 노력하는 것이 성공의 길이다.
✧ '천(川)' 자 선이 있는 눈꼬리는 무엇이든지 열의가 있고 적극적이며, 호색가이기 때문에 만년에 곤궁해진다. 장사하는 재주는 뛰어나다. 완력으로 상대를 제압하거나 정을 너무 깊이 준다면 역효과가 나타난다.

㉝ 눈꼬리 올라감
✧ 눈 끝이 올라간 사람은 버릇이 없고 긍지가 높으며, 시기심이 강하고 이기적이다. 남성은 터프하고 행동력이 있으며, 여성은 남편을 마음대로 휘두른다.
✧ 눈 끝이 올라간 눈을 가진 사람은 출신이 아무리 좋다고 하더라도 자부심이 너무 강하면 업무에 방해가 되므로 이기심을 없애는 것이 성공의 길이다.
✧ 눈꼬리가 약간 치켜 올라간 여자의 경우 히스테리가 많고, 상대방의 마음을 읽는 경우는 좀 둔하나 신념과 행동이 강하다.
✧ 위로 치켜 오른 눈은 적극적이고 고집이 세다. 자존심이 상하는 것을 싫어한다. 손윗사람에게도 서슴없이 옳고 그름을 확실하게 말해 적을 만들기도 한다. 용기와 결단력이 있고 의지도 강하다. 여성은 자아의식이 강하고 권력 지향적이다.
✧ 눈꼬리가 살짝 올라가고 옆으로 긴 눈은 좋은 눈이며, 지는 것을 싫어한다.
✧ 눈꼬리가 약간 치켜 올라간 사람은 지구력이 좋다. 예리한 감각의 소유자이면서 체력도 좋아 반드시 성공을 거둔다.
✧ 눈꼬리가 위로 치켜지고 이마가 나왔으면 성질이 포악하여 싸움을 잘한다.
✧ 위로 향한 선이 있는 눈꼬리는 밝은 영역으로 인망이 있고 활력이 넘치며, 여성은 사교에 능숙하고, 지기 싫어하는 낭비형이다. 돈을 계획적으로 사용하는 습관을 들이는 것이 무엇보다 중요하다.
✧ 눈꼬리가 올라가면 승부욕이 강하다.
✧ 끊어진 자국이 깊은 어미는 눈물에 약하고 정에 얽매이기 쉬우며, 인생에 파란이 많고 결혼운이 나쁘다. 사물을 이성적으로 판단하는 습관을 길러야 한다.
✧ 끊어진 자국이 없는 눈꼬리는 감정이 우선하여 체력이 따라가지 못하고, 스스로 운을 나쁘게 하며, 거칠고 난폭해서 감정의 기복이 심해 사려가 깊지 못하다. 매사를 임기응변의 술책으로 매듭지으려하지 말고 체력증강에 힘써야 한다.

✿ 끊어진 자국이 깊은 눈초리는 사고력이 풍부하며, 밝고 쾌활해서 사람들의 호감을 사고, 남성은 마음이 넓은 존경과 사랑을 받고, 여성은 누구에게나 사랑을 받는다.
✿ 눈꼬리에 검은색이나 푸른색을 띠면 평생 바람을 피운다.

㉞ 눈꼬리 내려감
✿ 눈꼬리가 내려간 사람은 애교가 많다. 상대방을 부드럽고 편하게 대하며 부담을 주지 않기 때문에 사랑과 칭찬을 많이 받는다. 그러나 남을 안심시켜 놓고 교활한 방법으로 해를 입힐 수 있으니 조심해야 한다.
✿ 눈 끝이 밑으로 쳐지고 귀가 일그러지고, 코뼈가 구부러지거나 울퉁불퉁한 사람은 40~50세 사이에 운이 따르지 않는다. 사업도 뜻대로 되지 않아 파산한다.
✿ 눈 끝이 쳐진 여성은 이성에 대한 흡인력이 매우 강하여 음란하다. 결혼생활이 원만하지 않아 이혼하거나 남편을 극한다.
✿ 여자의 눈꼬리 어미가 쳐지면 어려움이 따른다. 배우자를 극할 경우도 있다.
✿ 눈꼬리가 아래로 쳐지면 부부간에 이별수가 있다. 자주 울면 눈꼬리가 내려간다.
✿ 눈꼬리가 처지거나 혼인궁의 상리가 좋지 않으면 성격이 나쁘고 매우 음란하다. 혼인 생활이 원만하지 못해 이혼한다.
✿ 눈꼬리가 내려오면 음적인 눈이므로 속으로 계산하고 빼앗을 연구를 한다.
✿ 남자가 처세술이 능한 사람은 눈꼬리가 내려가 있다.
✿ 내려간 눈을 가진 사람은 모사꾼이다. 모사를 많이 하면 눈이 내려간다.
✿ 다른 이성을 탐한 눈은 눈꼬리가 너무 처져 있는 경우이다.

㉟ 간문
✿ 눈 끝의 간문이 패인 사람은 부인을 여러 번 극한다. 간문이 패인 것은 간과 소뇌의 선천적인 발육이 좋지 않다는 증거이다.
✿ 간문에 윤기가 흐르면 아내로 인해 부자 된다.
✿ 간문은 눈꼬리 부분으로 살이 비듬하게 풍만해야 한다.
✿ 간문을 혼인궁이라 하고, 인중과 누당을 자녀궁이라고 한다.
✿ 간문이 번들번들하고 윤택하면 남녀 모두 바람기가 있다.

✧ 부부간의 이혼수 및 늦게 결혼해야하는 경우는 간문이 오목하게 꺼진 경우이다.
✧ 간문이 어두우면 배우자에게 해가 생긴다. 물과 관련되어 있다.
✧ 간문이 깊이 파이고 산근이 낮으며, 광대뼈가 높고 목소리가 찢어지는 듯한 여성은 이혼을 하거나 남편을 극한다.
✧ 간문이 돌출되었거나 눈빛이 발산되는 여성은 조숙하다. 남편을 극하고 음란하다.
✧ 간문에 교차문(交叉紋)이 있으면 부인을 학대하여 자살에 이르게 할 수도 있으니 조심해야 한다. 간문에 악문(惡紋)이 있거나 사마귀가 나타나면 간과 소뇌에 병리적변화가 있음을 의미 한다.
✧ 간문의 직문이 눈썹까지 닿으면 천박한 여자와 결혼한다. 눈이 사시인 사람도 같다.
✧ 간문이 깊이 파이거나 두드러지게 돌출된 사람은 40세 사이에 재산 손실이 있다.
✧ 왼쪽 간문에 사마귀가 있거나 검은 반점이 있으면 부인을 극한다. 사마귀나 반점이 오른쪽에 있으면 결혼생활이 원만하지 못하거나 외도할 상이다.
✧ 간문이 넓은 여성은 남편의 운세가 자주 변하고 결혼생활이 원만하지 않다.
✧ 어미와 간문이 좋으면 좋은 배우자를 만나 행복한 일생을 보낸다.
✧ 어미와 간문이 나쁘면 온갖 풍파를 겪는다.

㊱ 눈끝(어미) 주름, 점
✧ 눈 끝의 어미 문이 많은데다 눈이 크고 쌍꺼풀이 있으면 쉽게 바람을 피운다.
✧ 눈 끝의 어미 문이 길게 늘어진 여성은 남편을 배신하고 도망갈 수 있다.
✧ 눈 끝의 어미 문이 아주 긴 여성은 남편을 극하고 외롭고 가난하다. 어미 문이 길고 늘어져 있으면 결혼이 원만하지 않고, 평생 아내와 자식을 고생 시킨다.
✧ 어미가 요(凹)자처럼 깊이 패이고 어두운 사람은 부인과 자녀를 극한다.
✧ 어미가 둥근 사람은 만사에 허술함이 없고, 마음이 따뜻하며, 성실하고 솔직해서 다른 사람의 호감을 얻고, 여성은 가정을 밝게 하고 행운을 얻는다. 유혹에 약하고 부화뇌동하기 쉬우므로 자기완성을 위한 노력을 우선시해야 한다.
✧ 어미 문이 천창으로 향하거나 간문이 평평한 사람은 재산이 많은 여자를 얻는다.

✧ 어미에 크게 세 줄기가 뻗어 있으면 위기가 3번 오고, 잡문이 여러 개 있으면 결국에는 이혼한다.
✧ 어미가 뾰족하면 목적을 위해서 수단을 가리지 않으며, 교활한 지혜를 사용하고, 차갑고 날카로운 직감력이 있으며, 이해 때문에 친구도 져버린다. 장사에는 성공이 어려우므로 조화와 협조하는 마음으로 일을 하는데 힘써야 한다.
✧ 어미 문이 많은 사람은 부귀할지라도 늙을 때 까지 고생하며 쉬지 못한다.
✧ 어미 문이 천창을 향한 사람은 자수성가할 상으로 귀하며 장수한다. 얼굴 및 다른 부위와 조화를 이루면 큰 성취를 이룬다.
✧ 어미 문이 너무 많고 어지러우면 간사하고 음란하며 평생 고생한다. 늙으면 늙을수록 더 힘들어져 아내를 형하고 자식을 극한다.
✧ 어미 문이 간문까지 이를 정도로 길면 이사를 자주하고 부인과 백년해로가 어렵다.
✧ 어미 문이 매화 모양이면 부인 때문에 가산을 탕진한다. 직문이 있는 사람은 중년에 크게 파산하여 고달프다.
✧ 어미 문에 흑색기운이 감돌면 부인이 큰 병을 앓을 수 있으니 조심해야 한다.
✧ 어미가 누렇거나 어미에 검은 사마귀, 또는 검은 점이 있으면 부인이 음란하다.
✧ 눈꼬리의 직문이 있는 사람은 부부생활이 원만하지 않고 이혼할 수 있으며, 눈꼬리의 근육이 풍만하고 40세가 넘어도 어미 문이 없으면 매우 음란하다.
✧ 어릴 적부터 어미에 주름이 있으면 평생 악운이 따라 다니며 성격이 간사하다.
✧ 눈이 어미가 짧아도 귀 쪽으로 간문이 한 줄로 길게 나오면 끝을 눈으로 본다.
✧ 눈 끝의 어미에 하나는 위로, 하나는 밑으로 하여 마치 가위 모양의 주름이 있는 사람은 편협하고 고집이 세어 굽힐 줄 모른다.
✧ 중년 이후에도 어미에 주름이 없으면 발전이 거의 없고 매우 음란하다.
✧ 어미의 주름이 하나인 남성은 겉으로는 성인 같은 품행을 보이지만, 안으로는 매우 호색적이다. 부인과 이별의 아픔이 많다. 생식기가 길고 바람기가 많다.
✧ 30세 전에 어미에 주름이 많으면 허약하고 단명 한다. 늙어도 어미에 주름이 없는 사람은 대단히 정력이 좋으며 죽을 때 까지 정력이 넘쳐흐른다.
✧ 눈꼬리 쪽에 잔주름이 많다면 바람기를 의심해야 한다. 나이 들어 생기는 주름은 예외이다.
✧ 눈꼬리에 잔주름이 많으면 단명하고, 늙어서 눈꼬리에 주름이 없으면 정력가이

다.
✧ 독신 여자의 경우 어미에 살집이 있는 사람은 없다.
✧ 어미의 주름이 하나인 남성은 부부운이 아주 나쁜 사람들 중에서 많이 나타나는 인상이며, 전형적인 이혼 상으로 남녀 불문하고 이성에 대한 욕구가 강하다.
✧ 어미 끝에 흉이 있으면 팔자가 세다.
✧ 눈 끝에 있는 주름이 위로 올라가면 남편의 사업이나 직장에 큰 변화가 온다.
✧ 눈 끝에 잔주름이 많거나 푸른색이나 그을린 것 같은 색을 띠면 사통한다는 증거다. 사통하거나 간음하면 아무리 좋은 관상이라도 자녀궁이 깨진다.
✧ 눈썹 끝 아래쪽에 간문을 향해 세 개의 주름이 있으면 감언이설에 능하고 간사하다. 여색에 깊이 빠지며 부인을 극하고 평생 가난하다.
✧ 눈꼬리의 왼쪽 천창 부위에 가깝게 사마귀가 있는 사람은 부부가 극하거나 이혼한다. 눈꼬리 왼쪽 광대뼈에 가깝게 사마귀가 있으면 부부가 서로 사통한다.
✧ 눈꼬리의 왼쪽 위 천창 부위에 사마귀가 있으면 풍류를 즐기고 평생 도화 살이 있다.
✧ 오른쪽 간문 어미에 사마귀나 점이 있으면 남편을 극한다. 왼쪽 간문 어미에 사마귀나 점이 있으면 음란하고 방탕하다.
✧ 어미에 잔주름이 많으면 바람피울 상이다.
✧ 어미에 난잡한 주름이 있으면 정욕이 강하고 음탕하며 걱정과 근심이 많다.

㉛ 눈 안 사마귀
✧ 눈 안에 사마귀가 있는 사람은 아주 총명하고 노련하며 능숙하다.
✧ 눈 안에 사마귀가 있으면 중년에 재난과 내장기관의 지병을 앓을 수 있다.

㉜ 좋지 못한 조짐의 눈
✧ 눈의 모양이 나쁘고 얼굴이 네모난 여성은 잦은 시비가 생긴다.
✧ 울지 않아도 눈물이 흐르는 여성은 결혼생활이 원만하지 않아 이혼할 수 있다.
✧ 울지 않아도 눈에 눈물이 가득 고여 있는 것 같으면 고생할 운명이다. 만년에 아내와 자식을 형극한다. 눈썹을 자주 찌푸리는 사람은 더욱 심하다.
✧ 눈동자가 떠서 드러나거나 입술이 뒤집힌 여성은 산액이 있다.
✧ 눈동자가 구름에 가린 것처럼 뿌옇고, 입술이 흑암 색을 띠면 구사일생 하거나

병으로 몸을 망친다.
✿ 신혼 초 이혼의 증상은 눈이 흐리고 탁하며 주변이 지저분하게 변하고 눈썹 몇 가닥이 위로 솟아오른다.
✿ 눈에 살기가 등등하면 부부간에 사별하거나 헤어진다.
✿ 눈 가장자리가 쑥 들어가고 이마가 들어가면 인덕이 없어 고독하고 자식과 인연이 없다. 눈이 잘 생겼더라도 눈썹이 짧으면 나쁘다.
✿ 눈에 흉·광이 도는 사람은 비명횡사할 수 있다. 삼각안, 사백안, 상백안, 하안백 등은 흉상이다.

㊴ 도움되는 말

✿ 말은 독하지 않으나 눈이 독하면 독하다.
✿ 말은 독하고 눈이 독하지 않으면 독하지 않다.
✿ 사주가 천하면 행동도 천하게 하고, 관상이 나쁘면 인생을 힘들게 살아간다. 남편복 없는 여자는 가장 먼저 남편복을 물어보고, 처복 없는 사람 예쁜 마누라만 찾는다. 하지만 마음을 알면 인생이 편안해진다. 자신을 알고 겸손해지면 미래가 좋아지고, 꼴값을 모르는 사람은 죽을 때까지 자기 고집대로 살아간다.
✿ 성내고 보듯이 하고, 급하게 보는 것 같이 무엇을 보고, 사시(보는 것을 바로 보지 않고 삐딱하게 옆으로 봄)하고, 눈으로 냉시하고, 투시하고, 남모르게 눈대답하듯이 항상 밑을 보는 사람은 악하고 믿을 수 없는 사람이다.
✿ 눈을 볼 때는 순간적으로 눈빛을 읽어야 한다.
✿ 눈이 붉어진 사람과 게임을 할 때는 져주는 것이 좋다.
✿ 시선이 높은지 낮은지를 살펴보고 사시인지 아닌지도 봐야 한다. 마음이 안정되고 바른 사람은 사람을 똑바로 본다.
✿ 자폐증 아이들은 눈으로 보지 않지만 실제 눈은 광채가 난다.
✿ 성형을 많이 하는 나라는 이혼율이 높다. 돈을 주고 가정을 파괴하는 행위이다.
✿ 눈동자와 머리색은 같아야 좋다.
✿ 눈으로부터 따뜻함이나 친밀감이 느껴지는가의 여부로 일과 연애의 운이 변해 간다.
✿ 아기도 구박을 하면 신경질적이 되므로 눈이 치켜 올라간다.
✿ 눈이 홑꺼풀이며 테두리가 확실한 사람은 심지가 굳고 공명정대하다.

✿ 활 모양으로 굽은 눈은 교활한 지략가에 많다. 색을 탐한다.
✿ 눈에 광채가 없으면 결단력이 없다.
✿ 뚫어지게 보아도 전택궁에 주름이 생기지 않게 하기 위해서는 긍정적인 사고와 눈을 크게 뜨지 않아야 하고 눈꺼풀을 약간 쳐들고 봐야 한다.
✿ 눈꺼풀이 두터워 눈동자가 깊은 듯해야 좋다. 눈꺼풀이 얇으면 인정이 박하다. 여자가 눈꺼풀이 두터우면 담대한 여자이다.

【6】 관골(顴骨)

관골은 오악에서 동악과 서악이다. 코를 보좌하고 있는 좌우의 광대뼈를 지칭한다.

관골은 코를 잘 감싸주는 뺨에 있다. 코를 임금으로 표현하면 관골은 임금을 보좌하는 신하에 해당한다고 할 수 있다.

관골은 이마와 지각, 눈썹, 눈, 인당, 산근과 코의 조응 여부를 봐야 한다. 대운은 코와 함께 보는데 45세부터 54세까지 10년 운을 지배하고, 소운은 왼쪽 관골 46세, 오른쪽 관골 47세의 운을 본다. 광대뼈로 알 수 있는 것은 내적으로는 인내력과 기력이며, 외적으로는 저항력과 그것을 표현하는 방법 등이다.

관골은 주로 사회성을 보는데 관골이 좋으면 의지가 강한 능력을 가지며 사회적으로 활동이 활발하고 수완도 좋아 융합을 잘 이루는 추진력을 발휘한다. 관골이 높이 솟고 인당이 풍만하면 한마디 말로 군중을 모으고 해산시키는 권세가 있고, 관골이 낮고 꺼지면 힘이 없다. 관골이 힘 있게 뭉쳐 있으면 자수성가하여 재물을 보유하고 관골에 뼈만 불거진 자는 일정한 직업을 갖지 못해 빈곤하며 몸만 번거롭고 바쁘다.

관골이 횡으로 뻗은 자는 성질이 사납고 처를 이별하며, 여자는 반대로 남편을 잃게 된다. 반과 사마귀, 흔적, 무늬와 파가 있는지를 본다. 여자의 관골에 붉은 빛이 돌면 남편운이 잘 풀리고, 황색이 돌면 남편이나 아들이 크게 출세한다. 관골이 청색 푸른빛이 돌면 형제 중에 병고가 있고 구설이 끼고, 백기가 서리면 형제간에 사망자가 생긴다.

관골의 겉 피부색은 기가 살아 있는가를 살펴보고 건강을 읽는다. 뺨은 위장과 직접 관련되는 부위이기 때문에 스트레스를 받으면 위산 분비가 많아져서 나빠진 위는 뺨의 색을 어둡게 만든다. 아기들은 배가 고프면 울고 기분이 좋으면 웃기 때문에 스트레스를 받지 않고 성인들처럼 고뇌가 없기에 살이 통통하게 오른다.

애교의 표현력이 강한 보조개는 때로는 섹시함과 귀여움을 준다. 보조개는 일부러 만들기도 하는데 나이가 들면서 탄력이 떨어져 흉으로 보이고 주름과 합쳐지면 빈한하고 천박하게 보인다. 보조개 부분은 56세 57세의 운을 나타내는데 그 나이에 어느 한 가지 에너지가 나간다고 생각하고 대비해야 된다.

코가 잘 생겨도 관골이 좋지 못하면 보좌가 빈약하여 결과를 좋게 맺지 못한다. 코가 빈약하고 관골만 높이 솟으면 고생이 많다. 코가 빈약하고 관골도 없으면 중년에 문제가 많이 발생하여 고생이 많다. 코와 관골의 조응은 관골은 본인이 되고 코는 배우자가 된 다. 남자의 관골은 웅장해야 한다. 힘 있게 뭉쳐 있으면 자수성가 한다. 뼈가 나오면서 살이 빈약해 뾰족한 것은 좋지 않다.

여자는 음에 속하므로 관골이 웅장한 것은 좋지 않다. 음성마저 남자 목소리와 같으면 배우자와 인연이 박하여 재혼의 경우가 많다. 여자의 관골은 드러나지 않아야 한다. 여자의 관골이 크면 권력을 좋아하고, 정력이 왕성하며 부동산도 풍부하고, 개성도 강하고 고집도 세지만, 남편과 자녀와는 인연이 약하고, 옆으로 퍼져 있으면 남편의 권세를 빼앗는다. 여자가 관골이 높고 이마도 높으면 직업을 갖고 밖에 나가서 일을 해야 좋다.

관골이 지나치게 높으면 고집이 세고 조급하여 권력 투쟁을 좋아 한다. 반대로 낮고 평평하면 의타심이 강하다. 온순하고 투지가 약하며 체력이 좋지 않고 위장이 나쁘다.

관골은 광대뼈가 나온 방향이나 뻗는 방향을 잘보고 앞쪽이 나온 사람, 옆쪽이 나온 사람, 양쪽이 모두 나온 사람, 양쪽이 모두 나오지 않은 사람 등으로 나눈다. 또한 옆쪽의 광대뼈가 뻗은 방향을 보고 수평인 사람, 위로 향하는 사람, 아래로 향하는 사람으로 나눈다.

앞쪽 광대뼈가 나온 사람은 일반적으로 경쟁심이 강하고, 기력이 있고 건강하며, 어떤 일이든 무서워하지 않는다. 옆쪽 광대뼈가 나온 사람은 기력이 왕성하고 저항심도 강하지만, 앞쪽 광대뼈가 나온 사람은 양성인데 반해 이 경우는 음성이다. 저항심도 겉으로 드러내지 않고 은밀히 속으로 대책을 강구 한다.

앞쪽과 옆쪽의 광대뼈가 모두 나온 사람은 앞쪽이 나와 있을 때 나타나는 급한 성질과 옆쪽이 나와 있을 때 나타나는 음험함이 가려지고 양쪽의 좋은 면만 나타난다. 이런 사람은 기회를 보는데 민첩하며 상대에게 트집을 잡더라도 확실한 증거를 갖고 말한다. 양쪽 광대뼈가 나와 있고 살까지 있으면 가장 좋다.

앞쪽과 옆쪽 모두 안 나온 사람은 인내심이 부족하고, 우유부단하여 참을성이 있다고 할 수 있다. 광대뼈가 나와도 좌우 크기가 다르거나 상하 차이가 있어서 불균형인 경우 매사에 성공하지 못하고 사람들과의 교제도 오래가지 못한다.

관골은 뼈와 살의 균형에 따라 얼굴의 다른 부분과 상관관계를 갖고 있는데, 광대뼈가 너무 크면 잘 생긴 뺨도 들어가 보인다. 관골에 살이 너무 많으면 나이가

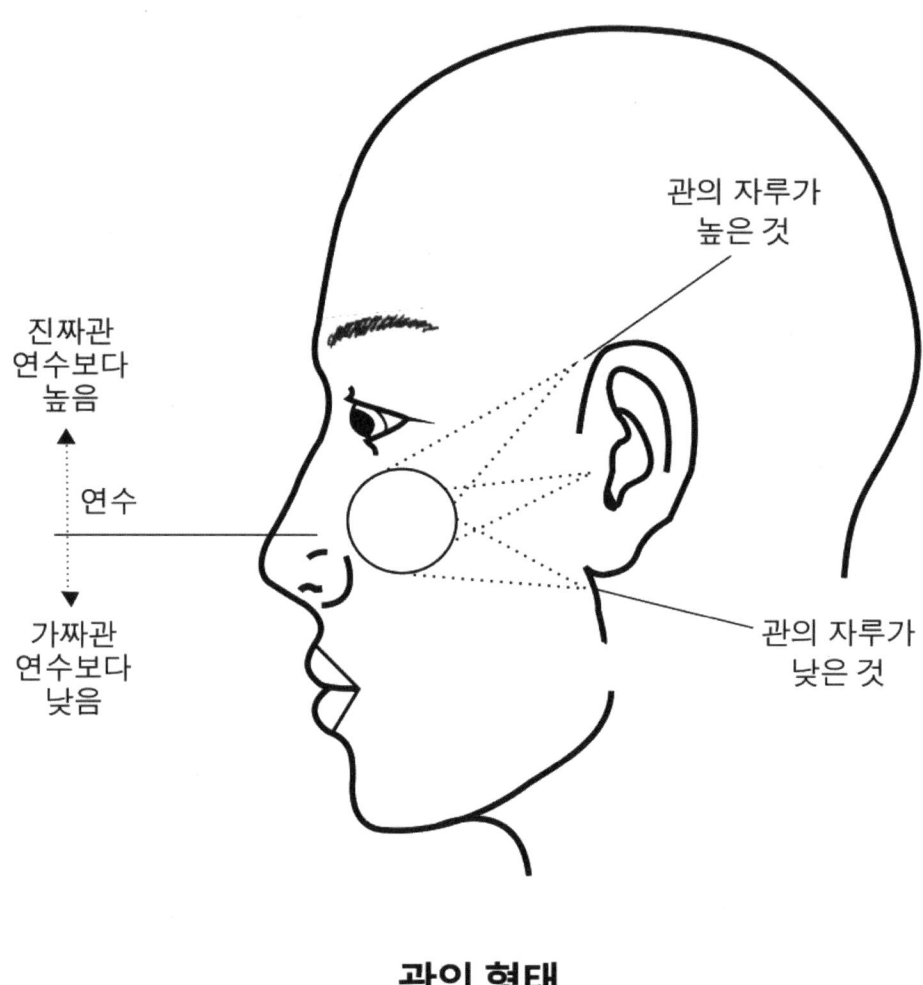

관의 형태

들면서 탄력을 잃어 처지게 된다. 부은 얼굴처럼 탄력 없이 찐 살은 살이 없어 가난한 것과 같은 운기로 봐야 한다. 보통 26세 이후부터 몸에는 노화가 시작 되므로 얼굴은 살이 빠지고 배에는 살이 붙게 되는데, 대화로 소통을 잘하는 성격이면 얼굴에 살이 붙는다.

얼굴이 통통하게 살이 붙어도 색을 살펴야 하며, 얼굴에 핑크빛이 돌면 연애를 하거나 일이 잘 되어간다고 보면 된다. 얼굴이 항상 붉은 사람은 마음이 평안하지 않고 장이나 혈관에 많은 변화가 있다고 보면 되는데 이러한 자는 성격이 신경질적이고 다혈질로 보면 된다.

화가 계속 진행되면 속을 상하게 되어 이런 현상이 얼굴에 색으로 표출되며, 이런 얼굴색을 오래도록 띠고 있으면 다툼이 있거나 재물을 잃거나 재직중인 회사를 그만둘 수가 있다. 결과적으로 얼굴의 색은 마음의 색이라고 할 수 있다. 화사하고 환한 색은 웃는 마음에서 나오는데 이런 경우 신체에 혈을 잘 통하게 하며 운기를 발생시키므로 얼굴과 체형에 보기 좋게 살이 오르고 더불어 찰색도 좋게 만든다.

뺨은 마음속으로 느끼는 순간순간을 밖으로 보여주는 마음의 대변자라고 할 수 있다.

광대뼈는 세상살이나 사회에서 경험하는 모든 일을 헤쳐 나가는 에너지를 나타낸다.

1) 관골을 관찰하며 읽기

① 개요

- 관골은 나의 명예를 보는 자리이다. 관골이 크면 배포가 크다.
- 천창부터 관골까지 꺼진 곳 없이 이어져야 힘이 있다. 천창이 꺼진 사람은 관골이 웅장해도 권세를 잡지 못한다.
- 많이 웃으면 관골이 커지고 코가 둥글어진다. 웃으면 관골이 살아난다.
- 관골과 누당 사이가 두둑하면 나이가 젊어 보인다. 그 부위가 남녀궁이며 에너지, 스테미너, 비·위장을 본다.
- 관골이 위쪽에 붙어 있으면 순발력이 좋다.
- 관골이 크고 입이 크면 대접을 시원스럽게 잘한다.
- 귀격의 관골은 웃을 때 나타난다.
- 관골이 좋으면 상대방을 압도 한다.
- 관골이 귀 쪽으로 뻗어 있으면 아내로 인하여 부자가 된다.
- 광대뼈가 적당히 발달하고 법령이 넓고 둥글고 원만하면 인덕과 인기운이 있다.
- 관골은 뼈가 근본이다. 관골이 나쁘면 뼈도 나쁘다. 관골은 능력과 책임감, 패기와 관련이 있다. 최선을 다해 일하고, 총명하며, 인내심이 있다.
- 관골의 표면 근육은 가슴, 폐, 간담, 안면신경의 건강상태를 알려준다.

✿ 광대뼈가 발달하면 정력도 좋고 오래 살며 배짱이 두둑하여 추진력도 대단하다.

② 관골의 형태

✿ 관골 중심점의 높이는 본인 콧등 높이의 1/3에서 1/2을 표준으로 하면 된다.
✿ 남자는 관골이 높고 풍만한 것을 최상으로 삼고, 여자는 관골이 평평하고 둥그스름한 것을 최상으로 판단한다.
✿ 관골의 위치가 누당보다 높으며 코가 낮고 턱이 뾰족한 사람은 일생동안 성공과 실패가 많아 힘든 삶을 살아간다.
✿ 지나치게 튀어나온 광대뼈를 가진 사람들은 투쟁심이 강해 다른 사람들과의 원만한 인간관계를 형성하지 못한다. 타인과 융화도 잘 되지 않는 성격이며, 남편을 극하고 부하운도 좋지 않다.
✿ 남성이 광대뼈가 평평하거나 밋밋한 사람은 권력과 아랫사람과의 인연이 부족하다.
✿ 관골이 눈에 가까울수록 눈과 관골이 서로 싸우기 때문에 성격이 강해지고 급하다.
✿ 관골이 지나치게 밑으로 쳐진 사람은 진취성이 결여되고, 허영과 실질적이지 못한 것에 만족한다.
✿ 관골이 지나치게 콧대에 가까운 사람은 생각이 막혀있고 마음도 명랑하지 못하다.
✿ 관골이 지나치게 돌출된 사람은 남의 일에 참견하기를 좋아하고 자신만의 생각이 옳다고 우긴다.
✿ 굴레 수염이 관골까지 나올 경우 처를 친다.
✿ 앞쪽 광대뼈가 나온 사람은 인정은 있지만 깊이가 얕다.
✿ 앞쪽 광대뼈가 나와 있고 코끝도 높으면 부추김에 잘 넘어간다.
✿ 옆쪽 광대뼈가 나온 사람이 광대뼈가 귀 쪽을 향해 내려갈수록 성격이 음험해서 안 좋은 소리를 들으면 대수롭지 않게 받아들이는 척하면서 앙갚음을 하려고 기회를 엿보는 형이다.
✿ 관골이 너무 크면 볼 살이 들어간다.
✿ 옆쪽 광대뼈가 나온 사람이 광대뼈가 귀 쪽을 향해 올라가는 것은 학자나 예술가에게 많다. 음험함이 덜하고, 인간의 깊이와 진정한 용기를 가진 사람이

며, 조용히 노력하는 사람이다.
✿ 앞쪽과 옆쪽의 광대뼈가 모두 나온 사람은 항상 냉정하고 근성도 있다.
✿ 관골자루가 살쩍(관골 옆 부위에 난 털) 부분의 하반부에 끼워져 있는 사람은 생각과 품행이 고결하지 못하고 의지가 약하다. 여기에 관골 자체가 낮고 함몰되어 있으면 타락할 염려가 있다.
✿ 관골은 크고 얼굴 볼의 폭이 좁고 작은 사람은 마음이 불안정하여 학습에 전념하지 못하므로 많이 배워도 성과가 적다.
✿ 관골이 높게 드러나 있고 아래턱 뼈가 돌출해 있는 사람은 의지력이 강하지만 이중성이 있으며 무척 까다롭다.
✿ 관골만 가로로 뻗어 나와 있으면 성격이 비뚤어진 사람이다. 관골과 눈초리는 수직선을 이뤄야 하는데 그렇지 않은 것을 관골이 가로로 뻗어 나왔다고 할 수 있다. 호기심이 강하고, 지고는 못사는 성격이다.
✿ 관골이 옆으로 불거지면 본인의 이익을 위해서는 잔인한 행동까지 할 수 있다.
✿ 관골이 평평하거나 옆으로 기울어 코를 보좌하지 못하는 것은 좋지 않다. 관골 주위에 주름이 많으면 권세를 누리기 어렵다.
✿ 관골이 위쪽에 있다가 내려와 있는 경우는 급하게 일하면서 살아온 경우이다.

③ 관골의 높이
✿ 관골이 지나치게 높으면 고집이 세고 조급하며, 권력 투쟁을 좋아한다.
✿ 관골이 높고 크며 완벽한 사람은 의지력이 강하고, 어려움을 극복하려는 마음과 기백이 있으며, 추진력이 뛰어나다. 성격은 시원시원하고 책임감이 강하다.
✿ 관골이 높게 드러나 있는데다 눈썹이 눈에 가까운 사람은 성미가 급하다. 중년에는 시비로 인한 소송이 있다.
✿ 관골이 높게 드러나 있고 뾰족한 사람은 성격이 이기적이고 편협하며, 고집이 세고 파괴적인 성향이 있다. 세상과 불화를 이루며 가족과도 화목하지 못하고 고생한다.
✿ 관골이 낮고 평평하면 의타심이 강하고, 실권을 잡기 힘들다. 합작은 좋지 않다.
✿ 양 관골이 다르면 자기 입장만 생각하고 빠져나오는 주도면밀함이 있다. 겉과 속이 다르다. 남자는 처를 이별하고, 여자는 남편을 잃을 수 있다.
✿ 왼쪽 관골이 낮으면 남자는 상처하고, 여자는 상부 한다. 왼쪽이 높으면 아버

지에게 불리하고, 오른쪽이 높으면 어머니에게 불리하다.
✿ 오른쪽 관골이 높은 사람은 공처가로서 부인이 가정의 주도권을 가지며, 왼쪽 관골이 높은 사람은 부인의 존경을 받는다.
✿ 옆에서 봤을 때 관골이 콧등보다 높은 사람은 남녀를 불문하고 만년에 홀아비나 과부가 된다. 턱이 뾰족하고 살이 없는 사람은 더욱 그러하다.
✿ 관골이 높고 크며, 손바닥이 크고 거칠면 고생을 이기고, 총명하고 살림도 잘하지만, 남편이나 자식의 복을 누리기는 어렵다.
✿ 관골이 높이 솟아 있으나 코가 작으면 남편을 반목하므로 결혼생활이 원만치 않다.
✿ 관골이 높이 솟아 있으나 눈썹이 없는 사람은 자식을 갖지 못한다.
✿ 관골이 아래로 처져 코와 평행을 이루는 사람은 권력을 얻기 힘들다.
✿ 관골이 낮게 함몰되어 있고, 이마가 납작하거나 이마의 뼈가 평평하면 30세후에 부모가 상처를 입는다.

④ 관골과 코의 형태
✿ 코와 관골은 행동력을 나타낸다.
✿ 코가 잘 생겨도 관골이 좋지 못하면 보좌가 빈약하여 좋은 결과를 맺지 못한다. 재복이 많은 상은 코와 관골의 균형이 잘 잡혀야 한다.
✿ 중년에는 코와 관골을 보는데 관골보다 코가 낮은 것이 좋다.
✿ 코가 빈약하고 관골만 웅장하면 고생이 많다. 코도 빈약하고 관골도 없으면 중년에 크게 파한다.
✿ 관골이 높고 코가 낮으면 주위에 사람이 많고 코(재)에 비바람의 영향이 적으므로 돈을 더 번다. 코가 높고 관골이 낮으면 외롭다.
✿ 관골은 높으나 코가 내려앉은 사람은 평생 동안 성공과 실패가 많으며, 아랫사람에게 업신여김을 받거나 배반을 당할 수 있다.
✿ 관골 자체가 너무 높은데 코가 낮고 턱이 뾰족한 사람은 육친을 극하며 빈한하다.
✿ 관골이 낮고 코가 높으면 재를 상징하는 코가 비바람을 많이 맞으므로 고독하고 외로우며 돈도 덜 번다.
✿ 좌우 관골의 크기와 높낮이가 다른 사람은 37~47세 사이에 사업에 실패하거나 시비로 인한 재산의 손해가 있다.

✿ 관골이 크고 코가 두툼한 사람은 정계로 나가는 것이 좋다. 큰 권력을 얻을 수 있다.

⑤ 여성의 관골
✿ 여자가 관골이 웅장한 것은 좋지 않다. 음성마저 남자 목소리와 같으면 배우자와 인연이 박하여 재혼의 경우가 많다.
✿ 여자의 관골은 웃을 때나 그렇지 않을 때나 드러나지 않아야 온순하다.
✿ 여자가 관골이 크면 권력을 좋아하고, 정력이 왕성하며 부동산도 풍부하며, 개성도 강하고 고집도 세지만, 남편과 자녀와는 인연이 약하다.
✿ 여성 사업가라면 튀어나온 광대뼈로 인해 많은 부하를 거느릴 수 있다.
✿ 여자의 관골이 계란 모양으로 약간 기울어져 간문 근처까지 발달하면 간문 즉 배우자궁을 치는 것으로 배우자 운이 적다.
✿ 여성이 남성처럼 광대뼈가 발달되어 있는 사람은 미망인 상이다. 남편이 죽거나 혹은 있어도 가정을 돌보지 않고 방탕한 생활을 할 운명이다. 본인 스스로 가정의 경제를 책임지고 이끌어가야 할 가능성이 크다.
✿ 여자가 관골이 높고 크며, 코가 낮으면 평상시엔 잘 하지만 화가 나면 치받는다.
✿ 관골이 높게 돌출되어 옆에서 보았을 때 콧대보다 높으며, 이마가 튀어나온 여성은 남편을 극하고, 음란하며 천박하다.
✿ 관골이 높고 크며, 코가 높고 날카로우며 살이 없으면 남편을 극한다. 양(뼈)이 강하고 음(살)이 약한 사람은 성격이 남성적이며, 남편의 건강과 수명에 영향을 끼친다.
✿ 관골이 높게 솟아 있으면 정력이 왕성하고, 성격이 남성적이며 극단적이다. 이런 여성은 남편을 반목하고 주도권을 쥐며, 남편을 극하지 않으면 헤어진 후 재혼한다. 평생 재산을 모으지 못하고 고생하며, 눈에 요염한 빛을 띠면 사통할 수 있다.
✿ 관골이 튀어나오고 이마가 나오면서 눈빛이 강하면 과부상이다.
✿ 여성의 관골이 풍만하고 둥그스름하나 눈썹털이 없으면 자식을 양육하기 어렵다.
✿ 여성의 경우 앞쪽 광대뼈가 지나치게 나온 사람은 성질이 급하고 의지가 약하고, 자아만 주장하는 잘난 체 하는 사람이다.

✿ 관골이 너무 아래로 처져 있으면 부인병이 있다. 이런 여성에게 관골의 표면 근육이 퇴화되면 생식기능 또한 퇴화 한다.
✿ 관골이 가로로 뻗어 있고 코가 작으면 성격이 급하고 강하며, 남편의 일을 간섭하고 이유 없이 괴롭히며, 행동 또한 제멋대로이다. 욕심이 많고 의심이 깊어 결혼생활이 원만하지 못하다.
✿ 관골은 있으나 뺨이 없는 여성은 만년이 가난하며, 남편과 자식 복이 없다.
✿ 관골자루가 천창에 높게 끼워져 있는 여성은 유능하지만 결혼생활이 원만하지 못하며, 남편을 극하거나 헤어진다.

⑥ 관골위의 점, 기미, 주근깨, 주름

✿ 관골이 좋아도 기미가 끼면 운기가 좋지 않아 하는 일이 순조롭지 못하다. 기미가 많이 끼면 돈을 떼이거나 남편이 바람을 핀다.
✿ 관골과 볼에 주근깨가 많으면 간과 폐기능이 좋지 않고, 성욕이 지나치게 강하다. 주근깨가 많으면 음탕하고 자식도 없다. 나이 들고 병든 자는 예외다.
✿ 관골아래 부위가 붉어지면서 주근깨가 생기기 시작하면 몸만 바쁘고 소득이 없다.
✿ 관골위에 큰 점이 있는 경우 간반이라고 하는데, 왼쪽 관골에 나있으면 간이 나쁘고, 오른쪽 관골에 나 있으면 폐가 좋지 않다.
✿ 남녀 모두 광대뼈 부위에 상처나 점이 있으면 사람들 때문에 여러 가지 피해를 당할 상이다. 보증을 서거나 돈을 빌려주면 피해를 당할 수 있다. 푸른색의 점은 재난을 당하기 쉽기 때문에 특별히 주의해야 한다.
✿ 광대뼈에 상처나 점이 있으면 질병이나 재난에 주의해야 한다. 46~47세가 위험하다. 상처가 있으면 재난의 원인이 자신에게 있고, 점이 있으면 친지나 주위에 있다.
✿ 왼쪽 관골에 점이 있는 사람은 친족 및 친구들의 대출시비로 번거롭고, 오른쪽 관골에 점이 있는 사람은 가족 중에 아랫사람의 무리한 요구로 번거롭다.
✿ 관골 뺨 및 다른 부위에 솜털이 많으면 내분비 계통이 균형을 잃어 심할 때는 남편을 극하고 헤어져서 재가한다.
✿ 관골의 주름이 훼손되고 점이 있는 사람은 관직에 있든 사업을 하든 37~47세 사이에 반드시 실패한다. 소인배의 농간으로 어려움을 겪게 된다.
✿ 왼쪽 관골의 주름이 훼손되어 있는 사람은 자녀가 불효하고 친족의 업신여김

을 받는다. 오른쪽 관골의 주름이 훼손되어 있으면 처첩이 화목하지 못하고, 형제간에도 서로 불화하며 사이가 좋지 못하다.
✿ 관골 부위의 주름이 횡으로 잡히면 가족을 극한다.

⑦ 관골의 색
✿ 관골 뺨이 투명한 붉은빛을 띠는 여성은 음란하며 지조가 없다. 도화색이 콧대까지 이른 여성은 사랑의 도피행각을 할 생각을 가지고 있거나 화류계 여성이다.
✿ 관골 뺨의 혈색이 노랗고 윤이 나며, 입술이 빨갛고 치아가 희면 남편과 자식을 흥하게 하고 만년이 풍요롭다. 관골 뺨의 혈색이 누르스름하면 빈천하며 질병이 있다.
✿ 관골 뺨이 푸른빛을 많이 띠면 성질이 독해 남편을 극하고 집안을 망친다.
✿ 관골의 피부가 너무 밝으면 남자는 고독하고 여자는 외부 활동을 통해 발전한다.
✿ 관골 뺨 및 얼굴의 다른 부위가 백골같이 희면 지병이 있고 결혼생활이 원만하지 못하며 남편과 자식을 극한다.
✿ 관골의 피부가 귤껍질 같으면 애쓰면서 이리저리 돌아다닌다.

⑧ 좋지 않은 관골
✿ 관골이 튀어나와 있으면 평생 빈천하고, 남편과 자식을 극한다.
✿ 관골이 보이지 않으나 관골 뺨 부위의 살이 두꺼운 사람은 의지가 약하고 행동력이 부족하며 성격이 졸렬하고 속되고, 단명하기 쉽다.
✿ 관골 아래 부위 중 양쪽이 붉어질 경우 가족 관계가 안 좋아진다.
✿ 관골이 붉어지면 구설수에 엮인다.
✿ 관골이 있는 위치가 상하좌우 어느 쪽으로든 치우치고 비뚤어진 사람은 말이 많고 신용이 없다.
✿ 관골이 파열된 사람은 일생동안 재난이 끊이지 않는다.
✿ 관골이 높으나 화창(禾倉 : 곳간)이 없는 사람은 많이 배웠으나 성취가 적고, 중년에는 사업에 실패한다. 반대로 화창은 풍만하나 관골이 들어가 평평한 사람은 사회나 친구의 도움을 얻기 어렵다.
✿ 관골의 위치가 높고 눈썹 또한 높이 나있으면 성격이 집요하고, 남편을 연루시

키는 형액을 당할 수 있게 된다.
- ✿ 관골 뺨 및 화창 부위에 살쩍(관골 옆 부위에 난 털)이 침범하는 사람은 37~48세에 육친을 상극하고 관직과 재산을 잃을 수 있다.
- ✿ 관골이 뾰족하게 나온 경우 37~47세에 시비가 있고, 관직을 잃고, 사업을 실패한다.
- ✿ 관골 뺨이 좁고 얼굴이 긴 사람은 37~48세 사이에 사업에 실패할 우려가 있다.
- ✿ 관골은 높으나 천창이 함몰되어 있는 사람은 평생 권력을 얻기 힘들다.
- ✿ 관골 뺨 및 화창 부위에 살쩍이 있는 사람은 의심이 많아 다른 사람을 믿지 않는다.
- ✿ 관골만 높고 얼굴 주위의 부위가 약하면 중년에 패업하고, 얼굴 주위 부위가 좋고 관골이 없으면 중년에 장기간 질환을 앓는다.

【7】 코(鼻)

코는 곧 자신이다. 눈 다음으로 그 사람에 대한 정보를 많이 읽을 수 있다. 코는 대들보와 기둥 같아서 얼굴의 근본이다. 코는 사독 중 제독이고, 오관 중 심변관이며, 오악 가운데 중악이고 오성 중 토성에 속하며, 12궁 중 재백궁의 자리이다.

코는 얼굴을 대표하는 곳이요, 폐(肺)의 영묘(靈苗)(肺는 根(근)이요 코는 苗(묘)다)라고 한다. 폐가 약하면 코가 뚫리고, 폐가 좋으면 코가 막히므로 코의 막히고 통하는 것을 보아 폐의 허하고 실함을 알 수 있다.

코의 운명적 역할로는 수명과 질·액, 재물, 부부, 성격 등으로 논할 수 있다. 코를 부분적으로 나누면 인당 아래 코가 시작되는 산근이 있고, 산근아래 연상과 수상이 자리하며, 연·수상 바로 아래 준두는 코끝 부위이며 난대는 오른쪽 콧방울, 정위는 왼쪽 콧방울을 말하고, 비공이라 하여 양 콧구멍이 있다.

코의 길이는 얼굴에 맞게 생겨야 하고, 얼굴의 삼분의 일이면 긴 코로 상격으로 본다. 코는 얼굴의 가운데 있어 주변과 균형과 조화를 잘 갖추어야 한다. 코는 바로 나(我)이며, 관골은 주위환경과 사회적인 면을 보는 곳이다.

준두가 둥글고 콧구멍이 보이지 않으며 난대 정위 두 곳이 서로 좋으면 부귀를 누리는 사람이다. 연상(年上)·수상(壽上) 두 부위는 모두 코에서 주관한다. 명이 길고 짧음을 주관하고, 빛이 윤택하고, 풍만하게 높이 솟은 자는 귀(貴)하지 않으면 수(壽)와 부(富)를 누리게 될 것이다.

준두가 뾰족하고 가늘면 간사한 꾀를 좋아하며, 고독하고, 가난하고, 신체도 허약하다. 코에 검은 사마귀가 많은 사람은 매사에 머뭇거리며, 가로로 주름이 많이 잡힌 자는 교통사고로 몸을 상하고, 세로로 주름이 있는 자는 몸이 바쁘게 된다. 콧대가 둥글면서 인당을 꿰뚫은 자는 용모가 아름다운 아내를 얻고, 코가 둥근 대통을 쪼갠 모양 같이 생겼으면 의식이 풍족하고, 콧구멍이 뻔히 들여다보이면(들창코) 단명하고 집안이 빈곤하다.

코에 세 군데가 오목하면 고독하고, 재산을 없애며, 골육이 서로 다툼이 생긴다. 준두가 둥글고 곧으면 타관에 나가 의식을 얻고, 준두가 풍부하게 일어났으면 더할 수 없는 부귀를 누리고, 절두에 홍색을 띠었으면 반드시 동서로 분주하다.

콧대에 살이 없어 뼈가 드러나면 일생동안 몹시 고생이 많고, 준두 끝에 살이 늘어졌으면 음욕을 탐하고 넉넉지 못하며, 준두가 둥글고 살이 쪘으면 의식이 풍족하고, 콧대가 이마까지 솟으면 이름을 널리 알리게 된다. 콧대에 뼈가 없으면 반드시 일찍 죽게 되고, 콧대와 준두가 뾰족하거나 비뚤어지면 마음도 비뚤어진 사람이다.

준두를 곧게 껴안으면 부귀함이 극진하고, 콧대만 외롭게 높이 솟으면 형제의 덕이 없고, 콧대가 곧지 못하면 남을 속이는 것을 멈추지 않는다. 콧구멍이 밖으로 많이 보이면 남의 비방과 흉해(凶害)가 있고, 코 위에 가로 주름이 잡히면 근심과 액이 떠나지 않는다. 콧대가 평평치 않으면 남에게 의탁하여 살고, 콧대가 높거나 낮으며 의지가 굳세지 못하고 약하면 신체가 좋지 않아 약하고, 코가 오그라진 주머니 같으면 일생 좋은 일로 번성하고 잘된다.

코가 사자코와 같으면 영리하고 기억력이 좋으며 이치에 밝아서 사물에 얽매이지 않는다. 코가 높직이 솟은 자는 벼슬운이 좋고, 코 위가 광채가 나고 윤택하면 부귀하다. 코머리가 짧으면서 작으면 성품이 천박하고, 넓고 길면 재주가 많고, 코에 결함이 많으면 고독하고 굶주리게 된다.

코가 산근에서 이마까지 골이 솟고 콧대가 길쭉하면 壽가 있어 오래도록 산다. 코가 치우쳐 왼쪽으로 기울면 아버지와 이별하고, 오른쪽으로 기울면 어머니와 이별한다.

콧구멍이 크면 재물이 빠져 나가고 준두가 둥글고 두텁고 풍부하면 재물이 쌓인다.

산근에 청색을 띠면 젊어서 요절함이 많고, 법령에 주름이 너무 깊으면 살생을 좋아하는 마음을 갖고, 준두가 갈퀴 같으면 재물도 있고 장수하며 해마다 재산이 늘어난다.

준두에 사마귀나 점이 있으면 음부에도 있으니 코의 상하좌우에 위치한 사마귀에 따라 음부에 있는 사마귀의 위치도 다르다. 법령의 주름 가운데 사마귀가 있으면 부모에게 불효하는 자식인데 왼편에 있으면 아버지의 임종을 모르고, 오른편에 있으면 어머니가 세상을 뜨는 것을 보지 못한다.

사악(이마·좌우관골·턱)이 모두 평평하고 유독 콧대만 높이 솟으면 빈한하고 재물이 흩어지며, 이가 환히 보이고 목젖이 튕겨지고 콧구멍이 환히 들여다 보이면 반드시 굶어 죽게 된다. 양쪽 눈썹과 산근이 잘 연결되어 힘이 있으면 초년·중년에 직장과 재운이 트이고 말년에는 명성을 드높인다. 산근은 각박하게 끊어지지 않아야 한다.

준두가 넓고 마음이 풍족하면 온화하고 인정이 많으며, 자손들과 융화가 잘된다.

양 관골(동악과 서악)이 코를 보호하면 재복이 많고, 준두가 토실토실하게 살이 올라 있고 오악이 잘 이루어져 있으면 중년에 반드시 자수성가 한다. 준두가 황색을 띠면 재물이 들어온다는 신호이고, 황색이 밝게 비치면 기쁜 일이 자주 생기고 부귀영화를 누린다. 준두에 흠이나 점이 있으면 늙어서 고생한다.

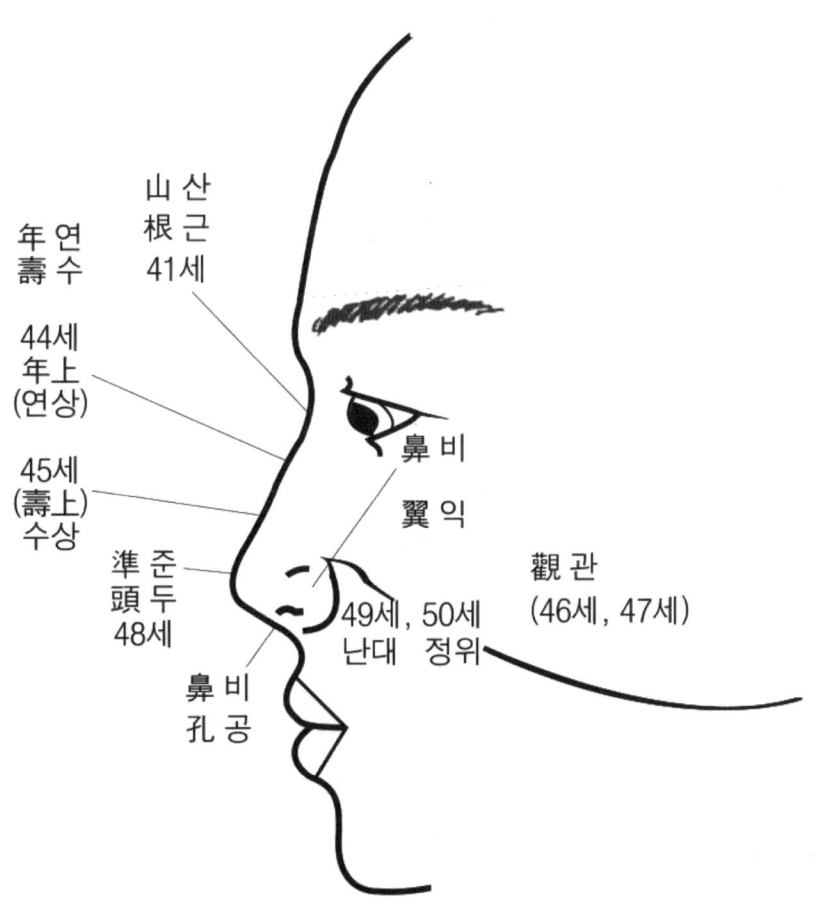

코와 광대의 유년 행운

천담비 : 산근이 끊어진듯 약하게 보이고 연수 콧대가 극히 높고 살집이 풍부하다. 코 전체가 크고 힘이 있는 반면, 난대와 정위는 그다지 크지 않다. 이 코는 대단히 담대하여 용맹스럽고 지모까지 갖추었다. 육친은 고독한 편이고 일찍부터 사업에 투신하여 맨주먹으로 온갖 고초를 헤치고 성공한다. 특히 무직에 종사함이 마땅하다.

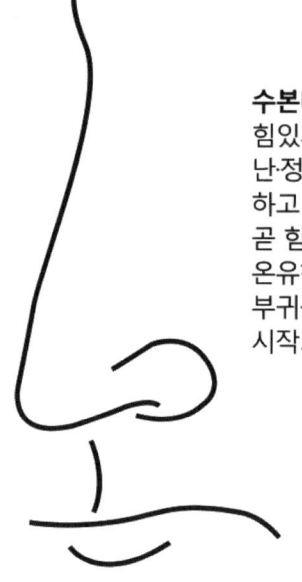

수본비 : 코가 길게 기세있게 내려오며, 특히 산근이 힘있게 인당위로 꿰어 올라간 듯한 코이다. 난·정(콧방울)이 단정, 분명하고 코 전체가 단정 하고 아름다운 모양이다. 또한 색이 윤택하고 희다. 곧 힘이 있고 단정한 귀티나는 코이다. 따라서 성품은 온유하며 평생에 흉한 일을 만나지 않고, 청정한 부귀를 누린다. 또한 남자의 경우 처복이 일찍부터 시작되어 현처를 만난다.

코끝이 뾰족하면 인색하고, 끝이 굽으면 간사하다. 코끝에 살은 쪘는데 아래로 숙였으면 음란하고 코끝이 휘어져 있으면 줏대가 없고, 콧대가 높으면 자존심이 강하고 재운도 없다. 콧등이 불룩하게 튀어나온 사람은 단명하거나 객사한다. 여자의 얼굴에 왼쪽 콧방울이 적으면 남편 복이 없고, 우측 콧방울이 적으면 본인이 돈을 벌지 못해 저축이 안 된다.

콧구멍 속은 재물을 감추어 두는 창고로 보며 콧구멍이 보이지 않는 것이 좋다. 코는 크고 비공이 작으면 거두어 들이기만하고 베풀 줄을 모른다. 반대로 코는 작은데 콧구멍만 크면 남에게 주는 것을 좋아하여 낭비벽이 심해 재물을 모으지 못한다. 비공이 뻥하게 뚫리면 평생 빈천하고 하는 일이 안되며, 비공이 검고 어두운 자는 만사 불성하고 단명 한다. 비공이 너무 작은 사람은 욕심이 많고 간사하다.

코의 기색이 좋고 윤택한 자는 재운이 좋아 부자로 살고, 기색이 거무스름하고 어두운자는 재운이 막히고 좋지 않다. 코털이 밖으로 길게 많이 나오면 재물이 들어오는 것을 차단하므로 재물운이 막혀서 좋지 않다.

산근에 흑자점이 있으면 처자나 남편에게 해가 되고, 인당에 흑자점이 있으면 평생 동안 고독하고, 인당에 살아있는 흑자점이 있으면 귀하게 되고 길한 운이다.

준두의 찰색이 거무스름하고 난대 정위도 같은 빛이면 7일~10일 이내에 몸을 상하게 되고 계속 좋지 않은 일이 발생한다. 준두가 검은 흑색을 띠면 병을 앓게 되고 회색빛이 완연하면 가정이 패망하고 목숨까지 잃는 일이 발생한다. 준두의 적색은 나쁜 사람으로 부터 해를 당하고 구설도 따르며, 준두의 백색은 음독의 해가 있다.

인당과 산근의 색이 밝은 자는 총명 대길하고, 어두운 자는 일마다 막힘이 발생한다. 연상과 수상에 황색기가 밝게 나타나면 좋은 일이 생긴다는 예시이고, 연수에 검은 점이 생기면 형제를 잃고, 콧등에 누른 점이 생기면 뜻밖에 횡재를 얻는다.

매부리코는 이기적이며 악독하고 평생 남의 등골을 빼먹는 사람이며 자기의 이익을 위해서는 은인도 배반한다. 코의 가로 너비가 넓으면 야성적이고 활동적이며 정력도 강해 보이지만, 넓으면 넓을수록 지능지수는 낮아진다. 반대로 가로 너비가 좁은 사람은 내향적이며 어른스럽고 재능이 많은 사람이지만 행동력과 판단력이 부족하여 모처럼의 기회를 놓치는 타입이며, 섹스에 약하다.

콧방울이 단정한 여성은 겉보기에 균형 있고, 미적 감각도 있어 남성에게 인기가 있지만, 섹스에 약하여 뭔가 부족함을 느끼게 하며, 모든 면에서 인색하고 세세한 부분까지 신중하기 때문에 큰 부자가 되지는 못한다.

코의 산근은 지력·책임감·질병을 보는 자리이다. 콧대는 의지력·투지·힘을 보는 자리이다. 코끝은 애정운·금전운·자존심을 나타내고, 콧방울은 금전운·사업운·인간관계를 나타낸다.

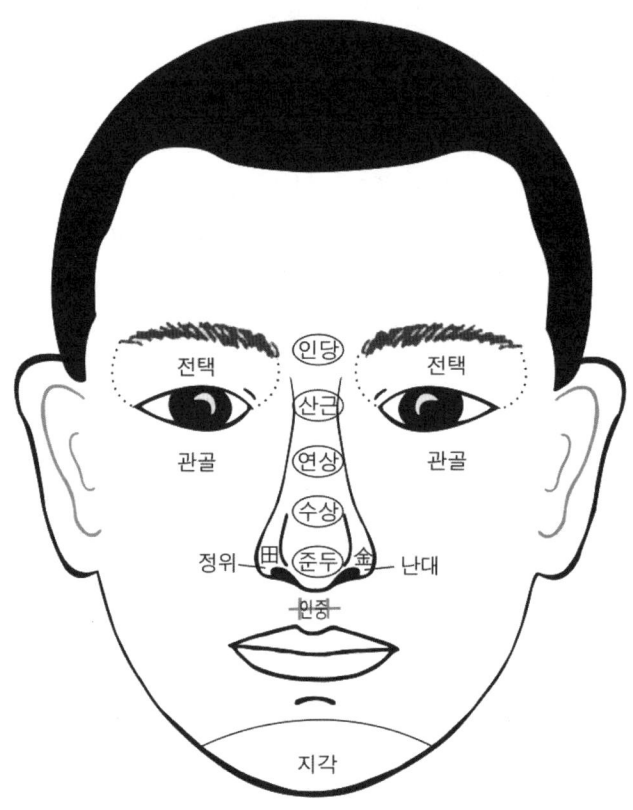

- 명궁이란 인당의 별칭이다. 명궁은 자기가 타고난 명을 나타내는 궁으로 선천과 후천의 두 가지로 나뉜다. 인당이란 일생의 모든 일신지사를 총괄하여 관장하는 곳으로 한점의 티도 없이 잘 생겨야 한다. 명궁은 인생의 척도이기 때문이다. 부귀와 빈천, 길흉과 선악, 학문과 성품, 수명과 건강 등을 보는 자리이다.
- 전택궁은 논밭과 주택을 말하는 것으로 이른바 재산궁이다. 눈썹과 눈 사이는 넓을수록 좋으며, 눈동자의 정기와 마찬가지로 진액이 풍만하여 색이 윤택하고 아름다워야 한다.
- 질액궁은 얼굴에서 질병을 알아보는 것으로 산근을 비롯하여 연상과 수상을 통해서 본다. 산근, 비량, 인중에 횡문이 있으면 자녀궁에 크게 해롭다.
- 재백궁은 코를 말한다. 재백궁이란 재물궁, 재산궁을 말하는데 코가 너무 높거나 낮으면 안 된다. 코의 기운이 제대로 발휘되기 위해서는 산근이 평만유연하게 잘생겨야 하며, 좌우 광대뼈가 적당히 솟아 보좌역할을 잘 해줘야 진정한 재물운을 발휘할 수 있다.
- 노복궁은 지각을 비롯하여 턱 전체를 본다. 지각이 풍만하게 둥글둥글하면 덕과 복이 있어 따르는 자가 많다. 특히 양쪽의 턱뼈가 발달하여 둥근듯 네모난 사람은 왕성한 의욕을 타고나 무서운 노력을 하는 의지파이다.

1) 코의 모양(鼻形)

① 용 코 : 용비(龍鼻)
용의 코를 닮은 자는 콧대가 풍만하고 준두가 가지런하며 산근이 곧게 솟아 마치 물소가 엎드린 모습과 같으므로 대귀할 상이다. 콧등이 삐뚤지 않고 반듯하고 굽거나 기울지 않으면 지위를 높게 갖는다.

② 호랑이 코 : 호비(虎鼻)
맨손으로 사업을 일으킬 상이다. 호랑이의 코와 같이 둥글어 콧구멍을 덮고, 용모가 당당하여 이마가 크게 보인다. 범의 코는 둥글고 풍만하고 콧구멍이 보이지 않으며 난대 정위는 없는 것 같은 모양으로 크게 부자가 될 상이다. 굽지도 않고 기울지도 않고 산근이 크면 부귀가 일세를 누리게 되고, 이 같은 상은 세상에 보기 드문 장부의 기상이다.

③ 마늘 코 : 산비(蒜鼻)
성품이 인자하고 작은 부를 누릴 상이다. 코의 모양이 마늘과 같이 생긴 것으로 산근이 평평하여 마음속에 독한 기운이 없고 부를 누릴 상이다. 산근과 연상·수상이 한결같이 평평하고 작은데 준두와 난대·정위가 발달한 상은 형제간에 정이 두텁고 마음에 독기가 없다. 이러한 모양을 가진 사람은 중년부터 말년까지 집안이 매우 기운차고 왕성하게 일어난다.

④ 주머니 코 : 성낭비(盛囊鼻)
코가 마치 물건을 가득 채운 주머니와 같으며, 난대·정위가 작고 코의 두 갓이 가지런하고 둥근 모양이다. 초년부터 죽을 때까지 토지와 재물이 성하고 공명도 얻어 5급 시험에 응시하여 높은 점수를 얻어 상을 받아 걸어 놓게 된다.

⑤ 양의 코 : 호양비(胡羊鼻)
양의 코와 같음을 말하는데 코가 크고 준두가 풍만하며 난대·정위가 또한 풍만하고 산근과 연상 수상이 뼈가 솟지 않으면 많은 재물을 얻어 부귀를 누린다.

⑥ 사자 코 : 사자비(獅子鼻)
　사자 코는 산근·연상·수상이 낮은 듯 평평하고 준두가 풍만하고 크며 난대·정위가 대칭이 된다. 형체가 사자의 모양과 비슷하면 부귀를 얻게 되지만 그렇지 않으면 재물이 늘었다 줄었다 한다.

⑦ 쓸개 코 : 현담비(懸膽鼻)
　부귀 수복할 상이다. 코의 모양이 달아맨 쓸개와 같고 준두가 가지런하며 산근이 끊어지지 않고 기울지 않으며, 난대·정위가 뚜렷하지 못하고 작으면 부귀영화가 장년기에 돌아온다.

⑧ 코뿔소 코 : 복서비(伏犀鼻)
　코뿔소의 코는 콧대가 산근에서부터 인당을 거쳐 천정까지 뼈가 곧게 솟은 것을 말하며 살이 너무 찌지 않고, 뼈도 앙상하게 솟지 않으면 신이 맑아 높은 지위의 벼슬에 오른다.

⑨ 원숭이 코 : 후비(猴鼻)
　원숭이 코를 닮으면 빈궁하고 의심이 많으며 인색하다. 그러나 산근과 연상·수상이 평대하고 난대·정위가 분명하며, 준두가 풍만하여 홍색을 띠고 콧구멍이 보이지 않는 상은 부귀를 누리는데 간정을 통하는 일이 생길 수 있다.

⑩ 매부리 코 : 응취비(鷹嘴鼻)
　매부리 코는 콧대의 등이 드러나고 준두는 뾰족하며 매부리와 같이 끝이 안으로 휘어진 상태로 크게 악하고 간사한 성품을 지녔다. 난대·정위가 모두 짧고 오그라졌으며 사람의 마음과 골을 쪼아 먹는 간악한 무리이다. 이기적이고 악하여 사람을 상하게 하므로 보복을 당하기 쉽다. 직감력이 날카롭고 장사하는 재주가 있어 부를 이룬다. 거만해서 인망이 없고 만년에 쓸쓸하다. 여성은 허영심이 강하다.

⑪ 개 코 : 구비(狗鼻)
　투기를 좋아하는 간사한 성격이다. 개의 코처럼 준두가 있어도 없는 것 같으며 산근도 낮아 마음을 헤아리기 힘들고 평생을 분주하게 살아야 한다. 개 코는

연상·수상 부위의 뼈가 봉우리처럼 솟고, 준두·난대·정위가 뻐끔히 들려(들창코 같음) 두 구멍이 휑하게 들여다보인다. 이러한 코를 가진 사람은 의리는 있다 하나 흠이라면 도둑질인데 끼니가 돌아올 때마다 곤궁할 상이다.

⑫ 붕어 코 : 즉어비(鯽魚鼻)

붕어코를 가진 자는 빈천하고 사람됨이 졸렬하다. 연상·수상이 높이 솟아 물고기 등뼈와 같은 상으로 산근이 가늘고 작으며 준두가 늘어졌다. 이러한 상은 골육간의 정이 멀고 여기에 눈동자가 희고 불거져 나오면 일평생 먹고 입는 걱정이 떠날 날이 없다.

⑬ 소 코 : 우비(牛鼻)

소의 코는 풍만하고 가지런하며 산근이 깊고 난대·정위의 모양이 분명하다. 연상·수상이 지나치게 높지도 않고 연약하지도 않게 적당하면 부하여 금화가 날로 쌓이고 집안의 식복이 넘쳐난다.

⑭ 절통 코 : 절통비(截筒鼻)

절통 코는 둥글고 긴 대롱을 일직선으로 쪼개어 엎어 놓은 것 같은 모양을 말하는데 이러한 코를 지니면 부귀공명을 누린다. 준두가 가지런하고 콧대가 곧고 바르며 산근이 약간 연약하고 연상·수상이 모두 풍만하면 중년에 부귀를 이루고 집안을 크게 일으키는 상이다.

⑮ 오목 코 : 편요비(偏凹鼻)

연상·수상이 낮고 오목하며 산근도 가늘고 코와 얼굴이 균형을 이루지 못하고, 준두·난대가 쪼그라지거나 삐뚤어진 것 등은 모두 좋지 못한 상이니 단명·빈천하지 않으면 일생동안 질병에 시달린다.

⑯ 봉우리 코 : 고봉비(孤峯鼻)

중년에 실패할 상이다. 외로운 봉우리가 홀로 남은 형으로 모두 흉하고 위태로우며, 사업을 시작하면 낭패를 보고 고생할 상이다. 준두에 살집이 없고 구멍이 크게 보이고 두 관골은 낮고 빈약한데 코만 홀로 뾰족하게 높이 솟은 형상을 말한다. 이러한 상을 가진 자는 고독하고 재물이 모이지 않으며 재앙이 많다. 중이 되어 산문에 기탁하면 재앙이 사라지고 수명은 보전한다.

⑰ 세번 굽은 코 : 삼만삼곡비(三彎三曲鼻)
코가 세 번 휘어진 자(三彎)를 반음살(反吟殺)이라 하고, 세 번 굽은 자(三曲)를 복음살(伏吟殺)이라 한다. 반음살이 있으면 대를 이을 자식이 없고 복음살이 있으면 남자는 홀아비요, 여자는 과부운을 면치 못한다.

⑱ 칼등 코 : 검봉비(劍鋒鼻)
콧대의 등이 드러나 칼등처럼 생기고 준두에는 살이 없고 콧구멍만 크게 보이는 상을 검봉 코라 한다. 이러한 상을 지닌 자는 간사스러운 꾀를 좋아 하고 성질이 험상궂고 악한데 형제와 인연이 없고 자식을 힘들게 하며 평생 편할 날이 없이 고생스럽고 고독하다.

⑲ 노루 코 : 장비(獐鼻)
노루 코를 닮은 자는 의리가 박하고, 재물을 탐하며 질투가 많고 배신한다. 코가 작고 준두가 뾰족하며 콧구멍이 빤하게 보이며 콧등에 잔주름이 많으면 힘들게 일을 하여도 보탬이 없고 조상으로부터 물려받은 재산도 지키지 못하고, 사업을 해도 실패를 반복하여 하게 되는 것을 막지 못한다.

⑳ 큰 원숭이 코 : 성비(猩鼻)
큰 원숭이(성성이)의 코는 콧대가 높은 것이 특징인데 의리 있고 부귀하며 풍류를 좋아한다. 성성이의 상은 콧대가 높고 눈썹과 눈이 서로 닿을 듯 가깝게 붙어 있는 반면에 머리털과 수염은 거칠고 얼굴이 넓고 입술이 쳐들리고 몸집이 넓고 두터우면 마음이 너그럽고 덕이 높으며 귀하고 영특하여 그의 행동에 호쾌한 기상이 있다.

㉑ 살이 없는 코 : 노척비(露脊鼻)
고독하고 빈천하다. 코에 살이 없어 뼈만 솟고 산근이 작으며 전체의 모양이 거칠고 속되며 눈에 신이 없어 어두운 상이다. 코는 토(土)요 토는 흙이니 흙의 질에 따라 만물이 성하고 쇠(衰)하는 이치와 같다. 코가 위와 같이 좋지 못하면 평온함이 있을지라도 고독하고 빈천함을 면하지 못한다.

㉒ 들창 코 : 노조비(露竈鼻)
  빈궁하고 궁핍하여 고생을 많이 한다. 콧구멍이 크게 들여다보이는 코를 말하는 것으로 주로 빈궁한 상이다. 콧구멍이 크고 코가 높고 구멍이 길면 집안에 의식이 궁핍하다. 이러한 코를 가진 사람은 몹시 어려운 고생으로 괴로움을 받게 되고 고생이 많아 타향을 오랫동안 나돌아 다닌다. 활동력이 왕성하고 쾌활하지만 성미가 급하고 실천력이 있다. 중년이후 운이 쇠퇴한다.

㉓ 사슴 코 : 녹비(鹿鼻)
  사슴의 코는 풍만하고 가지런하며 준두가 둥그스름한 것이니 마음이 너그럽고 걸음이 빠르고 인의가 온전하다. 놀라고 의심하고 앉았다 일어났다 안정하지 못하나 복록이 많은 상으로 점차 가산이 증가한다.

㉔ 원숭이 코 : 원비(猿鼻)
  마음이 인색한 상이다. 원숭이의 코처럼 뼈가 드러나면 준두가 뾰족해 탐욕이 많다. 원숭이 코 형상을 가진 자와는 사귀지 말아야 한다. 콧구멍이 매우 작고 입은 몹시 뾰족하며 성질은 미치광이처럼 발광적이고 경솔하고 조급하여 존엄성이 없다. 성품은 신령스러워 걸핏하면 성내고 질투하며 근심이 많고 암암리에 남을 속이며 꽃과 과실을 상시 손으로 비비기를 좋아 한다.

2) 코를 관찰하며 읽기

① 개요
✿ 코가 윤택한 자는 재운이 좋다.
✿ 코는 재물을 모으고 보관하는 곳이다.
✿ 콧날이 우뚝 서고 직선 모양을 갖춘 사람은 높은 이상을 가진 사람으로 미적 감각이 뛰어나다. 미인을 선호하다 혼기를 놓치는 경향이 있다.
✿ 코는 자존심이다. 코가 크면 본인만 잘난 줄 안다.
✿ 코는 나의 위상이며 건강, 명예, 골격을 관찰한다. 재운과 인간성, 대인관계, 가족생활, 지능, 행동력, 섹스 등을 보는 자리이다.

- 콧대가 높고 풍후한 자는 장수 한다.
- 단정하게 생긴 코를 가진 사람은 의외의 돈을 얻어 횡재하고 자수성가 한다. 귀와 입, 손이 두터우며 머리와 허리가 둥글면 오랫동안 부유한 생활을 누릴 수 있다.
- 코의 기운이 제대로 발휘되기 위해서는 산근이 평원하고 유연하게 잘 생겨야 하고, 좌우 광대뼈가 적당히 솟아 보좌 역할을 잘해줘야 재물운이 들어온다.
- 코가 현담(쓸개)과 같은 자는 부귀하다.
- 코는 비록 낮지만 눈 안에 神이 감춰져 있고 신체 또한 우람하며, 눈썹 털, 구레나룻, 수염이 드문 사람은 부를 이룩할 수 있다.
- 코의 상이 비록 아름답지만 천창이 요(凹)자처럼 움푹 내려앉으면 쉽게 성공하고 쉽게 실패한다. 광대뼈가 솟지 않은 사람은 더욱 심하다. 41~47세가 가장 좋다.
- 코는 얼굴 중앙 부위에 가장 많이 돌출된 부분이며, 다른 돌출 부분인 미간, 광대뼈, 턱이 코를 지원하는 형태를 하고 있으면 매우 좋은 관상이 된다.
- 코가 이마까지 골이 솟은 자는 이름을 천하에 날린다.
- 여자 코가 너무 크면 남성적이다. 코가 작으면 소심하다.
- 코가 부귀할 상이지만 눈썹, 눈, 귀가 흉상이면 비록 부귀할지라도 비명에 죽는다.
- 계란형 코는 강인하기 때문에 하고자 하는 일은 반드시 한다.
- 코가 단정하고 풍성하며, 산근이 솟고 미간이 평만한 사람은 자녀가 총명하다.
- 비량(콧대)이 풍부하고 위쪽까지 연결된 사람이 눈이 수려하고 안신이 숨어 있고 눈썹이 수려하면 31~50세 사이에 운이 계속 따른다.
- 살이 두툼한 코는 사고력이 왕성하고, 건강하고 정력이 강하며, 활동적이어서 사회에 진출하면 성공한다. 여성은 결혼생활이 풍요롭다. 고집쟁이라는 말을 듣는다.
- 살집이 좋고 산근이 높은 코는 출신이 좋다는 의미이며 만능형이다. 역량, 판단력, 강한 의지로 이름을 날리고 휴머니스트이다. 자신을 완성시키는 일이 중요하다.

② 산근
- 코는 오장 중에 위장에 해당한다. 위가 허약한 사람은 산근이 약하다.

✪ 명궁이 좋을 경우에는 산근이 꺼져도 41~43세 때의 어려움이 없다.
✪ 산근은 코의 뿌리에 해당하고, 지력과 책임감, 건강, 명예욕을 나타내는 자리이다. 이 곳에 점이나 흠이 있으면 수명이나 건강, 가정생활에 문제가 일어나기 쉽다.
✪ 산근이 끊어진 사람은 자식이 늦게 생기거나 자식 복을 누리기 어렵다.
✪ 산근이 낮고 납작하거나 비뚤어진 사람은 밖으로 드러나지 않는 숨은 병이 있으며 장수하기 어렵다. 또한 의지력이 약하고 비굴하여 곤란한 일이 생기면 도피한다.
✪ 산근이 풍만한 사람은 욕망과 의지력이 강하고 애정과 명예를 소중히 여긴다.
✪ 산근이 높지만 좁고 살이 없는 사람은 성격이 급하고 열성적이다. 책임감이 강하고 성실하지만 사업에 성공하기 어렵고, 선천적으로 순환기 계통에 숨은 병이 있다.
✪ 코가 산근에서 인당까지 곧게 뻗은 자는 미모의 처를 얻을 상이다.
✪ 산근에 흑기가 짙으면 큰 병을 앓고, 백기가 짙으면 부모상을 당할 수 있다.
✪ 코가 오목하거나 산근이 끊긴 여성은 남편에게 무시를 당한다.
✪ 코의 산근이 풍만하고 뼈가 솟았으며, 머리 정상이 오목하게 들어가고, 침·뇌가 평평하며, 눈이 혼탁한 사람은 일찍 죽지 않으면 고독하다.
✪ 코의 산근이 풍성하고 눈썹도 좋으면 부귀를 누리며 형제자매도 성공할 수 있다.
✪ 산근이 넓은 여성은 혼인이 원만하다. 그러나 눈동자 또는 神이 드러나고, 삼각안, 백안, 사시, 투시 그리고 눈이 황색인 여성은 혼인이 원만하지 않다. 이혼한다.
✪ 산근이 넓은 경우 준두와 비익의 상이 좋지 않으면 41세에 중병에 걸릴 수 있다. 이때 산근은 火에 속하고, 준두와 비익은 土, 준두의 단은 水에 속한다.
✪ 산근이 두툼한 여성은 시댁에 부동산이 많다. 그러나 산근이 끊긴 여성은 재산이 있는 남편에게 시집가기 어렵다.
✪ 코가 작고 산근이 낮으면 평생 고생스럽고 육친 간에 도움을 나누기 어렵다. 그러나 눈에 안신이 있거나 귀가 크고 얼굴에 바짝 붙어 있으면 흉이 반감된다.
✪ 코의 산근이 끊어지고 미간이 깊이 파인 여성은 부부간의 감정이 좋지 않다.
✪ 코의 산근이 깊고 머리카락이 난 언저리와 산림, 천창이 넓은 사람은 육친과의

연이 많고 가세가 부유하며 선조의 비호를 받는다.
- 산근은 조상의 기운을 담고 있고, 코는 나 자신이다. 산근을 지적인 영역으로 본다.
- 코의 산근이 깊으나 넉넉하지 않으면, 즉 뼈는 있고 살이 없으면 청렴하고 고상할뿐 평생 순탄하지 않다.
- 산근이 깊고 살이 없거나 좁은 사람은 아내를 형하고 자식을 극한다.
- 산근이 끊어진 사람은 선조의 유산을 이어 받을 수 없고, 부모의 도움도 못 받는다.
- 코의 산근이 풍만하며 배가 둥글고 엉덩이가 풍만한 사람은 남녀를 막론하고 규방의 즐거움을 누릴 수 있다.
- 산근이 낮으면 집안에 환자가 끊이지 않는다.
- 산근의 눈과 눈 사이가 좁으면 이혼수가 있다.
- 산근에 대한 길흉은 26세, 30세, 41세에 반드시 나타난다.
- 산근이 끊어지면 30세 전에는 재물을 못 얻고, 돈을 벌어도 41세 전에 망한다.
- 산근 나이에 직장을 옮긴다. 산근이 꺼졌을 경우 41~43세 때이다.
- 산근에 각이 있는 높은 코는 자기 판단에 확신이 있고, 정의감이 강하고 사려가 깊으며, 발전하고자 하는 의욕이 넘친다. 여성은 눈이 높아서 혼기를 놓치기 쉽다.
- 산근이 둥그스름하고 크고 높은 코는 사고가 대담하여 활동적인 노력파이다. 총명하나 완고하며, 인생을 개척하여 성공한다. 돈과는 인연이 부족하다.
- 눈보다 낮은 산근은 경쟁심이 부족하고 겁이 많으며, 사려가 깊지 못하고 낭패 보는 일이 많다. 질병에 주의해야 하며, 결혼운이 불안하다. 낭비를 줄여야 한다.
- 산근에 나쁜 색이 비치면 흉한 일이 발생한다.
- 코의 산근이 끊어진데다 용모가 수려하지 않은 사람은 중년에 사업이 실패하고 노년에는 빈궁하다. 그러나 눈에 神이 숨어 있으면 전화위복이 되어 흉이 반감된다.
- 산근이 끊어지고 용모가 수려하지 않으면 중년까지 성공이 적으나, 여기에 눈썹이 진하고 수려하며 지각이 둥글면 만년에 뜻을 이룰 수 있다.
- 코의 산근 상단에 희미한 사마귀나 반점이 있으면 소송사건이 생긴다.
- 산근에 횡문이 있는 여성은 남편운이 순조롭지 못하며 성에 대해 무감각할 수

있다. 산근에 삼직문이 있으면 음탕하며 성격이 편협하다.
✿ 산근에 상처나 흠이 있으면 애정문제가 좀처럼 풀리지 않는다. 상대방이 사업에 실패하거나 병으로 사망하는 일을 겪으며, 결혼을 했더라도 반드시 남편을 극한다. 이혼하지 않으면 남편의 사업이 반드시 실패한다.
✿ 산근 및 연수가 유연하여 뼈가 없는 사람은 요절한다.
✿ 산근이 손상되고 흠집이 있으면서 눈이 황색이고, 눈썹이 굵고 미간이 움푹 들어갔으며, 광대뼈가 손상된 사람은 의외의 사고로 사망하거나 부상을 당한다.
✿ 산근과 연수가 낮고 평탄한 여성은 의지가 약하고 즉흥적이며 급하다. 혼인이 원만하지 못하고 일생동안 재산을 모으지 못하며, 피비린내 나는 사건을 만날 수 있다.

③ 질액궁
✿ 질액궁은 얼굴에서 질병을 알아보는 자리로 산근, 연상, 수상을 통해서 본다.
✿ 질액궁은 양 눈 사이의 산근을 말하며 건강, 질병, 길흉, 재난을 살피는 곳이다. 항문과도 연관이 있다.
✿ 질액궁 자리가 꺼진 경우 2~3년 또는 3~4년에 한차례씩 어려움이 온다.
✿ 질액궁은 육친관계를 보며 꺼지면 힘든 일이 발생하고, 부모덕이 없으며 삶의 여유와 어려움이 교차한다. 재앙을 보는 자리가 된다.
✿ 뾰족하고 폭이 좁으며 뼈가 앙상한 산근은 몸이 약하고 싫증을 잘 내고, 신경질적이며 버릇이 없고 타산적이다. 고독한 인생살이가 된다.

④ 연수
✿ 코의 연수가 솟고 넓은 사람이 얼굴과 다른 궁에 큰 결함이 없으면 설사 부귀하지 않더라도 복과 장수를 누린다. 연수가 파이고 기색이 어두우면 요절할 수 있다.
✿ 코의 연수가 넉넉히 솟고 넓으면서 준두가 둥글고 두터우면 빈손으로 창업하여 부를 이룩한다. 오형과 오관이 잘 조응하고 눈이 맑고 빛이 살아 있다면 거부가 된다.
✿ 연수 뼈가 철(凸)자처럼 돌출된 여성은 고집이 세어서 남에게 굴하지 않으며 독립성이 강하다. 남자 같은 기개가 있어서 과감하게 행동하고 용감하게 책임을 진다. 성격이 급해서 남편을 형하고 자식을 극한다.

✿ 연수가 요(凹)자처럼 꺼졌으면서 이마가 높은 여성은 혼인이 좀처럼 성사되지 않거나 집안에서 반대하는 결혼을 한다. 결혼생활도 원만치 않아 이혼하기 쉽다.

✿ 연수가 낮고 구부러진 사람은 아내를 형하고 자식을 극한다. 중년에 배우자를 잃거나 후처를 얻는다.

✿ 연수에 횡문이 있거나 상처가 있는 사람은 배우자가 신체에 쉽게 상해를 입을 수 있다. 심지어는 배우자가 난산으로 사망할 가능성도 있다. 연수에 주름, 사마귀, 반점 등이 있는 것도 좋지 않다.

✿ 연수의 뼈가 돌출되거나 높게 솟은 사람은 청소년기에 부모를 형극하거나 부모와 연이 없다. 또한 중년에는 배필을 형극한다.

✿ 연수가 움푹 들어간 사람은 44세에 상복을 입을 수 있다.

✿ 연수에 희미한 사마귀가 있으면 병이 있는 남자에게 시집갈 수 있고 남편 때문에 고생한다. 남편을 극하고 재가할 수 있다.

✿ 연수가 두툼하면 병이 적고 남편의 신수가 좋으며 자식 또한 우수하다.

✿ 연수의 핏대가 미간까지 솟아오른 여성은 남편을 해칠 수 있다. 핏줄이 미간까지 이르지 않았으면 생각만 있을 뿐 행동으로 옮기지는 않는다.

✿ 연수의 붉은 핏줄이 인당까지 뻗은 여성은 남편을 극하고 자녀를 형한다.

✿ 연수부위에 횡사문이나 갈고리모양의 주름이 있는 여성은 자녀를 극하고 남편을 형한다.

✿ 코의 연수가 삐뚤어져 바르지 않은 사람은 31~47세 사이에 사업상 좌절이 온다.

✿ 코의 연수 뼈가 돌출된 사람은 31~32세, 37~38세, 44~45세에 반드시 심한 좌절에 빠지고 타향에서 객사할 수 있다.

✿ 연수의 관절이 튀어나온 여성은 병자에게 시집가며, 남편을 극하고 과부가 된다.

✿ 연수가 평탄하게 내려앉거나 준두가 둥글고 살이 있는 여성은 부부가 서로 지향하는 것이 달라 한 이불속에 있으면서도 다른 꿈을 꾼다.

✿ 연수가 돌출되거나 옆으로 긴 사람은 성격이 강하고 독하여 범법자가 될 수 있다.

✿ 연수가 돌출 되었지만 옆으로 길지 않은 사람은 성격이 급하고, 고집이 세어서 남에게 굴하지 않고 마음대로 행동하기 쉽다. 체면을 중시하고 타협하지 않는

다.
- 연수에 천(川)자문이 있으면 지혜가 특출하고 귀하지 않고 부하지만 거짓말을 한다.
- 수상에 점이 있으면 요통으로 고생하고, 난대 정위까지 점이 있으면 익사하기 쉽다.
- 연수가 선천적으로 오목하게 들어가고, 후천적으로 색이 탁하고 어두우면 마음이 평온하지 않고 불안하며 의심이 많고 매사에 결단력이 없다.
- 연수에 핏대가 드러난 사람은 31~45세 사이에 사고가 있으니 조심해야 한다. 만약 적색이 돈다면 수재나 화재를 조심해야 한다.
- 연수가 꺼지고 약한 사람은 의지가 약하고 독립적인 기개가 부족하지만, 심성은 선하여 남을 돕는 것을 기쁘게 생각한다. 하지만 장수를 누리기는 어렵다.
- 웃으면 연수에 주름이 생기는 사람은 임기응변이 능하나 작은 이익을 쫓다가 큰 것을 잃는다. 성격은 오만해 잘난체하는 경향이 있으며 언쟁을 좋아해 친구가 적다.
- 연수에 살이 없어 앙상하거나 요(凹)자처럼 납작하며 푹 꺼진 여성은 남편을 극하고 재산을 탕진한다. 즉흥적이고 불량하며, 건강도 안 좋다. 산근이 낮으면 심하다.
- 연상, 수상이 검고 **뼈**가 죽은 자는 천하지 않으면 요사한다.
- 연수가 칼등처럼 휘어진 여성은 성격이 오만방자하고, 남편을 기만하고 자식 복이 없어 평생 고생한다.
- 코의 연상, 수상은 콧대와 인당을 같이 보고 기운을 읽어야 한다.

⑤ 준두

- 준두가 둥글고 살이 있으며, 산근이 낮고 콧방울이 좌우로 긴 사람은 정력이 강하고 재산 운이 좋다. 이마가 높고 광활하다면 귀하게 된다.
- 코가 둥글면 성격도 둥글다. 웃으면 코에 힘이 들어가고, 자신감이 있으면 콧방울에 힘이 들어가서 둥글어진다.
- 준두가 둥글고 두터운 여성은 성격이 따뜻하고 온화하며 남편의 운세가 좋다.
- 준두가 비록 둥글고 두텁지만 산근이 끊어지면 부를 못 이루고 평생 고생한다.
- 준두가 풍만하면 부자가 된다. 재백궁은 현금 등 동산을 관장한다.
- 준두가 풍후한 자는 독하지 않다.

- 준두가 뾰족한 자는 간사한 사람이다.
- 준두는 상처가 없고 원만하면 가정이 편안하고 만사가 순조롭다. 단 남자는 결혼해야 한다. 콧등이 좋으면 재물이 넉넉하다.
- 준두가 맑고 깨끗하면 재록이 풍성하여 일생이 안락하다.
- 준두는 욕망을 나타내고, 난대와 정위는 창고를 나타낸다.
- 준두가 둥글고 바르면 밖에서 의식을 얻는다.
- 준두가 늘어져 수성(입) 위로 엎드려 있고, 입술위에 수염이 없는 사람은 통솔력이 없어 공직에 종사한다면 직위가 높지 않다. 상업을 해도 소득이 적다.
- 준두에 흠집이 있는 사람은 부모와 배필을 형극하며 외상으로 인해 상이 나빠질 수 있다. 반평생 고독할 상이다.
- 준두가 날카롭고 잇몸이 드러났으며 결후가 있는 여성은 집안이 파산하고 남편을 극한다. 단 준두가 둥글면 남편은 극하지 않고 파산만 한다.
- 코가 높고 크며 준두가 옆으로 긴 여성은 성격이 강직하며 혼인이 원만치 않다.
- 준두가 날카로워 갈고리 형상을 띠며 마치 꾀꼬리 입 같은 사람은 44~48세 사이에 사업에 실패하거나 소송에 휘말려 파산하는 재난이 있다.
- 준두에 붉은 기가 자주 도는 사람은 평생 재산이 모이지 않으며 빈곤한 노년을 보낸다. 준두의 기색은 누렇고 윤기가 있으며 밝은 빛이 나는 것이 좋다.
- 준두의 기색이 붉은 경우 쉽게 위험한 일을 만나 사망할 수 있다. 특히 화재를 주의해야 한다. 명문과 천중에 사마귀가 있으면 흉이 더욱 심하다.
- 준두에 갑자기 붉은 핏줄이 나타나면 시비나 흉·재가 있거나 재산 손실이 있다.
- 준두는 코끝 부분에 있으며, 애정운이나 금전운, 자존심을 살펴보는 자리이다.
- 준두의 콧방울이 크고 형태가 길게 나와 있으면 재운이 좋고, 사업이나 인간관계가 좋다. 둥근 코끝을 가지고 있는 사람은 돈에 흥미를 갖고 잘 모은다.
- 콧방울이 없고 준두가 높은 것은 대를 이을 자식이 없거나 아들 하나에 딸이 많다.
- 남자는 준두와 난대, 정위를 보면 연애운을 살필 수 있다.
- 준두가 풍만하고 두터우며 큰사람은 성격이 열정적이며 상냥하다. 심성이 선하여 남을 잘 돕는다. 그러나 얼굴색이 지나치게 흰 사람은 탐욕스럽고 교활하다.

✧ 준두 끝 콧구멍사이 가운데 부분이 길게 돌출되면 예술적 감각이 뛰어나다.
✧ 준두의 뼈가 천정을 행해 뻗어 콧구멍이 쳐들려 드러나거나 콧방울이 없는 사람은 중년에 크게 실패할 수 있다.
✧ 준두가 매우 뾰족하면 노년에 이성으로 망신을 당한다.
✧ 돈을 버는 곳은 준두를 보고, 돈을 챙기는 곳은 콧방울을 본다.
✧ 준두가 날카로운 갈고리나 매의 입 같은 사람은 심성이 악독하고 음흉하며 다른 사람의 말을 듣지 않는다. 여기에 눈이 악하면 더욱 심하다.
✧ 콧구멍이 쳐들려 드러나고 산근이 높고 준두가 날카로운 사람은 급사할 수 있다.
✧ 준두가 위로 들리고, 윗입술이 위쪽으로 뒤집어지면 정조관념이 없다.
✧ 준두가 위로 들린 사람은 의심이 많고 논쟁하기를 좋아하며 진정한 친구가 없다.
✧ 준두가 늘어지면 인중이 짧다. 챙길 것을 잘 챙긴다.
✧ 준두가 둥글고 크며 부족하지 않으면서 빛깔과 광택이 거무스름하면 소화기능에 장애가 있다. 성격이 즉흥적이고 의지가 박약하며 변덕이 심하다.
✧ 준두가 아주 작은 사람은 도량이 작아 큰일을 이루지 못한다.
✧ 준두에 갑자기 검은 반점이 나타나면 재산을 잃거나 직장을 잃을 수 있다.
✧ 준두의 콧방울이 풍만한 여성은 유방과 엉덩이가 풍만하다. 준두의 전단 및 콧방울 전단은 여성의 생식기 계통과 관계가 있기 때문이다. 또한 여성의 발과 뒤꿈치는 유방과 엉덩이의 풍만함을 검증하는 곳이다.
✧ 준두 비율은 난대 1, 준두 2, 정위 1이 좋다.
✧ 코끝이 짧으면 부모 재산이 있어도 탕진한다.
✧ 준두가 늘어지거나 옆으로 길면 성기능이 강하여 색을 밝힌다.
✧ 콧날이 뾰족한 코는 신경질적이며 까다롭고 미인형이다. 예술적 재능이 있으나 건강이 좋지 않다. 차가운 성격으로 자존심이 강하고 이기적이다.
✧ 준두가 날카롭고 갈고리 형상을 띠며 매의 입 같은 사람은 아내를 형하고 자식을 극한다. 또한 육친이 서로 화합하지 않는다. 머리가 크면 흉이 더욱 심하다.
✧ 준두 끝이 뾰족하고 날카로우면 교활하며 물귀신 작전을 구사한다. 이런 사람과 거래 하려면 법을 잘 알아야 한다.

✿ 준두가 왼쪽으로 치우치면 부친과 아내를 극한다. 준두가 오른쪽으로 치우치면 모친을 극하고 자녀에게 재난이 있다.
✿ 준두에 살이 없는 사람은 냉정하고 독하다.
✿ 준두는 수입과 지출(콧구멍의 크고 작음)을 보는 자리이다.
✿ 준두의 전단(前端) 및 중격(中鬲 : 콧구멍 사이를 막는 연골)이 안으로 거두어지면 남녀를 막론하고 늦게 결혼하거나 평생 결혼하지 못한다. 결혼을 해도 반드시 이혼하거나 배우자를 형극한다.
✿ 준두가 두루뭉술하고 단정하면 성격이 좋다.
✿ 준두가 뾰족한 경우는 학문을 전공해야 하며, 사업을 하면 잘 안 된다.
✿ 준두의 기색이 검어지면서 입술과 명문의 기색도 검다면 죽음이 닥친 것이다.
✿ 여름과 겨울을 막론하고 준두에 자주 땀이 나는 사람은 늙을 때까지 고생하고 금전이 모이기 어려우며 신세가 몰락한다. 성격도 괴팍하여 고독하다.
✿ 콧날이 뾰족하며, 코끝이 뾰족하고 작으면 빈천한 상이다.
✿ 뾰족하고 직선인 코는 예술을 하는 사람들에게 가장 많이 나타나는 코이다. 강하고 독특한 개성을 소중히 생각한다. 여자는 공주병이 다분히 많아 치장을 잘 한다.

⑥ 난대 정위(콧방울)

✿ 난대 정위가 좋은 사람은 부귀하다.
✿ 활동력은 콧방울의 난대와 정위가 힘이 있나 없나를 보며, 힘이 있고 탄력이 있으면 활동력이 좋다.
✿ 콧방울이 크고 팽팽한 사람은 생활력이 강하고 금전운이 뛰어나게 좋으며 자기운도 좋아 반드시 출세한다. 또한 결정이 빠르고 지도력이 있다.
✿ 콧방울이 크고 살이 두터운 사람은 일찍 출세하여 재산을 모으며 거부가 된다.
✿ 콧방울이 작고 단단한 사람은 착실하며 근면하기 때문에 착실한 직업에 적합하다.
✿ 코는 작아도 구멍이 크거나 콧방울이 하나는 크고 하나는 작으면 성격이 급하고 즉흥적이다. 평생 재산에 손실이 많고 성공이 적다. 일시적 성공을 거두었다가 50세 이후엔 빈곤하게 산다. 또한 도박을 좋아하는데, 큰 승부에서는 패배한다.
✿ 콧방울이 크고 얇은 사람은 성격이 즉흥적이고 명랑하며, 솔직하여 입바른 소

리를 잘한다. 절제력이 없고 체면을 중시하여 쓸데없는 일에 노력을 기울인다.
✿ 코의 난대가 정위보다 약간 더 뚜렷하고 두터운 사람은 음성적인 수입이 많고, 정위가 난대보다 조금 더 뚜렷하고 두텁다면 부동산 같은 재산이 많다.
✿ 코에 난대와 정위가 없는 사람은 이치에 맞지 않는 경제관념을 가져 평생 재산이 모이지 않는다. 그러나 준두가 풍만하고 눈이 수려하면 흉이 반감된다.
✿ 콧방울이 너무 크면 돈이 많지 않다.
✿ 콧방울이 아주 얇은 사람은 성기능이 약하고 평생 재산을 모으기가 어렵다. 남성은 고환의 발육이 좋지 않고 여성은 난소의 발육이 좋지 않다.
✿ 콧방울이 서지 않는 여성은 평생 빈곤하다. 만약 콧방울이 도톰하고 빛깔이 누렇고 분명하면 남편의 신수가 좋아 집안을 일으킬 수 있다.
✿ 코가 곧고 콧방울이 단정하고 두툼한 여성은 정직하며 집안 살림에 능하다.
✿ 난대, 정위가 대칭을 이루지 않으면 재물을 보전하기 어렵다.
✿ 콧방울과 코끝이 둥글고 큰 코는 자아가 강하고 욕망이 크다. 행동이 민첩하고 미래를 내다보는 힘이 있다. 건강하고 생활력이 강하며 금전운, 정력이 강하다.
✿ 코는 낚시 바늘 같이 난대와 정위가 좋고 빵빵해야 한다.
✿ 코의 난대와 정위는 힘이 있고 구멍이 안보여야 한다.
✿ 난대에 흠집이 있으면 44세 때에 큰 손해를 본다. 정위에 흠집이 있으면 45세 때에 재산을 잃을 수 있다.
✿ 코의 난대와 정위는 자식복과 연결된다.
✿ 콧방울 양쪽이 검어지면 돈이 나간다.

⑦ 큰 코
✿ 큰 코는 자기주장이 강하고, 지도력, 공격력, 독선적, 활동적이며 자만하기 쉬우며, 적을 만들게 된다.
✿ 코가 크면 기의 순환 작용이 크므로 바깥 생활을 해야 한다.
✿ 큰 코는 개성이 강한 사람이며, 지도력이나 통솔력이 좋다. 코가 너무 크고 오뚝하게 솟았으면 거만하며 자기 밖에 모르는 사람이다.
✿ 코가 크고 입이 작으며 코끝이 쳐지면 50세쯤에 고비가 있고 재산을 잃을 수 있다.
✿ 큰 코는 처자식과 인연이 희박하고, 형제간, 인척간 인연이 없고 외롭다.

✿ 코는 크고 눈이 작으면 수명에 지장이 많다.
✿ 코가 크고 입이 작은 여자는 남편에게 사랑받기 힘들다. 스스로 식록을 해결한다.

⑧ 작은 코
✿ 작은 코를 가진 사람은 주변과 화합·협조를 잘하고 다른 사람과 예의를 중시한다.
✿ 작은 코는 자기주장이 없고 남의 의견에 찬성만하며, 다른 사람이 재능을 마음껏 펼치는 것을 보면 시기하고 남을 헐뜯는 버릇을 갖고 있다.
✿ 코가 아주 작은 사람은 성격이 활발하고 낙천적이며 자기 의견을 고집하지 않는다. 코가 작아도 힘이 있어야 한다.
✿ 코가 작고 납작한 사람은 일생동안 성공하기 어렵고 고독하며 빈천하다.
✿ 코가 작고 얼굴이 옆으로 긴 여성은 남편을 속이며 시비가 많다. 평생 결혼생활이 원만하지 않아 이혼하거나 재혼한다.
✿ 코가 작고 콧구멍까지 작으면 폐가 약하기 때문에 흡연은 곧 독이 된다.
✿ 코가 작고 납작하면 부부가 백년해로를 하지 못하고 자녀와도 인연이 없다. 그러나 눈이 수려하면 흉이 반감될 수 있다.
✿ 코가 작고 짧지만 흠집이 없으면서 산처럼 험준한 사람은 거듭하여 뜻을 이룬다.

⑨ 높은 코
✿ 높은 코는 자존심이 강하고, 허영심이 있고 공격적인 행동파이다. 야심가의 상이다.
✿ 코가 높지도 않고 낮지도 않으면 오복을 모두 갖춘다.
✿ 코가 높이 솟은 사람은 의지력이 강하며 기백과 창조력이 뛰어나다. 미간이 좁으면 사소한 일을 문제 삼는 등 도량이 넓지 못하다.
✿ 살집이 좋고 윤기가 있는 높은 코는 지능이나 역량이 우수하고 자기중심적이며, 자신감이 있으며 적극적이고, 결단력과 수행능력으로 이름을 날린다.

⑩ 낮은 코
✿ 낮은 코는 주어진 일을 잘 한다. 순종형이다. 낮고 작으면 본능적이고 융통성

이 결여되고 중년 이후에 운이 쇠퇴한다. 만면에 낮고 넓으면 평상시에는 착하고 인정이 있으나 성질이 나면 잔인하다.
✿ 콧대가 낮은 사람은 자존심이 강하지 않고 자신을 드러내지 않는다. 애교가 있고 주어진 일을 잘 처리하며, 주위 사람과 비교적 잘 어울리는 타입이다.
✿ 코가 낮고 짧으면 체력이 급격히 떨어진다.
✿ 코가 낮고 짧으며, 콧방울도 작은 빈약한 코는 금전운이 별로 없다.
✿ 낮고 작은 코는 공처가가 많으며 사고가 많다.
✿ 낮고 넓은 코는 본능적이며 화가 나면 무섭고, 잔인하며, 욱하는 성격이다.
✿ 코가 납작하고 낮은 사람은 결단력과 의지가 약하고 창조력이 부족하다.
✿ 코끝이 두툼하고 낮은 코는 사고방식이 원만하고 남에게 항상 친절하게 대하는 사람이다. 일에 열중하기 전에 올바른 가치 판단을 한다면 낭비벽을 고칠 수 있다.

⑪ 긴 코

✿ 긴 코는 침착하고 자신의 강한 신념으로 일을 처리한다. 순발력이 필요한 일은 맞지 않다. 여자는 기품이 있고 애교가 부족하나, 인정이 많고 생각이 깊다.
✿ 긴 코는 보수적이며, 높은 코는 자존심이 강하고 리더형이다. 낮은 코는 순종형이다.
✿ 코가 곧고 길며 견고하고 살이 있는 사람은 의지력이 강하고 건강하여 장수한다.
✿ 코만 눈에 띠게 크거나, 느슨해 보일 정도로 긴 코 역시 금전과는 인연이 박하다.
✿ 코가 길고 구멍이 드러나지 않은 사람은 원칙주의자이고 책임감이 강하며, 코가 길어 얼굴의 1/3을 넘으면 고집스럽고 융통성이 없으며 보수적이고 거만하다.
✿ 코가 길면 일처리가 답답하다. 순발력이 떨어진다.
✿ 코가 길고 좁으면 보수적이지만 순발력이 있다.

⑫ 넓은 코

✿ 넓은 코는 정력이 왕성하며 본능적이다.
✿ 넓은 코는 활동 범위가 넓고, 호기심이 많아 가만히 있지 못하는 성격이다. 금

전욕, 성취욕, 명예욕이 높아 항상 자기 발전을 위한 행동을 하는 사람이다. 남자는 정력이 왕성하여 한 여자로 만족을 못한다. 방해되는 일에는 무자비한 행동을 한다.

⑬ 좁은 코

✿ 좁은 코는 어떤 일이든 긁어 부스럼을 만든다. 매사가 신경질적이고 의심이 많아 소극적이어서 찬스를 잃는다. 호흡기 질환이나 갑상선 계통의 질병에 약하다.

✿ 좁은 코는 허약체질, 신경질적, 소극적, 기력과 호흡기가 약하고, 재력도 약하다.

✿ 얇고 뾰족한 코를 가진 여성은 자존심이 강하고 허영심이 많으며 버릇이 없다. 이상만을 좇아 만혼을 하거나 좋은 인연을 놓친다. 발전하고자 하는 욕구가 강하다.

⑭ 짧은 코

✿ 짧은 코는 항상 밝고 명랑하다. 서민적인 멋을 좋아하고 감정적인 사람이다. 논리적이고 객관적인 성격이 없고, 충동적으로 움직여 결단이 빠른 만큼 손해도 많다.

✿ 매우 짧은 코는 호흡기와 배설기의 기능이 약하며, 성격이 활달하지 못하다.

✿ 코가 짧고 콧구멍이 드러난 사람은 세심하지 못하나 사소한 일을 문제 삼지 않는다.

✿ 코가 짧고 함몰된 사람은 오장이 튼실하지 않고 병이 많아 단명하기 쉽다. 여기에 안신이 약하고 산근과 연수가 끊어지고 패였다면 수명이 더욱 단축 된다.

⑮ 매부리 코

✿ 콧날과 코끝이 뾰족하고 구부러지게 생긴 모양을 매부리코라고 하는데, 이런 사람은 성격이 험악하며 권모술수에 능하다.

✿ 매부리코는 인색하고 욕심이 많으며 냉정하고 이기적이다. 자신의 이익을 위해서는 적과도 동침한다. 자아도취가 강하고 거만하며 교활하다.

✿ 매부리코는 논쟁이나 다툼이 생기면 타협하는데 많은 어려움이 있다. 이해타산

이 매우 빠르고, 자신의 계산과 맞지 않으면 상대가 죽을 때까지 물고 늘어진다. 일이나 사랑 모두 까다로운 사람이다. 여자는 자궁 계통에 질병이 생길 수 있다.
✿ 중범죄를 지은 사람 열에 7~8은 코뼈가 확연히 드러나고 매부리코 형상에 가깝다.
✿ 코가 매처럼 꼬부라진 사람은 다른 사람의 등골을 빼먹는다.

⑯ 들창코
✿ 들창코는 낭비가 많아 수입보다 지출이 많으며, 창고가 비어 궁핍하여 집안에 재물이 없다. 원망이 많고 변명하기 좋아한다. 여성은 낭만적이어서 유혹에 약하다.
✿ 들창코는 정이 많고 돈을 잘 쓴다. 코가 들리면 하극상이다.
✿ 들창코는 사춘기에 많은 변화가 따른다. 이성에게 관심이 많아 남성의 유혹에 잘 넘어간다. 사소한 실수라도 하면 인정하고 수정해야 하는데 변명만 늘어놓는다.
✿ 콧구멍이 들려서 드러나며, 산근이 끊긴 여성은 남편이 감옥에 갈 수 있다.
✿ 재벌 회장은 들창코가 없다. 콧구멍이 보이면 돈이 나간다.
✿ 코가 들리면서 튀어나오면 사납고, 눈이 들어가면 독기가 있다.
✿ 콧구멍이 쳐들려 드러나 보이는 사람은 성격이 솔직하고 활발하고 시원스러워 입바른 소리를 잘한다. 악의는 없으나 비밀을 잘 지키지 못한다.
✿ 콧구멍이 하늘을 쳐다보면 여자는 남편을 극하고 자식을 돌보지 않는다. 만약 인중이 길고 좋으면 자식은 좋다.
✿ 콧구멍이 들려 드러난 사람은 재산을 모으기가 어렵고 모아도 쉽게 잃는다. 만약 콧구멍이 쳐들려 콧대와 마주치면 평생을 빈천하게 살고 타향에서 객사 한다.
✿ 콧구멍이 크고 들려서 드러난 여성은 질투심이 강하고 샘이 많다. 재정 관념이 부족하여 평생 재산을 모으기 어렵고 시집의 재산까지도 탕진한다. 성격도 즉흥적이며 낭비가 심하고, 광대뼈가 드러났다면 흉이 심하고, 만년에 고독하고 빈곤하다.

⑰ 주먹코

- 주먹코는 혼자만의 생각에 자주 잠기고 물욕이 강하다. 활동적이고 생활력이 왕성한 만큼 재운이 좋다. 사람을 쉽게 믿어 배반당하는 일이 생긴다. 과부상이다.
- 주먹코는 둥글고 크며, 재산 축적으로 풍족한 생활을 한다. 체면보다는 실용적이다.

⑱ 사슴코
- 사슴 코는 콧등이 휜 코를 말한다. 결단력이 빠르고 성격이 싹싹하며, 재능이 있는 경우 통솔력이 강하고, 없는 경우는 게으르다. 의협심이 강해 우두머리가 된다.

⑲ 삐뚤어진 코, 층이 진 코, 휘어진 코
- 삐뚤어진 코는 한 가지를 꾸준하게 하지 못하고 이것저것 손만 대다 손해를 많이 본다. 한쪽으로 흐르는 기운이 강해 사람도 정직하지 못하고 일이나 행동에 대한 변명만 늘어놓는다. 도박이나 여색을 탐하여 가정이 불안하고 편안할 날이 없다.
- 삐뚤어진 코는 인생의 변화가 많다. 화술이 좋아 사기성이 있다.
- 코의 좌우가 비뚤어진 여성은 세 번 이상 결혼한다.
- 층계 진 코는 성격이 완고하고 외고집이다. 남과 다투기를 좋아하고 승부욕이 강하다. 스포츠맨에 많고 45세 전후에 큰 변화가 있다.
- 콧등이 이단으로 층이 진 코는 시기가 심하고, 성미가 까다롭지만 활동적이다. 남자는 만년에 고독하고, 여자는 자기주장이 강하고 질투가 심하다. 낭비가 문제이다.
- 등이 휜 코는 대가를 치르는 한이 있더라도 자신의 목표를 이루는 야비한 행동을 한다. 돈 욕심이 많고 혼자만 잘 살아 보려는 마음이 강한 사람이다.
- 콧대가 굽어 있거나 점이나 상처 등이 있으면 윗사람과의 관계가 원만하지 못하고, 윗사람으로부터 좋은 평가를 받기 어렵다.
- 코가 여러 번 굽은 자는 고독하다.
- 코가 가지런하지 않고 휘거나 한쪽으로 기운 사람과는 협상이나 합작, 동업을 하지 않는 것이 상책이다.
- 콧대가 왼쪽이나 오른쪽으로 굽은 것을 반음(反吟)이라 하고, 콧대가 울퉁불

통한 것을 복음(伏吟)이라고 한다. 이런 사람은 남녀를 막론하고 쉽게 재산을 잃는다. 전자는 성격이 맞지 않아 많은 과실이 생기고, 후자는 과실로 인해 성격이 어긋난다.
✿ 코가 굽었거나 코가 작으면 스케일이 적다.
✿ 콧대가 휜 코는 자의식이 강하고 운세에 부침이 심하며, 병이 잦고 자기 불만이 많다. 수입이 한결같지 않은 상이다. 여성은 결혼생활이 불안정하다.
✿ 좌우 어느 쪽으로든 눈에 띄게 틀어지고 굽은 코는 수입이 안정적이지 못하며, 크게 돈을 벌었다 해도 곧바로 큰 손해를 본다. 중년이 되어 일이 막힐 수 있다.

⑳ 콧등
✿ 콧등의 뼈가 튀어나오면 오기와 근성이 있다.
✿ 콧등이 튀어 나오면 상대를 힘들게 하고, 한번 무시당하면 무시당한 만큼 복수 한다. 밥
✿ 콧등이 올라가면 자존심과 기지가 강하다.

㉑ 콧구멍
✿ 콧구멍이 보이면 돈을 함부로 쓰는 상이다. 낭비가 심해 재산을 모으지 못한다.
✿ 콧구멍이 작으면 소심하다. 목적을 정한 다음에도 실행에 옮기지 못한다.
✿ 콧구멍이 작으면 인색하다. 여기에 사독이 작고 손바닥이 두꺼우며 손가락이 짧으면 더욱 인색하다. 동시에 신경이 예민하고 일처리에 두서가 없다.
✿ 콧구멍이 작은 사람은 고환염에 쉽게 걸리거나 생식기 계통에 병이 있을 수 있다. 반면에 콧구멍이 크면 비뇨기 기능이 좋지 않다.
✿ 콧구멍이 옆으로 길면 우유부단하다. 매사를 부정적으로 생각을 하며, 남의 밑에서 부하노릇을 면하기 어렵다.
✿ 콧구멍 속에 털이 많으면 곳간에 곡식이 가득한 것으로 본다. 코털이 나오면 재물이 나간다. 코털을 뽑아도 재물이 나간다.
✿ 콧구멍에 털이 없으면 흉상이다. 평생 돈을 빌려 생활한다. 밖으로 나와도 안좋다.
✿ 콧구멍의 털이 밖으로 노출된 사람은 시비를 좋아하며 평생 고생하고 가난하

다.
- 콧구멍 주변이 깨끗하지 않으면 남자는 고환에, 여자는 자궁에 문제가 생긴다.
- 콧구멍이 메밀같이 생긴 사람은 잔돈에 벌벌 떤다.
- 콧구멍 안쪽에 사마귀가 있으면 돈 나가는 것을 막아 준다.
- 정면에서 콧구멍이 잘 보이지 않을 정도로 코에 살이 두툼하게 찐 사람은 재운이 좋아 풍족한 생활을 하게 된다. 이기주의자가 되기 쉽다.
- 콧구멍이 특별히 큰 사람은 투기를 좋아하고 허풍이 심한데, 성공보다는 실패가 많다. 그러나 후뇌의 침골이 강한 사람은 흉이 반감된다.
- 콧구멍이 훤히 보이는 자는 방광이 약하고 가난하지 않으면 요절한다.
- 콧구멍이 위로 향한 사람은 성격이 순진하고 낙관적이며 자유롭고 호기심이 많다. 여성이라면 쉽게 유혹에 빠질 수 있다.
- 콧구멍이 큰 사람은 돈을 잘 쓴다.
- 콧구멍 하단에 주름이 있으면 중년에 시비로 재산을 잃는다. 만약 콧구멍에 홍색 핏줄이 나타나면 바로 파산하고 시비가 있을 징조이다.
- 콧구멍은 큰데 입이 작으면 인색하다.
- 콧구멍이 팔자 형이면 반드시 빈천한 사람에게 시집간다.
- 콧구멍 하단의 기색이 진홍이며, 눈썹이 모이지 않은 여성은 심한 생리통을 앓는다.

㉒ 코의 점, 사마귀
- 난대·정위에 검은 점이 있으면 항상 재물 손실이 따른다.
- 콧방울에 검정 사마귀가 있으면 재물이 흩어진다.
- 코에 흑자(검은 점)가 많은 자는 막힘이 많다.
- 코끝에 점이 있으면 중년에 사업을 실패할 가능성이 높다.
- 코가 풍만해도 반점이나 사마귀가 있으면 후천적인 건강이 좋지 않고 치질이 있다.
- 콧등에 점이 있으면 하는 일마다 장애가 있다.
- 코 옆에 점이 있으면 잔병이 많다.
- 준두에 흑점이 있거나 때가 묻어 더러워 보이면 평생 금전 때문에 고생하고 수확이 적다. 48세에는 반드시 파산한다.
- 콧방울에 희미한 사마귀가 있는 사람은 성격이 즉흥적이고 명랑하다.

✿ 준두에 반점이 많이 생기는 사람은 운세가 순탄하지 못하고 헛된 시간을 보낸다.
✿ 산근에 사마귀가 있는 여성은 남편을 극하고, 태아를 잃고 재가한다. 지병이 있다.
✿ 산근 중앙에 검은 사마귀가 있는 사람은 아내를 극하며, 재혼해도 자식을 극한다. 조상을 버리고 고향을 떠나며 소화기 계통이 좋지 않다.
✿ 코의 연수에 검은 사마귀가 있는 사람은 운이 순조롭지 못하다. 사마귀가 여러 개가 있을 경우 그만큼 실패를 볼 수 있다. 수입이 많아도 재산을 모으기 어렵다.
✿ 연수 근접한 곳에 거무스름한 사마귀나 반점이 있으면 아주 위험한 일을 만난다.
✿ 준두에 흉한 사마귀가 있으면 평생 남편 때문에 고생한다. 매우 음란하며 만년에는 고독하다.
✿ 남자는 콧등에 점이 있으면 음경에 있고, 여자는 입술에 점이 있으면 음부에 있다.

㉓ 코의 주름
✿ 콧날에 주름이 있으면 자녀를 극한다.
✿ 콧등에 잔주름이 생기면 남편이 안 좋고, 본인이 벌어서 먹고 살아야 한다.
✿ 콧등에 세로줄이 있으면 본인이 벌어서 먹고 살아야 한다.
✿ 콧등에 대각선 주름이 있으면 간이 좋지 않다.
✿ 주색을 좋아하면 코끝이 붉게 변하거나 붉은 실선이 생긴다.
✿ 코보다 관골이 낮으면 본인 뜻대로 한다.
✿ 코에 주름이 많으면 자식이 없거나 못난 자식을 낳는다.
✿ 코 쪽으로 눈에 잔주름이 많으면 간이 안 좋다.
✿ 콧등에 가로금이 많은 자는 교통사고로 몸을 다칠 상이다.
✿ 산근에 가로 주름은 본인의 삶이 힘들어진다. 허리가 안 좋아진다.
✿ 코의 산근에 횡문이 하나 또는 둘이 있는 사람은 중년에 좌절하지만, 횡문이 셋이면 고생은 하나 자수성가 한다.
✿ 산근에 직문이 있으면 불행한 재난을 면할 수 없다. 만약 직문 밑의 연수가 손상 되었으면 큰 사고를 당할 수 있다.

✿ 코의 산근이 풍성하지만 횡단 문, 팔자 문이 있는 사람은 41세에 사업의 좌절이나 재산손실이 있으며, 42세에도 운이 순조롭지 않다.
✿ 산근에 삼횡문이 있으면 모친을 극한다. 삼직문이 있으면 아내를 극한다.
✿ 산근에 횡단문, 팔자문이 있으면 아내를 형하고 자식을 극한다. 산근이 낮고 평탄한 사람은 더 심하다. 얼굴 및 다른 부위의 상리와 호응하지 않으면 이혼한다.
✿ 코의 연수에 가로로 깊은 주름이 있거나 두드러진 손상이 있으면 사업 실패가 있을 수 있다. 연수에 주름이 많은 사람 역시 중년에 재산 손실이 있을 수 있다.
✿ 준두 정중앙에 손상이나 주름, 상처가 있는 사람은 자녀를 형극하거나 장애아를 낳는다. 얼굴 및 다른 부위와 조화되지 않으면 고독하고 빈천하다.

㉔ 코와 얼굴부위의 조화

✿ 코가 작고 눈썹이 작으면 조상의 업을 지키지 못한다.
✿ 코가 바르고 눈이 수려하며 얼굴이 둥근 여성은 평생 부유하고 궁하지 않다. 만약 다른 기관과도 조화를 잘 이루면 대부호와 결혼한다.
✿ 코는 좋은데 인당이 좁거나 흠이 있으면 복록이 작다.
✿ 코가 작고 인중이 좁으면 사업에 우여곡절이 많고 수확이 적다.
✿ 코가 높고(남을 배려 못함) 관골이 낮으면 돈이 약간 있다고 본다. 본인만 안다.
✿ 코는 좋은데 광대뼈가 좋지 않거나, 코는 있는데 광대뼈가 없거나, 광대뼈에 흠집이나 사마귀가 있는 사람과는 사업상 동업하는 것이 좋지 않다. 동업을 하게 되면 시비가 발생하거나 금전에 손실이 많다.
✿ 코와 광대뼈가 아름답고 미간이 들어갔으며 눈이 흐린 사람은 직장인이나 고용인으로 생활하는 것이 좋다. 개인 사업을 하면 중년에 실패를 할 수 있다.
✿ 코가 왕성하고 광대뼈가 솟아 서로 조화를 이루면 중년의 사업 운이 순조롭다. 코는 좋으나 광대뼈가 부실하면 중년의 운세가 좋지 않다.
✿ 코와 광대뼈가 서로 조화를 이루고 이마가 드러난 사람은 관록의 재산으로 인해 부를 이룩한다. 눈에 안신이 감춰져 있고 광대뼈가 높이 솟은 경우는 관직에 오른 후 사업을 하여 큰 부자가 될 수 있다.
✿ 코가 높고 광대뼈가 크며 인당이 두툼하면 직장 여성으로 성공하거나 남편과

함께 사업을 하여 성공할 수 있다. 단 남편의 코와 광대뼈가 낮고 작아야 한다.
- 코가 크고 입이 작으면 나중에 좋지 않다.
- 코가 납작하고 입이 얇은 여성은 말솜씨가 유창하고 시비를 만들기를 좋아하며 빈천하고 고생한다. 얼굴이 크고 네모난 사람이라면 이혼하거나 남편을 극한다.
- 코가 작아도 입이 크면 돈을 쓸 줄 안다.
- 코가 크고 좋은데 입이 작으면 구두쇠이다. 돈을 쓰지 않는다.
- 코끝에 살집이 없고 잇몸이 보이면 가난하다.
- 코가 작고 목이 길게 늘어진 여자는 남편 복이 없거나 재혼한다.
- 얼굴 부위에 비해 코만 우뚝 솟아 있으면 아집이 너무 강해 주위와 대립을 한다.
- 코는 잘 생겼는데 관골이 없으면 외롭다. 코만 크면 좋지 않다.
- 얼굴과 비교하여 코가 크고 긴 사람은 모험심과 창조성이 강하다. 성격은 주관적이고 욕망이 크며 과장하기를 좋아 한다.
- 관골이 좋고 코가 낮으면 봉사를 잘한다.
- 코가 작고 얼굴이 크거나, 코에는 살이 없고 얼굴에는 살이 있는 사람은 상업을 하게 되면 평생 성공과 좌절이 많고, 금고에 재산이 없고, 고생은 많고 얻는 게 적다.

㉕ 코 성형
- 코를 성형하여 높이 세운 사람은 위상을 높이고자 하는 사람이다.
- 코 성형은 코 성장이 멈춘 후인 20세 이후에 해야 한다.
- 산근을 성형으로 높이면 안두 쪽으로 살이 몰리면서 안두 아래쪽에 주름이 생긴다.
- 삐뚤어진 코를 바로 잡기 위해 성형을 하면 좋아진다. 좋지 않은 부위는 성형을 하면 좋아진다.

㉖ 코의 색
- 코가 빛깔이 어두운 자는 재운이 막힌 상이다.
- 코가 붉으면 돈이 나간다. 빨리 식대를 지불하는 것이 좋다.

✿ 코끝에 검은색이 나타나면 환자는 수술을 하게 된다.
✿ 코끝에 검은색이 감돌고, 눈 끝에 푸른색이 나타나면 큰돈을 들여야 이성 문제가 해결된다.
✿ 인당·코끝·입술·명문에 검은색을 띠면 반드시 돈 문제로 고생한다.
✿ 코가 작으면서 구레나룻이 많거나 적색이면 부인을 극한다.

㉗ 코로 보는 건강

✿ 코는 감정적인 영역의 감수성과 감정의 컨트롤, 결단력, 실행력, 개성, 심리상태, 중년운, 명예, 친구, 건강 등을 본다.
✿ 코는 중앙 무기(戊己) 토(土)에 해당하는데 푸른색이나 암청색을 띠면 매우 흉하다.
✿ 심장이 열을 받으면 코가 붉어진다.
✿ 콧방울에 홍백색의 핏줄이 생기는 사람은 술을 즐기고 색을 밝히는 경향이 있다.
✿ 콧방울에 어슴푸레한 사마귀가 있으면 소화기 계통에 질병이 있다는 신호이다. 이런 경우 50세 전에 재산을 모으기가 무척 힘들며 중년에는 타향에서 실패수가 있다. 눈이 수려하고 神이 감추어져 있으며, 인중에 수염이 있으면 흉이 반감된다.
✿ 콧방울에 핏줄이 있으면 재산을 잃거나, 여성이라면 남편 복이 없고 가난하다.
✿ 코에 흠집이 있으며 침·뇌 및 천창과 눈썹이 좋지 않으면 파산이나 건강을 해친다.
✿ 산근이 끊어지거나 가늘거나 사마귀 또는 점이 있거나, 가로주름이나 팔자주름이 있거나 하면 남녀운이 안 좋다.
✿ 산근 양옆에 청색핏줄이 드러난 사람은 몸에 질병이 있다. 어리다면 병이 더욱 심할 수 있다. 검푸른 기색만 있다면 신경성이니 크게 염려하지 않아도 된다.
✿ 코의 산근에 희미한 사마귀나 반점이 있으면 고향을 떠나 외지에서 출세한다.
✿ 산근은 위장, 연상은 십이지장, 수상은 소장, 준두는 대장이나 방광을 살핀다. 인중으로는 요도, 여성은 난소기능을 함께 본다.
✿ 산근에 거무스레한 사마귀나 반점이 있으면 심한 위장병이 있다.
✿ 산근이 낮고 평탄하며 깊은 횡문이 있는 사람은 40대 초반에 생명이 위험하거나 최소한 병이 생길 수 있다.

✿ 연수가 바르지 않고 비뚤어진 사람은 선천적으로 소화기 계통이 불량하고 기능이 좋지 않다. 또는 간이 나쁘거나 척추가 휘어 있다.
✿ 준두에 직문이 있는 사람은 횡사할 수 있으니 조심해야 하고, 주름이 얕으면 사업에 실패할 수 있고, 횡문, 잡문이 많으면 생식기 계통에 질병이 있다.
✿ 준두가 훼손되면 의심이 많고 담이 작다. 신장계통 질병과 자동차를 조심해야 한다.
✿ 콧구멍이 아주 작거나 바르지 않으면 난소 계통의 선천적 발육이 불량하다. 만약 콧구멍 주위에 사마귀가 있으면 난소 계통에 병이 있다.
✿ 코의 중격이 비뚤어진 사람은 비뇨기 계통의 발육이 불량하여 방광·결석 등의 병에 쉽게 걸린다.
✿ 코에 울퉁불퉁한 곳이 여러 곳 있으면 척추가 굽거나 병이 있고 성격이 괴팍하다.
✿ 코의 길이는 대장 길이로 본다.
✿ 콧등에 기미가 생기면 비, 위장이 안 좋다.
✿ 코가 길면서 밑으로 쳐지면 아랫배가 차고 가스가 찬다.
✿ 딸기코는 고난이 따르고 처자식과 인연이 희박하다. 신장병, 변비, 간장병에 걸린다.

㉘ 좋지 않은 코
✿ 코의 뼈가 돌출되어 있고 높이 솟은 사람은 성격이 음흉하고 고집이 세며, 정이 없고 제멋대로 행동한다. 육친이 화목하지 못하고, 몸에 숨은 병이 있다.
✿ 코끝에 살이 없는 낮은 코는 체력이 약하고 사고력이 부족하며, 신경질적이고 고생이 많이 따른다.
✿ 난대가 법령을 만들지 못하고 쭉 빠지면 평생토록 가난하다.
✿ 콧대의 뼈에 살이 얇고 솟은 경우에 준두와 콧방울 역시 얇고 작으며 눈썹이 성기면 성격이 좋지 않고 형제자매가 없을 뿐만 아니라 부부의 연도 적다.
✿ 코가 비뚤어진 사람은 가정이 불화하고 사람이 죽는 재난이 있다. 이런 사람의 출생지가 남방이면 염려하지 않아도 된다.
✿ 코가 자주 위로 쳐들리는 사람은 성격이 좋지 않고 정서불안에 교활하고 음란하다.
✿ 코가 곧고 살이 없어 뼈가 드러난 사람은 평생 바쁘게 뛰어 다니고 고생하지

만 복이 없고 사업으로 성공하기도 어렵다. 여기에 만약 코가 높이 들렸다면 조상이 남겨준 유산이 풍족하더라도 머지않아 파산할 수 있다.
✿ 코의 여러 곳이 울퉁불퉁한 사람은 남녀를 막론하고 질병이 있고 사업도 실패한다.
✿ 코가 날카롭고 이마가 낮으며 얼굴이 일그러진 여성의 경우, 광대뼈의 균형이 맞지 않고 한쪽 광대뼈만 솟았으면 후처로 가기 쉽다.

㉙ 도움되는 말들

✿ 코가 잘생긴 사람은 비단장사, 관골이 잘생긴 사람은 금은방, 눈이 잘생긴 사람은 부동산을 하면 잘된다.
✿ 코의 상은 좋으나 귀, 눈썹, 눈, 입 가운데 어느 한 부위의 상이 아주 나빠서 서로 어울리지 않는 사람은 재물을 얻어 부자가 되기 어렵고 성패가 자주 변할 수 있다.
✿ 많이 웃으면 관골이 커지고 코가 둥글어진다.
✿ 콧방울이 빵빵하면 돈이 들어온다. 빵빵해서 코가 들리면 돈이 세 나간다.
✿ 코에 기름기가 많아 번들거리면 열심히 일한 상태로 본다.
✿ 관골의 모양이 둥글고 힘차게 웅장한 코와 잘 배합되어야 재운이 무량하다.
✿ 남성의 성기는 코로 본다. 코에 힘이 들어 있으면 좋다.
✿ 코가 밑으로 처져 있으면 음욕이 강하다.
✿ 준두 수술시 연골을 넣지 않으면 후에 들창코처럼 올라간다.
✿ 눈이 크고 코가 작으면 길흉이 상반된다.
✿ 밝고 명랑한 사람은 코가 짧고 애교스럽다.
✿ 콧등에 세로금이 많은 자는 다른 사람의 아이를 양자로 맞이할 상이다.
✿ 코뼈가 노출된 여성은 좋은 남편을 만나지 못하며, 남편의 운도 좋지 않다.
✿ 예술성은 코끝으로 본다. 준두 중앙부가 인중 쪽으로 돌출되어 나오면 예능에 소질이 있다.
✿ 코털이 너무 길어 밖으로 노출된 여성은 평생 빈천하며 혼인이 원만하지 않다. 만약 다른 부위에도 결점이 있으면 이혼하거나 재가 한다.
✿ 2일만 힘 빼고 있으면 코모양이 죽는다.
✿ 코가 곧고 살이 얇아 뼈가 드러난 사람은 심성이 각박하고 동정심이 없다. 일을 처리 하는 능력은 뛰어나지만 시비가 있으면 의지력이 약하고 쉽게 용서하

지 못한다.
✧ 코는 추운지방 사람은 뾰족하며, 더운 지방 사람은 퍼져있다.
✧ 콧날(위상을 높이는 곳)이 유난히 서 있으면 팔자가 세다.
✧ 나이가 들면서 코가 커지면 재복이 생긴다. 재벌은 두툼하게 커진다.
✧ 남자는 코가 가장 잘 변한다. 기분이 안 좋으면 코가 힘이 없고 약해진다.
✧ 코가 낚시 바늘 같으면 돈을 잘 챙긴다.
✧ 코에 살이 없어 얇은 사람은 금전운이 따르지 않는다. 성미가 까다롭고 신경질적이다. 몸이 약하고 지구력이 없으며 싫증을 잘 낸다. 자식과 인연이 약하다.
✧ 코에 살이 두툼한 남자는 생식기의 귀두도 큼직하고 정력이 왕성하다.
✧ 코에 살이 두툼한 여자는 엉덩이가 크다.
✧ 코에 살집이 두둑한 사람은 온순하고, 코에 살집이 없고 빈대 코처럼 생기면 잔인하다.
✧ 애정 및 배우자를 볼 때는 주로 여성은 입, 남성은 코를 중요하게 본다.

【8】 법령(法令)

　　법령이란 말 그대로 법을 다스리는 기관으로 소년시기 까지는 법을 잘 알지 못하므로 법령선이 생길 일이 없고 성년이 되어야 법령에 선이 생기기 시작한다. 법령은 20대에 흐리게 주름이 생기기 시작하여 40세 이후에 깊고 뚜렷해진다.

　　콧방울의 바로 위에서 시작하여 입의 양옆을 지나 아래턱으로 이어지는 얼굴의 주름으로 중정에서 하정에 걸쳐 있으며 입술 중심선의 조금 아래쪽에서 끝나는 것이 표준이다.

　　법령의 끝 쪽이 점점 넓게 퍼질수록 좋은 상이며, 주름이 입과 가까울수록 운이 적다. 법령은 운세적으로는 부하운, 가정운, 직업운, 주거운을 보며, 질병점을 볼 때는 다리와 허리의 건강을 본다.

　　법령이 넓으면 집이 넓고 경작하는 땅이 넓으며 많은 부하를 거느린다. 반면 법령이 좁으면 집과 땅이 좁아 부하도 적다. 땅이 넓으면 의식주가 풍족하고 장수하지만 땅이 좁으면 의식주가 가난하고 수명도 길지 못하다. 대운은 55세부터 64세까지 10년간 운을 지배하고 소운은 56세와 57세의 양년 간을 지배한다.

　　법령은 자립 여부를 나타내는데, 이른바 직업 의식이나 프로 의식을 상징한다. 따라서 법령이 뚜렷한 여성은 직업적으로 성공하지만 주부로서는 맞지 않는다.

　　법령은 누구나 보기 쉽고 판단도 비교적 어렵지 않지만, 중년이 되어야 뚜렷이 나타나기 때문에 젊은 사람을 보기는 어렵다. 이럴 때는 웃는 얼굴을 본다. 웃을 때 생기는 입 주위의 주름이 나중에 법령이 된다. 법령이 발달한 사람은 말년에 유복하고 즐겁게 살며, 사회적인 영향력도 강하고, 명예와 지위 금전운이 있다고 본다.

　　모든 법을 관장하는 기관으로 난대와 정위가 분명하고 지각까지 길게 뻗으면 부귀를 누리고, 법령문이 짧거나 입으로 향하여 끝이 입에서 머물면 심신이 불안정하거나 치매현상이 일어나 정신 이상자가 되며 고생을 많이 하고 굶어 죽거나 아사를 당할 수 있다.

　　법령의 빛이 윤택하고 입가로부터 멀리 떨어져 뻗어 내려야 좋다. 법령이 희미하면 기쁜 소식을 들어도 기쁘지 않으며, 법령문이 크고 둥글고 힘이 있게 뻗으면 의식이 풍족하고 재물이 많다. 법령이 풍파를 당하면 배가 고프고 추위 고생을 많이 한다.

법령선이 붉고 윤택하면 기쁜 소식을 접하고, 검고 어두우면 나쁜 소식을 받는다. 자색이 맑게 빛나면 아랫사람이 기쁜 소식을 전해준다. 청·흑색이 생기면 병액이 침범한다. 법령에 횡문이 있거나 절단된 사람은 술로 인해 패가망신할 수 있다.

법령의 무늬 위에 사마귀가 나 있으면 주관이 지나치게 조급하고 쉽게 화를 낸다. 법령이 중간에서 끊겨진 사람은 일마다 중단되고 직업에 변동이 잦다. 법령이 너무 깊게 패이면 살생을 좋아하고 이중성격이 있으며 마음이 음험하다.

법령선의 큰 선 옆에 가느다랗게 작은 선과 두 가닥으로 같이 있으면 파문이라 하여 직업이 불안하고 방황을 하게 된다. 현재 재물과 의식이 막혀 있는 것은 법령에 파문이 가로 있든지 아니면 기와 색이 어둡기 때문으로 이러한 경우에는 운이 들어올 때까지 열심히 기도하고 마음가짐을 단정히 하여야 한다. 법령은 생활을 올바르게 이끌어 갈 수 있도록 도와주는 보디가드라 하겠다.

법령은 일에 대한 관찰점으로 사람이 자신의 업무에 대해 성심성의로 노력하는지의 여부를 알려면 법령 주름의 길고 짧음과 깊고 얕음, 넓고 좁음을 보아야 한다. 좌우의 법령의 길이가 일치하는 사람은 평생 부지런하고 성실하게 자신의 일과 사업에 몰두 한다. 길이가 일치하지 않거나 주름이 지나치게 짧은 사람은 새로운 것을 보면 마음이 쏠려 현재의 일에 전념하지 못하고 다른 생각을 갖거나 직업을 바꾸게 된다.

법령은 뇌신경의 전달과 소화기 계통의 활동 및 엉덩이 근육의 수축과 이완 등 여부를 나타내는 축소판이기 때문에 법령 주름의 생김이 좋으면 신경쇠약이나 두통, 소화기 계통 기능의 균형 상실 및 하지의 병에 걸리지 않으며, 장수를 누리게 된다. 모양이 좋지 않은 법령 주름을 등사(螣蛇)라 하는데, 특히 입으로 들어가는 모양을 꺼린다. 이런 사람은 반드시 굶어죽는다고 하였다. 등사입구(螣蛇入口)인 사람은 대부분 소화기 계통에 병리적 변화가 발생하며, 성격 또한 즉흥적이고 경박하고 민감하여 쉽게 긴장하고 흥분한다. 이런 사람은 음식을 먹지 못하거나 거부하게 되어 영양실조로 죽음에 이른다.

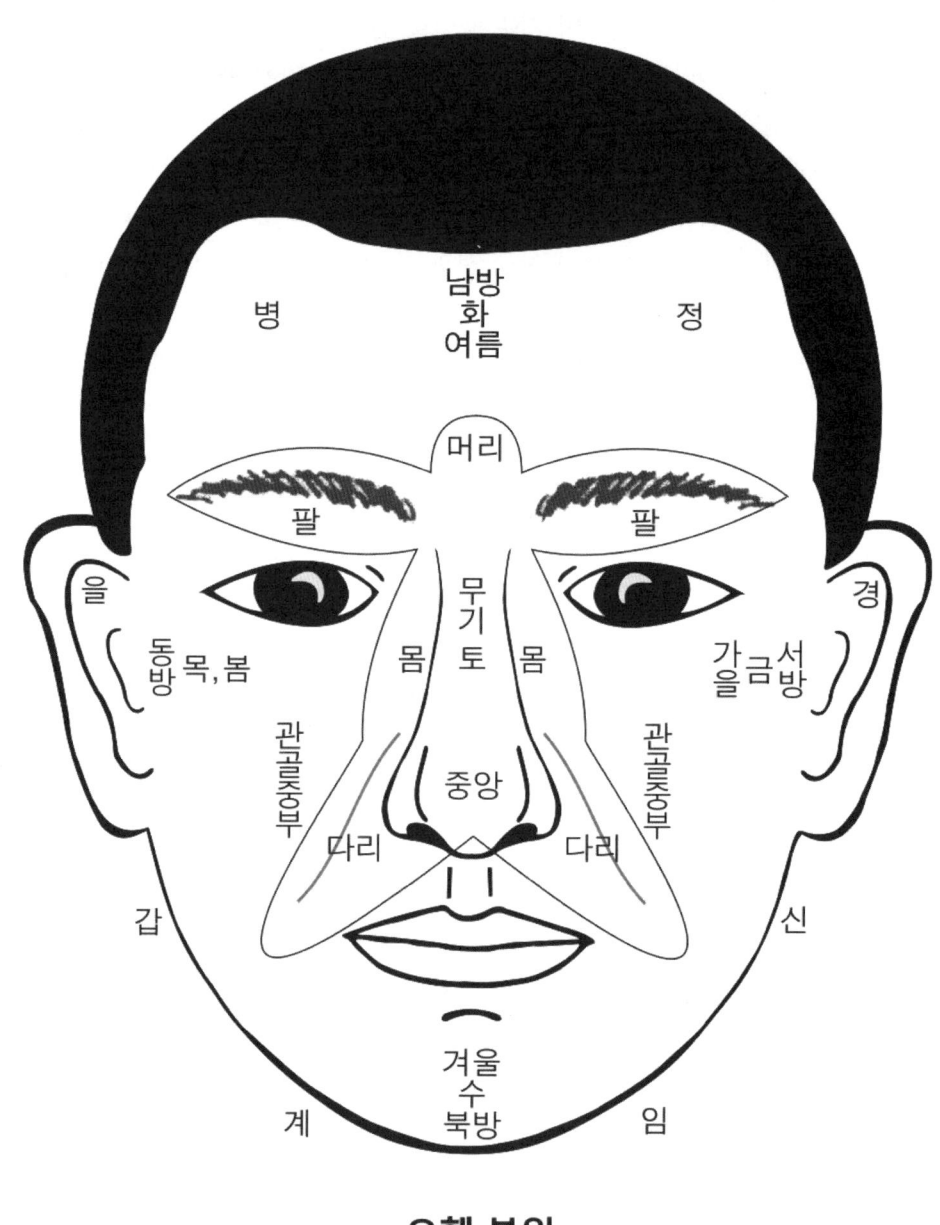

오행 부위

1) 법령을 관찰하며 읽기

① 개요
✿ 법령이 확실하면 준법정신이 강하다.
✿ 법령이 없으면 준법정신이 부족하다.
✿ 법령은 좌우 양쪽 다리로 본다. 좌우대칭이 아닐 경우 다리의 길이가 다르다.
✿ 법령이 확실하면 직업이 확실하다.
✿ 법령이 뚜렷한 사람은 소신을 굽히지 않는 원칙주의자다.
✿ 법령은 물이 흐를 때 수로가 된다. 법령이 제대로 잡혀야 물이 제대로 흐른다. 법령이 없으면 물이 좌우로 퍼져 홍수가 난다.
✿ 법령이 깨끗하고 분명하며 지각까지 길게 뻗치면 부와 수를 누린다.
✿ 법령의 골이 짧거나 입으로 들어가면 심신이 안정되지 못하며 곤궁하다. 법령의 끝이 입으로 들어가면 굶어 죽는 상이다.
✿ 법령이 확실하면 본인 앞으로 부동산 문서가 있다.
✿ 법령이 넓을수록 식·녹창이 좋다.
✿ 자존심은 코와 관골과 법령으로 본다.
✿ 법령이 확실하면 깐깐하고, 보수적인 주장이 강하며, 자기주장이 확실하고, 법질서의 규율과 규칙을 잘 지킨다.
✿ 광대뼈가 적당히 발달하고 법령이 널찍하고 둥글고 원만하면 인덕·인기운이 있다.
✿ 여성이 30세 전에 법령 주름이 생기면 호걸형으로 능력이 뛰어나 사회 활동을 열심히 한다.
✿ 법령이 입 쪽으로 몰리면 말년이 안 좋다.
✿ 법령 주름이 비록 입으로 들어가지 않았으나 지나치게 입가에 가깝거나, 입가 양쪽에 다른 세로의 주름이 생기면 결혼 생활이 순조롭지 않다. 재혼일 경우는 괜찮다.
✿ 법령 주름이 누당부터 나 있는 사람은 음식이나 약을 먹을 때 조심해야 한다.

② 법령이 생기는 나이
✿ 법령 주름이 생기는 나이는 33~34세를 기준으로 삼는데, 만일 30세 이전에 생기면 조숙하고 사업이 일찍 발전하며, 또한 사람됨이 총명하고 심지가 깊다.

✿ 법령이 너무 늦게 생기는 사람은 뇌신경 계통이나 소화기 계통이 건강하지 못하고 일에 적극적으로 분발하지 못한다.

③ 좋은 법령
✿ 법령 주름이 둥글고 깊으며 바르고 광대하고 두툼한 것이 마치 종 같은 사람은 사업 운이 오래간다. 33세 이후에 점점 성과가 있고, 복과 장수를 모두 누린다. 일에 임해서는 유종의 미를 거두며, 사람을 대하는데 비굴하지도 거만하지도 않다.
✿ 법령의 주름이 뚜렷하고 점점 옆으로 퍼지는 법령은 반드시 입신 출세 한다. 특히 예능 관련 직업에서 출세한다.
✿ 법령 주름의 말단에 잔주름이 나 있는 것을 금루(金縷)라고 하는데, 생겨나는 날부터 명성과 지위가 높아진다. 만일 상업에 종사하고 있으면 동시에 두 종류 이상의 사업을 경영하며, 적은 노력에 많은 소득이 있다. 이중 법령도 마찬가지로 길하다.
✿ 법령 주름이 금루의 위치에 나 있으면 귀함이 하늘에 닿고, 위엄이 강산을 누른다.
✿ 법령 주름의 장단이 가지런하지 않거나 결함이 있으면 가업이 여러 차례 변하고, 가족과 일찍 헤어진다.
✿ 법령 주름이 넓고 살집 또한 두툼한 사람은 가족이 많거나 인간관계가 폭 넓은데, 주름이 넓을수록 길하다.
✿ 법령의 주름이 입을 지나지 않음에도 매우 부귀한 사람은 대기 만성형의 인물이다. 동시에 입가에 그것과 다른 작은 법령 주름이 생겨나면 일생에 중대한 변화가 생기거나, 처음엔 공무원이었다가 재계로 진출하거나, 처음엔 군에 있다가 나중에 정치에 입문하게 된다.
✿ 법령 양옆 위쪽이 두둑하면 비자금이 있다.
✿ 법령 주름이 왼쪽이 깊으면 아버지의 도움을 얻고, 오른쪽이 깊으면 어머니의 도움을 얻는다.

④ 가는 법령
✿ 법령 주름이 가늘고 좁으면 명성을 얻을 수 없고 평생 고생한다.
✿ 법령 주름이 가늘고, 길고 좁으면, 도랑은 있으나 형태가 희미하면 성격이 활

발하지 못하고 사업상 성과가 적으며, 일생동안 포부가 없고 평범하다.
✿ 법령 주름이 가늘고 길며 좁은 사람은 만년에 자녀를 극하고, 자신은 가난과 질병에 시달린다.

⑤ 깊은 법령
✿ 법령 주름이 지나치게 깊은 사람은 인정이 없고 사람을 대하는데 지나치게 엄격 하고, 심성이 잔혹해 심지어는 살생을 하기도 한다. 만일 군인이나 공무원이면 독재를 하게 된다. 또한 질투와 의심이 많으나 책임감은 강하다.
✿ 법령이 깊게 파인사람은 타인에게 엄격한 경향이 있다.
✿ 여성의 법령에 주름이 깊고 길면 남편운이 좋지 않거나 남성과의 인연이 없고 독신주의 성향이 있다. 만일 면상의 다른 부위에도 결함이 있으면 남편과 자식을 극하고, 만년에 외롭고 가난하다. 질투심이 많지만 독립심이 강하고 능력이 뛰어나다.

⑥ 긴 법령
✿ 법령이 긴 사람은 장수한다. 법령이 긴 사람은 지도력이 있고 부하를 지도하는 것을 좋아한다. 사회적 지위가 확실할수록 법령이 길어진다.
✿ 법령 주름이 턱까지 이른 사람은 노년에 건강하고 병이 적으며, 장수를 누린다.

⑦ 짧은 법령
✿ 법령 주름이 짧은 사람은 운의 주도적 역할을 하거나 지도자가 될 수 없다. 만일 그렇게 되더라도 반드시 소인의 시비에 자주 말려든다. 그러나 눈썹의 상에 위엄이 있고 눈썹의 털이 좋으며 눈에 神이 깃들인 사람은 예외이다.
✿ 법령 주름이 짧거나 끊어져 있지만 잔주름이 있는 사람은 음덕을 쌓아야 주름이 생겨난 날부터 건강이 좋아지고, 수명 또한 연장 된다.
✿ 법령 주름이 짧으면 막료의 일이나 정업이 아닌 편업을 하는 것이 좋다. 만일 다른 부위와 잘 조화 되면 정업이 아닌 일에서 공명을 날리고 재물을 얻으며, 심지어는 죽어서 후세에 이름을 남긴다.
✿ 법령 주름이 넓으나 길이가 입가에 이르지 못하는 사람은 만년에 자손을 극하고 가난하며 외롭다. 병이 여러 해 계속된다. 단 여성은 해당되지 않는다.

- 법령 주름이 50세에도 여전히 입을 지나지 않으면 세월을 헛되이 보낸 것이다. 그러나 오성육요(五星六曜), 오관육부(五官六府)가 모두 좋으면 이에 해당되지 않고, 특히 눈썹과 수염이 짙은 삼농격(三濃格)은 해당이 없다.
- 법령이 짧은 사람은 독립심, 지도력, 포용력이 아직 몸에 배지 않은 상태라고 봐야 한다. 노력에 의해 법령은 길게 늘어난다.

⑧ 직각 법령
- 코에서부터 거의 직각 모양을 한 법령은 폭이 넓은 경우에는 좋지만, 좁다면 고독하게 지낼 상으로 식생활에 부자유를 느낄 것이다. 일선 형사들에게 많이 나타난다.

⑨ 법령의 색
- 법령의 색이 자색이면 영화가 있고 검거나 푸르면 질병이나 재앙이 따른다. 법령의 골에 가로 주름이 있거나 법령이 끊어지면 주색에 취하여 곤액이 따른다.
- 법령 주름의 혈색이 좋으면 사업상 왕성한 때이거나 새로운 기회가 있어 발전하게 되는 때로 재운이 좋다. 만약 혈색이 검다면 도난에 유의해야 한다.
- 코 양 옆의 법령 시작점이 붉으면 돈이 나간다. 성형수술을 했으면 돈은 안 나간다.
- 법령선 위에 옅게 거무스름한 얼룩이 있으면 믿는 부하 직원이 달아난다. 이것이 코와 가까우면 가까울수록 간부급의 중요한 부하를 의미 한다.

⑩ 대칭되는 법령
- 법령 주름이 분명하고 좌우가 대칭이면 질서 관념이 강하고 법을 존중하며, 안정적인 직업과 생활을 좋아한다.
- 법령이 좌우 균형을 이루고 팽팽하면 사업운, 재물운이 좋고 장수한다. 법령은 주거운도 나타내며, 다리, 허리의 건강 여부도 보여준다.
- 좌우 법령이 균형 있게 내려와 각이 지면 장수하고 총명하다. 여자는 직업 운이 좋다.

⑪ 이중 법령

✿ 법령 주름 옆에 또 다른 깊고 수려한 세로의 주름이 있는 것을 이중법령이라 하는데, 이런 사람은 노년에 복과 장수를 누리며 나이가 들수록 좋다.
✿ 법령 주름이 이중이면 감정과 이성이 모두 강하여 비록 역경에 처하거나 불쾌한 일이 생겨도 능히 극복할 수 있다.
✿ 법령 주름 안에 다시 작은 법령 주름이 생기면 성격이 보수적이고 고지식하며, 감정이나 욕구를 잘 드러내지 않는다. 그러나 분위기 조성을 잘 하고 여복이 많다.
✿ 법령이 두 줄 있는 사람은 개성이 강하다. 자기중심적이어서 협조성이 약하다. 직업이 자주 변하고 부모와의 인연도 좋지 않음을 나타낸다. 2개 이상의 일을 가지거나 비즈니스를 하고 있는 사람에게 잘 나타난다.
✿ 법령선이 두 개인 경우, 부모와 인연이 좋지 않고 직업도 금방 바뀐다. 좋은 의미에서는 직업을 두 개 갖는 사람이다.
✿ 법령선이 여러 개로 갈라져 있는 경우, 특히 바깥쪽을 향해 갈라지면 갈라지는 지점의 나이부터 사업이 발전하는 좋은 상이다. 또한 여러 개로 갈라지는 시기부터 두 개의 직업을 갖는다. 원래는 입 쪽으로 법령이 붙어 좋지 않은 상이었지만, 스스로 성격을 개조하여 자주 웃음으로써 법령의 모양을 바꾸어 놓은 것이다.

⑫ 법령 위의 점
✿ 법령 주름에 점이 있으면 적막한 것을 싫어하고 평범한 생활에 안주하기를 꺼려 결혼생활이 순조롭지 않다.
✿ 법령 주름에 점이 있으면 조업(祖業)을 계승하지 못한다.
✿ 법령선 위에 상처나 점이 있는 사람은 부모 중 한분과 인연이 희박하다. 왼쪽 법령선 위에 있는 경우 남성은 아버지, 여성은 어머니와 인연이 없다. 오른쪽 법령선 위에 있는 경우 남성은 어머니, 여성은 아버지와 인연이 없다. 부모의 임종 또한 지키지 못한다.

⑬ 법령으로 본 질병
✿ 법령 주름에 흑·회색의 점이 있는 사람은 다리나 발의 병을 앓고 있거나 다리나 발에 쉽게 상처를 입는다. 여성은 손에 질병이 있거나 손을 쉽게 다친다.
✿ 법령 주름에 갑자기 부스럼이나 작은 흉터가 생기면 반드시 시비에 말려들거

나 재산의 손실을 입게 된다.

⑭ 좋지 않은 법령
✿ 법령 주름은 길지만 입 둘레를 돌아가면 결혼생활이 순조롭지 않거나 만년에 고독하며, 가족끼리 화목하지 않다. 소화기 계통의 병이 있는 징조이다.
✿ 법령 주름이 입을 잠그고 있는 것을 등사입구라고 한다. 이런 사람은 55세 이후에 재난이 있고, 65세 전에 반드시 병이나 다른 원인으로 인해 굶어 죽게 된다. 그러나 혀끝에 점이 나 있으면 길하다.
✿ 콧방울에서 시작하는 법령은 고집스런 면이 있고, 자신을 적극적으로 알려 젊어서 출세한다.
✿ 입을 둘러싼 법령은 실패하기 쉬운 상이다. 위와 장이 약하고 먹는 양도 적다.
✿ 법령이 위쪽이 수평으로 일직선으로 내려오는 경우는 폭이 넓으면 좋지만, 좁으면 고독한 상이다. 먹고 사는 것도 궁하다. 위쪽이 수평이면 조심성이 없고, 다른 사람의 말을 듣지 않으며, 운을 깨는 유형이다.
✿ 법령 주름이 끊어져 있거나 휘어져 있는 사람은 중년에 사업에 실패하거나 직장을 잃게 된다.

⑮ 법령이 확실하지 않은 경우
✿ 법령 주름이 분명하지 않으면 중년에 사업 운이 좋지 않다. 특히 33~34세, 37~38세, 44~45세에 위기가 닥친다.
✿ 법령이 도중에 끊어진 사람은 무책임하다. 매사를 도중에 포기하며 일과 생활에 있어서도 모든 것을 최후까지 하지 않는다.
✿ 법령 주름이 40세 이후에도 분명하지 않은 사람은 성격이 조급하고 편협하며, 허영이 있고 잘난 척을 한다. 사업이나 직업에서도 새로운 것을 대하면 곧 마음이 쏠려 진로를 바꾸고, 자아 인식이 부족하고 일을 처리 하는데 실속이 없다.
✿ 좌우를 막론하고 법령 주름 말단에 잔주름이 나 있으면 결혼생활이 순조롭지 않으며, 재혼할 수 있다.

⑯ 법령의 양쪽이 다른 경우
✿ 법령 주름이 한쪽은 한줄, 다른 한쪽은 두 줄이면 다른 집에 양자로 들어가거

나 성이 다른 부모를 갖게 된다.
- ✿ 좌우 법령의 형태와 길이가 다른 사람은 편협하다. 구애하는 경향이 강하며 불성실하다. 전직을 반복하여 불안정한 변화가 많은 생활을 한다. 육친의 연이 박하다.
- ✿ 법령 주름의 장단이 대칭을 이루지 않거나 분명하지 않은 사람은 평생 사업에 많은 변화가 있고 성과가 적다.
- ✿ 좌우 균형을 이루지 않은 법령은 부모님 중 한분과 인연이 박하다. 왼쪽의 주름이 깊고 뚜렷한 경우, 남성은 아버지와 인연이 깊고, 여성은 어머니와 인연이 깊다. 반대로 오른쪽의 주름이 깊고 뚜렷한 경우는 이와 반대다.
- ✿ 법령 주름의 장단이 대칭을 이루지 않거나 희미한 사람은 성격이 불안정하여 종잡을 수 없으며, 두통 등의 질병을 쉽게 앓는다.
- ✿ 법령이 좌우가 다르다는 것은 표정을 지을 때 입술 모양을 찡그렸다는 것이다. 즉 매사를 비관적으로 보거나 냉소적으로 보기에 법령이 대칭이 되지 못하고 좌우가 균형을 이루지 못해서 생긴 것이다. 웃을 때 입술의 한쪽 끝만 올라가는 경우에는 법령이 잘못 형성 되므로 웃을 때는 반드시 양쪽 입술 끝을 동시에 올려야 한다.

⑰ 도움되는 말
- ✿ 볼 살이 법령을 밀어내고 있을 때는 비상금이 있다. 본인이 쓸 만큼은 항상 있다.
- ✿ 법령 주름이 없으면 직업여성은 틀림없이 아니고, 평범하고 조용한 생활을 하는 가정주부이다.
- ✿ 얼굴에 살이 쪘다가 빠져서 법령의 주름이 보이지 않게 되었다면 현재 곤경에 처해있음이 분명하다. 반드시 주름이 깊어지고 모양이 예쁘게 된 후에야 운이 바뀐다.

【9】 인중(人中)

　인중은 코와 입 사이에 도랑처럼 파여 있는 홈이며, 인중은 사독인 눈과 코, 귀, 입의 혈류와 모든 기가 이곳을 통하므로 수로와 같다. 인중은 준두와 윗입술 사이에 위치한 것으로 일신의 구혁(溝洫 : 물도랑)과 같다.
　인중의 길이는 코와 턱을 보고 결정하는데 턱의 1/2 정도가 적당하다. 인중의 홈은 51세의 운을 나타낸다. 홈 주위의 수염이 나는 부분은 남성의 경우 왼쪽은 52세, 오른쪽은 53세이다. 대운은 51세부터 59세까지 9년간의 운을 지배하고, 소운은 51세의 당년 운을 보게 된다.
　인중은 자신을 나타내는 코와 가정을 나타내는 입을 연결하는 길이므로 자신의 분신인 아이와의 인연이 여기에서 나타난다. 골의 모양이 아름답고 뚜렷하며 깊은 것이 좋은 상이다. 코 아래에서 입으로 대통처럼 곧게 내려가는 것이 이상적이며 표준이다.
　인중의 왼쪽은 식창, 오른쪽은 녹창으로 좌우 법령의 호위를 받고 있다. 인중은 사람의 생식기 및 소화 배설기 계통을 반영해 주는 곳으로, 경락이 서로 통하는 곳이다. 인중의 모양에 결함이 있는 사람은 생식기 및 소화배설기 계통에 질병을 앓는다.
　위장의 소화 흡수 능력이 약해지고, 1년 내내 변비나 설사에 시달리며, 소변 보는 횟수가 많아지거나 소변 보기가 힘들어지고, 신장결석, 방광결석, 요도결석, 수정관 결석, 전립선비대, 암, 고환염, 각종 정신적 증후군으로 불안, 초조, 피로, 심계항진 등을 겪게 된다. 부녀자들은 이러한 증세 외에도 다른 부인과 질병이 나타난다.
　자궁을 드러낸 여성은 인중에 잔골이 생긴다. 자궁을 적출하면 인중이 틀어지면서 주름이 생긴다. 인중은 몸에 기혈이 도는 것의 빗장이기 때문이다. 상을 보는데 있어서는 인중의 길고 짧음으로 수명의 길고 짧음을 판단하고, 인중의 넓고 좁은 것으로 자녀의 수가 많고 적음을 알 수 있는 곳이다. 그러므로 인중은 수명 장단과 자녀수를 보는 곳이라 할 수 있다.
　인중의 아래가 벌어지는 것은 운이 강하고 늦게 성공하는 대기만성 형이며, 위가 벌어지는 인중은 끈기가 없고 운도 약하다. 인중은 길어야 하고 짧은 것은 좋지 않으며, 가운데가 깊고 외곽은 넓어야 하며 곧아야 하고, 비뚤지 말아야 하며, 위로부터 아래로 넓어지는 것 등은 모두 좋은 상이라 할 수 있다.

　인중이 넓지 않고 좁은 자는 의식이 떨어지고, 짧고 평평한 자는 재앙과 막힘이 많고, 위는 좁고 아래가 넓은 자는 자손이 많고, 위는 넓고 아래가 좁은 자는 자녀가 적으며, 위와 아래가 모두 좁고 가운데가 넓으면 자녀가 질병 등으로 자라지 못하고, 위와 아래가 곧고 깊은 자는 자식을 많이 두고, 상하가 평평하고 얕은 자는 자식을 낳기 어렵다. 인중이 깊고 넓고 긴 자는 장수하고, 얕고 좁고 짧은 자는 단명한다.

　인중이 굽은 자는 신의가 없는 사람이요, 인중 끝이 곧은 자는 충의가 있는 사람이며, 바르고 늘어진 자는 부와 수를 함께 누리고, 젖혀지고 짧으면 빈천 단명한다. 인중이 맑음이 대를 쪼갠 속과 같은 자는 많은 급여를 받고, 가늘기가 매단 바늘 같은 자는 자손이 끊기고 빈궁하다.

　인중 윗부분에 검은 사마귀가 있는 자는 아들을 많이 두고, 아래부위에 사마귀가 있는 자는 딸이 많고, 인중의 중간에 사마귀가 있는 자는 여러 번 혼인을 하나 자식은 기르기 어렵고, 인중 양쪽에 사마귀가 있는 자는 쌍둥이를 낳는다. 인중에 가로 주름이 있는 자는 늘그막에 자식이 없고, 곧게 선 주름이 있는 자는 양자를 두는 운이요, 세로 주름이 많이 있는 자는 자식을 낳아도 질병이 많다.

　인중이 평평하여 도랑이 없는 것 같은 자는 늙도록 궁핍한 상이요, 인중의 왼편이 기울 면 아버지를 잃고, 오른편이 기울면 어머니를 잃는다. 인중의 중앙에 가로 주름이 있으면 배를 타거나 강을 건너는 것을 조심하고 왼편이 기울면 아들을 낳고 오른편이 기울면 딸을 낳는데 인중의 위와 아래가 모두 평평하여 골진 것이 없으면 자손을 낳지 못하고 낳더라도 기르지 못한다.

　인중은 급소이며 혈과 기의 통로이므로 막힘없이 잘 뻗어 있어야 좋다. 인중은 정신적인 기력의 강약을 보는 자리이며, 얼굴에서 코는 숭(崇)산 입은 회(匯 : 물 흐름 회)수이므로 인중은 숭산에서 회수로 내려오는 수로이기도 하다.

　인중의 빛이 혼탁하고 가로 주름이나 세로 주름이 있으면 단명하고, 인중이 바르고 곧으면 성격이 좋아 정이 많으며 인중이 길면서 입술이 단정하게 이를 잘 감싸고 있으면 귀한 길상이다.

　부정적인 생각으로 마음을 안정시키지 못하면 불안한 생활이 되고, 짜증을 내고, 남을 미워하고, 흉을 보거나 원한을 품으면 입이 틀어지면서 인중도 틀어진다. 인중이 짧거나, 틀어졌거나, 말려 올라간 인중은 성질이 급하고 명이 짧다. 인중은 심성, 자식, 수명, 복, 권위, 종업원, 건강, 노년을 나타내는 지표와 같다.

인중은 물길의 형상으로 큰 냇물이 흐르는 골짜기이다. 위로는 제독에 통하고, 아래로는 회수에 붙어 있다. 인중은 이곳의 물을 서로 통하게 하는 기능을 가지고 있는 운하에 해당한다. 물길은 물이 통하는 것이니 흘러서 막히지 않아야 한다. 얕고 좁으며 깊지 않으면 막혀서 물이 흐르지 않는 것과 같다.

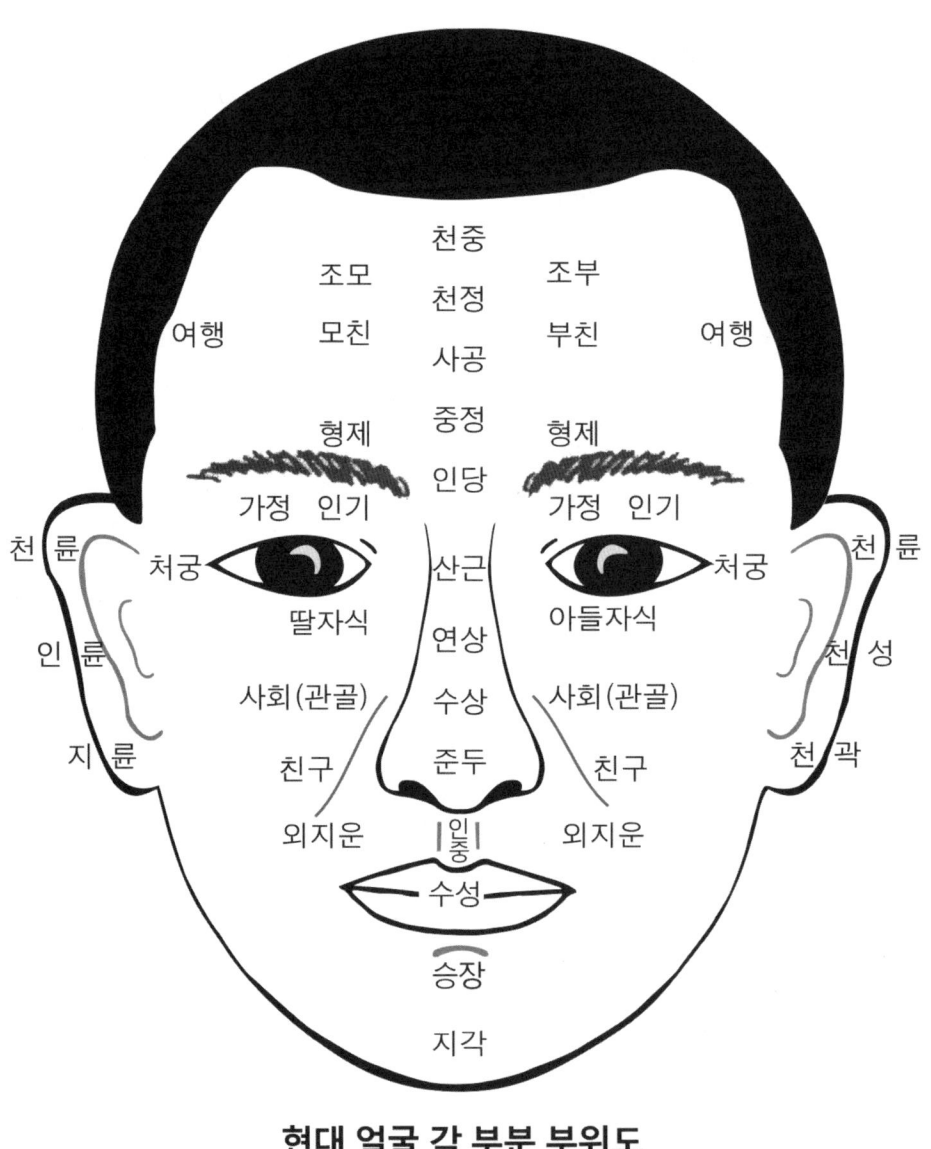

현대 얼굴 각 부분 부위도

1) 인중을 관찰하며 읽기

① 개요
✿ 인중은 구혁이라고도 부르며, 구혁은 길고 깊어야 한다.
✿ 인중이 단정하고 직선인 사람은 신용이 있고 의를 중요시 여기며 마음도 따뜻하다.
✿ 사람의 운은 51세에 인중이 관장하기 시작한다. 인중은 깊고 긴 것이 좋다.
✿ 인중의 도랑 밑이 울퉁불퉁한 사람은 51, 56세에 건강, 시비, 손재를 조심해야 한다.
✿ 인중에 넓어도 주름이 많으면 돈을 잘 쓰지 않아도 돈이 없어진다. 자식에게 좋지 않다.
✿ 인중에 우물 정(井)자 모양이 있으면 돈이 없다.
✿ 인중의 길이는 운세나 수명에 비례하여 인중이 길면 운세도 좋고 수명도 길다.
✿ 인중은 생식기와 연관이 있다. 인중 수로가 희미해지면 자식과 인연이 없다.
✿ 여자가 인중이 없는 경우(인중=자손, 자궁, 식창) 팔자가 세다.
✿ 수명은 인중과 귀 뒤의 수골을 본다. 귓속의 털로도 본다.
✿ 인중 밑이 뾰족하면 아들이 많고 둥글면 딸이 많다.
✿ 인중은 식·녹창의 자리이며, 인중이 좋으면 식·록이 풍부하다.
✿ 인중은 수명 및 심성과 인품을 나타낸다. 50세 전에 의롭지 못한 일을 많이 하면 인중이 비뚤어지거나 좁아지고 짧아지며, 나쁜 주름과 나쁜 점이 생긴다.
✿ 인중이 두 개인 남자는 천성이 총명하고 지혜로우며, 선조의 유산을 받게 된다. 여자라면 천성이 거만하며 이혼을 하여 재가하게 된다. 선천적으로 타고난 것으로 남자는 고환이 두 개 이상이고 여자는 두 개의 자궁이 있을 수 있다.

② 긴 인중
✿ 긴 인중은 장수하며 의식이 풍족하고 자식운이 좋고, 인내심이 좋으며 출세한다.
✿ 인중이 길면 식록이 여유롭고 장수하며 늦게까지 일을 할 수 있다.
✿ 인중이 길고 입술이 안정된 사람은 수명이 길다. 인내심이 많고, 정신이 안정된다.
✿ 인중이 길면 성격이 느긋하다.

✿ 여성은 인중을 포함하여 입 주위가 잘 생겨야 한다. 인중이 길면 조강지처 상이다.

③ 짧은 인중
✿ 인중이 짧고 얕으며 좁고 작은 사람은 설령 총명하더라도 꾸준히 노력하는 인내와 기백이 결여되어 나태하다.
✿ 인중이 짧고 얕은데다 코까지 작고 내려앉아 있는 사람은 매우 현실적이고, 열등감이 있어 남이 칭찬해 주는 것을 좋아하며, 생활이 문란하며 단명 한다.
✿ 인중이 얇고 짧으면 별 볼일 없이 가난하다.
✿ 짧은 인중은 소심하고 참을성이 없으며 성질이 급하다.
✿ 인중이 짧고 윗입술이 약간 뒤집어지면 인내심이 없다.
✿ 인중이 짧고 입이 단정하지 않으면 수명이 짧다.
✿ 인중이 짧고 얕은 사람은 56세에 수명을 다한다. 만일 면상의 다른 부위에 결함이 있으면 더 빨리 사망할 수 있다.
✿ 인중이 짧고 얕은 사람은 다른 사람이 추켜세워 주는 것을 좋아하고 허영심이 강하다. 만약 점까지 있다면 더욱 흉하다.
✿ 인중이 짧아도 전택궁이 넓으면 너그러운 쪽으로 본다.

④ 넓은 인중
✿ 인중의 위아래가 같은 넓이로 넓은 여성은 자식과 남편을 극하고, 심성 또한 좋지 않다.
✿ 넓은 인중은 낭비벽이 있고, 호색하여 자식이 많다.
✿ 인중이 넓고 얕으면 자식이 없고 단명 한다.
✿ 너무 넓은 인중은 음란하고 수명이 짧으며, 인중이 왼쪽으로 치우치면 득남하고, 오른 쪽으로 치우치면 득녀한다.

⑤ 좁은 인중
✿ 인중이 좁으면 특히 자궁의 발육이 불충분하고, 대부분 부인병이 있다.
✿ 좁은 인중은 소심하고 우유부단하다. 의식에 여유가 없다.
✿ 중년이 되어서도 인중이 좁은 사람은 아이 같고 겁쟁이다. 성기도 발달하지 않는다.

⑥ 위가 넓은 인중

✿ 여성의 인중이 위가 넓고 아래가 좁으면 남의 일에 간섭하기를 좋아하고 부덕(婦德)이 없으며, 어질고 현명하지 못하다. 난산을 하거나 자녀가 적으며 단명한다.

✿ 인중이 위가 넓고 아래가 좁으면 사람됨이 간교하며, 매사 용두사미 격으로 후반의 노력이 부족하여 성공하기가 힘들고, 나이가 들수록 어려워진다.

⑦ 가운데가 넓은 인중

✿ 인중의 위와 아래가 좁고 가운데가 넓으면 자식에게 질병이 있고, 자식으로 인해 항상 근심이 끊이지 않는다.

✿ 인중의 위아래가 좁고 중간이 넓으면 사람됨이 교활하고 각박하며 냉혹하다.

✿ 인중의 중부가 넓으면 아들을 끝까지 성장시키기 어렵다. 화액이 생기고, 병고에 시달린다.

⑧ 아래가 넓은 인중

✿ 인중이 위가 좁고 아래가 넓으며, 길고 깊은 사람은 총명하여 배우기를 좋아하고, 꾸준히 노력하는 기백과 독자적인 견해가 있으며, 일을 적극적으로 처리한다.

⑨ 인중 골이 얕은 경우

✿ 인중의 골이 얕은 경우에는 마음에 허점이 있고, 운세가 약해진다.

✿ 인중이 평탄하고 골이 없는 사람은 36세 이후에 몇 년 동안은 목숨을 연명하게 된다.

✿ 코 아래가 편편하고 인중의 골을 거의 알아볼 수 없는 사람은 자식과의 인연이 없는데 부부 중 한 사람에게 인연이 없어도 다른 한 사람에게 있으면 조금은 좋아진다.

✿ 인중의 골이 얕고 폭이 넓은 사람, 즉 편편한 느낌의 인중은 인내력이나 생활력이 모두 희박하며 낭비를 한다.

✿ 부부 중 남성에게 인중이 없으면 아이가 태어나도 대부분 조산으로 죽거나 부모와 떨어져 타향에서 살게 되어 자식과 인연이 적게 된다. 여성에게 인중이 없는 경우에는 아이를 낳지 못하거나 낳아도 반 정도는 죽는다.

✿ 여성의 인중이 평평하고 두툼하면 아들을 적게 낳고 딸을 많이 낳는다.
✿ 수로 골이 얇고 폭이 넓은 사람 즉 편편한 느낌의 인중은 인내력이나 생활력이 모두 희박하며 낭비를 잘 한다.
✿ 인중이 평평하여 선이 분명치 않으면 매사 재앙이 따르고 자손마저 불길하다.
✿ 낮은 인중은 인생을 편히 사는 타입이다. 자식운이 없고, 생각 없이 일을 저지른다.
✿ 인중의 선이 한쪽은 길고, 한쪽은 짧으면 수명을 재촉하고, 너무 넓거나 좁으면 자식이 끊긴다. 인중의 넓고 좁음으로 자녀의 유무가 정해진다.
✿ 인중 위아래가 얕으나 중간이 깊은 사람은 성격이 급하고 일을 처리하는데 두서와 조리가 없다. 또한 다른 사람과 화합하지 못한다.

⑩ 인중 골이 깊은 경우
✿ 인중의 골이 깊은 사람은 긴장을 하고 끈기가 있다.
✿ 골이 깊고 좁은 인중, 즉 하나의 선처럼 보이는 인중은 끈기는 있지만 매사에 투덜거리는 사람이며 아이와의 인연도 박하다.
✿ 골이 깊고 좁은 인중, 즉 하나의 선처럼 보이는 인중은 끈기는 있지만 매사에 투덜거리는 사람이며 아이와의 인연도 희박하다.
✿ 깊은 인중은 우유부단하고 혼인이 늦다. 소심하고 의식이 궁핍하다.
✿ 인중이 푹 파인 듯 깊숙한 여자는 자궁의 질이 좋아 섹스에 매우 강하다.

⑪ 평평한 인중
✿ 인중이 평평하고 이중 턱이 아닌 사람은 생각이 막혀있고 포부가 결여되어 있으며, 성격 또한 활발하지 못하고 융통성이 없으나 욕심은 많다.
✿ 인중이 평평한 사람은 일생동안 사업에 성취가 적고, 자주 재난을 당해 뜻을 이루지 못한다. 그러나 수염이 있고 이중 턱을 가졌으면 흉이 반감된다.

⑫ 구부러지거나 휘거나 기울어진 인중
✿ 여성의 인중이 양쪽으로 구부러져 있으면 행실에 지조가 없고 음탕하며 도덕과 의리를 그르친다. 간통으로 인한 자식을 낳을 가능성이 있으며, 자녀가 기형이거나 변태가 많고, 성장한 후에 불효한다.
✿ 인중이 굽은 사람(입 모양이 틀어짐)은 신용이 없는 사람이다.

✿ 인중이 혼각(수로가 희미해짐)이면 인덕이 없어 말년을 고독하게 보낸다.
✿ 인중에 굴곡이 있거나 많이 휘어진 사람은 위선적이고 술수를 자주 부린다.
✿ 인중이 한쪽으로 기울어졌으면 가난하게 산다.
✿ 오그라진 인중은 수명이 짧고 신분이 낮다. 삐뚤어져 비스듬하고 짧게 들려지면 수명이 짧고 가난하다.
✿ 바르지 않고 구불구불한 인중은 재앙과 형극이 있고 대쪽처럼 곧은 인중은 충과 신의 마음이 한결 같다.

⑬ 인중과 건강
✿ 인중이 틀어지고 골이 좁으면 자손이 안 좋다.
✿ 인중이 왼쪽 또는 오른쪽으로 휘어져 있는 사람은 습관성 변비를 앓고 있지 않으면 변비와 설사가 반복된다. 동시에 척추가 비뚤고 쉽게 허리가 쑤시며 등이 아프다.
✿ 인중은 수명과 건강을 보며, 치아는 복록을 본다.
✿ 인중 주변이 지저분하면 방광에 질병이 생기기 쉽다.

⑭ 인중의 주름
✿ 인중에 횡문(橫紋)이 있으면 남편과의 인연이 박하다. 주름이 옅으면 난산의 액운이 있고, 주름이 깊으면 남편을 극한다.
✿ 중절 인중(가로줄 있는 인중)은 혈맥을 차단하는 이치와 같다. 자녀를 갖지 못하고, 난처한 일을 자주 당한다. 주름이 50세 전에 있다면 더욱 흉하다.
✿ 식사 중에 인중에 세로 주름이 생기면 자식 복이 없다.
✿ 인중에 십(十)자 무늬가 있는 사람은 자녀를 극한다. 십자 문이나 교차 문이 있는 사람은 물을 조심해야 한다.
✿ 머슴은 식·녹창에 세로 주름이 잡혀있고, 간문 옆이 꺼져 있으며 이마가 못생겼다.
✿ 인중에 세로 주름이 여러 개면 남의 자식을 키울 수 있다.
✿ 인중에 세로 주름이 있으면 돈이 없고, 외롭다.
✿ 세로금이 하나 있으면 혈맥을 막는 형상과 같아 일찍이 여러 자식을 잃게 된다. 침을 매달아놓은 것처럼 골이 가는 것은 자식이 끊기고 노년에 가난하다.
✿ 인중에 직선으로 주름이 있으면 자식을 늦게 얻거나 남의 자식을 양육하게 된

다.
✿ 인중에 가로금이 있으면 남자의 경우 자식으로 인한 골치 아픈 일이 생긴다.
✿ 인중에 횡문이 있는 사람은 재난이나 아사를 예방해야 한다.
✿ 인중에 횡선이 있는 사람은 아들보다는 딸이 있는 것이 좋다.
✿ 인중에 우물 정(井)자와 함께 가로 주름이 겹치면 반드시 수액을 당한다.
✿ 인중 주변에 가는 선이 구불구불 있으면 간교하고 교활한 사람이다.

⑮ 인중의 점, 사마귀
✿ 인중에 점이나 상처가 있는 것은 단명할 상으로 생활력도 약함을 나타낸다. 검은 점이라면 아이와의 인연이 희박하고, 물난리를 겪을 수도 있다.
✿ 인중에 하얀 사마귀가 왼쪽에 있으면 남자 아이와의 인연이 희박하고, 오른쪽에 있으면 여자 아이와 인연이 희박하다. 인중에 붉은 반점이 나오면 부부싸움 중이거나 자궁 질환의 우환이 있을 수 있다.
✿ 남자가 인중에 점이 있으면 아내의 질병 때문에 고생을 한다.
✿ 인중 가운데에 점이 있으면 아들을 두기 힘들다. 흑점이 있으면 아내가 아들을 극한다.
✿ 인중 가운데에 검은 사마귀가 있으면 자식을 기르기가 어렵다.
✿ 여성이 인중에 점이 있으면 부인과 질환을 앓았거나 자녀를 낳기 힘들며 난산에 대비해야 한다. 또한 결혼생활이 순탄하지 못하고, 늘 남편을 속이고 해친다.
✿ 여성이 인중 좌우에 점이 있으면 방탕한 상으로 중매도 없이 스스로 시집을 가고, 결혼 후에도 다른 사람을 사귀며 남편을 속이고 해친다.
✿ 인중 가운데 검은 사마귀가 두 개 있으면 쌍둥이를 낳는다.
✿ 인중의 점이 흑·회색이면 목숨을 재촉하고, 자녀 복을 누리지 못한다. 그러나 점이 칠흑같이 검다면 오히려 길하다.
✿ 인중에 하얀 점이 있어도 아이와의 인연이 희박하다.
✿ 인중에 검은 사마귀가 있으면 여자 아이를 많이 낳는다. 기가 강하기 때문이다.
✿ 인중에 하얀 사마귀가 왼쪽에 있으면 남자 아이와 인연이 희박하고, 오른쪽에 있으면 여자 아이와 인연이 희박하다.
✿ 인중 가운데에 살이 언덕처럼 솟아오르고 작은 점이 많으면 사업이 실패로 끝

난다.
✤ 인중의 점에 털이 나 있으면 길하고, 흑점과 홍점이 은밀한 곳에 나 있으면 길하다.

⑯ 인중의 콧수염, 솜털
✤ 남자 인중의 수염이 굴레 수염보다 좋으면 일복이 많다.
✤ 남자의 인중에 수염이 많으면 성생활이 좋고, 늦게까지 일을 하며 늦게까지 돈을 번다.
✤ 인중과 법령 중간에 솜털이 지나치게 많고 너무 검으면 50세 전에 남편을 극하고 과부가 된다. 그러나 늦게 결혼한 사람은 흉이 반감 된다.
✤ 인중의 콧수염털이 부드럽고 아름다우며, 농담이 분명하고 광택이 있으면 부유하다.
✤ 인중에 콧수염이 없는 사람은 공직이나 상업 등 정업에 종사하면 좋지 않다. 중상모략에 빠지게 되며, 재산을 모으기도 어렵다. 종교, 교육, 문학, 과학, 예능 방면의 종사자와 독립면허가 있는 의사, 변호사, 회계사, 기술자, 프리랜서 등의 직업이 맞는다.
✤ 인중의 콧수염이 굵고 짙으나 거꾸로 어지럽게 나 있고, 눈썹털이 성기고 부드러우며 얇은 사람은 관운이 없다. 인중의 수염이 거꾸로 난듯하면 부부가 반목하고 결혼생활이 순조롭지 못하다.
✤ 인중에 수염이 없는 사람은 총명하고 계책이 많으며 능력도 뛰어나지만 욕심이 많고 급진적이다.
✤ 인중에 콧수염이 없는 사람은 어머니를 극하고, 노년에 자식의 도움과 봉양을 받기 어렵다. 입술 위아래에 모두 수염이 없으면 더욱 흉하다.
✤ 남자가 인중이 너무 깨끗하고 수염이 없으면 흉하다. 남자의 인중에 털이 없으면 내시 상이다.
✤ 여자의 인중에 솜털이 나오면 돈이 떨어진 것으로 보면 된다.
✤ 여자 인중에 잔털이 많이 나와 있으면 과부상이다. 중성화 되어 있기 때문이다.
✤ 코털이 삐죽삐죽 나와 선고 부위에 보이기 시작하면 재물이 흩어지기 쉽다.

⑰ 인중의 색

✿ 인중이 검으면 돈이 없다. 인중의 색이 검으면 섹스를 안 했거나, 돈에 신경을 쓴 경우이다. 성생활 부족이다.
✿ 인중이 검으면서 털이 많으면 과부 상이다. 호르몬 부족으로 중성이 되어간다.
✿ 인중에 붉은 반점이 나오면 부부싸움 중이거나 자궁 질환의 우환이 있을 수 있으므로 의사의 진단을 받아야 한다.
✿ 인중의 색이 푸르면서 하얗게 보이면 자궁이 안 좋다. 남편으로부터 사랑이 부족한 결과로 섹스 부족 증상이다.
✿ 인중 전체가 흑암으로 보이고 색이 어두우면 아내가 외정을 통한다는 증거다.
✿ 여성의 인중이 검으면서 푸르러지면 남성 호르몬 쪽으로 가고 있는 중이다.
✿ 여성의 인중이 검으면 성생활이 약하다. 남성과 성 접촉이 없기 때문이며 50대가 넘으면 자궁이 안 좋다.
✿ 성생활이 문란한 여성은 인중의 색이 탁하며 무겁고, 가느다란 실선이나 검은 반점이 생긴다. 자신의 마음을 속이지 못하기 때문에 마음의 상태가 얼굴에 나타난다.
✿ 인중에 검은색이 나타나면 사망 위험이 있고, 흰색이 나타나면 실물 손해가 있다. 푸른 청색이 손톱처럼 나타나면 자녀에게 질병이 생긴다.

⑱ 인중과 자궁
✿ 자궁을 드러내면 인중 부위가 틀어지며, 분명했던 인중이 평평해진다.
✿ 여성이 자궁을 드러내면 식·녹창에 주름이 생긴다. 나이가 들어도 주름은 생긴다.
✿ 여성의 인중이 비뚤어져 있으면 자궁 또한 바르지 않고 부인병이 있으며, 임신할 확률이 극히 적고, 심성도 좋지 않다.
✿ 여성의 인중에 작은 부스럼이나 반진(斑疹)이 생기면 곧 생식기 계통에 이상이 생겼음을 나타내는 징조이다.
✿ 기분이 상하는 일이 자주 반복되면 인중이 틀어진다.
✿ 인중에 횡선이 있으면 자궁이 안 좋고 자식이 없으며 혼자 산다. 이혼녀이다.
✿ 인중의 혈색이 검은 사람은 병세가 심하다. 여기에 입술까지 파랗거나 누렇고 두 눈에 눈빛이 사라졌으면 곧 죽게 된다.
✿ 인중이 깨끗한 여자가 일명 예쁜이 수술을 하면 큰 재앙이 따른다. 잠깐의 쾌락을 위해 가정의 행복을 무시한 결과이다.

⑲ 좋은 인중

✿ 인중이 두둑하면 밀고 나가는 추진력이 좋다.
✿ 인중이 두껍고 넓은 사람은 대인 관계가 좋고 임기응변이 뛰어나다.
✿ 인중의 홈(수로)이 넓으면 성격이 느긋하고 여유가 있으며 유연하다.
✿ 인중이 길면서 귀까지 긴 사람은 장수하지만, 반대로 인중과 귀가 모두 짧은 사람은 반드시 단명 한다.
✿ 인중에 수염이 많으면 복이 많다. 늦게까지 일을 하기 때문에 늦게까지 돈을 번다.

⑳ 도움되는 말들

✿ 자비를 베푸는 곳은 전택궁과 법령이 넓어야 하고 식·녹창이 풍부해야 한다.
✿ 인중은 천통(天通)과 지통(地通)하는 위치에 있기 때문에 인중을 손으로 가리고 있는 습관은 나쁘다. 인중을 자주 가리면 일이 지체된다.
✿ 인중은 돈의 마당이다. 인중이 넓고 두둑하면 쓸 돈이 많다.
✿ 여성의 인중이 통통하면 아들이 귀하다.
✿ 사람의 허영심은 인중과 관계가 있다. 인중이 짧은 사람은 허영심이 크고, 인중이 긴 사람은 근면하고 성실하다.
✿ 인내심도 인중과 비례한다.
✿ 인중은 좋은데 치아가 고르지 못하면 복록이 감소한다.
✿ 준두가 마치 인중을 누르는 것 같으면 건강이나 수명에 지장이 많다.
✿ 인중과 주변의 선고가 풍만하고 좋으면 말년에 사업이 날로 번창한다.
✿ 인중과 법령에 문제가 있으면 경영인은 노사문제로 회사를 운영하기 힘들다. 상처나 흠이 있으면 수염을 보기 좋게 길러야 고통스런 기간을 넘길 수 있다.
✿ 인중에 흠이 있는 사람은 불효한 아들을 키우거나, 자녀에게 지병이 있어 평생 걱정하며 산다.
✿ 인중은 남자는 넓고 두텁고 길어야 하며, 여자는 너무 두텁거나 넓으면 안 된다.
✿ 인중이 꼬이면 심성이 좋지 않고, 남에게 손해를 끼친다. 50~53세운이 가장 안 좋다. 박복하다.

【10】 수염(鬚髥)

수염은 남자의 특별한 권리의 표현으로써 장부의 상징이다. 수염은 기와 혈 기상과 관계가 있으며 남자들만이 가질 수 있는 대장부의 상징이다. 수염은 혈류의 남은 부분으로 신체의 부위로는 심혈과 신장에 속한다. 피가 탁하거나 신장이 허약하면 털이 빠지고 희어진다.

수염은 늙은 만년에 그 사람의 건강과 부귀와 안녕을 가늠하는 척도이다. 털빛이 맑고 깨끗하고 약간 드물어야 귀한 상이다. 말을 많이 하는 수다스런 사람의 수염은 인중에 있는 수염이 팔자로 옆으로 올라가게 난다. 인중은 51세~55세의 운을 보는 자리이며 인중에 수염이 넓게 퍼져서 나오면 50~60대에도 청년처럼 왕성하게 일하게 된다.

인중이 밋밋하면 50세 전후에 놀게 되거나 풍파가 있어 쉬게 되는 수도 있다. 턱 밑에서 목 아래까지 털이 나 있으면 자손운과 처의 덕이 많다. 양쪽 뺨 위에 난 구레나룻(호자)과 인중에 난 털을 식·록 창이라 하고, 턱에 난 수염은 벼슬을 나타내는 관직이다.

녹은 많으나 관이 없는 사람은 큰 해가 없고, 털이 노랗거나 양털같이 희면 처와 자식을 극한다.

수염이 너무 드물게 나면 중단 좌절이 있고, 털이 청록색이면 영화로운 일이 있고, 인중에 털이 적게 나고 턱 아래에 털이 많이 나면 처자에게 대접을 받고, 반대로 인중에 털이 많이 나고 턱 아래 수염이 적으면 대접 받기보다는 열심히 벌어 처에게 바치는 상이다. 즉 수염이 인중에만 많으면 받쳐주는 사람이 없어 자신이 분주하다.

위아래로 수염이 고르게 쭉 뻗어 있으면 하는 일과 보살피는 가정도 정력적으로 잘 헤쳐 나간다. 구레나룻 옆까지 털이 많고 몸에도 털이 많이 난 사람은 정이 너무 많아서 부인에게만 정열을 쏟지 않는다.

여자가 털이 많이 난 것은 남자처럼 일을 하게 된다는 표현으로 혼자 사는 중년 여성을 보면 얼굴에 거뭇거뭇 하게 털이나 있는데 면도를 하지 말고 뽑아 주어야 한다. 잔털은 의리와 따뜻한 정을 표현하므로 그것까지 뽑을 필요는 없다.

수염이나 털이 별로 없는 사람과 교제를 하면 정이 없고 메마른 사람같이 느껴

질 때가 많다. 남자가 나이가 들어서 수염이 빠지지 않고 오래 유지하면 부귀영화가 많다. 수염이 건조해 보이고 색이 탁하면 자손이 힘이 없고, 광채가 나고 색이 깨끗하면 영화스런 일이 계속된다.

콧속 털(비모)이 나와서 수염과 맞닿으면 인색하고 손재가 따르며 마음속에 원한도 있게 된다. 수염이 좌로 쏠리면 다른 사람의 부인을 보면 두려워하고, 아래털이 없는 사람이 물 가까이 살면 물로 인하여 사고가 일어날 수 있다.

머리나 몸에 털이 많은데 인중에 수염이 없는 사람은 멀리하는 것이 좋다. 음흉하고 간사한 사람이다. 수염은 얼굴의 화려한 겉모습이며, 단전의 원기이다.

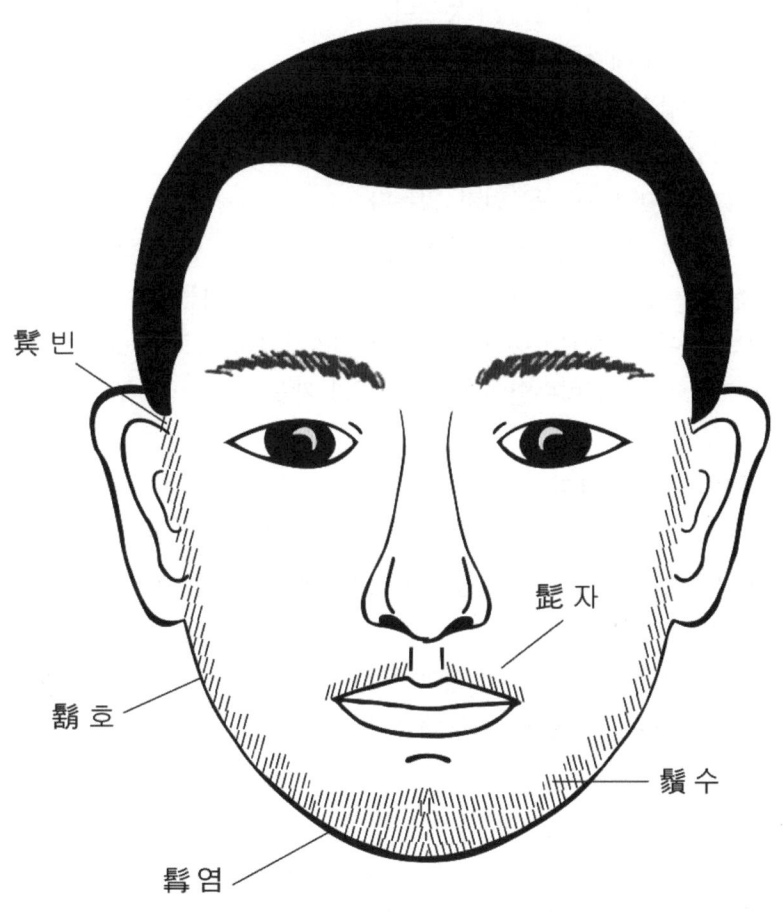

수 염

1) 수염을 관찰하며 읽기

① 개요

- 입술 위의 좌우 양쪽의 수염은 록(祿)이고, 입술 아래 지각 부위 수염은 관(官)이라고 한다. 입술의 상부와 하부, 인중, 승장, 변지 등 다섯 부위에 모두 수염이 나면 귀한 사람이다.
- 윗입술 위에 나는 털을 자(髭), 아랫입술 하단에 나는 털을 수(鬚), 양 볼에 나는 털을 호(䯻), 턱에 나는 털을 염(髯) 귀 옆에 나는 털을 빈(鬢), 온 뺨과 온 이마에 나는 털을 규염(虯髥)이라고 하는데, 규염이나 음모(陰毛)가 풍성한 것은 기혈이 매우 왕성하다는 뜻이다.
- 코 밑과 양쪽 구레나룻 수염은 길상이다.
- 수염이 빳빳하면 성격이 격렬하고, 부드러우면 온순하며 곱슬머리처럼 구부러지면 머리 회전이 빠르다.
- 턱수염이 갈라지면 자식을 먼저 잃는다.
- 수염이 드물고 빼어나면 좋다. 수염은 부드러워서는 안 되고 빳빳해야 하며, 곧아서는 안 되고 굽어야 하며, 탁해서는 안 되고 깨끗해야 한다.
- 귀밑털(빈모)에 이어지는 수염이 생겨서 머리카락과 서로 어울리면 좋다. 만약에 머리카락이 적고 턱수염이 많으면 역시 재물을 모으지 못하며, 빈천한 상이다.
- 수염은 신장을 나타낸다.
- 혈이 많고 기가 적은 사람은 콧수염털이 적고, 기와 혈이 모두 적은 사람은 윗입술에 콧수염이 없거나, 콧수염털이 아주 적어 호르몬 분비가 정상적이지 않다.
- 호르몬 분비의 정상 여부가 수염과 같은 남성의 2차 성장에 영향을 끼친다.
- 혈은 털에 자양분을 공급하여 광택을 주는 작용을 한다.

② 수염의 색

- 턱수염은 옻칠을 한 것과 같이 검어야 하며, 황색을 띠어서는 안 된다. 턱 수염이 흑색, 황색 등이 섞여 난잡한 색을 띠게 되면 좋지 않다.
- 수염이 검정색이면 용감하고 갈색이면 이론가이며, 푸르면 냉정하고 차색(茶色)이면 빈천할 상이다.

✥ 수염이나 코털이 붉거나 노란색이면 배신하고 은혜를 원수로 갚으니 가까이 하면 안 된다.
✥ 인중의 콧수염털이 붉으면 성정이 문란한 사람은 수염을 깎는 것이 좋다.

③ 좋지 않은 수염
✥ 턱에 수염이 없으면 가난하고 단명한다.
✥ 수염이 짙고 탁하며 바삭바삭하고 황색을 띠면 가장 좋지 않다.
✥ 수염이 빈모(귀밑털)와 연결되어 있고, 늙어서 흰 밀가루와 같고 곧은 것은 양의 구레나룻이며, 꼬리 부분이 양쪽으로 갈라진 것은 제비 꼬리라고 하는데, 늙어서 자식을 해하게 되며, 고독한 상이다.
✥ 수염이 양의 구레나룻과 제비의 꼬리와 같이 생기면 형벌을 받거나 해를 입는다.
✥ 턱 아래의 수염이 결후까지 나 있는 사람은 뜻밖의 재난에 대비해야 한다. 아들을 적게 낳고 딸을 많이 낳는다.
✥ 턱에 수염이 없으면 은면(銀面)이나 적면(赤面)에 포시(暴腮)가 아닌 이상 일생동안 생계의 기초를 마련할 수 없다.[2]
✥ 여성의 식·록 창에 솜털이 지나치게 많고 검으면 50세 전후에 남편을 극하여 과부가 된다. 늦게 결혼하면 흉이 반감 된다.
✥ 血이 적고 氣가 많으면 콧수염털이 복잡하고 거꾸로 헝클어져 난다.
✥ 수가 무성하게 자라 입을 포위하고 있으면 행운이 지체되고 막힌다.
✥ 자가 인중에 없으면 친구나 부하의 도움이 없고 시비가 많으며 고단하게 보낸다.
✥ 남자가 수가 없으면 책임감이 결핍되고 노년기에 고달프다.
✥ 자가 없으면 육친 간에도 서로 인정하지 않으며 현실주의자로서 권세에 아부하고 빌붙는다.
✥ 수가 길어 너무 부드럽고 바람에 날리는 것은 좋지 않고, 짧아 인후를 봉쇄하고 입을 포위하는 듯해도 좋지 않다.
✥ 빈모가 없으면 심성이 이기적이고, 탁하면 난잡하고 교활하며 간사하다. 빈모

---

[2] 은면이란 얼굴이 하얗고 윤기가 나는 것이고, 적면이란 얼굴이 붉고 윤기가 나는 것이며, 포시(폭시)란 귀밑 턱 부위가 풍만하고 둥글며 두툼한 것이다.

가 가지런하지 못하면 처자를 형극하고 메마르면 평생 근심걱정이 많다.

④ 수염의 길상
- 수염이 깨끗하고 가벼우며 살에서 드문드문 난 사람은 국가 동량이 되는 재목이다.
- 소화 배설기 계통의 기(氣)와 혈(血)의 순환이 모두 정상이면 인중의 콧수염 털이 부드럽고 아름답다.
- 자, 호, 수, 염은 튼튼하고 성글며 윤기가 나는 것을 좋은 것으로 본다.
- 수가 많고 빈이 적으면 태어나면서부터 예술적인 재능이 있으므로 연예계로 나가면 좋다.
- 수가 많으면 청수함을 귀하게 여기고, 수가 많으면서 길고 윤택하면 정력이 왕성하여 자손이 많다.
- 수가 적으면 밝게 윤이 나는 것이 좋고 일찍 희어지면 정력이 쇠약하고 자손들은 몸이 아프다.
- 빈이 귀 옆 앞 부위를 지나면 총명하고 남을 잘 돕는다. 서비스업에 적합하다.
- 빈이 많고 수가 적으면 평생 편안하게 보낸다. 빈이 대머리이고 눈썹이 성기면 노년기에 외롭고 가난하다.

⑤ 콧수염
- 인중에 콧수염이 없는 사람은 어머니를 극하고, 노년에 자식의 도움과 효성스런 봉양을 받기 어렵다. 입술 위아래에 모두 수염이 없으면 더욱 흉하다.
- 인중이 평평한 사람은 자식을 얻기가 힘들거나 장자를 극하지만, 인중에 수염이 있거나 이중 턱이면 흉이 반감된다.
- 인중의 수염이 거꾸로 난듯하면 부부가 반목하고 결혼생활이 순조롭지 않다.
- 인중에 콧수염이 없으면 인중이 좋은 사람도 공직에서 출세하기 어렵다.
- 인중에 콧수염이 없는 것을 공망(空亡)이라고 하는데, 이런 사람은 공직이나 상업 등 정업(正業)에 종사하면 좋지 않다. 소인이 시비를 걸고, 쉽게 비방을 받아 중상모략에 빠지게 되며, 발전에도 한계가 있고, 재산을 모으기도 어렵다.
- 인중에 콧수염이 없으면 편업(偏業)에 종사하면 비교적 장래성이 있고 수확도 있지만 고생을 하게 된다. 편업으로는 종교, 교육, 문학, 과학, 예능방면의 종

사자와 독립면허가 있는 의사, 변호사, 회계사, 기술자, 프리랜서 등이 있다.
✧ 인중의 콧수염털이 부드럽고 아름다우며, 농담(濃淡)이 분명하고 광택이 있는 사람은 일생동안 부유하다.
✧ 인중의 콧수염이 굵고 짙으며 거꾸로 어지럽게 나 있고, 눈썹털이 성기고 얇은 사람은 관운이 없으므로 주도적인 역할을 하는 직책이나 회사 또는 상점의 책임자를 맡아서는 안 된다. 일을 열심히 해도 다른 사람이 좋아하지 않으며, 아랫사람에게 밀릴 염려가 있다. 가정에서도 부인과 자녀의 비웃음을 사며, 친척들에게 누를 끼칠 일이 자주 발생한다. 만약 반대로 눈썹털이 두텁고 어지러우며 진하거나 이중턱이면 흉이 반감 된다.
✧ 구불구불 구부러지고 많은 수염은 튀는 성격임을 암시하며 숨어서 지휘를 하더라도 장수의 기질이 있다.
✧ 인중에 수염이 없는 사람은 그 자리의 살이 밋밋한데 이런 경우는 50세를 전후하여 굴곡이 있거나 일을 쉬거나 현업에서 멀어진다.
✧ 인중에 수염이 없어도 턱 밑에서 목 아래까지 수염자국이 퍼져 있다면 50세 이후에 운기는 떨어지나 만년운과 자손운, 처덕이 있다.
✧ 인중에만 수염이 많고 턱 아래에 수염이 부족하면 대접 받기보다는 돈을 열심히 벌어서 처에게 갖다 줄 사람이다.

⑥ 구레나룻
✧ 구레나룻이 얼굴 쪽으로 붙으면 처를 친다.
✧ 구레나룻이 얼굴 옆쪽으로 턱까지 이어지고, 콧수염이 적을 경우 처의 덕을 본다.
✧ 건강한 사람의 수염자국은 파르스름하며 수염이 힘 있게 나온다.
✧ 며칠 동안 면도를 하지 않았을 때 남자의 수염이 쭉 뻗어 있다면 일도 가정도 정력적으로 돌볼 스타일이다.
✧ 수염이 구레나룻 옆까지 많이 나고 몸에도 털이 많은 사람은 정이 너무 많아서 아내에게만 정열을 다 쏟지 못한다. 야성적이라 사랑이 격렬하다. 사이가 소원해질 경우 잔인할 정도로 냉정하다.

⑦ 도움되는 말들
✧ 문신의 수염은 무신인 장수보다 양도 적고 단정하다.

- 간신은 수염을 가늘게 표현하며, 내시는 수염이 없다.
- 수염은 호르몬과 관계가 있는 것으로 남성성을 나타낸다.
- 수다가 많은 남성은 인중에 붙어있는 수염을 ∧자로 꼬여 올라가도록 만든다.
- 인중의 자리는 51~55세에 해당하는 자리이다. 인중 부위에 수염이 넓게 퍼져 있으면 나이가 들어서도 일이 많다.
- 금고의 앞마당인 인중자리가 두둑하고 좋아야 수염이 영양을 섭취하며 잘 자란다.
- 몸은 허약한데 몸에 털이 무성하다면 마음먹은 일 만큼은 물불을 가리지 않고 열심히 한다. 체구가 왜소하고 순한 성격이라고 해서 얕잡아 볼 일이 아니다.
- 남성의 상징인 수염이 여성에 많이 나는 경우는 일찍 남편과 사별한 경우이다. 남성처럼 활동을 많이 하는 팔자로 본다. 면도로 밀지 말고 뽑아줘야 한다.
- 몸에 나는 잔털은 의리와 따뜻한 마음을 표현한다.
- 수염이 없이 맨송맨송한 사람은 정이 없다. 수염이 너무 없는 사람과 교제를 하면 가슴이 메마른 사막과 같아 '정주고 우는' 신세가 된다.

【11】 입(口)

입은 하정을 대표하는 부분이다. 입의 길이는 눈 길이의 1.5배가 표준이다. 입은 바다를 상징하며 오행은 수성이다. 입은 말이 나오는 문이며, 음식을 받아들이는 곳이다.

입은 바다가 수많은 강물을 수용하듯 외부로부터 음식을 받아들여 오장에 도움을 준다. 입은 언어의 문이기 때문에 복과 화를 쥐고 있는 칼자루와도 같고 시비의 근원지이기도 하다. 입은 공기를 들이쉬고 내뱉는 호흡기관이기도 하다.

주역에서 입을 "만물의 조화를 일으키는 곳"이라고 표현했듯이, 귀·코·눈썹·눈·입 중에서 가장 많은 작용을 하는 것 또한 입이다. 입은 만물조화의 관문이니 이를 출납관이라 한다. 입은 마음을 표현하는 겉문이며, 상벌과 시비의 분별을 하는 곳이다.

입과 혀를 잘 사용하느냐 못하느냐에 따라 자신의 운명이 좌우 된다. 심장에서부터 목구멍을 통해 연결된 가장 바깥 부위에 해당하는 입은, 온갖 상벌과 희로애락을 일으키는 기관이다.

건강 면에서 입은 심장과 밀접한 관계가 있다. 윗입술은 대장과 생식기·비뇨기 계통, 아랫입술은 위와 소화기 계통, 입술의 안쪽은 간·쓸개와 깊은 관계가 있다. 입 주위의 능선은 비장과 관계가 있고, 혀는 심장, 이는 골격과 관련이 있으며, 잇몸은 신장과 내분비 계통과 밀접한 관계가 있다.

입술의 두껍고 얇고 크고 작고 날카롭고 처지고 들리고 수축하고 납작하고 평탄하고 삐뚤어지고 패인 모양 및 색과 미추(美醜)등은 각 계통 기관의 선천적인 구조 및 후천적인 기능과 상관이 있다. 나아가 심리 상태에도 영향이 있다.

입의 모양은 '넉 사(四)' 자처럼 생겨야 하며, 입의 상은 광대뼈·눈썹·수염의 상과 조화를 잘 이루어야 한다. 입을 10점으로 하면 수염과 눈썹은 7점에 해당 된다. 이 밖에도 입은 준두와 이마, 법령, 화창, 귀, 승장, 지각 등의 상과 조화를 이루어야 한다. 이중 어느 한 부위에라도 결함이 있으면 입의 길흉에 영향을 미치게 된다.

입은 56~65세에 이르는 10년 운세를 나타내므로, 행운이 입에 이르렀을 때는 이미 중년이 지나가고 노년이 시작된다. 입은 단정하고 두텁고 무겁게 말을 아껴서 하면 구덕(口德)이라 하고, 남을 비방하거나 쓸데없이 말이 많고 허물을 말하는 것을 구적(口賊)이라 한다. 구덕을 쌓는 자는 복록과 장수를 누린다.

입은 꽉 다물어 힘있게 보여야 하며 입꼬리는 올라간듯해야 하고, 입술은 두터워야 한다. 입이 모지고 넓고 서슬이 있는 자는 수와 귀를 누리고, 입 모양이 활같이 생긴 자는 관록이 있고, 입이 크고 입술이 두터우면 부와 복을 누린다.

입이 반듯하고 기울지 않고 두텁고 얇지 않은 자는 의식이 넉넉하다. 입은 단정하고 이는 희고 입술이 붉은 자는 미식으로 평생을 보내고 입이 두텁고 인중이 선명하고 긴 사람은 말년에 자식으로 인한 복록이 무궁하다.

입이 뾰족하거나 뒤집힌 듯 치우치거나 입술이 얇은 자는 빈천하고, 말을 하지 않을 때도 입이 움직이고 말입(馬口)과 같으면 굶주리게 되고, 입이 검붉은 자는 일에 막힘이 많고, 입이 다물어지지 않아서 이가 훤히 드러나는 자는 좋은 때를 만나지 못한다.

입에 검은 사마귀가 있는 자는 주식이 따르고, 입이 붉은 것 같으면 배고프고 추운 것을 받지 않으며, 입이 커서 주먹이 들어갈 만한 자는 출장입장[3]하게 되고, 입이 넓고 풍만하면 많은 종류의 음식을 얻는다. 사람이 없는데도 중얼거리면 천하기가 쥐와 같다.

입술은 입과 혀를 감추는 성곽이요, 혀는 입을 보호하는 창날이다. 그러므로 성곽은 두터워야 하고 창날은 날카로워야 하는데, 두터우면 무너지지 않고, 날카로우면 무디지 않은 것으로 좋은 상이 된다. 혀는 크고 입이 작으면 빈천박복하고 단명하며, 입이 작으면서 짧은 자는 가난하다.

입의 빛깔이 붉어야 하고, 입의 소리는 맑아야 한다. 말에 나타나는 덕은 단정해야 하고, 입술은 두터워야 하며, 입이 홍색에 광택이 나면 식록과 영화를 누리고, 입술에 홍색을 바른 것 같으면 굶주림을 받지 않는다.

입이 주머니 졸라맨 것같이 오그라지면 먹을 것이 없어 굶어 죽고 자식을 둔다 해도 별거하며, 입은 크나 혀가 얇으면 마음에 풍류를 좋아한다. 입가에 자색을 띠면 재물의 욕심이 많으나 장애가 따른다.

입에서 말이 나오기도 전에 입술이 일어나면 간음 하려는 마음이 있어 성적인 불만을 품고, 입속에 검은 사마귀가 있으면 항상 좋은 음식을 먹고산다. 수성(水星)이 제자리를 얻고 입이 네모지면 일신이 영귀하고 가정이 풍족하여 자손은 창성한다. 입안이 네모진 자는 진실하고 참되지만 입 양끝이 아래로 쳐지면 말소리가

---

[3] 전시에는 장수요, 평화시에는 정승이 되는 것.

곱지 않다. 입술에 주름이 내천(川)자면 굶어 죽을 상이다.

입이 불을 부르는 것 같으면 자손이 적고, 왼편으로 기울면 아내를 잃고, 오른쪽으로 기울면 토지와 재산을 탕진한다. 검은 사마귀가 입술에 있으면 약독으로 위급하다. 혀 위가 항상 푸르면 동기간에 이별한다.

입이 붉고 단정하면 토지와 재산이 많고, 입이 불을 부는듯하면 늘그막에 고독하고, 입 주위에 주름이 있으면 고생도 있고, 성공도 있으며, 가볍고 얇은 입술은 남을 잘 속이는 사람이다.

입은 출납관이라 해서 재무부, 상공부, 외무부 역할을 하게 된다. 입은 오므리면 작고 벌리면 크고 두텁고 이는 흰색이 좋다. 입은 무겁게 열어야 하며 가벼우면 적을 많이 만든다. 잠을 잘 때 입을 벌리고 자는 것은 장수하지 못할 상이다.

입술이 항상 붉고 무늬가 많으면 자손이나 형제가 많고 입술에 점이 있으면 술을 잘 마시고, 여자는 음문에 점이 있으면 음란하다. 입술이 젖혀져 이가 드러나 보이고 입 양쪽 끝이 쳐지고 색이 밝지 못하면 빈천한 상이다.

여성에게는 입은 성(性)과 연관된 중요한 부분이다. 이는 입이 성기와 같은 신경계에 연결되어 있기 때문이다. 입의 모양으로 운세의 강약과 의지력을 보고, 입술로는 애정의 정도와 정력·수명·의지력 및 아이와의 인연 등을 본다.

인체에서 피부색과 다른 입술·유두·음부·항문 등은 모두 생식·소화와 관련된 부분이며, 입술의 발달 정도가 다른 부분의 발달 정도를 보여준다. 입의 크기는 주로 생활력의 정도와 성격의 음양을 나타낸다.

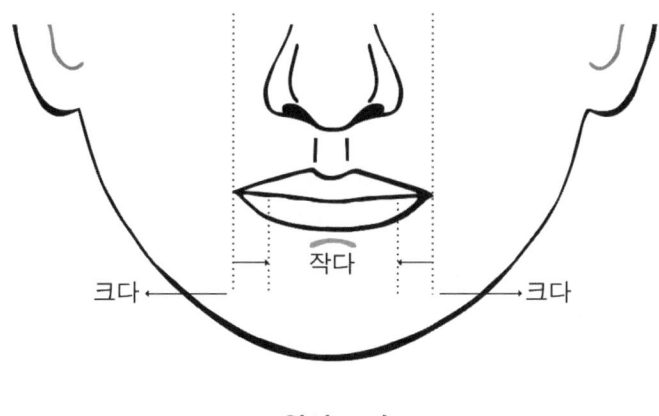

입의 크기

1) 입의 모양(口形)

① 사자구(四字口)

넉 사자 입은 가장 좋은 상으로 재산이 많고 높은 지위에 오른다. 입의 언저리가 밝고 맑으며 두 입술이 가지런하고 입의 두 끝이 위로 올라가고 아래로 쳐지지 않은 것이 좋은 상이다. 이러한 사람은 총명하고 재주가 많으며, 학문이 출중하여 부귀를 누리는 상이며 반드시 높은 지위에 오른다.

② 방구(方口)

이 상은 주로 귀히 되는데 입이 반듯하고 입술은 가지런하며 치아가 드러나지 않고, 입술이 붉고 빛나고 윤택하여야 한다. 웃을 때 이가 보이지 않고 깨끗하게 희면 이 사람은 부귀영화를 누리며 여러 가지의 식록을 먹을 상이다.

③ 앙월구(仰月口)

입 모양이 앙월(仰月 : 위로 휘어진 달)같이 양끝이 위로 올라가고 이가 희고 입술이 붉은 것이 단사를 바른 것 같다. 문장이 좋으면 부귀를 이루고 높은 지위에 오른다.

④ 만궁구(彎弓口)

입이 휘어진 활 같고 상현달 같으며 두 입술이 풍후하고, 붉고 선명한 상은 부귀를 누린다. 정신이 맑고 기가 상쾌하니 쓰임이 있는 인물로 중년에 부와 복록을 누린다.

⑤ 저구(猪口)

돼지 입은 윗입술이 길고 거칠고 넓으며, 아랫입술은 뾰족하고 작고 입가에 침을 흘린다. 이러한 입을 가진 자는 사람을 간사한 꾀로 잘 꾀고, 남 잘 되는 것을 비방하고 마음이 간사한데 운세도 나빠 빈천하여 노상에서 횡사할 수 있다.

⑥ 취화구(吹火口)

입이 마치 불을 부는 모양같이 생겨 항상 벌리고 있는 것으로 끝이 뾰족하면 먹고 입을 것 걱정이 많다. 이러한 상은 빈천 단명한 운이니 평생에 실패가 빈번하며 되는 일이 별로 없다.

⑦ 추문구(皺紋口)
입술위에 쭈글쭈글한 주름이 잡히고 말할 때에는 우는 것 같은 것이니 비록 수는 누리지만 고독한 상이다. 초년에는 근심걱정 없이 평안하나 말년에 실패가 많으며, 아들을 두더라도 같이 살지 못한다.

⑧ 앵도구(櫻桃口)
앵두 입은 입술이 두툼하고 연지를 찍은 것같이 붉으며, 치아는 희고 빽빽하고 가지런하다. 웃는 모습이 연꽃이 핀 것처럼 화사하게 보이는 상인데 총명하고 벼슬을 얻어 부귀를 누리는 상이다.

⑨ 우구(牛口)
소의 입은 위아래의 입술이 모두 두텁고 풍만하며 입이 매우 크다. 평생 의식이 족하고 집안이 융창한다. 어리석은 듯 총명하니 심령이 교하여 부귀를 얻는다. 몸은 항상 건강하여 일백세 가까운 수명을 누린다.

⑩ 용구(龍口)
용의 입은 두 입술이 풍만하고 가지런하며 빛이 밝고 구각이 맑고 곱다. 이러한 입을 가진 자는 단체의 조직을 잘 이끌어 공을 이루며, 단체의 장에 올라 복을 누린다.

⑪ 양구(羊口)
양의 입은 수염이 없고 길고 뾰족하며 양쪽 입술은 얇다. 이러한 입을 가진 사람은 매우 꺼리게 되는데 입이 뾰족하여 음식을 먹는 모양이 마치 개처럼 생겨서 천하고 가난하며 흉해서 막힘이 많다.

⑫ 후구(猴口)
원숭이 입의 형상을 가지면 수복을 누리는데 몹시 인색한 것이 흠이다. 두 입술이 좋게 길고 입을 다문 모습이 대나무를 쪼갠 것처럼 반듯하게 생겼으면 길한 상으로 평생에 의·록이 족하고 명이 길며 건강과 복록을 누리게 되는 상이다.

⑬ 호구(虎口)

범의 입은 넓고 커서 주먹이 능히 들어갈 만한 것으로 좋은 상이라 한다. 만일 귀를 얻지 못하면 크게 부자가 되는 운이니 금과 옥을 가득히 쌓고 자연을 즐길 상이다.

⑭ 점어구(點魚口)

메기 입이란 입이 매우 크지만 양끝이 아래로 늘어져서 다문 모습이 가운데가 뾰족하게 보이며, 입술이 엷고 둥글지 못하다. 이러한 사람은 빈천하며 죽을 때는 순식간에 목숨을 거두게 된다.

⑮ 즉어구(鯽魚口)

붕어 입이란 입이 몹시 작아 붕어 입과 흡사한 것을 말하는데 주로 빈천 단명하다. 기가 탁하고 신이 마르고 젖으면 일생 깨지고 패하면서 동서로 표류 하게 된다.

⑯ 복선구(覆船口)

입의 모양이 배가 엎어진 것 같고 두 입술이 쇠고기 빛깔과 같으면 걸인이 되어 유랑방랑하게 된다.

2) 입을 관찰하며 읽기

① 개요

✿ 상을 볼 때는 남자는 눈을, 여자는 입을 주로 본다. 눈은 하늘에 떠 있는 태양으로서 양에 해당하는 남자의 상징이며, 입은 바다요 땅으로서 음에 해당하는 여자를 상징하는 기관이기 때문이다.

✿ 입은 입모서리가 분명하고 모양이 활과 같아야 하며, 벌리면 크고 다물면 작아야 한다. 입술 표면에는 주름이 있는 것이 좋고, 위 입술과 아래 입술이 서로

부합하고 색이 산뜻하고 아름다워야 한다. 또한 작은 수성(水星 : 인중 하단의 삼각형)이 이루어져야 한다.
✪ 코가 남성의 성기를 나타낸다면 입은 여성의 성기를 나타낸다.
✪ 식·녹창이 두툼하면 귀상이며 부(富)가 있고, 얇은 남자는 공처가이다.
✪ 입은 출납, 언어, 음식, 마음의 표현, 대중을 움직이고 호령하는 기와 만물의 조화를 담당하는 기관으로 상벌, 시비, 명예, 변론, 외교, 설명과 설득, 교화, 선교 등 인생의 정화에 해당한다.
✪ 구각이 아무리 좋아도 준두가 흉하면 토극수(土克水)하고, 귀가 금생수(金生水)하지 못하면 식록이 풍성하지 못하고, 법령이 흩어지거나 얕으면 겨우 남의 재물을 관리해주는 수준이고, 이마가 약하면 윗사람과의 관계가 좋지 않고 대인관계에 치명적인 약점이 있다.
✪ 입은 비장의 관문이고, 혀는 심장의 싹이며, 이는 뼈의 나머지이다. 입이 바르면 비장도 바르고, 입이 비뚤어지면 비장도 치우쳐 있다. 입이 작으면 비장도 작고, 입이 크면 비장도 크다. 입술이 두툼하고 탄력이 있으면 비장의 발육과 기능 또한 좋다.
✪ 입이 가지런하고 입술이 두꺼우며, 이가 바르고 치밀하게 난 사람은 효심이 깊다.
✪ 입이 넉 사(四)자처럼 생긴 사람은 말주변이 좋아 변호사나 외교관, MC 등의 직업을 가지면 좋다.
✪ 입 밑의 승장 부위가 평만 하고 형세가 없는 경우는 61세에 질병이 있거나 재산을 잃을 수 있다.
✪ 입이 코보다 작은 사람은 50세 후의 운세가 어긋날 수 있다.
✪ 여성의 입주위에 무엇이든 생겨 나오면 자궁이 안 좋다.
✪ 입이 커서 주먹이 들어가는 사람은 높은 지위에 오르고 귀하게 되나, 체격이 우람해야 한다. 마른 사람은 길함이 반감된다.
✪ 입의 형태가 좋으면 남녀를 막론하고 색을 즐기지만 외설적이지는 않다. 이러한 사람은 정신과 육체를 고루 돌볼 줄 알며 부부가 백년해로 한다.

② 큰 입
✪ 큰 입은 성공하는 상으로 생활력이 있고 야심가이고, 배짱이 있으며 명랑한 성격이다. 여성은 호감을 주는 인상으로 연애결혼을 하고, 생활력이 있어 집에서

살림만하지 못하는 현대적인 여성이다.
- 입이 크면 진실한 사람으로 본다. 입이 크면 꿈과 희망, 뜻도 크다. 본능과 욕망이 강해서 생활력도 강하다. 대담하고 솔직하며, 결단력이 있고 지도력이 뛰어나다.
- 입이 크면 수완가·야심가가 많고 개방적이고 사교성이 좋으며 호탕한 성격이며, 명랑하다. 크기만 하고 탄력이 없으면 큰소리치다 실패한다.
- 입이 크면 매우 사교적이고, 치아까지 좋으면 굴곡이 많지 않다.
- 입이 큰 사람은 작은 일이 마음에 들지 않으면 과장되게 말한다.
- 입이 크면 남자는 대개 좋고, 여자는 가족의 생계를 책임진다.
- 입의 크기는 야망과 비례한다. 그러나 입모양이 뚜렷하고 반듯하면 다른 사람을 자신의 욕망의 대상으로 생각하기도 한다.
- 입이 크고 입술이 붉은 사람은 평생 복록이 풍성하고 나이가 들수록 영화롭다. 동시에 대단한 미식가이기도 하다.
- 입이 크면 여자는 수다스런 경우가 많다. 웃음소리가 지나치게 크면 가난하다.
- 입이 크면 자연히 목소리도 크고 건강하다. 이런 사람은 가정운도 좋고 많은 사람을 매혹시킬 수 있는 처세술이 뛰어나 사회적으로도 성공한다.
- 입이 크고 혀가 얇은 사람은 음악을 좋아하고 노래를 잘 부른다.
- 입이 큰 여성은 여걸 타입으로 남자의 활동 영역으로 뛰어드는 사람이 많지만 결혼운은 좋지 않다.
- 입이 큰 사람은 야심도 가득하고 모험을 좋아하며 취미 역시 다양하다. 전진만 할뿐 물러설 줄은 몰라 후회가 많다.
- 입이 넓고 눈의 안신이 청명한 사람은 문장이 뛰어나며 재치가 넘친다.
- 입이 크고 입술이 얇은 여성은 시비 걸기를 좋아하며 수다스럽다.
- 입이 비대한 사람은 문화의식이 낮고 외설적이며 식탐이 많다. 특히 여성에게는 꺼리는 입이다.
- 입이 크고 입술이 얇은 사람은 이기적이고 감언이설을 잘하며 진실성이 부족하다. 성격은 냉담하고 정이 없다.
- 입이 크고 다물어져 있는 여성은 노련하고 능숙하며, 행동이 적극적이고 과감하며 책임감이 있다. 또한 리더십이 있고 사회 적응력도 빨라 환경이 복잡할수록 적극적인 활동공간을 얻을 수 있다. 만약 다른 기관과도 잘 조화되면 여장부가 된다.

✿ 입이 크면서 항상 벌리고 있으면 먹기만 좋아하고 일하기를 게을리 하여 평생 빈곤하다. 또한 자녀를 형극한다.
✿ 입이 크고 다물어지지 않고 이마가 좁은 여성은 남편의 운세에 누를 끼친다.
✿ 입이 크고 다물어지지 않는 경우에 손마디의 뼈가 굵고 크며 얼굴이 말상인 여성은 남편을 여러 번 극한다.
✿ 주먹이 입안으로 들어가는 사람은 크게 될 상이다. 혼자서 중얼거리는 사람은 음탕하다. 메기처럼 생긴 입은 식복에 비하여 가난하다.

③ 작은 입

✿ 작은 입은 예의 바르고 성실하다. 재미없는 성격이지만 한 가지 일을 이루기 위해 노력을 계속하는 인내력을 갖고 있으나 결단력은 부족하다.
✿ 작은 입은 소심하고 수동적이며 소극적이다. 두뇌는 치밀하고 지적 욕구는 강하지만 신경질적이고 실행력이 약하다.
✿ 작은 입을 가진 여성의 경우 다정다감하지만 의타심이 강하고 잘 놀라며, 일을 혼자서는 처리하지 못한다. 의식주에 항상 불평불만이 있으며, 질투심이 강하다.
✿ 작은 입의 여성은 남자를 피곤하게 하고 자녀운이 박하고 유혹에 약하다.
✿ 입이 작은 사람은 남녀 모두 소심하다. 특히 남자는 꽁생원이다.
✿ 입이 작은 사람은 입이 큰사람과 일해야 한다. 그러면 성공한다.
✿ 한 사람은 입이 크고 한 사람은 작은 부부는 큰 흐름은 큰 사람이 잡고, 작은 부분은 작은 사람이 보충하면 좋다.
✿ 입이 작은 사람은 일을 결정하고 추진하는데 많은 고민을 한다.
✿ 입이 작은 사람은 매우 까다롭고 변덕스럽다.
✿ 아무리 편하게 생겼어도 입이 작으면 꼼꼼하고 정확하게 잘 따진다. 상대방이 힘들다.
✿ 입이 작고 입술색이 어두우며 귀가 작은 여성은 쉽게 유산한다.
✿ 입이 작고 얼굴이 가로로 넓은 여성은 남편을 형하고 자녀를 극한다.
✿ 입이 작고 입술이 얇은 사람은 성격이 냉담하고 각박하며 책임감도 없다. 말솜씨가 뛰어나고 교활하며 자기 이익만 중히 여긴다. 뜻을 이루기 어렵고 결국 몰락한다.
✿ 과거에는 작은 입일수록 정경부인과 같은 높은 벼슬을 할 수 있었다.

✧ 작은 입은 의지가 약해 실행력이 부족하고, 소극적이며 생활력이 약하고, 처세가 좋지 않다. 여성은 유혹에 약하나 미적 감각은 뛰어나다.
✧ 입이 작은 사람은 적게 먹어야 건강하고, 입이 큰데 적게 먹으면 건강이 나쁘다.

④ 들어간 입
✧ 움푹 들어간 입의 사람은 말이 없고 소극적인 성격이다. 내향적이며 조용하지만, 의지가 약하고 주체성이 부족하므로 남에게 휘둘린다.
✧ 오므라든 입은 유혹에 약하고 남에게 이용당한다. 자존심이 강하고, 가정적이다.

⑤ 튀어 나온 입
✧ 입이 너무 나오면 과부상이다. 자손궁이 안 좋다. 말이 많다.
✧ 입이 튀어나온 사람은 말이 많다. 불만도 많다.
✧ 튀어나온 입은 야성적이다. 충동적이고 외향적이며, 생활력이 강한 반면 난폭하다.

⑥ 뾰족한 입
✧ 뾰족한 입은 학문에 뜻이 없고, 말이 앞서 믿음이 부족하다. 재치가 있어 인기는 있으나 처복이 없어 외롭다.
✧ 뾰족한 입은 온순한 듯 보이나 거칠고 충동적이다. 야심이 강하고 환상이 심한 한탕주의를 꿈꾼다.
✧ 불을 불어서 끄는 모양의 입을 가진 사람이 말이 빠르고 많으면 일생동안 빈천하다. 말이 느리면 흉이 반감된다.
✧ 휘파람을 부는 모양의 입을 가진 자는 자녀를 형극하고 늙어서 고독하다.
✧ 입이 불을 부는 모양 같은 사람은 성격이 교활하고 음란하며 이기적이다.
✧ 입이 날카로워 새 주둥이 같은 사람은 말하는 것이 각박하고 수다 떨기를 좋아하며 예의가 부족하다. 사람들과도 잘 어울리지 못하여 인간관계가 좋지 않다.
✧ 입을 뾰족하게 하고 말하는 사람은 만년에 고독하며, 자신의 생각을 강요하고, 신경질적이고 성미가 까다롭다. 무슨 일이든지 참견하고 싶어 한다.

⑦ 잇몸이 드러나는 입

✿ 입이 높아 잇몸이 드러나는 여성은 덕이 없어 남편을 형하며 자식을 극한다.
✿ 입이 뾰족하고 잇몸이 드러나는 여성은 빈천하고 단명할 상이다.
✿ 입술이 들려 잇몸이 드러나면서 입술이 이를 덮지 못하면 남편을 극하고 산액이 있다. 여기에 몸이 마르고 얼굴이 검은 여성은 생각이 깊어 마음을 짐작하기 어렵다.
✿ 입술이 들려 잇몸이 드러나는데다 뺨에 살이 없으면 음란하고 천하며 혼인이 원만하지 않다.
✿ 윗잇몸이 보이게 웃는 사람은 비판적이고 공격적이며, 이기적이고 의지가 약하다. 자신감이 없으며, 여성은 다정다감하다.

⑧ 비뚤어진 입

✿ 입이 비뚤어져 바르지 않은 사람은 심보가 나쁘고 허영심이 많다. 또 이기적이며 자기주장이 강해서 상대방을 인정하려 하지 않고 자주 시비를 일으킨다. 이런 사람은 아내가 어질지 못하고 자녀가 불효하며 만년도 순탄치 못하다.
✿ 입이 비뚤어진 사람은 자신의 허물은 생각하지 않고 자기주장만 한다.
✿ 입이 비뚤어진 사람은 식록의 문제가 많아 고생이 심하다.
✿ 입이 비뚤어진 여자는 허영심이 많아 여유가 생기면 엉뚱한 곳에 투자한다.
✿ 입이 비뚤어진 여자는 불임인 경우가 많거나 습관적으로 유산한 경우가 많다.
✿ 입이 왼쪽으로 치우친 남성은 부인을 극하고, 입이 오른쪽으로 치우친 여성은 남편을 극한다.
✿ 입의 왼쪽이 비뚤어지고 오른쪽이 움푹 들어간 사람은 부부가 화목하지 않고 자녀와의 연이 박하며 56~65세 사이에 자녀를 형극한다.
✿ 입을 일그러뜨리며 말하는 사람은 불뚝불뚝 화를 잘 내는 사람이며, 협조성이 부족하고 생활력이 약하다. 운세의 약함을 암시한다. 남성은 사소한 다툼에 휩싸인다.

⑨ 자주 벌리고 있는 입

✿ 입을 자주 벌리고 있는 사람은 인내심이 부족하며, 의지가 약하고 생각이 짧다.
✿ 입을 자주 벌리는 사람은 비장이 취약하다.

✧ 입을 벌리면 이가 드러나거나 잠잘 때 입을 벌리고 자는 사람은 단명 한다.

⑩ 꼭 다문 입
✧ 입을 다물고 있는 모양이 굽은 화살 같은 사람은 의지가 확고하고 성실하며 생활이 규칙적이다. 스스로 몸과 마음을 조절할 줄 알며 이성에 대한 애정이 한결같다.
✧ 입을 꼭 다무는 사람은 성실하고 책임감이 있으며, 의지가 강하고 계략이 깊다.

⑪ 일자 입
✧ 입을 다물었을 때 입술이 일(一)자를 이루는 사람은 의지가 견고하고 공평무사하다. 온정적 사람으로 아랫사람을 잘 돌본다. 인생후반에 복을 받는다.
✧ 살집이 좋고 다문 입은 생활력이 강하고 부지런하며, 담력이 있고 결단력과 행동력을 갖추었다. 여성은 여걸 타입으로 남편운이 따르지 않는다.

⑫ 입가 점, 사마귀
✧ 입 위의 식·록 창에 사마귀가 있으면 풍류를 즐기며 먹을 복이 있다. 그러나 평생 재산이 모이지 않고, 50세 후에는 빈곤해질 수 있다.
✧ 입가에 검은 사마귀가 있는 사람은 물을 조심해야 한다. 이러한 사람은 궤변에 능숙하여 남에게 상처를 준다. 사마귀가 아니고 점이라면 흉이 반감된다.
✧ 아랫입술에 사마귀가 있는 여성은 사통하기 쉽다.
✧ 입의 위아래나 입가에 사마귀가 있으면 정서가 불안정하고 혼인이 원만하지 않다. 생식기 및 소화기 계통에 숨은 병이 있을 수 있다.

⑬ 입가 주름
✧ 입가에 짧은 금이나 주름이 많으면 만년에 순탄하지 못하고 자녀의 연이 박하다.
✧ 입의 위·아래에 직문이 있고 입가가 처진 사람은 남녀를 불문하고 평생 고생하고 성공은 적다.
✧ 입가에 정(井)자문이 있으면 초년에 고생하나 중년에 귀인의 도움을 받아 출

세할 수 있다. 만년에 복과 장수를 누리지만 자녀를 형극한다.
✿ 입가에 주름이 있는 여성은 음란하고 천하며 결혼생활이 원만하지 못하다.
✿ 입가에 가로로 짧은 주름이 있고 주름의 꼬리가 아래로 향한 사람은 횡사를 조심해야 한다.

⑭ 입가의 색
✿ 입 주변에 청색이 비치면 남편을 형하고 자식을 극하며 단명 한다.
✿ 입 주위가 푸르스름하면 음란하다. 남자는 아내가 도망가고 여자는 남편을 잃는다.

⑮ 목소리
✿ 입에서 나오는 소리가 은은하게 힘이 있는 사람은 반드시 부귀하다. 반대로 쉰 목소리나 저음인 사람은 반드시 빈곤하다.
✿ 말을 할 때 목소리가 자꾸 변하는 것을 병언(病言)이라고 하는데, 운세가 순탄하지 못하고 매사에 장애가 된다.
✿ 말할 때 남자 목소리가 나거나 목소리가 특별히 고음인 여성은 총명하고 노련하며 능력이 많다. 그러나 성격이 급하고 본분을 지키지 않으며 제멋대로여서 가산을 탕진하고 음란하여 남편을 피곤하게 만든다.

⑯ 입과 얼굴부위의 조화
✿ 입이 크고 눈이 작은 사람은 평생 관직과 인연이 없다. 입이 크고 다물어지지 않고, 눈이 작고 각이 없다면 죽어도 몸을 묻을 곳이 없다.
✿ 입이 크고 코가 작은 사람은 말 때문에 불행을 자초하거나 시비가 많고 중년까지 뜻을 성취하기 어렵다. 코가 작아도 입이 크면 돈을 쓸 줄 안다.
✿ 입이 크고 귀가 작고 얇으면 사업이 파산할 수 있고, 뜻을 이루기가 어려우며 행복하지 않다. 그러나 귀가 작고 두터우며 윤곽이 분명한 사람은 흉이 반감된다.
✿ 입이 크고 관골이 크면 접대를 시원스럽게 잘한다.
✿ 입이 넓고 혀가 큰사람은 평생 의식이 풍족하다.
✿ 입이 크고 모서리가 없는 사람은 투기를 좋아하여 재산을 모으기가 어렵다.
✿ 입이 작고 날카로우며 뒤집혀 있고 입술이 검은 사람은 일생동안 빈곤하고, 불

행이 많으며 명을 재촉한다.
✿ 입이 크고 얼굴이 작은 사람은 투기를 좋아하고 자기 중심적인 생각이 강하다.
✿ 입이 작고 이마가 큰 사람은 중년까지의 운세가 순탄하지 않고 만년에는 고독하다.
✿ 입이 작고 머리가 큰 사람은 평생 빈곤하며 단명 한다.
✿ 입이 작아도 목소리가 쩡쩡 울리면 아주 좋다. 여기에 구각이 위로 힘차게 올라가 있다면 많은 부하를 거느리거나 사회적으로 명성을 날린다.
✿ 입이 작은 사람이 귀까지 작으면 남의 말을 듣지 않는다.
✿ 입이 작고 코가 큰 것은 토극수(土剋水)의 형상이다. 평생 고생하며 소득이 적다.
✿ 입이 작고 눈이 큰 사람은 50세를 넘기기 힘들다.
✿ 입이 작고 입술이 두툼한 사람은 대인관계가 좋으며 양보심이 많다.
✿ 입이 얇고 눈이 튀어나온 사람은 주관이 강하고 성격이 좋지 않다.
✿ 입이 작고 눈도 작은 사람은 용기가 없고 적극성이 부족하며 독립심이 약하다. 재무나 회계 등 세밀한 일을 하는 것이 좋다.
✿ 입이 작고 눈도 작으면 성격이 수동적이고 내향적이며 자기 방어 관념이 강하다. 쉽게 사랑하지 않고 쉽게 미워하지 않는다.
✿ 입이 크고 입술이 두터우며 눈썹이 굵은 여성은 성격이 남자 같고 음란하며 급하다. 또한 산만하고 멋대로 행동하여 처음에는 부귀하나 후에는 빈곤하다. 만약 여기에 입가가 풀어지고 밑으로 처졌으면 정조관념이 희박하다.
✿ 입이 작은데 눈이 부리부리하고 크면 일생 운이 열리지 않는다. 수양이 필요하다.
✿ 입이 작아도 코와 눈이 크면 괜찮다.
✿ 눈이 작고 입까지 작으면 끝까지 용서를 하지 않는다.
✿ 눈과 입이 작으면 조심스럽게 접근한다. 계산적이다.
✿ 입은 법령과 함께 본다. 입이 아무리 좋아도 법령이 흩어지고 상처가 있으면 복이 그만큼 감소한다.

⑰ **도움되는 말들**
✿ 웃을 때 잇몸이 보이는 여자는 욕정이 강한 여자다.
✿ 웃을 때를 제외하고 잇몸이 드러나는 것은 좋지 않다. 박복하고 부모를 형극한

다. 여성은 더 심하다. 아래쪽 잇몸이 드러나는 사람은 냉혹하며 무정하다.
✿ 입과 입술 윤곽이 좋은 경우 어린나이에 영양섭취를 골고루 잘한 경우이다.
✿ 여성의 입은 성기이며 다물었을 때 작아지고 벌렸을 때 커져야 한다. 목젖까지 보이면 섹시한 여성이다.
✿ 너무 웃거나 우는 여자는 팔자가 세다. 항상 웃는 여자는 술집여자다. 색이 세다.
✿ 입이 추하게 보이면 눈도 추하게 보인다. 입과 눈은 같이 간다.
✿ 말을 많이 하면 복이 나간다.
✿ 입은 점막질이므로 많이 변한다.
✿ 입꼬리만 올려도 기분이 좋아진다. 입에 막대를 물면 입꼬리가 올라간다.
✿ 입모양이 철(凸)이면 말을 자주 바꾼다. 이런 사람과 약속할 때는 말보다 서류나 문서로 받아 놓아야 실수가 없다.
✿ 입에 손을 대고 말하는 사람은 비밀주의자이며 거짓말이 많다. 상대를 의심하고 미움을 받아 고립되며, 질투가 심하다.
✿ 말은 빠른데 입을 항상 뾰족하게 모은 사람은 파산하고 떠돌아다닐 상이다.
✿ 입은 웃는데 눈은 웃지 않으면 좋지 않다.
✿ 늘 비웃는 모양의 입을 가진 사람은 풍자에 능하나 다소 비관적이다.
✿ 사람이 없는데 혼자 말하는 사람은 빈천하고 고독하다. 게다가 입술이 얇은 사람은 언행이 불량하다.
✿ 웃을 때 손으로 입을 가리거나 훔쳐보는 시선을 가진 여성은 행동에 지조가 없다.
✿ 입이 아주 평평하고 입가가 늘어진 사람은 남녀를 막론하고 시비 걸기를 좋아하고 이기적이며 변명이 많다. 운세가 각박하여 평생 고생하며 성공이 없다.

【12】 입술(脣 : 입술순)

입술은 강이나 호수의 물을 가두는 제방과 같아야 하므로 두텁고 튼실해야 기본이다.

입술은 입의 성곽이 되고 혀의 문호가 되는데, 한번 벌리고 한번 다물고 하기 때문에 영예와 치욕의 관계가 된다. 입술은 모가 나야 하고 오그라지지 않아야 한다.

입술 빛깔이 붉은 모래 빛과 같은 자는 귀와 부를 누리고, 푸르기가 남빛의 옥과 같은 자는 재앙이 많고 요절하며, 빛이 어둡고 검은 자는 질병으로 악사 한다. 입술이 자색을 띠어 빛이 나는 자는 쾌락하게 의식하며, 빛깔이 누르고 붉은 자는 귀한 자식을 낳는다.

입술 선이 분명하고 단정하면 음식 복이 많다. 입술이 뾰족하거나 엷거나 특히 아랫입술이 엷으면 식탐이 많다. 입을 열면 행과 불행이 오가는 곳이므로 무겁게 벌리고 닫아야 한다. 입술이 뾰족하면 질투심이 많고 남의 흉을 잘 보며 불평불만을 잘하여 부부간 사이도 좋지 않고 시비와 형액이 따른다.

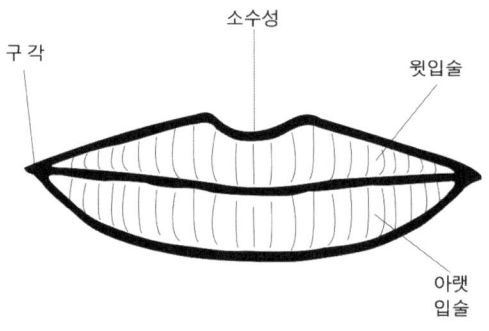

입술의 행운 유년은 51~63세

입술이 볼품없이 오그라진 자는 일찍 사망하고, 박약한 자는 빈천하며, 윗입술이 길면 아버지를 먼저 잃고, 아랫입술이 길면 어머니를 먼저 잃는다. 윗입술이 엷은 자는 말씨에 속임수가 많고, 아랫입술이 엷은 자는 빈한하고 일이 뜻과 같이 되지 않으며, 위와 아래가 모두 두툼한 자는 충성되고 신의 있는 사람이며, 위아래가 모두 얇은 자는 망령 되게 말하고 사람됨이 바르지 못하다.

입술의 위아래가 서로 다물어지지 않는 자는 빈한하고 도벽이 있으며, 위아래가 야무지게 다물어지는 자는 말과 행동이 정직하다. 용의 입술을 한 사람은 부귀하고, 양의 입술을 한 사람은 빈천하며, 입술이 뾰족하게 오므라진 사람은 굶주려 죽고, 입술이 아래로 늘어진 사람은 고독하고 서럽다.

입술에 주름이 있으면 자손이 많고, 입술에 세로줄이 많으면 접객업이 좋고, 주름이 없으면 고독하다. 입술이 검푸르면 거리에서 굶어죽고, 입술이 붉고 빛나면 구하지 않아도 풍족하고, 입술이 담흑색이면 독살을 당하고, 입술이 평평하고 도도록하지 않으면 많이 굶게 되고, 입술이 이지러지거나 파이면 하천함이며, 입술이 길고 치아가 짧으면 명이 짧고, 입술이 바르지 못하고 비뚤어지면 말이 안정되기 어려운 사람이다.

윗입술이 엷고 아랫입술이 두터우면 술을 잘하고 이기적이며, 말하기 전에 입술이 움직이는 것은 간사한 마음이 있고 거짓이 있으며, 상하 입술에 주름이 많고 바르게 교차하면 복록이 많고, 입술색이 붉고 이가 희면 다재다능하다.

1) 입술을 관찰하며 읽기

① 입술의 개요

✿ 입술 바로 아래에 살이 두둑하게 있으면 에너지가 좋다. 입술 안부터 바깥까지 영향을 미친다.
✿ 입술과 지고가 좋으면 9~11월에 좋은 변화가 생긴다.
✿ 입술이 조금 나온 사람은 건설적인 의견을 내놓고, 자신이 납득해야 행동하는 철저한 사람이다.
✿ 윗입술은 아버지 아랫입술은 어머니를 상징한다.
✿ 입술이 정확하면 정확한 사람이다.
✿ 입술의 상하 비율이 좋고 가는 선이 가지런하게 있으면 근면성실하며 신용이 있고 정직한 사람이다.
✿ 남성의 입술이 두터우면 스테미너가 강하고 욕심이 많다.

✿ 입술·지고·인당이 윤택하면 축산업을 하는 사람은 가축이 잘 자라고 크게 성공한다.
✿ 입술이 각이 있고 사(四)자 모양이면 의식이 면면히 이어진다.
✿ 입가가 찢어져 꿰맸을 경우 애정운이 안 좋고 돈이 나간다. 입술은 치유가 빨리 되어야 한다.

② 두꺼운 입술
✿ 두꺼운 입술은 애정이 많고 박애주의자다. 이런 사람은 충심을 소중하게 여기고 재능이 있으며 기지가 풍부하다. 또한 정이 많고 의리가 깊어 사람을 대하는 것이 친근하다. 입술의 색이 선명한 사람은 금전운과 건강운 모두 좋다.
✿ 두꺼운 입술의 여성은 동정심이 많다.
✿ 두툼한 입술은 감정적이며 식도락가가 많다. 질투심이 강하고 솔직하며 말이 서툴고, 적극적인 성격으로 앞지르는 경향이 크다.
✿ 입술이 두툼하면 정이 많다. 우유부단 할 수 있다.
✿ 조금 두툼한 입술은 재운이 있고 장수하는 상이며, 성실하고 솔직하며 총명하다. 지위와 부를 얻으며, 만년에 편안하고 태평하다. 명문가의 자손에게 많이 나타난다.
✿ 지나치게 두터운 입술은 색을 너무 밝힌다.
✿ 윗입술과 아랫입술의 복재가 고른 사람은 평생 의와 녹이 풍성하다. 만약 복재가 고르지 못하면 평생 고생이 많고 빈곤하다.
✿ 입술이 너무 두터운 사람은 우매하고 무지하며 생각이 부족하고 의지가 약하다.
✿ 입술이 두툼한 사람은 순해 보이나 다혈질이다. 이런 상사를 둔다면 자신의 운이 약해도 반드시 성공한다. 만일 일이 풀리지 않고 막히면 이런 상사를 만나면 좋다.
✿ 입술이 두툼한 사람은 말수가 적고 논쟁이나 변론을 싫어하며 덕으로 성공하는 경우가 많다. 그러나 지나치게 두꺼운 것과는 구별해야 한다.
✿ 입술이 두툼한 사람은 대개 미식가 이다. 일을 힘차고 강하게 추진하는 타입이라 출세도 빠르고 기회도 잘 만든다.
✿ 여자가 입술이 두툼하면 성적인 감각이 좋고 배우자에게 애착을 갖는다. 질투심도 많고 애정에 대한 지배욕도 강하다. 그러나 잇몸이 튀어나오면 여기에

해당하지 않고, 후처 팔자로 본다.
✿ 여자가 입술이 두툼하고 잇몸이 튀어나온 경우 본처라면 남편이 바람을 피워 가정이 편할 날이 없거나, 새로운 사업을 실패하여 뒷일을 책임지게 된다.
✿ 입술이 두터우면 욕망과 욕심이 많다.
✿ 입술이 위아래가 같고 두툼하면 총명하고 의지가 강하며, 사업에 성공하여 금전적으로 곤란을 겪지 않는다. 미각에 민감해 요리 솜씨가 좋다. 성실하고 정직하지만 말솜씨가 없어 손해를 본다.

③ 윗입술이 두꺼운 경우
✿ 아래보다 윗입술이 더 두꺼운 남자는 결혼을 빨리하고 나이에 비하여 조숙하다. 정신적인 부분이 강하고 경제적인 것보다 도덕적인 것을 더 중요하게 생각한다.
✿ 아래보다 윗입술이 더 두꺼운 사람은 자신이 고귀하고 아름답다고 생각한다. 이런 사람과 논쟁하면 이득될 것이 없다.
✿ 아래보다 윗입술이 더 두꺼운 여자는 남자의 유혹에 약하여 성적인 경험이 빠르다. 능력이 많은 여장부로 고집이 세며, 고독하며 장수하지 못한다.
✿ 아랫입술보다 윗입술이 두꺼우면 모성애가 강하다.
✿ 아래와 윗입술이 차이가 너무 심하면 가난하게 산다.
✿ 윗입술이 두껍고 아랫입술이 얇으면 흉폭 하다. 입술이 약간 뒤로 젖혀졌으면 음란하고, 입술을 습관적으로 빠는 여자도 음란하다.
✿ 윗입술이 두꺼우면서 대화중에 윗입술이 말려 올라가면 데이트 할 경우 빨리 옷을 벗는다.
✿ 윗입술이 너무 두터워 위로 말린 입술은 단명 한다.
✿ 윗입술이 두툼한 사람은 애정이 깊고 능동적이며, 까다로운 성격으로 불평이 많다. 일이나 노는데 있어서 눈에 띠지 않는다. 여성은 애쓴 끝에 이용당한다.

④ 아랫입술이 두꺼운 경우
✿ 위보다 아랫입술이 두꺼운 사람은 미식가 기질이 풍부하고 음식도 아주 잘 만든다. 전통적인 맛을 살리거나 요식업에 종사하는 사람 중에 이런 입술인 경우가 많다.
✿ 위보다 아랫입술이 두꺼운 사람은 아랫부분이 발달하였다. 그만큼 육감적이란

뜻이다. 잘못하면 성의 노예가 되기 쉽다.
- 입술이 두껍고 튀어나온 사람은 처음 만나는 사람과도 대화를 잘한다. 그러나 이해타산적이라 무미건조한 사람이 되기 쉽다.
- 입술이 두텁고 입가가 밑으로 쳐진 사람은 심성이 후덕하고 성심껏 사람을 대한다.
- 아랫입술이 두터운 사람은 자기중심적이기 때문에 미움을 받는 경우가 많다.
- 위보다 아랫입술이 두꺼운 사람은 욕심이 많아 한 가지 일을 꾸준하게 하지 못하고 여러 분야에 관심이 많다.
- 위보다 아랫입술이 두꺼운 사람은 물질에 대한 욕망이 강하다. 이런 성격 때문에 직장에 변동이 자주 생긴다.
- 위보다 아랫입술이 두터운 사람은 정열적인 사랑을 한다. 하지만 성격이 너무 냉정하여 이혼도 그만큼 빠르게 한다.
- 위보다 아랫입술이 두꺼운 사람은 언젠가는 반드시 출세한다. 하지만 윗입술이 너무 얇으면 운이 삭감된다.
- 위보다 아랫입술이 두꺼운 사람은 관심 있게 충고해주면 자존심이 강해서 말도 하지 않는다.
- 아랫입술이 윗입술보다 지나치게 두터운 사람은 성격이 이기적이고 편협하며, 욕심이 많고 타인에 대한 존중이 부족하다. 그러나 늘 큰 재산을 소유한 사람은 아랫입술이 윗입술보다 두텁다.
- 아랫입술이 두텁고 비뚤어진 사람은 성격이 불량하고 성욕이 강하며 평생 큰 성취를 이루기 어렵다.

⑤ 얇은 입술
- 얇은 입술은 냉정하고 동정심이 없으며 다른 사람을 경계한다. 물욕이 강하고 마음이 비틀려 있다.
- 얇은 입술의 여성은 성격이 냉정하며, 자신의 손익에 따라 이혼을 결정하기도 한다.
- 입술이 얇은 사람은 말이 많고 수다스럽다.
- 입술이 아주 얇은데 이까지 가지런하지 못하면 사람을 속이는 기술이 뛰어나다.
- 조금 얇은 입술은 이성적인 입술로 웅변가이다. 남성은 총명하고 행동력과 지

도력이 있으며, 여성은 현모양처이며 애정운이 좋다.
✧ 입이 얇고 말할 때 입술이 들리는 여성은 말썽부리기를 좋아하고 평생 고생하며 빈천하다. 코가 내려앉고 날카로우면 더욱 심하다.
✧ 위아래 입술이 모두 얄팍하면 말을 함부로 하여 남들을 잘 속인다.
✧ 입술 위아래가 모두 얇은 사람은 성격이 불량하고 망언을 잘하며 예의가 없다.
✧ 입술이 얇은 사람은 언변이 좋다.
✧ 입술이 얇으면 여자는 허리나 자궁이 약하다.
✧ 입술이 얇은 사람은 다른 사람을 무시한다.
✧ 입술이 얇은 사람은 재주가 많아 부러움을 받지만 덕이 없다. 신용이 없고 거짓말을 많이 한다.
✧ 입술이 얇은 사람은 남에게 지거나 궁한 상황이 되면 나중에라도 반드시 복수한다.
✧ 여자의 입술이 얇고 입이 작으면 말이 빠르고 교양이 부족하다.
✧ 입술이 너무 얇고 가늘면 나오는 말마다 독을 품는다.

⑥ 윗입술
✧ 윗입술은 지적인 활동과 정신적으로 쏟는 애정의 강도를 나타낸다.
✧ 윗입술이 얇은 사람은 지적이지만, 정이 담백하고 이성에 대한 배려가 부족하다.
✧ 윗입술이 나오면 덜렁이다. 보통은 말이 없지만 말을 하면 경솔하게 말한다. 평생출세를 못하고 시시콜콜 따지지만 가정을 소중히 여긴다.
✧ 윗입술이 아랫입술보다 긴 입술은 부(父)가 먼저 사망한다. 반대의 경우는 母이다.
✧ 윗입술이 앞으로 돌출되면 장수하지만 부친을 극하고 외로우며 가난하다.
✧ 윗입술이 좋으면 모성이 강해 남편보다 자식을 더 사랑한다.
✧ 윗입술이 톱니처럼 돼 있으면 남자의 페니스를 잘 조여 준다.
✧ 윗입술이 얇은 사람은 정이 없고 친근감이 부족하며 욕망이 강하고 성격이 제멋대로이다. 푸념을 많이 하고, 냉담하여 연애보다는 일에 정열을 쏟는다.
✧ 윗입술이 뒤집어지면 자녀를 극한다.
✧ 윗입술 중앙의 살이 내려간 입은 집중력이 있고, 학업에 몰두하는 노력파이며, 놀 때는 화끈하게 논다. 연애에 있어서는 외골수로 집착한다.

✿ 윗입술이 활처럼 둥근 입은 판단력이 약하고, 정에 약하여 끌려 다닌다.

⑦ 아랫입술
✿ 아랫입술은 육체적인 욕망의 강도와 받는 애정의 강도를 나타낸다.
✿ 아랫입술이 들어간 사람은 두뇌를 사용하는 사람에게서 많이 보이고, 모든 일을 다른 사람에게 맡겨버리는 등 자주성이 부족하다. 기가 약하고 상대방에게 이용당하기 쉬우며, 여성은 배우자의 운을 나쁘게 한다.
✿ 아랫입술이 나온 사람은 따지기를 좋아하고 무슨 일에나 일단 반대의사를 표시해야 직성이 풀린다. 아랫입술이 나오면 나올수록 이런 성격이 강하고 다른 사람을 믿지 않기 때문에 사람들에게 신뢰를 받지 못한다.
✿ 아랫입술이 얇은 사람은 주체성이 결여되어 있고, 식욕이나 성욕이 약하고, 정력이나 생활력도 약한 사람이 많다.
✿ 아랫입술이 얇고 탄력이 없으면 안으로 말린다.
✿ 아랫입술이 밑으로 처진 사람은 평생 빈한하고 아내와 자식의 연이 없다.
✿ 아랫입술이 돌출한 사람은 협조성이 없는 옹고집으로 의심이 깊다. 여성은 남자를 압도하고, 고집쟁이로 결혼에 곤란을 겪는다. 반성하지 않고 변명만 한다.
✿ 아랫입술은 애정의 끼를 본다. 여성의 질을 보기도 한다.
✿ 아랫입술이 처진 입은 감정기복이 심하고, 어려움을 이겨내는 힘이 약해 체념이 빠르다. 남성은 여성에 약한 페미니스트이다.
✿ 말할 때 아랫입술이 뒤집히는 사람은 반골(反骨)로서 흉악하고 난폭하며 스스로 사회에 발붙이기가 어렵다고 여긴다. 남녀를 막론하고 혼인의 연이 박하며, 결혼을 했다 하더라도 이혼한다.
✿ 아랫입술이 일그러진 입은 불뚝불뚝 화를 잘 내는 사람이며, 사소한 분쟁에 말려들기 쉽다. 자기 현시욕이 강하고, 금전운은 나쁘다.

⑧ 튀어나온 입술
✿ 입술이 튀어나온 사람은 지능이 낮고 고집이 세다.
✿ 아랫입술이 튀어나온 사람은 부부생활이 원만하지 못하다. 남녀 모두 몸이 헤프고 자기중심이 없다.
✿ 아랫입술이 조금 튀어나오거나 조금 두터운 것은 길상이다. 만년 운이 순탄하

고 자녀 또한 우수하다. 그러나 아랫입술이 윗입술을 덮는 것은 좋지 않다.
✿ 입술이 두껍고 튀어나온 사람은 타인을 잘 설득한다.
✿ 입술이 두껍고 튀어나온 사람은 입으로는 사랑과 우정을 말하며 무엇이든지 도와줄 것처럼 말하지만 실제는 그렇지 않은 경우가 많다.
✿ 입술이 두껍고 튀어나온 사람은 불리한 상황이 되면 전혀 다른 모습을 보인다.
✿ 여자가 입술이 두껍고 튀어나오면 생활력이 강하고 가정을 보호하는 본능이 강하다. 그러나 감성에 호소하면 금방 흔들린다.
✿ 아랫입술이 앞으로 돌출되면 모친을 극하고 외로우며 가난하거나 가족과 이별한다.
✿ 아랫입술이 앞으로 많이 돌출된 여성은 성격이 사나워 남편을 노예처럼 부린다. 아랫입술이 뒤집힌 경우는 더욱 심하다.

⑨ 말려 올라간 입술

✿ 입술이 위아래로 까져서 말려 올라간 사람은 자신을 적극적으로 알려서 잘 보이는 유형으로 예술인 등에는 적합하지만 일반인이라면 너무 나서는 사람으로 보인다.
✿ 뒤집어진 입술은 어려움에 굴하지 않고, 완고하고 편벽된 성격이다. 정이 없고 가정을 돌보지 않으며 협조적이지 않고 행운도 따르지 않는다.
✿ 입술이 들려 잇몸이 드러나는 사람은 외롭고 가난하며 부모를 형극한다. 여기에 결후가 높이 솟으면 객사할 수 있다.

⑩ 입꼬리가 처진 입술

✿ 배를 뒤집어 놓은 모양의 입으로 심하면 ⌒자 모양의 입이 된다. 마음씨가 좋지 않아 다른 사람에 대해 나쁘게 생각하는 경향이 있다. 의지가 강하여 입신출세를 지향하는 노력형이다.
✿ 배를 뒤집어 놓은 모양의 입은 어려운 일이 생기면 어금니를 악물고 열심히 움직이기 때문에 자연스럽게 입술의 양끝이 처지는데, 이 때문에 노력형이라고 한다. 정치가에게 많은 책사 형이다. 얇은 입술에 많으며 입술이 두터워지면 운이 좋아진다.
✿ 입꼬리가 처진 입술은 성미가 급하고 고약하다. 금전운이 좋지 않고, 남의 험담을 한다. 의지가 강하고 책략가이다.

✿ 입가가 처진 사람은 배우자와 자식의 연이 박하며, 노년에 고독하다.
✿ 입꼬리가 아래로 쳐진 사람은 남의 약점과 아픈 곳을 건드리는 성격을 갖고 있다. 책략을 좋아한다.
✿ 입꼬리가 아래로 쳐진 사람은 자기 뜻대로 되지 않으면 소리를 지르고 일이 풀릴 때까지 끝장을 보는 성격이다.
✿ 입가가 밑으로 쳐진 사람은 투지가 부족하고 자기중심적으로 생각하며 은혜를 원수로 갚는다. 예의가 없고 의심이 많아 까다롭고 고집이 세고 지기 싫어하고, 괴팍스럽고 이기적이며 염치가 없어 사람들이 꺼려한다. 입이 넓고 얇으면 더 심하다.
✿ 입 양쪽이 아래로 쳐진 사람은 심술궂은 경향이 있어 반대를 잘한다. 협동하고 단결하는 일에는 부적합하다. 여자는 내성적이고 결혼운이 나쁘다.

⑪ 입꼬리가 올라간 입술
✿ 입은 끝이 약간 올라가야 귀상(貴相)이다.
✿ 양끝이 올라간 입은 밝고 명랑하며 매사에 긍정적으로 생각하는 양성의 사람이다. 사람들에게 사랑을 받으며 건강도 좋고 입신출세 한다.
✿ 입꼬리가 올라간 입술은 명랑하고 낙천적이다. 직업이 안정되고 입신출세 형이다. 자기 존재를 세우고 주목을 받고 싶어 한다.
✿ 입이 위로 너무 올라가면 진실성이 부족하고 물질에 욕심이 많으며, 허세를 좋아하고 방탕한 생활을 한다.
✿ 입이 위로 올라간 사람은 젊은 사람들과 어울리기를 좋아하고 인기도 있다. 그러나 입술이 너무 얇고 차가우면 간사하기 쉽다.
✿ 입 양쪽이 약간 위로 치켜 올라간 사람은 성격이 원만하고, 성실근면하기 때문에 윗사람으로부터 칭찬을 받는다.
✿ 입가가 심하게 쳐들려 있는 사람은 포부가 크고 행동력이 있으나 성격이 오만하고 헛된 마음을 가지고 있다. 평생 다성 다패한다.

⑫ 갈매기 모양의 입
✿ 입술이 갈매기 모양이면 조리 있게 말한다.
✿ 입술모양이 갈매기처럼 생기고 양쪽이 위로 올라가면 말이 많다.

⑬ 날카로운 입술
✿ 입술이 날카롭고 얇은 사람은 마음이 냉정하고 교활하며 사람을 잘 속인다. 말년에 반드시 가난하며, 요절할 수도 있다.
✿ 입술의 끝부분이 뾰족하게 앞으로 나오고 얇은 사람은 부부간에 애정이 없다. 상대의 약점을 파고 좋은 소리를 하지 않는다.

⑭ 입의 한쪽만 올라감
✿ 입의 한쪽만 올라가는 사람은 자신만만한 유형이며, 그 때문에 운을 놓치는 경향이 있다.

⑮ 양쪽 입가의 높이가 다른 경우
✿ 양쪽 입가의 높이가 다른 사람은 성질이 괴팍스럽고 완고하며 이기적이고 자기주장이 강하다.
✿ 입가가 오른쪽으로 치우친 여성은 남편을 극한다.

⑯ 입술 점
✿ 입술에 선천적으로 흠집이 있는 사람은 고독하고 비굴한 구석이 있다. 기술자가 되는 것이 가장 좋다. 이런 사람은 아이를 낳아 기르는 것이 쉽지 않다.
✿ 남녀 모두 입술에 점이 있으면 식복이 많다. 윗입술에 점이 있으면 색정이 강하다.
✿ 입술에 검은 점이 있으면 술을 좋아한다. 여자는 연애결혼 하지만 남편 덕이 없다.
✿ 윗입술에 흑점이 있는 사람은 음식이나 약의 중독으로 소화기 계통의 건강에 이상이 있을 수 있으니 주의해야 한다.

⑰ 입술 주름
✿ 입술의 주름이 분명하고 깊은 사람은 총명하고 어질며 너그럽고 복록이 풍성하다. 주름이 굵고 수려하지 않은 사람은 평생 고생을 많이 하고 얻는 것이 적다.
✿ 입술에 잔주름이 많으면 좋고 모든 일이 원만하다. 잔주름이 없는 사람은 가난하고 고독하게 일생을 마친다.

✧ 입술에 주름이 없으면 자식이 없고, 주름이 많고 바르면 자녀가 많으며 우수하다.
✧ 세로선이 많은 입술은 정이 없고 완고하며, 사리에 어둡다. 고생이 많고 색욕이 강하다. 여성은 과부상이다.
✧ 입술이 붉고 윤택해도 세로로 가는 실선이 없으면 말년이 고독하다.
✧ 입술이 정연하고 주름이 많은 사람은 쌓인 음덕이 많고 사람을 열성적으로 대하며, 동정심이 풍부하고 자손이 많다. 주름이 없으면 심성이 불량하고 자만하며, 대를 이을 자식이 부족하고 노년에는 고독하다.

⑱ 입술색

✧ 입술의 색이 윤택하면 부부의 연이 좋으며 결혼생활이 원만하다. 만약 여기에 이가 희면 효심이 깊고 자손이 많다.
✧ 입술이 붉고 몸이 마른 여성은 부부가 서로 사랑하고 아들을 많이 낳는다.
✧ 입술이 붉고 이가 희며 얼굴에 윤기가 있으면 반드시 부귀한 사람에게 시집을 갈 수 있다. 결혼 후에는 남편의 신수가 좋아진다.
✧ 입술이 아무리 홍조를 띠고 좋아도 부부 금실이 좋지 못하면 눈빛이 차갑고 냉랭하기 때문이다. 이런 사람은 오히려 만족하는 관계가 더 좋다.
✧ 입술색이 흐린 사람은 부부의 연이 박하고 성격도 괴팍스러우며 완고하다.
✧ 입술색이 불에 그슬린 것 같으면 평생 운이 열리지 않는다.
✧ 입술이 희고 몸이 마른 여성은 부부의 감정이 좋지 않고 아이를 낳기가 곤란하거나 자주 유산한다. 만약 입술이 희고 날카롭다면 요절한다.
✧ 입술이 하얗게 변하면 대장암을 의심하라. 본인이 아니면 배우자를 의심해보라.
✧ 입술이 검은 여자는 유두가 검고, 유두가 검으면 음란하다.
✧ 입술색이 검은 보랏빛인 여성은 남편을 형하고 자식을 극한다.
✧ 입술이 검으면 도적놈이다.
✧ 입술색이 청자색인 사람은 음란하고 고집이 세며 불우한 운세를 가지고 있다. 검푸른 색이면 병이 많고, 코에 흑점이 있으면 급사한다. 입술색이 창백하면 빈혈이 있고 소뇌가 발달하지 못하여 생식 능력이 좋지 않다.
✧ 입술에 검붉은 색이 많거나 진하면 쉽게 성내며 감정을 함부로 촉발시킨다.
✧ 입술이 푸른색을 띠거나 윤기가 없고 지저분하면 자신의 힘으로 이룰 수 있는

일은 하나도 없고 소리만 요란하다.
- 입술에 푸른색이 돌면 갑자기 놀라 심장이 다치고 몸에 재앙이 따른다.
- 입술이 검고 위아래로 굵은 금이 보이면 사업을 실패한다.

⑲ 입술 선
- 입술이 또렷하면 말을 잘한다. 입(입술)은 마무리로 본다.
- 입술이 야무지면 끝까지 마무리를 잘한다.
- 입술이 또렷하지 않고, 눈이 풀려 있으며, 약간 입을 벌리면 백치미(모자라게 보이는 것)다. 피부가 희면 더 백치미로 본다.
- 헤벌레한 입을 가진 사람도 자금 관리직을 맡기면 야무진 입으로 변한다.
- 입술선이 좋으면 어렸을 때 영양상태가 좋은 것으로 본다.
- 입술과 입술선이 좋지 않으면 편식을 한다.
- 입술이 위아래가 같고 윤곽이 뚜렷하면 의지가 강하고 장수하는 상이며, 성실하고 신념이 강하다. 사교적인 사람으로 다른 사람의 호감을 사고, 분위기에 취한다.

⑳ 입술과 질병
- 입술이 자주 마르고 트면 심장에 열이 있고, 입술이 자주 갈라지면 위에 열이 있다.
- 입술에 상처가 있는 경우 애정운이나 금전운이 없으며 실망이 크다. 또한 치질이나 위장 질환이 생기기 쉽다.

㉑ 도움되는 말들
- 감정이 격해져서 입술이 씰룩거리는 자는 말로 잘못되기 쉬우며 질투심이 강하다.
- 잠잘 때 침을 흘리고 자는 사람이 70세 이상이면 장수하고, 중년이면 단명 한다.
- 음식을 원숭이나 쥐처럼 먹는 사람은 인색하며 평생 가난하고 천박하다.
- 말을 할 때 입술이 비틀거리며 일그러지는 사람은 불평불만이 많고 속 다르고 겉이 다르다.
- 쓸데없이 입을 씰룩거리는 사람은 굶어죽을 상이다.

✪ 입술의 아래위가 끝이나 중간이나 모두 두터운 사람은 부와 명예를 한꺼번에 누릴 길상이다. 뛰어난 인품과 고귀한 성품을 가진 좋은 사람이다.
✪ 입 왼쪽에 결함이 있는 남성은 욕심이 많고 간사하다. 입 오른쪽에 결함이 있는 여성도 마찬가지이다.
✪ 항상 냉소하듯 웃는 여성은 질투심이 강하고 음흉하다.
✪ 말하는 것이 급하고 걸음도 빠르며 밥 먹는 것도 급하면 가정을 빨리 이루나 재산도 빨리 탕진한다.
✪ 말을 해야 할 때 그치는 사람은 매정하고 의리가 없다. 또한 매사에 시작은 있지만 끝은 없다.
✪ 입술이 붉고 수염이 흰 사람은 지조와 애국심이 강하다.
✪ 대화를 할 때 모호하게 말하거나 더듬고, 눈의 흰자위에 붉은 핏줄이 비치며, 선천적으로 곱슬머리인 사람은 음란하고 외설적이다.
✪ 혼잣말을 하는 여성은 신경질이 있거나 음란하며 혼인이 원만하지 않다.
✪ 입술이 자주 움직이는 여자는 결혼생활이 순탄하지 않거나 후처가 된다.
✪ 음식을 먹을 때 음식물이 자주 밖으로 나오면 일생동안 가난하다.
✪ 입을 벌리지 않고 웃는 사람은 자기본위가 강하고, 남을 깔보는 사고방식을 갖고 있으며, 성격이 약하고 무엇이든지 수동적이며 발전성이 없다.
✪ 입을 크게 벌리고 웃는 사람은 호쾌하고 활동적이며 금전이나 애정이 풍족하다. 재치가 넘치고 사교적이며, 여성은 리더 타입이다.
✪ 웃을 때 뺨에 보조개가 생기는 여성은 성격이 온화하고 정숙하며 현명하다. 그러나 소화기 계통에 숨은 병이 있다.
✪ 여자의 보조개(56~57세) 나이 때는 힘들게 넘어 간다.
✪ 입술이 수축되는 여성은 비뇨생식기 계통의 병이 있고 산액을 조심해야 한다.
✪ 입술이 평평하여 마치 없는 듯하면 평생 빈천하고 노년에 고독하다.
✪ 입술이 이를 덮지 못하는 사람은 타인에게 혐오감을 주며, 인생이 순탄치 못하다.
✪ 송혜교 입술 같은 경우 난산을 할 수 있다.
✪ 말할 때 입술이 아래로 비뚤어지는 사람은 대개 거짓말을 한다. 근성이 나쁘다.
✪ 입술이 활처럼 생긴 사람은 관록이 있다.

【13】 혀(舌 : 혀설)

    혀는 그 통로가 안으로는 하단(下丹)까지 연결된다. 심장에서 하단의 기운을 받아 올려 혀를 통해 밖으로 내 뿜는 소리는 인간의 정(精)과 기(氣)가 담긴 것이다. 혀는 마음속에 감추어진 뜻과 생각을 나타내는 작용을 하며, 혀 밑에는 인간의 정신을 맑게 하는 옥천(玉泉)이 있어, 감로수(甘露水)와 같은 침이 만들어진다. 침은 몸의 소중한 진액이다.
    혀의 구실은 뱃속으로부터 나온 말을 혀를 통하여 밖으로 내보내고, 밖으로는 입술과 더불어 소리를 울리게 된다. 입안에서 침이 잘 나오면 신과 조화를 이루어 마음속에 감춘 뜻을 밖으로 전하게 되는데 혀는 마음을 외면적으로 작용시키는 기틀이 된다.
    혀는 성품의 기틀이며, 한 몸의 좋고 나쁜 것을 판가름하는 곳이다. 옛사람은 혀가 단정하고 추한 것을 평하고 그 사람의 망동된 것을 경계 하였다. 혀는 신(마음)의 처소가 되어 神이 머무는 곳이며 마음을 운반하는 곳이다. 혀와 오장은 연결되어 폐부까지 통한다. 혀가 크지만 색상이 탁하고 옅으면 인내심이 적으며, 몽당하고 짧으면 운이 잘 막힌다. 혀에 '내 천' 자의 무늬는 부자가 될 상이며, 무늬가 꽃 모양이면 자손이 번영하고 부귀영화를 누리게 된다. 혀 가운데 한 줄만 반듯하게 있는 무늬는 귀격이다.
    모양이 단정하고 모나고 길고 크면 가장 좋은 상이요, 혀가 좁고 긴자는 간사 하고 도둑질하며, 추잡하고 짧은 자는 일에 진취가 없고, 엷은 자는 망령된 말을 많이 하고, 혀끝이 뾰족하고 작은 자는 탐욕이 많은 사람이다. 혀의 상이 좋으면서 코에 닿는 자는 높은 지위를 갖게 되고, 튼튼하기가 손바닥 같은 자는 벼슬이 아주 높은 자리에 오른다.
    혀 빛깔이 주사와 같이 붉은 자는 귀하고, 혀 빛깔이 간장 같은 자는 천하다. 빛깔의 붉기가 핏빛 같은 자는 녹을 얻고, 빛깔이 잿빛처럼 생긴 자는 가난하며, 다 타고 남은 잿빛같이 희멀건 색이 되면 30일 내로 죽음을 부른다.
    혀 위에 검은 사마귀가 있는 자는 거짓말을 잘하고, 혀를 뱀처럼 날름거리는 자는 구설이 많고 사람을 해치는 독종이다. 혀가 끊어진 듯 암굴 같은 자는 일에 막힘이 있고, 말하기도 전에 혀부터 내미는 자는 망령된 말을 잘하고, 말하기 전에 혀를 먼저 놀려 입술에 침을 바르는 자는 음란하다.

　혀는 크고 입이 작으면 말끝을 맺지 못하고, 혀가 작고 입이 크면 말솜씨가 경쾌하며, 혀가 작고 짧으면 빈한하고, 혀에 엇갈린 무늬가 있으면 귀기가 매우 높고, 혀에 무늬가 없으면 보통사람이다. 대체로 혀는 붉어야 하고, 검은 빛이 돌지 말아야 하며, 적색을 띠어야 하고 희지 않아야 하며, 혀의 형세는 올 바르고 깊어야 한다.

　마음을 곱게 쓰고 바르게 하면 정(精)과 신(神)이 들어와서 혀의 가장자리에 연꽃을 만들기 시작한다고 했는데, 이 말은 스스로 현숙하고 고귀함을 만들어 살면 부귀는 저절로 찾아든다는 말로써 혀를 잘 사용하라는 교훈이라 하겠다.

1) 혀를 관찰하며 읽기

① 개요

✿ 혀는 단전의 심층부로부터 새로운 원기를 생출 한다.
✿ 혀는 사람의 생명을 좌우하는 기관이다. 정신의 집이 되고, 마음의 추가 된다.
✿ 혀는 입술과 함께 심장의 끝으로 화(火)의 기운을 받아 붉을수록 귀하다.
✿ 혀에 천(川)자문이 있는 사람은 크게 부하게 된다. 혀에 십(十)자문 또는 직(直)문이 있거나 화려한 주름이 감돌면 크게 귀하게 된다.
✿ 혀는 길고 커야 좋다. 긴 혀는 내밀어 인중까지 닿아야 한다. 준두에 이르기도 한다.
✿ 혀가 코끝에 닿는 사람은 크게 귀하게 되나, 몸이 마르고 오관이 비속한 사람은 그렇지 못하다. 코나 눈에 결함이 있으면서 혀가 코끝에 닿는 사람은 좋지 않다.
✿ 혀는 길고 크며 네모나고 선홍색인 것이 길상이다. 혀가 짧고 작으며 얇고 날카로우며 암흑색이나 회백색인 것은 나쁜 상이다.
✿ 혀가 선홍색인 사람은 뜻하는 대로 일이 잘 풀린다. 혀의 색이 어두운 보라색이면 가난과 병이 한꺼번에 닥친다.
✿ 혀가 입안에 가득한 사람은 부귀할 수 있다. 혀가 너무 굵거나 크면 굶주림과 추위에 떨 수 있다.
✿ 혀가 좁고 작으며, 얇고 누렇거나 희고 무늬가 없으면 빈천하다.

✿ 혀가 크고 단정하며 각이 지고, 길고 두터우며 입안에 꽉 차는 사람은 귀하다.
✿ 혀에 작은 알갱이가 있는 사람은 영화롭고 길하며 지위가 높다. 혀가 무디고 반반한 사람은 가난하고 천한 생활을 한다.
✿ 긴 혀가 얇으면 좋지 않다. 쓸데없는 말이 많아서 하는 일들이 자주 실수를 한다.
✿ 혀가 길면서 폭이 좁으면 간사한 도둑과 같이 사람을 잘 속인다.
✿ 혀가 작고 입이 큰 사람은 성격이 시원시원하다. 그러나 혀가 크고 입이 작은 사람은 자신의 생각과 뜻을 잘 나타내지 못한다.
✿ 혀가 길면서 뾰족하면 성격이 모질고 남을 잘 속인다.
✿ 혀가 작고 날카로운 사람은 매우 음란하다. 혀가 날카롭고 색이 흰 사람은 말썽 일으키기를 좋아한다. 혀가 작고 긴 사람은 빈곤하다.
✿ 혀가 짧으면서 두터우면 운이 막혀 어리석고 가난하다.
✿ 입안에 혀가 가득할 정도로 넉넉하고 장대해야 덕이 풍부하다.
✿ 여성의 혀가 두텁고 크며 색이 고우면 결혼생활이 원만하고 부를 얻는다. 만약 말을 하지 않았는데 먼저 혀가 나오거나 혀의 모양이 뱀 같고 얇으면 성격이 불량하고 평생 고생스럽다.
✿ 혀가 크고 길면 대부대귀할 수 있으나 사람됨이 간사하다. 혀가 마치 뱀처럼 긴 사람은 심성이 독하다.
✿ 혀끝이 뾰족하고 가운데 줄기가 돋은 경우는 사기성이 농후하여 말에 독이 있다.

② **혀의 점과 사마귀, 주름**
✿ 혀에 검은 점이 있으면 사람이 진실하지 못하며 나쁜 병이 생길 징조이며, 혀 중앙에 검은 사마귀가 있는 사람은 반드시 부귀하다.
✿ 혀 중간에 가로줄이 있는 사람은 평생 빈궁하고 인생살이가 순조롭지 않다. 혀가 좁고 뾰족하고 길기만 하면 성미가 독해서 다른 사람과 자신에게 해를 끼친다.

③ **도움되는 말들**
✿ 혀가 작고 짧은 사람은 어리석고 가난하며, 혀가 짧고 두꺼운 사람은 우둔하다.

- 혀가 먼저 나온 후에 말을 하거나 혀가 먼저 입술을 핥고 나서 말을 하는 사람은 음란하고 망언을 자주 한다.
- 혀는 크고 입이 작으면 말이 느리며, 혀는 작고 입이 크면 말이 경쾌하다.
- 입술을 항상 혀로 핥는 사람은 이성관계가 문란할 수 있고, 말하기 전에 혀를 날름거리면 거짓말을 잘하고 신의가 없다.
- 혼자 있으면서 생각을 하는 듯이 입을 뾰족하게 모으는 여자는 남편과 자녀에게 해롭고 정부와 사통할 상으로 내면에 거짓이 많다.
- 혀를 날름거리거나 자주 밖에 나오면 마음에 독이 있거나 이중적인 가치관을 가지고 있다. 더러 지독한 변태도 있다.
- 혀는 입속에 감춰둔 칼과 같다. 말을 잘하고 못함에 따라 사람을 도울 수도 있고, 다른 사람이나 자신을 해칠 수 있기 때문이다.

【14】 이(齒 : 이치)

　치아는 내학당(內學堂)이라 하여, 모든 학당의 결과에 해당하는 곳이다. 치아는 모든 뼈의 정기가 뭉쳐진 곳으로, 치아가 약하면 뼈가 약하고, 치아가 강하면 몸의 뼈가 강하다.
　이는 일신의 백골의 정(精)과 힘줄이 얽힌 뼈의 정화이며 입의 창날이니 만물을 씹을 수 있는 기관으로 턱의 육부 가운데 그 하나가 이에 속한다.
　이가 튼튼해야 음식을 충분히 씹을 수 있기에 예부터 이는 오복 중에 하나라고 했다. 이는 크고 빽빽해야 하고, 길고도 곧아야 하며 개수는 많고 희어야 아름답다. 몸속의 뼈나 치아는 양의 성질이기에 인체의 양기의 척도를 가늠할 수 있는 것이다.
　살 속의 뼈를 알아보는 방법은 유일하게 외부로 나온 이를 보고 알 수 있고, 살은 뼈를 감싸고 있는 음이며, 뼈는 힘이 있는 양이기에 이를 보면 몸의 양기를 알 수 있다.
　이가 단단히 박혀 튼튼하고 틈이 없이 빽빽하면 장수하고, 이가 고르지 못하고 이리저리 겹쳐 나온 사람은 교활하고 횡포하다. 이 틀이 솟아 이가 튕겨져 나온 사람은 갑자기 패망하고, 잇새가 뜨고 성기면 빈천 박복하며, 짧거나 무질러지면 어리석고, 윤기가 없이 어두우면 명대로 살지 못하고, 말할 때 이가 보이지 않는 자는 부귀하고, 늙기도 전에 이가 빠지면 수명을 재촉한다.
　이가 밝고 희면 모든 일이 순조롭고, 누른 이를 가진 자는 천 번 구하나 천 번 얻지 못하고, 백옥같이 깨끗하면 고귀하고, 은빛이 도는 이는 청직에 종사하고, 석류씨 같으면 복록이 따르고, 칼·창과 같이 날카로우면 장수하고, 쌀알같이 생긴 자도 장수 한다.
　이가 오디(뽕 열매)와 같으면 단명하고, 위는 넓고 아래는 뾰족해서 톱니처럼 생기면 성질이 거칠고 육식을 좋아하며, 위는 뾰족하고 아래는 넓어 뿔처럼 생기면 성품이 고상하지 못하고 하는 짓이 천하다.
　용치는 자손이 잘되어 출세하고, 우치는 자신이 영귀하고, 쥐이는 빈천 단명하며, 개의 이는 성질이 독하다. 그러므로 이는 옥을 머금은 것 같으면 하늘이 주는 복록을 누리고, 이가 찬란한 은빛 같으면 부귀를 누린다. 희고 빽빽하고 길면 벼슬을 얻고 재앙이 없으며, 검고 듬성듬성하면 일생 재앙이 많다. 이가 가지런하지 못하면 마음으로 간사와 거짓을 행한다.

　이의 빛이 백옥같이 희고 크기가 고르면 젊은 나이에 이름을 널리 알린다. 이가 가늘고 작고 짧고 성기면 가난하고 단명하며 노력을 많이 하여도 도움이 별로 아니 되어 시간만 허비할 뿐이다. 옥니(안으로 기운 치아)는 말하기보다 생각을 더 많이 하느라 어금니를 꽉 다물어 생긴 치아인데 독한 성격을 갖고 있을 수 있다.

　송곳니는 뿌리도 길고 튼튼해 가장 오래남고, 주위의 치아에 비해 더 노랗고 둥글면 관절이나 골격이 튼튼하여 정력도 강하다. 송곳니가 너무 뾰족하면 짐승 같은 사나운 성질이 있어 평소에는 조용히 있다가도 화를 내면 사나워진다.

　이를 함부로 뽑으면 얼굴의 균형을 잃는다.

　활짝 웃는 파안대소는 웃는 사람의 건강에 좋으며 몸에 복을 주는 운을 불러온다.

　치아가 예리한 칼날 같으면 건강하고 장수하며, 이가 유난히 희고 입술이 붉은 자는 문장에 뛰어난 사람이다. 치아가 희고 맑아서 윤택한 빛이 나고 색이 누르스름하면 건강하고 재복이 풍만하다.

1) 치아를 관찰하며 읽기

① 치아의 개요
- 윗니는 부모 자리이며 사회생활을 보는 자리이다.
- 구각의 길흉을 자세히 볼 때는 이마와 준두, 귀, 법령을 함께 봐야 실수하지 않는다.
- 치아는 모든 음식물을 씹어서 체내의 오장육부를 보양하는 기관이다.
- 치아가 짧으면 주로 우둔하고, 치아가 옥과 같이 희고 가지런하면 하늘이 주는 복록을 누리며, 치아가 둥글고 작으며 가지런하지 않으면 빈궁한 사람이다.
- 인체를 이루는 모든 뼈의 정기가 입안의 치아에 모여 있다.
- 입 한 가운데 있는 2개의 치아는 대문이며, 대문이 가지런하고 크면 충성과 효도를 하는 사람이며, 대문이 삐뚤어지고 작으면 말에 신용과 실행이 없는 사람이다.

- 앞니는 충효와 신의를 보는 자리이다. 앞니가 틀어진 아이는 교정을 해줘야 한다.
- 여자의 단정함은 치아로 본다. 치아가 가지런하고 좋아야 한다.
- 치아는 '내학당'이라고도 부르며, 바르고 가지런하며 희고 크며 두터워야 좋으며, 이러한 사람은 박학다식하다.
- 치아는 몸 밖에 생긴 뼈이며, 주로 평생의 의복과 녹봉을 관장한다.
- 치아는 가지런하고 바르며 두텁고 커야 한다.

② **치아 색**
- 이가 희고 입술이 붉은 사람은 다재다능하며 박학다식하다. 만약 입의 모양도 아름다우면 평생토록 운이 따른다.
- 이가 희고 윤이 나면 재복이 있고, 이가 누런색은 하는 일에 막히는 일이 많다.
- 이는 희고 투명한 것이 좋다. 누렇거나 검은 이는 꺼린다. 다만 색에 관계없이 빛이 나면 복을 누린다.
- 앞니가 지나치게 희거나 길면 총명하고 노련하며 능숙하다. 이런 여성은 배움이 적어도 성공하며 일찍 출세한다. 그러나 성격이 고집스럽고 음란하며, 결혼 생활이 원만하기 어렵다.
- 치아가 검으면 음기운이 많아 음하며 뼈가 약하다. 음탕하며 섹시하다.
- 이가 검으면 재액이 많고 재산을 깨뜨리며, 이가 푸른색이면 수명이 길지 않다.
- 치아에 기가 없고 누르스름하면 남녀를 막론하고 배우자를 형하고 아들을 극하며, 불상사나 질병이 잦다. 이 사이에 틈이 있으면 더욱 심하다.
- 색깔이 나쁜 앞니는 연애나 결혼이 잘 이루어지지 않는다. 머리가 좋고 인품도 좋은 우등생 타입이다. 첫 결혼은 이혼하기 쉽다.
- 담즙이 많이 나오면 치아가 누렇게 변하므로 본인의 운기가 약하게 된다.

③ **앞니**
- 앞니가 희고 깨끗하게 자란 사람, 즉 용치는 배움이 적어도 성공하며 일찍 출세한다. 튼튼한 앞니는 양친이 훌륭한 가정에서 태어났음을 암시한다.
- 앞니는 부모의 유전관계와 밀접하다. 이가 크고 가지런히 자란 사람은 부모는 물론 자신도 많은 복을 누리며 장수한다. 좌부우모이며 남좌여우(男左女右)로

본다.
- 윗니의 앞니가 벌어지면 나이가 들면서 잇몸이 약해지며 더욱 벌어진다.
- 치아가 잘못되면 입이 삐뚤어지고 지고가 꺼진다. 이가 잘못된 경우 지각이 튀어나오기도 한다.
- 앞니의 생김이 서로 다른 사람은 가정형편이 좋지 않으며, 유년시절에 운이 박하다.
- 앞니가 크면 자기주장이 강하면서 기질도 강하다.
- 이가 지나치게 날카롭고 28개 이하인 사람은 빈천하다.
- 앞니가 빠진 사람은 성격이 좋지 않고, 많이 배워도 이루는 것이 적으며, 청소년기에 운이 따르지 않는다. 입의 모양도 좋지 않으면 평생 운이 막혀 따르지 않는다.
- 여자의 앞니가 너무 크면 위상이 너무 크다. 너무 잘난 체 한다.
- 이가 너무 작고 28개 이하인 사람은 요절하거나 빈곤하다.
- 앞니 두 개가 유난히 큰 치아는 토끼 이빨이다. 귀여운 인상으로 정열적인 사람이며, 일을 시작하면 끝장을 보는 노력형으로 근면하고 성실한 성격이다.
- 앞 윗니가 3개인 치아는 잔인한 성격의 소유자로 자기중심적이고, 목적을 위해서는 수단과 방법을 가리지 않는다.
- 앞니에 결함이 있는 사람은 부모의 운을 막을 수 있다. 왼쪽 앞니가 기운 사람은 아버지를 일찍 여의고, 오른쪽 앞니가 기운 사람은 어머니를 일찍 여윈다.
- 앞니가 바르지 않은 남자는 아내를 무서워하고 소년기의 운이 순탄치 않다. 여성은 산액이 생기고 배우자를 형극한다.
- 병풍 같은 앞니는 경제적인 어려움이 없다. 노력하지 않고도 출세한다.
- 벌어진 앞니는 육친과의 화합이 좋지 않다. 싫증을 잘 내며 가난하다.

④ 윗니와 아랫니
- 윗니가 뾰족하고 아랫니가 넓은 사람은 식견이 좁다. 아랫니가 뾰족하고 윗니가 넓은 사람은 털털하고 활달하다.
- 이의 맞물림이 좋지 않아 윗니가 아랫니를 덮는 형태이면 청소년기에 고생한다. 만약 아랫니가 윗니를 덮으면 결혼생활이 원만하지 않고 늙어서 홀아비나 과부가 될 수 있다.
- 윗니는 사회성과 신의와 믿음을 나타내고, 아랫니는 가정생활을 본다. 그러므

로 윗니가 틀어지면 사회생활이 안 좋고, 아랫니가 틀어지면 개인적인 생활이 안 좋다.

⑤ 옥니
✿ 이가 안쪽으로 들어간 사람은 인색하고 돈 보기를 목숨과 같이한다.
✿ 음성이 부드럽고 조용하고 조리 있게 대화를 하더라도 옥니를 가진 사람은 속으로 벼른다.
✿ 너무 귀격이면서 옥니를 지닌 여자는 과부가 된다.

⑥ 송곳니
✿ 송곳니가 너무 뾰족하고 날카로우면 신경질적이고 성생활도 변태적인 경우가 많다.
✿ 송곳니가 지나치게 날카롭고 돌출한 사람은 심성이 교활하다. 이런 사람은 불리한 상황이 되면 돌발 행동을 한다.
✿ 여성의 치아가 매우 강할 경우 팔자가 세다. 송곳니까지 강할 경우 매우 사납다.
✿ 송곳니가 겹쳐서 난 것을 호아(虎牙)라고 하는데, 유년 또는 소년기에 부모 형제를 극한다. 만약 앞니가 겹쳐서 났다면 중년에 재난이 있다. 호아를 가진 사람은 성취가 많은데, 특히 예술 쪽에 재능이 있다. 여성은 더욱 그러하다.

⑦ 덧니
✿ 덧니가 있는 여성은 성격이 온화하고 착하며 이해심이 있다. 다른 오관과 잘 맞으면 뜻을 이룰 수 있으며, 영화나 예술계통의 직업에 종사하는 것이 좋다. 그러나 지각이 날카로우면 길함이 반감된다.
✿ 덧니가 많은 사람은 교활하고 행동이 바르지 못하다.

고른 치아
✿ 이가 용치인 사람은 선량하고 충성스러우며 장수 한다.
✿ 이가 30개 이상인 사람은 부귀를 누린다. 반대로 30개 미만인 사람은 평범하거나 빈천한 사람이 된다.
✿ 이가 희고 깨끗하게 자란 사람은 신체가 건강하고 장수하며, 성격이 활발하고

지혜롭다. 투지와 정력이 강하며 성취가 크다. 만약 키가 크고 얼굴이 길며 코와 귀가 크고 손이 긴 용형의 사람이 용치라면 반드시 대귀한다.
✿ 치열이 가지런한 이는 솔직한 성격이며, 건강한 편이다.

⑧ 고르지 않은 치아
✿ 이가 가지런하지 않고 사이가 떠 있으며 결함이 있는 사람은 고집이 세고 괴팍스러우며 교활하고 위선적이다. 이런 사람은 자기의 재능만 믿고 남을 업신여기며 뜻을 이루지 못한다.
✿ 이가 고르지 않는 여성은 성격이 불량하고 외설적이다.
✿ 이가 많이 상한 사람은 터무니없는 말을 하기 좋아하고 빈곤하며 불행하다. 육친과의 관계가 박하며 효심이 부족하다.
✿ 이가 가지런하지 않으면 뒤에서 하는 일을 좋아한다. 일본 사람들이 불만을 앞에서 말하지 않고 뒤에서 수근 대는 것은 들쑥날쑥한 이 때문이다.
✿ 이의 전후 상하가 교차되어 있고 모양이 뾰족하거나 네모지며 치열이 일치하지 않는 것을 귀아(鬼牙)라고 하는데, 늘 위험이 그치지 않고 빈천하며 요절한다.
✿ 이의 뿌리 쪽이 좁고 끝 쪽이 넓은 사람은 식성이 좋다. 반대로 이의 뿌리 쪽이 넓고 끝 쪽이 좁아 날카로운 사람은 육식을 좋아한다.

⑨ 뻐드렁니
✿ 이가 바깥쪽으로 난 것을 폭아(暴牙)라고 하는데, 평생 외롭고 고생스러우며 빈곤하다. 배우자와 자식의 연이 박하고 음란하며 효심이 부족하다. 여성은 특히 꺼린다.
✿ 뻐드렁니 때문에 입이 벌어지면 자궁이 벌어져 있다.
✿ 돌출된 이는 수다쟁이로 자만심이 강하고 적극적이며, 입이 재앙을 불러들인다.
✿ 뻐드렁니가 노출된 입은 호기심이 많고 말하기를 좋아 한다. 남성은 성적으로 강하고, 배우자가 바뀌기 쉽다. 여성은 결혼운이 나쁘다.

⑩ 치아의 크기
✿ 큰 이는 자기주장이 강하고, 성적인 욕구가 강하며, 적극적이고 힘이 좋다.

✿ 작은 치아는 무슨 일이든 소극적이며 다른 사람의 뒤에 붙는 타입이다.
✿ 이가 짧은 사람은 큰일을 이룰 수 없다. 체력과 지력이 부족하고 박복 단명 한다.
✿ 여자의 치아가 너무 크면 팔자가 세다.
✿ 치아가 크면 밀어 붙이는 힘이 매우 강하다.
✿ 여성의 앞니가 큰 것은 괜찮으나, 만약 송곳니나 어금니가 길고 크다면 골격이 크다. 이런 여성은 남자 같은 성격을 가지고 있으며 평생 일이 많아 고생한다.
✿ 작고 뾰족한 치아는 유난히 이가 작고 쥐 이빨처럼 뾰족한 것으로 못 믿을 사람이다. 생각의 폭이 좁고 잘 흥분하며, 이익을 위해 타인을 거리낌 없이 이용한다.
✿ 이의 크기가 각각 다르고 엉성하면 남을 잘 속인다.

⑪ 치아와 건강

✿ 잠잘 때 이를 가는 사람은 뼈와 신장이 좋지 않고, 배우자와 자녀에게 이롭지 않다.
✿ 잇몸이 흑색을 띠면 신장에 병이 있거나 내분비의 균형이 맞지 않는 경우이다.

⑫ 도움되는 말들

✿ 침이 없는데 침을 자주 뱉는 사람은 선부후빈 한다.
✿ 중년이 되기 전에 이가 빠진 사람은 장수를 누리기 어렵다.
✿ 고르지 않은 치아는 변덕이 심하다. 여성 취향도 유별나 한 여자로 만족 못한다.
✿ 웃을 때는 치아가 보이도록 활짝 웃어야 한다.
✿ 입술이 가지런하고 치아가 듬성듬성하면 고생하는 가운데 재물을 모은다. 하지만 입술과 치아가 전체적으로 균일하지 않고 틀어져 있으면 평생 고생만 한다.
✿ 입술은 좋은데 치아가 삐뚤어지고 틀어지면 마음이 한결같지 않다.
✿ 곱슬머리와 송곳니가 뾰족한 사람은 물면 놓지 않는다.
✿ 씹으면서 말을 하면 매우 힘든 사람이다.
✿ 아무 일 없을 때도 이를 악무는 것을 호문(虎吻)이라고 하는데, 이런 사람은 성격이 흉악하다. 만약 거칠게 살아온 사람이라면 흉악한데다가 매우 간교하

다.
✧ 30세 전에 빠지는 이는 명을 재촉하고, 50세 전에 빠지는 이는 형벌을 상징한다. 중년에 이가 새롭게 나면 비록 수명은 연장되나 자손을 형극한다.
✧ 분만 후 이가 빠지는 여성은 선천적으로 기혈이 좋지 않은 경우이다.
✧ 치열이 나쁜 이는 성미가 급하고 고집쟁이며 부모 자식 간의 인연이 박하다.
✧ 치아가 끝만 뾰족하면 진실이 없는 사람이다. 거짓으로 사람을 대하고 주위사람을 자신의 출세수단으로 밖에 생각하지 않는다. 이런 사람을 회사가 고용하면 망한다.
✧ 치아 하나만 빠져도 입안의 균형이 틀어져 얼굴이 비뚤어진다.
✧ 입을 다물고 있는데도 치아가 보이면 좋지 않고 금전운도 불길하다.
✧ 말하는데 이가 드러나지 않는 사람은 부귀를 누린다.

【15】귀(耳)

　귀는 오관 중 채청관(採廳官)으로서 성곽(城郭)이라고도 한다.
　1세부터 7세까지를 남자는 왼쪽 귀로 보고 여자는 오른쪽 귀로 보며, 8세부터 14세까지를 남자는 오른쪽 귀로 보고 여자는 왼쪽 귀로 본다. 귀는 오관의 근본으로서 생명력의 뿌리를 이루며, 심성과 음덕을 이루는 바탕이 된다. 귀는 고막을 진동시켜 뇌의 경맥에 사물의 소리를 전달하는 기관으로, 뇌를 관장하면서 심흉을 통하여 사람의 마음을 다스린다. 따라서 귀를 통하여 사람의 품성과 덕망을 살필 수 있다.
　귀는 뇌와 심장과 가슴을 통하여 마음을 통솔하는 곳이며 신장과 기가 통한다. 신기가 왕하면 귀가 맑아 밝게 들리고, 신기가 허약하면 귀가 어둡고 흐리다. 모체 내에서 태교 시절부터 임산부가 남편이나 시집 식구들로부터 대접을 잘 받고 심리상태가 좋으면 태아의 귓바퀴가 예쁘게 형성되어 연골 조직이 풍성하게 된다. 고된 시집살이나 경제난에 마음이 쓰이면 귓바퀴는 바르게 자리를 잡지 못한다.
　귀는 두텁고 단단하고 위에 붙고 길어야 장수하는 상이며, 윤곽이 분명하면 총명하고, 귀밑 살이 늘어지고 풍족하고, 귓속에 털이 나면 장수하고, 귀에 사마귀가 있으면 귀한 자식을 낳고 총명하며, 귓구멍이 넓으면 지혜가 있고 포부가 원대하다. 귀 내부의 조직이 튀어 나오면 성격이 강하고 개성이 강한 사람이 많다.
　귀는 화(火)의 성질이 있기에 고독한 편인데 불같은 급한 성질은 머리의 신경과 연결되어 그러하다. 모체 내에서 충분한 영양을 공급 받을 때 충분하고 세밀한 도움이 없으면 귓바퀴가 뒤집힌 상태로 세상에 나오는데 인덕이 없으므로 많은 노력이 필요하다.
　귀가 눈썹보다 올려 붙어 있고 귀의 찰색이 붉은 빛이 옅게 비치면 귀골의 성품을 지니므로 길한 상이 된다. 귀가 원만하고 둥글면 토형을 형성하였기에 수용과 포용성을 두루 갖춘 형이 된다. 뒤로 뒤집히거나 젖혀져 인덕이 없는 귀는 아래쪽 귓밥인 수주가 풍만하면 만사가 형통하는 길한 상이 된다.
　연예인들은 인물이 잘 생겼는데도 귀는 튀어 나온 사람이 많은데 고집이 센 편이고 이러한 귀는 창의적이다. 칼귀는 성격이 급하여 일을 미루지 않고 신속하게 처리하기 때문에 요즘은 인기가 많다. 귀의 높이는 눈꼬리와 비슷하거나 약간 높아야 좋은데, 사업가는 낮게 달린 것이 보통이며, 고급 셀러리 맨은 평균적으로 높이 달린다.

색이 맑고 윤기가 있어야 좋고 피곤하면 귀가 붉어지는데 귀는 신장과 직결되었기 때문에 나타나는 현상이다. 추운 겨울에 귀가 빨갛게 변하는 경우도 마찬가지이다. 귀에 붉은색이 오랫 동안 계속 된다면 병을 키우는 결과이므로 귀를 보면 건강을 알 수 있다. 귓불 부위는 두뇌조직·신경계·내분비 계통 눈 등의 내부 기관과 밀접한 관계가 있고, 귀의 중간 부분은 심장·폐·간·쓸개·콩팥·위·대장·소장 등의 내부 기관과 관계가 있다. 바깥쪽의 윤(輪)과 안쪽의 곽(廓)은 척수·흉강·목·사지 등의 기관과 관계가 있다.

양쪽 귀에는 각종 미세한 혈관과 신경 조직이 퍼져 있다. 귀는 심성과도 관련이 많은데 귀는 듣는 것을 담당하고 있기 때문이다. 착한 사람의 귀는 모든 소리가 착하게 들리는 데 좋은 생각만 머릿속에 담아둔다. 반대로 악한 사람은 귀에 모든 소리가 악하게 들리므로 머릿속에 나쁜 생각만 담겨 있기 때문이며, 고집스럽고 비열한 사람은 좋은 말을 해도 귀를 막고 들으려 하지 않는다.

귀는 오관의 근본 바탕으로서, 주로 15세 이전의 초년운을 지배하며 부모의 음덕과 조상의 기운을 담는 기틀이 된다. 귀는 얼굴의 옆면에 있으면서 자신을 방어해 주는 존재로서, 집에 비유하면 담장과 같고 텔레비전 안테나와도 같으며, 나라를 지키는 성곽과도 같은 존재이다. 귀는 단독 게임을 하는 것과 같다.

다른 부위는 정면에 함께 모여 있는데 귀만 옆면에 떨어져 잘 보이지 않으면서 전체를 모두 관장한다. 전면은 양(陽)이고 뒷면과 측면은 음(陰)에 해당하여 귀가 베푸는 덕을 음덕이라 하여 자식을 보살피는 어머니와 같은 구실을 하므로, 귀는 덕과 자비심을 나타낸다.

귀는 상부·중부·하부로 나누어 보며, 각각 하늘과 나 자신과 땅의 원리를 담고 있다. 상부인 하늘은 높고 둥글어서 심오한 지혜(智 : 명예, 욕망)와 덕을 나타내므로 높이 솟아 둥글고 풍만해야 한다. 나 자신은 중심이 반듯하게 서 있어야 하므로 이에 해당하는 중부는 의지(意 : 권력, 지위)를 상징하여 단단해야 한다. 하부인 땅은 대지의 자애로움을 본받아 정(情 : 물질, 운)을 의미하므로 살이 많고 홍조를 띠어야 좋은 상이다.

귀가 붉고 윤택하면 주로 관직이요, 희면 명망이 높고, 검붉은 빛을 띠면 빈천하고, 귀가 얇고 앞으로 향하면 전답을 다 팔아 없애고, 비뚤어지면 거쳐할 집이 없고, 좌우의 크기가 다르면(짝귀) 매사에 일이 막히고 잘 풀리지 않는다. 귀가 밝고 맑아서 윤택하면 이름을 떨치고, 더럽고 지저분하고 검으면 가난하고 박복하며 어리석다. 귀가 커서 높직이 붙은 자는 이름을 사방에 떨치고, 두 귀가 어깨까지 늘어지면 말로 형언할 수 없는 귀를 누리고(석가모니, 공자) 귀가 얼굴빛보다 희면 이름을 천하에 알린다.

바둑 귀를 가진 자는 자수성가 하고, 귀가 검고 꽃잎같이 생긴 귀는 가산을 파하고 고향을 떠나며, 귀가 종잇장처럼 엷으면 젊은 나이에 죽게 되고, 윤곽이 봉숭아 빛처럼 붉으면 성품이 영리하다. 토끼 귀를 닮으면 빈궁함이 하소연 할 곳이 없고, 쥐 귀처럼 생기면 빈천 단명하고, 귀가 뒤집히거나 윤곽이 흐릿하면 조상의 업을 다 없애고, 귀밑 살이 늘어지면 의식이 넉넉하고, 귓문이 널찍하면 총명 활달하다.

귀가 눈보다 높이 붙으면 교육자 쪽으로 출세하고, 눈썹보다 두 치가 높으면 일생동안 가난을 모르고, 귀가 높고 윤곽이 분명하면 일생동안 편안하게 산다. 귓밥이 두텁고 늘어지면 부귀장수하고, 귓문이 매우 좁으면 빈궁하고 고독하며, 귀에 털이 생기면 부귀장수 하는데 재앙에 빠지는 경우도 있다.

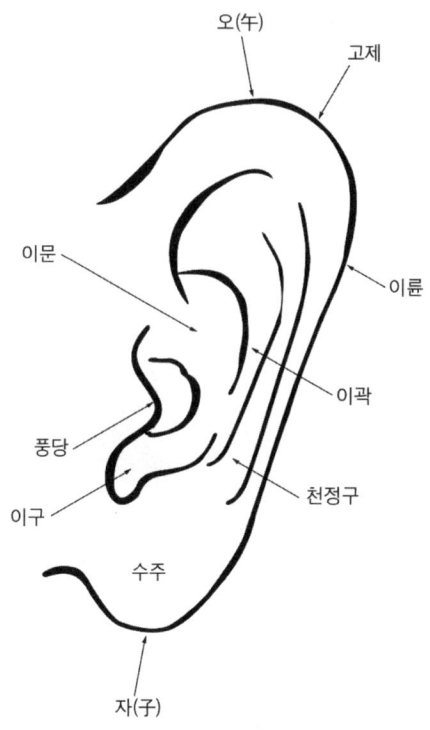

귀 각 부분 명칭

귀가 짐승의 귀와 같으면 흉, 액이 많고, 귀의 모양은 크고 작음을 막론하고 귀 갓이 또렷하고 얼굴보다 흰 것이 더 좋은 운을 받으며, 여자의 귀가 뒤집히고 뾰족하면 일부 종사하기 힘들다. 귀의 문이 넓은 사람은 영리하고 선경지명이 있어 앞일을 잘 도모한다. 귀는 록당이라고 하는데 시험 접수를 한 후에 록당이 환하고 흰색이면 합격하고, 흐리고 먼지 낀 것 같으면 다른 부위가 아무리 좋아도 떨어진다.

윤곽이 분명하고 귓밥이 늘어지면 일생 인의(仁義)로 생애하고, 두 귀가 격을 갖추면 학 문이 밝아 그 이름을 사방에 떨친다. 귓문이 좁고 화살 깃 같으면 재물과 식량이 적다. 사람이 빈곤함이 많은 까닭을 모른다면 먼저 귀를 살펴라. 귀밑에 늘어진 살이 있고 살찌고 빛깔이 밝으며 입과 서로 잘 이루어지면 부귀영화가 일생을 같이한다. 귀 위가 뾰족하면 이는 이리의 귀이며 사람을 헤치고자 하는 마음이 있고, 반대로 아래가 뾰족하고 빛깔이 곱지 못한 것은 좋지 않은 상이다.

귓바퀴가 분명하고 빛깔이 윤택하면 부와 명성을 알리고, 귀안에 털이 있으면 수명이 길고, 귀가 솟고 입과 잘 어울리면 부귀 장수하고, 귀에 검은 사마귀가 있으면 재앙이 많다.

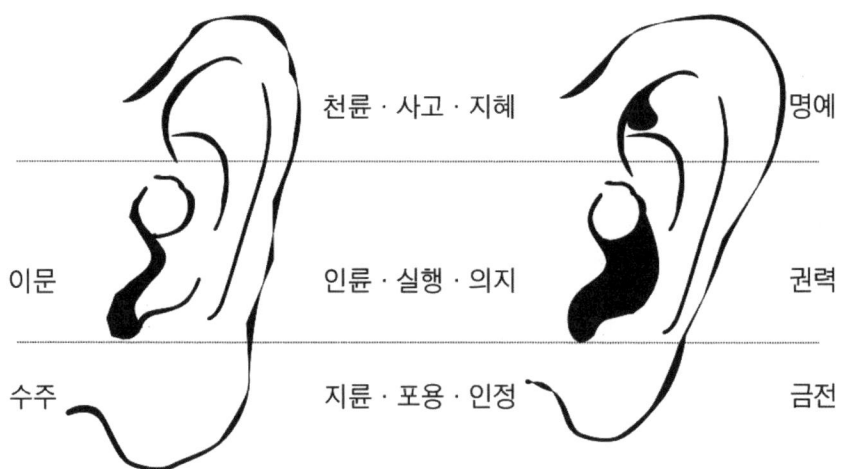

귀의 삼분도

1) 귀의 모양(耳形)

① 금귀 : 금이(金耳)

눈썹 위에 한치(一寸)나 높이 솟고 천륜은 작으며, 귀가 얼굴빛보다 희고 구슬을 드리운 것을 금이라 하는데 부귀공명을 누리는 상이다. 다만 말년에 처자를 형극하고 고독해진다. 복과 수는 있으나 늦게야 성공할 운이다.

② 목귀 : 목이(木耳)

귀의 윤곽이 뒤로 뒤집히고 좁으며 길다. 육친과 정이 멀고 재물이 부족한데 만일 얼굴의 부위가 좋으면 평탄하게 생애하나 그렇지 못하면 빈곤하고 자식운도 나쁘다. 빈천하고 고생하며 성공하기 힘들다. 어려운 일이 생기면 옛 친구의 집에 의지하게 된다.

③ 수귀 : 수이(水耳)

수이는 두텁고 둥글며 눈썹위에 높이 붙고 구슬을 드리운 형이다. 귀가 굳고 단단하며, 붉고 윤택하여 높직이 세워 붙으면 부귀를 누리는 상이니 조정에 벼슬을 하여 이름을 해외에 까지 떨친다. 부귀 장수할 명으로 복록이 무궁하다.

④ 불귀 : 화이(火耳)

눈썹 위에 높이 솟고, 윤곽이 단단하고 뒤로 젖혀진 것으로 구슬은 드리웠다 해도 부족한 상이다. 산근과 와잠이 서로 응하면 말년에 자식이 없어 고독하나 명은 길어 오래 산다. 외로우나 장수하며 노력하는 형이다. 성공을 꿈꾸지 못한다.

⑤ 토귀 : 토이(土耳)

토이는 단단하고 두텁고 크고 또 살진 것이니, 빛이 붉고 윤택하고 모양이 바르면 부귀가 오래도록 들어오고, 육친의 덕이 있으며, 늙도록 건강하고 직위도 높아 좌우에 본인을 서로 모시려는 영화를 누리게 된다. 부귀가 따르고 친척이 화목하다.

⑥ 돼지귀(猪耳)

돼지 귀는 윤곽이 분명치 않고, 두터우나 뒤로 젖혀지고, 앞으로 오그라지고, 구슬을 드리운 상인데 부귀는 일시 누릴 수 있으나, 만년에 흉 액이 많고 고독하고 빈한함을 면치 못한다.

⑦ 저반이(低反耳)

귀가 낮게 붙고 뒤집히거나 젖혀진 것이니 단명하고 고독하며 손재가 많다. 재산이 생긴다 해도 사라지며 젊은 나이에 사망할 가능성도 있다.

⑧ 부처님 귀 : 수견이(垂肩耳)

귀 뒤가 풍만하고, 구슬이 어깨에 닿을 만큼 길게 늘어지며 눈썹위에 높이 붙어 살결이 윤택하고 빛깔이 선명한 상으로, 머리가 둥글고 이마는 넓으며 생김이 기이하면 세상에 한 명만 갖는 귀함으로 제왕에 오를 상이어서 부귀는 물론 이름을 드날려 많은 사람으로부터 추앙을 받게 된다. 성현에 가까운 귀라 할 수 있다.

⑨ 첩뇌이(貼腦耳)

두 귀에 뇌골이 붙고 윤곽이 단단하며 눈을 누르고 눈썹을 누르는 듯한 것으로 고귀하고 현명한 상이다. 부모형제 처자가 모두 영귀하며 복록이 진진하니 백세까지도 안락하게 지낸다.

⑩ 개화이(開花耳)

귓바퀴가 꽃잎처럼 뒤집히고 엷으며, 비록 뼈가 단단할지라도 좋지 못한 상이다. 많은 재산을 물려받는다 할지라도 모두 탕진하고 말년에는 빈곤함을 면치 못한다.

⑪ 기자이(棋子耳)

귀가 둥글고 윤곽이 뚜렷하며 두 귀의 모양이 같으면 자수성가하여 부귀를 누리게 된다. 조상으로부터 물려받은 재산이 많지 않더라도 자신이 재산을 이루어 중년에 쌓은 재물이 대단하다.

⑫ 호랑이 귀 : 호이(虎耳)

귀가 작고 윤곽이 기울어진 것이니 얼굴을 대함에 기이함이 보이지 않는 상이다. 이러한 귀를 가진 사람은 성질이 험상궂으나 귀해진 뒤에는 위엄이 생긴다. 위험이 있고 간음할 상이다. 간악하고 탐하는 부류가 된다.

⑬ 전우이(箭羽耳)

위로는 한 치나 높이 눈썹 위에 붙었으나 아래는 화살 깃과 같아 드리운 구슬이 없다. 초년은 길하고 말년은 흉한 상이니 부모에게 많은 토지와 재산을 물려받게 되나 차츰 실패하여 전답을 모두 없애고 일자리를 찾아 분주하게 헤메인다.

⑭ 선풍이(扇風耳)

두 귀가 앞으로 향하여 바람을 부치는 것 같으니 조상 대대로 물려온 유산까지도 모두 탕진하는 상으로, 젊은 시절까지는 부모와 조상의 음덕으로 행복을 누리나 중년에 들면서 실패하기 시작하여 말년에는 빈곤하고 고독하며 객사할 염려도 있다.

⑮ 쥐귀 : 서이(鼠耳)

쥐의 귀는 위가 쫑긋하나 엷고 귀뿌리가 뾰족하고도 뒤로 젖혀진 형상으로 눈보다 높이 솟을 지라도 현명치 못한 상이다. 쥐같이 도벽성이 있고, 개같이 싸움을 좋아하는 습성을 고치지 못하므로 말년에 가산을 탕진하고 감옥살이를 면치 못한다. 간사하며 도둑질 형이다.

⑯ 나귀 귀

윤곽이 있고 귀가 두터우며 구슬이 있으나, 연약하고 당나귀 귀와 같이 쫑긋하면 반드시 빈곤한 상이니 말년에 흉·액이 따르고 일에 막힘이 많다. 분주하게 뛰나 얻는 것이 없다. 스스로 유한 마음을 쓰면 늦게라도 영화를 얻고 수를 누릴 수 있다.

2) 귀를 관찰하며 읽기

① 개요

✿ 왼쪽 귀는 아버지로부터 유전되고, 오른쪽 귀는 어머니로부터 유전된다. 수태 시 부모의 몸과 마음이 건강하고 성격과 품행이 좋은 경우 귀가 예쁜 아이가 태어난다.

✿ 귀는 태아의 모양이다. 귀는 엄마의 뱃속에 있을 때의 영양 상태를 본다.

✿ 신장을 대표하는 곳은 귀이다. 두텁고 붉은 귀는 정력이 매우 강하다.

✿ 왼쪽 귀의 윤이 발육 부진이면 아버지와 잘 맞지 않고, 오른쪽 귀의 윤이 발육 부진이면 어머니와 잘 맞지 않는다. 그리고 어린 시절에 집을 떠나 가족과 정을 나누기 어려우며, 타향에서 객사 할 수 있다. 두 귀의 모양이 일치하면 길상이다.

✿ 귀는 크기를 막론하고 형태가 분명해야 한다. 좋은 귀는 두텁고 크며 바르고 단정해야 한다.

✿ 귀가 잘 생기고 귓구멍이 크며, 귓불이 두껍고 이마로 향한 사람은 15세전에 이미 운이 따른다. 예술 계통에 종사하면 명성과 재물을 함께 얻을 수 있다.

✿ 귀가 크면 신장도 크고, 귀가 작으면 신장도 작다. 귀가 곧으면 신장도 곧고, 귀가 견고하면 신장도 튼튼하다. 귀가 얇으면 신장도 약하고, 귀가 낮게 있으면 신장도 아래에 있다.

✿ 귀가 크고 얇으면 허리가 쑤시고 등이 아픈 병이 우려되고, 귀가 낮으면 좌골 신경계통 병이 우려된다. 귀가 얇은 사람은 비뇨기 기능이 떨어지고, 귀가 두툼하고 단정한 사람은 신장 기능이 좋다.

✿ 눈높이와 귀 높이가 같으면 귀격이다.

② 큰 귀

✿ 큰 귀는 생각이 깊고 경계심이 강하고, 경솔하지 않으며 상식이 발달되어 사색적이다. 성격은 원만하고 재복이 있으며 건강도 좋다. 살집이 약하면 재복이 약하고, 힘이 없어 보이는 귀는 운이 좋지 않은 귀이다.

✿ 귀가 큰 사람은 넉살좋고 머리도 좋으며, 활동적·적극적·사교적이며, 평범해 보여도 정보를 많이 갖고 있다.

✿ 귀가 크고 살이 말랑말랑하며 윤곽이 분명하고, 풍당(風堂)이 솟지 않고 귓구

멍이 큰 사람은 의심이 많고 무능하며 탐욕스럽고 음란하다. 육친간의 도움도 적다.
✿ 너무 큰 귀는 지나친 낙천주의로 상대방에 대한 배려가 적다. 여성의 경우 너무 큰 귀는 배우자를 극하므로 좋지 않다.
✿ 여자의 귀가 너무 클 경우 본인이 벌어서 먹고 살아야 한다.
✿ 여성의 귀가 크고 윤곽이 불분명하며 풍당이 일어나지 않은 저이를 가진 여성은 우매한데다 성미 또한 거칠고 급하다. 이런 여성은 육친을 극하고, 자녀가 우수하지 못하며, 결혼생활도 원만치 않아 많은 장애가 따른다.
✿ 귀는 비록 크지만 형태가 열악하고 귓불이 없거나 귀의 위치가 특히 높은 사람은 재능과 지혜는 있지만 과장이 심하고 성실함이 부족하다.

③ 작은 귀
✿ 귀가 작은 사람은 주변의 일이나 다른 것에 관심이 많지만 상대를 이해하는 마음은 부족하다. 일찍부터 독립하며, 신경이 예민하고 자신에게 엄격하다.
✿ 작은 귀는 성격이 격하여 감정적이고 성급하다. 침착하지 못해 충동적이어서 인간관계가 원만치 않다. 그리고 의지가 약하고 변덕이 많다. 우쭐대지만 자신감이 없어 담력이 적고 비밀을 지키지 못한다.
✿ 지나치게 작은 귀는 괴팍한 버릇이 있고 지능발달이 늦는 경우가 있다. 작은 귀에 이마까지 작으면 어린 시절이 힘들다.
✿ 귀가 작고 뾰족하며 뼈처럼 단단하면 단명 한다.
✿ 귀가 작고 살도 없으면 가난한 상으로 좋지 않은 귀이다.
✿ 귀가 짧고 작으면 믿음이 부족하고 의지가 확고하지 않으며 소심하다.
✿ 작은 귀일지라도 살이 단단하고 두터우면 재복이 있다.
✿ 귀는 작지만 윤과 곽이 바짝 접혀 있고, 귀가 팽팽한 활시위 같고, 귓불이 입을 향해 있으며, 귀가 얼굴색보다 하얗거나 눈썹보다 높은 사람은 자수성가로 부귀를 기대할 수 있으며 중년에 큰돈을 벌 수 있다.
✿ 귀가 작으면 다른 상이 우수하더라도 발전이 더딘 경향이 있다. 윤이 분명하지 않거나 귀의 살이 얇아도 마찬가지다.
✿ 귀가 작고 비스듬하며, 귀의 윤이 접혀서 펴지지 않았고, 귓불이 없는 귀는 범죄를 저지르기 쉽다.
✿ 작은 귀는 영리하나 의지가 약하고 감정적이다. 경계심이 강하고 변덕이 심하

며 실천력이 부족하다. 명이 짧다.
✿ 귀가 작고 얇으며 귓불이 없으면 자녀를 갖지 못할 수 있다. 귀가 검다면 더욱 그렇다. 귀가 얇지만 나중에 귓불이 생겼다면 자녀가 생길 수 있다.

④ 귀의 두께
✿ 귀는 크기보다 살집을 중시한다. 귀가 커도 살이 얇으면 운세가 약하다.
✿ 귀의 상반부가 하반부보다 넓고 두터운 사람은 일을 처리하는데 사려와 세밀함이 부족하다. 그러나 행동이 빠르고 책임감이 강하다.
✿ 귀의 하반부가 상반부보다 넓고 두터운 사람은 일을 처리하는데 치밀하고 빈틈이 없다. 귀의 중간 부위가 넓고 두터운 사람은 창조력이 뛰어나고 용기가 있으며, 현실적인 성과를 중히 여긴다.
✿ 둥그스름하고 살이 두툼한 귀는 의존심이 강하고, 매사를 나쁜 쪽으로만 생각한다.

⑤ 얇은 귀
✿ 잘생긴 귀라도 살이 얇으면 보기와 달리 재복이 없는 상이다.
✿ 잘생긴 귀가 살이 얇으면 끈기도 약하고 소극적이며, 운이 약하고 고독한 운명이다.
✿ 얇은 귀는 무사태평주의, 수동적이고 덕이 부족하다. 학문 학술에 조예가 깊다.
✿ 귀가 얇으면서 입 쪽으로 휘어있으면 조상의 전답을 팔아먹는다.
✿ 귀가 종이처럼 얇으면 박복하다.
✿ 귀의 살이 얇고 앞으로 기울어진 귀를 선풍이라고 하는데, 고향을 떠나 조상과 헤어진다. 선조의 유산을 얻지 못하고 재산을 탕진한다.
✿ 귀가 얇고 코가 높으면서 가슴이 오목하고 입이 들려 있고 채취가 심한 여성은 옛날 같으면 반평생이 노비의 상이다. 부귀한 남편을 만나기 어렵고 남편을 극한다.

⑥ 두꺼운 귀
✿ 두꺼운 귀는 재운이 있고 친절하며, 신장이 강하고 향락적이다.
✿ 귀가 두툼하고 길면 장수할 상이다. 만약 귀안에 털이 났다면 80세 이상까지 장수하고, 목이 가늘고 길며 기색이 맑으면 90세 이상까지 장수할 수 있다.

⑦ 짝 귀
- 귀의 크기가 똑같지 않아 크고 작으면 재복이 없고 출생할 때 난산을 암시 한다. 태아 상태에서 영양부실인 경우가 많다. 외고집이며 가난하고 일의 막힘이 많다.
- 짝귀는 부모의 사고사 또는 부모가 이별을 하게 되어 부모덕이 없다.
- 왼쪽 귀가 오른쪽 귀보다 풍만한 사람은 동성과의 친분이 좋다. 오른쪽 귀가 왼쪽 귀보다 풍만하면 이성과의 친분이 좋다.
- 여성이 왼쪽 귀가 두꺼우면 남아를 먼저 낳고, 오른쪽 귀가 두꺼우면 여아를 먼저 낳는다.
- 귀 양쪽의 크기와 높이가 다르면 평생 장애가 많고 성공하기 어렵다.
- 짝귀는 하는 일마다 막힘이 많고 평생 내 집을 갖고 살기 어렵다.

⑧ 틀어진 귀
- 틀어진 귀는 소견이 없는 사람으로 자신의 말에 책임질 줄 모른다.

⑨ 못생긴 귀
- 의사는 귀가 못생긴 사람이 많다. 창의성, 기술, 기질과 순발력이 있어야 하기 때문이다.
- 귀가 많이 못생긴 경우 임신 중에 마음고생을 하고 음식을 잘 먹지 못하는 등 스트레스성 입덧 때문이다.

⑩ 정면에서 보이는 귀
- 정면에서 귀가 잘 보이는 사람은 정보에 빠르고 소문도 잘 퍼트린다.
- 정면에서 볼 때 귀가 날개처럼 쫑긋하게 보이면 가난과 고통이 많다.

⑪ 정면에서 보이지 않는 귀
- 귀가 정면에서 잘 안 보이는 사람은 감각과 감수성이 아주 예민하다. 그래서 위기를 잘 넘기는 센스가 있으며, 우두머리 기질이 있다.
- 귀가 얼굴에 착 달라붙어 있으면 남의 의견을 듣지 않는다. 독립지향형이다.
- 귀가 엎드려 붙어서 정면에서 잘 보이지 않는 경우에 귓불의 기색이 선명하며 윤기가 돌면 현재의 일이 형통할 운이다.

✿ 정면에서 잘 안 보이는 귀는 관록과 재운이 좋아 귀하고 영화롭다. 매사 기동성이 있고 신중하여 성공한다. 자존심과 경계심이 강하다.

⑫ 얼굴에 붙어있는 귀
✿ 얼굴의 위쪽에 붙어 있는 귀는 야성적이고 대담하다. 금전운도 따른다.
✿ 귀가 위로 올라간 사람은 재주가 많고 취미가 다양하여 긴장을 늦추면 실수하기 쉽다. 자기 잘난 맛에 사는 사람으로 사정하거나 약한 모습을 보이면 안 된다.
✿ 얼굴의 가운데에 붙어 있는 귀는 밝고 예의 바르다. 사회적으로 성공한다.
✿ 얼굴의 밑쪽에 붙어 있는 귀는 소극적이고 깔끔하다. 사람들로부터 신뢰를 받는다.
✿ 머리에 바짝 붙은 귀를 첩뇌이(貼腦耳)라고 하는데, 이런 사람은 사려가 깊고 성격이 세밀하며, 심지가 깊고 계략에 능하다. 재물은 부족할지라도 장수는 누린다.
✿ 귀가 얼굴에 적당하게 붙어 있는 사람은 무리하지 않는다. 페이스 유지형이다.

⑬ 늘어진 귀
✿ 귀가 어깨까지 늘어져 있는 '수견이(垂肩耳)'는 대귀하고 죽은 뒤에 이름을 날린다. 석가, 공자. 장자 등 모두 수견이 이다. 실하며 의리있고 애정이 풍부하고 장수한다.
✿ 내려온 귀는 직선적이며 행동적이고 실천적이다.
✿ 양쪽 귀가 어깨까지 닿아 있는 듯하면 만인지상(萬人之上)이다.
✿ 나이 들어서 부처님 귀처럼 늘어지면 돈이 없으며, 탄력이 없으면 혼자 벌어서 먹고 살아야 한다.

⑭ 부채 모양 귀
✿ 부채 모양의 귀는 이론적이고 탐구심이 왕성하나 자식과의 인연이 박하다.

⑮ 뽀족한 귀
✿ 귀 상부가 뽀족한 귀는 잔인한 사람이다. 짐승들이 성내면 귀가 서는 이치와 같다.

✿ 뾰족한 귀는 타산적이고, 배은망덕하며, 독하고, 잔인하고, 하극상이다.
✿ 살이 없고 뾰족하며 굽은 귀는 생각이 어둡고, 고독하고 흉포하며 냉혹하다.
✿ 귀가 위로 솟구쳐 오르는 모양이면 아주 고독한 여자이다.
✿ 귀 위쪽이 많이 튀어나오면 기질이 강하다. 부모 말을 안 듣는다. 연예인이 많다.
✿ 귀가 위로 뾰족하면 타산적이고 배은망덕하다. 독하고 살상을 좋아한다.
✿ 귀의 아래쪽이 뾰족하면 심성이 불량하고, 남을 비판하기를 좋아한다.

⑯ 날카로운 귀
✿ 귀의 모양이 날카롭고 위치가 낮으면 재능과 지혜가 많지 않고 부모를 극한다. 조상의 사업을 이어받지 못하고 평생을 무능하게 보낼 수 있다.
✿ 귀의 형태가 크고 날카로우며 귓불이 없으면 고집이 세어서 남에게 굽히지 않으며, 주관이 강해 좀처럼 다른 사람들과 어울리기 어렵다.

⑰ 칼 귀
✿ 칼귀는 창조성이 있고 시대의 흐름을 잘 따라 앞장서서 주도하고 세상을 바꾸어 보겠다는 생각을 한다.
✿ 칼귀 여자는 돈이 있으며 남의 말을 잘 듣고 부자가 된다. 말년에 고독하며 감수성이 예민하고 남편 복이 없다.

⑱ 뒤집힌 귀(이화귀)
✿ 뒤집힌 귀는 불안정하고, 가출을 하며, 육친과 같이 살지 못하는데 연예인과 광대의 귀이다.
✿ 연예인의 귀는 예쁘지 않다. 뒤집히거나 곽이 튀어나온 경우가 많다.
✿ 윤의 곁이 뒤집혀 있거나 날카로운 사람, 귀의 위치가 낮으며 앞쪽으로 기울어지고 첩뇌이가 아닌 사람은 품격이 낮고 단명할 상이다.
✿ 뒤집힌 귀는 잠시도 가만히 있지 못한다. 고집이 세고, 주거가 불안정하여 육친과 함께 살기 어렵고, 자식 기르기가 힘들다.
✿ 내륜이 외륜보다 튀어나와 귀가 뒤집혀 보이는 것은 반이(反耳)로써 좋지 않다.
✿ 뒤로 젖혀진 귀는 남의 말을 잘 듣지 않고 자기주장만 내세우는 고집불통이다.

그리고 잔돈과 싸움질만하다 추위에 굶어 죽을 상이다.

⑲ 귀의 위치
✿ 귀는 정면에서 1/3만 보여야 좋다. 귀가 작아도 두꺼워야 한다.
✿ 귀의 위치가 눈썹을 넘는 것이 좋다. 이런 사람은 생각이 고상하고 우아하며 지혜 또한 많아 중년의 운이 순탄하다.
✿ 귀가 눈보다 높고 다른 기관과 상응한다면 사람을 다스리는 재능이 있고 다른 사람의 눈에 띄게 되어 관직과 재물의 운이 순조롭게 이어진다.
✿ 상향된 귀는 동물적, 본능적이며, 자기중심적이고, 의리와 인정이 있고, 소년 시절에 사랑을 많이 받는다.
✿ 귀가 앞으로 기울어져 있고 첩뇌이가 아닌 사람은 총명하고 기억력이 좋으며 표현하기를 좋아한다. 그러나 기회를 틈타 교묘하게 이득을 취하고, 말을 많이 하여 시비가 잦을 수 있다.
✿ 귀가 뒤로 잡아당겨진 듯한 모양을 한 사람은 자신을 보호할 줄 알고 명예심이 강하며 지능과 이해력도 뛰어나다.
✿ 귀가 뒤로 넘어간 사람은 결정적인 순간에 자신의 의견을 강하게 말한다. 건방진 면이 있고, 자기 잘난 맛에 사는 사람으로 시간의 여유를 갖고 응대해야 한다.
✿ 귀가 앞을 향해 붙어 있으면 다른 사람의 의견을 잘 듣지만, 신경질적이다.
✿ 귀의 위치가 서로 다르고 두 눈이 일그러진 사람은 41~45세 사이에 사업에 실패하여 재산을 잃거나 혹은 건강이 나빠지거나 외상을 입을 수 있다.
✿ 귀의 위치가 서로 다른데, 코의 산근이 낮거나 연수가 왜곡되고 뼈가 드러난 사람은 31~40세 사이에 사업에 실패하여 재산을 잃을 수 있다.
✿ 귀가 탐스럽고 머리 쪽에 붙어 있는 사람은 처자가 유복하고 대부의 상이다.

⑳ 귓바퀴
✿ 귓바퀴가 없으면 대개 자녀가 없다.
✿ 귀 바퀴 선은 선명해야 귀한 귀이며, 정면에서 보았을 때 2/3만 보여야 한다.
✿ 귀의 속 바퀴가 마치 다리미로 다려 놓은 듯 밋밋한 경우는 자녀를 극한다.
✿ 귓바퀴가 들쭉날쭉한 귀는 정신적 불안에 고독을 느끼고, 불운한 인생을 보낸다.

- 귓바퀴가 뒤틀린 귀는 일에 의욕이 없고 고독하고, 운세가 쇠퇴해 재난을 당한다.
- 여성이 귀에 윤이 없는 것은 자녀를 극하고 남편을 형하며 살기가 있는 상이다.

- 천륜이 좋으면 이지적이고 우아하며 고상하다. 지나치면 정신적 수완이 부족하다.
- 귀에 천륜은 있으나 지륜이 없다면 사업의 성패가 수시로 변할 수 있다.
- 귀의 천륜이 날카로운 사람은 안정된 가정을 이루기 어렵고 평생 고생스럽다.
- 중륜이 좋으면 의지가 강하고 실행력이 좋다. 저돌적이어서 실패하기 쉽다.
- 지륜은 귀의 하부 바퀴로 감정과 애정을 나타낸다. 가정적이며 통솔력이 출중하다.
- 윤과 곽 사이의 틈을 친구(親溝)라고 하는데, 이것이 깊을수록 어린 시절 부모와 나눈 정이 깊다. 친구가 깊지 않고 형태 또한 분명치 않으면 가족과 정이 부족하다.
- 윤이 풍만하고 둥글며 살이 두껍거나 곽이 드러나지 않은 경우는 남녀를 막론하고 인간관계가 좋으며 교제에 수완과 융통성이 있어 조직을 통솔하는 위치

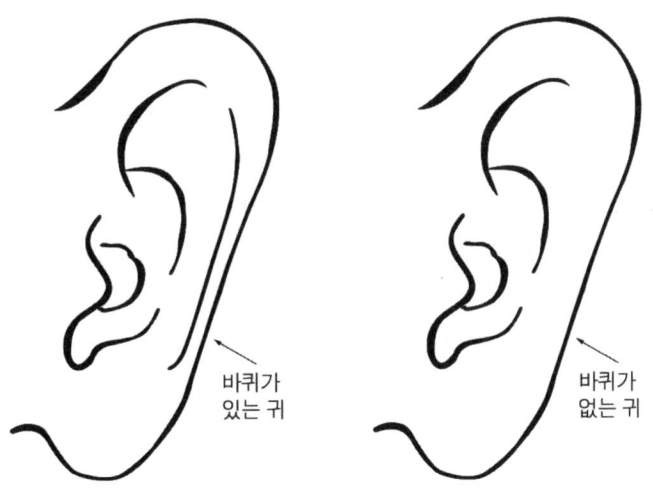

이무륜곽 : 귓바퀴 없으면 대개 자녀가 없다.

에 선다.
- 윤에 흠이 있고 곽이 노출 되었다면 성격이 좋지 않고 고집이 세어 인간관계가 좋지 않다.
- 귀에 윤도 없고 곽도 없는 귀는 평생 사업이 순조롭지 못해 성공하기 어렵다. 심지어 천수를 다하지 못할 수도 있다.
- 안쪽 테두리가 큰 귀는 버릇없고 물욕이 왕성하다. 성미가 까다롭고 고독하다.
- 귀의 윤곽이 분명하고 살이 얇은 사람은 이름을 떨칠 수 있다. 단 상업에 종사하는 것은 좋지 않다. 문학이나 예술방면은 괜찮다.
- 귀의 윤이 뒤집히고 곽이 드러나면 총명하고 능숙하며 노련하다. 단 재산을 지킬 수 없어 짧은 순간에 파산할 수 있다.

㉑ 귀의 곽
- 귀의 곽이 튀어나오면 연구력과 순발력이 탁월하다.
- 귀의 곽이 윤의 밖으로 노출되었다면 비록 큰 성공은 거두지 못하더라도 꾸준히 발전한다. 그러나 부모나 가족과의 연분이 적어 조상을 버리고 고향을 떠날 수 있다.
- 여자가 귀 곽이 튀어나오면 기질이 강하다. 부모를 극하거나 일찍 헤어져 육친의 정을 나누기 어렵다. 성격이 급하고 편협하며 질투심이 강하다. '첩뇌이'라면 흉이 반감될 수 있다.
- 테와 곽이 붙어 가면 건강이 안 좋다. 장기가 안 좋아진다.
- 귀의 곽이 돌출된 사람은 성격이 외향적이고 고집이 세지만, 총명하고 적극적이며 자립심이 강하다.
- 귀에 곽도 없고 윤도 없다면 대를 이을 자손이 없다. (앞의 그림 참조)
- 두 귀에 곽이 없는 남성은 연약하고 무능하며 독신으로 지내거나 늦게 혼인할 수 있다. 곽이 왼쪽 귀에는 있는데 오른쪽 귀에는 없는 경우 어머니를 극하고, 반대인 경우 아버지를 극한다.
- 곽이 돌출되어 있으면 탤런트 등 연예인의 기질이 있다.

㉒ 귀의 점, 사마귀
- 귀 윗부분에 점은 총명점이다.
- 귀 뒷면에 사마귀가 있는 사람은 주관이 강하고 고집이 세어서 충언조차 거슬

려 한다. 자칫 타향에서 객사할 수 있다.
✿ 명문에 사마귀가 있으면 일생에 큰 재난이 있을 수 있다. 일을 할 때에 시작은 거창하나 끝을 맺지 못하며, 일관성 및 의지와 기백이 부족하다. 검은 점이라면 흉이 반감될 수 있다.
✿ 곽과 윤 또는 귓구멍 안에 사마귀가 있는데 눈썹과 코의 상이 좋지 않은 사람은 행동할 때 이성보다 감정이 앞서며, 30~50세 사이에 운세가 나쁘게 변할 수 있으니 조심해야 한다. 특히 소송이나 시비를 조심해야 한다.

㉓ 명문과 귀

✿ 명문(귀 입구)에 점이 있으면 나쁘다. 주름이 생겨도 안 좋다.
✿ 명문과 귀의 간격이 넓을수록 좋은데, 이런 사람은 도량이 넓고 지혜도 많다. 명문이 좁으면 어리석고 단명할 수 있다.
✿ 명문에 직문이 나타난 사람은 신장의 원기가 점점 쇠퇴하고 청각에도 지장이 있을 징조이다. 일을 처리하는 데는 여유가 있으나 능력이 부족한 면이 있다.

㉔ 귓불

✿ 귓불이 있는 자녀는 부모와 조상의 음덕이 많이 쌓였다는 증거이다. 귀의 모양이 좋지 않다면 수태시 부모의 몸과 마음이 좋지 않았을 뿐 아니라 부모의 성격과 품행이 좋지 않았다는 증거가 된다.
✿ 귓불이 큰 사람은 후덕하여 인복이 있고, 너그럽고 원만하며 의식이 풍부하다.
✿ 단단하고 둥글며 두꺼운 귓불을 가진 여성은 천성이 어질고 총명하다. 반드시 귀한 아들을 낳고 부부간의 사랑이 깊어 행복한 삶을 누린다.
✿ 귓불이 둥글고 크며 코끝 이하로 자란 귀는 크게 귀하게 되며 장수할 상이다.
✿ 귓불은 부드럽고 두꺼워야 하며, 귀의 색은 얼굴보다 희어야 한다.
✿ 귓불을 만져 보고 심성을 본다. 두텁고 크면 좋다. 부처님 귀이다.
✿ 귓불이 풍만하면 건강하고 활력이 넘치며, 의지가 강하고 사람들의 신뢰를 받는다.
✿ 귓불이 두둑하면 정이 많다. 턱이 두터워지면서 귓불도 두터워진다. 귓불은 심성을 나타낸다.
✿ 귓불이 덜렁거릴만큼 소담스러우면 부자상이다.
✿ 귀가 크고 살이 두터우며 윤도 있고 곽도 있으며, 귀의 위치가 눈썹보다 높으

며 귓불이 코끝을 넘어설 정도로 긴 여성은 비록 높은 지위에 오르지 않더라도 큰 부와 장수를 누린다.
- 윤이 날카롭고 작으며 귓불이 없는 사람은 성격이 괴팍하고 잔인하다. 도량도 작고 고집스러우며 비열하고 이기적이므로 평생 외롭고 가난하다.
- 귓불이 없는 귀는 돈과 인연이 박하고 사업에 실패한다.
- 여성 귀에 귓불이 있으면 성격이 명랑하고 인상이 좋아 남성에게 사랑 받는다.
- 귀가 통통하고 귓불이 안쪽으로 다소곳한 사람은 금전운이 좋다.
- 귓불이 없는 사람은 사업을 시작하거나 재물을 모으기가 어렵다. 만약 이미 풍요롭다면 만년에 재산이나 직장을 잃을 수 있고, 아니면 건강을 크게 해친다.
- 귓불에 사마귀가 있다면 평생 동안 재산이 풍부하다. 다만 재물의 다과는 그 사람의 인격에 의해 결정 된다.
- 혈압이 높아지면 귓불과 귀 입구를 만져준다.
- 귓불에 사마귀가 있는 사람은 총명하고 재주가 많다. 효심도 깊으나 수재를 조심해야 한다.
- 귓속에 점이 있으면 자식이 귀하다. 귀는 인덕도 보기 때문이다.
- 귓불이 발달된 사람은 소뇌 및 신장의 기능이 좋다는 증거이다. 이런 사람은 낙관적이고 진취적이며, 머리가 똑똑하고 성격이 유쾌하며 장수한다.
- 귓불이 없는 사람은 내분비계통의 발달이 좋지 않으며, 걱정과 근심이 많고 몸이 약하여 장수하기 어렵다.
- 귓불이 없으면 사람과의 인연이 좋지 않고, 인생 여정 중 근심거리를 쉽게 만날 수 있다. 만년에는 외롭고 쓸쓸함을 면하기 어렵다.
- 귓불이 뒤로 뒤집혀 있거나 뒷면이 비어 오목한 경우 남자라면 아들이 적고 딸이 많으며, 여자라면 남편 복이 없고 남편과 이별할 수 있다.
- 여성이 오른쪽 귀의 윤과 귓불이 뒤집힌 것은 금극목이 되어 남편을 극하는 것으로 본다. 왼쪽 귀의 윤과 귓불이 뒤집힌 여성은 혼인이 원만히 이루어지지 않고, 부부생활 역시 화목하지 못하다. 두 귀가 모두 뒤집혔다면 남편과 자녀를 극한다.
- 곽과 테두리가 붙으면 남의 말을 안 듣는다. 뒤로 넘어간 경우도 마찬가지다.
- 귓불이 머리를 향해 뒤집혔다면 결혼생활이 원만하지 않아서 이혼하지 않더라도 남편에게 사랑받기 어렵다. 이런 여성의 소뇌는 발육이 부진하며 내분비가 부족하다.

✿ 귓불이 두껍고 크면서 눈썹이 분명하고 눈이 아름다운 경우, 코와 광대뼈가 두드러진 경우는 40세 전에 큰 행운이 온다.
✿ 귓불이 입을 향한 사람은 50세 이후의 운이 순탄하다. 다른 기관과 조화를 이루었다면 노년운 역시 좋다. 여성은 뛰어난 내조로 남편에게 큰 도움을 준다.
✿ 귓불 위쪽에 있는 빈틈을 이구(耳溝) 또는 친혈문(親穴門)이라고 하는데, 보통 이구가 넓은 사람은 어린 시절에 구속을 받지 않고 자랐기 때문에 말을 잘 듣지 않는다. 이구가 밖으로 뒤집혔다면 비록 개구쟁이였지만 철이 빨리 든다. 이구가 좁고 작다면 영특해서 많은 사랑을 받는다.
✿ 귓불이 얼굴 부위에 바짝 붙어 있는 사람은, 기지가 넘치고 잔재주가 많다. 귓불이 없다면 인색하고 고지식하지만 자기 자신을 보호할 줄 안다.
✿ 귓불이 작은 사람은 낭비가 심하고, 성질이 급하며, 교활하고, 욕심이 많다.

㉕ **수주**
✿ 귓불이 깊은 주름으로 반으로 나뉘어 수(垂)도 있고 주(珠)도 있는 경우는 매우 드물지만, 사람됨이 열성적이고 효심이 깊다. 주름이 깊고 모양이 그물 같으면 유년시절의 생활이 좋지 않아 평생 어렵게 살 수 있다.
✿ 수주(垂珠)는 귀의 맨 아래에 구슬처럼 둥글고 풍성하게 매달려 있는 것이 좋다.
✿ 수주가 풍성하고 입을 향해 들려서 입으로 기운을 보내주는 것같이 생기면 좋다.
✿ 수주가 넉넉하면 감성이 풍부하다.
✿ 수주가 없는 사람은 지혜와 이성은 있으나 감성의 부족으로 냉정하다.
✿ 여자 귀에서 수주는 남편 복을 보는 곳이다. 수주가 쑥 내민 귀는 복상으로 성격과 감정이 좋으며 사랑을 받는 운명이다.
✿ 여성이 수주가 발달되어 있는 사람은 유혹에 약하다.
✿ 수주가 풍부하지 않은 여성의 귀는 천한 일에 종사하는 경우가 많고 남편운도 약해 결혼에 실패할 확률이 높다. 부부가 아닌 애인으로 딱 맞는 여자이다.
✿ 수주 끝이 코끝보다 아래로 많이 쳐져 있으면 버릇이 없고 성격이 강해 완고하다.
✿ 귓밥이 두툼하면서 입 쪽으로 약간 휘어지면 부귀장수 한다.

㉖ 풍당
- 풍당은 귓구멍을 막고 있는 조그만 돌출 부분을 말한다.
- 귀에 비해 풍당이 적으면 건강이 약해 단명할 수 있다. 풍당 옆 귓구멍에 솜털이 아닌 굵직한 털이 나 있으면 이호(耳毫)라고 해서 아주 장수할 수 있는 운으로 본다.

㉗ 귓구멍
- 귓구멍이 넓고 깊으면 지혜와 계략이 원대하며 성격이 활달하다. 평생토록 운이 따라 성공할 수 있는 기회가 많다.
- 귓구멍이 넓고 큰 사람은 총명하며 배우기를 좋아한다.
- 귓구멍이 크면 다방면에 재능이 있고 지혜가 많아 한 가지 일로부터 다른 것을 미루어 알 수 있다. 이해력이 뛰어나고 기억력도 좋다.
- 넓은 이문은 총명하고 협조적이다. 상냥하고 태평스런 성격이다.
- 귓구멍은 넓고 깊으면서 들여다 보이지 않는 것이 좋다.
- 귀에 윤과 곽이 있고 앞쪽으로 기울어져 있는 모양을 하고 있어 마치 연의 꽃잎 같으며 동시에 귓구멍이 넓은 귀는 성격이 정교하여 어떤 사물에서도 쉽게 뜻을 이룬다. 그러나 평생토록 재산을 모으기는 힘들다.
- 귓구멍 안에 검고 빛나는 사마귀가 있는 것은 장수할 상이다. 사마귀가 왼쪽 윤상에 있으면 총명하고 감정을 중요시 여기며 대답이 확실하다. 흑색 반점이 있는 경우 길함이 반감될 수 있다. 사마귀나 점을 막론하고 유년시절에 중병을 앓는다.
- 귓구멍이 큰 사람은 포부가 크다.
- 귓구멍이 좁아 손가락이 들어가기 어려울 정도라면 지능에 장애가 있고 어리석고 사리에 어둡다. 단명 한다.
- 귓구멍이 좁으면 소심하다.
- 귓구멍의 기색이 얼굴 보다 좋지 않으면 운세가 순조롭지 못하고 사업에 실패할 수 있다. 반대로 얼굴의 기색은 아름답지 못하지만 귀의 기색이 영롱하고 깨끗하다면 운이 좋다.
- 귓문이 성냥개비 하나 걸칠 만큼 좁은 여자는 자궁의 수축작용이 매우 발달해 남편의 사랑을 받는다.

㉘ 오행으로 본 귀

✿ 여성이 목이(木耳)라면 혈기가 왕성하지 않고 병이 있을 수 있어 장수를 누리기 어렵다. 성격이 좋지 않아 육친을 극하며, 시부모와 남편에게 사랑받기 어렵다.

✿ 수형인의 귀가 둥글고 두꺼우며 첩뇌이(貼腦耳)라면 수이(水耳)로서 좋다고 할 수 있다. 그러나 선풍이(扇風耳)라면 물을 범한 것이 되어 평생 실패가 많다.

✿ 여성이 수이라면 화형인을 제외하고는 길하다. 심성이 유순하며, 근검절약하여 재산을 모으고, 남편의 신수가 좋아 집안을 일으켜 세운다.

✿ 귀태가 약간 핑크빛이 돌아오면 환대를 받을 일이 생긴다.

✿ 화형인의 귀는 날카롭고 긴 화이(火耳)여야 한다. 마르고 단단한 목이(木耳) 역시 길하다. 그러나 둥글고 두꺼우며 검은 수이라면 화형대수(火形帶水)로 빈곤하고 단명 한다.

✿ 여성이 화이(火耳)라면 목형인은 가장 좋으나 다른 형인 사람은 좋지 않다.

✿ 토형인은 귀가 크고 귓불이 두꺼워야 토이(土耳)라고 할 수 있다. 만약 마르고 긴 형태의 목이라면 토형대목(土形帶木)으로 평생 실패를 겪는다.

✿ 여성이 토이라면 목형인을 제외하고는 길하다. 심성이 어질고 착하며, 헛된 영화를 바라지 않고 근면하고 알뜰하게 집안 살림을 꾸리고 장수한다.

✿ 금형인의 귀는 희고 긴 금이(金耳)가 좋으며, 날카롭고 곽이 드러난 화이(火耳)는 좋지 않다. 단 어려서 액을 당할 수 있으니 주의해야 한다. 귀의 모양이 둥글고 두터운 수이(水耳)라면 금형대수(金形帶水)로 부와 명성을 함께 얻는다.

✿ 금이라면 총명하고 유능하며 노련하다. 강하면서도 부드러운 성품으로 남편을 도와 사업을 일으켜 부를 이룩한다.

✿ 목형인은 귀가 길고 단단하며 마른 목이(木耳)가 좋다. 만약 귀가 날카롭고 곽이 드러나 있는 화이(火耳)라면 목형대화(木形帶火)로 길하다. 그러나 금이는 목형대금(木形帶金)이 되어 흉상으로 취급된다.

㉙ 귀의 색

✿ 귀에 실핏줄이 보이면 기운이 돌아오고 있음이 확인이 되는 것으로 몸이 정상으로 회복하고 있는 중인 것을 알 수 있다.

✧ 귀의 색이 빛나는 흰색이고 귓불이 붉으면 번영할 운세다. 두 귀가 모두 선홍색이고 윤택하면서 관록궁 및 천이궁의 기색까지 밝으면 높은 지위에 오른다.
✧ 여성이 귀의 색이 붉고 얼굴이 하얀 사람은 음란하다. 만약 구레나룻이 짙고 머리카락이 두껍다면 극음(極淫)의 상이다.
✧ 귀의 색이 어둡고 탁하며 먼지가 낀 것 같이 보이면 어리석고 가난하다.
✧ 귀 색이 노랗다면 위장이 약하고, 붉은 귀는 건강이 좋고 일찍 출세하며, 검은 귀는 신장병이 있고, 흰 귀는 명성을 얻는다.

㉚ 귀와 기억력
✧ 위로 뻗은 귀는 기억력이 왕성하다.
✧ 쳐진 귀는 끈기가 없고 기억력이 부족하다.

㉛ 구레나룻
✧ 귀 옆의 구레나룻이 귀 길이의 2분의 1을 넘겨 난 경우에는 길면 길수록 고생한다. 의협심이 강해서 불공평한 일을 보고 그냥 지나치지 못하며, 억눌리고 수모 받는 약한 자의 편을 들기 좋아하기 때문이다.
✧ 명문에 구레나룻이 없는 사람은 성격이 냉담하고 독하며 이기적이다. 부부간의 정 또한 박하여 부인이 고생하게 된다.
✧ 구레나룻이 귀의 반까지 이르는 사람은 성격이 좋으나, 구레나룻이 짙고 수염이 없으면 대부분 신분이 낮고 천하다.
✧ 귀 옆 명문에 구레나룻이 지나치게 많고 인중에 콧수염이 없으면 35세 이후의 운이 순조롭지 못하며 크고 작은 시비가 많다.

㉜ 귀와 얼굴 부위의 조화
✧ 귀가 작고 얼굴이 큰 사람은 성격이 교활하고 진실 되지 못하다. 여기에 코가 비뚤어지고 사시이면 충성심이 없고 의롭지 못하며 효심 또한 깊지 못하다.
✧ 여성이 귀가 작고 얼굴이 크면 남편을 제압하고, 고생과 빈천을 면치 못한다.
✧ 귀는 작고 코가 크면 평생 고생만하고 재물을 모으기가 어렵다.
✧ 귀가 얼굴색보다 희면 명성을 얻고, 맑은 홍색일 경우 영리하다.
✧ 귀보다 뺨이 더 잘 보이고 천륜이 높이 솟은 사람은 어질고 의롭지 못해서 은혜를 원수로 갚는다. 만약 눈에 살기까지 있으면 흉포하고 중년에 비명횡사할

수 있다.
✿ 귀가 한쪽은 좋고 한쪽은 나쁘면서 이마의 상이 좋고 산근이 높이 솟아 있으면 어린 시절 집안이 부유하지만 부모를 극하게 된다.
✿ 귀는 크나 눈이 작으면 인생이 순조롭지 못하고 사업에서 성공이 적다.
✿ 귀가 크고 입이 작은 경우는 단명할 수 있다.
✿ 귀는 크나 입술이 얇으면 행복과 융성함이 없어 불행한데, 만년에 더 심할 수 있다.
✿ 코와 귀 둘 다 단단하면 안 좋다.
✿ 귀가 작고 입이 크면 남녀를 막론하고 딸이 많고 아들이 적다. 물론 눈썹, 눈, 코, 인중, 결후 등과의 조화도 따져 보아야 한다.

㉝ 귀의 털
✿ 귀안은 적당한 습기가 있어야 좋으며, 귓구멍 안에 긴 털이 자라면 장수할 상이다.
✿ 털이 자라는 것은 귀에 수기가 많기 때문이다. 수기는 신장이 좋다는 증거이다.

㉞ 안 좋은 귀
✿ 귀 중에 가장 안 좋은 귀는 이화귀이다. 다 펴진 귀가 이화귀다. 싸주지 않고 꽃처럼 펴져 있다.
✿ 위쪽이 솟아나고 살이 얇은 귀는 반항심이 강하고, 부모·형제·일가와 인연이 없다.
✿ 두 귀가 얇고 여리며, 윤이 갖추어져 있지 않고 곽이 뒤집혀 있으며, 구레나룻이 눈썹을 누르면 神이 흐리고 氣가 탁하다. 이런 사람은 40세 전에 부모를 여읜다.
✿ 귀가 오그라들면 쪽박귀가 된다.
✿ 여성이 귀에 곽이 없으면 남편을 극하거나 첩이 된다.
✿ 귀가 뒤로 발랑 까지고 귓불이 없으면 부모유산을 탕진한다.
✿ 귀 옆의 명문이 낮게 패인 사람은 결혼생활이 원만하지 않고 자녀도 얻지 못한다.

㉟ 도움되는 말들

✿ 귀가 두둑하고 두꺼우면 잘 베푼다.
✿ 귀를 마사지하면 건강이 좋아진다.
✿ 귀의 위쪽은 사고력과 명예심 그리고 욕망을 보는 자리이다.
✿ 수렵시대의 인간은 눈높이 보다 귀가 위로 솟아올라 있다. 진화가 덜된 동물적 감각이 있었기 때문이다.
✿ 어린아이의 귀가 빨개지는 것이 열이 나는 증상이다.
✿ 귀가 시커멓게 변하면 숨을 멈추기 바로 전 상태이다.
✿ 귓속은 잔털로 수명을 보는데 길고 가지런하면 장수 한다. 귓속의 털이 거슬러 나면 좋지 않다.
✿ 목소리가 큰 사람은 가는 귀가 먹은 사람이다.
✿ 바가지 모양의 쪽박귀는 중년에 재산을 모두 날린다.
✿ 쪼그라진 귀는 잔돈에 얽매여 산다. 배태 당시 안 좋으면 쪽박귀가 된다.
✿ 젊었을 때 귀에 생기가 없다면 커서 가난하고 뜻을 이루지 못한다.
✿ 중년에 귀에 생기가 없다면 운이 따르지 않고, 노년에 귀에 생기가 없다면 1~2년 내에 사망한다.
✿ 반이는 말을 참지 못하는 경향이 있다. 결혼생활 중 말을 참지 못해 부부사이가 나빠지기 쉽다. 말하는 지혜와 조심성이 필요하다.
✿ 남자는 귀와 눈이 잘 생겨야 하고 여자는 코와 입이 잘 생겨야 한다.
✿ 진화된 인류의 귀는 눈썹보다 아래에 붙는다.
✿ 귀가 유난히 딱딱한 사람은 두뇌가 우둔하고 사고력이 떨어진다.
✿ 현모양처는 귀가 깨끗하고, 희고, 속살보다 곱다. 하얗고 색이 고와야 한다.
✿ 귀를 절반을 꺾어 만져서 아프면 허리가 아프다. 자주 꺾어 줘야 한다.
✿ 귀가 앞으로 숙여진 사람은 고독하다.
✿ 정면을 향해 뻗은 귀는 마음이 약하고 변덕이 있으며, 남에게 지나친 관심을 보이지만 실행력이 부족하다.
✿ 귀의 앞뒤에 핏줄이 있으면 뜻밖의 재앙을 겪을 수 있다.
✿ 귀 뒤의 영양골이 지나치게 높거나 크면 장수할 수는 있으나 생활이 고생스러우며 고독한 경우가 많다.
✿ 당나귀처럼 생긴 귀는 겉보기에는 돈이 있는 것 같지만 알고 보면 가난뱅이다.
✿ 귀 아래쪽이 붉을 경우 오랫동안 힘든 사람이다.

【16】 턱(地閣)

　턱은 오악(五嶽)중에서 북악(北嶽)이며, 오성(五星)중에서는 수성(水星)이다. 얼굴에서 이마·코·턱을 전산(前山)의 삼주(三主)로 삼고, 머리에서 정수리·뇌·침(枕 : 베개가 닿는 부분)을 후산(後山)의 삼주로 삼는다. 삼주는 면상과 두상을 관찰하는 세 개의 주요한 관찰점을 이르는 말로 전산삼주와 후산삼주로 나뉘며, 각각 인생의 초년·중년·말년의 운을 본다.
　초년운은 이마와 머리의 정수리를 위주로 보고, 중년운은 코와 머리의 후뇌를 보며, 말년운은 턱과 머리의 침뇌(枕腦)를 중심으로 본다.
　전산이 좋은 것은 후산이 좋은 것만 못하고, 전산이 나쁘면 후산이 나쁜 것을 꺼린다. 다시 말해서 이마가 나쁘고 정수리가 좋으면 그런대로 의식이 풍성하지만, 이마가 좋고 정수리가 나쁘면 의식이 풍족하지 못하다.
　코가 나쁘고 뇌가 좋으면 나쁜 것이 없지만, 코가 좋고 뇌가 나쁘면 반드시 나쁘다. 턱이 나쁘고 침이 좋으면 괜찮지만 턱이 좋고 침이 나쁘면 노년에 고생을 하고, 턱과 침이 모두 나쁘면 노년에 반드시 외롭고 가난하게 된다.
　턱을 노복궁이라고 하는데 노복은 아랫사람 즉 친족과 부하를 말한다.
　노복궁의 상이 좋은 것은 수계(水系)가 왕성하고 소뇌의 발육이 양호하다는 표징이다. 턱은 오행으로 水에 해당하며, 생식기 및 내분비 모든 계통과 관련이 있으며, 귀밑 턱은 엉덩이·정강이 및 하지(下肢) 계통과 관련이 있다. 그리고 노년기의 건강, 지혜, 성격 등을 관장하며, 나아가 인생의 근기, 의지의 강약, 가정의 화목과 불화, 애정의 두터움과 엷음, 건강의 좋고 나쁨, 지혜의 우열, 도덕의 유무 등과 많은 관련이 있다.
　턱은 지각이라 하여 입술 밑의 아래 부분 전체를 보며 형상과 살집을 관찰하고 주름, 상처, 빛과 색으로 거주하는 곳의 안정과 불안, 주택의 유무를 보며 말년운을 같이 본다.
　턱이 넓고 살이 두툼하고 U자형으로 생긴 경우 추진력이 좋고 아랫사람들도 잘 따른다. 잘생긴 U자형의 턱은 처덕, 자녀 덕이 많고 턱에 흠이나 뾰루지 같은 것이 생기면 자녀와 트러블이 생기게 되거나 아랫사람과 시비가 있으니 마음을 잘 다스려 충돌을 막는 것이 현명하다.

딱딱한 음식을 좋아해서 잘 씹으면 턱 운동을 많이 하게 되므로 턱이 발달되고, 튼튼해 보이는 턱은 투지력이 강해지고 운도 따른다. 풍만한 주걱턱은 재복이 있고 자녀에 대한 교육열이 대단하지만 남을 치는 경우가 많다. 주걱턱이 튀어 나오고 좁고 짧으면 실천력이 약하고 밑에 사람들이 잘 따르지 않는다.

턱이 넓은 부인과 턱이 갸름한 남편이 같이 사는 가정에서는 자녀들에게 엄마의 영향력이 아빠의 영향력보다 훨씬 크며, 이런 경우 아빠의 영향력은 가장의 역할보다는 다정한 친구가 되어 주어야 가족이 편안하다. 턱이 날씬하면 머리 쓰는 일을 잘하여 참모 역할을 잘한다. 아래턱 가운데에 세로 줄이 생겨 양쪽으로 볼록 나온 턱은 강인한 성격의 소유자로 자기가 원하는 것은 끈기 있게 관철 시킨다.

턱의 뼈는 발달했는데 관골에 살이 적은 사람은 대인관계가 원만하지 못한 사람이 많은데, 이럴 때는 양보를 안 하여도 될 일을 모른 척 양보를 해주면 원만한 관계를 유지함으로 마음이 편안해져 좋은 인상을 만들 수 있게 된다.

태어날 때 턱이 짧고 밉게 생겼어도 마음을 곱게 잘 다스리면 만족할 만큼 원하는 형으로 턱을 개발할 수 있다.

1) 턱을 관찰하며 읽기

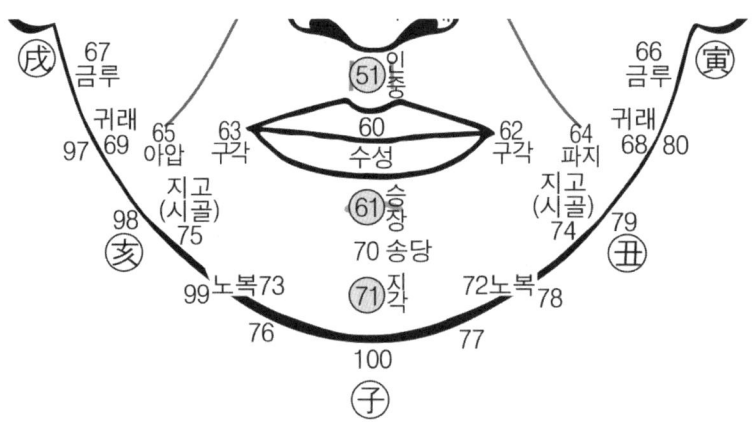

① 개요
❖ 지각은 61세 승장, 62~63세 구각, 64세 파지, 65세 아압, 66~67세 금루,

68~69세 귀래, 70세 송당, 71세 지각, 72~73세 노복, 74~75세 시골(지고), 76~77세는 자(水)다.

✿ 턱이 풍만하고 둥글며 근육이 단단하고 탄력이 있는 사람은 도량이 크고 통솔력이 있으며 지도자적인 위치에 서게 되고 반드시 크게 성공한다.
✿ 턱은 숟가락 하나 정도 엎어 놓은 정도가 되어야 좋다.
✿ 턱에 수염이 없으면 일생동안 생계의 기초를 마련할 수 없다.
✿ 턱과 귀밑 턱 부분이 풍만하고 둥그스름한 것을 노복궁을 이루었다고 한다. 이런 사람은 평생 사람이 잘 따르므로 사업이 잘된다. 코를 포함한 다른 부위와 조화를 잘 이루게 되면 더욱 좋다.
✿ 여성은 턱과 귀밑 턱의 상을 천정의 상보다 중시 한다. 여자의 귀함은 지각에 있다.
✿ 턱은 길지 않으면서 각이 적고 둥근 형태를 띠고 있는 사각형의 턱이 좋다. 둥글고 매끈한 턱 라인은 좋은 가정을 이루고, 안락하고 안정된 만년을 갖는다.

② 이중 턱
✿ 이중 턱은 주름이 가장 뚜렷할 때에 운세가 오르막이고 주름이 희미해지면 운세가 쇠퇴한다. 일반적으로 이중 턱을 가진 여자는 노년운이 좋다.
✿ 이중턱인 사람은 남녀 모두 만년이 행복하다. 단 두 턱 사이의 근육이 튼튼해야 한다. 애정이 강하며, 집에 있지 않고 나가는 경우가 많다.
✿ 이중 턱을 가진 사람은 애정이 풍부하고 인덕이 있다. 아량이 넓고 재운이 풍부하여 여유가 있다. 보스 기질이 강하다.
✿ 이중 턱은 자식에게 약하고, 상인 기질이 있다.
✿ 이중 턱인 사람은 성격이 온화하고 너그럽고 도량이 웅대하며, 복과 장수를 누린다.
✿ 이중 턱은 좋은 상이지만, 탄력이 없이 쳐지는 시기가 되면 운이 약해진다.
✿ 살이 찐 이중 턱을 가진 사람은 장남이라도 집을 나와 독립하여 생활한다.
✿ 이중이면서 좁은 턱은 시작하기가 어렵지만 은밀한 정열의 소유자. 턱은 작지만 가정을 소중하게 여기기 때문에 만년이 안정된다.

③ 풍만한 턱
✿ 턱이 잘 발달된 사람은 집안의 짐승이 잘 된다. 남자의 귀함은 천정에 있다.

✿ 크고 풍만한 턱은 넓은 저택을 소유하고 많은 부하를 거느리고 산다. 도량이 크고 신망이 높은 사람이다.
✿ 턱이 두툼한 사람은 정욕이 강하고 패기 있지만 목표를 위해 잔인한 수단을 쓴다.
✿ 여성의 턱과 귀밑 턱이 풍만하고 둥글면 현모양처이며 시부모와 사이좋게 지낸다.
✿ 폭이 넓고 앞으로 나온 턱은 자신의 생활이나 영역을 지키는 일에 열정적이며, 이를 관철시키는 의지력이 있다. 다른 사람이 자신의 영역을 침범하는 것을 싫어하고, 자신의 세계를 지키며 행복한 만년을 보낸다.
✿ 턱과 귀밑 턱 모두가 풍만하고 두툼하며 둥근 사람은 현명하고 효심이 깊다. 또한 만년에 복과 장수를 누린다. 이는 금형인, 토형인, 수형인에 해당된다.
✿ 모양이 좋은 턱은 육체적·정신적으로 충실하다. 행복한 노후를 보내고 정력적이다.

④ 타원형 턱, 둥근 턱
✿ '동(同)자' 형은 굴곡이 없다. 동자형은 이마에서 턱까지 위아래가 다 좋다.
✿ 턱이 타원형인 사람은 조용하고 낭만적인 풍경을 좋아해 시끄럽게 하면 안 된다.
✿ 여성이 뺨에서부터 완만한 곡선을 그리며 흐르는 풍만한 턱의 라인은 도톰한 입술과 더불어 섹시함을 풍기면서 색을 밝힌다.
✿ 턱이 원형인 사람은 모든 것을 화합하고 덕으로 해결하는 상이다.
✿ 턱이 둥글고 작은 사람은 자신이 좋아하는 일을 해야 성공할 수 있다.
✿ 둥근 턱은 가정적이고 주위에 신망을 얻는다. 좋은 배우자를 만나며, 애정이 깊고 지역사회에서 명성을 얻는다.
✿ 턱이 둥글면 애정이 풍부하고 협조적인 사람으로 주거와 직업운이 좋다.
✿ 둥글면서 작은 턱은 예술적 재능이 뛰어나고, 눈까지 둥글고 크다면 연기 분야에 두각을 보일 수 있다. 하지만 조급하고 무절제한 경향이 있다.
✿ 둥근 턱은 원만한 인격, 각진 턱은 초지일관 스타일, 움푹 들어가면 낙천적이다.
✿ 턱이 둥글고 작은 사람은 성격이 급하고 극단적이어서 사람들과 잘 어울리지 못한다.

✿ 여성의 턱이 둥글고 작으면 예술에 재능이 있어 배우가 되면 성공한다.
✿ 둥글고 살집이 좋은 턱은 자주성과 발상이 풍부하고, 낙천적이며 복상(福相)이다. 배운다는 마음으로 노력한다면 성공한다.
✿ 턱뼈가 둥글면 대범한 성격으로 안정적인 생활을 한다.

⑤ 뾰족한 턱

✿ 턱이 뾰족한 사람은 모든 사물에 관심이 많고, 공주병이 있어 비위를 맞춰주면 좋아한다.
✿ 턱이 뾰족하고 작은 사람은 일생동안 사업에 성과를 이루기 어렵고, 나이가 들수록 빈곤해지며, 자녀 또한 효심이 없다. 턱이 마르면 더욱 어려워진다.
✿ 뾰족한 턱은 미적 감각은 뛰어나나 사고력이 약하다.
✿ 뾰족한 턱은 청결을 좋아하며, 고상한 것을 좋아하는 예술가, 교육자에 많다. 신경질적이고 배신의 기질이 있으며 사물을 평가하는데 뛰어나다.
✿ 턱이 인형처럼 뾰족한 여성은 30대 이후 성욕이 강하다. 관골까지 튀어나오면 과부나 독신의 대표적인 상이다.
✿ 매우 뾰족한 턱을 가진 사람은 어떤 상황이 닥치면 쉽게 동요한다. 식견이 좁고 능력도 부족하기 때문이며, 대인 관계에 순종적이지 못하다.
✿ 턱이 뾰족하면서 아래턱이 긴 사람은 전반적으로 거만한 사람들이 많다. 타인을 지배하려 하기 때문이며, 실력이 없으면 미움을 사서 고립되는 경향이 있다.
✿ 턱이 뾰족하면서 아래턱이 긴 사람은 수다 떠는 것을 좋아해 이로 인한 여러 가지문제가 발생하므로 주의가 필요하다.
✿ 뾰족하게 깎인 턱은 살이 없어 재운이 부족하다. 한 가지 특기를 익히고 쓸데없는 일에 관여하지 않는 것이 좋다.
✿ 턱이 뾰족하고 작으며 귀밑 턱 부분이 마른 사람은 가정에 충실하지 못하고 책임감이 없다. 여기에 뒤의 침 부위가 평평하면 더욱 그렇다.
✿ 턱이 뾰족하고 작으며 뒤로 넘어간 사람은 남을 사랑할 줄 모르고, 성격이 급하고 충동적이어서 만년에 생활이 고생스럽다.
✿ 뾰족한 턱은 사물을 평가 하는데 뛰어나며, 적극적이지 못하고 신경질적이다. 부부·부모·형제와의 인연이 박하고, 재산은 모으지만 만년에 생각지 못한 재난을 당한다. 참모 역할에 철저하게 노력한다면 대성할 수 있다.

✿ 귀밑 턱이 뾰족하고 말랐으며 뒤로 돌출하여 귓불을 넘어서는 사람은 말재주가 없고 배은망덕하며 평생 고독할 상이다.
✿ 계란형 턱은 성격이 까다롭고 중년이후 체력이 떨어진다. 신경과민이 되기 쉽다.

⑥ 주걱턱

✿ 주걱턱은 재복이 있고, 자식에 대한 교육열이 대단하나 남을 친다.
✿ 주걱턱은 정에 약해 악처와 사는 경우가 많다.
✿ 주걱턱은 성질이 대담하고, 자기 영역을 고수한다. 자존심이 강하고 권력욕이 강해 남을 해치는 경향이 있다. 호기심이 많고 애정에 기복이 심하다.
✿ 주걱처럼 돌출된 턱은 호전적인 성격으로 무엇인가를 얻기 위해 항상 싸우는 듯한 자세로 임한다. 일상생활에서도 주위들과 트러블이 많다. 다른 부위도 돌출되어 있으면 인생을 만족시키는데 작용하여 좋은 결과를 얻기도 한다.
✿ 주걱턱인 사람은 스스로 매우 고명하다고 느끼며 권력을 지향한다. 용감하고 자신감이 넘치나 성정이 고집스럽고 각박하여 독재자가 된다.
✿ 상아 골이 삐지면 턱이 나온다.
✿ 턱이 빠져 나오면 여자는 남자를 치고, 남자는 여자를 친다.
✿ 귀밑 턱이 바깥으로 나 있는 사람은 성격이 편협하고 조급하며, 책임감이 부족하다.

⑦ 사각 턱, 각진 턱

✿ 폭이 넓은 사각형의 턱을 가진 사람은 노력가이며 자존심이 강하고, 높은 지위를 얻기 위해 노력하는 사람이다. 자립심이 강하고 모든 일을 성공적으로 이끌어내는 상이다. 턱이 너무 강하게 보이면 재산을 얻는데 실패하고 만년을 외롭게 보낸다.
✿ 턱이 사각형인 사람은 물건과 기분, 그리고 가격까지 맞아야 좋아하는 스타일이다.
✿ 양쪽의 턱뼈가 발달하여 둥근 듯 네모난 사람은 왕성한 의욕을 타고나 무서운 노력을 하는 의지파이다.
✿ 아래턱이 두꺼운 사람은 공작이나 모사를 즐기는 사람이다.
✿ 각진 턱은 근면하고 자기주장이 강하다. 의지력이 강하고 명령받기를 싫어하

며, 지는 것을 싫어하는 자수성가형이다.
- 턱이 각진 사람은 승부욕이 강하다.
- 턱이 넓은 사람은 자신 있는 행동으로 남에게 편안함을 준다.
- 네모진 턱에 이가 꽉 차 있어 금(金)기가 강하므로 개혁 의지가 강하고 고집이 세다. 턱이 모가 나고 지각이 길게 뻗친 경우는 한번 당한 굴욕은 절대 잊지 않는다.
- 여성의 턱이 사각형이면 남성적이고 무뚝뚝하며 제멋대로이나 매우 유능하다.
- 턱이 넓거나 사각형인 사람은 일을 할 때 원칙이 있고, 실패를 두려워하지 않는다. 인내력이 있는 노력파로 대기만성형이다.
- **턱뼈**가 폭이 넓고 각이 있는 사람은 지배욕과 자아가 강하므로, 숙련을 필요로 하는 직업이 좋다.
- 각진 턱은 행동가이며 부지런하다. 의지가 강하고 만년에는 안정적이고 편안하다. 성공할 수 있는 조건이 갖추어진 사람에게 많이 나타나는 상이다.

⑧ 긴 턱

- 긴 턱은 다정다감하고, 정에 약하며 애처가 기질이다. 인내력과 의협심이 강하며, 사물을 분별할 줄 알고 신중히 행동한다. 목표가 크고 원대하면 크게 성공한다.
- 턱이 길지만 살이 없고 윤이 나지 않으면 재운이 없고 고생하며, 사업운도 안 좋다.
- 긴 턱은 활동이 뛰어나고 인내력이 있으며 고집도 세고, 정력이 왕성하다. 어떤 일이든 정성을 다해 노력한다. 모험심이 강하고 수명도 길다.
- 턱이 긴 사람은 도박에 취미가 있다.
- 턱이 긴 사람은 턱이 짧고 작은 사람보다 성취가 크다.
- 턱이 긴 사람은 모험심이 있고 외향적이고 정력이 왕성하며, 인내심과 판단력이 뛰어나고 장수하지만 매우 고집스럽다.
- 긴 턱은 정에 약하고 사람을 좋아한다. 다른 사람에게 정성을 다하지만 마음이 너무 좋아 이용당하기 쉽다. 투기나 사업에 열을 올리거나 일확천금을 꿈꾼다면 원금도 이자도 모두 잃게 된다.
- 턱이 지나치게 길고, 입이 비뚤어져 있으면 만년에 자녀를 극한다.

⑨ 짧은 턱

- 턱이 지나치게 짧고 작은 사람은 통솔력이 없어 창업을 하거나 주도적인 역할을 하면 좋지 않고, 봉급생활이 가장 좋다.
- 짧은 턱은 사무적이며, 도량이 좁고 몰인정하다. 주관이 없어 충동적이며 유머나 재치가 부족하고, 만년이 좋지 않으므로 미리 만년에 대비한 준비를 해야 한다.
- 작은 턱은 만년이 불우하다. 예술적 재능이 있으나 조급하고 제멋대로 행동한다.
- 턱이 작고 빈약한 여자는 애인 타입의 여성으로 만년이 외롭다.
- 턱이 짧으면 의심이 깊고, 턱 중앙에 홈이 있으면 정열적이며 질투가 심하다.
- 중년에도 아이처럼 턱이 짧아서 턱이 없다시피한 경우 매사에 끈기가 없고 자아만 높아 자식운이 없다. 만년이 고독하고 주거 운이 없다.
- 턱이 짧고 작은 사람은 체질이 비교적 약하고 성격이 불안정하며, 충동적이고 행동이 제멋대로이며, 지구력과 인내심이 부족하다. 이중 턱은 괜찮다.
- 턱이 지나치게 짧고 작은 사람은 단명할 가능성이 높다.

⑩ 지고

- 귀밑 지고 쪽이 많이 나오면 안 좋다. 동자 얼굴이 아닌 풍자 얼굴이 되어 욕심이 많아진다. 브로커 노릇을 한다.
- 어렸을 때 양쪽 지고(시골)가 틀어지면 나이가 들면서 더 틀어진다.
- 볼 양쪽 지고 부위는 지구력을 나타낸다.
- 돈이 많은 사람이 지고가 들어가 있으면 돈을 안 쓴다.

⑪ 갈라진 턱

- 턱이 갈라진 사람은 정열적이며, 창작력이 풍부하고 인망이 있다. 예능에 소질이 있고 한 가지 특유한 재주를 소유하지만 재물운은 약하다.
- 턱이 울퉁불퉁한 사람은 열심히 노력하지만 타인과 협조를 잘 하지 않는다. 완고한 성격 때문에 턱 근육에 힘을 주고 일을 하여 생긴 상으로 중년 이후에 나타난다.
- 턱 중앙이 푹 파였으면 예술계에서 이름을 날린다.
- 끝이 갈라진 턱을 가진 사람은 모험가 상이다. 아이와 같은 순수한 마음을 갖

고 있으며, 침착한 성격이지만 한 가지에 집착하는 경향이 있다. 지속적인 노력으로 성공하며, 배우나 스포츠 선수 등으로 성공할 수 있다.
✿ 아랫부분이 오목하게 들어간 턱은 좋은 상에 포함된다. 정열가로 고집스런 면이 있으며 매사에 끝까지 파고든다. 한 가지 재주가 뛰어난 사람이 많고 노력가이며 남성 중에 많으며 여성에게 인기가 있다. 독립하여 성공 한다.

⑫ 좁은 턱
✿ 턱이 좁으면 지적이지만 신경질적이다. 뾰족하면 예술적인 재능이 있고, 길면 우쭐해지기 쉬우며 끈기가 없다.
✿ 폭이 좁고 앞으로 나온 턱은 생활이 불안정하고 운이 약하다. 여성의 경우 생식기가 발달하지 않고 몸도 허약하다.

⑬ 후퇴한 턱
✿ 후퇴한 턱은 냉정하고 주거가 불안정하며 끈기도 부족하다. 자기중심적이고 감정에 치우치며, 처세술이 둔하고 신앙에 무관심하며, 궁핍하다.
✿ 턱이 뒤로 넘어지고 후퇴한 형상은 고독하고 애정운이 별로 없다.
✿ 뒤로 물러나게 보이는 턱은 성질이 급하고 충동적이다. 복이 박해 삶이 고통스럽고 재산도 날린다. 산근까지 꺼지면 형극이 중해 수복을 말하기 어렵다.
✿ 들어간 턱은 자기주장을 억누르는 사람에게 많이 나타난다. 정이 없고 아랫 사람이 적으며 소극적이고 우유부단하다. 여성은 자식과의 인연이 박하고 만년에 고독하다.
✿ 아래턱이 뒤로 넘어가 있는 사람은 새로운 것을 보면 마음이 동하여 쉽게 옮겨가고, 성격이 유약하며 항상 남에게 종속된다.

⑭ 살이 없는 턱
✿ 납작한 턱은 강자에게 약하고 약자에게 강하다.
✿ 턱에 살이 없어 약한 느낌이 있으면 말년운이 좋지 않다. 사업을 하는 경우 부하운이 없어 홀로 사업을 하는 경우가 많다.
✿ 턱이 얇으면 금전운, 재운, 직업 운이 불길하다.
✿ 뼈만 나온 턱은 반역의 상이다. 배신을 잘하고 성격이 과격하다.
✿ 귀밑 턱 부위가 뾰족하거나 말라서 뼈가 드러나서는 안 된다. 가난하고 고생한

다.
✿ 귀밑 턱 부위가 풍만하고 둥글면 50세 이후에 운이 트이고 나이가 들수록 더 좋다.

⑮ 튀어나온 턱
✿ 턱뼈가 튀어나온 각이 뒤쪽에서 보이면 아집이 강하고 때로는 방자하고 거만한 면도 있다. 지배욕이 강하고 호전적이며 라이벌을 이겨야 직성이 풀린다. 훈련을 필요로 하는 일이나 전문직에 어울린다.
✿ 배우자 운이 나쁘다. 여성의 턱이 이와 같으면 남편과 일찍 사별하는 경우가 있다.
✿ 턱이 귀의 선보다 뒤까지 튀어나오면 사소한 부분까지 신경을 쓰는데, 이해관계가 얽히면 급변해서 심한 말을 하여 사람을 놀라게 한다. 여성은 일반적으로 성기능이 좋고 적극적으로 이끄는 형이다.
✿ 30대에 턱이 앞으로 나온 사람은 솔직하지 않고 심술궂어서 만년이 고독하다.
✿ 귀 밑까지 턱뼈가 뻗어 있는 사람은 의지가 강하고, 좌우로 뻗어 있으면 대담하고 욕정도 강하다.
✿ 턱이 빈약한 사람이 턱뼈가 튀어 나와 있다면 파괴적이고 무서운 사람이다.
✿ 튀어나온 턱은 자기를 과신하는 형이며, 자부심이 강하고 제멋대로이다. 아군도 많지만 적도 많다. 충동적이고 성급하다. 꾸준히 노력하면 성공의 열쇠를 쥐게 된다.
✿ 턱이 나온 사람은 사랑이 풍부하여 본인의 배우자에게 헌신적이다.

⑯ 불균형 턱
✿ 턱의 좌우가 불균형인 사람은 은혜를 원수로 갚는다. 사고로 불행하게 이런 턱이 되더라도 서서히 성격이 변한다.

⑰ 무턱
✿ 턱이 없는 것 같은 사람은 패기와 지구력이 모자라 만년에 좋은 운이 오지 않는다.
✿ 측면에서 봤을 때 턱이 없는 것 같은 사람은 에너지가 부족하고 모든 일에 소극적으로 꿈과 목표를 달성하기 어렵다. 다른 부분도 좋지 않으면 가족관계를

유지하기가 어렵다.
✿ 턱이 없는 것 같은 사람은 매우 이기적이고 간사하고 정이 없다.
✿ 턱뼈가 없는 사람은 의지가 약하여 감정적으로 치닫기 쉽다.

⑱ 턱과 수염
✿ 턱수염이 좋으면 처덕을 보며, 자손에게 대우를 받고, 부하를 포용하며, 관록을 입는다.
✿ 굴레 수염이 많은 사람은 마음이 따뜻하다.
✿ 수염이 없는 턱은 특별한 전문분야가 아니면 출세와는 거리가 멀다.
✿ 턱과 굴레 수염이 인중수염보다 많고 좋으면 처덕을 본다.
✿ 턱에 수염이 많으면 딸을 낳는다.
✿ 턱 아래의 수염이 결후까지 나 있으면 뜻밖의 재난에 대비해야 한다.
✿ 턱수염과 굴레 수염이 관골까지 나올 경우 아내를 친다.
✿ 턱수염과 굴레 수염이 많은 사람은 마음이 따뜻하다. 부인복으로 살아간다.
✿ 남성의 턱이 약하면 수염을 길러 주는 것이 좋다. 턱이 약한 사람은 대체적으로 수염이 없다.

⑲ 턱의 점, 주름
✿ 턱에 점이나 주름 또는 흠이 있는 사람은 운수가 사나워 사고를 당한다. 특히 교통사고에 주의해야 한다.
✿ 턱의 정중앙에 점이 있으면 가업을 잇지 못하며, 승계를 한다고 해도 실패한다. 하지만 집안을 잇기 위해 입양된 사람은 괜찮다.
✿ 승장이 평평하고 두툼하면 부귀하고 주량이 세다. 승장에 흑점이 있으면 주량으로 인해 건강을 해칠 수 있으므로 주의해야 한다.
✿ 턱에 점이나 상처가 있는 사람은 40세 전후에 한번은 실패하며, 재산을 잃고 가정도 붕괴된다. 단 턱의 살집이 다부지면 다시 한 번 재활할 능력이 있다.
✿ 턱에 가로 또는 세로로 주름이 있으면, 파복문(破福紋)이라 하는데 길상이 아니다.
✿ 파복문이 있는 사람은 턱이 풍만하더라도 좋은 결과는 없고, 70~71세에 건강이나 사업에 문제가 생긴다. 송당(訟堂)에 주름이 있어도 마찬가지다.
✿ 귀밑 턱 부위에 분명하고 가지런한 긴 주름이 두 개 이상 있는 것을 봉장문

(捧場紋)이라고 하는데, 이런 사람은 중년이나 만년에도 여전히 매력이 있고 통솔력이 뛰어나 부귀와 명성을 얻게 된다.
- 턱에 주름 무늬나 사마귀 그리고 파·결이 있으면 아랫사람에게 깊이 연루되어 파재한다. 친구로부터 배반당하기 쉽고 용인술도 여의치 않다.
- 턱에 한 곳 이상 패인 곳이 있으면 조상을 승계하지 못하거나 양자로 간다.

⑳ 성형 수술
- 양악수술(지각과 지고를 깎는 수술)을 하면 시간이 지나면서 지고와 지각이 쳐지고 음식을 씹을 수 없게 된다.

㉑ 지각, 노복궁
- 노복궁은 지각에 자리하고 수성과 이어진다. 지각은 수저를 엎어 놓은 것처럼 볼록 해야 한다.
- 지각(턱)은 밀고 나가는 힘을 본다. 턱이 잘 생기면 인덕이 좋다.
- 턱은 지각이라 칭하며 노복궁의 자리이다.
- 지각이 검게 되면 자식 복이 없다. 자식을 친다.
- 지각과 지고가 좋으면 말년운이 좋다.
- 지각이 풍만하면 노후가 편안하고, 인덕이 좋아 따르는 자가 많다.
- 이마가 빈약해도 하관이 좋으면 무서운 추진력을 지녀 성공한다. 지각이 풍만하면 얼굴 전체가 풍만하다.
- 노복궁은 지각을 비롯하여 턱 전체를 보며 지각이 풍만해야 좋다.

㉒ 도움되는 말들
- 살아가면서 턱은 변한다.
- 턱이 나오면 말로 친다.
- 인덕이나 인기운은 턱과 함께 눈썹, 광대뼈, 법령 등이 해당된다.
- 이를 악물고 생활한 사람은 귀밑 뼈가 발달한다.
- 이마가 너무 좋으면 턱이 약하고, 턱이 좋으면 이마가 안 좋다.
- 아이를 엎어 재우면 잇몸이 좁아져서 턱이 뾰족해진다.
- 초승달 형 턱은 성실하고 애정도 깊고 부지런하며 자신감과 의협심이 강하다.
- 정면으로 봐서 좁고, 옆에서 보면 비스듬히 된 턱은 감정적이고 희노애락이 극

단적이며 인내가 약하고 경솔한 성격이다. 노년이 편치 않다.
✿ 턱의 상처(뾰루지, 여드름)는 트러블이나 화재를 주의하라는 예고이다.
✿ 천창과 지고가 일직선이면 성취함이 잘 이루어져 노년에 복과 장수를 한다.
✿ 정면에서 볼 때 턱과 천중이 일직선을 이루지 않는 것을 자오부직(子午不直)이라고 하는데, 이런 사람은 평생 한곳에 정착하지 못하고 떠돌아다닌다.
✿ 턱 아래 결후가 지나치게 돌출해 있는 사람은 고생스럽고 빈한하다.
✿ 턱 아래에 결후가 있는 여성은 성격이 괴팍스럽고 남편을 극하며 집안을 망친다.
✿ 턱 밑 목의 혈관이 분명한 사람은 장수하고 복을 누린다. 단 혈관이 짝수여야 한다.
✿ 귀밑 시골부위가 탄도가 좋아야 사업을 시작하고 확장해도 좋다.

【17】목(亢)

몸 전체를 놓고 볼 때는 얼굴, 어깨부터 배꼽, 아랫배부터 다리까지로 나눠 초년, 중년, 말년의 운기를 본다. 초년은 30세까지, 중년은 50세까지, 말년은 51세 이후로 본다. 목은 초년과 중년을 연결하는 부분으로, 머리와 신체를 연결 하며 오장 육부를 통괄한다. 목은 위로는 육양을 떠받치고 있으며, 아래로는 몸통과 사지로 통하고 있다.

목은 튼실하고 모가 지고 힘이 있으며 윤택하면 좋은 상이다. 남자는 목이 짧은 듯하고 두툼하면 길고, 여자는 목이 길어야 좋은 상이다. 얼굴이 긴 사람은 목이 길면서 어깨로 연결되어야 좋다. 가슴이 넓고 턱살이 두둑하면 목도 자연스럽게 두꺼워야 좋다.

목이 길다는 것은 내 것을 쟁취하고 늘리기 보다는 때로는 뺏기기도 하고 나누어주는 헌신적인 성향을 지녔다는 의미이다. 목이 긴 사람은 남의 것을 가져 오는 것보다 내 것을 내주고 빼앗기며 사는데, 많은 사람과 같이 살면서도 고독을 즐기며 사는 사람이다. 자기 밑에 사람이 잘 되기를 바라며 자기 돈을 들여가면서 보살피고 대가도 바라지 않는다. 목이 긴 여성은 턱이 약한 경우가 많다. 턱이 약하면 말년이 불안정하다는 것과 연결된다.

목이 짧다는 것은 턱이 동그랗고 살이 있어서 그 살이 어깨까지 내려온다는 뜻이다. 어깨에 살까지 붙으면 목이 짧아 보이는 것은 당연하다. 이런 사람은 내 것을 빼앗기지 않고 때로 남의 것도 욕심을 가져 자신의 것으로 만든다. 일터에서 인정받는 스타일이다. 목표를 정했으면 그것을 쟁취하는데 능력을 발휘하는 사람이다.

얼굴이 집이라면 목은 기둥이다. 얼굴이 큰데 목이 가는 사람은 집을 받쳐주는 기둥이 약하기 때문에 세월이 지날수록 위험해지기 쉽다. 살면서 적당히 목이 굵어질 수 있도록 턱 모양을 변화시켜 줘야 한다. 얼굴이 작고 목이 굵은 경우 오뚝이처럼 쓰러져도 일어서는 성향을 지녔다. 받쳐주는 힘이 있어 초년보다는 중년이후가 더 좋다.

여성이 목에 울대뼈(결후)가 있으면 가난하고 고독하며 중년에 실패하고 남편 덕이 없다. 결후가 있고 이가 드러나 보이는 사람은 육친 덕이 없다. 얼른 보아 목이 너무 짧고 두터우면 욕심이 너무 많고, 목이 너무 길면 외로워하기 때문에 목의 모습도 잘 관리해 주는 것이 좋다. 목이 짧으면 목표를 쟁취하는 형이고, 길면 주는 형이며 고독을 즐긴다.

목이 좋으면 가슴과 등이 좋다. 가슴과 등이 좋다고 해서 반드시 말년까지 좋은 운세가 보장 되는 것은 아니다. 아랫배에 탄력이 없다거나 허벅지가 약한 경우 좋은 말년을 맞이할 수 없다. 이런 체형을 지닌 사람은 등산과 같은 운동으로 허벅지 근육을 키우면 좋아진다.

목이 길거나 짧은 것은 일반적으로 좋거나 나쁘다고 말하기 힘들다. 어떠한 자리에 있는가에 따라 판단의 기준이 달라진다. 얼굴형에 따라 판단의 기준이 달라지며, 얼굴형에 따라 어울리는 목을 지니면 되는 것이다. 너무 짧고 두터우면 욕심을 지나치게 부리기 쉽고 너무 길면 외로워하기 때문에 목의 모습도 관리해 주는 것이 좋다.

1) 목을 관찰하며 읽기

① 개요

✿ 목은 몸의 기둥으로 본다.
✿ 여성은 목이 둥글고 길어야 좋다.
✿ 여자의 목뼈가 굵으면 양적인 여자이다. 목뼈가 돌출되면 갑상선에 문제가 있다.
✿ 남성은 마른 사람은 목이 길어야 하고, 살찐 사람은 목이 짧아야 좋다.
✿ 목이 가늘고 굵은 것과 상관없이 뒤에서 보아 밝지 않고 쓸쓸해 보이는 사람은 가까운 사람이 죽거나 큰 어려움을 겪는다. 흔히 기운이 없어 보인다고 한다.
✿ 목은 첫째로 울대뼈(목젖)가 지나치게 튀어나온 것을 꺼린다. 둘째로 희미하고 푸른 힘줄이 드러나 보이는 것을 꺼리며, 셋째로 화가 날 때 뼈가 살 밖으로 드러나 보이는 것을 꺼리며, 넷째로 골격이 드러나는 것을 꺼리는데, 위의 4가지는 모두 빈궁할 상이다.
✿ 결후는 두드러지지 않는 것이 길상이다.
✿ 목은 모가 지고 힘이 있으며, 곧고 색이 맑고 윤택하면 좋다.

✧ 목이 육모 기둥같이 모지고 윤택하면 대귀하고, 둥글고 실한 사람은 부가 많다.

② 굵은 목
✧ 처녀가 목이 굵으면 일찍부터 남자를 안다.
✧ 목은 몸체에 비해 너무 굵거나 약하면 상·하체 균형이 맞지 않아 평생 운수가 순조롭지 못하고 너무 길거나 짧은 것도 좋지 않다.
✧ 뒷목이 풍기(豊起)하고 이중으로 된 사람은 부귀하고, 뒷목이 천같이 얇은 사람은 빈천하다.
✧ 뒷목이 두터우면 재물은 있으나 혈압이 안 좋다.

③ 가는 목
✧ 목이 가늘고 짧은 사람은 수명이 짧고 몸도 약하다. 목이 유달리 가늘고 몸과 머리가 크거나 보통인 경우에는 대식가이며, 일찍 고향을 떠난다.
✧ 목이 가늘고 약한 사람은 체력이 약하고 섹스에 약하다.

④ 짧은 목
✧ 목이 짧고 두터우면 남자는 부귀하고, 여자는 고집이 세고 장수한다. 남편은 좋지 않다.
✧ 목이 너무 짧으면 30세 전은 좋으나 40세 후에는 사망률이 높다.
✧ 남자의 목이 짧고 굵으면 욕심이 많고, 한번 들어온 재물은 내보내지 않는다.
✧ 여성의 목이 굵고 짧으면 고생을 많이 한다.

⑤ 긴 목
✧ 여성이 목이 길고 살집이 있으면 식상이 좋고 부귀하게 산다.
✧ 여성이 목이 길고 까마귀 입처럼 튀어나오면 빈천하게 산다.
✧ 여자가 목이 너무 길면 외롭고, 쓸쓸하고 단명 한다.
✧ 몸집은 작아도 목소리가 크고 우렁차며 맑으면 근본이 넓고 크기 때문에 크게 발전한다.
✧ 목이 학처럼 길고 깨끗하면 청빈하여 고상하지만 재운이 없다.

⑥ 자라목
✿ 목덜미가 짧고 자라목인 사람은 장수한다. 몸이 통통하고 다른 생김새도 좋으면 그에 상응하는 타고난 복이 있다. 나쁜 상인 경우에는 몸이 튼튼하고 장수하더라도 평생 몸이 편하지 않다.
✿ 뒷덜미가 두꺼비 목처럼 풍성한 사람은 재앙이 적고 부자가 된다.

⑦ 결후(울대뼈)
✿ 마른 사람이 울대뼈가 크면 평생 발전하지 못하고, 살찐 사람이 울대뼈가 크면 방랑 하다가 타향에서 객사한다.
✿ 목의 피부와 살집이 느슨하고 들떠 있으며, 게다가 울대뼈가 큰 사람은 평생을 고생하고 지내며 타향으로 달아난다.
✿ 결후가 많이 나온 사람은 옹고집으로 크게 발전하지 못한다. 마른 사람은 보통 결후가 많이 나와 보이므로 특별히 문제가 되지 않는다.
✿ 여성은 결후가 없어야 길상이다.
✿ 여성이 결후가 있으면 남편을 이기고 자아가 강하며 고독한 상이다. 다른 부위에도 장애가 있으면 평생 일정한 직업이 없다. 결후의 돌출 상태도 고려해야 하는데, 많이 튀어 나와서 눈에 띠는 경우가 가장 좋지 않다.
✿ 살이 찌고 결후가 나온 사람은 평생 장애가 많고, 무슨 일이나 성취 직전에 무산되는 경우가 많다. 수명도 짧다.
✿ 결후가 있고 눈에 흰자위가 푸른 여성은 남편이 죽을 상이다. 흰자위가 푸른 것은 간기(肝氣)가 많음을 나타낸다.
✿ 남자가 결후의 뼈가 없는 것처럼 보이는 사람은 의지가 약하고 평생 발전이 없다.
✿ 여성의 목에 결후가 있으면 자식이 없거나 객사의 염려가 크다. 이가 드러나고 결후가 있으면 타향에서 죽는다.
✿ 결후는 폐의 금기가 올라오다 막힌 격이므로 살찐 사람이 결후가 있으면 재난이 많고 마른 사람이 결후가 있으면 일이 막히고 더디다.

⑧ 목의 점, 주름
✿ 목 뒤에 점이 있는 사람은 사람 때문에 걱정이 많다. 여성은 음문에도 점이 있으며, 의복이 많아도 사치 경향이 있다.

- 목에 반점이 있으면 부모덕이 약하고 일마다 막힘이 많다.
- 목에 사마귀가 있으면서 그 위에 털이 난 사람은 의식이 족하고 호걸의 기상이다.
- 목이 둥글고 피부가 두텁고 층층이 주름이 있으면, 반드시 총명하고 준수한 사람이다. 양쪽 등과 어깨가 목과 서로 잘 어울리는 사람은 빈한한 가정에서 태어났어도 교육을 잘 받아 반드시 높은 벼슬에 오른다.
- 목에 주름이 많은 처녀는 빨리 성에 눈을 뜬다.

⑨ 목의 색
- 목의 피부가 얼굴보다 희면 만년에 명성과 더불어 의식이 풍족하다.
- 목이 얼굴보다 검으면 말년이 불길하다.
- 뒷덜미 목이 이중이면 부자상이나 고혈압의 위험이 있다.
- 목은 여자의 정조를 나타내는 부위이기도 하다. 목의 빛깔이 맑고 깨끗한 사람은 본처이고, 어둡고 탁한 사람은 부정한 여자이다.
- 목이 가늘고 곧지 못하며 색이 검고 어두우면 불길하다.

⑩ 숙여지거나 넘어간 목
- 목이 앞으로 숙여진 사람은 성격이 온화하다.
- 목이 뒤로 넘겨진 사람은 성격이 사납다.
- 목이 약간 앞으로 기운 사람은 성격이 화목하고 길하지만, 뒤로 젖혀진 사람은 성격이 악하고 무능하다.
- 목이 뱀처럼 굽은 자는 빈천하고, 독하다.

⑪ 도움되는 말들
- 마른 사람이 목이 짧으면 30세 전후를 벗어나기 어렵다.
- 목을 내밀고 걸으면 부유해도 오래 살지 못한다.
- 살찐 사람이 목이 길면 40세에 이르러서 생명을 보장 받기가 어렵다.
- 나이가 들어서 인후가 잡힐 듯이 피부가 두 줄로 근육처럼 나와 있는 사람은 길하다. 부부가 모두 장수하는 상이다.
- 목의 피부가 마르면 젊은이는 가난하고, 늙은이는 죽음에 임박한다.
- 여성이 성생활이 없는 경우 목 뒤부터 등뼈를 타고 내려오면서 단단해진다.

✿ 목이 여위고 혈색이 없으며, 근골이 밖으로 드러난 사람은 40세가 되기 전에 사망하게 된다.
✿ 뒷목이 모가 지면 복록이 있고, 뒷목이 가늘고 긴 사람은 가난하다.
✿ 목은 왜소한데 머리가 크면 고생 한다. 천격이고 단명 한다.
✿ 뒷목에 살점이 없어 꺼진 사람은 가난하고 단명하다.
✿ 머리가 둥글고 길며 목이 가늘면 장수한다고 보기 어렵다.
✿ 여자의 목뒤가 뭉쳐 통증이 오는 경우는 성이 정체되고, 시부모의 스트레스를 받는 경우와 갑상선에 이상이 온 경우이다.
✿ 목덜미 뒤에 오목하게 들어간 부분이 있는 부인은 길하다. 남자의 경우는 성질이 급하고 가난하다.

【18】 어깨(肩)

어깨를 땅으로 비유하면 청산의 언덕으로 볼 수 있다. 양 어깨의 형용은 좌청룡, 우백호를 상징한다. 어깨는 쭉 잘 뻗어 있고 평평하고 두터우면 힘이 있어 길상이다. 어깨는 자신의 육체적, 정신적 에너지의 표현이다. 겉으로 드러나는 기개이고 의지이며, 남에게 자신의 힘을 과시하고자 하는 욕망의 발현이다.

어깨가 넓고 얼굴이 모가 진 사람은 하는 일이 잘 풀리고, 어깨는 넓으나 팔꿈치가 뾰족한 사람은 하는 일마다 끝맺기가 힘들고 노년에 어렵게 산다. 왼쪽 어깨가 올라간 자는 자수성가하고 오른쪽 어깨가 높은 자는 패가의 원인이 된다. 어깨에 힘을 주어 걷는 자는 일이 잘 풀려 저절로 힘이 들어가는 것을 알 수 있다.

자기안의 에너지가 강한 사람은 체구가 작든 크든 어깨에 힘을 주고 팔을 약간 벌린 채로 걷는다. 자신의 우월한 위상을 상대에게 몸으로 말하는 것이다. 나이가 많은 할머니라 할지라도 자기 몫의 재산이 있거나 당당한 발언권이 있는 사람이면 신체 다른 부위에 비해 어깨에 힘이 많이 들어가 있다.

어깨뼈 끝 부분이 툭 튀어 나와 있으면 누구와도 타협을 하지 않는 강인함을 보여 준다. 어깨가 넓어도 각이 지지 않고 둥그스름하면 성질이 부드럽고 유순하다. 어깨가 넓고 좁다는 것을 판별하는 기준은 골반을 기준하여 판별하는데 골반보다 크면 넓은 어깨가 된다.

여자의 어깨는 보편적으로 남자 어깨의 8분의 7정도로 보면 된다. 남성의 왼쪽 어깨는 타고난 어깨이고, 오른쪽 어깨는 사회적으로 살아가면서 만드는 후천적 어깨라고 보면 될 것이며, 여자는 남자와 반대가 된다. 여성이 왼쪽 어깨를 높게 하고 다니면 열심히 노력하여 자기 인생을 살아 왔다는 것을 알 수 있다.

남존여비의 전통사회에서는 여자가 광대뼈가 나오고 어깨가 넓으면 과부상이라고 했다. 아내의 어깨가 넓으면 팔자가 세고 자기주장이 강해 남편은 제 구실을 못한다고 보았다. 그러나 요즘은 여성들이 타고난 어깨만으로도 부족해 어깨 부분에 심을 넣어서라도 어깨를 살리려고 한다. 남성들과 어깨를 겨루며 사회생활을 해야 하기 때문이다.

1) 어깨를 관찰하며 읽기

① 개요
- 어깨는 뼈가 튀어나오지 않고 평평하며, 살집도 있고 통통한 사람이 다복한 상이다.
- 비스듬히 내려오는 어깨를 가진 남자는 패기가 없고 자녀와의 인연이 희박하다. 여성의 경우는 괜찮다.
- 어깨가 튀어나와 있는 사람은 항상 무슨 일인가를 기획한다. 고독한 상이다.
- 어깨가 넓어도 각지지 않고 동그스름한 경우에는 부드러운 기질을 갖고 있다.

② 넓은 어깨
- 어깨가 넓은 사람은 운세가 떨어지는 경우가 있지만 다시 좋아질 수 있다.
- 어깨가 넓고 반듯하여 얼굴이 모(方)가 진 사람은 형통하다.
- 어깨는 넓은 편이며 가슴이 크고 뱃집이 좋으면, 편안한 성격과 운을 헤쳐 나가는 끈기가 있다. 이런 여성은 기가 강해 운기가 약한 샌님형을 배우자로 만나 가정을 떠맡아 끌고 가기도 한다. 능력 있는 남편을 만나면 주위에 돌보아야 될 사람이 있다.

③ 풍후한 어깨
- 어깨가 풍만하고 각형인 경우 평생 곤란을 겪지 않는다.
- 넓고 풍후한 어깨는 건강과 정력이며, 명성을 날린다. 여성의 경우에는 직업여성에 많다.

④ 빈약한 어깨
- 어깨가 빈약하고 보잘 것 없어 보이는 사람은 자녀와의 인연이 희박하고, 일처리를 제대로 못하는 경우가 많다. 구두쇠이기도 하다.
- 여윈 어깨는 성적, 금전적으로 빈약하며, 고독하고 가정운도 좋지 않다. 호흡기가 약하고 일처리 능력도 시원치 않다.
- 어깨가 없고 팔꿈치마저 뾰족한 사람은 일마다 맺음이 없고 노년이 고독하다.

⑤ 높은 어깨

✿ 왼쪽 어깨가 높으면 부지런하고 자수성가하며, 오른쪽 어깨가 높으면 무위도식하고 패가하여 빈곤하다. 왼손잡이는 반대다.
✿ 왼쪽 어깨가 높은 사람은 자력으로 집안을 일으킨다.
✿ 오른쪽 어깨가 높은 사람은 여난의 상이며 집안을 망하게 하며, 성격이 거칠다. 불량배에 많다.
✿ 여성의 어깨뼈가 높으면 남편을 이긴다. 재가하는 상이다. 남성의 경우 옹고집이다.
✿ 걸을 때 왼쪽 어깨를 으쓱하듯이 치켜 올리고 걷는 사람은 그에 맞는 복이 있다.
✿ 올라간 어깨는 두뇌회전이 느리고 과신형이 많고, 시비가 잦다. 옹고집으로 불평불만이 많으며, 여성은 활동적인 직업을 가진 여성에 많다.
✿ 어깨가 올라가고 힘이 들어가 있는 사람은 용맹하고 세상일에 현명하다.
✿ 어깨가 턱 위로 올라가거나 근골이 약하면 장수하지 못한다.

⑥ 처진 어깨
✿ 오른쪽 어깨가 처지면 소식가로, 식욕이 부진하다. (12세 이하)
✿ 오른쪽 어깨가 유난히 처진 남성이 있다면 타고난 것은 좋으나, 살아가며 자기 인생을 잘 만들지 못한 사람이라고 볼 수 있다.
✿ 왼쪽 어깨가 처지면 대식가로, 뇌졸중, 뇌출혈을 조심해야 한다.
✿ 처진 어깨는 순종형이고 소극적이며 염세주의자가 많고, 빈천하다.

⑦ 등이 볼록한 어깨
✿ 등이 볼록한 어깨는 어깨에 짐을 지고 있는 것처럼 등이 볼록한 상은 길하다. 부모덕도 있으며 부모보다 출세한다. 집안을 일으키고 장수한다.

⑧ 벌어진 어깨
✿ 떡 벌어진 어깨는 남자에게는 길하다. 여성의 경우 활동적인 일을 하며 성공한다.
✿ 쇄골이 거의 수평이다시피 일직선으로 뻗어 있고 어깨뼈 끝 부분이 톡 튀어나온 사람은 강인하고 타협하지 않는 성격이다.
✿ 어깨가 떡 벌어진 사람은 귀한 상이나 어깨가 풍만치 못하고 추워 보이면 모

든 일이 이뤄지지 않고 몸마저 거처할 곳이 없다.

⑨ 구부정한 어깨
✿ 구부정한 어깨는 자수성가 한다.
✿ 앞으로 굽은 어깨는 성급하여 초조하고 후회하는 일이 많다.
✿ 여자의 어깨가 굽으면 고독한 상으로 남편을 형극하고 재가한다.
✿ 오므라진 어깨는 체력과 운세가 약하다.

⑩ 뒤로 젖혀진 어깨
✿ 뒤로 젖혀진 어깨는 남의 말을 믿지 않고 혼자 고민한다.

⑪ 도움되는 말들
✿ 여성이 어깨가 벌어지면 과부상이다.
✿ 연인 사이에서는 어깨를 잡는 쪽이 두 사람의 관계에서 주도적으로 리드를 해나가는 역할을 하는 사람으로 보면 된다.
✿ 어깨가 처지는 심정으로 살다보면 어깨는 더욱 쳐지고 남은 인생도 처진다. 처지는 어깨는 긍정적인 사고로 얼마든지 올릴 수 있다.
✿ 우리나라 40대 남성 가장들이 어깨가 자꾸 쳐진다고 한다. 사회와 가정에서 소외되는 중년 남성들의 위상을 반영한 것이다.
✿ 연인의 어깨에 키스를 하는 경우는 "당신을 존경 합니다"라는 마음의 표현이다.
✿ 흔들며 걷는 어깨는 경솔, 만사불성, 가정이 불안정하다.
✿ 여자의 둥근 어깨와 살집이 좋은 등은 부덕이 있고, 허리 또한 평평하게 균형이 잡히면 자녀가 좋지만, 여자가 어깨가 없는 것은 큰 해가 없다.

【19】 가슴(胸)

흉(가슴)부는 심장과 허파 간의 흉곽내부 모든 기관을 감춘 곳으로 생명의 근원지로 정신의 발상지이며 궁전이다. 신이 거주하는 집으로 인간 오욕칠정(五慾七情) 즉 오욕인 재물욕, 명예욕, 식욕, 수면욕, 색욕 그리고 희(喜), 노(怒), 애(哀), 락(樂), 애(愛), 오(惡), 욕(慾)의 칠정이 생기는 곳이다. 그러므로 정신이 살고 있는 저택과 같으니 집이 넓고 튼튼하면 좋듯 가슴도 넓고 튼튼한 것이 좋다. 가슴에는 안쪽으로는 폐, 심장, 간, 쓸개가 있고, 겉에는 유방이 있다.

유방은 여성에게 가장 중요한 신체의 한 부분으로 얼굴의 미학이 사람들에게 드러내고 보여지는 아름다움이라면, 보이지 않아도 자존심과 같고 말로 표현하지 않지만 보는 미학보다 곡선의 미학으로 사랑을 가장 많이 받는 부분이라고 볼 수 있다.

유방을 미학의 근본적인 바탕으로 보는 시기는 브래지어를 착용하고 나서부터 시작되어 생활과 문화의 변화가 유방을 아름답게 표현하는 하나의 방법으로 발전해 왔다. 유방의 위치는 사람마다 높고 낮은 변화는 조금 있지만 정확한 위치를 말하자면 늑골 1~2번에서 시작하여 5~6번에 자리 잡고 있다.

가슴은 넓고 두터워야 하며 넓고 두터운 자는 기운이 강하여 일생동안 복록이 있고, 얇고 좁은 자는 쇠약한 사람으로 일생동안 가난하여 박복하다. 가슴 살빛이 맑고 윤택한 자는 지혜와 복이 있고 반대로 어둡고 탁한 자는 가난하고 고생을 많이 한다. 가슴뼈가 튀어 나오고 삐뚤어진 자는 복록이 약하고, 가슴이 평평하고 반듯한 자는 부귀하고, 가슴이 좁고 긴자는 일을 하여도 성취감이 없고, 학의 가슴처럼 툭 내민 자는 빈천하고, 움푹 꺼진 자는 빈곤하다.

가슴이 넓고 길고 큰사람은 인정을 받아 성공이 빠르며 재산을 쉽게 모으고, 가슴이 좁고 긴 사람은 꾀만 부려 인정을 받지 못해 실패한다. 여자의 유방을 통해서 기를 받는 자는 남편과 자식이므로 성형으로 칼을 대면 남편과 자식에게 가야할 기를 줄어든다고 봐야 한다.

성인의 유방은 생리주기에 따라서 인체의 변화적인 리듬이 찾아온다. 어떤 사람은 유방이 부풀어 오르고 미세한 통증을 느끼는 사람이 있는가 하면 상당히 예민한 사람까지 개인의 호르몬분비와 신체 리듬에 따라서 틀리게 나타나고 생리가 끝난 후 시간이 지나고 호르몬의 영향으로 유방의 증식이 시작된다.

젖꼭지 변화는 임신 때는 호르몬 분비에 따라서 색소 침착이 나타나 흑갈색이 되며 출산 후에도 그 색조는 그대로 남는다. 잘생긴 유방은 사발을 엎어놓은 것 같은 동그스름한 것을 말하며 여성의 운기를 파악할 때는 유방과 음부를 평가하면 90%는 알 수 있다. 유두는 들어간 것보다 나온 것이 좋으며 아래로 향하지 않고 위로 향하는 것이 좋다.

아이를 낳은 유두는 핑크빛 보다 자주빛 유두가 더 귀격인데 자주색 유두는 아이에게 좋은 젖을 먹이기 때문이다. 유방이 작으면 운기가 약하지만 성감을 느끼는 것과는 다르다. 마른 사람은 살과 뼈 사이에 신경이 예민하여 성감을 잘 느끼는데, 가슴이 빈약하여도 성적으로 예민한 사람은 따로 있다.

가슴이 너무 커서 축 처져 있으면 남편과 자녀에게 퍼주기만 하여 고생을 많이 하는 운기를 가졌다고 할 수 있다. 유방은 신체 내부에 혈액과 영양을 소장하는 곳이다. 양쪽 유두의 사이가 넓은 자는 건강하고 식록과 재복이 풍부하고 사이가 좁은 자는 병약하고 복록이 부족하다.

1) 가슴을 관찰하며 읽기

① 개요

✧ 가슴은 혈기가 활발하게 움직이는 곳이며 육근(六根 : 눈, 귀, 코, 혀, 몸, 의지)이 만나는 장소로 마음의 귀천을 볼 수 있다.
✧ 단정한 여인의 상은 가슴이 넓고 커야 하며 움푹 들어가서는 안 된다.
✧ 가슴은 열리고 넓어야 하며, 좁고 작아서는 안 된다. 가슴에 뻣뻣한 잔털이 나는 것을 꺼리며, 부드러운 잔털이면 괜찮다.
✧ 가슴은 넓고 길어야 좋다. 살이 풍성하고 평평하면 복이 있다.
✧ 가슴이 두터우면 성격이 당당하다. 생활력도 강하다. 역경에 빠져도 뚫고 나갈 의지와 행동력이 있다. 가슴이 넓어도 살이 부족하면 경제적으로 고난 받는다.
✧ 여자의 유방은 신체내의 모든 혈액과 영양을 소장하고 밖의 유두를 통해 가슴에 연결하여 자녀를 길러내는 모성의 대표 기관이다.
✧ 유방은 작아서는 안 된다. 금, 목, 수, 토 4개형은 살이 많고 피부가 두터워야

한다.
- ✿ 유방은 자식운을 보는 곳이다. 유방은 자손과의 인연을 말해준다.
- ✿ 유방은 모양과 유두의 대소, 색깔까지도 봐야 한다. 유방은 풍만하고 유두도 크고 탄력이 있어야 좋다.
- ✿ 유방은 살이 있어 풍만해야 재복이 있다.
- ✿ 유방은 길고 아래로 드리운 듯이 생겨야 한다. 유방이 세로로 길기만하고 풍만하지 못한 유방은 좋지 않다. 폭이 가늘고 빈약한 유방은 가난하다.
- ✿ 유두는 크고 검고 모나고 둥글고 단단해야 좋다.

② 넓은 가슴
- ✿ 가슴이 넓은 사람은 정력적이고 포부도 크다.
- ✿ 가슴이 넓고 긴 경우에는 의지가 강하고 중년에 잘 된다.
- ✿ 큰 가슴은 마음이 넓고 자식운도 좋다.
- ✿ 가슴이 풍만하고 살이 있으면 길하다. 마음이 안정되고 질병도 없으며 장수 한다.
- ✿ 가슴이 넓고 넉넉한 경우 마음이 여유가 있고 의지가 굳다. 정신력이 강하다.

③ 좁은 가슴
- ✿ 가슴이 좁은 사람은 의지가 얕고 매사에 성급하며, 기운이 약하고 생각도 천박하다. 하지만 체력에 비해서 알맞은 것은 상관없다.
- ✿ 가슴이 좁고 살이 없으면 가난하고 천하며 생각이 짧고 급해서 좋지 않다.
- ✿ 가슴이 얼굴보다 작으면 빈천하다. 움푹 들어간 것 같고 울퉁불퉁한 가슴은 가난하고 화를 잘 낸다.
- ✿ 가슴이 좁고 길면 흉하다. 폐병에 걸리기 쉽지만 의지가 강하다. 가
- ✿ 큰 유방에 좁은 가슴의 여성은 시작한 일은 끝까지 파고들어 매듭짓는다.
- ✿ 좁은 가슴에 큰 유방의 여성은 돈이면 모든 문제를 해결할 수 있다고 생각하고, 물질적인 욕구가 충족되면 거만해지기 쉽다. 남자의 유혹에 쉽게 넘어가므로, 결혼은 늦게 하는 것이 좋다. 초혼에 실패하는 경우가 많다.
- ✿ 좁은 가슴에 큰 유방은 자신이 천사라고 생각하며 도도하고, 공주병에 빠지기 쉽다. 첩에게서 많이 나타나는 형태이고, 자유로운 성관계를 원하는 스타일에 속한다.

✿ 좁은 가슴의 큰 유방을 가진 여성은 자녀운이 좋으면 남편에게 장애가 많고, 남편이 잘 풀리면 자녀 때문에 고생을 한다. 자녀운이 좋으려면 유아와 관련된 일을 해야 한다. 스캔들이 생기기 쉬우니 남자관계를 잘 정리해야만 한다.
✿ 좁은 가슴에 큰 유방의 여성은 자신의 목표를 위해서 사람을 이용한다. 업무능력은 뛰어나나 이기적이라 자기밖에 모른다.
✿ 좁은 가슴에 큰 유방의 여성은 쏘는 말투 때문에 대인관계가 좋지 않다. 이런 여성과는 정면대결 하는 일은 피하는 것이 좋다.
✿ 좁은 가슴에 작은 유방은 사랑에 너무 소극적이다.
✿ 좁은 가슴에 작은 유방은 완벽하고 치밀하여 경직되어 보인다. 근육이 경직되면 부드럽게 마사지 하듯이 생각도 마사지할 필요가 있다.

④ 새가슴
✿ 남자가 가슴이 높으면 어리석고 여자는 음란하다.
✿ 여자가 가슴뼈가 솟으면 안 좋다.
✿ 가슴이 높은 사람은 장년에 갑자기 죽거나 재난을 만난다.
✿ 가슴이 좁고 불룩 나온 새 가슴은 어리석고 하천하다. 연애운도 없고 지혜도 없다.

⑤ 가슴의 빛깔
✿ 가슴의 빛깔이 윤택하고 깨끗하면 지혜와 복이 있다.
✿ 가슴의 빛깔이 거무스름하면 어리석고 빈천하다.
✿ 가슴이 검붉고 바랜 듯한 색이면 성질이 급하다.

⑥ 좌우가 다른 가슴
✿ 가슴의 좌우가 비뚤어지거나 움푹하게 꺼진 사람은 고생과 실패가 많다.

⑦ 가슴의 털
✿ 가슴에 털이 보기 좋게 난 사람은 장차 귀하게 된다. 하지만 후천적인 노력과 시운이 없으면 평범하게 끝난다.
✿ 가슴에 털이 많은 사람은 겁쟁이다.
✿ 가슴에 잔털이 난 사람은 성질이 조급하다.

✿ 가슴에 털이 서 있는 경우는 친족을 극한다. 옹고집이다.
✿ 가슴에 몇 개의 센 털이 있는 사람은 발전한다. 특히 가슴이 처진 부근에 털이 나면 길하다.
✿ 가슴털이 뻣뻣한 사람은 종종 아내를 극한다. 털이 잡초와 같이 문란한 사람은 자식이 없는 상이다.
✿ 가슴 위에 털이 난 사람은 성질이 급하고 관대하지 않다.
✿ 사과모양의 젖가슴에 가느다란 털 2개 정도가 유두 옆에 있다면 더 없는 길상이다. 이런 여성은 인덕과 인품이 수려해 가는 곳마다 여왕처럼 대접을 받는다. 귀부인의 명으로 수복부귀하다.
✿ 남자가 양 젖꼭지 사이에 긴 털이 있으면 귀자를 낳는다.
✿ 유방 위에 잔털이 난 사람은 반드시 귀한 아들을 낳는다.

⑧ 처진 가슴
✿ 가슴이 처졌으나 뭉친 근육이 부드러워지면 저절로 마음이 여유로워진다. 기분이 좋아지면 운기도 저절로 좋아진다.
✿ 가슴이 처졌으나 하복부에 힘이 있고 큰 경우에는 가슴이 주저앉아서 낮아진 것이다.

⑨ 겨드랑이
✿ 겨드랑이에 살이 쪄 삐져나오면 비만이므로 임파가 안 좋다. 겨드랑이 살이 쏙 들어가 있으면 건강하고, 겨드랑이에 털이 많으면 혈액 순환이 좋다.
✿ 겨드랑이와 허벅지에 살이 붙어 있으면 임파 기능이 떨어져 비대한 몸이 된다.

⑩ 풍만한 유방
✿ 풍만하고 보기 좋은 유방은 작은 일도 소홀히 하지 않고 꼼꼼하게 잘 관리한다.
✿ 보기 좋게 풍만한 유방은 부부가 한 마음이 되어 행복한 가정을 만든다. 명랑하고 활발하여 어디를 가든 환영 받으며, 대범하여 선두에서 팀과 조직을 이끈다.
✿ 유방은 적당히 크면서 사발을 엎어놓은 것처럼 둥그스름해야 잘생긴 유방이다.
✿ 단아하고 보기 좋은 유방은 신체와 정신이 건강하다. 지나치게 크면 좋지 않

다. 자신감과 능력이 있고 어려운 일도 잘 처리 한다. 갈수록 눈부시게 발전하는 스타일이다. 여자 중에 리더가 많다. 추진력이 좋아 기대 이상으로 큰일을 해낸다.
✿ 보기 좋고 풍만한 유방을 가진 사람은 대인 관계가 부드럽고 감싸고 포용한다. 부모와 자녀가 항상 화기애애하다. 자녀운도 좋아 자식과 부모간의 충돌도 없고, 다른 사람이 봐도 편안한 가정이라고 말한다.
✿ 풍만하고 보기 좋은 유방을 가진 여성은 성격이 호탕하여 많은 사람이 좋아한다. 결혼생활이 10년을 넘겨도 근검절약하는 정신을 잃지 않는다.
✿ 사발모양의 유방은 평생 살아가는데 곤란함이 없다. 유두도 걸맞게 커야 한다.
✿ 사과모양의 유방은 유방이 유난히 크면서 탄력이 있고 유두가 대추알처럼 둥글고 큰 모양을 말한다. 좌우 간격 역시 적당하면서 홍조를 띤 색이면 복상으로 본다.
✿ 유방이 풍만하고 길게 드리워졌으면 복록을 모두 갖추었다고 볼 수 있다.

⑪ 큰 유방

✿ 유방이 너무 크면 나쁘다. 넘치는 것은 부족한 것만 못하다.
✿ 매우 큰 유방은 욕심이 많다. 낭만적인 사랑을 원한다.
✿ 유방이 매우 크면 미움을 받는데도 분위기를 파악하지 못하거나 능력이 좋아 빨리 출세하는 두 부류가 있다. 몸에 비하여 너무 크면 몸 안의 기운이 모두 유방으로 몰려 기운이 순환되지 않는다.
✿ 유방이 매우 큰 여성은 남편과 자녀, 친정과 시댁, 경제와 가정이 모두 본인의 손이 닿아야 움직이므로 항상 바쁘다. 게으르고 잠도 많다.
✿ 지나치게 큰 유방은 남성호르몬이 있으므로 터프한 여성이 많다.
✿ 큰 유방은 성적인 욕망도 크다. 눈꺼풀과 입술이 두툼하고 유방이 크면 주량이 세고 성욕도 강하며 일도 잘하고 놀기도 잘 한다.
✿ 몸이 날씬하고 가슴이 큰 사람은 자유분방한 스타일이다. 가슴이 너무 커서 축 처질 정도가 되면 남편과 자녀에게 퍼주면서 고생하는 운기를 지닌다.
✿ 유방이 지나치게 큰 여성은 이해타산이 맞지 않으면 결투도 불사하고, 감정의 폭발도 크다. 마음이 넓은 것은 좋지만 가끔 자신을 되돌아 봐야 한다.

⑫ 작은 유방

✿ 유방이 빈약하면 재복이 없어 먹고 입는 것이 부족하다. 몸집이 크면서 유방이 작은 사람은 부자가 되어도 오래가지 못한다. 유방이 작으면 자식과도 인연이 적다.
✿ 유방이 작으면 운기가 약하다. 이것은 성감을 느끼는 것과는 별개의 문제다. 마른사람은 살과 뼈 사이의 신경이 예민하기 때문에 성감을 오히려 잘 느낀다.
✿ 접시를 엎어 놓은 것처럼 작은 유방은 남자에게 관심이 없어 결혼을 늦게 한다. 부부간의 성적인 문제를 일으키지 않도록 신경을 써야 하고, 실력을 키워 당당해져야 한다.
✿ 작은 유방은 여성 호르몬이 적다는 뜻이다. 항상 애교와 재치를 잃지 않도록 해야 한다. 유방이 작은 여성은 화가 나면 남자처럼 행동한다.
✿ 작은 유방에 좁은 가슴은 결정하는데 많은 시간이 걸린다. 소심한 성격이 성공을 늦춘다. 이런 가슴 중에 새가슴이 많다. 부모의 반대를 무릅쓰고 뜻대로 진행한다.
✿ 유방이 작은 여자는 경제적인 고통을 겪는다.
✿ 좁은 가슴에 작은 유방을 가진 여성은 대인관계에 성공하려면 전문 기술을 가져라.
✿ 작은 유방을 가진 여성은 말로 주고 되로 받기 때문에 끈기를 가지고 열심히 정진해야 한다. 현실에 중점을 두고 사람을 사귀어야 실속을 챙길 수 있다.
✿ 접시를 엎어놓은 것처럼 작은 유방은 열심히 살고 근면성실하나 저축하여 모은 부분은 자신을 위해서 사용하지 못하고 가족이나 남을 위해서 많이 사용한다. 작은 일은 실수 없이 잘한다.

⑬ 가슴의 점, 사마귀
✿ 성기나 가슴의 점은 복점이다. 가슴에 점이 있는 사람은 마음이 넓고 따뜻하다.
✿ 유방에 검은 사마귀가 있는 사람은 아이와 이별한다.

⑭ 유방의 색
✿ 유방의 색깔이 희고 솟아있지 않은 사람은 후대를 이을 자식을 말하기가 어렵다. 부인의 유방도 역시 마땅히 검고 크다면 좋은 것이다.

✿ 유방이 희고 작으며 낮게 기운 사람은 자식을 두기가 어려워 후대가 끊긴다.
✿ 유방이 검고, 단단하고, 잔털이 나고, 아름다우면 자식이 귀하게 되고 후손이 부귀영화를 누린다.

⑮ 성형 수술
✿ 성형으로 유방에 칼을 대면 남편과 자식에 대한 기능을 잘 할 수 없기 때문에 자식과 남편의 운기를 감한다.

⑯ 아래로 처진 유방
✿ 아래로 처진 유방은 질병에 대한 저항력이 없고 육체의 피로를 쉽게 느낀다. 일과 건강을 잘 다스려야 균형 있는 생활이 된다.
✿ 아래로 처진 유방은 어려운 사람을 보면 그냥 지나치지 못하고, 법이 없어도 살 수 있는 사람이다. 싸움과 경쟁보다 이해하며 살아간다.
✿ 아래로 처진 유방은 불공평하다고 생각하면서도 자신의 일을 묵묵히 한다. 특별한 센스나 기교는 없어도 변함없이 다정다감하다.

⑰ 좌우 크기가 다른 유방
✿ 좌우 크기가 다른 유방은 쉽게 흥분하며 분노하고 까다롭다. 한번 기분이 상하면 오랜 시간이 흘러야 풀린다.
✿ 유방이 좌우 크기가 다른 여성은 가끔 상대의 약점을 공격하는 나쁜 습관이 있다.
✿ 좌우 크기가 다른 유방은 왼쪽 유방은 지혜를 뜻하고, 오른쪽은 에너지원의 공급처인데 어느 쪽 하나라도 부족하면 인생이 기운다.
✿ 왼쪽 유방이 작은 경우에는 남자아이, 오른쪽 유방이 작은 경우에는 여자 아이와의 인연이 희박하다.
✿ 유방이 좌우 크기가 다른 여성은 자신의 선택을 너무 과신한다.

⑱ 꼭지가 큰 유방
✿ 꼭지가 큰 유방의 여성은 이상과 포부가 커서 일반인이 상대하기 어려운 사람이다. 시간이 지연되거나 지지부진한 일은 적성에 맞지 않는다.
✿ 유두가 너무 크면 아이가 젖을 쉽게 빨 수 없으므로 유두가 너무 클 경우에는

아이의 운기에 별로 좋지 않은 영향을 미친다.

⑲ 꼭지가 작은 유방

✿ 꼭지가 매우 작은 유방은 난산이 염려 되므로 몸을 잘 관리해야 한다.
✿ 꼭지가 매우 작은 유방은 결정적일 때 자신의 주장을 잘 펼치지 못한다.
✿ 유방의 꼭지가 매우 작은 여성은 남편운이 나쁘다. 남편에게 의지하지 말고 자신이 생활 전선에 뛰어 들어야 한다.
✿ 꼭지가 매우 작은 유방의 여성이 젖꼭지가 작고 희면 여성호르몬 분비가 약하다.
✿ 유두가 작고 짧으면 몸이 약하고 자식을 낳기 어렵다. 자식의 수명도 길지 않다. 유두가 아주 작으면 자녀가 지혜롭지 못하다.
✿ 유방은 큰데 꼭지가 작으면 욕심 때문에 망한다.
✿ 유방이 심하게 크고 유두가 유난히 작은 경우 섹스에서는 좋을지 모르지만 모성으로서는 좋지 않다. 여성성은 가슴으로 표현한다. 하지만 여성성과 모성은 다르다.
✿ 유방은 큰데 유두가 심하게 작거나 함몰되어 있으면 여성적이고 섹시해 보이지만 모성애는 없다. 아무리 유방이 풍만하고 탄력이 있어도 유두가 없는 것과 같아 자녀나 부부해로가 어려우며 가난하고 단명 한다.

⑳ 아름답고 볼록한 유방

✿ 잘생긴 유방을 지니면 남편과 자식의 운이 풀린다.
✿ 아름답고 볼록한 유방은 성적인 면만 조절하면 다방면에서 성공할 수 있다. 변명이나 실수를 인정하지 않는 사람을 제일 싫어한다.
✿ 유방이 아름답고 볼록한 여성은 사람의 신분, 지위, 계급에 맞춰 잘 적응한다.
✿ 유방이 아름답고 볼록한 여성은 공격적이며 적극적이다. 성적인 면이 발달하고, 남자들에게 인기가 많다.
✿ 아름답고 볼록한 유방은 능력이 좋고, 탱크 같은 이미지로 성공을 거둔다.
✿ 아름답고 볼록한 유방의 여성이 꼭지가 가늘고 삼각형 형이라면 혼자 사는 것이 편안하다.

㉑ 유방사이의 넓이

☼ 유방과 유방 사이에 손가락이 두 개정도 들어가면 어깨가 벌어진 여성으로 본다. 자기표현에 능하고 걸을 때도 당당하게 걸으며 외부활동을 하는 경향이 있다.

☼ 남녀 모두 유방 사이가 넓으면 길하고, 좁으면 일이 잘 안 풀린다. 또한 유방에 결함이 있으면 자손에게 장애가 있다.

☼ 양쪽 유방이 떨어져 있고 작은 경우 아이와의 인연이 희박하거나 아이가 있어도 의지가 되지 않는다.

☼ 유방 사이가 좁으면 자기 본위로 사물을 보는 경향이 있다.

㉒ 꼭지와 꼭지 사이가 넓은 유방

☼ 꼭지사이가 넓은 유방의 여성은 낙천적인 성격으로 세상을 즐겁게 살아간다.

☼ 꼭지와 꼭지 사이가 넓은 유방을 가진 여성은 본성이 좋고 이해심이 많으며, 활동적이고 대인 관계가 원만하다.

☼ 꼭지와 꼭지 사이가 넓은 유방의 여성은 주어진 일은 전력을 다하고, 상황이 호전되도록 여건을 만든다. 열심히 일하면 많은 것을 얻을 수 있다. 사람과 일에서 조화를 잘 이루고 편견 없이 사람을 사귄다.

☼ 꼭지와 꼭지 사이가 넓은 유방은 논문, 사설, 평론, 논평 등을 좋아한다.

☼ 꼭지의 사이가 넓은 유방을 가진 여성은 모습이 활기차 유능한 사람으로 보이고, 사랑할 때는 상대를 편안하게 배려하는데, 리더 중에는 독선적인 사람이 많다.

☼ 양쪽 유두사이가 넓은 사람은 건강하고 식록과 재복이 넉넉하고 사이가 좁은 사람는 병약하고 복록도 부족하다.

☼ 꼭지와 꼭지 사이가 넓은 유방은 개방적이고 활발하나 너무 넓거나 바깥쪽을 향하면 좋지 않다. 금전운이 매우 좋다.

☼ 꼭지 사이가 넓고 유방이 풍부하면 내면세계가 깊어 급한 일에도 흔들리지 않는다.

☼ 유두가 가운데 쪽에 있는 것보다 겨드랑이쪽에 있어야 좋다. 아기를 안고 젖을 먹이기 좋기 때문에 귀한 자식을 둔다.

㉓ 꼭지와 꼭지 사이가 좁은 유방

☼ 꼭지와 꼭지 사이가 좁은 유방은 변덕이 심하여 한 남자를 오래 사귀지 못한

다.
✧ 꼭지와 꼭지 사이가 좁은 유방은 조금만 알아도 나서기를 좋아하고, 사소한 일을 크게 만든다. 남자에게 지나치게 친절하여 남자관계가 복잡하다.
✧ 꼭지 사이가 좁은 유방은 결혼 후 사통하는 경우도 더러 있다.
✧ 꼭지와 꼭지 사이가 좁은 유방은 조금만 섭섭해도 마음을 몰라준다고 함부로 말한다. 자기 복을 자기가 없애는 격이다. 항상 의심이 많고 소극적이다.

㉔ 아래를 향한 유두
✧ 유두가 아래를 향하는 것은 흉하고 자녀와의 인연이 희박하며, 자녀 때문에 평생 신경을 써야 한다.
✧ 꼭지가 너무 아래를 향한 유방은 모든 일을 혼자 한다는 생각을 갖고 있다.
✧ 유두 모양이 굽고 아래로 숙이고 있으면 자식이 없거나 있더라도 힘이 되지 않아 외롭고 가난하다. 노년까지 자신이 일하면서 생활하게 된다.
✧ 유방 꼭지가 너무 아래를 향한 여성은 일복은 많으나 인복이 없다.
✧ 꼭지가 너무 아래를 향한 유방은 남편이 능력은 있으나 운이 없어 일이 되지 않아 가정 경제를 책임진다. 소외감을 느낄 수 있다.
✧ 꼭지가 너무 아래를 향한 유방을 가진 여성은 항상 침묵만 지킨다.

㉕ 위를 향한 유두
✧ 유두가 위로 향한 유방은 귀한 자녀를 낳는다.

㉖ 탄력있는 유두
✧ 꼭지가 탄력 있는 유방을 가진 여성은 예절이 바르며 에너지가 좋고 많은 사람에게 도움을 준다. 주도적이며 발전적이고, 인간관계가 좋다. 항상 여유가 있다.
✧ 꼭지가 탄력 있는 유방은 어려운 일도 잘 처리한다.
✧ 유방 꼭지가 탄력 있는 여성은 모든 면에 잘 적응 한다.
✧ 꼭지가 탄력 있는 유방을 가진 여성은 정열적으로 연애하고, 결혼 후에는 가정이 안정되고 자녀도 이름을 날린다.
✧ 유방 꼭지가 탄력 있는 미혼 여성이 이곳이 거무스레한 색을 띠면 과거가 있는 남자를 만나거나 유부남과 정을 통한다.

✿ 꼭지가 탄력 있는 유방을 가진 여성에게 부부간에 성적인 트러블이 있는 경우 꼭지 주변이 깨끗하지 못하고 지저분하다.

㉗ 유두의 색
✿ 유두의 색이 오디처럼 진하면 귀한 자식을 많이 두게 된다.
✿ 처녀의 유두가 너무 검으면 처녀가 아니다.
✿ 유두의 색이 엷어서 희거나 누렇게 보이면 천하고 자식이 적다.
✿ 유두가 하얀 색이면 고생이 많고, 유두에 검은 점이 있으면 귀한 자식을 낳는다.
✿ 꼭지가 지나치게 희면 자식과의 인연이 박하다.

㉘ 유두의 점, 털
✿ 유두 좌우나 상하에 검은 점이 있는 사람은 귀하게 될 자식을 둔다.
✿ 남녀 불문하고 유두에 긴 털이 서너 개쯤 난 사람은 생각이 넓고 장수 한다.

㉙ 양 꼭지가 안으로 몰린 유방
✿ 양 꼭지가 안으로 몰린 유방은 목적을 위해서는 겉과 속이 다르며, 부자가 되기 위해서는 수단과 방법을 가리지 않는다.
✿ 양 꼭지가 안으로 몰린 유방은 화를 잘 내고 자기 위주로 판단한다.
✿ 양 꼭지가 안으로 몰린 유방은 콤플렉스가 심하다. 질투도 많다.
✿ 양 꼭지가 안으로 몰린 유방은 남을 못살게 하고 사랑에 대한 독점욕이 강하다. 다른 사람은 생각하지 않고 잘난척한다.

㉚ 양쪽으로 벌어진 유방
✿ 양쪽으로 벌어진 유방은 삼각관계에 빠지지 않으려면 처신을 잘해야 한다.
✿ 양쪽으로 벌어진 유방은 사치와 허영심이 많고, 외로운 독신보다 화려한 싱글이 많다. 성격이 자유분방하므로 전문인이 되면 좋다.
✿ 양쪽으로 벌어진 유방을 가진 여성은 이성에 대한 관심이 매우 높고, 파티만 즐겨 향락에 빠지기 쉬워 남자관계가 복잡하다.

㉛ 소젖모양의 유방

✧ 소젖모양은 아래로 길쭉하게 축 늘어져 있으면서 유두가 새까맣게 생긴 모양이다. 이런 여자는 남편보다 자식에 대한 애정이 깊다. 남편은 이런 틈을 이용하여 난봉꾼이 되어 외도를 즐긴다.

✧ 소젖모양의 유방은 보기에는 좋지 않지만 만약 유두에 긴 털이 있고, 한 가닥이 배꼽 까지 닿는 것이 있다면 틀림없이 귀한 자식을 둔다.

✧ 원시인의 유방은 너무 밑으로 쳐져 있다. 이런 유방은 문명과 관계를 맺기 힘들다.

㉜ 도움되는 말들

✧ 가슴의 살이 적고 뼈가 드러나는 사람은 몸이 건강하지 못하다. 또한 매사에 막힘이 많고 끈기가 약하다. 단 노인은 예외다.

✧ 가슴이 처지고 근육이 뭉쳐 있는 경우 마음이 항상 불안하고, 가끔 마음이 우울하기도 하며 인내심이 적다. 그러나 골격이 단단하고 몸이 튼튼한 경우에는 해당하지 않는다.

✧ 육체적 활동을 주로 하는 사람은 대체로 가슴이 넓고 피부가 두꺼우며 근육이 튼튼한 반면 사무직 종사자의 가슴은 약하고 좁은 편이다.

✧ 살이 없고 가죽이 덮이는 가슴은 성질이 급하다.

✧ 매춘부는 유방암에 걸리지 않는다. 여러 남자의 정액을 받아들이기 때문에 예방이 된다.

✧ 여자는 나이가 들면서 남성화가 되며 겨드랑이에 털이 많이 나오고 기가 강해져 건강하며 성생활도 왕성하다.

✧ 여자의 감정은 유방에서 나오고, 감정이 풍부해야 인생도 아름답다.

✧ 유방이 모난 사람은 자식이 귀하게 되고, 유방이 둥근 사람은 자식이 부자가 된다.

✧ 유방이 작은 사람은 자식을 적게 두며, 유방이 큰 사람은 자식을 많이 둔다.

✧ 오장육부의 크기는 얼굴에서 광대뼈로 본다. 광대뼈가 크고 넓적하면서 기둥을 박아 놓은 것처럼 크면 유방의 발육상태가 좋다고 볼 수 있다.

✧ 젊은 여자가 나이든 여자의 유방 모양이면 고생을 많이 한다. 60대가 20대 유방을 해도 좋지 않다. 과일도 익어야 되듯이 사람도 자연의 일부이기 때문에 나이에 맞는 형상이 좋다.

✧ 유방 사이에 뼈가 보이면 활력이 없다. 또는 생각이 좁고 매사에 일이 안 풀린

다.
✪ 유방의 피부가 너무 부들부들하면 질병에 대한 저항력이 약하고, 천하게 본다.
✪ 유방이 지나치게 올라가 있으면 자신을 위해 살고, 너무 쳐져 있으면 자식 때문에 고생한다.
✪ 젖꼭지에 상처가 있거나 골이 있어도 자식과 인연이 없다.
✪ 젖꼭지가 둥글고 단단하면 자식이 부유하며, 젖꼭지가 모나고 단단하면 자식이 귀하고, 젖꼭지가 작으면 자식을 두지 못해 후대가 끊긴다.
✪ 유두가 살지고 모난 사람은 복이 있고 장수한다.
✪ 유두가 굽은 사람은 자식을 키우기 어렵다.
✪ 젖꼭지가 위로 향한 사람은 자식을 기르면 성공하고, 젖꼭지가 아래로 향한 사람은 자식을 길러도 진흙과 같이 힘들게 지낸다.
✪ 유방에 혈관이 많이 드러나 보이면 자식과 인연이 없다.
✪ 여덟팔(八)자 모양으로 좌우로 유방이 갈라지고 축 늘어지면서 간격이 좁은 여성은 지능이 낮아 사고력이 좋지 않다. 그러나 자식은 객지에 나가 성공하는 사람도 있으니 일명 '씨받이 유방'이라고도 한다. 부부 관계가 좋지 않고 독신녀나 과부에게 많으며 자수성가 한다.

【20】 등(背)

　등은 우리 신체의 대들보이자 기둥이다. 등은 곧고 넓고 두터워야 길하다. 등이 넓고 두터운 자는 일생 다복하고 건강하며, 엷고 꺼진 자는 고빈하고 병약하다. 등이 긴 자는 귀하고 짧은 자는 천하며 등뼈가 일어나고 등이 엎드린 거북 등처럼 생겼으면 장수하고 부귀를 누린다. 등이 두텁고 모가 지면 선천적으로 잘 태어나서 지혜가 있고, 볼록 튀어나오거나 들어가면 흉하다.

　사람들이 적대 관계에 있으면 "등을 돌린다"라고 하는데 등에도 표정이 있다는 얘기가 된다. 화를 내고 돌아서서 가는 모습에서 화난 감정이 서리어 긴장하면서 가는 모습을 뒤에서 읽을 수 있다. 심호흡을 하면서 느긋하게 시선을 멀리 두고 걸으면 등허리는 펴지기 마련이므로 쭉 펴고 걷는 자세를 가져야 할 것이다.

　심한 스트레스를 받으면 등에 대상 포진에 걸리는 것도 가슴속에 심화의 상징이며 등을 눌러 아프면 앞쪽에 어느 한곳이 아프다는 증거이므로 등이라고 함부로 노출시키면 앞의 장기가 쇠해진다는 것을 명심하여야 할 것이다.

1) 등을 관찰하며 읽기

① 개요
- 등은 우리 몸의 기둥이다.
- 등이 얼마나 듬직 하느냐를 보고 그 사람의 가능성을 가늠한다. 등이 넓적해서 짐을 많이 질 수 있는 사람을 큰일을 할 사람으로 여긴다.
- 등에 살이 두툼하고 둥근 느낌의 여성은 좋은 남편을 만난다.
- 등이 움푹 들어가 구덩이가 생기고, 가슴에 흉골(가슴뼈)이 돌출되면, 집안에 하룻밤을 묵을 양식도 없다.
- 등이 비뚤어진 사람은 가난하다. 등이 두툼하고 가슴이 넓은 사람은 부귀하다.
- 등은 높아야 하고 가슴은 평평해야 하며, 어깨는 넓어야 하고 솟아올라서는 안 된다. 만약에 어깨가 위로 솟아올라 있으면 가난하고 천한 사람이다.

✪ 좋은 얼굴은 좋은 몸만 못하다. 가슴과 등은 몸을 구성하는 주축이다.
✪ 상체가 군(君)이면 하체는 신(臣)이라고 했기에, 동양에서는 전통적으로 등이 긴 사람을 귀격으로 쳤다.

② 등의 길한 상
✪ 짐이 없는데도 항상 어깨에 짐을 지고 있는 것같이 등이 불룩한 상은 길하다. 부모보다 출세하여 집안을 일으킨다. 수명도 길다.
✪ 등의 모양은 살이 있어서 풍만한 것이 좋다.
✪ 등에 튀어나온 부분이 없을 정도로 살이 많은 것이 길하다.
✪ 허리와 배가 둥글고 등이 두터우면 녹을 받는 상이다.
✪ 배와 등이 널찍하고 두터우면 의식이 넉넉하며, 코가 곧고 가지런하면 부귀를 얻는다.
✪ 몸이 넉넉하고 두터우면 부를 누리고, 형상이 맑고 골격이 범상치 않으면 귀한 사람이다.
✪ 얼굴이 둥글고 등이 두둑하면 부귀할 상이다.
✪ 등이 넉넉하고 두터워 낙타와 같고, 얼굴은 네모진 듯 둥글며 밭전(田)자 같으면 남방인 즉 화형인이라야 부를 누린다.

③ 등의 흉한 상
✪ 꼽추 같은 등은 명이 짧고 부모와 일찍 사별한다.
✪ 음(陰)인 등이 비어 있는 것과 가슴이 꺼져서 들어가 비어 있는 것은 나쁜 상이다.
✪ 살이 적어서 구멍처럼 함몰되어 있거나 등줄기의 뼈가 많이 드러나고, 살이 없이 가죽뿐인 사람은 남녀 모두 가난하고 고독하다.
✪ 등에 살이 있어도 가슴이 없는 경우에는 만년이 좋지 않다. 곤궁하지 않으면 고독하다.
✪ 육배(肉背)란 등에 각이 없는 것이고, 시행(屍行)이란 비대한 체구에 피부가 죽은 사람처럼 흰 것이다. 이런 사람은 반드시 횡사하거나 갑작스런 죽음을 맞는다.
✪ 척추는 듬직하고 솟아야 하는데, 박약하고 패이거나 우묵하게 들어가면 장수하지 못한다.

④ 도움되는 말들

✿ 등이 넓고 두터우며 거위처럼 걸음을 걷는 사람은 부유하다.
✿ 등을 눌러 보아 특정 부위가 아프면 그 앞 부위의 장기가 안 좋다는 의미이다.
✿ 여름철이 되면 일광욕을 하다가 등을 심하게 태우는 경우가 있는데 이럴 때는 보이지 않는 등 안쪽의 장이 늙는다.
✿ 등이 휜 사람은 현재는 다른 사람을 부리면서 산다고 하지만, 현재는 남 앞에서 호령을 한다고 해도 언젠가는 남 밑에 가게 된다.
✿ 사채업자들 사이에서는 구부정하게 기대앉는 사람에게는 돈을 빌려주지 않는다.
✿ 등을 펴고 얘기하는 사람은 지금 당장 주머니 사정이 급해도 언젠가 갚을 능력이 있지만 자꾸 어딘가에 등을 기대려는 사람에게는 별 미래가 없다고 보는 것이다.
✿ 명치 부위가 깊고 푹 들어가 있으면 사람됨이 간사하다. 만약에 등에 구덩이가 생겼다면 늙어서 먹을 양식이 없을 뿐만 아니라 수명이 단축된다.
✿ 수형인과 토형인은 등이 높아야 하고, 목형인은 등이 평평해야 한다.
✿ 적대 관계가 되면 '등을 돌린다'는 말은 사람의 등에도 표정이 있다는 뜻이다.
✿ 몸의 기둥인 등을 볼 수 없는 부분이라고 관리를 소홀히 해서는 안 된다.
✿ 등에 털이 난 사람은 평생을 고생한다.

【21】 배(腹部)와 허리

　배는 생명을 담고 사는 중요한 기관이다. 배속은 위와 장이 숨겨져 있고 밖에서 4~5시간마다 음식물을 섭취하여 받아들이는 창고라고 할 수 있다. 배는 인체의 중심이고 단전기해(丹田氣海)로서 모든 강물을 받아들이는 대양과 같으며 음식을 모으는 창고이다. 배는 당연히 넓고 둥글며 두터워야 좋고 좁고 뽀족하고 얇으면 좋지 않다. 배의 가죽이 맑고 붉으며 윤택한 사람은 부귀하고 장수하며, 배 가죽을 만져서 두껍다고 느낄 정도가 되어야 하고 더불어 배의 가죽이 붉은 사람은 부하고, 푸른색은 귀하고, 검은자는 불운이라 하여 색을 중시한다.
　두둑한 배는 부를 상징하는 것으로 동·서양이 다 같이 본다. 몸의 전체를 나누어 보는 법으로는 얼굴에서 목 부분까지는 초년운으로 보고, 목에서 배꼽 위쪽을 중년으로 보며, 배꼽 아래부터 발까지를 말년으로 본다. 여자는 자궁을 배의 일부로 본다.
　사랑스럽다는 표현을 할 때는 배를 쓰다듬고, 원한을 가진 자는 배를 쳐서 위장과 장기를 멍들게 한다. 윗배가 나오면 흉하고 아랫배가 나오는 것은 신체의 중심을 잡는 것으로 건강에 뿌리를 내리는 것과 같다. 뱃살을 함부로 빼면 뱃살이 늘어지고 쳐져 건강에 좋지 않은 영향을 끼치므로 뱃살을 뺄 때에는 뱃살이 쳐지지 않고 탄력을 유지하도록 하여야 한다.
　허리는 신(腎 : 콩팥)과 명(命)의 두 구멍(穴 : 혈)이 있으니 한 몸의 근본이다. 허리는 너비가 4척에 넓고 곧고 단단하다. 살찐 사람의 허리는 넓어야 하고 마른 사람은 둥글고 단단해야 한다. 양쪽 허리의 요안에 신과 명문의 2경혈이 있으니 살이 있고, 피부가 두터워야 장수한다.
　신과 명문혈이 피부에 없거나 부족하면 죽는다. 허리는 위로 등을 받들고 아래로는 하초(下焦)를 연결하여 안으로 신경[4]인 콩팥과 쓸개와 통해 있다. 여자의 허리는 커야 복이 있다. 허리가 가늘고 치우치면 자식이 적고 천한 일에 종사하는 경우가 많다. 허리가 단정하고 곧고 두터워야 복이 있다. 허리가 치우치고 가늘며 엷고 꺾이면서 깎이면 모두 가난하고 요절할 상이다. 개미 허리처럼 가늘면 외롭고 장수

---

4) **腎經** : 십이 경맥의 하나. 콩팥에 속하고 방광에 이어짐.

하지 못한다.

　허리가 두툼한 사람은 재복이 있고 수명이 길다. 등이 두툼한데 허리가 얇고 작으면 초년은 좋지만 중년은 어려워진다. 등이 얇지만 허리가 두터운 사람은 초년은 고생을 하지만 중년부터는 발전한다. 허리가 약하고 건들거리면 성적인 욕망이 강하다. 허리는 가늘고 가슴이 얇으면 고독하고 혼자 산다.

　허리가 좁고 얇으면 성공과 실패를 반복한다. 허리가 가늘고 엉덩이가 풍성하면 실패 했다가도 다시 일어난다. 허리는 두꺼워야 재복이 있다. 두꺼운 허리에는 돈이 모인다. 가는 허리는 돈과 인연이 멀어 안정적인 생활을 하기 어렵다.

1) 배와 허리를 관찰하며 읽기

① 개요

- 배는 넓고 둥글며 두텁고 윤이 나야 좋다.
- 배는 중년기에 아랫배 단전이 나오면 건강의 상징이다. 일찍 나오면 기름이 낀 배로 불의의 재난을 당한다.
- 배에 살이 없으면 재주는 좋으나 덕이 없어 고생을 하게 된다.
- 배는 위는 작고 아래는 커야 하며, 위가 크고 아래가 작으면 병이 많다.
- 배는 오장의 표면이니 넓고 커야 하며 좁고 작은 것은 꺼린다.
- 배는 너무 두껍지 않고 조금 두둑하게 나와야 금전운과 건강운이 좋다.
- 체지방이 너무 많으면 건강의 적신호가 된다. 너무 뚱뚱하거나 얇지 않으면 좋은 상태라고 할 수 있다.
- 아랫배가 나온 것은 몸의 중심을 잡는 단단한 기운으로 보지만 윗배가 나오면 욕심이 많고, 불안정하여 에너지가 떨어진 상태로 본다. 곧 운기도 떨어지게 된다.
- 배는 서양에서는 식욕과 성욕이 담긴 욕망의 자리를 상징한다.
- 동양에서는 배를 생명의 자리로 본다. 그래서 사무라이는 자결할 때 배를 가른다.
- 뱃가죽은 아랫배가 커짐에 따라 두꺼워지며, 가죽이 얇고 아랫배에 삼임(三任 : 세 개의 근육)이 없으면 아주 좋은 상은 아니다. 배의 삼임은 등의 삼갑

(三甲)에 비교 되는 것으로 아랫배에 세 개의 근육이 있고, 등의 살이 두꺼운 것을 최고로 본다.
✲ 뱃살이 적당히 자리 잡아 탄력이 있는 상태를 좋은 배로 본다.

② 얇은 배
✲ 배가 얇아 장부에 달라붙은 경우에는 인생이 풍요롭지 못하다.
✲ 배가 얇아 장부에 달라붙은 경우에 건강하면 경제적으로 골치 아픈 일이 생기고, 경제적인 문제가 좋아지면 건강이 나빠진다. 언제나 건강과 금전 문제가 발생한다. 이런 사람이 장수하면 자손과 불협화음이 끊이지 않는다.

③ 뱃가죽
✲ 뱃가죽이 두터운 사람은 건강하고 부귀하지만 얇은 사람은 병약하고 빈천하다.
✲ 뱃가죽이 좁고 피부가 얇으면서 작으면 바쁘게 살면서도 이루는 것이 없다.

④ 아랫배가 큰 사람
✲ 아랫배는 중년 후반부터 말년 운까지를 본다.
✲ 아랫배가 큰 사람은 큰 부자이고, 아랫배가 둥글고 탄력 있게 아래로 처진 사람은 호방한 성격이다. 하지만 너무 처진 사람은 어리석다.
✲ 하복부가 안정되게 밑으로 내려오면 가장 좋은 복부로 본다. 건강, 금전, 경제 활동, 자녀의 사회적 위치, 부부의 애정관계 등 모두가 안정된다.
✲ 아랫배가 큰 사람은 길상이다. 아랫배가 크면 가슴은 낮게 처지고 오목하며 무병하다. 마음에 여유가 있고 만족을 알며, 빈부와 상관없이 마음의 안정을 얻는다.
✲ 아랫배가 큰사람은 무모한 야심을 갖지 않고 시기에 맞게 행동하기 때문에 일이 정체되지 않는다. 재물이 따라와서 풍족하다고 할 수는 없어도 빈곤하지는 않다.
✲ 중년의 남녀가 아랫배 살을 탄력 없이 홀쭉하게 빼버린다면 스스로 자신의 만년 운을 깎는 경우가 된다.
✲ 아랫배 살은 매력과 섹시함에다 중년과 말년의 생활 안정까지 가져다준다. '배가 맞는다'는 표현은 성관계를 가질 때 배에 적당히 살이 있어야 좋다는 것을 뜻한다. 옷을 벗고 만날 때는 아랫배가 적당히 도톰해야 섹시해 보인다.

⑤ 윗배가 큰 사람
✿ 윗배가 큰 사람일수록, 특히 가슴이 심하게 처졌으면 병이 많고 불안하다. 만사가 답답하고 운이 열리지 않는다. 끈기가 적고 직업이 일정하지 않다.
✿ 윗배가 큰사람은 끊임없이 마음의 갈등이 있고 만족을 모르기 때문에 마음의 안정을 얻지 못한다. 잠깐 패권을 잡고 부귀를 누리는 것처럼 보여도 오래가지 못한다. 오래가면 병을 얻는다. 가난하면 장수하지만, 부귀하면 요절한다.

⑥ 배의 색
✿ 뱃가죽이 맑고 붉으면서 윤택하면 부귀 장수하고, 누렇고 탁하면 빈천하다.
✿ 복부의 색상이 누렇게 변하기 시작하면 투자하는 일에 반드시 변화가 올 수 있으므로 주의를 해야 한다. 과욕 때문에 자신이 망한다.
✿ 배에 누런색이 오래 지속되면 자신의 운이 다하고 있다는 신호이다.
✿ 배가 너무 누렇게 보이면 비장에 문제가 있다.
✿ 배에 검은색이 감돌면 몸에 수술이나 사고의 징조이다.
✿ 배가 붉고 윤택하면 최고의 길상이다. 붉다는 것은 그만큼 건강하고 혈액순환이 좋다는 것으로, 좋은 기운이 자신을 지키고 있다고 본다. 푸른색은 귀하게 된다.
✿ 배가 붉은 사람은 부자이고, 푸른 사람은 귀하나, 검은 사람은 일평생 운이 트이지 않는다.

⑦ 뚱뚱한 배
✿ 어른의 경우 배가 나온다면 필요이상의 지방이 생겼다는 것이므로 건강에 안 좋다.
✿ 배가 나오거나 피부가 탄력을 잃어 삼겹살이 되는 것은 지방이 쌓여 피부 면적이 늘어나는 현상이다. 지방간 같은 심각한 질환까지 의심해야 한다.
✿ 허리가 굵고 뱃살이 늘어진 사람은 허영이 많고, 자기중심적이며 신경질적이다.

① 허리의 개요
✿ 허리는 위로 등을 받들고 아래로는 하초를 연결하여 안으로 신경인 콩팥과 쓸개와 통해 있으므로 인체의 중요한 부위에 해당한다.

✿ 살찐 사람의 허리는 넓어야 하고 마른 사람은 둥글고 단단해야 한다.
✿ 허리에 살이 있고 힘이 있으면 길하다. 장수한다.
✿ 허리가 가늘고 복부가 얇으면 고생을 많이 한다. 자녀운이 일정치 않다.
✿ 허리와 엉덩이에 살이 적거나 없는 사람은 흉하다. 아침에 먹고 저녁에 먹지 말라는 말이 있듯이, 가난하면 명이 길지만 부유하면 단명 한다.
✿ 허리가 약하고 건들거리면 성적인 욕망이 강하다.
✿ 허리가 가늘고 엉덩이가 튀어나온 여성은 매우 곤궁하다.
✿ 허리뼈가 너무 굵으면 천하다. 발전하기 어렵다.
✿ 넓고 펑퍼짐하며 팽팽한 허리는 좋은 상이다.
✿ 남녀 상관없이 얇고 짧고 가는 허리를 가진 사람은 곤궁하며 일찍 죽는다.
✿ 버들가지 같은 여성의 허리는 흉상이며, 남편이나 자녀와의 인연이 희박하고 가난하다.
✿ 버들가지 같은 허리를 가진 남성은 열심히 일하지 않으며, 한번은 반드시 집안을 망친다. 또한 여색을 즐긴다.
✿ 허리와 신장의 관계는 긴밀하기 때문에 허리가 자주 아픈 사람은 신장도 약하다.
✿ 1·6은 수(水)이고, 수(水)는 검은색이다. 그러므로 신장의 기능이 약하면 눈 밑이 검어지고 얼굴이 전체적으로 검은색을 띤다.
✿ 허리와 배가 둥글고 등이 두터우면 녹을 받는 상이다.
✿ 옷을 입어서 허리 아래쪽으로 살이 많은 사람은 유산 상속을 받게 되거나 덕이 있다. 또한 집안을 일으킬 수 있다.

② **가는 허리**
✿ 허리가 가늘면 성적 매력은 높지만 운기는 떨어진다.
✿ 여자의 허리가 개미처럼 가늘면 외롭고 장수하지 못한다.
✿ 허리가 잘록하고 엉덩이가 살찐 경우 선천적으로 이런 허리를 가진 여성은 기억력이 좋고 두뇌 회전이 뛰어나며, 섹스 테크닉도 탁월할 가능성이 많다.
✿ 허리가 가늘고 가슴이 얇으면 고독하고 혼자 산다. 허리가 좁고 얇으면 성공과 실패를 반복한다.
✿ 개미허리라고 무조건 색욕이 강하고 남자를 밝히는 사람으로 보면 안 된다. 사회적으로 성공한 여성을 보면 허리가 작지만 복부의 살이 적당히 있는 여성이

많다.
- 개미허리는 보기만 좋을 뿐 실제는 문제가 많다. 결혼을 늦게 해야 운이 좋아진다.
- 살이 없어서 뼈가 나와 보이는 허리를 가진 사람은 궁하면 수완을 부린다. 여성은 남성을 속인다.
- 허리가 가늘고 엉덩이가 풍성하면 실패했다가도 다시 성공한다.

③ 두툼한 허리
- 중년의 운기는 허리가 가늘어 잘록한 사람보다 아랫배가 도톰하고 허리가 적당히 있는 사람이 자기 분야에서도 성공적이며 금전운도 있다.
- 허리가 두툼한 사람은 재복이 있고 수명이 길다.
- 등이 두툼한데 허리가 얇고 작으면 초년은 좋지만 중년은 어려워진다. 등이 얇지만 허리가 두터운 사람은 초년은 고생을 하지만 중년부터 발전한다.
- 보기 좋은 허리와 복이 있는 허리는 다르다. 허리가 두꺼워야 재복이 있다. 두꺼운 허리는 돈이 모인다. 가는 허리는 돈과 인연이 없어 안정적인 생활이 어렵다.

④ 좋은 허리
- 허리의 굴곡이 적당하면 건강, 금전, 경제적인 상황, 자녀의 사회활동, 부부의 애정관계 등 모두 안정된 상태가 된다.
- 뇌가 아무리 훌륭한 기능을 가지고 있어도 척추가 기능을 제대로 하지 못하면 몸과 정신이 필요없게 된다. 허리를 보면 운세를 짐작할 수 있다.
- 허리가 부드럽고 탄력이 있으면 성생활이 원활하여 밤이 행복한 부부가 된다. 피부가 너무 얇거나 지저분하고 거칠면 반대로 본다.
- 남자는 허리가 정력을 나타내는 곳으로 보면 된다. 감미로운 성생활이 허리에 있다.
- 현대의 사회는 여성이 적극적으로 성을 이끌고 표현하는 세상이라고 볼 수 있다. 남녀의 좋은 허리는 평생 안정된 가정생활을 이룬다.
- 하복부에 적당히 살이 오른 허리일 때 섹스도 즐긴다.

⑤ 신혈과 명혈

✿ 살찐 사람의 허리는 넓어야 하고, 마른 사람의 허리는 둥글고 튼튼해야 한다. 허리 양쪽의 요안5)이 우묵하게 들어간 부분은 신혈과 명혈이라는 2개혈이며, 살이 붙고 피부가 두터워야만 장수한다.
✿ 신혈과 명혈 부위가 움푹 들어가고 피부도 메마르면 사망한다. 허리가 바르지 않고 삐뚤어져 있으며, 가늘고 얇고 굽어져서 깎여 있으면 모두 가난하고 단명 한다.
✿ 신혈과 명혈 부위의 피부가 메마르고 바삭바삭하면 반드시 단명하며, 허리에 살이 겹겹이 쌓이면 장수한다.

⑥ 도움되는 말들

✿ 차를 마시며 얘기를 나눌 때 허리가 휘어지게 뒤로 젖히거나, 대화 하면서 비틀거나 꿈틀거리면 '성적인 언어'가 된다. 남성의 경우도 마찬가지로 같이 본다.
✿ 배 양옆이 너무 나오면 복부에서 가슴, 머리로 올라가는 기운을 지체하게 만들어 심장과 혈압에 관계되는 질병이 생긴다.
✿ 부드럽고 탄력 있는 허리는 스포츠 분야에 진출하면 좋다.
✿ 허리가 약하고 가는 사람의 경우 중년에 크게 실패를 한다. 실패하면 다시 일어나기 힘들다. 남자는 양에 해당하는데 음의 허리를 갖고 있다면 욕심내지 말고 살아가야 한다.
✿ 여성은 자궁까지 배의 일부로 본다.
✿ 배를 나누어 배꼽보다 위를 윗배라 하고, 아래를 아랫배라고 한다.
✿ 허리는 인체의 대들보다. 인체의 중추신경이면서 뇌 다음으로 중요한 일을 한다.
✿ 여자의 허리는 커야 하고 단정하며 곧고 두터워야 복이 있다.
✿ 척추와 골반은 여자의 자궁과 관계가 깊다. 좋은 허리는 좋은 자궁을 가지고 있다.
✿ 배가 상반신 가까이 있는 사람은 지혜가 있으며, 하반신 가까이에 있는 사람은 우매하다.
✿ 여인은 허리가 크면 복이 있으며, 허리가 가늘고 바르지 않으면 아들을 낳지

---

5) 허리의 뒷부분에 있는 기혈로 4번째 등 척추 뼈 가시돌기 아래에 양쪽으로 각기 3촌 8푼에 위치.

못하며 대부분 빈천한 상이다.
- 남자의 허리가 가늘면 복이 없고 재산이 없다.
- 곧게 편 허리로 남은 인생을 살고 싶다면 반듯한 허리 만들기와 건강에 신경을 써야 한다.
- 허리는 항상 곧게 하여 앞으로 굽지 않으며, 긴장을 늦추는 일이 없고 뼈를 적당히 감싸듯이 살이 있으며, 앉아도 누워도 안정감이 있어야 한다.
- 사랑하거나 친숙한 관계는 배를 쓰다듬어 주지만 원한이 있는 관계는 주먹으로 친다.
- 남성의 성기는 여성의 음부보다 배에 가까운 위치에 있다.
- 여성은 남성에 비해 아랫배가 좀 더 둥글고 길어, 뱃살이 찌면 엉덩이 쪽으로 지방층이 이동하지만, 남성은 배불뚝이가 된다.
- 배만 보면 남성보다 여성의 만년이 더 안정적이다.
- 명상의 단전 호흡법만으로도 허리와 배의 운동이 된다.
- 무리한 다이어트로 뱃살이 빠져 피부가 흐늘흐늘하다면 배가 나온 것만 못하다. 건강이나 경제적으로 어려워지고 있다는 것을 나타낸 것이다.
- 배는 심하게 밑으로 쳐진 것보다 약간 탱탱해야 부귀를 겸한다.
- 배가 너무 밋밋하게 쭉 내려가면 보기는 좋을지 몰라도 상학에서는 가난하게 살아간다고 보면 된다.
- 옛날 사람들은 허리가 넓고 둘레가 둥글었는데, 요즘 사람들은 비교할 방법이 없다. 오직 넓으면서 곧고 단단하면 좋은 상이다.
- 갈비뼈부터 골반까지 살이 쪄서 밋밋하게 연결되는 허리는 연애 찬스에 약하고 섹스에서도 쉽게 만족감을 느끼지 못한다. 성격은 대범해서 어지간한 일에는 스트레스를 받지 않는다.
- 허리가 휘어진 사람은 마음고생, 몸 고생이 많았던 사람이다.
- 허리는 갈비뼈와 골반 사이의 부분으로 갈비뼈와 골반, 배의 형태와 등뼈의 자세에서 허리 모양이 만들어진다.
- 장기가 두둑한 사람은 갈비뼈가 크고, 갈비뼈가 큰 사람은 골반도 크다. 이런 경우 허리는 잘록해지지 않는다. 이런 허리는 보기엔 밉지만 운기로 봐서는 좋다.

【22】배꼽

　배꼽은 인체의 중심으로 생명의 근원이다. 힘줄과 맥박의 근본이고 태아를 길러내는 생명줄이다. 사람이 만들어진 최후의 매듭으로 모든 오장육부(오장 : 폐·심장·비장·간장·신장, 육부 : 대장·소장·위·담·방광·삼초6))와 사지백체가 이곳을 원점으로 연결되어 있다.
　생명의 근원인 힘줄과 우리 신체의 100가지 이상 맥의 근원이 배꼽이며, 태아가 영양을 공급 받는 귀중한 곳으로 육부를 관장하는 문이며 배속에 감추어져 있다. 배꼽은 넓고 깊으며 가죽이 두텁고 힘줄이 튼튼하게 좌우사방으로 연결된 것이 좋다. 배꼽이 넓고 깊은 사람은 지혜와 복록이 많고 배꼽이 좁고 얕은 사람은 어리석고 복이 없다. 배꼽이 들어가서 깊은 자는 도량이 넓고, 배꼽이 얕은 자는 도량이 좁으며, 배꼽이 좁고 뾰족한 자는 빈궁할 상이다. 배꼽이 좁고 얕은 사람은 지혜와 아량이 모자란 반면 깊게 쑥 들어 간 사람은 생각이 깊고 인품이 그윽하여 천하의 복을 받는다.
　배꼽이 깊고 넓으며 구멍이 위로 향하고 살구하나 들어갈 만한 사람은 부귀하고, 대추하나 들어갈 정도는 지방의 부자가 되며, 배꼽 구멍이 아래로 향하고 콩알 하나 들어갈 정도면 도량이 적어 부자가 되지 못한다. 배꼽에 검은 점이 있던지 털이 서너 개쯤 난 사람은 반드시 부귀하고 자녀도 명성을 떨친다. 배꼽이 깊숙하고 상하로 뱃가죽이 약간 접혀서 솟은 사람은 총명하다. 배꼽이 위로 향하면 길하고, 아래로 향하면 천한 상이다.

1) 배꼽을 관찰하며 읽기

① 개요
　✿ 배꼽은 모든 맥이 통하는 관문이며, 인체의 중심으로 생명의 근원이다.

---

6) 삼초 : 상초;심장아래, 중초;위아래, 하초;방광위

✿ 배꼽은 깊어야 하고, 배는 두터워야 하며, 피부는 알차야 하고, 뼈는 단정해야 한다.
✿ 배꼽이 깊은 사람은 복록이 있고, 얕은 사람은 빈궁하다.
✿ 배꼽자리가 배의 윗부분에 있는 사람은 주로 지혜가 있으며, 배의 아랫부분에 있는 사람은 우매하다.
✿ 배꼽 위쪽의 윗배가 비대하면 배꼽이 아래로 처지게 되고, 그로 인해 마음이 불안해지고 질병이 많아 혈액이 좋지 않으면 길하지 않다.
✿ 배는 위는 작고 아래는 커야 하며, 위가 크고 아래가 작은 것을 제일 꺼린다.

② 깊은 배꼽
✿ 배꼽이 깊고 크면 유복한 상이다. 얕고 작은 것은 빈천한 상으로 평생 고생이 끊이지 않는다.
✿ 배꼽 구멍이 넓고 커서 오얏(자두)이 들어갈 정도이면 그 이름이 천리까지 퍼져 나간다. 배꼽 속에 검은 점이 있고 배가 아래로 늘어진 사람은 관직에 종사한다. 배꼽이 작고 평평하면 고생스럽고 비천하다.
✿ 배꼽이 얕았는데 깊어지는 경우가 있다. 전보다 운이 더욱 좋아지며, 병자는 기분도 좋아진다.
✿ 모든 여인은 마르건 살이 찌건 관계없이 배꼽 깊이가 1푼 정도면 아들을 하나 얻게 되며, 반촌 정도로 깊으면 아들 다섯을 얻게 된다.
✿ 배꼽이 작으면 자식을 얻기가 어렵고, 자식을 낳는다 하더라도 그 자식이 살아남지 못한다.

③ 위로 붙은 배꼽
✿ 여성의 배꼽이 위에 붙어 있으면 병도 없고 순산하지만, 아래에 붙어 있으면 출산에 어려움이 있다.
✿ 배가 아래로 늘어지고 배꼽은 배의 윗부분에 있으면 입는 것과 녹봉이 풍족하며 태어 날 때부터 부귀하다. 배가 위로 향하고 배꼽이 아래로 향한 사람은 노년에 고독하고 빈곤하다.
✿ 배꼽의 방향은 위를 향한 것이 좋으며, 아래를 향한 것은 천한 상이라고 한다. 그러나 배의 모양과 관계가 깊으므로 잘 생각해서 판단한다.

④ 좋지 않은 배꼽
✿ 다물어진 모양이 좋지 않은 배꼽은 끈기가 없고 운도 나쁘다. 배꼽이 깊으면 의지가 강하고 그에 상응하는 복이 있다.
✿ 깊어도 쭈글쭈글하고 힘이 없어 보이는 배꼽은 매사에 끈기가 적고 일에 막힘이 많다. 단 노인은 예외다.
✿ 배꼽은 철(凸)모양, 협소한 모양, 틀어진 모양은 흉하게 본다.
✿ 앞으로 나온 얕은 배꼽은 길상이라고 할 수 없으며, 아이가 없고 젊어서 죽게 된다.
✿ 배꼽이 지나치게 아래로 축 쳐져 있으면 복록이 없다.

⑤ 배꼽의 색
✿ 여인의 배꼽이 적색을 띠게 되면 낳은 자식이 정승의 귀한 자리에 오르게 된다.
✿ 여인의 배꼽은 자식의 뿌리이며, 여인의 유방은 자식의 싹이다. 배속에 남아의 태아가 있으면 배꼽은 반드시 홍색과 흑색을 띠게 되며, 배속에 여아의 태아가 있으면, 3~4개월이 지나 임부의 배꼽이 볼록 나오게 된다. 회임한지 8~9개월이 지나서 배꼽이 볼록하게 나오게 되면 남아를 낳게 된다.

⑥ 도움되는 말들
✿ 위를 향한 배꼽은 지혜와 복이 있고, 아래를 향한 배꼽은 천하고 우둔하다.
✿ 배꼽은 쑥 들어가 있고 깊고 크면서 아랫부분이 위로 올려다 보여야 잘 산다.
✿ 귀한 사람은 배꼽으로 숨을 쉬고, 보통 사람은 목구멍으로 숨을 쉰다.
✿ 배꼽이 작고 허리가 삐뚤어져 있으며, 배가 작고 뱃가죽이 얇으며, 두피가 팽팽한 여인은 아들을 낳을 수 없다.
✿ 배꼽 아래나 항문 위에 털이 난 사람은 평생 동안 음란한 기운을 받아 생기는 병인 음병에 걸리지 않으며, 귀신을 두려워하지 않는다.
✿ 배꼽 속에서 잔털이 자라게 되면 낳은 자식이 반드시 빼어나다. 뱃가죽이 넓고 크면 반드시 다섯 명의 아들을 두게 된다.

【23】 무릎과 정강이

무릎은 허벅다리와 정강이를 이어주는 관절이다. 허벅다리는 임금이고 정강이는 신하다.

사람이 앉고 서고 걷는데 중요한 곳으로 살 속에 잘 감춰져 있어야 한다. 무릎은 둥글고 윤택해야 좋고 뾰족하고 모지고 거칠며 빼빼 마른 것은 흉상이다. 정강이는 크고 무릎이 적으면 초년에 실패가 따르고 관재가 있다.

무릎과 뼈가 작은 사람은 단명하고 무릎에 힘줄이 선자는 일평생 고난이 많다. 정강이가 작고 무릎이 뾰족하면 고독하고 수명이 짧다. 무릎 위에 힘줄이 불거지면 항상 바삐 돌아 다녀야 먹을 것이 생긴다. 무릎과 정강이의 털이 부드럽고 길면 편안하고, 노년에 부자가 된다. 정강이에는 털이 있어야 길한데 털이 전혀 없으면 관운마저 부족하고 노년이 불길하다.

1) 무릎과 정강이를 관찰하며 읽기

① 무릎

- ✪ 살이 많고 무릎이 둥근 사람은 평생 부유하고 곤궁함을 모른다.
- ✪ 무릎은 둥글고 뼈가 각지거나 튀어나오지 않아야 좋다.
- ✪ 무릎이 작고 뼈가 보이지 않으면 요절한다.
- ✪ 무릎 위에 힘줄이 있는 사람은 일생동안 고생하면서 분주하게 지낸다.
- ✪ 무릎이 작은 아이는 단명 한다.
- ✪ 무릎이 뾰족하면 평생 복록이 약하다. 통계결과를 보면 범죄자 100명중 75명의 무릎이 이와 같다고 한다.

② 장딴지

- ✪ 장딴지는 부드러우면서 단단해야 좋다. 너무 물컹물컹하면 좋지 않고, 너무 딱딱하거나 강해도 수고스러움이 많다.
- ✪ 장딴지는 볼과 비례하는 경우가 있다.

③ 넓적다리

✿ 아이가 넓적다리에 살이 없으면 젊어서 죽을 상이다.
✿ 여성이 넓적다리에 살이 없으면 첩이 될 상으로 한 남자의 아내가 되지 못한다.
✿ 발이 길고 넓적다리가 마른 사람은 고향을 떠나 다른 곳으로 간다.
✿ 무릎은 크고 넓적다리는 가늘고 마르면 학의 무릎으로 비천하며, 무릎이 작아 뼈가 없는 것처럼 보이면 단명 한다.
✿ 무릎이 크고 넓적다리가 작으면 미천한 상이며, 평생 성공하지 못한다. 넓적다리가 작고 뼈가 없어 보이면 젊어서 죽을 상이다.
✿ 넓적다리에 가는 털이 나면 평생 형벌을 받지 않고, 뻣뻣한 털이 나면 형벌을 불러들인다. 넓적다리에 난 털은 부드러운 것이 좋다.
✿ 몸의 상이 모두 좋다고 해도 무릎이 크고 넓적다리가 마르고 작으면 우둔하다.
✿ 무릎은 크고 무릎 뼈는 노출되지 않아야 하며, 넓적다리는 크고 튼튼해야 하며, 게다가 무릎도 둥글고 두터워야 좋다.
✿ 무릎이 둥글면 평생 법정에 가지 않으며, 넓적다리가 크고 무릎이 뾰족하면 반 평생 송사에 말려드는 상이다.
✿ 넓적다리는 살이 충분히 있고 앉아서 무릎을 편하게 사용할 수 있어야 출세하며, 혼자라도 기업을 운영한다. 다른 사람의 밑에서는 일하지 않는다.
✿ 살이 쪘는데 넓적다리에 살이 없는 사람은 가난하며, 만년으로 갈수록 불행하다.

④ 앉은 자세

✿ 앉은 자세가 남성이 지나치게 다리를 벌리면 본인 주장 및 개성이 강한 자이다. 여성이 지나치게 다리를 벌리면 헤픈 여성이다.
✿ 다리를 꼬고 앉을 때 왼쪽 다리가 위로 향하면 능숙한 연애를 하고, 오른쪽 다리가 위로 향하면 서툴다고 본다.
✿ 편하게 앉았을 때 활기 있어 보이는 사람은 출세하며 현재의 운기가 왕성하다.
✿ 무릎을 세우고 움츠리고 앉아 항상 상체를 꺾듯이 볼품없이 앉으면 발전할 가능성이 없는 천한 상이다.
✿ 밀면 쓰러질듯이 앉아 있는 사람은 야무진 구석이 없고, 가끔 직장을 옮기며 가정도 안정적이지 못하여 부부·부모자식·형제간의 관계가 좋지 않은 상이다.

✿ 몸을 뒤로 기대고 거만하게 앉은 사람은 오만하고 고집이 세며 사람을 멸시하는 습관이 있다. 여성의 경우에는 남편을 이겨내는 상이다.
✿ 앞으로 구부리지도 않고 뒤로 기대지도 않고 정좌하는 사람은 건강하고 솔직하며 성격이 밝다.
✿ 무릎을 벌리고 상체를 세워서 고개를 똑바로 하고 앉은 사람은 반드시 다른 사람의 위에 서는 기회를 잡는다.
✿ 여성이 앉은 자세에 품위가 없고 동공을 움직이는 사람은 음란해서 숨겨놓은 남자가 있거나 또는 정신 통일이 안 되는 사람이다.
✿ 앉은 자세가 안정적이고 차분하면 가정이 화목하고 지위가 안정적이며, 상응하는 복이 있다. 오래 잘 앉아 있는 사람은 인내와 지속성이 강한 사람으로 성공한다.
✿ 항상 물건에 기대고 앉는 사람은 자신감이 없는 사람으로 희생정신이 부족하고 고집이 세다. 가정에서도 존경하고 따르는 사람이 없다.
✿ 허리를 꼿꼿이 하고 앉아서 몸을 움직이지 않는 사람은 의식이 강하고 솔직하다.
✿ 앉아서 무의식 중에 상체를 전후좌우로 흔드는 사람은 마음이 차분하지 못하고 붕 떠 있는 사람이다.
✿ 정좌를 못하는 사람, 옆으로 기대거나 손을 바닥에 대는 등 앉는 자세가 바르지 못한 사람은 싫증을 잘 내고 마음이 침착하지 못하다.
✿ 앉아서 손을 허리춤이나 가슴·주머니에 넣고 있는 사람은 비밀이 많은 사람이다. 신경질적인 면도 있다.

⑤ 도움되는 말들
✿ 앉아서 대화를 하며 항상 불안해하는 사람은 마음에 동요가 있고, 주거와 직업이 불안정하다.
✿ 현재 가진 것이 아무것도 없는 사람도 앉은 자세가 안정적이고 차분하면 나중에 반드시 출세한다.
✿ 주먹을 쥐고 앉아 있는 사람은 마음속으로 무엇인가 바라는 사람으로 절대로 방심해서는 안 된다.
✿ 앉아서 상체가 앞으로 구부러진 사람은 사람을 좋아하고 자신감이 없으며, 맹목적으로 사람을 따르는 경향이 있다.

【24】 팔과 다리

　두 팔과 두 다리를 사지(四肢)라고 한다. 팔과 손은 위쪽에 위치하여 하늘을 상징하고 임금이 되고, 다리와 발은 아래쪽에 위치하여 땅을 상징하고 신하가 된다. 팔과 다리가 똑같이 길어서 균일하면 영화롭고, 다리가 팔보다 길면 분주하게 다니면서 벌어야 한다. 사람의 팔은 변화의 묘수로써 날개에 해당하며 다리는 운동의 매체로써 움직임의 근본이다.
　팔과 손의 길이가 다리와 발의 길이보다 긴 것은 귀상이고 그 반대는 빈천할 상이다. 팔은 상박(上膊)과 하박(下膊)으로 구성되어 있다. 어깨에서 팔꿈치까지가 상박이요, 팔꿈치에서 손목까지가 하박이다. 상박은 용골(龍骨)이고 하박은 호골(虎骨)이다. 팔과 다리의 길이가 비슷하면 의식이 풍족하고 다리가 팔보다 긴 사람은 항상 바쁘다.
　다리는 말년에 속하고, 다리가 굵은 여성은 자기주장이 강하며 의리가 있다. 무다리는 끈기가 한결같고 자기신념이 강하다. 무 다리에 종아리가 굵으면 일을 열심히 잘해 직장에서 인정을 받으며, 무 닮은 다리는 다리가 힘이 있고 노후가 탄탄하다. 하체가 굵은 것은 노후가 보장되어 있다는 것이다.
　손과 발은 부드럽고 매끄러우며 깨끗하고, 근육과 뼈가 드러나지 않아야 하고 또한 백옥 같이 희고 기둥처럼 곧아야 하며 피부는 이끼처럼 매끄럽고 솜처럼 부드러워야 부귀한 상이다.
　다리는 부하직원의 운세를 보는 부분이다. 무릎을 다치거나 힘이 없으면 부하에게 배신 당한다. 하체가 빈약하고 부실하면 사교성이 없으며, 내성적이고 작은 일에도 화를 잘 낸다. 허벅지에 살이 많아 둔감하면 하늘의 혜택을 받지 못한다. 허벅지에 살이 많은 여자는 성적인 기능도 떨어져 부부간의 성생활에 문제가 발생하기 쉽다. 복이 있는 다리는 살집이 조금 있고 포동포동하게 탄력이 있어야 한다. 허벅지가 길어야 작은 행동으로 많은 수확을 기대한다.
　오자형 다리는 계속해서 불운이 오거나 주기적으로 리듬이 떨어진다. 사람은 서서 걷는데 다리가 휘었다는 것은 인생도 그만큼 평탄하게 살기 힘들다는 뜻이다. 교정을 통해서 바로 잡을 수 있다.
　무 다리는 자신의 주장은 무조건 받아들여져야 하고, 다른 사람이 의견을 말하면 항상 반대한다. 중노동을 하다보면 이런 다리가 되는 경우가 많으나 피부가 윤택하면 윗사람의 눈에 들어 좋은 운으로 바뀐다.

　다리를 흔드는 사람은 깊이 생각한 다음에 말을 하고 상대를 존중해야 마찰이 없다. 쓸 데 없이 시비를 걸고 따지기 좋아해서 말썽이 많은 사람이다. 남자와 여자가 테이블에 마주 앉아 대화하는 모습을 지켜보면 다리를 떨면서 대화를 하는 여자는 상대를 무시한다. 다리를 떠는 행위는 자신의 운명을 스스로 망하게 한다.

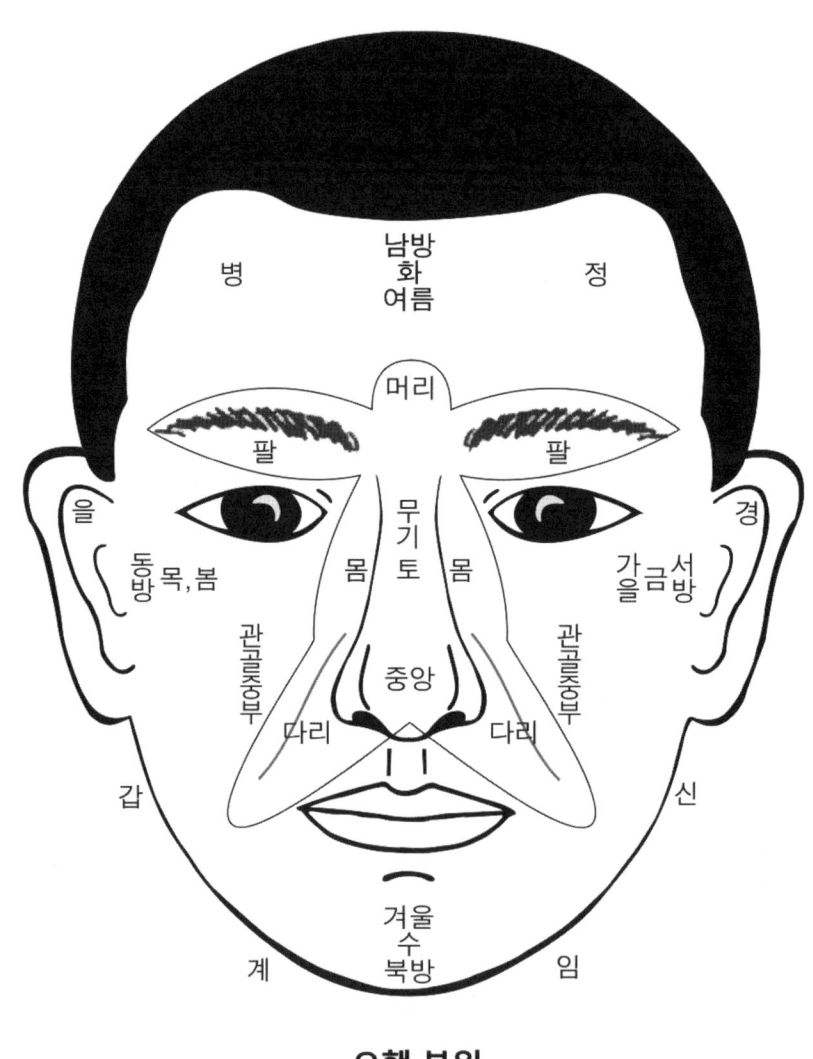

오행 부위

1) 팔과 다리를 관찰하며 읽기

① 팔과 다리의 살
- 팔과 다리에 살이 없이 뼈가 드러나는 것은 가장 흉상이다.
- 살찌거나 마르거나, 어른·아이를 불문하고 팔과 다리에 살이 있어야 좋은 것이다.
- 허벅지에 살이 붙어 있으면 임파 기능이 떨어져 비대한 몸이 된다. 임파가 막히면 살이 많이 찐다.
- 어린아이가 다리에 살이 없으면 18세에 사망한다. 어른이 다리에 살이 없으면 보통 빈천한 상이다. 여인이 다리에 살이 없으면 반드시 현덕하지 못한다.
- 여성이 팔뚝이 굵고 지나치게 단단하면 팔자가 세다. 여자의 팔 근육이 딱딱하면 안 좋다. 잠자리를 같이하면 남자의 에너지를 빼앗아 간다.
- 복사뼈가 튀어나올 정도로 살이 없으면 정신력도 약하고 몸도 약하다. 살이 있고 조화를 이룬 다리는 복이 있다.
- 마른 사람이 다리에 살이 없으면 실패하여 타향으로 달아난다. 살찐 사람이 다리에 살이 없으면 후일의 운세를 판단하기가 어렵다.

② 다리가 굵은 여성
- 다리가 굵은 여성은 자신의 주장을 강하게 내세우는 반면 의리가 있다.
- 다리가 굵은 여성은 진지하고 다정한 면이 있어 왕언니 노릇을 잘하는 편이다. 여성다운 애교가 있으나 성적으로는 담백하다.
- 다리가 굵은 여성은 오뚝이 같은 집념과 명랑한 성격 탓에 직장에서 인정받는다. 자신을 위해 머리 숙여 부탁해야 하거나 상대를 설득하는 데는 부족한 면이 있다.
- 허벅지는 견실하고 살집이 있고 두터워야 좋다.

③ 종아리
- 종아리가 유별나게 굵으면 남녀 모두 열성적으로 일에 전념한다.
- 굵은 종아리는 예상치 못한 도전, 혹은 배신을 당하게 되면 끝장을 봐야 한다.
- 굵은 종아리는 목표를 달성하려거나 내 사람을 만들려는 열성도 대단하다. 여성은 또순이 기질의 살림꾼 형이고, 남성은 절제가 있고 투지력이 넘쳐 활동

이 길다.

④ 걸음걸이

✿ 여자가 다리를 벌리고 걸으면 음탕하다. 다리를 크게 벌리고 걸으면 독립심이 강하고 가정적이지 못하다. 남편을 이겨낸다.
✿ 고개를 숙이고 걷는 사람은 마음에 걱정이나 불평·고민이 있는 사람이다.
✿ 걸을 때 활발한 기운이 밖으로 표출되고 마음이 차분하면 길하다. 차분하지 않은 걸음걸이는 정신이 안정되지 못한 상이다.
✿ 몸을 흔들듯이 걸으면서 머리를 기울이는 사람은 노후에 고독할 상이다.
✿ 상체와 발을 함께 땅에 대지 않고 걷는 사람은 논밭을 팔아 타향으로 갈 사람이며 가정에 안주하지 못한다.
✿ 어수선하게 걷거나 발소리가 큰 사람은 부모에게 등을 돌리거나 재산을 탕진한다.
✿ 뱀처럼 '갈 지' 자로 걷거나 종종걸음은 가장 나쁜 걸음걸이이다. 마음속에 악의가 있는 사람은 똑바로 걷지 못한다. 불안과 초조가 나타난다.
✿ 신발을 질질 끌며 걷거나 박자를 맞추며 날아오르듯이 걷는 사람은 오래 못산다.
✿ 걸을 때 몸을 움직이지 않는 사람은 스스로 축재를 하고 목숨을 지킨다. 몸의 안정을 유지 하려고 신경을 쓴다.
✿ 걸으면서 자꾸 뒤돌아보는 사람은 시기와 질투심이 강하다.
✿ 두리번두리번 좌우를 보면서 걸으면 차분하지 못하고 겁쟁이이다.
✿ 머리를 뒤로 젖히고 발을 앞으로 내밀며 어깨를 펴고 걷는 사람은 크게 이름을 떨치며 자손도 번성한다.
✿ 머리는 앞에, 발은 뒤에 남아 있듯이 앞으로 웅크리고 걷는 사람은 운세가 안 좋다.
✿ 볼품없이 가볍게 걷는 사람은 자식과의 인연이 없고 안정된 직업을 갖지 못한다. 평생 고생한다.
✿ 남성이 다리를 많이 벌리고 걸으면 길하고, 여성이 종종걸음으로 걸으면 길하다.

⑤ 팔과 다리의 털

✿ 여자가 팔다리에 털이 많으면(남성 호르몬 현상) 팔자가 세다.

⑥ 다리의 형태
✿ 쭉 뻗은 다리는 몸 전체를 보더라도 허리선이 적당히 보기 좋게 들어가고 골반은 비교적 크다. 긍정적인 성격에 표현은 적극적이며 성적 테크닉은 뛰어나 상대 남성을 만족시킨다. 가사도 비교적 잘하고 사회활동에서는 몸을 아끼지 않는다.
✿ 탄력 있는 늘씬한 다리의 남성 역시 여러모로 상대를 실망시키지 않는다.
✿ 쭉 뻗고 늘씬한 다리는 본인이 만족하지 못하면 다른 사랑을 찾아 떠난다.
✿ 다리가 학처럼 생기면 소인의 무리요, 발이 크고 굽은 여자는 잡인이다.

⑦ 팔과 다리로 하는 자기표현
✿ 다리의 동작에는 의미가 있다. 한쪽 무릎을 꿇으면 인간을 존중할 때이며 두 무릎을 꿇으면 범접하지 못할 관계이거나 신을 향한 것이 된다.
✿ 다른 사람 앞에서 양다리를 단단하게 붙이고 있다면 긴장되고 방어적인 상태이다.
✿ 허벅지에 발목을 올리는 자세는 거만하고 자신 만만한 야성적인 남성이다.
✿ 앉아서 팔꿈치를 펴는 여자는 겉으로는 강한 것 같으나 마음이 약한 사람으로 유혹당하기 쉽다.

⑧ 도움되는 말들
✿ 손목뼈가 갈라진 듯 넓적하지 않고 방망이처럼 둥글둥글한 것을 통뼈라고 하는데, 남자의 경우는 근력이 좋아 스포츠에 능하고 여자는 정력대왕이다.
✿ 다리는 자세와 모양새로 자신을 알게 모르게 다양하게 표현한다.
✿ 다리는 체상에서 말년에 속한다. 무 같은 다리는 말년에 좋아진다.
✿ 다리의 근육과 지방을 없앤다는 건 말년의 운기를 스스로 잘라내는 무모한 일이다.

【25】 손(手)

　　두 손과 두 발을 합쳐 사지(四脂)라고 한다. 사지가 단정치 않으면 일신이 괴롭게 된다. 손은 물건을 잡는데 쓰는 것으로 취하고 버릴 때 사용하기 때문에 섬세하고 길어야 한다. 손의 뼈는 맑고 무거워야 복록이 많다. 손에 살이 탐스럽게 많이 있고 뼈가 약하면 록은 있으나 복이 없고 뼈가 굵고 살이 적으면 복은 있으나 록이 없다. 몸은 작으나 손이 크면 복록을 누리고, 몸이 크고 손이 작으면 성품은 청렴하지만 살아가는 생활은 가난을 면치 못한다.

　　손등에 뼈가 튀어 나오면 부지런하고 일은 잘하나 고독하다. 손바닥의 뼈는 너무 드러나면 좋지 않다. 손목 위 바로 옆에 튀어나온 뼈를 고골이라 하는데, 고골이 튀어 나오면 육친의 덕은 없으나 본인의 힘으로 자수성가 하게 되며, 고골이 살 속에 파묻힌 자는 부모덕을 많이 받는다.

　　어깨에서 팔꿈치까지 내려온 뼈를 '용의 골'이라하고 팔꿈치에서 손목까지를 '호골'이라 한다. 용의 골이 위에 있으니 임금이라 하고, 호골은 아래에 있으니 신하가 되는데, 위의 뼈가 크고 튼실해야 좋으며, 아래 뼈인 호골이 용골보다 길고 커서 용골을 이기면 불길한 운명이 된다. 손은 또 하나의 입이다. 말 못하는 사람에게는 절대적인 의사소통의 수단이다. 손은 입이 말하지 않는 진실을 알려준다.

　　동양은 관상, 서양은 수상이라 하여 손은 예부터 서양에서 더 깊이 연구하여 왔다. 손은 의사소통의 수단이다. 처음 만나면 손을 펴서 내밀어 힘 있게 악수를 하며, 엄지손가락을 세워 제일이라고 표현하는 것은 무언의 의사 표시가 된다. 손을 내밀 때 엄지를 붙여서 내밀면 내성적이며 세밀한 성격이고 치밀한 편이다. 친한 사이 일수록 손이 휘면서 부드럽게 악수 한다.

　　손을 보일 때 손가락을 활짝 펴서 손바닥까지 보이면 숨김없이 시원하게 마음을 보여준다는 표현이다. 손가락을 모두 붙이고 손바닥을 보이면 마음을 열기는 하나 조심스럽게 생각하고 있으니 사귀어 보면서 마음을 주겠다는 표현이다. 손등 쪽으로 손을 내밀어 보이는 사람은 본인의 사적인 생활은 감추고 대외적인 것만 공개하는 사람이므로 쉽게 사귀기 힘든 사람이다. 작은 달걀 하나 정도를 든 것처럼 손을 반 정도만 펴서 보이면 마음을 잘 주지 않고 겪어 본 후에 열겠다는 표현이다.

　　손바닥이나 손등 쪽이나 시원스럽게 쭉 뻗어 보이면 솔직하고 활기차게 사는 사람이고, 조심스럽게 슬며시 내미는 자는 그렇지 않다. 손이 섬세하고 긴 사람은 성품이 너그럽고 은혜를 베푼다. 손이 짧고 두꺼우면 성품이 냉정하고 이익을 탐한다. 몸은 작지만 손이 크면 복록을 누리고, 몸은 크고 손이 작으면 청빈한 상이다.

손가락이 부드럽고 사이가 뜨지 않으면 재물이 모이고, 손가락이 뻣뻣하고 사이가 뜨면 파·패가 많으며, 대나무 마디처럼 생기면 빈천하다. 손가락과 손가락이 거위처럼 물갈퀴로 연결되면 귀하게 되고, 손바닥이 길고 두툼해도 마찬가지다. 손바닥이 짧고 얇으면 천하게 된다.

손이 크면 마음 쓰는 것이 너그럽고 기술을 가진 사람이다. 작은 손은 정확하고 세밀한 세공 기술을 가져야 한다. 여성의 손이 길고 크면 대외 활동이 활발하고, 남성의 손이 작으면 처덕에 산다. 손가락이 가늘고 길면 예술적 기질이 풍부하나 게으른 편이다.

손은 두텁고 맑은 색이고 만져서 따뜻하면 좋다. 손안의 손금도 살아가면서 마음 쓰임에 따라서 변한다. 손금은 도시의 도로와 같고, 자연의 강이나 하천과 같다. 손바닥은 범, 손가락은 용으로 본다. 용골은 튼실해야 좋고, 호골은 넓고 짧아야 좋은데, 손가락이 바닥보다 약간 길면 길상이다. 손바닥에 상향선이 많으면 영화가 있고 횡선이 많으면 고생이 많다. 횡선은 마음에 고통을 받게 함을 표시하고 세로금은 치솟는다는 뜻 그대로 발전상을 나타내는 것으로 행운이 온다는 길한 선이다.

손가락 중에서 가운데 손가락은 자기 자신이고 나머지 4지는 손님(객)이라고 생각하면 된다. 새끼손가락이 너무 짧으면 자손이 늦고, 길면 자손을 일찍 두고 운도 좋다. 손가락 끝이 둥글고 탄력이 있으면 손재주가 좋고, 손바닥이 길고 손가락이 짧으면 남이 잘 알아주지 않는다. 손가락 끝이 너무 뾰족하면 남성은 재운이 없고, 여성은 낭비가 심하고 정조관이 약하다.

엄지손가락이 흠이 있으면 직업이 들쭉날쭉 하게 된다. 손바닥에 잔금이 너무 많으면 마음고생이 많고, 손금이 너무 없으면 두뇌회전이 늦고 지식이 없다. 새끼손가락에 흠이 있는 자는 상처하고 불효하는 자식이 있다. 손톱을 물어뜯는 자는 앞날이 암울하고 부모와 뜻이 맞지 아니하고 마음이 우울하다. 몸은 큰데 손이 작은 사람은 형편이 어려워 돈을 모으지 못하고, 몸은 작은데 손이 큰사람은 지혜가 부족하며, 손바닥은 큰데 손가락이 너무 짧으면 객지에서 고생한다. 손바닥이 붉고 윤택하면 돈이 들어오는 날이다.

손금은 손의 운동으로 생기고, 모든 손금이 백이면 백 다 다른 이유는 손가락 운동 영양 상태 그리고 주위의 환경조건에 따라 변화를 가져오는 것이며, 특히 개인

고유의 성격 심리 상태의 변화에 따라서 많은 변화를 가져온다. 대체로 왼손은 선천적인 어린 시절 생활환경과 유전적인 면을 반영하고, 오른쪽 손은 후천적인 생활의 발전, 수양, 노력에 의한 운명을 표시한다. 단 왼손잡이는 이와는 반대이다.

손금이 그물처럼 얽혀 있으면 복록이 따르고 평생 재앙이 없으며, 가로로 금이 어지럽게 있으면 흉·액이 많고, 세로로 금이 있으면 높은 직에 오른다. 팔꿈치 마디는 작고 손가락 마디는 가늘어야 한다.

손이 따뜻하면 용모가 깨끗하고 준수하여 품행이 빛나고 화려하다. 손에 땀내가 나는 자는 혼탁하고 천하게 보인다. 손가락이 섬세하고 길면 총명하여 빼어난 인물이다.

손바닥이 얇고 부드럽지 못하면 지혜가 없고 가난하며, 부드럽고 매끈하여 솜털과 같으면 크게 부자가 된다.

손바닥이 단단하고 거칠면 가난한 사람이요, 손바닥이 부드럽고 반듯하면 부를 누린다. 손바닥의 네 모서리가 풍요하게 솟고 가운데가 오목하면 부하고, 네 모서리가 얇고 가운데가 평평하면 재물이 흩어진다. 손바닥이 윤택하면 부귀를 누리고, 손바닥이 기름기가 없어 건조하면 빈궁하며, 손바닥이 붉기가 피를 머금듯 하면 영귀하고, 손바닥이 누르고 흙덩이 같이 거칠면 매우 천하다.

손바닥에 청색을 띠면 빈곤하고, 백색을 띠면 하천하고, 손바닥 한 가운데에 검은 사마귀가 있으면 지혜 있고 부자로 살며, 손바닥 네 모서리에 가로 주름이 많으면 생각이 부족하고 가난하다. 귀인의 손이란 열 손가락이 부드럽고 섬세하여 깨끗하면 높은 관직까지 오르고 복록을 누린다. 손가락이 끊어지거나 기타의 흠이 있으면 흉악하여 품행이 단정치 못한 인물이 된다.

어깨에서 팔꿈치(용골 : 임금)는 길고 굵어야 하고, 팔꿈치에서 손목(호골 : 신하)은 짧고 가늘어야 한다. 뼈가 솟고 거칠고, 가는 주름이 실같이 엉키고 살이 말라서 깎인 것은 아름답지 못한 상이다. 손뼈가 넓기만 하고 짧으면 천한 상이요, 용골이 호골보다 크고 길면 반드시 영화가 있다. 열 손가락이 섬세하고 윤택하면 지식이 많고, 손뼈가 균형이 잡히지 않고 비뚤어졌으면 빈한하고, 호골이 강하고 용골이 약하면 어리석고 빈천하다.

1) 손바닥 무늬(掌紋)

손에 무늬가 깊고 가늘면 귀하고 무늬가 거칠고 얕으면 천하다. 손바닥 위에 세 가닥 무늬가 있는 경우, 위에 있는 것은 하늘을 뜻함이니 임금을 상징하고 또 아비를 상징 하는데 귀하고 천함을 정하는 것이며, 가운데 무늬는 사람을 뜻함이니 어질고 어리석음을 상징함으로 가난하고 부함을 분별하며, 아래에 그어진 무늬는 땅을 뜻함이니 아랫사람과 어미를 상징하여 수의 길고 짧음을 보는 것이다.

세 가닥 무늬가 모두 밝고 맑고 뚜렷해서 끊어진 데가 없으면 복록이 무궁한 상이요, 그 무늬위에 세로 주름이 복잡하게 그어져 있으면 성질이 선량치 못하고 재앙이 많고, 가로 주름이 어지럽게 있는 손은 모든 일에 되는 것이 없다. 무늬가 가늘어 실이 얽힌 듯하면 총명하고 복록이 많으며, 무늬가 어지럽게 엉키고 끊어진 데가 많으면 일생 빈궁하고, 단정하고 구멍처럼 생긴 무늬는 문관으로 출세한다. 손바닥에 옥책문이 손가락까지 뻗으면 이름을 널리 빛내게 된다.

2) 손등 무늬(手背紋)

손등의 무늬는 인화의 이치가 있는 것이다.

손등의 집게손가락 끝을 명당이라 하는데 기이한 무늬가 있거나 검은 사마귀가 있으면 재와 예로 귀히 되고, 만일 날짐승 모양과 같은 무늬가 있으면 맑고 귀하게 된다.

가운데 손가락 끝에 가로 무늬가 있으면 '공곡문'이라 하여 재물의 반입이 많아 크게 부자가 되고, 이곳에 얽힌 문이 팔까지 둘려져 끊어지지 않으면 이는 '옥천문'이니 주로 남의 공경과 사랑을 받는다.

손가락 등에 일문이나 이문이 있는 자는 항상 영화가 따르고 삼문 이상이 있는 자는 학문으로 인한 귀를 얻는다. 남녀의 보는 방법이 모두 같으며 무늬는 둘려져야 하고, 끊어지거나 둘려져 있지 않은 것은 아무런 효과가 없다.

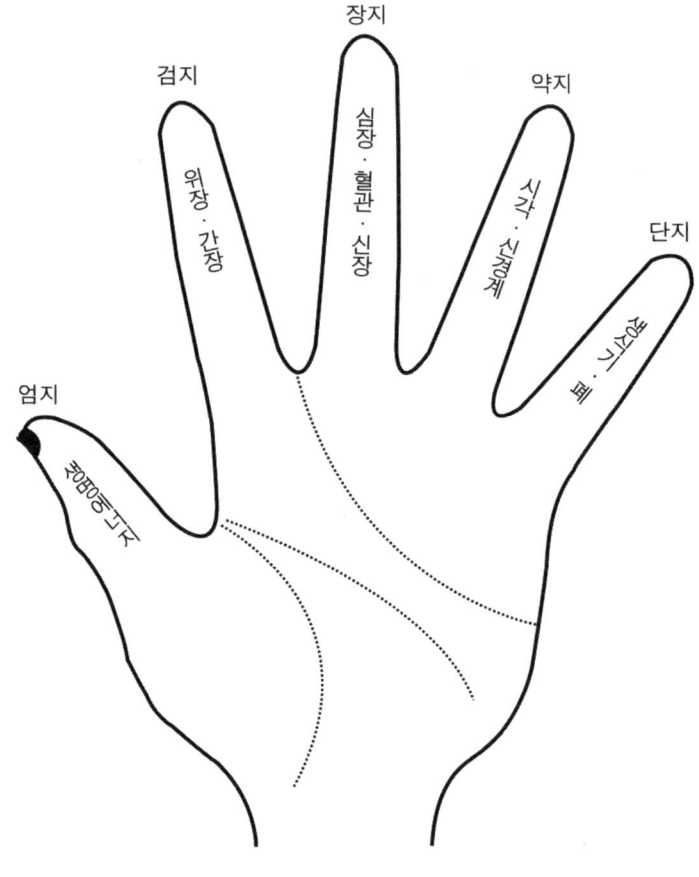

손가락으로 보는 건강운

3) 손을 관찰하며 읽기

① 개요

✿ 손이 찬 사람은 인정은 많으나 운이 약하고, 따뜻한 사람은 인정은 적으나 운이 열린다. 향기롭고 따뜻하면 복록이 많고 식은땀이 흐르면 탁해 운이 막힌다.

✿ 여자의 손이 너무 차면 냉증이 있다. 따뜻하게 대해주면 바로 친해진다.

✿ 손의 주름은 가늘고 깊을 뿐만 아니라 형태를 이루어야 한다. 주름은 얕고 문

란하고, 말라 비틀어지고, 기울거나 작으며, 결함이 있고, 삐뚤어져서는 안 된다.
✿ 이빨로 손톱을 자주 물어뜯는 사람은 앞날이 밝지 않고 부모와 뜻이 맞지 않으며 마음이 우울하다.
✿ 손이 솜같이 부드러우면 부하고, 그 빛이 피를 뿜은 듯하면 녹이 끊어지지 않는다.
✿ 손에 털이 전혀 없는 사람은 우유부단하며 여성적이고 신경질적이다.
✿ 손에 털이 많은 사람은 성격이 급하며 자칫하면 폭력적이기 쉽다.
✿ 손끝이 길고 두터우면 부귀하고, 엷고 뾰족하면 가난하다.
✿ 손끝이 둥글지만 딱딱한 사람은 어리석고 짧고 엷은 사람은 천한 사람이다.
✿ 손뼈가 가늘면 일을 많이 시킬 때 힘들어 한다.
✿ 수상에서는 다섯 손가락을 육친으로 본다. 다섯 손가락 가운데 하나가 다치거나 부러지는 등으로 육친의 길흉을 본다. 엄지는 조상과 양친을 보고, 검지는 형제·자매를 보며, 장지는 자신을 보고, 무명지는 타인을 보고, 새끼손가락은 자손을 본다.
✿ 왼손은 선천 운으로 날 때부터의 재능·성격·운명을 보고, 오른손은 후천 운으로 노력으로 개발한 재능·성격·운명을 본다.
✿ 왼손은 정신적인 변화로 마음의 변화가 나타나고, 오른 손은 환경의 변화나 현실적인 변화를 나타낸다.

② 손등
✿ 손등이 거친 사람은 행동이 거칠며 둔한 감을 주고, 품위와 세련미가 없다.
✿ 손등이 부드러우며 고운 손은 여성적이며 감정적인 사람 중에 많다.
✿ 손등이 거칠지도 않고 곱지도 않은 사람은 적당한 감수성과 실행력이 있으며 품위가 있어 학문과 기예가 높은 사람이 많다.
✿ 손등이 거북등처럼 수북하면 평생 재복이 있고 손등에 말발굽 모양의 무늬가 있는 사람은 복록이 많다.

③ 손의 살결
✿ 손마디가 거칠고, 크고 기름기가 없으며, 손등이 마르고, 길고 기름기가 없이 메마르면 고생이 심하다.

- 살결이 부드러운 손은 온순하며 예민하다. 평범한 일을 싫어하며 지배당하기 쉽다.
- 매우 부드러운 손은 감수성이 강하고 신경질적이며 활동력이 부족하다. 놀기를 좋아하며 공상이 많고 명랑하며, 사교적이나 실행력이 없고, 색정문제가 있다.
- 부드러우면서 탄력이 있는 손은 향락과 방종으로 흐르기 쉬우니 조심해야 한다.
- 고무공을 누르는 느낌을 주는 손은 원기가 강하여 활동력이 넘치고 정력적이며 발전적이다. 명랑하고 성적인 매력이 있어 이성을 끄는 힘이 강하다.
- 탄력이 없고 매우 딱딱한 손은 지적인 일보다는 육체노동에 적합하다.

④ 손의 크기

- 몸이 큰데 손이 작으면 청빈하고, 몸은 작은데 손이 크면 복록이 있다.
- 여자는 자기 체격에 비하여 손이 커야 잘 살고 남자는 작아야 잘 산다.
- 손이 크면 마음 씀씀이가 넉넉하다. 여성은 남성에 비해 대체로 손이 작아 마음이 섬세하다.
- 신체에 비해 손이 매우 큰 사람은 만사에 세심하고 차분하여 사업은 적당하지 않다.
- 신체에 비해 손이 약간 작은 사람은 큰일을 생각하며 무슨 일이든 두려워하지 않고, 상식적이며 건전하다.
- 매우 작은 손은 기이한 행동을 좋아하며 민첩하고 거칠며 잔인하다. 실패하기 쉽다.
- 작은 손은 정확성이 뛰어나 뜨개질, 바느질, 세공 등에서 유리하다. '손끝이 맵다'는 표현에 맞는 손이다.
- 몸이 큰데 유난히 손이 작으면 재산을 모으기 어렵고, 몸이 작은데 손까지 작은 사람은 지혜가 결핍된 것으로 본다.
- 몸은 장대한데 눈에 띄게 손이 작은 남성은 부인 덕에 산다. 유별나게 손이 큰 남성은 육체노동에 종사하는 경우가 많다.
- 손이 작으면서 부드럽고 마디의 살이 들어간 손은 남자의 유혹에 약하고, 남자와 야반도주한다. 돈 빌려주면 안 된다.
- 손이 작으면서 살이 두텁고, 누르면 들어가는 여성은 가정부의 손이다.
- 여자의 손이 작으면서 부드럽고 마디의 살이 들어간 손은 남자의 유혹에 약하

고 남자와 야밤에 도주 한다. 돈 빌려주면 안 된다.

⑤ 악수
✿ 엄지를 빳빳이 세우고 악수하는 사람은 자기 주관이 뚜렷하다.
✿ 남성은 남성과의 첫 대면에서는 엄지를 세우고 악수하지만 상대가 여성이면 엄지가 내려간다. 견제하거나 자기를 내세우기보다는 부드러운 이미지를 보이려 한다. 이성간에도 강한 이미지의 자기관리가 필요할 때는 엄지가 곧추 선다.
✿ 다섯 손가락을 쫙 펴서 악수하는 사람은 시원시원해서 뒤끝이 없다.
✿ 화기애애한 분위기였더라도 헤어질 때의 악수에서 상대의 엄지가 긴장되어 있으면 마음을 열어 놓은 것은 아니다.

⑥ 손의 두께
✿ 손이 두껍고 따뜻하면서 부드러워야 좋다.
✿ 손등과 손바닥에 모두 살이 너무 많이 붙어 있지 않아야 하며, 가늘고 윤기가 나는 것이 좋다.
✿ 손을 잡아서 두텁게 느껴지면 얌체 노릇을 한다. 감성이 풍부하고 부드러운 남자이고, 따뜻한 남자이다.
✿ 얇으면서 단단한 손은 고집이 세며 이기적이다. 담이 약하며 탐욕이 많다. 대단히 완고하고 타산적이며 극단적으로 흐르기 쉽다. 무슨 일이든 자신이 해야 직성이 풀리는 사람이다.
✿ 얇으면서 부드러운 손은 직감력이 뛰어나나 체력이 약하며 병약하고, 감정적이며 정신력이 매우 약하다.
✿ 두툼하면서 딱딱한 손은 본능적으로 행동하기 쉽고, 생각과 행동이 거칠며 품위가 떨어지는 행동을 한다.
✿ 두툼하면서 약간 딱딱한 손은 행동은 거칠지만 성격은 평범하며 실행력이 높다.
✿ 두툼하면서 탄력이 적당히 있는 손은 지(知)·정(情)·의(意)를 겸비한 사람이다. 상식적이며 실행력과 사교성이 있다.

⑦ 손가락

- 엄지는 생명의 에너지를 보며, 검지는 위장·간장을 보며, 중지는 심장·혈관·신장을 보고, 약지는 시각·신경계를 보며, 단지는 생식기·폐를 본다.
- 손가락의 뼈가 나타나고 마디가 굵어 마치 닭다리와 같이 울퉁불퉁하면 빈곤한 상이다.
- 손가락 마디뼈가 굵으면 팔자가 세다. 미인형이 많아 남자가 많이 따른다. 빨리 결혼하고, 빨리 이혼하며, 일찍부터 혼자가 될 수 있다.
- 손가락이 가늘고 길면 예술적 자질이 있으나 게으른 편이다.
- 네 개의 손가락이 매우 길면 남의 일에 간섭을 잘하고, 신경질적이나 세심한 일에는 적합하다.
- 네 개의 손가락이 매우 짧으면 성격이 급하고, 지는 것을 싫어한다. 만사에 민첩하나 우둔한 면도 있다.
- 손가락 등이 둥글면서 맑고 부드러우면 부귀 총명한 상으로 제일로 친다.
- 네 개의 손가락이 보통이면 성격과 생활이 조화롭다. 네 개의 손가락이 다른 손가락보다 긴 것은 강하다는 뜻이다.
- 손가락 끝이 둥글고 탄력이 있으면 손재주가 많다. 손끝이 너무 뾰족하면 남자는 재운이 부족하고, 여자는 정조관념이 약하고 낭비벽이 있다.
- 손가락 끝이 가늘고 뾰족하면 총명 부귀한 상이다.
- 손가락 끝이 굵고 짧으면 어리석은 상이다.
- 손가락이 부드럽고 길면 인자하며 명망가이다.
- 손가락 등이 뽀얗고 윤택하면 귀한 상이다.
- 손가락 등에 흑점이 있으면 길상으로 남보다 뛰어난 일을 하여 이름을 떨친다.
- 손가락이 길어도 가로금이 많으면 하는 일마다 장애가 생겨 평생 고생한다.
- 손가락 마디가 죽순처럼 섬세하고 부드러우며, 피부가 메마르고 거칠면 어리석고 고집이 센 사람이다.
- 손가락이 짧으면 잘못 없이 남에게 미움을 받는다.
- 손가락에 털이 난 사람은 좋은 상이다. 털은 가늘고 부드러운 것이 좋다.

⑧ 엄지

- 여자의 엄지손가락이 뱀 머리 같으면 후처로 간다. 삼각형이면 독하다.
- 엄지가 너무 짧은 사람은 성품이 무지하고 시비가 많다. 심성과 정신을 나타낸다.

✿ 엄지의 첫째 마디와 둘째 마디가 균등하면 지성적인 사람이다. 첫째 마디가 짧고 둘째 마디가 긴 사람은 두뇌는 좋지만, 의지가 박약하며 실천이 부족하여 사업보다는 학문 분야가 적합하다. 첫째 마디가 뒤로 젖혀진 사람은 수완은 좋지만 낭비가 심하다.

✿ 엄지 등에 무늬가 있으면 운이 매우 좋아 크게 성공한다.

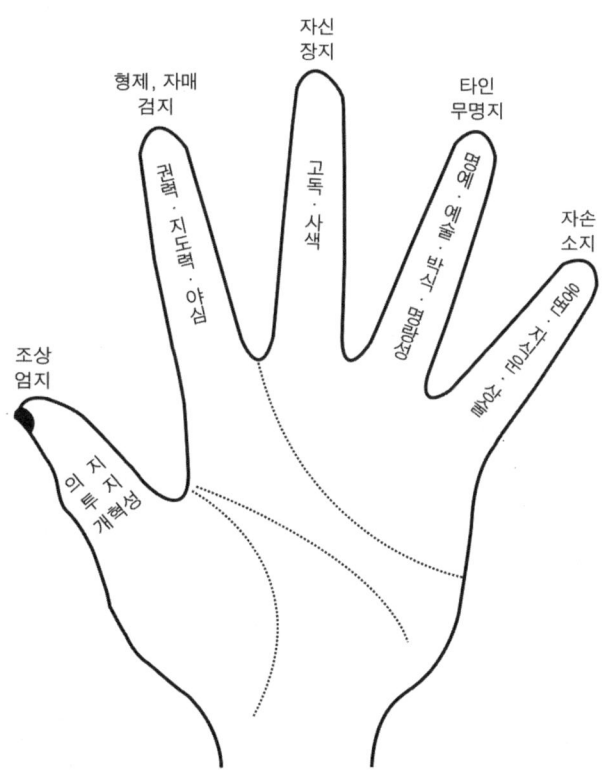

손가락 길이로 성격, 재능, 운세를 알 수 있다

⑨ 검지(인지)

✿ 검지는 명예·자부심·독립심·지배욕·노력 등을 나타낸다. 검지가 다른 손가락에 비해 길면 자신감과 생활력이 강하고 발전적이다. 지나치면 제 잘난 맛에 도취된다.

✿ 인지(검지)는 형제자매를 나타낸다. 인지에 흠이 있거나 틀어지면 형제에게 해

가 있다. 아버지와 인연이 박약하고 친가가 몰락한다.
✿ 검지가 무명지에 비해 매우 짧으면 향상심이 없고 소심하다.
✿ 검지가 무명지에 비해 매우 길면 비상식적이고, 강한 권력을 찾아 자기를 내세운다.
✿ 검지와 무명지의 길이가 같으면 항상 발전가로 지위와 물질을 소유한다.
✿ 검지가 중지를 향해 구부려져 있으면 형제간이 자기에게 의존하므로 도움을 줘야 한다. 인지의 첫 마디는 종교심을, 둘째 마디는 야심을, 셋째 마디는 지배력을 나타낸다.
✿ 검지가 장지보다 길면 지배욕이 있고, 권위적이며 다른 사람을 짓밟고라도 위에 오르려 한다.
✿ 검지와 장지가 같으면 지배력과 명예를 매우 중요하게 여긴다.

⑩ 중지(장지)
✿ 중지는 자기 자신을 나타낸다. 흠이 있거나 틀어지면 본인에게 결함이 있고, 모친과 인연이 없다. 흉터가 있거나 좌우로 구부려져 있으면 독립심이 약하고 의타심이 많아 직업을 잃기 쉬운 사람이다.
✿ 장지는 도덕·사색·고독을 나타낸다. 장지가 다른 손가락보다 길면 음성적이며 고독을 즐기고 종교나 철학 등의 학문에 관심이 많고, 매사에 매우 조심하며 이상을 찾아 연구와 독서에 열중한다.
✿ 장지가 다른 세 개의 손가락과 평균하면 침착하며 생각이 깊다. 장지가 검지에 비해 매우 길면 행동과 생각이 상식적이지 않고 극단으로 흐르기 쉽다.
✿ 장지가 검지보다 매우 짧으면 자기만족으로만 살려고 한다. 장지와 검지의 길이가 같으면 명예욕이 강하다.
✿ 장지가 무명지에 비해 매우 길면 예술가이며 요행과 고독으로 자신을 망치기 쉽다.
✿ 장지가 무명지에 비해 짧으면 생각에 분별이 없고 행동이 조잡하다.
✿ 장지가 무명지와 같으면 지나친 사행심으로 자신을 망칠 염려가 있다.

⑪ 약지(무명지)
✿ 무명지가 다른 세 개의 손가락과 평균하면 예술적인 재능이 있고 쾌활하다.
✿ 약지에 흠이 있거나 틀어지면 배우자에게 해가 있다. 처복이 없고 처가가 몰락

한다. 약지가 중지를 향해 구부러져 있으면 처가 자기에게 의존하므로 처가를 도와줘야 한다. 약지의 첫마디가 너무 길면 투기성이 많다.
✿ 무명지가 검지에 비해 매우 길면 예술적인 재능이 있지만 이렇다 할 발전은 없다.
✿ 무명지는 인기·명성·행운·표현력 등을 나타낸다. 무명지는 다른 손가락보다 길면 감수성이 풍부하며 언어와 행동이 화려하다.
✿ 무명지가 검지와 같으면 발전성이 풍부하다.
✿ 무명지가 검지보다 짧으면 야심가이며 자신의 힘을 너무 믿다 실패하는 수가 있다.
✿ 무명지가 장지와 같으면 승부를 좋아한다.
✿ 무명지가 장지에 비해 짧으면 병적인 성격으로 고독과 신경질이 많다.
✿ 무명지가 장지보다 매우 길면 외교 면에서 실패하기 쉽다.
✿ 무명지가 새끼손가락과 거의 같으면 다재다능하며 사교적이다.
✿ 무명지가 새끼손가락에 비해 매우 길면 예술 방면으로 성공한다.
✿ 무명지가 새끼손가락에 비해 매우 짧으면 특이한 재능이 있으나 세상이 받아들이지 않는다.

⑫ **소지**
✿ 소지에 흠이 있거나 틀어지면 자녀에게 해가 있다. 소지가 너무 짧으면 자식이 늦고 길면 일찍 둔다. 상처를 할 수 있고, 자식마저 불효한다.
✿ 새끼손가락은 외교·이재·기지를 나타낸다.
✿ 새끼손가락이 다른 손가락보다 길면 상재(商財)가 있으니 재물이 넉넉하고, 외교적인 면이 뛰어나다. 지나친 이재와 탐욕만 쫓으면 지탄을 받는 경우도 많다.
✿ 새끼손가락과 다른 세 개의 손가락이 평균하면 다재다능하며 사교적이다.
✿ 새끼손가락이 검지와 같으면 외교나 사교능력이 지배 권력을 향하고 있다는 뜻이다.
✿ 새끼손가락이 장지와 같으면 학문적으로 우수하다. 사교성이 풍부한 연구가이다.
✿ 새끼손가락이 무명지와 같으면 감동시키는 힘이 우수하며 예술과 미적 감각도 우수하다.

✿ 남성은 새끼손가락이 짧으면 신의 기능이 약하다.

⑬ 손가락 사이
✿ 장지와 검지 사이가 벌어지면 다른 사람의 말로 손해를 본다.
✿ 엄지와 검지 사이가 넓게 벌어지면 양친과 인연이 엷어짐을 나타내며 불효자가 되기도 한다.
✿ 검지와 장지가 붙어 있으면 대인관계가 좋다.
✿ 검지와 장지 사이가 벌어지면 자신을 도와주는 사람이 없다는 뜻이고, 매우 넓게 벌어지면 형제·자매 관계가 나쁘며 항상 적이 있다는 뜻이다.
✿ 다섯 손가락이 힘있게 모아져 있으면 똑똑하고 확고한 뜻이 있다.
✿ 장지와 무명지 사이가 넓으면 타인과의 관계가 나쁘며 인연도 멀다. 남자는 아내와의 인연이 변하기 쉽다.
✿ 다섯 손가락이 힘없이 떨어져 있으면 목표가 없고 항상 불안정하다.
✿ 장지와 무명지 사이가 벌어지지 않으면 타인과의 관계가 매우 좋고, 친구와의 인연이나 타인과의 관계도 좋아 최상이다.
✿ 새끼손가락과 무명지가 벌어지면 자식과의 인연이 좋지 않다.
✿ 무명지와 새끼손가락 사이가 벌어지지 않으면 자식운이 좋다. 친자식이 없어도 좋은 양자가 들어온다.
✿ 장지와 무명지 사이가 벌어지면 자신의 걱정이 많고, 타인의 일로 손해를 본다.

⑭ 손바닥
✿ 손바닥에는 두터운 것과 엷은 것이 있으며, 손가락에는 긴 것과 짧은 것이 있다.
✿ 손바닥은 부드럽고 길어야 하며, 팔뚝은 밝고 두터워야 한다. 말라서 **뼈**가 밖으로 드러나고, 힘줄이 튀어나오고, 살이 적고, 손톱이 엷고, 손가락이 곧지 않으면, 모두 수려하고 아름다운 상이 아니다.

⑮ 손으로 하는 자기표현
✿ 손바닥을 보이면서 손가락을 넓게 펴는 사람은 어지간한 사생활까지 비밀이 없다.

- 손바닥이 보이되 손가락을 바싹 붙이면 마음을 보여 주기는 하나 다소 조심스러운 사람이다. 취향만 맞으면 머지않아 편한 사이가 된다.
- 손등을 보이면서 손가락을 펴면 사생활은 감추더라도 사회생활은 공개한다.
- 손등을 보이면서 손가락을 붙이면 대인관계는 깔끔하나 빠른 시간 안에 허물없이 사귀기는 쉽지 않다.
- 손바닥이든 손등이든 쭉쭉 뻗어내 보이면 활기찬 기상이 있다.
- 계란 쥐듯 하면서 손바닥을 보이면 심정을 잘 드러내지 않는다. 돌다리도 두들기고 지나가는 형이라 좋은 기회를 놓치기 쉽다.
- 몸 가까이에서 슬그머니 손을 내밀면 활기차지 못하고 내성적인 사람이다.
- 주먹을 쥔 상태에서 손등을 보여주는 사람은 상대가 먼저 마음을 열기 전에는 결코 속내를 보이지 않는다.
- 손바닥을 앞으로 내미는 동작은 거부의 표시로, 강하게 내밀면 거센 거부가 된다.
- 손바닥을 가슴 쪽을 향해 안으로 들이면 받아들이겠다는 포용의 뜻이고, 손바닥을 위로 향해 올리면 간곡한 마음이 있고 손바닥을 내리면 숨고르기의 표현이다.
- 호주머니에 손을 넣고 있는 사람은 항상 무언가를 생각하는 일이 있으나 그렇게 좋은 일이 아닌 경우가 있다. 비밀주의 적이며 음성적이다.
- 두 손을 힘없이 늘어뜨리고 있는 사람은 결단력이 없고 생활이 불안정하다. 행동도 기민하지 않고 항상 다른 사람의 뒤를 쫓는 무능한 사람이다.
- 주먹을 쥐고 손을 늘어뜨리고 있는 사람은 강한 의지력과 보이지 않는 결단력이 있다. 무슨 일을 시작하려고 할 때는 이런 동작이 나타난다.
- 여자가 남자 앞에서 머리에 손을 올리면 남자의 시선을 끌려는 것으로 본다.
- 여자가 남자 앞에서 머리카락을 여러 번 쓰다듬으면 그 사람에게 마음이 있다.
- 여자가 남자 앞에서 아무 일없이 괴로운 듯이 머리를 긁어대면 요부 형이다.
- 머리를 난폭하게 긁는 여자는 마음이 들떠 있다.
- 항상 손을 움직이거나 비비는 사람은 경솔하여 불성실하다. 겉으로는 좋은 것 같으나 속으로는 무슨 생각을 하고 있는지 알 수 없다. 말을 할 때 손을 멋있게 움직이는 사람도 마찬가지다.
- 손을 쓰다듬는 사람은 장소와 분위기를 잘 맞추며 아첨을 잘하고 줏대가 없다.
- 뒷짐을 지는 사람은 항상 무언가를 생각하는 사람으로 주의력이 뛰어나 겁

이 많고 소극적이다. 다른 사람을 믿지 못해 무슨 일이든 자신이 하거나 눈으로 보지 않으면 마음을 놓지 못한다.
✪ 양쪽 손을 번갈아 계속 움직이는 사람은 기분파로 제 마음대로이며 변덕스럽다. 다른 사람보다 자신을 먼저 생각하고, 주위의 주목을 받지 못하거나 중심적인 존재가 되지 못하면 직성이 풀리지 않는다.
✪ 손바닥을 힘없이 벌리고 있는 사람은 끈기가 없고 공상가이다. 항상 꿈을 쫓는다.
✪ 여자가 남자 앞에서 아무 일없이 양팔을 쓰다듬거나 팔짱을 끼거나 어깨에 손을 가져가거나 겨드랑이에 마음을 쓰면 남자에게 마음이 끌리기 전이라는 뜻이다.
✪ 특별한 일이 없는데도 항상 머리카락을 만지는 여자는 성적 몽상에 잠겨 있거나, 마음속에 남성을 그리며 꿈을 쫓고 있다는 뜻이다.
✪ 여자가 남자 앞에 다리를 꼬고 앉으면 자신의 기분을 어찌할 바 모른다는 뜻이다.
✪ 물건에 기대거나 의자에 앉자마자 바로 볼에 손을 갖다 대면 이성간에 초연으로 끝나지 않고 복잡해진다.
✪ 앉았을 때 유방이나 가슴에 손을 대거나 앞에 손을 얹는 여자는 다정하며, 이성을 그리워하는 행동이다.
✪ 앉았을 때 오른쪽 어깨를 낮추며 포즈를 취하는 여자는 바람기가 있다.
✪ 일어설 때 옷의 아랫자락을 잡는 여자는 애정문제가 일어날 것을 나타낸다. 한복의 치맛자락을 잡는 것과는 다르다.
✪ 앉거나 기댈 때 팔꿈치를 대며 몸을 움츠리는 여자는 다정하나 경박하다.
✪ 불필요하게 자꾸 작은 물건이나 옷을 만지는 여자는 호색기질이 있고, 기분이 불안정하다.
✪ 대화중에 가끔씩 귀에 손을 대는 여자는 마음에 정이 움직였다는 뜻이다.

⑯ 손의 색
✪ 손바닥이 담홍색인 손은 건강한 손으로 의·록이 풍부하다.
✪ 손바닥이 누렇거나 황토와 같으면 빈천하고 신경질적이다.
✪ 검은 빛을 띤 손바닥은 지모가 있다.
✪ 손바닥이 검고 탁하며 청색을 나타내면 일이 풀리지 않는다.

✧ 손바닥이 푸른 청색을 띠면 가난하고 시비와 구설이 있다.
✧ 손바닥이 홍색을 띠고 윤기가 흐르면 수년 내에 논밭을 마련하게 된다. 주름이 난잡하면 많이 배워도 이루는 일이 적다.
✧ 손바닥이 백지처럼 희면 빈궁하고 검은 점이 있으면 자식이 없다.
✧ 손등이 희고 손바닥은 붉어야 재운과 관운이 좋다.
✧ 남녀의 손은 혈색이 밝고 윤택하며, 손가락은 길며 주름은 가늘고, 손등과 손바닥은 살이 적당히 찐 것이 좋다.
✧ 손이 백옥 같이 맑고, 광채가 사람들의 눈 속을 꿰뚫고 들어가며, 손가락이 봄의 죽순과 같이 좋고, 혈색이 충만하여 주홍색을 띠는 여인의 손은 황비가 된다.

⑰ 손바닥

✧ 손바닥의 이궁 부위에 정(井)자 모양의 주름이 있으면 한림원에 들어간다.
✧ 손바닥에 거미줄처럼 잔금이 많아도 마음고생이 많고, 손금이 너무 없는 사람은 어리석고 무식하다.
✧ 손바닥이 얇은 여자는 자기 이부자리도 갤 줄 모르는 게으름뱅이다.
✧ 손바닥이 딱딱하면서 얇으면 빈천하다.
✧ 손바닥이 어둡고 검은 사람은 가정이 파탄 나고 재물을 날린다.
✧ 손바닥에 살이 두텁게 붙은 사람은 조상이 마련한 터전이 있으며, 손등에 살이 붙어 있는 사람은 스스로 기반을 마련한다.
✧ 손바닥은 두텁고 부드러워야 길상이라 하여 복이 많고 성공한다.
✧ 손바닥이 적당하게 촉촉하며 향기가 좋으면 귀인의 손이다.
✧ 손바닥의 건궁 부위에서 시작하여 이궁 부위까지 주름이 있으면 충천 문이라고 하는데, 충천 문이 있으면 맨손으로 가정을 일으켜 만금을 벌어들인다.
✧ 손바닥이 말라서 흙과 같이 바삭바삭한 느낌을 주면 가난하다.
✧ 손바닥 주름이 얕으면 의지 역시 얕고, 주름이 깊으면 의지 역시 깊다. 주름이 난잡하면 마음도 혼란하며, 주름이 없으면 마음이 반드시 어리석다.

⑱ 손톱

✧ 손톱은 몸의 건강상태를 보는 축소판이다.
✧ 손톱은 힘줄과 핏줄이 밖으로 표출된 것이다. 손톱이 두터운 사람은 매우 대담

하며, 손가락이 가는 사람은 총명하고, 손바닥이 밝은 사람은 재물을 모으는 후한 녹봉을 받는다.
- 손톱 밑뿌리의 하얀 반월이 있어야 하고, 반월은 선명할수록 좋다. 하얀 반월이 작아졌거나 없어진 경우 영양이 결핍된 상태이다.
- 손톱은 주름과 반점이 없고 투명해야 한다.
- 끝이 부서지는 손톱은 영양실조나 몸속에 기생충이 있다는 징조이다. 갈라진 손톱은 갑상샘 질환과 관련이 있다. 노란색을 띠면서 잘 부서진다면 곰팡이 감염일 가능성이 크다.
- 손톱의 하얀 반월은 심장의 상태를 말해준다. 너무 커지면 혈압이 높아진 것이고, 너무 작으면 심장 박동이 약해 저혈압에 걸릴 확률이 높다.
- 세로선이 그어진 손톱은 심적 고민과 문제가 있을 때 생긴다. 나이가 들면서 생기는 질환은 물론이고, 동맥경화와 관련이 있으므로 혈관계 질환이 있는 사람은 주의해야 한다.
- 손톱이 두껍기만 하고 반듯하지 않으면 신체는 건강해도 인격이 낮다.
- 손톱이 얇으면서 윤택하면 무병으로 본다. 손톱이 얇으면 건강하지 못하다.
- 손에 털이 보통으로 있는 사람은 침착하며 실행력이 풍부하고 상식적이다. 여자는 남성적이며 잔인한 면이 있다.
- 손톱이 안으로 오그라들면 몸과 기가 약하여 크게 성공하지 못한다.
- 손톱이 둥글면 크게 성공하지 못하나 사랑을 받으며 애교가 있다.
- 손톱 전체가 거울과 같이 빛나면 일이 잘 풀리지 않는다.
- 손톱이 노르스름한 색을 띠면 곰팡이에 감염된 것이다. 갑상샘이나 폐질환, 당뇨병, 골다공증이 있음을 알려주는 것일 수 있다.
- 위로 휘면서 자라는 손톱은 간장이 약할 때 나타난다.
- 물결무늬가 있는 손톱은 골다공증이나 염증성 관절염의 징후일수 있다. 손톱 색깔이 변색되고, 손톱 안 피부가 불그스름한 갈색을 띤다.
- 손톱이 불룩하면 폐 관련 질환을 의심해야 한다.
- 삼각형 손톱은 예민한 성격으로 신경과민 증상이 있다. 허리가 약하므로 운동을 해야 한다.
- 하얀색을 띠면서 끝에 검은색 테두리가 있는 손톱은 간에 문제가 있다는 신호이다.
- 푸르스름한 손톱은 몸이 충분한 산소를 공급받지 못하고 있음을 나타낸다. 폐

렴처럼 폐에 감염이 있음을 암시하는 것일 수도 있다. 심장 질환과도 관련이 있다.
✿ 핏기가 없고 푸른색이 돌만큼 창백한 손톱은 여러 가지 병이 있다는 적신호다. 빈혈, 울혈성 심부전, 간질환, 영양실조 증상이 있을 수 있다.

⑲ 손과 발
✿ 얼굴이나 손발에 푸른 힘줄이 지렁이가 꿈틀 거리듯 어지럽게 솟으면 편한 날이 적고 재액이 많다.
✿ 손이 가늘고 부드럽고 윤택하며, 발의 근육이 둥글고 통통하면 반드시 편안하게 즐거움을 누린다.
✿ 손이 거칠고 발이 큰 여자는 무당이 아니면 매파이고, 코가 뾰족하고 머리가 숙여진 여자는 시녀나 첩이 된다.
✿ 몸에 비해 손과 발이 크면 빈천하다. 손발에 살이 없고 힘줄만 튀어나와 거칠면 일생 동안 부귀를 얻기 힘들다.
✿ 머리와 손발이 따로 움직이며 걷는 모습이 뱀 같은 사람은 행동이 경박하고 마음이 독하여 수를 누리지 못한다.

⑳ 도움되는 말들
✿ 손은 몸의 싹이며, 손은 또 하나의 입이다.
✿ 손의 살결·크기·두께·부드러움은 활동력을 보이는 것으로 체력과 실행력을 판단할 수 있다.
✿ 큰 손과 작은 손은 신체와의 균형으로 구분하고, 탄력도는 손바닥을 눌러보고 판단한다.
✿ 손을 내밀 때 손가락을 움츠리며 내밀면 소심하며 큰 실패는 없으나 크게 성공 하지도 못한다.
✿ 동정이나 소매 끝, 옷고름 등을 함부로 만지는 여자는 남자에게 속기 쉽다.
✿ 손은 말을 못하는 사람에게는 절대적인 의사소통의 수단이다. 말을 하는 사람의 경우도 손은 입이 말하지 않는 진실을 알려 준다. 만나거나 헤어질 때 악수만으로도 그 사람을 읽을 수 있다.
✿ 강함과 약함을 관찰하고자 할 때는 손을 잡아 본다.
✿ 여자의 손이 억세면 과거에 거친 일을 한 사람이다.

✿ 손가락이 길고, 손바닥이 두터우며, 주름이 깊고 혈색과 혈기가 밝으면, 남자는 재상이 되고 여자는 귀부인이 된다.
✿ 손을 잡아 보면서 내면의 마음을 읽는다.
✿ 손이 뻣뻣하면 초년에 고생을 많이 한 사람이고, 자수성가 한다.
✿ 손짓을 많이 섞어서 말하는 사람은 거짓이 많다.
✿ 손이 길어 무릎까지 스치면 영웅이 된다. 손이 짧아 허리까지만 닿으면 빈천하다.
✿ 다섯 손가락을 쫙 펴고 엄지까지 붙여 손을 내밀면 내성적이고 치밀하다. 돈을 쓸 때도 요모조모 따지며 지갑이 쉽게 열리지 않는다.

【26】발(足)

　발은 위로 몸을 받들고 아래로 백체를 움직이는 중요한 부위다. 발은 땅을 상징하는데, 비록 몸의 제일 아래에 있다 해도 쓰임이 무한히 크다.
　족상은 노후를 상징하며, 발속에서도 나름대로 족의 심상을 읽을 수 있다. 소우주라 하여 발에도 심상이 있고, 얼굴이 있고, 운명이 연결되어 있다. 발바닥의 두께가 4인치가 되면 거부가 되며, 발가락마다 각각의 뜻이 있고, 발바닥의 무늬는 신비스러울 정도로 운명을 잘 나타내 준다. 발의 모양 피부 색상 등으로 그 사람의 정신세계나 마음가짐과 건강 상태를 읽을 수 있다.
　발은 내장 기관과 연결이 되어 있어 심장마비보다 더 무서운 질병을 얻을 수도 있으니 발을 꼭 씻어주고 푹 쉬게 해 주어야 한다. 초년 사주가 좋아서 부모님을 잘 만난 아기들은 집에서 걸음마 연습을 늦게 시키고 신발도 일찍 신기지 않는 이유는 발의 발육에 지장을 주지 않기 위함이다.
　발이 곱고 추한 것을 분별하여 귀하고 천함을 알게 되는 것인데 발은 모지고 넓어야 하고, 바르고 둥글어야 하며, 매끄럽고 부드러워야 하는데 이러한 상은 모두 부귀한 상이다. 발이 뾰족하고 좁거나 얇고, 가로로 넓고 짧으며, 거칠고 부드럽지 못하면 이는 모두 빈한한 상이 된다. 발바닥에 무늬가 없으면 천박하고, 발바닥에 검은 사마귀가 있으면 식록이 넉넉하고, 발이 크더라도 얇으면 천하고, 두터우나 옆으로 퍼진 자는 가난으로 고생을 많이 한다.
　발바닥에 뒤꿈치가 분명하면 복록이 자손에 까지 미치고, 발밑에 둘러진 무늬가 있으면 명예가 널리 퍼지고, 발바닥이 평평하여 널판자 같으면 가난하고, 발바닥이 거북이 들어갈 만하게 오목하면 부귀하다. 발가락이 균형이 잡히고 길면 마음이 선량한 사람으로 귀히 되고, 발가락이 단정하고 가지런하면 인품이 뛰어나고 호탕하며 어질고, 발바닥이 네 모서리가 두터우면 재물이 많은 부를 누린다.
　발바닥에 사마귀가 세 개 생긴 자는 문무의 권세를 모두 잡는다. 귀인의 발은 작고 두텁고, 천인의 발은 크고 얇다(귀인의 발은 두툼하여 여유롭게 즐거움을 누리고, 천인의 발은 얇아 쉴 사이가 없이 분주하다). 사마귀가 있거나 무늬가 있으면 좋은 상이요, 사마귀도 없고 무늬도 없으면 수명을 단축하는 상이다.
　발도 신체의 일부이므로 음양의 조화가 잘 이루어져야 하는데 **뼈**와 살의 조화를 말하며 발등에 살이 많아 두껍고 풍성해 보이면 일과 가정에 운기가 많아 잘 산다. 발등이 낮고 얇은 사람은 예술성이 있고 사교적이며, 볼이 넓은 사람은 유순하고 친절하며, 칼발은 낭비벽이 심해 어려움을 겪는다. 색이 흰색이면 귀격이라 앉아서 벌고, 갈색이면 열심히 뛰어 다니면서 벌어야 한다. 평발은 힘이 있어 돈을 성실하게 모은다.

1) 형태에 의한 분류

평발은 연애에도 쉽게 빠지고 오래 걷지 못하니 일을 끈기 있게 못한다. 발 가운데가 움푹 들어간 노루발이나 짐승 발처럼 날렵한 발은 남에게 지기 싫어하고 날렵한 만큼 변덕도 자주 부린다. 발바닥에 굳은 살이 박힌 사람은 지기 싫어하고 엄지발가락 밑이 부드러운 사람은 감성이 풍부하고 직관성이 있다.

발바닥의 무늬 선도 정신적 에너지의 표현이기 때문에 살아가는 형태 그대로를 표현한다. 목표의식이 강해서 열심히 살면 세로금이 발바닥에 만들어지고 투덜거리고 물결 흐르듯 생각 없이 살아가면 발바닥 무늬가 가로금이 생기고 가로로 잡힌 주름이 많으면 보증을 서게 된다. 발걸음을 가볍게 걷는 사람은 굳은살이 적고 발바닥에 세로 문이 생기고 색깔도 환하게 화색이 돈다.

발에서도 일생을 보는데 발뒤꿈치 쪽이 초년운이고, 가운데 부분이 중년운이며, 발가락 쪽을 말년운으로 본다. 발가락 피부에는 땀샘이 많이 분포되어 있어 스트레스를 받으면 땀이 많이 난다. 발 냄새가 심하게 나는 사람이 있는데, 냄새가 많이 나면 고생이 많은 사람으로 본다.

발이 작은 여성은 예쁜 사람이 많고, 따라서 성적 매력이 뛰어나고, 기교도 뛰어난 것으로 본다. 발이 작으면 허벅지에서 자궁으로 가는 기능이 적어서 부부생활이 남편에게 만족을 주는 성적인 매력을 발산하기 때문이다.

발바닥의 족상도 마음에 따라 변할 수 있다. 발가락 열 개 모두 둥근 무늬는 성격이 음흉하고 야비한 점이 있으며, 6~7개만 이 무늬가 있는 사람은 부귀 공명할 사람이다. 발에 족상이 선명하게 있는 사람은 귀격이고, 족상에 선이 하나도 없는 사람은 격이 낮은 사람이다.

발바닥 족상에 무늬가 꽉 차 있거나 검은 점이 있으면 대귀할 명이다. 발바닥에 사마귀가 있으면 병권을 장악하고, 3개 이상 있으면 문무의 권세를 모두 잡는다. 발바닥에 소용돌이 같은 금이 있으면 명예가 천리밖에 퍼진다. 사마귀나 금이 없으면 수명을 단축 한다.

발바닥이 널빤지 같으면 빈천하고, 발이 크기만 하고 얇은 사람은 가난하고 천하다. 발이 두텁고 모가 진발 즉 각진 발은 천석궁을 가질 사람이다. 발이 두터워도 틀어졌거나 안짱 걸음걸이 형이면 고빈할 상이다. 남자의 오리발은 어리석고, 여자의 오리발은 두 번 시집갈 상이다.

발바닥이 거북이가 들어갈 정도로 오목하면 부귀를 누린다. 발바닥 모서리가 두터우면 커다란 부를 누리고, 발뒤꿈치가 둥글고 색이 맑고 바르면 복록이 자손에게까지 미친다. 발바닥에 털이 난 사람은 영웅이 될 상이다.

발가락이 섬세하고 길면 착하고 귀하게 되며, 발가락이 단정하고 가지런하면 어질고 호걸이 된다. 발이 얇고 발가락이 긴 사람은 능력이 모자라고 가운데 발가락만 유난히 긴 사람은 타향에서 살다 객사할 상이다. 발가락이 짧고 발바닥이 너무 파이고 뼈가 많이 튀어 나온 발은 일생 빈천할 상이며, 색이 밝고 맑으면 중산층 정도는 살아간다.

복숭아 뼈가 많이 튀어 나오면 남자는 말년이 고독하고, 여자는 남편을 잃고 자식과 불협하여 노후가 쓸쓸하다. 두 번째 검지 발가락이 장지와 중지 발가락을 반반씩 포개고 있으면 조상들과 부모를 일생동안 모시게 된다. 새끼발가락이 크면 사교에 능하고 적으면 자손이 늦게 풀린다.

귀인의 발은 작고 두터우며, 천인의 발은 크고 얇다.

2) 발바닥 무늬(足紋)

발바닥은 부드럽고 무늬가 많은 자는 귀히 되고, 거칠고 무늬가 없는 자는 천하다. 발바닥에 거북무늬가 있으면 많은 녹을 받는 사람이고, 발밑에 날 짐승 무늬가 있으면 높은 벼슬을 얻는다. 다섯 발가락 안쪽에 문양이 위로 뻗은 자는 장수의 벼슬을 얻고, 발바닥에 십자 문양이 위로 뻗으면 문관의 직위를 갖으며, 발밑에 세 가닥 무늬가 비단 무늬 같이 생기면 매우 후한 식록을 먹게 된다.

한줄 문양이 있는 자는 복록을 누리고, 팔라(소라 문 8곳)문이 있으면 부귀를 누리는데, 두 세끼발가락에만 소라 무늬가 없으면 팔라(螺 : 소라라)문이며, 두 새끼 발가락에까지 있으면 십라(十螺)문인데 십라문은 오히려 고상하지 못하고 깨끗하지 못한 성품이 된다.

열 발가락에 모두 무늬가 없으면 깨지거나 무너지는 일이 많고, 발바닥에 무늬가 있으면 자손운이 대길하고, 발밑에 거북 무늬가 있으면 명성을 떨치고, 발바닥에 검은 사마귀가 있으면 재산이 많고 지위가 높으며 어질고 명석한 선비가 된다.

3) 발을 관찰하며 읽기

① 개요
✿ 발은 몸의 가지로 몸을 움직이는 기관이다. 살이 없이 마르면 반드시 고독하고 빈한하며 풍상이 많은 사람이다.
✿ 발에 검은 사마귀가 있으면 영웅이 되어 만인을 위압한다. 남자는 왼발에 있으면 좋고, 여자는 오른발에 있으면 좋다.
✿ 발의 피부 빛깔이 갈색이면 자기 힘으로 열심히 뛰어다니며 돈을 벌어야할 사람이며 피부가 희면 가만히 앉아 있어도 경제적 지원을 받게 된다.
✿ 여자는 발목 복숭아 뼈가 밖에 있는 것보다 안에 있는 것이 섹스에 강하고, 안과 밖 모두 없으면 천하제일 호색녀다.
✿ 볼이 좁은 칼 발은 지적이지만 낭비벽이 있어 경제적 어려움을 겪을 수도 있다.

② 발등
✿ 발등은 살이 있어야 평안하게 안정되며 복록을 누리게 된다.
✿ 발등은 너무 높아도 너무 낮아도 좋지 않다. 특히 발이 큰 경우는 집안 일로 고생을 많이 한다.
✿ 발등에 살이 없고 뼈가 드러나 보이면 빈궁하고 고독하다. 어른의 발이 뼈가 없어 보이면 빈천하며 다른 나라를 떠돌아다닌다.
✿ 발등에 푸른 힘줄이 드러난 사람은 일전 한 푼도 얻지 못한다.
✿ 발등이 두껍고 높은 사람은 일과 사랑에 성공하는 운기가 강한 사람이다.
✿ 발등이 낮고 얇은 사람은 사교에 능하고 예술적 감성이 발달되어 있다. 볼이

넓으면 투박하고 강해 보이지만 의외로 유순하고 마음이 부드럽다.
☼ 발등의 털이 부드러우면 주로 총명하다.

③ 발바닥
☼ 발바닥에 살이 붙어 있는 사람은 금과 옥을 거두어 재부를 축적한다.
☼ 발바닥은 두텁고 금(線)이 많아야 하고, 발가락은 가늘고 길고 단정하면 좋다.
☼ 발바닥 무늬는 중단과 좌절 그리고 장애를 뜻하는 가로금보다 발전과 개운을 뜻하는 세로금이 많아야 좋다. 발바닥이 판자처럼 평평하면 빈천하다.
☼ 평발인 경우는 성실하고 착실히 저축하는 형이다. 이성에 쉽게 빠지는 편이다.
☼ 발바닥의 홈이 깊은 노루발은 남에게 지기 싫어하며 질투심이 강하다. 운동성이 강한 만큼 변심도 심하다.

④ 발의 크기
☼ 몸집에 비해 발이 크면 단명하고 재앙이 많으며, 준두가 끊어지면 생명이 위태롭다.
☼ 발이 작고 두터우면 부귀하고 크고 얇으면 빈천하다. 발이 두터워도 틀어지면 고빈하고 두텁고 '넉 사(四)' 자로 모가 진 사람은 큰 부자가 된다.
☼ 발이 작은 여성은 성적인 테크닉이 뛰어난 것으로 간주된다.

⑤ 발가락
☼ 발가락이 짧고 발바닥이 패이고 뼈가 많이 튀어나오면 일생 빈천할 상이다.
☼ 발에서 가운데 발가락은 길어야 하고, 엄지발가락은 짧아야 한다.
☼ 발가락 위에 털이 나면, 평생 동안 발이 질환에 걸리지 않는다.
☼ 엄지발가락 위 뼈가 튀어나온 남자는 노년이 고독하고 자식이 없으며, 여자는 남편을 여의고 자식과 불화하여 노년이 가난하고 고독하다.
☼ 엄지 등 발가락에 굳은 살이 박힌 사람은 좌뇌형으로 지는 것을 싫어한다. 이 부위가 보들보들한 사람은 감성적이고 직관적인 사람이다.

⑥ 발꿈치
☼ 발뒤꿈치가 둥글고 모가 져서 반듯한 사람은 복록이 자손만대에까지 미치고, 작고 뾰족하면 후사가 끊어진다.

✿ 어른이 발꿈치가 없으면 빈천하고 속세를 떠나가며, 어린아이가 발꿈치가 없으면 1세를 넘기지 못한다.

⑦ 발로 하는 자기표현
✿ 발을 꼬고 앉아 발끝이 발길질하는 듯 움직이면 상대에게 어서 가라는 뜻이며, 발을 만지작거리고 있다면 지금 마음이 아주 편하다는 것을 의미한다.
✿ 발바닥이 땅에 닿지 않는 듯 걷고, 얼굴 가죽이 몹시 얇으면 반드시 패망한다.

⑧ 도움되는 말들
✿ 족상이 수상이고, 수상이 관상이며, 관상이 심상이라는 말이 있다. 발속에도 심장이 있고 얼굴이 있으며 운명이 있다.
✿ 발은 26개의 뼈와 114개의 인대, 20개의 근육으로 이루어진 심오한 기관이다.
✿ 발은 아랫사람에 대한 것을 본다. 발의 상이 좋지 않으면 아랫사람으로 인해 고통이 끊이지 않는다.
✿ 족상에 곧은 직문(直紋)이 있는 사람은 운이 좋고, 화문(花紋)은 예술에, 구문(龜紋)은 문장재사에, 새 날개와 같은 금문(禽紋)은 외교술에 뛰어난 재주가 있다.
✿ 얼굴이 크고 발이 크면 여러 번 결혼하게 된다.
✿ 발을 잘 못 다룬다면 심장마비에 버금가는 질병을 얻고 명을 줄이는 결과를 초래한다. 발은 모든 내장기관과 연결되어 있기 때문이다.
✿ 부모를 잘 만난 아기들은 서둘러 걸음마를 연습하지 않고 신발도 일찍 안 신는다.
✿ 좋은 발은 음양의 조화가 맞아 뼈 위에 살이 적당하게 붙어 있다. 너무 말라서 뼈가 드러나도, 지나치게 살이 많아 토실토실해도 좋지 않다.
✿ 남자 오리발은 어리석고, 여자 오리발은 첩의 상이다.
✿ 발은 거칠고 충격적인 운동이나 무리하게 사용되는 것을 싫어한다.
✿ 스트레스를 받으면 땀이 나는데 발 냄새가 고약하면 고생이 많은 사람이다.

【27】 둔부(臀部)

엉덩이는 주택의 토방과 같으며, 인체를 받치는 방석과 같다.

엉덩이는 골반자리(둔부의 위쪽)를 말하고 궁둥이는 항문 바로 위에 나온 둔덕(둔부의 아래쪽)진 곳으로 이곳은 말년에 해당한다. 둔부는 두둑하여 튼튼해야 하고 탄력이 있어 위로 올라붙은 듯해야 한다. 엉덩이에 살이 없으면 분주하고 늙은 이가 살이 없으면 처자가 먼저 간다.

여자는 엉덩이가 커야 아들을 잘 낳고 소는 엉덩이가 커야 새끼를 잘 낳기에 볼기는 평평하면서 둥글어야 복이 많다. 남자는 볼기에 살이 많고 튼실하며 탄력이 있어야 길상이다. 여자도 엉덩이가 크고 꺼진 곳이 없이 예쁘게 볼록해야 길상이다.

엉덩이는 생식기를 감싸고 있기에 섹스와 아이 낳는 것을 연상시키니 남자들이 여자의 뒷모습에서 엉덩이로 시선이 가는 것은 당연하다. 적당하게 크고 둥글며 보기에 예쁘면 길상이다.

유방은 앞으로 나가는 힘이고, 엉덩이는 뒤에서 밀어주는 에너지와 관계가 깊으며, 두 기운이 균형을 맞추고 있다면 전진과 후진, 꿈과 성공, 행동과 이상이 조화를 이루는 사람이다.

골반의 형태에 따라 엉덩이는 달라진다. 여성에게 골반은 생명과 같은 역할을 하므로 소홀히 할 수 없는 부분이다.

여자의 엉덩이가 오리 궁둥이처럼 튀어나와 무거운 엉덩이 때문에 걸음걸이가 뒤뚱 뒤뚱하고 걸으면서 일찍 사춘기를 맞아 이성에 눈을 빨리 뜨고, 일찍 교제를 하게 된다. 궁둥이가 납작한 사람은 모험심은 부족하지만 진지하고 남을 잘 믿는다.

엉덩이가 쳐져 있으면 기회를 잡는데 약하고 리드를 하기 보다는 남을 따라가는 모방형이다. 궁둥이가 올라붙으면 서구적으로 개방된 성문화에 일찍 눈을 뜬다. 엉덩이가 넓어서 안정되어 보이면 중년에 실패를 딛고 말년에 큰 부자가 된다. 궁둥이가 납작하면 뼈를 싸주는 살이 부족하여 말년에 재물을 지키는 힘이 약하여 버는 대로 자식들에게 준다. 궁둥이는 허벅다리와 연결되므로 튼실해야 노후가 좋다.

엉덩이가 뾰족하게 나오고 가슴까지 뾰족하게 나오면 양적인 기질이 있어 남자에게 지기 싫어한다. 도움이 안 되는 남자들이 꼬이고 불륜으로 발전할 수 있다. 섹스에 적극적이지 않고 불감증까지 있을 수 있다. 엉덩이가 뒤에서 봐서 알맞게 벌어지고 탄력이 있고 배가 크며 배꼽이 깊은 남자는 큰 부자가 되거나 높은 벼슬을 갖게 되고, 여자는 큰 인물을 낳는다.

1) 둔부를 관찰하며 읽기

① 개요
- 엉덩이가 넓어서 안정감이 있으면 말년에 큰 흔들림 없이 안정된 생활을 한다.
- 여성은 임신과 출산을 거듭하면 엉덩이가 커진다.
- 엉덩이는 화가 날 때 손을 가져다 짚는 골반자리, 궁둥이는 항문 위 양쪽 둔덕이다. 궁둥이는 허리와 다리의 가운데 있는 부분으로 직립하면서 발달된 곳이다.
- 아이를 잘 낳는 엉덩이는 골반 뼈 자체가 튼실하고 크다.
- 남성의 엉덩이도 사회생활이나 성적인 기능을 표현하고 있다.
- 남성의 경우 골반이 넓어 엉덩이가 큼직하면 남성다운 저력이 있다.
- 궁둥이가 지나치게 뾰족한 여인은 귀한 부인이 되는 경우는 없다.
- 허리는 작고 궁둥이는 뾰족하며 배꼽이 깊지 않으면, 노비가 되어 고독함과 빈궁함을 지킨다. 젖꼭지까지 희다면 말할 필요도 없이 평생을 고독하게 지낸다.
- 섹시한 남성의 궁둥이는 작지만 근육으로 다져져 강하고 날렵해 보인다.
- 궁둥이는 자연스럽게 다리로 연결이 되는데, 궁둥이가 두둑해야 다리도 굵고, 다리가 튼실해야 노후가 좋다.

② 탄력있는 엉덩이
- 둥글고 탄력 있는 여성은 경제적인 여건은 좋은 편이나 이성 관계를 잘 정리해야 한다.
- 섹시한 엉덩이는 적당히 크고 각진데 없이 동그스름하다.
- 엉덩이가 둥글고 탄력 있는 사람은 건실한 생각을 많이 하고 일을 추진하는 능력이 좋다. 무슨 일이든 처음에는 산뜻한 출발을 하지만, 장기적인 업무는

끈기가 없어 단점을 극복하는 정신이 필요하다. 걸음을 걸을 때 엉덩이가 좌우로 움직이면 흉하게 본다.
✿ 둥글고 탄력 있는 엉덩이는 긍정적인 생각을 많이 하며, 사람을 이끄는 매력이 있고 사교적인 성격이며, 많은 사람에게 인정을 받는다.

③ 처진 엉덩이
✿ 처진 엉덩이를 가진 여성은 남편 덕이 없어 생활전선에 나서야 한다. 아들보다 딸과 잘 맞는다. 부지런하지 못하고 끈기가 없어 단점을 많이 보완해야 한다.
✿ 엉덩이가 처진 사람은 수동적이고 피동적인 행동 때문에 고민이 많다. 이런 엉덩이는 믿음이 부족해 항상 말썽을 일으킨다.
✿ 처진 엉덩이는 마음을 주고받는 친구도 없고 외로운 사람이다. 약간 이중적인 행동도 거침없이 한다.
✿ 엉덩이가 처진 여성은 싸움을 하면 이판사판이라 생각하고 끝장을 본다. 이런 사람을 건드리면 도덕과 양심 따위는 생각하지 않는 특징이 있다.

④ 좌우가 다른 엉덩이
✿ 엉덩이가 좌우 크기가 다른 사람은 외부 변화에 적응하는 능력이 떨어지고 심리적으로 갈등이 많은 사람이다.
✿ 좌우 크기가 다른 엉덩이는 사람과 일이 항상 뒤엉켜 있다. 자기가 하는 일에 자신감이 없다. 복잡한 환경에 있으면 견디지 못하고 뛰쳐나온다.

⑤ 위로 올라간 엉덩이
✿ 위로 올라간 엉덩이는 아름답고 좋아 보이나 가정이 불안하다. 생각이 짧고 즉흥적이며 불륜도 서슴없이 저지른다. 활동적이고 자유로운 분위기를 좋아한다.
✿ 엉덩이가 위로 올라간 여성은 개성적이고 자유분방하고 솔직한 표현을 좋아한다. 부인이 이렇다면 남편은 많은 고민을 하면서 살아가게 된다.
✿ 특히 서양 여성처럼 엉덩이가 너무 올라가면 부부간의 성적인 문제로 고생을 많이 한다.

⑥ 큰 엉덩이
✿ 엉덩이가 너무 큰 여성은 자녀운이 좋게 보이나 오히려 나쁘게 작용한다. 신체

의 기운이 엉덩이에 모두 모이면 다른 부분이 그만큼 약해지기 때문이다.
- 매우 큰 엉덩이는 체력과 힘은 있으나 순발력은 없다. 게으른 여자가 많고 행동 또한 느려서 미련하게 보인다.
- 엉덩이가 매우 큰 여성은 행동은 강하고 배짱이 있어 보이나 결단력이 부족하다.

⑦ 작은 엉덩이
- 살집이 없고 작은 엉덩이는 성격이 소심하고 생각이 많고 실천력이 약하다.
- 엉덩이에 살집이 없는 여성은 변화가 자주 있거나 환란기일 때는 환경적응이 빠르다. 살이 없다는 의미는 주거가 불안정하고 좋은 주택을 갖기 힘들다.
- 살집이 없는 작은 엉덩이는 의심이 많아 남을 피곤하게 만들기 때문에, 찾아오는 사람이나 자신에게 오는 복을 스스로 막는다.
- 엉덩이에 살집이 없는 여자는 질병이나 여러 가지 스트레스를 극복하지 못한다. 신경질적인 사람이 많다.
- 남성의 경우 엉덩이가 날씬하고 밋밋하면 하체의 힘이 좋지 않다.

⑧ 오리 궁둥이
- 여성의 경우 오리궁둥이처럼 뒤가 툭 튀어나오고 뒤뚱뒤뚱 걸으면 이성을 압도한다. 너무 일찍 성에 눈을 떠 남성을 끌고 다니는 경우가 있다. 소비성향과 자기주장이 강해 남성과 거리가 멀어질 수도 있다.
- 오리궁둥이를 가졌다면 제 앞가림을 잘해 나가는 에너지가 강한 사람이다.
- 오리궁둥이는 그 부분의 기혈이 왕성해서 잘 놀러 다니는 형이기 쉽다. 학자나 전문가가 되더라도 몸을 많이 움직이는 예술계통이 잘 어울린다.
- 남성의 궁둥이가 툭 튀어나오면 일은 씩씩하게 잘 하지만 성적 능력과는 무관하다.
- 궁둥이가 탱탱하면 금전과 기회에 강하여 연애에도 적극성을 띤다.

⑨ 작은 궁둥이
- 소년이 궁둥이가 지나치게 작으면 모든 일이 성공하기 어렵고, 논과 밭을 지키기 어려우며, 조상의 사업을 깨뜨리고 고향을 떠나게 된다.
- 늙어서 궁둥이가 지나치게 작으면 반드시 형편이 딱하고 어려우며 힘들게 지

내고, 처와 자식이 죽게 되며, 세상살이를 바쁘고 고달프게 살아간다.
✿ 마른 사람은 궁둥이가 지나치게 작으면 많이 배워도 성공하는 일이 적으며, 평생 좋은 운이 없고, 36세가 지나면서 세상을 떠난다.
✿ 살찐 사람이 궁둥이가 지나치게 작으면 자신이 솥과 밥그릇을 씻으며, 처와 자식이 없고 고독하고 고생스럽게 살며 빈천하다.

⑩ 처진 궁둥이
✿ 궁둥이가 처져 있으면 수입보다 지출이 많고 성격은 원만하나 기회 포착에 약하다.
✿ 한국 여성의 궁둥이가 서구 여성보다 작고 처진 것은 성행동의 차이 때문이다.

⑪ 올라간 궁둥이
✿ 궁둥이가 올라갈수록 성에 대해 개방적이며 진취적인 태도를 갖는다.
✿ 가슴이 움푹 들어가고 궁둥이가 끌어 당겨서 굽어진 활 모양으로 볼록 튀어나오면 부자 관계가 화목하지 않다. 여인이 이와 같다면 반드시 흉악한 사람이다.

⑫ 납작한 궁둥이
✿ 궁둥이가 납작한 사람은 계획성은 있으나 모험심이 약하다.
✿ 궁둥이가 납작한 사람은 재미보다는 진지함을 추구하며 남을 쉽게 믿는다.
✿ 궁둥이가 납작하고 밋밋한 사람은 **뼈**를 싸는 살이 부족해 말년운이 약하고 재물을 지키는 힘이 약한 경우가 많다.

⑬ 항문
✿ 항문에 털이 없으면 가난하고 털이 어지럽게 있어도 음란하다.

⑭ 단정한 여인
✿ 단정한 여인의 상은 반드시 가슴이 넓고 커야 하며 움푹 들어가서는 안 된다. 허리는 둥글어야 하고 가늘어서는 안 된다.
✿ 단정한 여성은 유두는 검어야 하고 희면 안 되며, 배꼽은 깊어야 하고 얕아서는 안 된다. 머리카락은 검어야 하고 황색이면 안 된다.

✿ 단정한 여인의 상은 살집은 부드러워야 하고 매끄러워서는 안 되며, 눈썹은 둥글어야 하고 솟아나서는 안 된다.
✿ 단정한 여성은 등은 높아야 하고 움푹 들어가서는 안 되고, 얼굴은 둥글어야 하고 뾰족해서는 안 되며, 눈은 가늘어야 하고 둥글어서는 안 된다.

⑮ 도움되는 말들
✿ 엉덩이와 궁둥이는 인상학에서는 말년에 해당한다.
✿ 여성들의 뒷모습에서 남성들의 시선이 가장 많이 가는 곳은 개미허리에 S자로 선이 강조된 탱탱한 엉덩이이다.
✿ 섹시한 엉덩이와 아이를 잘 낳는 엉덩이는 겉모습은 비슷하지만 실제는 다르다.
✿ 타이트한 의상을 입어도 실루엣이 아름답고 쿠션을 느낄 만큼 살이 튀어 나와 있어야 하고, 음과 양의 균형을 잘 맞추어야 호감이 느껴진다.
✿ 엉덩이, 궁둥이의 인상은 남성에게도 중요한 의미를 갖는다.

【28】음부

음부는 남자의 음경과 여자의 자궁을 지칭한다.

남에게 보일 수도 없고 볼 수도 없는 은밀한 곳이다. 관상을 보는 것은 얼굴과 몸 전체를 봐야 다 보는 것이므로 생식기(음부)를 보아야 관상을 다 보았다 할 것이다. 목욕을 같이 가는 것 외에는 음부를 보기란 어렵다.

음모가 너무 많아 짙으면 음란한 사람이고 음모가 없으면 성기의 기능이 약하고 자손운이 약하다. 남성은 다이아몬드 형으로 음모가 난 사람이 많다. 넓게 있거나 배꼽 주변까지 올라 왔다면 정력이 강하고 항문 뒤쪽까지 올라가 있으면 야성적인 사람이다. 음모의 퍼짐이 적당하고 성기가 탄력이 있으면 귀한 상이다.

발기 했을 때 아랫배와 거리가 가까울수록 정력이 세고, 너무 가까우면 가산을 탕진할 사람이다. 옛날에는 육체 노동자는 정력이 너무 좋아 변강쇠 형으로 일만하는 머슴형이었으나 현대는 학문만 하는 귀골 남성들 중에 변강쇠 형이 많다는 통계가 있다.

현대 상학으로는 고학력의 귀격과 노동만 하는 보통 체형과의 성기 해석이 달라지고 있는 편이다. 특히 남성의 성기가 가늘면 자손운이 적다. 고환은 단단하고 크면 정력이 좋다고 본다. 무늬 줄이 많은 것이 좋고 무늬가 없으면 정력과 자손이 적다고 본다.

여성의 음모는 위가 넓고 성기 주위를 따라서 퍼져 나가 역 삼각형으로 되어 있다. 성기가 항문에 가까울수록 성욕이 많다. 즉 성기가 아래쪽에 있을수록 섹스를 탐닉한다.

관상학자는 얼굴을 보고 성기능을 읽을 수 있다. 남성은 콧대가 굵고 힘 있고 난대 정위가 단단하고 턱이 약간 앞으로 나온 듯하고 유자 형에 털이 많고 눈 주위에 살이 많이 찐 사람이면 정력이 좋다고 본다.

여성은 입술이 두툼하고 아랫입술이 발달하고 입이 크면 성기능이 강하다. 웃을 때 활짝 웃는 사람은 마음에 있는 표현을 잘하기 때문에 자기의 기를 남편에게 주어 잠자리에서 배려를 잘하여 외관상으로 보기에도 금슬이 좋아 보인다. 마음가짐이나 정서적으로 융합이 잘 되는 아름다운 부부의 생활이 좋다. 기를 보강하고 평온한 마음으로 서로를 아껴 주고 자손도 튼튼하여 가정이 좋으면 자연스럽게 하늘에서 복이 내려온다.

　음부에 털이 너무 산란하면 음란하고 음부에 털이 전혀 없으면 자식이 많지 않다. 음부에 털이 없으면 남자는 처복이 없고 여성은 이성에 매우 약하고 이기적이다. 남녀 모두 털이 없으면 편벽되고 좁고 괴이한 성질이 있다.

　음모가 거슬러 나면 부부 사이가 화목하지 못하다. 음모가 부드럽고 가지런하고 몽실 몽실하면 귀격이고 애정도 좋으며, 뻗치고 억세며 농탁하고 산란하면 천하고 음탕하며 육욕적인 섹스가 강하다. 남자는 코를 보면 대소장단을 알 수 있다. 여자는 입과 인중과 귀의 안 테두리인 속귀로써 음문의 대소와 깊이 그리고 탄력도를 알 수 있다.

　남자의 콧등에 사마귀가 있으면 음경에도 있고, 여자의 입술에 사마귀가 있으면 음문에도 있다. 눈썹에 털이 많은 여자는 음부에도 털이 많고, 눈썹털이 드물면 음부에도 털이 적다. 음부에 털이 많으면 상대적으로 성감대가 풍부하여 육체적인 섹스의 느낌이 강하고, 적으면 정신적 섹스가 강하다. 너무 적으면 성감이 부족하다.

　항문에는 털이 약간 있는 것이 좋다. 생각이 깊어 매사에 신중하며 성공 운도 길하다. 반면 털이 없으면 빈천하다. 털이 너무 칙칙하게 많아도 천한 상이다. 고환(睾丸)은 둥글고 모져야 좋고 고환이 축 처진 것은 좋지 않다. 고환은 검고 열매 무늬가 있으면 귀격이다. 고환에 무늬가 없으면 대가 끊긴다. 고환은 너무 따뜻하면 좋지 않다.

　항문은 곡식이 나오는 길이라 하여 곡도라고 부른다. 곡도는 숨은 듯하고 모가 지면 귀하다. 곡도에 털이 어지럽게 나면 음탕하다. 털이 없으면 일생 빈궁하다.

　소변은 맑고 은구슬처럼 빛나면 귀격이다. 여자의 소변은 개울물처럼 맑아야 귀하다. 정신이 맑으면 소변이 맑고 정신이 흐리면 소변도 탁하다.

1) 음부를 관찰하며 읽기

① 남성의 성기
- 음경의 길이와 성욕은 일치하는 경우가 많다.
- 남성의 성기에 음모가 없으면 기능이 부실하거나 자손운이 약하다. 너무 숱이 많아 짙으면 음란하다.

✿ 음경에 털이 없으면 음탐하게 판단한다.
✿ 음모가 항문 뒤쪽까지 올라 가 있다면 대단히 야성적이다. 음모의 분포가 적당하고 평소에 성기가 늘어지지 않고 탄력이 있으면 귀한 상으로 본다.
✿ 음경이 지나치게 길면 자식과 인연이 없다.
✿ 성기의 경우 연령에 따라 차이가 나겠지만 발기했을 때 배와 성기의 각도가 작을수록 변강쇠형으로 정력이 세다.
✿ 옛날에는 몸을 많이 쓰는 남성을 선비로 보지 않았기 때문에 변강쇠를 머슴형으로 여겼다. 성기가 지나치게 배와 가까우면 과거에는 가산을 탕진할 상으로 봤다.
✿ 남자는 음경의 귀두가 나팔처럼 크면 단명 한다.
✿ 최근에는 여유가 있는 직업의 고학력 남성들 중에 변강쇠가 많다는 통계가 있어 상학적으로 귀격의 해석이 달라지고 있다.
✿ 남자의 고환이 탱자처럼 쪼글쪼글해야 정력이 강하다.
✿ 남자 성기의 모양은 끝부분이 두툼해지면서 둥근 것이 좋다. 단단하고 크면 정력이 좋다. 성기가 가늘면 자손운이 약하다.
✿ 남자의 생식기는 한일(一)자로 생기고 약간 구부러져 있으면 정력이 강하다.
✿ 여성들이 남성의 성기가 큰 것을 좋아 한다고 하지만 사실은 가늘어도 단단해서 테크닉이 좋은 쪽을 선호하는 편이다.
✿ 남자의 생식기는 검어야 정력이 강하다.
✿ 남자의 성기는 고환에 무늬가 있어야 좋고, 뱀 허물처럼 무늬가 없으면 정력과 자손이 부실하다고 본다.
✿ 남자는 음경이 작으면 좀생원이다.
✿ 정력이나 성기의 크기나 기능은 체형에 비례하지 않는다. 우람한 체형보다 작고 마른 사람의 성기가 더 크고 긴 경우가 많다.
✿ 몸 고생을 하고 자란 사람은 발기가 안 되었을 때 성기의 크기가 크고, 순탄하게 산 사람은 평소엔 작지만 발기 했을 때 크기가 많이 커진다.

② **여성의 성기**
✿ 여자는 음부에 점이 있으면 호색하지만 자식이 영특하다.
✿ 여자는 음모가 길고 쭉쭉 뻗어야 귀상(貴相)이다.
✿ 여자는 음모가 많으면 음란하고 뻣뻣하면 천하다.

✿ 음부는 항문에서 멀어야 좋고, 위로 올라붙어 있어야 남편이 잘된다. 여성의 경우에 음부가 항문에서 가까울수록 섹스에 탐닉하는 경향이 있다.
✿ 음부가 아래에 있으면 하등동물과 같이 지능이 낮다.
✿ 남성은 콧대가 굵고 힘차며 콧방울이 단단하거나, 몸에 털이 많고 턱이 U자형으로 탄력이 있으며 눈 주위에 살집이 풍부하면 정력이 강하다고 본다.
✿ 여성의 경우 입술이 두툼하되 윗입술보다 아랫입술이 발달하면서 입이 크면 성기능이 좋다고 본다.
✿ 여성이 입과 입주위의 근육이 발달되고 웃을 때 목젖과 잇몸이 보이게 활짝 웃는 사람은 표현에 능하기 때문에 잠자리에서 남성을 만족시킬 줄 안다.
✿ 성기능을 증진하는 데에는 검은색 음식이 좋다.
✿ 자궁을 드러내면 인중이 얇아져 인중의 수성 골이 없어지고 많이 안 좋아진다.
✿ 몸에서 가장 스트레스를 많이 받는 곳은 침샘이며 그 영향으로 갑상선암이 찾아오고 자궁이 안 좋아진다. 자궁을 드러낸 여성은 인중에 잔골이 생긴다.
✿ 여자의 음부는 빨강색이므로 단백질이 있는 붉은 고기를 많이 먹어야 보호된다.
✿ 뻐드렁니 때문에 입이 벌어지면 자궁이 벌어져 있다.
✿ 자궁에 혹이 있으면 하혈을 많이 한다.

③ 도움되는 말들
✿ 남성의 음모 분포 모양은 대개 다이아몬드 형이 많다. 여성은 역삼각형이나 음부주위를 따라 퍼져 있다.
✿ 다이아몬드형이 넓게 있거나 배꼽 주변까지 올라와 있다면 정력이 센 남성이다.
✿ 소변이 바로 아래로 떨어지는 사람은 평생 운이 열리지 않는다.
✿ 동물은 항문과 성기가 멀수록 지능이 높은데 항문과 성기 사이가 가장 먼 동물이 바로 인간이다.
✿ 매춘부는 균이 잘 옮기므로 자궁암에 잘 걸린다.
✿ 여자가 스트레스가 많으면 갑상선암과 자궁암이 온다.
✿ 제왕 절개하여 낳은 아이는 지구력이 약하다.

【29】 피부

　인상을 볼 때 그 사람의 피부를 먼저 보게 되고, 피부를 보는 순간 피부색을 살피며 피부가 탄력이 있나 없나를 동시에 보게 된다.
　운이 좋아야 마음이 편해 보이고, 몸도 건강해 보이고, 윤기가 나고 기력이 있어 보이면 사회적으로 기반이 잡힌 사람이고, 반대로 스트레스를 받아 오장 육부가 편치 않아 외부로 표출되는 얼굴색이 어두우면 생활이 어렵다.
　관상이 좋게 생기고 외부에 나타나는 색상이 밝아야 하는데, 우리 민족은 황인종이므로 누런 종이보다 약간 흰색이 도는 우유 빛이 귀격이라고 본다. 피부는 민감하여 피곤하거나 장기에 문제가 생기면 얼굴에 바로 나타난다.
　장기 중에 가장 크다는 간은 멍청하고 둔하지만 피부에 전달되는 속도는 가장 빨라 혈이 잘 통하여 밝고 탄력이 있어야 한다. 피부가 유난히 희고 쳐져 있으면 심신이 허약하고, 살이 많아 비만인데 부드럽고 탄력이 없으면 중풍에 걸릴 염려가 있다.
　잠을 잘 자고 마음이 편안해지면 기미도 사라지고 피부가 두껍고 맑은 색에 윤기가 흐르고 심신이 건강하면 운기가 들어온다. 피부가 울퉁불퉁 하면 하는 일이 잘 풀리지 않아 생활에 욕구 불만이 많은 것을 알 수 있으며, 성인이 되어 여드름이 많으면 호르몬이 과하게 분비되고 있음도 알 수 있다.
　이성을 사모하는데 이루어질 수 없거나, 자기가 마음을 주고 싶은 상대자가 없을 때 얼굴 아래쪽에 여드름이 생기고, 어려운 윗사람을 상대하거나 윗사람에게 너무 많은 것을 받게 되면 얼굴 상부에 여드름이 생긴다.
　젊은이의 검버섯은 장기 어딘가에 무리가 있을 때 생기고, 늙은이의 검버섯은 장수를 의미한다. 마음이 거칠거나 뜨거운 햇빛에서 막노동을 하면 피부도 따라서 거칠어진다.
　피부를 윤택하게 하려면 긍정적인 대인 관계와 올바른 식습관과 충분한 수면을 취하면 가능하다.

1) 피부를 관찰하며 읽기

① 개요
- 피부는 전체 무게가 체중의 약 16%에 달한다. 장기 중 가장 크다는 간의 3배이다.
- 피부는 마음과 행동의 거울이다. 마음이 거칠거나 실제로 거친 노동을 하면 살결도 자연히 거칠어진다.
- 피부는 찰색과 탄도를 보고 피부가 깨끗한 정도를 본다.
- 피부가 두꺼우면 장기가 좋아지고 돈도 붙는다. 잔주름도 없다. 돈이 없으면 잔주름이 많이 생긴다.
- 나이가 들면서 얼굴이 너무 탱탱하고 탄력이 있으면서 피부가 희면 풍을 맞거나 심장이 안 좋다.
- 한번 나빠진 피부는 6개월 이상 지나야 회복된다. 피부는 현재 상태의 길흉을 나타낸다. 골격이 격국(格局)을 나타낸다면 피부는 기질을 나타낸다.
- 얼굴색이 깨끗한데 몸 전체의 피부가 지나치게 좋지 않거나 반대로 몸 전체가 피부는 좋으나 얼굴색이 좋지 않으면 길흉이 교차하기 때문에 일생이 순탄하지 않다.
- 피부가 매끈하고 깨끗하면 생각과 행동도 정밀하다.
- 피부가 검으면 눈동자도 검어야 한다.
- 피부의 좋고 나쁨은 내장에서 원인을 찾아야 한다. 피부가 거친 것은 간이 나쁘기 때문이라고 보면 거의 정확하다.
- 건강한 피부는 명윤, 탄력, 찰색(혈·행의 흐름)이 좋아야 한다.

② 피부의 색
- 얼굴의 찰색을 보고 정보를 읽는다. 피부가 가장 **빠르게** 반응을 나타낸다.
- 피부가 너무 희면서 맥없이 처졌으면 몸과 마음이 허약한 사람이다. 몸이 비대하면서 살결이 지나치게 부드러워 탄력이 없으면 중풍에 걸리기 쉽다.
- 바쁘게 움직이면 얼굴색이 붉어지면서 피부는 얇아지는데 탄도는 살아난다. 피부가 광택이 난다.
- 피부색이 노란색에 검은 빛이 나타난 경우 쉬어야 다시 피부색이 돌아온다. 극도로 피곤한 경우 어지럽다.

✿ 피부가 형광 빛이면 안 좋다. 우유 빛처럼 하얗게 되어야 좋다.
✿ 혈색이 밀가루처럼 흰 사람은 혈색이 빛나지 않는다. 혈색이 빛나지 않으면 대부분 평생 절룩거리는 삶을 사는 상이다.
✿ 피부가 새까맣고 푸른빛이 나오면 신의 기능이 안 좋다.
✿ 나이가 들면 피부에 검은 꽃이 핀다. 좋은 일이 있으면 얼굴이 활짝 핀다.
✿ 노인의 검버섯은 장수를 상징하지만 젊은이의 검버섯은 건강하지 못하다는 신호다.

③ 두터운 피부
✿ 남자가 피부가 두터우면 복과 수를 누린다. 볼의 두께가 이마까지 가면 복과 수를 누린다.
✿ 피부가 두터우면 대장도 두텁고, 피부가 매끄러우면 대장도 매끄럽다.
✿ 몸의 피부가 뱀 껍질과 같은 경우 자녀를 극하고, 가난하고 복이 박하고, 남녀 운도 좋지 않다.
✿ 피부가 두텁고 윤기가 있으면 운이 강하고 몸도 건강해 복이 찾아온다. 일과 사랑과 경제적인 요소가 충족된 상태거나 차차 좋아질 징후로 보면 된다.
✿ 피부가 너무 무겁거나 두꺼우면 습해져 발기불능이나 조루증이 나타난다.

④ 얇은 피부
✿ 피부가 얇아도 전문가는 돈이 많다.
✿ 피부가 얇아 피부 밑에 가는 혈관이 보이거나 얇아서 번질거리는 경우도 있다. 이런 사람은 운이 약하고 끈기가 부족해 하는 일에 지체가 있다.
✿ 피부가 지나치게 얇으면 살(土)을 감쌀 수 없다. 살이 드러나면 만물이 생장하지 못하고, 포용할 수도 없다.

⑤ 여드름 피부
✿ 여드름 상처 자국으로 피부가 울퉁불퉁하면 대개 욕구불만 형이다.

⑥ 팽팽한 피부
✿ 피부가 단단하고 팽팽하면 수명이 짧고, 피부가 느슨하면 수명이 길다. .
✿ 피부는 팽팽하거나 거친 것이 가장 좋지 않다.

✧ 소아의 피부가 단단하고 팽팽하면 장수하는 상이 아니다.

⑦ 살결
✧ 살이 지나치게 비대하거나 야윈 사람은 뇌력이 약하다. 살찐 사람이 뇌력을 좋게 하려면 식사량을 줄이고, 야윈 사람은 식사량을 늘려야 한다.
✧ 살은 반드시 맑고 윤기가 흘러야 하며, 살 속에 혈기가 있어야만 영화롭고, 온 몸을 움직일 수 있다.
✧ 살이 찌고 뚱뚱하면 기(氣)가 짧고, 지나치게 과하면 헐떡거리고 막힌다.
✧ 살은 튼튼하고 실해야 귀하고, 반듯하면서 솟아야 기운의 흐름이 흩어지지 않는다.
✧ 살이 뼈와 근육을 잘 감싸면 귀함을 함부로 들어내지 않고, 지나치면 건강과 수명을 단축한다.

⑧ 뼈와 살
✧ 뼈가 많고 살이 적은 사람은 주로 빈천하며, 살이 많고 뼈가 적은 사람은 주로 단명 한다. 뼈와 살이 균형을 이룬 사람은 장수를 누린다.
✧ 여인이 뼈가 단단하면 반드시 남편에게 형벌이나 상해를 입히며, 남자가 뼈가 단단하면 반드시 빈천하다. 용골은 가늘고 길어야 한다.
✧ 뼈는 잘 이루어졌는데 살이 감싸지 못할 때, 기혈이 좋은 경우 수명은 오래 간다.
✧ 푸른 힘줄이 튀어나오고 뼈가 드러나 있으며, 살집이 푸석푸석하고 삐뚤어지고 기울어져서는 안 된다.
✧ 뼈는 바르고 곧아야 하며, 살은 단단하고 두툼해야만 복을 누리고 장수를 한다. 뼈는 종횡으로 튀어나오지 않아야 길상이다.
✧ 뼈가 너무 작아도 문제가 생기고, 살이 너무 많아도 기가 막힌다.

⑨ 뼈와 기혈
✧ 뼈와 살은 좋으나 기혈이 없으면 난관을 헤쳐 나가는 능력이 약하다.
✧ 뼈와 기혈은 좋고 살이 약하면 재능은 좋지만 중후함이 약해 복록의 한계가 있다.

⑩ 피

✿ 피는 피부 속에 있으니 피가 막혀있는지 혼탁한지 깨끗한지 왕성한지를 알려면 기색(혈기와 혈색)을 보면 된다.

✿ 피는 기색의 근본이며, 피가 충분하면 기색이 밖으로 나타나고, 피가 왕성하면 기색이 밝고 윤기가 난다.

✿ 피부 위에 은은하게 안에서 응하여 밝고, 안으로 기색이 있으면 피부 속에 나타난 혈색은 피가 왕성한 것이다. 남녀 모두 피가 깨끗하고 왕성하면 부귀장수 한다.

✿ 피부속이 어두침침한 색깔이면 피가 막힌 것이며, 피부 겉에 검고 붉은 색이 보이면 혼탁한 것이다. 피가 막히고 혼탁하면 반드시 빈궁하며 비천한 상이다.

⑪ 여드름, 기미, 잡티, 주름

✿ 얼굴에 주근깨가 많은 것은 영양상태가 좋지 않은 것으로 보면 된다.

✿ 임산부의 경우 자궁에 가득찬 양수의 무게로 인해 장기에 부담이 갔을 때도 기미가 생긴다. 출산 후 몸이 편안해지면 기미는 자연히 사라진다.

✿ 기미가 많은 여자는 바쁘기만 하다.

✿ 성인들은 턱밑 부근에 여드름이 몰리는데, 의학적으로 남성호르몬의 분비증가요, 인상학적으로는 집안일과 아랫사람으로 인해 마음고생하고 있는 상태이다.

✿ 청소년은 주로 이마에 여드름이 많이 난다. 이마에는 내 마음대로 안 되는 영역 즉 부모, 선생님, 윗사람, 시험 같은 것으로 인해 스트레스 받고 있음을 의미한다.

✿ 피부가 좋아도 주름이 종횡으로 많으면 운이 열리지 않는다.

✿ 피부에 종기가 자주 나면 피가 탁하다는 뜻이고, 장부에 문제가 있다는 뜻이다.

⑫ 도움되는 말들

✿ 피부는 토(土)에 속하며, 토는 반드시 두텁고 알차야만 만물이 비로소 생장한다. 피부가 양이면 근육은 음이다.

✿ 건강이 좋지 않을 때 피부 관리나 성형을 하면 절대 안 된다. 수술도 마찬가지다. 햇볕아래 장시간 피부를 노출시켜 화상을 입었다면 화상 입은 만큼 그 부위에 해당하는 장기가 손상을 입는다.

【30】점(點)

옛날에는 "생긴 대로 산다"라고 하였으나 현대에는 "사는 대로 생긴다"라고 한다.

얼굴에 있는 점의 95%는 부정적이다. 점이 없는 얼굴이 더 좋으나 운명적으로 생기는 경우가 있고 흉이 되었다가 흑점으로 변하는 경우도 있다. 코에 점이 생기면 코가 지니고 있는 운이 떨어지기 때문에 부정적이라고 생각하면 된다.

점이 살 밖으로 높이 나와 있는 것을 '지(痣 : 사마귀지)'라 하며 색이 검은 것을 '흑지', 빨간 것을 '적지'라고 하며, 살 속에 묻혀 평평한 것을 '점(點)'이라 하며, 청색이나 황색을 띤 것을 '반(班)'이라고 한다.

그 위에 털이 나는 것은 사마귀이고, 몸에 옷을 입어 감춰진 곳에 있는 점은 길하다고 했다. 길한 점을 자랑하며 보여주는 것은 복이 감해진다 하여 감추고 다니라는 것이다. 그러므로 알몸을 타인에게 함부로 보여주면 아니 된다는 어른들의 교훈이다.

부처님 인당에 있는 점을 해석해 보면 부처님은 초년에 부귀 하였으나 번뇌와 모든 것을 버리고 다시 시작하여 중년에 큰 뜻을 펼친다는 의미가 있다.

눈썹에 난 점은 인기를 나타내는 곳에 있으니 사람을 사귀는 대인 관계가 부드럽지 못하다는 것이니 눈썹으로 가리거나 여성이면 그려서 감춰야 한다.

산근에 점이 있으면 병약하고 부모로 인하여 근심걱정을 끼고 살게 된다.

어미에 있으면 부부 사이가 안 좋고 미혼일 때는 우여 곡절이 있다.

눈 바로 밑에 점이 있으면 자녀로 인하여 근심할 일이 있게 된다.

코에 점이 있는 것은 쥐가 돈 창고에 들랑거리게 된다는 점이니 돈에 대한 지출이 빈번하게 발생한다.

코 밑에 점이 있는 것은 밑에 숨어서 창고를 지키는 것으로 볼 수 있는데, 코 밑에 점이 있는 자는 욕심이 많다고 보면 된다.

귀의 맨 윗부분에 있는 점은 조상님이 정표로 주는 점이라고 해서 부자가 될 점이고, 가운데 점은 귀하게 될 점이며, 수주에 있는 점은 총명을 나타낸다.

1) 얼굴에 나타난 점의 의미

✿ 1. 천중(天中) : 부모, 남편에게 해롭다. 목적달성에 주위의 협력과 도움이 필요하다. 천정 부위 흑자는 수사(水死)한다.

✿ 2. 사공(司空) : 파란이 많다. 사회운·가족 운 등 대인관계를 좋게 만들어야 한다.

✿ 3. 중정(中正) : 위엄을 나타낸다. 개성이 강하고, 변화를 추구한다. 정의감이 넘치므로 사람을 평등하게 대하면 중년에 뜻을 이룬다.

✿ 4. 인당(印堂) : 운이 강하고 파란이 많다. 좋을 때 나쁠 때가 확실하다. 지도력에 주의해야 한다. 한가운데 흑자가 있으면 관록이 길하다. 명궁의 검은 점은 변덕이 심한 상으로 인연을 자주 바꾸기도 한다.

✿ 5. 고광(高廣) : 부모형제 모두에 해롭다. 불의의 재난이 발생할 수 있다.

✿ 6. 상묘(上墓) : 직업 운이 약하다. 돈을 모으는데 어려움이 있다.

✿ 7. 일각(日角) : 친아버지 또는 양부와 사이가 좋지 않다.

✿ 8. 월각(月角) : 친어머니 또는 양모와 사이가 좋지 않다.

✿ 9. 이동(移動) : 죽은 점은 산재점이다. 도박, 주식 등에 실패하여 재산을 날린다.

✿ 10. 교우(交友) : 사회적으로 활약이 많아 친구들이 많지만 부작용이 따른다.

✿ 11. 복덕(福德) : 봉사하는 마음으로 사람을 대하고, 자신도 절제된 생활을 해야 한다.

✿ 12. 미중(眉中) : 형제·친척·친구들로부터 도움이 있다. 예술분야에 두각을 나타낸다. 눈썹위의 흑자는 일생 빈궁 한다.

✿ 13. 전택(田宅) : 친족이나 가족으로부터 부동산을 상속 받는다.

✿ 14. 부좌(夫座) : 부인에 대해서 좋은 파트너가 되어야 한다. 흑자는 병고로 죽는다.

✿ 15. 처좌(妻座) : 부인 외에도 다른 여성 협력자가 있다. 흑자는 여행 중 상해로 죽는다.

✿ 16. 백안(白眼) : 여성에게 인기를 얻는 운이며 몸과 마음이 피곤하다. 비천하여 안 좋다.

✿ 17. 와잠(臥蚕) : 색정으로 한사람의 이성으로는 만족하지 못한다. 흑자가 있으면 파재한다. 눈이 시작되는 부위에 점이 있으면 적극적으로 이성을 유혹하고,

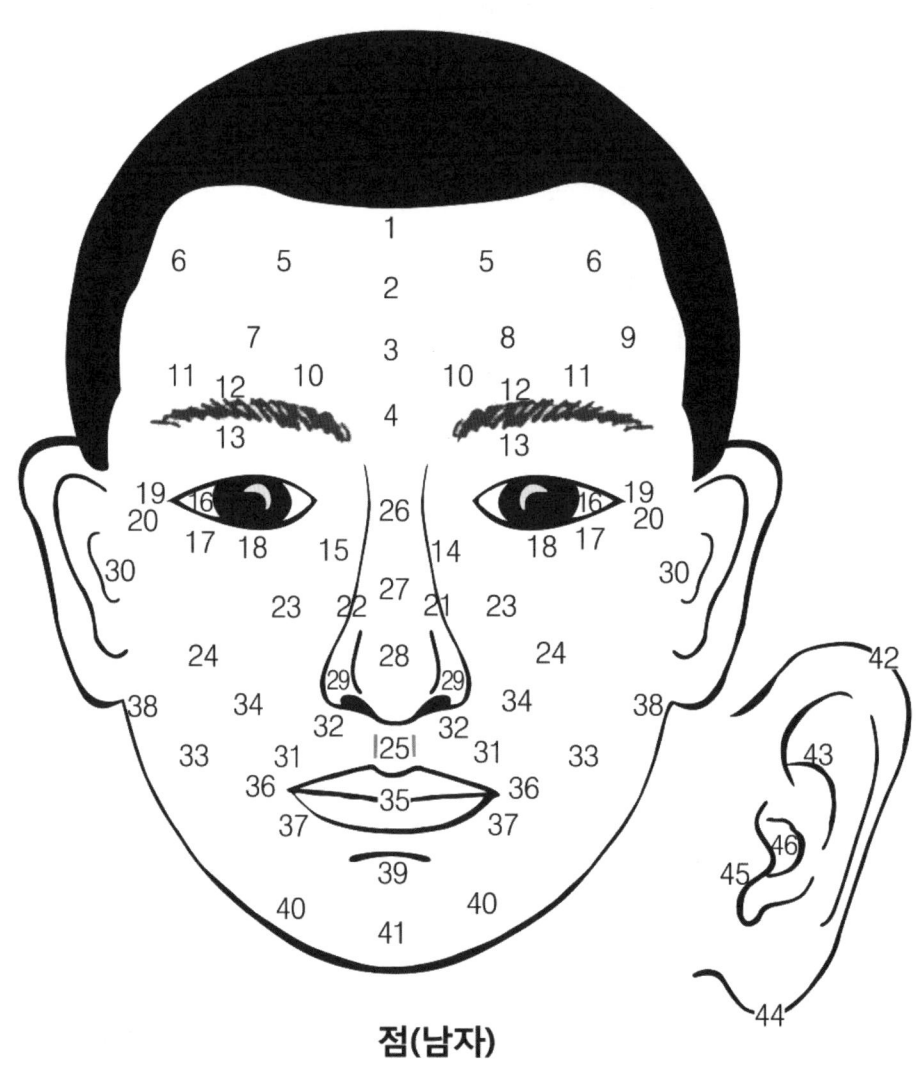

점(남자)

눈초리에 점이 있으면 이성의 유혹에 쉽게 넘어간다. 빼줘야 한다.

✲ 18. 누당(淚堂) : 이성이나 타인의 원조가 있고, 부부관계도 원만하다. 자녀근심이 생긴다. 누당에 검은 점이 있으면 기형아나 장애아를 낳을 가능성이 높다. 자식들이 비행을 저지르거나 범죄자가 되기도 한다.

✲ 19. 어미(魚尾) : 미혼자는 정에 약해 애정으로 고생하고, 이성의 유혹에 쉽게

넘어간다. 흑자가 있으면 여난으로 이혼을 반복한다.
- 20. 간문(奸門) : 이성 관계에 문제가 있다. 죽은 점은 이성관계가 문제를 일으킨다. 흑자가 있으면 칼침을 맞아 죽는다.
- 21. 선사(仙舍) : 씀씀이를 줄여서 저축을 해야 한다.
- 22. 향전(香田) : 생활력이 왕성하고 일을 열심히 하여 재물을 축적해야 한다.
- 23. 인기(人氣) : 사교적인 것을 보는 자리이며 인기가 많고 적음을 본다.
- 24. 관골(觀骨) : 생활력과 의지를 살핀다. 사회적 인기가 있고, 평판이 좋다. 권력욕이 강하여 고집이 세고 투쟁적이다. 죽은 점은 상사와 말썽이 자주 발생한다. 60세 이후의 검버섯은 장수할 신호이다.
- 25. 인중(人中) : 생식 능력이 약해 자식이 단명하거나 양처 하기 쉽다. 병약하다.
- 26. 산근(山根) : 병약하다. 위장이 약하다. 정신적 육체적으로 고생한다. 본인이 해롭다.
- 27. 수상(壽上) : 처자를 극한다. 책임지기 싫어한다. 폐와 위장이 약하다. 금전이 나간다. 하는 일마다 막힌다.
- 28. 준두(準頭) : 검난을 예방해야 한다. 정력이 세고 색욕이 강하다. 지출이 많다.
- 29. 금갑(金甲) : 금전운이 있어 놀음이 강하고, 돈의 입출에 기복이 심하다.
- 30. 명문(命門) : 비밀스러운 일을 많이 하고 보수적이다.
- 31. 법령(法令) : 나쁜 일을 싫어하고, 다리가 아프거나 아랫사람에게 배신을 당한다.
- 32. 식록(食祿) : 평생 식복이 있고, 일생 의식주의 혜택이 풍족하다.
- 33. 지고(地庫) : 좋은 환경을 타고 나고 가족을 잘 살핀다.
- 34. 적도(賊盜) : 야심만만하고 평상시는 큰 야망을 숨긴다.
- 35. 수성(水星) : 애정운을 타고 나고 미식을 즐긴다. 식복이 있고 애인이 있다. 윗입술에 점이 있으면 미식가이고 호색가이며 적극적으로 섹스를 요구하는 경향이 있다. 아랫입술에 점이 있으면 소극적이고 섹스도 기다리는 타입이다. 입술 중앙의 점은 섹스 테크닉의 달인이다. 혓바닥의 흑자는 거짓말을 잘 한다.
- 36. 구각(口角) : 재산을 모으기 어렵다. 직업이 불안하다. 입술 끝과 입술밑 부분에 점이 있으면 빼는 것이 좋다. 자살점이라 하여 매우 좋지 않다.

✧ 37. 총명(聰明) : 신념이 강하고 실행력이 뛰어나다. 흑자가 있으면 자주 파재한다.
✧ 38. 비린(比隣) : 교제에 뛰어나고 협조를 잘한다.
✧ 39. 승장(承奬) : 약속을 잘 지키고 신용을 중시한다.
✧ 40. 노복(奴僕) : 아랫사람들을 잘 보살피고, 존경을 받는다.
✧ 41. 지각(地閣) : 환경의 변화에 잘 적응을 못한다. 턱의 검은 점은 전택을 많이 둔다. 수액이 따른다.
✧ 42. 이륜(耳輪) : 창조력이 있고, 발상이 풍부하며, 독창적인 아이디어를 가지고 있다. 감각이 예민하다. 지혜가 많다.
✧ 43. 이곽(耳郭) : 활기가 넘치고 체력과 기력이 모두 충만하다. 이기적이고 계산적이다.
✧ 44. 수주(垂珠) : 금운, 재운을 타고나 만년에 복이 많다. 죽은 점은 체력이 약하다.
✧ 45. 이현(耳絃) : 부모와 자식의 사랑이 깊고 서로 돕는다.
✧ 46. 풍문(風門) : 평소 절약으로 재산을 축적한다. 장수한다.

2) 몸에 나타난 점의 의미

✧ 1. 결후 : 가족의 일로 많은 활약을 하고 원하는 것을 성취한다.
✧ 2. 목 : 목의 앞부분에 점이 있으면 적극적이며 지도력이 뛰어나다.
✧ 3. 어깨 : 사람들의 기대를 많이 받으며 봉사활동을 많이 한다.
✧ 4. 쇄골 : 교제에 능숙하고 친구가 많고 놀기를 좋아한다.
✧ 5. 가슴 상부 : 여성에게 사랑을 쏟아 부으며 의지를 많이 한다.
✧ 6. 가슴 하부 : 부모와 자식의 관계가 원만하고 신뢰가 깊다.
✧ 7. 옆구리 : 약속을 잘 지키고 입이 무겁기 때문에 신뢰를 많이 받는다.
✧ 8. 배꼽 : 덕망과 지도력이 있으며 재운을 타고 났다. 중년에 재복을 얻는다.
✧ 9. 팔 상부 : 업무에 열심이고 기술 분야에 뛰어나고 생활력이 강하다.
✧ 10. 팔 중부 : 사업을 타고 났으며 자력으로 인생을 개척해 나간다.
✧ 11. 팔 하부 : 교제에 능숙하고 사람의 힘을 빌려서 이익을 만든다.

제 7장. 신체 각 부위 관찰 | 479

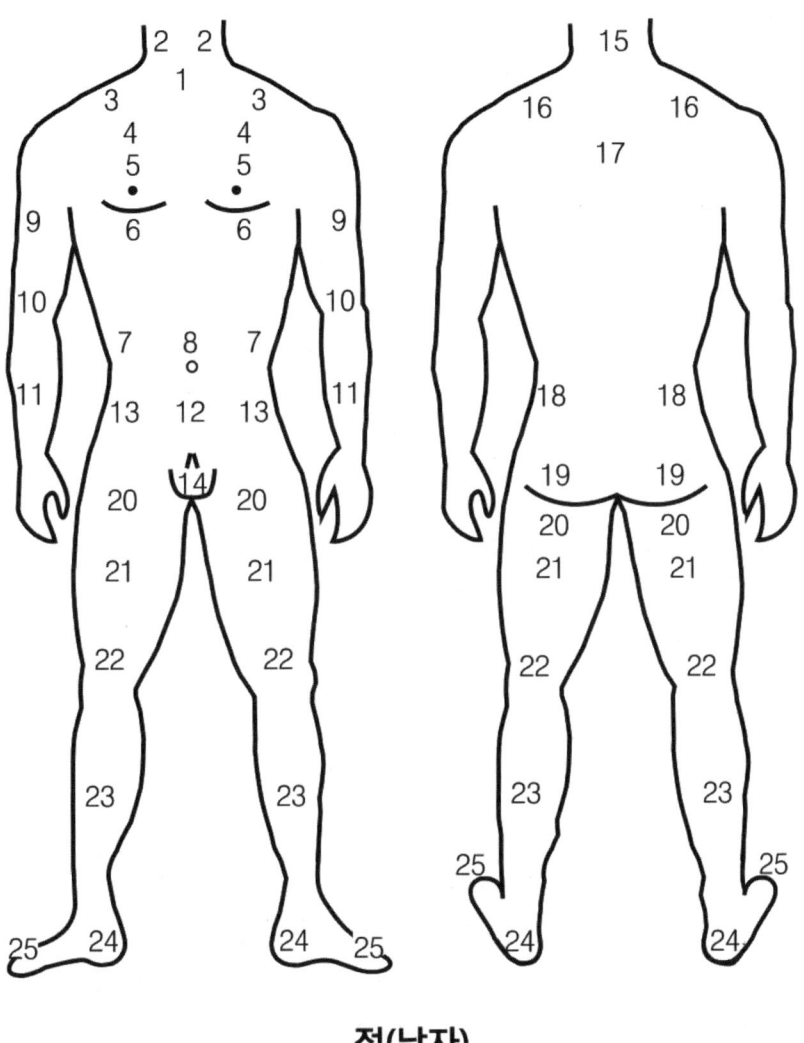

점(남자)

✿ 12. 복부 : 복부의 아래쪽에 점이 있으면 애정면에 적극적이고 인기가 많다.

✿ 13. 허리 : 애정면에서 스태미너와 체력이 좋다.

✿ 14. 성기 : 정력이 뛰어나고 테크닉이 뛰어나다. 귀하고 장수한다.

✿ 15. 목 : 목 뒤쪽에 점이 있으면 건강이 좋으며 자신을 통제하는 능력이 뛰어나다.

✿ 16. 어깨 : 어깨의 뒤쪽에 점이 있으면 대인관계의 좋고 싫음이 분명하고 대인

관계도 좋다.
- 17. 등 : 도량이 크고 포용력이 있고 사람들이 모인다.
- 18. 허리 : 역경을 잘 헤쳐 나가 성공 한다.
- 19. 엉덩이 : 어떤 상황이 닥쳐도 안정적이며 대담하다.
- 20. 허벅지 : 상부에 있으면 정열적인 애정의 소유자로 스태미너가 있다.
- 21. 허벅지 : 하부에 있으면 헌신적인 애정의 소유자로 정이 깊다.
- 22. 오금 부위 : 성실한 일꾼으로 생활에 곤란함을 겪지 않는다.
- 23. 종아리 부위 : 역경에 처해도 후원자가 나타난다.
- 24. 발뒤꿈치 부위 : 지구력이 있으며, 끈기가 강하다.
- 25. 발끝 부위 : 정보를 소종하게 생각하고, 행동력이 다른 사람의 두 배로 빠르다.

3) 손에 나타난 점의 의미

- 1. 엄지 : 인정이 많고 정직하여 많은 사람들로부터 사랑을 받는다.
- 2. 집게손가락 : 자기중심적인 면이 강하다.
- 3. 중지 : 자립심이 강하고 다른 사람을 의지하지 않는다.
- 4. 약지 : 행동파로 인기가 있고, 예술적인 센스가 있다.
- 5. 소지 : 대화를 좋아하고 장사에 수완이 있다.
- 6. 손등 : 실력도 있지만, 지속적인 노력으로 목적을 달성한다.
- 7. 손목 : 손재주가 뛰어나고, 기술적인 일로 성공한다.
- 8. 엄지손가락 아래 : 승부운이 강하고, 위기 상황에서 실력을 발휘한다.
- 9. 집게손가락 아래 : 사람들에게 친절하고, 사랑을 받는다.
- 10. 중지 아래 : 사람들의 분위기를 잘 살핀다.
- 11. 약지 아래 : 다재다능하고 손재주가 있어서 사람을 기쁘게 한다.
- 12. 소지 아래 : 표현력이 풍부하고, 사람들에게 마음을 전한다.
- 13. 엄지 뒤쪽 : 인정이 많고 사람들에게 친절, 애정은 정열적이다.
- 14. 집게손가락 뒤쪽 : 희로애락에 대한 감정이 뚜렷하고 정직하다.
- 15. 중지 뒤쪽 : 사람을 소중하게 생각하고, 리더의 존재가 된다.
- 16. 약지 뒤쪽 : 예술적 센스를 타고 났으며 덕망도 있다.

✿ 17. 소지 뒤쪽 : 이론가로 표현력이 풍부하고, 설득력이 있다.
✿ 18. 금성 구 : 풍부한 애정으로 여성을 소중히 여기는 정열가이다.
✿ 19. 목성 구 : 목적 달성에 능력을 발휘한다.
✿ 20. 토성 구 : 도덕적인 생활을 좋아하고, 인내심이 강한 노력가이다.
✿ 21. 태양 구 : 밝고, 사람의 마음을 즐겁게 하는 재능이 있다.
✿ 22. 수성구 : 정보의 활용이 능숙하고, 말투도 상냥하다.
✿ 23. 생명선상 : 스테미너가 뛰어나고 건강관리에도 능숙하다.
✿ 24. 두뇌선상 : 머리의 회전이 빠르고, 행동력도 남의 두 배가 된다.
✿ 25. 감정선상 : 풍부한 애정으로 정서가 있으며, 여성에게 친절하다.
✿ 26. 운명선상 : 어려움에 처했을 때 외부로부터 도움을 받는다.
✿ 27. 인기선상 : 언제나 언동이 눈에 띠며, 인기와 신용이 있다.
✿ 28. 재운선상 : 축재 능력이 뛰어나고, 실력으로 재산을 이룬다.
✿ 29. 결혼선상 : 훌륭한 결혼을 하고, 가정은 평안무사하다.

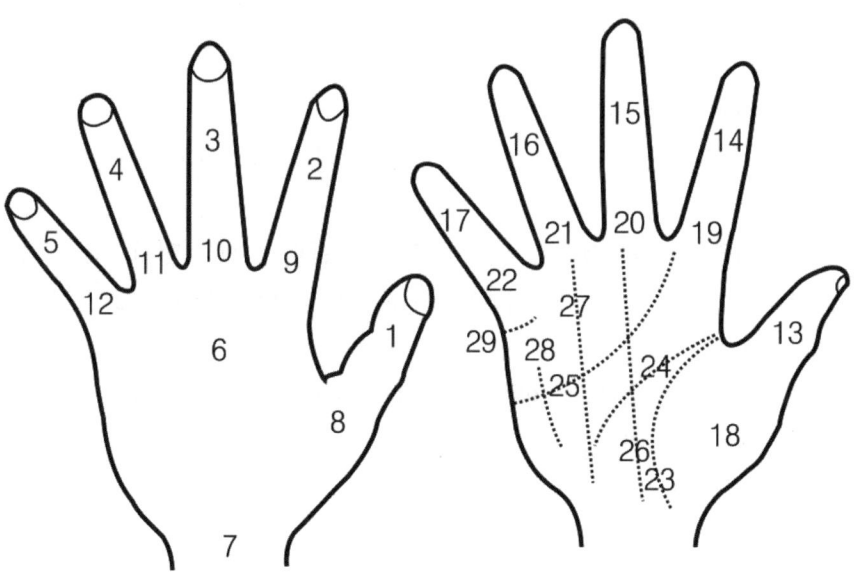

점(남·여)

4) 여성에게 나타난 점의 의미

✿ 1. 이마 가장 위쪽 한가운데에 있는 점. 이 부위에 점이 있으면 주위 사람들의 협력으로 좋은 인연과 만날 수 있다. 천중의 흑자는 어머니와 인연이 박약하고 남편에게 해롭다.

✿ 2. 이마 가운데는 사회운을 나타내는데, 직장이나 친구들의 소개로 좋은 파트너와 인기를 얻는다. 신뢰가 깊은 인연을 만난다.

✿ 3. 이마 옆의 머리카락 언저리. 여행지에서 뜻하지 않는 만남으로 로맨스 발생. 일생의 추억을 타향에서 만든다. 천창의 흑자는 횡재가 있다.

✿ 4. 눈의 흰자위에 위치한 검은 점. 이는 수많은 연인들로 인해 몸과 마음이 모두 피곤해 진다.

✿ 5. 눈초리를 다른 말로는 어미라 하는데, 점이 있으면 정에 약하여 많은 고생을 하지만, 연인들로부터 인기를 많이 얻는다. 이성 관계에 문제가 생긴다. 이혼을 반복한다. 왼쪽 처첩궁 흑자는 본인 스스로 바람을 피우고, 오른쪽 처첩궁은 남성의 유혹으로 바람을 피운다.

✿ 6. 눈초리 아래의 점은 인기 만점으로, 사랑의 아픔에 의한 눈물보다는 정열적인 사랑에 의한 기쁨의 눈물을 흘린다. 이성의 유혹에 쉽게 넘어간다. 눈 주위 검은 점은 전반적으로 색욕에 빠지기 쉽다.

✿ 7. 눈 아래에 위치한 점은 사랑을 나타내고, 이 위치에 살아있는 점이 있으면 적극적이고 과감한 남자에게 반하여 매우 깊은 사랑을 하게 된다. 적극적으로 유혹한다.

✿ 8. 코 상부의 점은 바람기 점으로, 남편이 있어도 남편 이외에 멋진 파트너가 출현하는 전조. 미혼 여성은 복수의 남자들에게 인기 있어 고민을 많이 한다. 빼면 좋다.

✿ 9. 와잠과 관골 사이의 점을 '인기'라고 하는데, 점이 있으면 사교성을 활용하여 마음대로 남자를 선택, 남성들을 피곤하게 한다.

✿ 10. 콧대 중간을 '수상'이라고 하는데, 살아 있는 점이 있으면 적극적으로 프로포즈를 한다. 결국 여성 마음대로 남성을 조종한다. 재물의 지출을 피할 수 없다. 콧등의 흑자는 궁색하고 일마다 막힘이 많다.

✿ 11. 코끝에 위치한 살아 있는 점은 지도자 점이라 하여, 남자를 능숙하게 자신의 취향대로 조종하고, 정열적인 사랑을 한다.

제 7장. 신체 각 부위 관찰 | 483

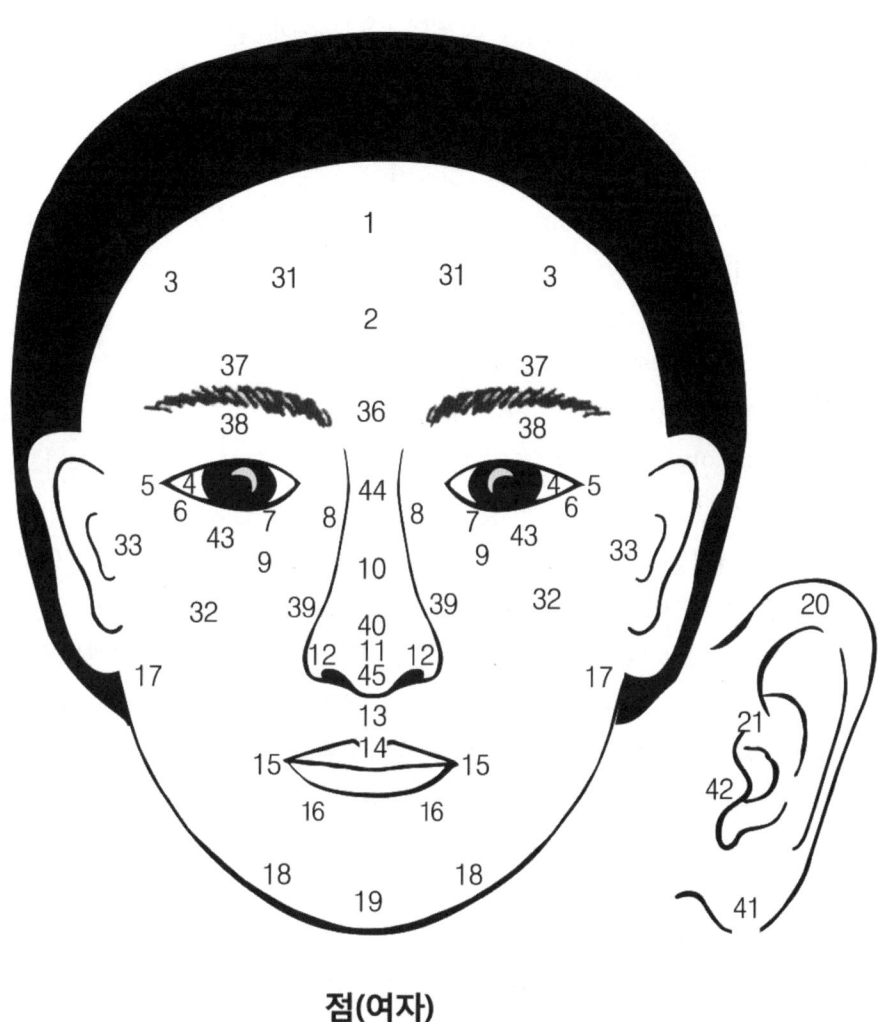

점(여자)

✿ 12. 이 부위에 점이 있으면, 여성일지라도 성력과 정력, 스테미너를 활용하여 즐긴다. 남성을 좋아하는 운기를 타고 났다.

✿ 13. 이 부위에 살아 있는 점을 가진 여성은 항상 남자의 시선을 받는다. 인중 위쪽의 점은 자궁이 약하고 재혼할 경우가 많다. 자식운이 강하다. 인중의 아랫부분에 점이 있으면 색욕이 강하고, 이성관계가 많다. 섹스관계와 그에 대한 대화를 좋아한다. 인중의 흑자는 자녀에게 해롭다.

※ 14. 입술에 살아 있는 점이 있으면, 성욕이 왕성하여 남성을 피곤하게 하고, 종선(縱線)이 많은 입술을 가진 여성은 남성들에게 인기가 많다. 입술 흑자는 음란하고 혀끝의 흑자는 임기응변에 능란하다. 여성은 성욕이 높아지면 아랫입술을 빨고, 식욕이 높아지면 윗입술을 빤다.

※ 15. 입꼬리 부위에 나타난 점은, 말주변이 좋고 화제가 풍부하고, 수다쟁이이며, 야한 이야기도 좋아하며 인기가 있다. 입주위의 검은 점은 전반적으로 색욕에 빠지기 쉽다.

※ 16. 정이 깊으면서 시기 질투심이 강하여 남성들이 싫어하는 타입이지만, 서로 사랑하는 사람에게는 최선을 다한다. 여성에게 바람기가 나타날 때는 아랫입술에 검푸른 느낌의 검은 점이 나타난다.

※ 17. 조금만 안면이 있어도 깊은 사랑을 나눌 정도로 사교성이 뛰어나고, 한번 말을 주고받으면 자신의 매력을 반드시 남자에게 강요한다.

※ 18. 연하 남성들에게 인기 있는 타입. 연상이라도 마음이 젊은 남성에게 호감을 가진다. 자신도 언제나 젊어지려고 노력을 한다.

※ 19. 환경을 바꿀 때마다 새로운 로맨스 발생. 주거에서도 직장에서도 변화가 있으면 남자도 바뀐다. 환경을 바꾸지 않으면 한 명의 남자에게 올인 한다.

※ 20. 이 부위에 살아있는 점이 있으면 적극성을 가지고 남성을 차지한다. 체력·기교·기력이 뛰어나다. 귀의 흑자는 총명하고 효성이 지극하다.

※ 21. 이 부위에 살아 있는 점이 있으면, 매우 매력적인 육체를 가지고 남성을 차지한다.

※ 22. 목에 나타난 점은 옷을 입어도 눈에 잘 띄는 부위로, 남녀를 따지지 않고 외로움을 잘 탄다. 조금만 호감을 가지면 바로 사랑으로 연결된다.

※ 23. 목덜미는 지도자의 점으로, 스승과 제자로 만나는 커플에게 많다. 연하의 남자와도 인연이 많다.

※ 24. 이 부위에 점이 있으면 실력과 부지런한 기질을 가지고 있지만, 믿음직스럽지 못한 남자에게 빠지거나 의지하여 그 남성에게 최선을 다한다.

※ 25. 가슴에 살아 있는 점을 가진 사람은 지나치게 다정다감하여 많은 남성들과 사귄다.

※ 26. 배꼽 부위에 점이 있으면 밑 빠진 호인으로, 남성들에게 쉽게 빠지고 상대에게 최선을 다해 봉사를 하기 때문에 인기가 많다.

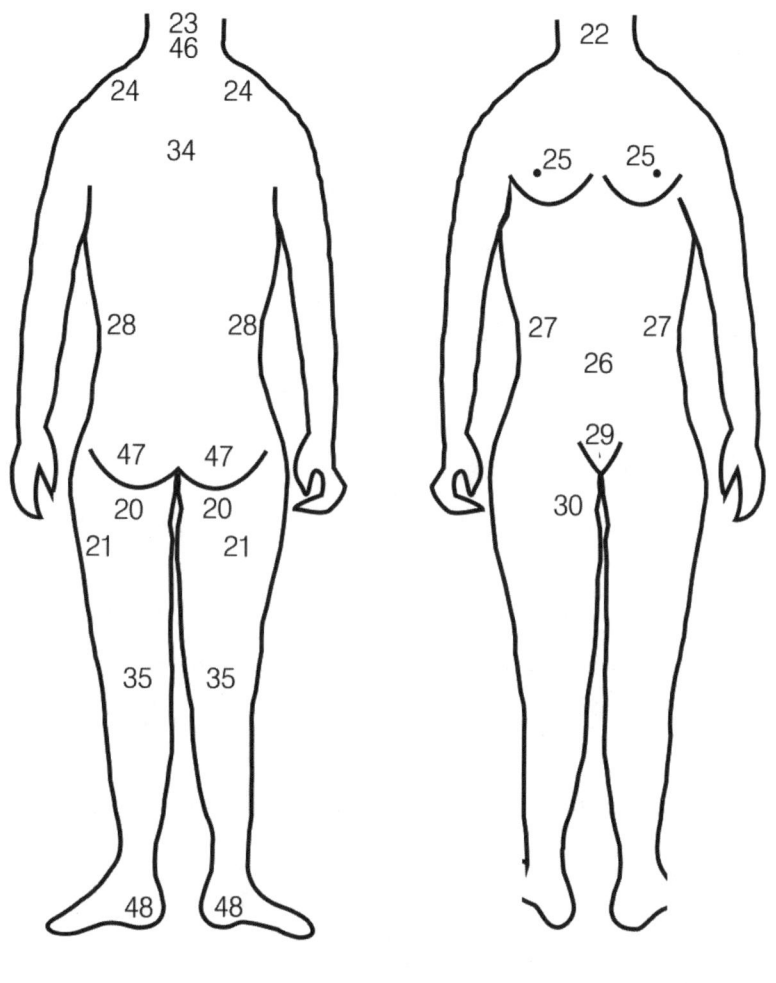

점(여자)

✿ 27. 이 부위에 점이 있으면 적극적인 애정의 소유자로 우유부단한 남자를 싫어하고 화끈한 남자를 좋아한다.

✿ 28. 허리에 점이 있으면 스테미너가 왕성하여, 섹스를 좋아하는 사람은 풍부한 애정으로 남자의 에너지를 모두 흡수, 뼈와 가죽만 남게 한다.

✿ 29. 성기 주변에 점이 있는 사람은 성적인 기술이 뛰어나 한 번 만나면 절대로 헤어지려고 하지 않는다.

✿ 30. 허벅지의 안쪽에 점이 있으면 정열을 가지고 상대를 녹여 자신의 사람으로 만든다.

✿ 31. 안면 상부의 좌우에 나타난 점은 남자 운이 별로 없으며 생각지도 않은 재난을 당한다. 다만, 윤곽이 뚜렷한 살아있는 점인 경우에는 좋은 쪽으로 인생이 바뀐다.

✿ 32. 안면 좌우 광대뼈에 점이 있으면, 아무리 인기가 있어도 남자를 지배하지 않으면 직성이 풀리지 않기 때문에, 오히려 남성이 도망가는 결과를 초래한다. 얼굴에 주근깨가 있으면 법을 위반하며, 공짜를 좋아하는 습성으로 이권에 잘 개입한다. 수명이 짧고 말년이 불길하다. 관골아래 법령바깥쪽에 있는 점은 남성을 유혹하는 분위기를 갖고 있다.

✿ 33. 얼굴의 귀 앞쪽에 점이 있으면, 비밀스러운 정사를 가지기 쉽고, 애인을 만나 지나치게 쾌락에 빠져서 애인이 도망을 가기도 한다.

✿ 34. 등에 살아있는 점은 대인관계에 좋고 싫음이 없고, 팔방미인적인 박애주의자로 교제에 능숙하여 좋은 것도 없고 나쁜 것도 없어서 남자로 인한 고생이 끊이지 않는다.

✿ 35. 무릎의 뒤편에 점이 있으면 역경에 빠져도 후원자가 나타나 고난에서 벗어나지만, 남성 운은 좋지 않다. 특히 애인과 금전거래를 해서는 안 된다.

✿ 36. 미간에 점이 있으면, 재운이 좋지만 지출도 많다. 우유부단한 성격인 만큼 절약 하면 만년이 좋다.

✿ 37. 눈썹 위쪽은 '복덕'이라고 하는데, 다른 사람에게 투자를 하면 자신에게 두 배가 되어 돌아오는 복운이다. 현재 돈이 없어도 곧 후원을 받아 회복을 한다.

✿ 38. 눈썹 아래에 살아 있는 점은 자신의 노력보다 주위 사람들의 협력과 원조로 성공, 특히 남성의 도움으로 재물을 늘린다.

✿ 39. 코 좌우에 있는 점으로 콧방울의 상부에 위치하는데, 구두쇠처럼 철저하게 절약 저축, 게다가 활동력이 왕성하여 수입이 배가된다. 또한 자식운도 좋다.

✿ 40. 12. 콧방울 위에 있는 점은 정력·성력·생활력 모두에게 영향을 주는 행운의 포인트로, 남성 운과도 결합되지만 재운의 지출이 반복된다.

✿ 41. 귓불에 위치한 살아있는 점, 두툼한 귓불을 가지고 있으면 재운을 타고 났으며, 중년까지 우여곡절이 많아도 말년은 편안하다.

✿ 42. 귀 앞쪽에 있는 풍문 혈 부위에 점이 있으면, 절재를 생활화 하면 축재가 되는 행운의 점이다.

- 43. 7. 와잠 부위에 살아있는 점은 정력이 좋아 남자를 피곤하게 한다. 적당한 조절이 필요하다. 자식 궁에 검은 점이 나타날 때는 이성의 만남이 잦다. 누당의 흑자는 기형아나 장애아를 낳을 가능성이 높고, 자식들이 비행을 저지르거나 범죄자가 된다.
- 44. 콧대 위쪽 산근에 살아있는 점은 생활의 기반을 나타내지만, 결혼을 못하거나 결혼을 해도 남편이 병약하다. 산근의 흑자는 고독하고 빈곤하다.
- 45. 11. 코끝에 살아있는 점이 있다면 왕성한 체력을 가지고 있다. 일과 사생활을 적당하게 배분한다면 행복한 가정을 꾸린다.
- 46. 23. 목 뒤쪽에 살아있는 점이 있다면 체력을 잘 조절하며, 피로회복이 빠르다.
- 47. 엉덩이 부위에 살아있는 점이 있다면 질병에 걸려도 회복이 빠르며, 체력과 기력이 매우 좋다.
- 48. 발뒤꿈치에 살아있는 점이 있으면 끈질긴 체력으로, 믿기 어려울 정도로 스테미너를 발휘하고, 역경에 강하다.

5) 점을 관찰하며 읽기

① 얼굴점
- 얼굴에 반점이 많으면 장수하지 못한다.
- 얼굴에 생긴 점은 나타난 점이고, 몸에 난 점은 숨겨진 점이다. 이들 모두는 산림에 초목이 있는 것과 같이 잔털이 있어야만 좋은 상이다.
- 관골의 점은 인기 점이다. 관골에 점이 있으면 평판이 좋고 사회적 인기가 있다. 권력욕이 강하여 고집이 세고 투쟁적이다. 이 부분에 죽은 점이 있는 사람은 반골 기질이 있어 상사와 말썽이 자주 일어난다.

② 눈 주위의 점
- 눈썹에 난 점은 과거에는 형제 자매간에 문제가 있고, 현대에는 대인관계에 걸림돌로 본다. 점이 눈썹에 숨겨져 있어 잘 보이지 않으면 오히려 지혜롭다.
- 눈썹 위에 점이 있는 사람은 친구를 폭넓게 사귀는 경향이 있으며, 눈썹 끝의

위에 있는 점은 돈이 나가는 점이니 빼는 것이 좋다.
✿ 눈썹 중앙(형제궁)에 작은 점이 있는 사람은 친척, 친구의 도움이 있는 사람이다. 문학, 예술, 음악 등 다방면에 재능이 있다. 머리회전이 빨라 다재다능하다.
✿ 눈꼬리에 있으면 미혼은 사랑에 우여곡절이 있고 기혼자는 부부사이가 소원하다.
✿ 눈 밑에 점이 있으면 자녀로 인해 근심이 있고 눈물 흘릴 일이 많다. 툭 튀어 오른 살아있는 점이 눈 아래 위치하면 자녀가 훌륭하게 된다 해도 그를 뒷받침하느라 고생스럽다.
✿ 천이궁(양 눈썹의 끝부분)에 점이 있는 사람은 이사, 전근, 출장, 여행 등 변화가 많은 파란의 일생을 보내지만, 인간관계가 넓다. 이곳에 두 개 이상의 점이 있으면 사랑의 점이라 하여 여성의 경우 남성의 유혹이 많고 유혹을 거절하지 못한다.
✿ 전택궁(눈썹과 눈 사이)에 점이 있으면 부모의 재산이나 부동산을 상속 받는다. 이 부위에 죽은 점이 있으면 친척이나 형제, 자매 사이에 상속 문제가 발생한다.
✿ 누당에 점이 있는 사람은 이성이나 타인의 원조가 있고, 부부관계도 원만하다.
✿ 와잠에 점이 있으면 색정이어서 한 사람의 이성으로 만족을 못한다. 와잠 중에서도 눈이 시작되는 곳에 점이 있으면 적극적으로 이성을 유혹하고, 눈초리에 점이 있으면 이성의 유혹에 쉽게 넘어간다.
✿ 간문(눈꼬리 부분)에 점이 있으면 이성 관계에 문제가 있고, 이 부분에 죽은 점이 있으면 이성관계가 문제를 일으키게 된다.

③ 이마의 점
✿ 이마 정중앙에 있는 점은 위엄을 나타낸다. 부처도 이곳에 점이 있다. 모든 것을 버리고 다시 시작하여 중년에 크게 뜻을 펼쳤다는 의미다.
✿ 이마의 천정, 천중(이마의 상부 중앙) 부분에 살아있는 점이 있는 남성은 유년기에 고생이 많지만 나이를 먹을수록 노력의 결실을 맺어 성공한다. 여성의 경우에는 남편의 운이 별로 좋지 않다.
✿ 이마의 사공, 중정(중앙 중부)에 살아 있는 점이 있는 사람은 개성이 강하고 파란이 많은 인생으로 항상 변화를 추구하고 일도 바꾸기 쉬우며 윗사람과의 말썽이 많은 경향이 있다. 여성도 특이한 성격이 많으며 결혼이 늦거나 평생

독신으로 지내는 경향이 있다.
✿ 명궁(인당)에 점이 있는 사람은 운이 강하고 파란이 있고 좋을 때와 나쁠 때가 확실하다. 반항심이 있고, 여성은 운과 성격이 강해서 가정에만 충실하기 어렵다. 의사, 저널리스트, 종교가, 예술가 등의 직업을 가진 사람은 반드시 성공한다.
✿ 복덕궁(이마의 양쪽 끝 윗부분)의 죽은 점은 산재점이라 하여 도박, 부업, 주식 등에 실패하여 재산을 날려 돈을 모으는데 어려움을 겪는다.

④ 귀의 점
✿ 귀의 맨 윗부분의 점은 부를, 가운데는 귀함을, 아래 귓밥에 있는 점은 총명을 나타낸다. 점은 말 그대로 점일 뿐, 크게 의미를 부여하지 않는다.
✿ 귀 안쪽에 점이 있는 사람은 아이디어와 창조력이 있고 감각이 예민하다. 귀 윤곽(외곽)의 점은 이기적, 계산적인 점이다.
✿ 귀밑에 점이 있는 사람은 애정, 돈, 체력이 있다. 죽은 점이 있으면 체력이 약하다.

⑤ 코의 점
✿ 콧방울에 점이 자리하면 돈을 모아 놓아도 늘 금전이 나가게 된다.
✿ 코는 돈 창고인데 이곳의 점은 창고에 살고 있는 쥐가 되는 셈이다. 쥐가 살지 않는다는 것은 광이 비었다는 뜻으로 풀이된다.
✿ 코 밑에 점은 창고를 지키는 충견이 되어 재물이 새지 않는다. 욕심이 많아 보인다.
✿ 눈과 눈 사이 코에 점이 있으면 병약하다.
✿ 산근(코의 시작 부분)에 점이 있으면 고향을 떠나 생활하며 과중한 책임을 갖게 되어 정신적, 육체적으로 고생한다. 위장이 약하고 여성의 경우에는 결혼을 못하거나 결혼을 해도 남편이 병약하다.
✿ 코의 수상에 점이 있으면 자아가 강하고 책임지기 싫어한다. 폐나 위장이 약하고 신체가 허약하다.
✿ 난대, 정위에 점이 있는 사람은 금전운이 있으나, 인생에 부침이 있고, 돈의 출입에 기복이 심하다.
✿ 준두에 점이 있는 남성은 성기에도 점이 있다. 정력이 세고 힘을 타고 났으므

로 색욕도 강하다. 이 부분에 점이 있는 여성은 재혼하기 쉽다. 이 부분에 죽은 점이 있는 여성은 '산재 점'으로 좋지 않다.
✿ 인중의 아랫부분에 점이 있는 사람은 색욕이 강하고, 이성 관계가 많고 섹스관계와 그에 대한 대화를 좋아한다.
✿ 법령의 안쪽 콧방울 밑 부분은 식복을 나타내는데, 이 부분에 점이 있으면 평생 식복이 있고 일생 의식주 혜택이 풍족하다.
✿ 인중의 윗부분에 점이 있는 사람은 생식 능력이 약해 자식이 태어나도 단명하거나 병약하다. 인중 중간 부분에 점이 있는 여성은 자궁이 약하고 재혼할 경우가 많다.

⑥ 입 주위에 있는 점
✿ 입에 점이 있으면 식복이 있고 애인이 있다.
✿ 윗입술에 점이 있는 사람은 미식가이며 호색가이고 적극적으로 섹스를 요구하는 경향이 있다. 아랫입술에 점이 있으면 소극적이고 섹스도 기다리는 타입이다. 입술중앙의 점은 섹스 테크닉의 달인이다.
✿ 입술 끝이나 입술 밑 부분에 점이 있으면 반드시 빼는 것이 좋다. 자살점이라 하여 매우 좋지 않다.
✿ 턱에 있는 점은 영향이 별로 없으나 죽은 점은 주거 환경문제로 고뇌하는 상이다.
✿ 입 가까운 턱에 점이 있으면 인기와 매력이 있다. 검은 점으로 인해 피부가 더욱 희어 보이므로 그 옆에 있는 붉은 입술로 시선이 바로 꽂힌다.

⑦ 배에 있는 점
✿ 배에 난 점이 매우 크고, 먹과 같이 흑색이며, 주사와 같이 적색이고, 단단하고 둥글고 높은 사람은 귀인이다.

⑧ 등과 가슴 배에 있는 점
✿ 등 위에 점이 생기면 주로 관록을 지니며, 가슴에 점이 생기면 주로 슬기로운 꾀가 있고, 배 위에 점이 생기면 의·록이 풍족하다.

⑨ 점의 색

✪ 점의 색깔이 지나치게 선명하면 아직 기회를 만나지 못한 사람이다.
✪ 색깔이 어두우면 좋은 운이 지나간 사람이고, 색깔이 연한 사람은 비교적 사소한 점에 지나지 않는다.

⑩ 도움되는 말들
✪ 반점의 색이 검은 것을 흑자반점, 붉은 것을 적자반점이라 한다.
✪ 피부 표면에 높게 나온 것은 사마귀이고, 평평한 것은 점이며, 청황색을 띤 것은 반점이다.
✪ 반점은 모두 얼굴에 생겨서는 안 된다.
✪ 점이 중간 정도로 평평한 사람은 조금 귀하다.
✪ 얼굴은 맑고 깨끗할수록 좋다. 얼굴에 난 점의 95%는 부정적인 것이다.
✪ 얼굴은 각 부위마다 인상학적인 의미가 따라 다니는데 그 자리에 점이 생기면 대개 운기가 떨어진다.
✪ 감춰진 곳인 몸에 있는 점은 길하다. 몸의 점을 타인에게 보여주면 복이 감해진다.
✪ 얼굴의 점은 가장 컨디션이 좋을 때 빼야 한다.

⑪ 법령에 있는 점
✪ 법령의 바깥 쪽에 점이 있는 여성은 남성을 유혹하는 분위기를 갖고 있다.
✪ 법령 선에 점이 있으면 다리가 아프거나 아랫사람에게 배신을 당한다.
✪ 법령 선에 점이 있으면 법에 저촉되는 일을 하는 즉시 법망에 걸리게 된다.

⑫ 도움되는 말들
✪ 콧등의 점이든 다른 부위의 점이든, 점에 털이 나 있으면 살아 있는 점이고 좋은 점이다.
✪ 점 속에 긴 털이 나와 있으면 의식이 풍부하고 호걸상이다.

【31】문(紋)

'문(紋)'은 주름을 나타낸다. 이마에 일자 주름은 자기 힘으로 스스로 일하여 명예를 얻는 자수성가형이다. 좋은 이마에 선하나 있으면 관직이 최고로 상승한다.

보통 이마에는 삼문(세 가닥 주름)을 언(偃 : 누울 언)·월(月)·문(紋 : 무늬 문) "세 줄의 무늬가 이마에 누워 있다는 말" 이라 하여 위에 있는 주름을 천문이라 하여 부모나 윗사람을 상징하고, 가운데 주름은 인문이라고 하는데 본인의 운명을 나타내고(의지와 의욕이 강하면 인문이 강하고 좋다), 세 번째 주름은 지문이라 하여 처자나 아랫사람을 표시한다. 이상 삼문이 가지런하고 곱고 또렷해야 좋다.

가운데 일문만 있으면 자수성가 할 문이며 밑 주름만 튼실하면 자손의 덕을 보고 아랫사람의 덕을 본다.

이마에 왕자 무늬가 있으면 제후의 문인데 천중에서 인당까지 있는 것을 말한다. (이 선이 있으면 대통령의 특별 록을 먹는다).

이마에 우물 정자문은 부자될 상이고, 인당에 바늘처럼 한·두개 주름이 있는 것을 현침문이라 하여 무관의 상이고, 신문 기자나 작가들이 글을 써서 사회를 정화시키는 주사바늘 노릇을 한다 하여 붙여진 이름이다.

이 현침문은 남자는 고독할 상이고, 여자는 남편을 잃을 상이다. 눈 아래 와잠 부위에 있는 것은 극자하고, 눈 밑에 관골 주위에 문이 둘러쳐진 것은 반드시 파산한다. 눈 아래 와잠에 세로금이 있으면 아들을 극하고, 한·두개의 선이 있어도 고독할 운명이며 눈 아래 X자 무늬가 있으면 형액이 따른다.

이마의 주름은 길고 끊어지지 않아야 한다. 이마의 주름이 짧고 끊어진 것은 불길한 상이다. 관골 부위에 문이 있거나 폐인 것은 반드시 흉하다. 법령문이 입 안쪽으로 들어오면 굶어 죽을 상이다. 지각에 종횡 문이 있는 자는 안 좋다.

문에는 명과 암이 있고 무늬에 홍·황색이 점점 뜨고 밝은 것을 음(陰)·즐(騭)·문(紋)이라 하는데 이와 같은 사람은 남모르는 음덕을 쌓았기 때문에 반드시 자손에게 까지 좋은 일이 생긴다. 반대로 흑색의 기가 생기고 암울하면 손(損)·음(陰)·즐(騭)이라 이르는데 악보(惡報)인 까닭이다.

지각에 자색이나 은색이 밝게 빛나면 운수 대통하는 좋은 일이 생긴다. 모든 무늬가 명윤하고 기색이 좋으면 문이 열린다고 하여 길한 일이 생기고 노년에 장수

한다. 반대로 무늬가 흑색이고 건조하면 휴(休)·수(囚)라고 하여 운이 막히고 수명 마저 단축한다.

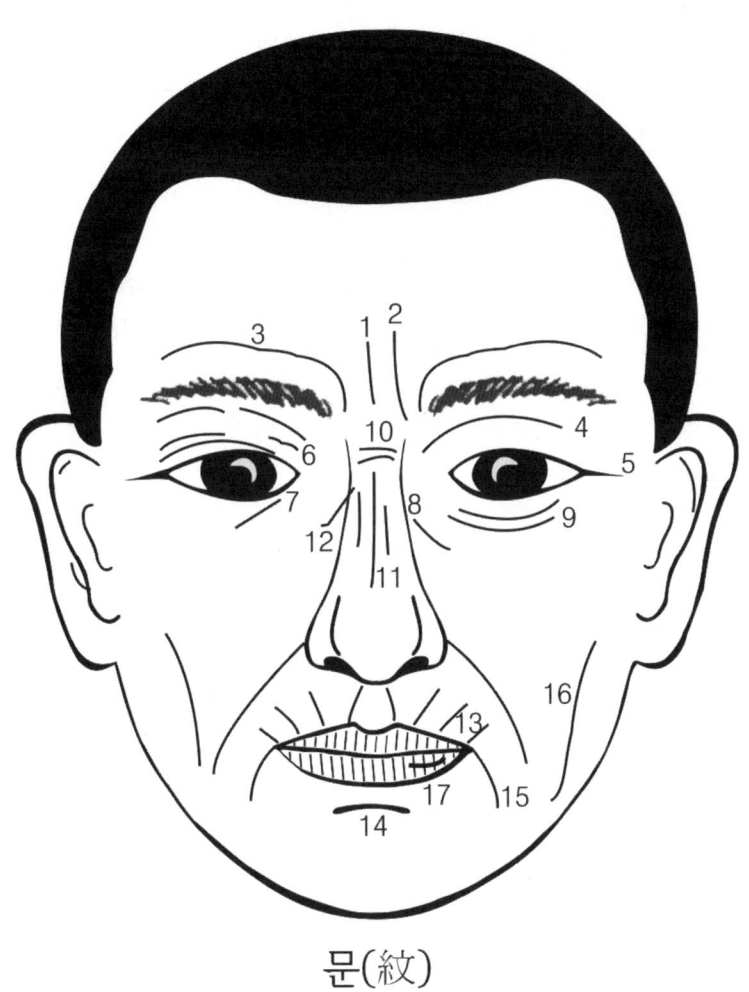

문(紋)

1) 문(紋)을 관찰하며 읽기

① 현침문
미간 중앙에서 이마를 향해 나타난 주름으로, 의지가 강하고 오기가 있으며 모든 일에 열심인 사람들에 많다. 어느 한 분야의 권위자인 사람들에게서 자주 볼 수 있다. 일상에서는 불만이 많아 잔소리가 잦고 돈에 대해 꼼꼼한 편이다. 고향을 떠나 성공하는 운명이다.

② 검난문
미간에서 이마의 가운데를 향해 약간 비스듬하게 나타난 주름으로, 오른쪽(본인은 왼쪽) 옆에서 나타난 주름이 있는 경우 투쟁심이 강하다. 타인에게 상처를 입힐 수 있다. 이와 반대로 왼쪽(본인은 오른쪽) 옆에서 나타난 주름이 있으면 공포심이 많아 타인이나 적에게 습격을 당하기 쉽다. 미간 양쪽으로 서 있는 주름은 사색가의 상이다.

③ 겸업문
눈썹을 위에서 둘러싸는 것과 같은 모습의 주름으로, 본인이 가지고 있는 지식이나 아이디어 특수 기술 등을 돈벌이에 연결시키는 재능이 있다. 다소 탐욕적이기도 하다.

④ 위쪽 눈꺼풀이 겹쳐지는 형태의 긴 옆주름
눈 위쪽이 움푹 폐인 곳으로 가정운이 좋지 않은 상이다. 부모와 자식 간의 인연이 적어 일찍부터 부모와 떨어져 산다. 함께 살 경우 충돌이 잦다.

⑤ 어미문
눈초리의 주름으로 약간 위쪽으로 올라가 이마의 머리카락 부분에 이르는 주름이다. 중·노년이 되면 대부분의 사람들에게 나타나는데, 그중 1개가 길게 새겨진 사람은 통솔력이 있어 지도자가 되며, 부하나 후배들에게도 깊은 신뢰를 얻는다. 후계자 운도 좋고 배우자 운도 좋지만 애인이 생기기 쉬운 경향이 있다.

⑥ 중조문

쌍꺼풀의 기점과 종점이 눈에서 떨어져 있는 것으로 쌍꺼풀의 선을 말하기도 한다. 이 주름은 어느 한쪽이 눈에 연결된 것이지만 가까이에 있으면서 그 양쪽 모두 눈에서 떨어져 있는 사람은 남들에 비해 조숙하고 성에 일찍 눈을 떠 여성의 경우 이른 나이에 남성 편력을 거듭하게 될 상이다. 정식 입적이나 결혼 등에 인연이 없는 사람에게 많은 상이다.

⑦ 누당문

비교적 긴 주름으로 나타나는데, 남녀 모두 자녀와 인연이 적으며, 자녀와 떨어져 살 가능성이 높다. 한쪽에만 나타나는 경우와 좌우 양쪽에 나타나는 경우가 있는데, 길면 길수록 함께 사는 것이 더 어려워진다.

⑧ 코 오른쪽 수상에서 연상 옆으로 세로로 길게 나타난 문

주로 여성에게 나타난다. 이성운이 좋지 않은 상의 하나로, 대체로 결혼을 하지 못하거나 연인이나 배우자 때문에 많은 고생을 한다. 남녀 모두 재혼상이다.

⑨ 이중 누당문

아랫사람이나 후배운, 자손운 등을 모두 타고난 형태로 본다. 지저분한 인상의 누당이나 주름이 되지 않게 해야 한다. 위치상으로 볼 때 이중선의 상부가 아이 운이고, 중간 부분이 부하운을 의미한다. 사실상 둘이면서 하나처럼 보이는 부위다. 부푼 듯이 보이는 것이 중요하다.

⑩ 미간 약간 아래 또는 산근 부분에 생긴 가로 주름

일거(一擧)라하며, 초혼에 실패하거나 자식들이 가업을 잇지 못하는 상이다. 이 가로선이 2개 이상 나타나는 것은 '권위의 상'으로 항상 명령을 내리는 사람에게서 자주 볼 수 있다.

⑪ 양자문

산근에서부터 코끝을 향해 직선으로 생긴 주름을 양자문이라 하는데, 평상시에도 있는 사람이 있고 웃을 때만 나타나는 사람도 있다. 일반적으로는 1개로,

친자식과 인연이 적은 사람에게서 많이 볼 수 있다. 3개가 나타나는 경우 가운데의 줄기가 길면 스스로 양자가 되는 상이고, 가운데의 줄기가 짧으면 양자를 맞이하는 상이 되거나 데릴사위가 될 가능성이 있다.

⑫ 코 왼쪽 수상에서 연상 옆에 긴 세로 주름

질투심이 많고, 사소한 일로 친한 사람에게 원한을 품는 일이 많다. 집착이 강하고, 대인 관계에서도 문제가 생기기 쉽다.

⑬ 법령선 안쪽, 식·록 부분에 방사선 상의 주름

일반적으로 나이가 많은 사람에게 나타난다. 우애 깊은 자식을 두고, 만년에 그 자식들에게 생활에 도움을 받는다. 이혼한 아들의 부인이나 손자인 경우에도 해당한다.

⑭ 아랫입술과 아래턱 사이에 나타나는 궁상의 가로선

미각이 예민해서 음식 관련 분야에서 크게 성공할 상이다. 요리장 등에게서 자주 볼 수 있는 주름이다. 만년운이 좋으며, 가정적으로도 운이 좋다.

⑮ 입꼬리에서 나타나 아래로 쳐진 주름

이런 주름을 가진 사람은 자신의 주장과 사상이 투철하여 실천력이 강하다.

⑯ 양쪽 뺨에 나타난 독특한 모양의 깊은 주름

대화나 접객, 교섭, 거래 등에 재능이 있다. 외교 수완이 뛰어난 사람에게도 자주 볼 수 있다. 외부 교제를 통한 교섭에 관해서는 절대적인 자신감을 갖고 있다.

⑰ 환대문

상하 입술, 특히 아랫입술 쪽에 다수 새겨지는 세로 주름을 환대문이라 한다. 세로주름이 많은 사람은 정이 많고 다정다감하여 상대와의 대화나 회식에 기쁨을 느낀다. 여성의 경우 유혹에 약하고 잘 속는 반면 인기가 많다.

【32】 흑자(黑字) 반점(斑點)

　흑자 반점이 있는 것은 좀 더 튼튼하게 견딜 수 있다는 표시이다. 점이 살 밖으로 솟아나 있는 것을 '지'라하고 색이 검은 것을 흑지, 붉은 것을 적지, 살 속에 살짝 묻혀 있고 검은빛이 나는 색에 평평한 것을 점과 청색이나 황색을 띤 점을 '반점'이라 한다.
　콧등에 있는 점은 운의 막힘이 많고 준두에 있는 점은 좋지 않으니 빼는 것이 좋다. 눈동자의 흰 창에 있는 것은 천한 무리이다. 콧구멍 쪽에 있는 점은 창고에 곡식을 꺼내가는 것을 지키는 수문장이라 하여 길하고, 나머지 부위에 노출된 점은 흉하다.
　몸속에 가려져 있는 점은 길하다. 점은 길과 흉이 있으므로 전문가에게 문의 후 빼야 한다. 흑점 중에 복점을 건드리면 복을 감하게 되고 수명도 단축되고 빼낸 후 3개월 이내에 불행이 닥친다.
　여자가 허벅다리에 점이 있으면 노(勞)원(源)이라는 점이니, 일생 동안 노력을 해야 할 운명이라 해서 날 때부터 일복을 타고난 사람이라 일을 많이 하게 되니 잘 사는 것은 당연하다.
　양쪽 발바닥에 있는 흑자를 가리켜서 보장(寶藏)이라고 해서 특히 중년 이후에 부자가 되어 가는 곳마다 보배를 감추어 두고 산다는 뜻이 숨어 있다.
　여자의 유방에 점이 있으면 돈을 쌓아 놓고 산다는 뜻이 숨어 있다. 검은 사마귀에 한·두개의 털이 난 사람은 반드시 봉후(왕의 비)가 될 것이고, 털이 없고 흑자만 있는 사람은 부귀영화로 생을 마친다.
　귀 사이에 흑자가 있는 사람은 물에 놀란다는 예시이니 물을 조심해야 한다. 마른 사람이 어려서부터 반(班)이 생기면 불길하고, 비대한 사람이 반이 생기면 길할 징조로 본다.
　얼굴에 주근깨가 있는 것은 작란(雀卵)이라 해서 처자에게 해롭다. 범죄를 저지르고 공짜를 좋아하는 습성이 있어서 이권 다툼에 쉽게 말려들 사람이다.

1) 흑자 반점을 관찰하며 읽기

① 이마 부위의 흑자반점

- 이마 위에 일곱 개의 흑자가 모여 있는 칠성문은 대귀하다.
- 천정에 생긴 것은 어머니에게 좋지 않다.
- 천중에 생긴 것은 남자는 아버지에게 여자는 남편에게 해롭다. 천중의 좌측 좌 상부위에 흑자가 있으면 실물한다.
- 인당 한가운데 흑자가 있으면 관록이 길하다.
- 여자 얼굴에 천중 흑자는 어머니와 인연이 박약하고 남편에게 해롭다. 산근은 고독하고 빈곤하며, 귀 흑자는 총명하고 효성이 지극하다. 콧등에 점은 궁색하고 일마다 막힘이 많으며, 천창에 흑자는 횡재가 있고, 인중의 점은 자녀에게 해롭다. 입술의 점은 음란하고, 혀끝에 점은 임기응변에 능란하다.

② 눈 부위의 흑자반점

- 눈썹 위에 흑자가 있으면 일생 빈궁하다.
- 눈썹 가운데 흑자가 있으면 예술 분야에 두각을 드러낸다.
- 눈동자의 흰자위에 있는 점은 비천하여 좋지 않다.
- 눈 주위와 입의 주위에 검은 점이 있다면 전반적으로 색욕에 빠지기 쉽다.
- 눈 아래 부위인 누당, 자식궁에 검은 점이 나타날 때는 이성과의 만남이 잦다.
- 태양 부위에 흑자는 부부간에 좋은 일이 있다.
- 사공에 생긴 것은 부모에게 해롭다.
- 고광 부위에 있는 것은 부모형제 모두에게 해롭다.
- 어미에 흑자가 있으면 시정(市井)에서 망한다.
- 금궤 부위에 흑자가 있으면 파재한다.
- 처첩궁에 검은 점이 있으면 여난과 남난으로 이혼을 반복하는 상이다.
- 여성의 왼쪽 처첩궁에 검은 점이 있다면 자신 스스로 능동적으로 바람을 피우며, 오른쪽에 검은 점이 있으면 남성의 유혹으로 바람을 피운다.
- 누당에 점이 있는 사람은 남녀 모두에게 인기를 얻는 타입이지만, 이혼을 반복하는 상이기도 하다. 누당은 음덕에 대해서도 살피는 곳으로 잘 발달되고, 기색이 좋으면 체력도 좋다.
- 누당이 조금 패여 있거나 기색이 좋지 못한 경우에는 음흉하거나 정력의 과잉

소비, 정신불안과 자율신경실조, 하반신의 냉기, 신장의 기능저하, 비뇨 및 생식기 계통 질환 등이 있음을 암시한다.
✿ 누당에 검은 점이 있는 사람이 결혼을 하면 기형아나 장애아를 낳을 가능성이 높으며, 자녀의 일로 인해 눈물을 흘리는 일이 많아진다. 자식들이 비행을 저지르거나 사회적으로 문제를 일으키는 범죄자가 되기도 한다.
✿ 안구에도 검은 점이 있는데 흰자위 부위에 검은 점이 있는 것에 대해 바람기의 상으로 본다.
✿ 양쪽 눈썹 사이에 있는 명궁에 검은 점이 있으면 변덕이 심한 상으로 인연을 자주 바꾸기도 한다.
✿ 간문에 흑자가 있으면 칼침을 맞아 죽는다. 천정 부위 흑자는 수사(水死)한다.

③ 코 부위의 흑자반점
✿ 산근에 있으면 본인에게 해롭다.
✿ 연상에 있으면 일생 빈곤하다.
✿ 수상에 있으면 처자를 극한다.
✿ 준두에 있으면 검난을 예방해야 한다.
✿ 콧등에 있는 점은 하는 일마다 막힌다.
✿ 코 옆의 점은 병고로 죽는다. 청로의 흑자는 여행 중 상해로 죽는다.

④ 입 부위의 흑자반점
✿ 법령의 흑자가 왼쪽에 있으면 상부하고, 오른쪽에 있으면 상모한다. 여자는 반대다.
✿ 인중에 흑자가 있으면 양처하기 쉽고 출세하는데 고독하다.
✿ 상묘에 흑자가 있으면 직업운이 약하다.
✿ 입가에 흑자가 있으면 재산을 모으기 어렵다.
✿ 구각에 흑자가 있으면 직업이 불안하다.
✿ 입술아래에 흑자는 자주 파재하고, 입 가운데는 주식이 넉넉하고 다복하며 혓바닥의 흑자는 거짓말을 잘한다.
✿ 지각과 대해의 흑자는 수액이 있다.
✿ 지각에 흑자가 있으면 전택을 많이 둔다.
✿ 여성에게 바람기가 나타날 때는 아랫입술에 얇고 검푸른 느낌의 검은 점이 나

타난다. 중년의 여성들에게 많이 나타난다.

⑤ 귀 부위의 흑자반점
✿ 학당에 흑자가 있으면 학문 결핍이 있다.
✿ 명문부위의 흑자는 화재를 당하고 일의 맺음이 없다.
✿ 귀 사이에 흑자가 있으면 물에 놀란다.
✿ 귀안 흑자는 장수하고, 이륜 흑자는 지혜가 많으며, 이주 흑자는 재복이 많다.

⑥ 배꼽 부위의 흑자반점
✿ 배꼽 안에 흑지는 중년에 재복을 얻고 장수한다.
✿ 배꼽에 있는 흑자는 소귀이다.

⑦ 성기 부위의 흑자반점
✿ 남자 귀두(음경)에 흑자는 귀하고 장수한다.
✿ 양물의 상하에 흑자가 있으면 귀한 명이고 효자를 둔다.

⑧ 흑자반점 색
✿ 흑자반점에 적색을 두른 것은 구설과 싸움이 있고, 흰색을 겸했으면 형액과 근심이 생기며, 황색을 띠었으면 물건을 잃어버리거나 도둑을 당한다.
✿ 골육이 맑고 희고 아름다우면서 흑지나 적지가 생긴 사람은 귀하나 피부가 거칠고 탁한 사람이 지가 생기면 빈천하다.
✿ 법령의 아래(내주)에 누렇고 밝은 빛이 나타나면 반드시 귀인에게 진수성찬의 접대를 받는다. 입술에 자색이 있으면 재물이 풍부하다.

⑨ 도움되는 말들
✿ 흑자 반점은 수목(樹木)에 비유한다. 나뭇결의 옹이와 같은 것이다.
✿ 점이 얼굴에 보이는 것은 대부분 불길하고, 몸속에 숨은 것은 길하다.
✿ 가능하면 검은 점이나 사마귀는 미리 제거하면 운명이 어느 정도는 호전 된다.
✿ 바람기가 약할 때는 점의 농도가 엷지만, 바람기가 심할 경우에는 점의 농도도 짙어진다.
✿ 크고 색이 없는 것은 염이라 하고 크거나 작거나 살갗에 솟아나지 않고 무색

한 것을 오(汚)라고 한다.
- ✿ 흑자반점의 복점을 건드리면 복록을 감하고 수명을 재촉한다. 점을 뺀 뒤 3개월 후에는 운세의 하강을 피할 수 있다.
- ✿ 얼굴에 나타난 검은 점(검은 사마귀)은 모두 흉이라고 할 수 있다.
- ✿ 유방 좌측이나 우측에 흑자가 있으면 축재 운이 있고, 중간에 있으면 귀한 아들을 둔다.
- ✿ 작란(雀卵 : 주근깨)이 얼굴에 있으면 처자에게 해롭고 법을 위반하며 공짜를 좋아하는 습성으로 인해 이권에 잘 개입한다. 여성의 주근깨는 상부극자(傷夫尅子)하고 수명이 짧으며 말년이 불길하고 불길하다.
- ✿ 60세 이후 검버섯은 장수할 신호이다.
- ✿ 마른 사람이 어려서 얼굴에 큰 점이 생기면 수명을 재촉하고 살찐 사람이 반이 생기면 장수할 명이다.
- ✿ 고광과 척양 부위 좌측 흑자는 객사한다.
- ✿ 보각에 흑자는 전사 위험이 있고, 변지의 흑자는 밖에 나가 죽고, 산림에 흑자는 집밖에서 상해를 당한다.
- ✿ 호골 부위 흑자는 병역 중 죽고, 겁문 흑자는 칼에 찔려 죽는다.

【33】 보행

사람의 걸음걸이는 각양각색이다. 걸음걸이만 보아도 그 사람의 성격에서부터 운세 전반을 알아낼 수 있다.

아랫배에 힘을 주고 가벼운 발걸음으로 경쾌하고 가볍게 떼어서 흔들림 없이 자세를 바르게 하고 자기 몸에 맞는 위엄이 있는 걸음을 걸을 때 대성한다. 기분 좋은 일이 있다 하여 몸을 흔들고 걸으면 볼품이 없고 가벼운 인상을 주어 큰 인물이 될 수 없다. 일이 잘 풀리지 않는다고 실망하여 머리를 숙인 채 힘없이 걸으면 일은 더 풀리지 않는다.

좋은 걸음걸이는 큰 배가 물을 만나 움직일 때 요동없이 자연스럽게 나아가는 것처럼 앞을 멀리 보면서 가슴을 펴고 흔들림 없이 절도 있고 무겁게 걸어야 귀인의 걸음걸이가 된다.

체격이 좋은 사람은 중후한 멋을 풍기며 약간 여유 있는 느릿한 걸음을 걸어야 좋다. 비만인 사람이 걸음을 빨리 걸으면 허둥대며 쫓기는 것 같은 인상을 풍기므로 좋게 보이지 않는다. 키가 적당하고 날씬하게 보이는 사람은 약간 빠르게 걸어야 좋다. 마른 체형이 느리게 걸으면 병약자가 걷는 것처럼 심약해 보여 운기의 흐름을 막는다.

걸음을 가슴을 펴고 힘차게 걷다 보면 보는 사람의 기분도 좋아 활기를 느낄 수 있다. 어깨가 한쪽으로 쳐져 있거나 허리가 굽거나 행보가 느리거나 가슴을 움츠리고 걷는 사람은 자신감이 약한 자이므로 운기가 찾아 들지 않는다.

목을 뒤로 젖혀 어깨에 힘을 주고 건들거리면서 걷는 사람은 자기주장이 강하고 우월감이 강하여 건달기질이 있는 사람이며, 정치인들에게서 잘 볼 수 있는 형인데 운기도 평탄치 못하고 기복이 심한 편이다.

고개를 푹 숙이고 땅만 바라보고 걷는 사람은 작은 일은 잘하나 큰일은 혼자서 해결하기 어렵다. 어깨로 걸으면서 팔도 활달하게 흔들면서 걸으면 자기주장이 너무 강하고 자기주장만 옳다고 생각하여 본인에게 도전해 오는 사람은 인연을 끊는 독한 사람인데 이런 사람은 '괴강살'이라는 살이 들어 있어 잘되는 경우에는 대통령도 될 수 있으나 못되면 급속하게 추락할 운이다.

현대 젊은 여성 중에 총총 걸음으로 바쁘게 걸으면서 앞서 가는 사람을 앞지르려고 애쓰는 사람은 마음이 여리면서 성급한 성격이라 실패가 많으니 느긋하고 신중하게 사고력을 키워 나가야 한다. 발뒤꿈치가 땅에 닿지 않게 걸으면 타향에 나가 성공한다. 걸으면서 독백하거나 생각에 골몰하면서 걸으면 빈천한 상이다.

1) 보행을 관찰하며 읽기

① 좋은 걸음걸이
- 여성의 몸에 중량감이 있으면서 걸음이 당당하면 독립심이 강하고 남성과 대결하여 성취하기를 즐긴다.
- 노래를 하거나 소리를 내면서 걷는 사람은 낭만적인 사람이다. 자신만의 철학이나 사상이 확고하고, 경쟁을 싫어한다.
- 안경이나 신체 일부분을 만지면서 걷는 사람은 무언가에 열중하려는 욕망이 강한 사람이다. 약간 소심한 면도 있으나 한 곳에 집중하면 성과가 있다.
- 좌우를 천천히 보며 뚜벅뚜벅 걷는 사람은 호랑이형 걸음으로 한 분야에서 이름을 남긴다. 만일 경쟁 상대가 많다면 이런 걸음으로 바꾸면 기운이 변할 수 있다.
- 잔잔하고 조용하게 걷는 사람은 불편함이나 충돌이 없다는 뜻이다. 무리하지 않으면 모든 일이 순리대로 흘러갈 것이다.
- 여성이 무 다리로 체격에 비해 약간 넓게 걸으면서 땅을 힘차게 밟는 걸음을 걷는다면 어디서나 수장이 될 수 있다.
- 천천히 안정되게 걷는 사람은 좋은 걸음을 걷는 사람이다. 여자가 이렇게 걸으면 사회생활 등을 잘하는 사람이다.
- 씩씩하고 단단하게 걷는 사람은 누가 봐도 시원하고 기분 좋은 걸음이다. 성실한 사람으로 의무와 책임을 다한다.
- 사회적 성공이 없어도 현재의 삶에 만족하면 걸음걸이가 상당히 안정되어 있다.
- 가슴을 쫙 펴고 걷는 사람은 매사에 강한 운이 따르고 사생활도 행복하다.

② 좋지 않은 걸음걸이

- 말굽소리를 내며 요란하게 걷는 사람은 허세가 심하고 자신을 지나치게 포장하는 사람이다. 여자가 이렇게 걸으면 가정이 안정되지 않는다.
- 발끝으로 살짝살짝 걷는 사람은 겉과 속이 다른 사람이다. 여자는 지조가 없고 교제가 오래가지 않는다. 남자는 모든 사람을 자신의 출세 수단으로 본다.
- 어깨로 걸으면서 팔까지 흔들면, 자신에게 도전하는 자는 용서하지 않는 사람이다.
- 가슴을 오그리고 걷는 사람은 자신감이 약하며 운기도 나약하다. 어깨를 건들거리며 걷는 사람은 자기주장이 강하며 건달 기질이 다분하다.
- 여성이 뒷짐을 지고 오리걸음을 걸으면 천상천하 유아독존형이다. 남편이 있어도 결정권은 여성에게 있다.
- 도둑고양이처럼 인기척 없이 걸으면 사기성이 있고 생활의 안정은 더디게 온다.
- 고개를 한쪽으로 기울이고 걷는 사람은 집의 기둥이 흔들거리거나 틀어진 상황이다. 고집 때문에 주위의 충고를 무시하고 독선적으로 판단하여 위기를 만드는 사람이다.
- 자주 뒤돌아보며 걷는 사람은 자신에 대한 확신이 없고 믿음도 못 주는 사람이다. 가볍게 빨리빨리 걸으면서 고개를 좌우로 돌리고 눈이 자주 돌아가면 사자의 먹이가 되는 영양이나 노루나 사슴에 비유할 수 있다. 포수의 사냥감이 되지 않도록 항상 조심해야 한다.

③ 걸음걸이와 습관

- 두 손을 주머니에 넣고 고개를 숙이고 걷는 사람은 고민이나 오래 해결하지 못한 일이 있는 사람이다. 소심한 성격에 작은 일은 잘하나 큰일은 하기 어렵다. 이런 자세를 계속 유지한다면 운이 열리지 않는다. 모르게 계획하거나 기획하는 일을 좋아하나, 일을 할 때 지나치지 않도록 조심해야 한다.
- 얼굴을 잔뜩 찡그리고 걷는 사람은 문제의 원인을 자신에게서 찾지 않고 다른 곳에서 찾는 사람이다. 인상을 펴고 크게 웃으면서 걸으면 운이 열린다.
- 히죽히죽 웃으면서 걷는 사람은 정상에서 벗어난 사람이다. 웃음은 만병을 치료한다지만 이런 웃음은 정신이상에서 나타나는 것이다.
- 엉덩이를 좌우로 흔들면서 걷는 사람은 일에 정열을 쏟거나 한 곳에 빠지고

싶으나 절제력이 약한 사람이며, 머리보다는 몸 쓰는 일에 능하고 품격은 떨어진다. 흥분이나 쾌감을 만끽하는 타입이다.

- 엉덩이를 뒤로 쑥 내밀고 걸으면 끝맺음을 매끄럽게 하지 못하며 저력이 부족하다.
- 총총대며 걷는 사람은 모델처럼 걸으면 예쁘기는 하나 복이 없다. 재능은 좋으나 꿈을 이루는 데는 많은 어려움이 따르고, 주변의 도움이 오래가지 않는다.
- 총총걸음으로 바삐 걷는 사람은 마음이 여리면서도 성급하며 강한 열정이 부족해 성공보다는 실패 쪽이 더 가깝다. 항상 미리 준비하고 출발한다면 여유가 생길 것이다.
- 주춤주춤 걷는 사람은 성패와 안정과 흩어짐이 반복되니 신경을 많이 써야 한다.
- 터벅터벅 걷는 사람은 현실에 미련이 없고, 삶의 양보다 질을 생각하기 때문에 현실과 정신이 충돌하기 쉽다. 의기소침한 사람으로 생각이 어느 한곳에 얽매이기 쉽다. 이런 여자는 모성애를 자극하면 갑자기 약해진다.
- 쿵쿵 소리를 내며 요란하게 걷는 사람은 불만이 많거나 일이 지연된다는 뜻이다. 마음은 지척인데 몸은 천리에 있다. 성정을 부드럽게 만들어야 할 것이다.
- 발소리가 크면 예의범절이 바르지 못하며 성공은 어렵다.
- 어깨를 삐딱하게 하고 걷는 사람은 어깨는 권위나 위치를 나타내는데 이렇게 걷는다면 물이 움직이는 형상이기 때문에 한곳에 오래 머물지 못한다. 정치가는 치명적인 약점으로 본다.
- 항상 뭔가를 씹으면서 걷는 사람은 생각이 많은 사람이다. 이런 여자는 성을 탐닉한다.
- 턱을 치켜들고 걷는 사람은 허영이 있어 현실적이지 못하고 거만하며 금전운이 약한 사람으로 보면 된다.
- 넘어질 듯 급하게 앞으로 쏠리면서 걷는 사람은 마음이 급하고 실수가 많다.
- 발이 무거운 듯 질질 끌며 걷는 사람은 걱정 근심이 많고 무엇 하나 시원하게 되는 일이 없는 사람이다.
- 참새처럼 자작자작 걷는 사람은 근면성실하나 운과 복이 없는 사람이다.
- 덩치가 큰 사람이 바삐 걸어가면 허둥지둥 쫓겨 다니는 것처럼 보인다.
- 마른 체형이 천천히 걸으면 아프고 심약해보이며 운도 쇠약하다.
- 허리가 뒤로 넘어가듯 걷는 사람은 마음은 바쁜데 시간은 촉박하다는 뜻이다.

무슨 일이든지 미리 준비하여 허둥대지 않아야 한다.
✿ 허리를 구부리고 걷는 사람은 남의 지시를 오래 받아온 사람이다. 사람은 기가 활발하게 움직여야 성공할 수 있으니 빨리 자세를 고쳐야 만사가 원만해진다.
✿ 삿대질을 하면서 걷는 사람은 가장 나쁜 형태의 걸음이다. 싸울 때 이런 사람도 있으나 빨리 고쳐야 운이 풀린다.
✿ 다리를 약간 구부리면서 걸으면 기복이 심하고 남에게 이용만 당한다. 여기에 목소리까지 간드러지면 유흥업에 종사한다. 자영업은 어렵고 항상 서류관계를 조심해야 한다.
✿ 손을 털듯이 걷는 사람은 모든 것을 털어버려야 시원하다는 뜻이다. 형제도 부모도 친구도 배우자도 돈도 모두 싫고 혼자 살아야 행복한 사람이다.

④ 도움되는 말들
✿ 좋은 걸음걸이는 어릴 적부터 몸에 배야 한다.
✿ 걸음은 성격을 반영하며, 아랫배에 힘을 주어 자세를 반듯하게 걸음을 걸으면 좋은 운이 올 수 있다.
✿ 단전에 힘을 주고 발을 가볍게 떼어서 마치 큰 배가 움직일 때 요동 없이 떠나는 느낌을 주어야 참을성도 있고 대성한다.
✿ 기쁜 일이 있다고 어깨를 흔들며 우쭐대고 걷지 않아야 하고, 좌절 했다 해서 고개를 숙인 채 맥없이 터덜터덜 걷지 않아야 한다. 기(氣)를 안배할 줄 아는 걸음걸이여야 한다.
✿ 나쁜 걸음을 걷는 사람도 명쾌하고 힘찬 걸음으로 바꾸면 운이 저절로 들어온다.
✿ 걸음걸이는 체형과 조화를 이루어야 한다. 체격이 좋은 사람은 중후한 듯 약간 느리게 걸어야 하고, 호리호리한 사람은 조금 날렵하게 걸어야 한다.
✿ 눈은 고요하게 하고, 몸은 자유롭게 빠르지 않게 걸어라. 그러면 운이 모공을 통해 들어와 얼굴이 밝아지고 모든 일이 순조롭게 풀린다.
✿ 물건을 들었을 때 한쪽으로 기울이고 걷는 사람은 몸이 무거우면 마음도 무거울 수밖에 없다. 몸을 바로 세우고 걸어가는 습관을 갖도록 노력해야 한다. 물건이 한쪽으로 기울면 넘어지기 쉽듯이 사람도 마찬가지다.
✿ 뱀처럼 몸을 이리저리 흔들며 걷는 사람은 마음을 터놓고 얘기할 사람이 없다.

【34】찰색

　피부 표피 안쪽에 흐르는 색(色)을 기(氣)라 하고, 기는 표피의 밖으로 나타난다. 기는 오장육부의 사이에 흐르는 희(喜), 노(怒), 애(哀), 락(樂), 애(愛), 오(惡), 욕(慾) 7정의 기운을 말하고, 색은 그 여정(餘情)으로서 표피에 나타난다. 우리는 이것을 기색 또는 찰색이라 부른다.
　찰색은 안면의 색을 관찰하는데, 사건이나 감정의 변화에 따라 안면에 다르게 나타난다. 얼굴색의 변화를 알려면 평상시의 기색을 알아야 한다. 원래의 색과 찰색을 구분할 수 있어야 하기 때문이다.
　색은 빛이 맑고 윤택해야 좋다. 색과 오장육부의 관련을 보면, 간에서는 청색, 신장에서는 흑색, 폐에서는 백색, 심장에서는 적색, 지라(비위)에서는 황색이 나온다.
　기색이 밝은 가운데 어두운 빛이 있으면 물이 바람을 만난 격이요, 어두운 가운데 밝은 빛을 띠면 구름이 개어 햇빛을 보는 격이다.
　황명(黃明)한 빛이 얼굴 대부분에 있더라도 인당, 절두 혹은 이마와 턱, 좌우 관골에 어두운 빛이 나타나면 좋은 일 가운데 근심이 있을 징조이며, 어두운 기색이 있더라도 인당과 절두에 밝은 황기가 띠어 있으면 근심이 변하여 기쁜 일이 생긴다.

1) 재액의 예방

　준두색이 붉어지고 눈이 많이 붉으면 일주일 이내에 재액이 발생함이니 이런 일은 심장에 부담을 주어 몸에 피로가 쌓여서 질병에 면역력이 떨어져 병이 발생하고 일상생활이 평소와 같지 못하고 소홀하면 화재가 발생할 확률이 높아 각별히 주의해야 한다.
　마음을 안정되게 잘 다스리고 주위 사람에게 정을 베풀면 재액이 사라진다.

2) 나빠지는 몸을 좋게

얼굴색이 약간 검은 빛이 감돌고 연수에 뿌연 흙먼지가 낀 것 같고, 현기증이 나타나고 불면증까지 올 때에는 몸에 이상이 온다는 신호이니 컨디션 조절을 잘하고 채소 음식을 섭취하여 위에 부담을 주지 않고 소화가 잘 되도록 하여야 한다.

위에서 소화를 시키지 못하면 신경이 날카로워져 얼굴 표정이 나빠지고, 운기가 들어오지 않아 기가 떨어지면 질병에 쉽게 걸린다. 항상 밝은 표정으로 웃음을 잃지 않으면 병은 본인도 모르게 사라진다.

3) 찰색으로 병색 보기

천정 부위가 검은 색을 띠고 이마와 코를 이어주는 산근이 검으며 귀의 색이 푸른빛을 띠고 손바닥 장심에 흑색이 감돌면 위중한 상황이니 신속히 병원으로 가야 한다.

운기가 약할 때는 눈빛이 밖으로 나오면서 거동이 불편하게 되고 더 나빠지면 사망에 이른다.

4) 기색에 따른 사망

준두에 검은색이 나타나고 이륜(귀)에 검은색이 나타나며 산근에 주름이 많아지고 색이 검으며 입가 양 끝이 검어지고 눈빛이 흐리면 병원으로 긴급 후송해야 한다.

마음고생이 심하여 표출되는 곳인 관골 부위가 흑색으로 어둡게 되면 한 달 이내에 재앙이 닥친다. 얼굴색이 갑자기 뿌옇게 뜨고 혈색이 메마르고 눈이 밑으로 처지면서 하시하면 죽음이 임박했다는 증거이다.

피부의 혈맥이 막혀 진흙과 같은 색으로 밝지 못하고 연수 부위에 적색이 뒤 덮으면 3주내에 일을 치른다. 인당 부위에 흰색이 생기고 입에 황색을 띠면 20일내에 좋지 않은 일이 발생하고, 노인이 만면에 황색 빛이 퍼져있으면 1주일을 넘기기 어렵다.

환자의 기색이 항상 어둡다가 갑자기 빛이 밝아지면 사망 시기가 왔다는 것이며, 언제나 만면이 밝다가 갑자기 암색이 생겨도 사망 시기가 다가온 것으로 간주 한다.

입술이 파랗고 혓바닥이 검고 자색 빛이 나고 피부가 메마르고, 중년에 귀가 잘 들리지 않으면 사망 선고를 받았어도 손바닥이 혈명하면 병원 치료로 생명을 구할 수 있다. 흑기가 얼굴에 나타나면 흉·액이 생긴다. 흑기는 주로 사망·뇌옥·파재를 나타낸다.

이마에 흑기가 안개같이 서리면 100일 안에 심상치 않은 병에 걸려 사망하고, 뺨 위에 흑기가 서리면 7일 안으로 사망하고, 인당이 검고 어두우며 귓문의 흑기가 입으로 번져오면 역시 사망한다.

산근과 연상·수상이 검으면 큰 병에 걸리고, 준두가 검으면 실직·질병·가쇄(죄를 지어 수갑을 채우는 것) 또는 뇌옥에서 사망하는데 7일 안으로 흉·액이 닥친다.

인중에 흑기가 나타나면 급병이 발생하고, 인중과 입술 전체가 모두 검으면 일주일 안에 사망하고, 승장이 검으면 술에 취하여 익사하고, 지각이 검으면 수액과 형옥수가 있어 노고한다.

5) 소생의 찰색

검은 눈동자가 황색으로 변하거나 눈동자가 붉어서 피 빛과 같고 적맥이 눈동자를 꿰뚫었거나 눈썹털이 역모가 되어 빳빳하게 섰거나 콧등에 비량이 노출되어 솟아 있거나 얼굴이 항상 화가 난 것처럼 보이는 것은 모두 단명의 상이다.

준두에 연한 황색이 돌고 푸른 비취색이 나타나면 재앙은 사라지고 양 눈에 안광이 안정되면 1주일 이내로 완쾌하게 되고 코가 빛이 나고 이륜에 붉은 적색이 돌면 장수 하게 된다.

몸은 비록 야위었어도 눈에 신기가 서리고 활기가 보이면 소생하고, 기쁜 얼굴에 밝은 혈색이 감돌고, 입술색이 빨갛고 안면에 활기가 넘치고 호흡이 고르며, 인중에 윤택한 빛이 나고, 목소리가 청아하게 울려 퍼지면 소생의 기쁨을 얻는다.

6) 팔자를 좋게 하는 기색

기색은 오장육부에서 만들며 내부에서 표정과 기분을 만들어 밖으로 표시해 주는 것이 기색이다. 청색은 목(木)인데 간장에서 만들어지고, 적색은 화(火)인데 심장에서 만들어지고, 황색은 토(土)인데 비위에서 만들어지고, 백색은 금(金)인데 폐에서 만들어지고, 흑색은 수(水)인데 신장에서 만들어진다. 주로 홍과 황의 기색이 맑게 나타나면 대길하고, 청과 흑색이 나타나면 재앙이 따른다.

7) 오색

청색 : 木에 해당하고 근심스런 색이며 맑은 가을 하늘색이나 녹음색은 길하고, 검푸른색은 흉하다.

붉은색 : 火에 해당하고 싸우거나 구설 송사 재난 등의 일이 발생한다. 붉은색이 윤기가 있고 밝으면 길하고, 죽은 짐승의 피처럼 탁하고 검붉으면 흉하다.

누런색 : 土에 해당하고 황색을 띠면 운기를 생하여 힘 있고 활기가 넘쳐 길하고, 마른 나뭇잎 색이나 배 껍질 색 같은 것은 좋지 않다.

흰색 : 金에 해당하고 백설 같은 흰색은 길하고, 석회 색 같은 것은 흉하다.

검정색 : 水에 해당하고 흑은 사(死)색이라 하여 재물에 손실이 있고 질병, 형벌, 사망 등을 나타낸다. 까마귀 빛과 깊은 바닷물 속 색은 길하고, 먼지 낀 색과 검은 그을음 색은 흉하다. 여자의 우측 와잠은 아들이고 좌측 와잠은 딸인데, 좌측 색이 안 좋으면 딸이 흉하고 우측 와잠의 색이 안 좋으면 아들이 흉하다.

남자의 좌측 와잠 부위에 흑색이 서려 있으면 자식을 잃고, 우측이 흑색이 서려 있으면 처를 잃는다.

인당에 흑색이 나타나면 갑자기 이전의 근심이 생긴다. 명문에 흑색이 귀뚜라미 다리 모양처럼 있고, 어미 간문에 검은 점이 있으면 상처하고 여자는 상부한다.

역마 부위에 홍자색이 있으면 반드시 입신출세 한다. 산근의 홍색이나 붉은 자색은 승진기회가 생긴다. 연상에 홍색이 나타나면 부부가 반드시 싸우게 된다. 입시생은 두 귀와 연수를 동시에 보아 황자 색을 띠었으면 합격하고, 눈썹위에 명왕한 색이 밝게 비치면 합격하게 된다.

8) 흩어지는 기색

색은 있으나 기가 없는 것을 흩어질 산(散)을 써서 흩어지는 색이라 한다. 얼굴 전체적으로 광채가 있고 꽃이 피는 것같이 좋으나 어둠이 드리우는 기색을 산색이라고 한다. 만면은 밝은데 귀와 준두가 어두워도 산색이라고 한다. 면색은 그런대로 좋으나 손바닥에 색이 안 좋은 것도 산색이다. 산색은 현재는 좋으나 앞으로 크게 실패가 보인다는 예시이니 미리 액을 예방할 수 있도록 하여야 한다.

9) 기다려야 하는 기색

이마가 튀어나온 부위와 지각에 돌출된 부분 즉 일·월각과 지각에 찰색이 안개가 낀 것 같으며, 두 귀와 코에 연기가 낀 것 같고, 양쪽 눈의 색이 밝지 못하고, 얼굴 전체가 먼지가 낀 것처럼 뿌옇고, 붉은 홍색이 번져 있고, 밝으면서도 개기름이 흘러서, 힘들고 어렵게 사는 것을 바로 읽을 수 있을 때 색이 막혔다고 한다.
이런 색이 나타나면 일이 잘 막히고 일을 다시 시작 하여도 막힘이 있어 실패하고 곤궁하게 된다.

10) 도움이 되는 색

눈이 맑고 안면 전체가 밝고 귀와 준두색이 흰색이라 귀하게 보이고 손바닥의 색도 좋고 기가 윤택하며 피부와 혈색이 광채가 있고 신이 안정되어 보이는 색을 이로운 색이라 하여 도움이 되는 색이다.

11) 해로운 색

코의 연수에 적색이 생기고 인당에는 검푸른 빛이 감돌고 안면에 불꽃이 피면 여행 중에 물건을 분실하고 지각이 검은색이면 물로 인한 해를 당한다.

12) 취색

색이 충만하고 능력도 갖추고 포용력도 충분하고 일찍 성공하여 안정된 기색을 풍기면 '대취'라 하고 기가 굳세고 혈이 풍족한 것을 취색이라 하여 이색이 있는 동안은 기쁨이 가득하다.

13) 만들어야 할 색

안면에 어둡고 좋지 않은 적색이 나타나면 해로움이 닥치는데 열심히 건강을 관리하면 2주 이내에 좋은 색이 나타나며 손바닥의 색까지 밝게 좋아지면 재앙을 물리쳤다고 보면 된다.

14) 이루어야 할 색

준두가 붉은 색이고 양쪽 귀가 좋은 색이며 인당이 밝고 눈빛이 맑고 좋아 길한 상이지만 귀와 목의 색이 좋지 않으면 좋은 색이 아니므로 매사를 신중하게 처신하여 피해가 없도록 본인이 노력하여 이루어야 하는 색이다.

15) 색의 생성 기간

기가 피하세포 밑에 100일 이상 머물러 있으면 색이 되는데 이때에 마음먹고 있는 신에 의하여 기색이 나타나게 되며, 오래 볼수록 예쁘고 은은하면서 산뜻한 느낌이 담겨 있으면 길한 상이다.

16) 역마 부위의 색

역마 부위에 고운 황색이 나타나고 윤택하면 재복이 있고, 흑적색을 띠면 위험하다는 경고이므로 여행을 삼가야 한다.

17) 찰색을 관찰하며 읽기

① 청색
- 청색은 나무에 속하며 간에 해당하고 육부의 쓸개에 해당한다.
- 산근에 청색이 있으면 재물이 흩어지고 사업이 망한다. 부도나기 직전의 사업 하는 사람들은 산근에 청색이 나타난다.
- 청색은 근심과 놀람, 질·액을 뜻한다.
- 이마에 청기가 보이면 60일 안으로 근심과 놀랄 일이 생긴다.
- 눈썹 밑에 청기가 보이면 10일 안에 손재수와 놀랄 일이 생긴다.
- 인당에 청·점이 나타나면 재액과 손재수가 있고, 산근과 연상, 수상이 청색이 나타나면 질병이 생기고, 특히 수상에 있으면 질병과 형제의 사망이 염려된다.
- 준두가 청색으로 변하면 백사가 여의치 않고(코는 토성, 청기는 목, 목극토로 매사에 실패수가 있다)인중이 푸르면 재물을 파한다.
- 지각이 푸르면 수액이 있고, 인당이나 관골에 흑기가 같이 있다면 부도로 인해 감옥에 가는 것을 피할 수 없다.
- 청기가 인중에 나타나면 직장을 잃는다. 입에 나타나면 혼외정사가 있다. 눈 밑에 나타나면 자녀 근심이 있고, 눈 끝에 나타나면 부하로 인한 근심이 있고, 턱에 나타나면 교통사고가 일어날 수 있다.
- 여자 눈 밑이 푸르면 남편 횡사가 염려된다. 여자 얼굴에 청기가 번져 있으면 외간 남자가 있고 음란하다.

② 붉은 색
- 적색은 심장의 피색으로 적색이 흑색에 가까우면 흉하고, 선홍색을 띠면 길하다.
- 얼굴에 붉은 점, 붉은 실금이 나타나면 관사(官事), 화재, 악병, 살상에 이른다.
- 천중, 천정의 붉은 점은 화재 또는 병란을 만날 징조요, 사공 중정의 붉은 점은 횡액과 파재수가 있고, 인당과 눈썹머리의 적색은 투쟁과 산액이 있고 산근, 연상, 수상의 적색은 화재, 손재를 나타낸다.

✿ 적색이 관골에 나타나면 소송문제가 생긴다. 코 준두 부분에 적기(赤氣)가 있으면 질병, 관재구설, 형벌의 화가 있다.
✿ 명문(간문 아래 귀 앞부분)에 적기가 작게 나타나면 질병이 위험수위에 이른다. 연상, 수상에 작게 있으면 병이 발생한다. 입에 작게 나타나면 관재 시비수가 있다.
✿ 적기가 관골에 작게 나타나면 이사 갈 운이다. 눈 밑에 작게 나타나면 구설, 시비, 처와 불화가 있고, 눈 끝에 작게 나타나면 질병이나 형액이 있다. 여자 눈 밑에 작게 나타나면 혼외정사가 있다.
✿ 얼굴 전체에 적색이나 황색이 생기면 가문에 재산손실, 관재가 있고, 적기가 변지에 들면 타향에서 사망한다.
✿ 임신한 부인이 절두와 관골에 적기를 띠면 산액(産厄)을 피하기 어렵다.
✿ 홍색은 심장의 싹이다. 행운과 기쁨이 있는 길조로 보고 재물을 얻는 색으로 본다.
✿ 천창에 홍색이 생기면 횡재수가 있다. 인당이 홍색이면 경사가 있다. 산근에 홍색이면 승진한다. 관골이 홍색이어도 관직에서 출세한다.
✿ 코끝이 홍색이면 귀인을 만나 경사가 있다. 연상이 홍색이면 처와 불화한다. 법령에 홍색이 생기면 좋은 부하를 둔다. 입에 홍색이 생기면 가문에 경사가 있다.

③ 황색
✿ 황색은 비위에 해당한다. 누런빛이 윤택해야 좋다.
✿ 이마에 황색은 기쁜 일이 있을 징조이다. 인당에 황색이 생기면 재물을 얻고 출세한다. 산근에 있어도 기쁜 일이 생긴다.
✿ 재백궁에 나타나면 금전 손실이 있고, 코 위에 황색이 나타나면 승진한다. 관골이 황색이면 여행을 갈 수 있다. 입에 황색이 나타나면 관재가 있다.
✿ 임신한 여자가 눈두덩 아래에 청·황색을 띠고 인중에도 청·황한 빛이 있으면 쌍생아를 임신한 징조이다.

④ 백색
✿ 백색은 폐에 해당한다. 폐가 허하면 코가 막히고, 코가 막히면 사망에 이르러 사망색 이라고도 한다.

✿ 천중에 백색이 있으면 형액이 있다. 이마에 백기가 나타나면 두 달 안으로 부모의 근심이 있고, 인당에 백색이 생기면 화가 있다. 산근에 있으면 화가 발생할뿐만 아니라 형액이 있거나 경복(經服)을 입게 된다.
✿ 눈 밑이 백색이면 자녀에게 화가 있고, 눈초리에 나타나면 21일안에 처첩을 잃고, 관골위에 있으면 형제백숙의 액이 있고, 코끝이 백색이면 재앙, 소송이 있고 부모 상복을 입거나 심하면 자신이 사망하게 된다.
✿ 인중에 분 같은 흰빛이 서려 있으면 부모를 잃거나 자신이 액을 당하고, 천창에 백기를 띠어 두 눈과 역마, 변지까지 연결되면 역시 사망에 이르게 된다.
✿ 귀 앞에 백기가 나타나 입 언저리까지 보이는 것을 백호기라고 하는데 백호기가 입술을 두르면 사망한다.

⑤ 흑색

✿ 흑색은 콩팥에 해당하며 재앙의 색이다. 흑기(黑氣)는 주로 사망, 뇌옥, 파재를 나타낸다.
✿ 이마에 흑색이 있으면 병에 걸려 사망하거나 굶어 죽는다. 명문에 흑색이 있어도 사망한다. 눈 끝이 흑색이면 상처할까 두렵고, 눈 밑이 그러하면 자식이나 처에게 불행이 있다. 인당에 흑색이 있으면 문서 분쟁이 발생한다.
✿ 산근에 흑색이 있으면 형제에게 불행이 있다. 천창과 지고는 재백을 주관하는 곳이니 이 부위가 검고 어두우면 토지와 재산을 지키기 어렵다.
✿ 코끝에 흑색이 있으면 흉한 일이 생기고, 법령이 흑색이면 사망한다. 인중에 흑기가 나타나면 급병이 발생하고, 입가에 흑색이 생기면 질병이 따른다.
✿ 입술 위에 흑색이 생기면 처자나 본인에게 화액이 따른다. 승장이 검으면 술에 취하여 익사하고 지각이 검으면 수액과 형옥수가 있고 부하직원이나 자녀에게 문제가 생기고 재산에 손실이 있으며 백사가 여의치 못하다. 겨울이면 이러한 액운이 감소한다.

⑥ 자색

✿ 자색은 피부에 감추어진 것이 좋으며 밖으로 일부 드러나야 좋다. 자색은 홍색이 변하여 생긴다. 색이 붉고 고와서 색이 선명해야 한다.
✿ 자색은 색중에 최상의 색이다. 잘 익은 복숭아와 같은 색이다. 천중에 자색이 있으면 입신출세 한다.

- 눈 끝에 자색이 있으면 처에게 경사가 있으며, 눈 밑에 자색이 있으면 귀한 자녀를 얻는다. 두 눈썹 머리에 황·명한 빛이 준두와 서로 응하면 좋은 일이 생긴다.
- 명문(귀 앞부분)에 자색이 있으면 이름이 사해에 떨친다. 기쁜 일이 많다. 코 끝에 자색이 있으면 횡재 또는 승진한다.
- 산근과 연상, 수상이 항시 빛나고 윤택하면 재앙과 질병이 없고, 황·명한 빛을 띠면 안락하고, 병든 자는 곧 쾌유한다.
- 난대와 정위에 자색이 나타나면 반드시 신분이 높은 사람이 찾아와서 도와준다. 법령에 자색이 있으면 출세하고, 동전만한 자기가 보이면 혼인의 경사가 있다.
- 내주란 법령의 아래를 말하는데 이것에 황·명한 빛이 나타나면 반드시 귀인에게 진수성찬의 접대를 받는다. 입술에 자색이 있으면 재물이 풍부하다.

⑦ 홍황색

- 이마에 엽전 또는 달과 같이 둥글게 자기가 비치면 일주일 안에 부귀가 응한다. 자기가 보이지 않고 홍·황색만 나타나면 다만 재물이 생기는 일에 그치고 만다.
- 황·명한 기색이 이마 위에 높고 넓게 나타나면 3개월 안에 승진하거나 재물이 늘어나고 명궁에 비치면 열흘 안에 좋은 일이 생긴다.
- 이마 위에 홍·황색의 실금이 있는 자는 30일 안으로 영전되고 보통사람은 백사에 길하다. 인당에 자기가 나타나면 문장을 크게 떨치고, 황·명한 기색이 돋아 변지, 역마에까지 미치고 절두가 밝고 윤택하면 좋은 관직에 선임된다.
- 장하의 위치는 난대 아래와 인중의 곁인데 여기에 자기가 엽전 크기로 있으면 20일안에 음공으로 명성을 떨치고 재앙을 만나더라도 손해가 없다.

제 8장. 좋은 인상 만들기

【1】좋은 인상

1) 성형의 경우

 현대 사회는 변화의 속도가 너무 빠르다. 성형을 한 부분이 다른 부위와 잘 어울려서 마음에 들면 운기도 좋게 들어오게 된다. 성형 수술은 운기가 좋게 오는 경우도 있고 나쁘게 오는 경우가 있다. 신체에 크게 문제가 발생하지 않는다면 마음을 바르게 갖고 수양을 하면 좋은 쪽으로 상이 변하게 되어 있으므로 성형을 할 필요는 없다.

2) 기색을 만드는 일

 현대의 인상은 심상을 중요시 하는데 이 심상은 상대적이어서 상대의 언어 한마디에도 얼굴을 붉히거나 창백해지거나 웃거나 하는 기색이 있다.
 이것은 오행과 음양의 조화에 의하여 안색이 만들어지는 것이기 때문에 인상학에서는 기와 색을 잘 살펴야 한다. 신체에서 뼈는 양이고, 살은 음인데 선천적으로 타고난 뼈도 약간은 변화가 오지만, 후천적인 음은 엄청난 변화가 오는데 15일을 기준으로 오장 육부에서 주기적으로 밖으로 표출시켜 찰색을 변화 시킨다.
 수면을 깊게 취하면 얼굴이 윤기가 나고 밝게 보이고, 수면이 부족하면 콧등에 색이 거무스름하게 나쁘게 나타나는데 건강에 이상이 오고 있다는 증거이다. 스트레스를 많이 받고 신경을 쓰는 경우에는 위가 부담을 느껴 콧등에 어두운 색을 비치게 된다. 찰색은 민감하기 때문에 좋은 운기의 에너지가 발산하면 맑고 밝은 색으로 변한다.

3) 기색의 작용

 ✧ 청룡(靑龍)기

표피 바로 밑에 있고 색(色)은 피부 밖으로 표출된다. 청색으로 나타나는 기의 색이 맑고 밝게 준두에 나타나면 귀한 자식을 낳고 자색선이 살짝 나타나면 벼슬을 하게 된다. 청룡이 하강하는 기색이라 할 수 있으며 오행은 목이다.

- 백호(白虎)기
  변색된 것 같은 색의 기가 얼굴 중앙이나 관골에 나타나고 담배 연기 같은 색의 기가 나타나면 백호의 기이니 신속히 퇴치하여야 하며 오행은 금이다.
- 주작(朱雀)기
  일몰시 검붉은 색으로 얼굴이나 우리 몸 어느 곳이라도 나타나면 관재 구설이 따르게 된다. 오행은 화이다.
- 구진(句陳)기
  먹구름과 같은 기색이 얼굴에 나타나면 재물의 손해가 있고 식구 중에 이별을 하게 된다. 오행은 토이다.
- 등사(螣蛇)기
  담배 연기와 같은 색이 얼굴에 떠오르면 실물을 당하며, 풀이 불에 탄 재의 색이 나타나면 화재가 당하게 되므로 주의해야 한다. 오행은 목이다.
- 현무(玄武)기
  연기와 안개가 합한 색과 같은 빛이 얼굴에 띠면 나쁜 질병에 걸리게 된다는 신호이다. 오행은 수에 속한다.

형체와 음양이 고르지 못하면 재앙이 따르나 심상이 좋고 골격이 길상을 이루면 찰색은 스스로 좋아진다.

나쁜 기가 와잠에 나타나면 자녀가 좋지 않게 된다는 암시이므로 몰아내도록 노력해야 한다. 구진이나 현무의 나쁜 기가 준두에 나타나면 반드시 금전의 손실이 닥친다. 또 한 명궁에 나타나면 건강이 나빠진다. 사문(남자 : 왼쪽 볼, 여자 : 오른쪽 볼, 턱, 귀바로 앞부분)이나, 오규(다섯 구멍 : 눈, 코, 입, 귀, 혀)에 나타나면 대운이나 소운이 짓눌리고 있어 노력을 하지 않으면 고질병이 되어 생명에 영향을 끼치므로 미리 예방 하여야 한다.

찰색은 천기가 동하는 묘한 이치로 일어나므로 억지로 좋게 만들려고 하면 안되고 스스로 물러나도록 심상을 바로하고 치료와 운동을 병행하는 노력을 하여 좋은 운기가 오도록 건강을 회복해야 한다.

아무런 일이 없는 일상생활 중에 어느 날 갑자기 준두에 선지 빛 같은 빨간색이 보이면 곧 재앙이 닥쳐온다는 신호로 봐야 한다. 반대로 좋지 않은 일에 시달리고 있을 때 인당에 예쁜 황색이나 자색이 은은하게 비치면 우환 중이라도 일주일후나 늦어도 3개월 이내에 병이 완쾌되고 경사도 생긴다.

기의 흐름은 오악(이마, 코, 좌우관골, 턱)과 사독(눈, 코, 입, 귀)이 잘 어울려 있고 기가 오장과 육부를 자주 왕래하면 보름 동안에도 기의 색이 여러 번 변하게 되므로 기의 흐름을 잘 받아서 인격을 갖추면 부귀영화를 오래도록 누릴 수 있다.

✿ 봄
동방이니 남자는 왼쪽, 여자는 오른쪽에 자색이나 적색이 나타나면 처음에는 구설이 약간 있을 수 있으나 색이 밝게 빛나면 바로 기쁜 일이 돌아온다.

✿ 여름
남방이니 화의 부위(이마)에 연분홍색으로 예쁜 찰색이 뜨면 왕성한 운기가 온다는 표시이다. 이마 주위에 황색과 백색이 동시에 나타나면 토생금의 생해 주는 원리에 의하여 좋은 일이 1주일 이내로 생기게 된다. 이때의 흰색은 금으로 화극금이 되어 처음엔 좋은 일이 생기고 뒤에는 스트레스를 받을 수 있으니 주의해야 한다.

✿ 가을
경신금의 관골자리(남자는 좌측, 여자는 우측)에 찰색이 맑고 예쁘게 나타나면 좋은 일이 생긴다. 관골에 흰색이 나타나면 좋지 않으나 가을에 뜨는 흰색은 처음에는 불길하고 나중에는 길하다.

✿ 겨울
북쪽의 물의 계절이며 턱에 해당한다. 겨울 3개월 동안에 흑색이 나타나면 신장의 장기에 자기도 모르게 염증이 발생한다. 검은색이 사라지면 일주일내에 병이 치유되고 원상태로 회복되어 길한 일이 생기므로 찰색을 주의 깊게 관찰해야 한다. 흑색이 진하게 계속 나타날 때에는 물에 대한 질고가 생기거나 교통사고가 일어난다.

✿ 인당과 법령에 살색이 밝고 윤택하면 집안에 기쁜 일이 생기게 된다. 색이 검붉으면 흉한일이 생기고 밝은 색이면 길한 일이 생긴다. 산근에 유난히 밝은 황색이나 자색이 생겨도 집안에 경사가 생기게 된다.

✿ 어미(눈꼬리)와 와잠에 선이 많고 색이 검푸르면 배우자에게 일이 생긴다. 남자는 왼쪽을 부인으로 보고 오른쪽을 자식으로 보며 여자는 오른쪽을 자식으

로 보고 왼쪽을 남편으로 본다. 아들은 좌측 눈 밑, 딸은 우측 눈 밑을 본다. 여자는 반대이다.

✿ 부모님의 병환을 점쳐 보려면 일각과 월각을 보는데 일은 부친, 월은 모친 궁이다.

여자는 반대로 보며 월각에 검은 찰색이 보이면 모친이 중태에 있음을 알아야 한다.

월각에 백색이나 검붉은 색이 짙으면 모친의 상을 당할 것을 알아서 준비해야 한다.

✿ 뼈는 어머니의 태반에서 이루어지고 육은 피가 모여서 이루어진다고 하였는데 살에 덮여 있는 뼈를 보지 못해도 이빨을 보고 뼈가 튼튼한지 약한지 색이 누런지 하얀지를 알 수 있다.

어릴 때 감기에 자주 걸려 마이신을 자주 먹으면 이가 약한 회색을 띠는데 그 때는 뼈도 약한 회색을 띠었다고 생각하고 약의 복용을 중지하고 다른 치료 방법을 선택해야 한다. 정상적인 몸 상태가 되면 3개월 후에는 원 상태의 색으로 돌아온다.

✿ 피가 모여서 이루어진 살은 성장하면서 변화가 이루어진다. 성장하면서 호르몬과 환경의 원인으로 차츰 표피가 두꺼워 지고 풍만하게 변화하는데 살집이 뼈를 잘 감싸고 있으면 귀하고 수려해 보인다. 성장하면서 변하는 인상이 어떻게 변하는지 찰색을 잘 관찰하여야 한다.

매일 아침마다 인당의 찰색을 보아 색이 밝고 맑으면 반드시 좋은 일이 있게 된다.

✿ 오로(五露)란 다섯 군데가 솟아서 노출됨을 말한다.

눈이 개구리눈처럼 툭 튀어 나오고, 콧구멍이 뻥하니 위로 향하고, 귀가 뒤집히고, 입술이 뒤둥그래진 것, 결후라 해서 목뼈가 툭 튀어나온 사람을 오로라고 하는데 이 다섯 가지가 다 함께 있으면서 찰색이 좋으면 관직에 올라 좋으나, 오로가 한두 가지만 있고 찰색도 나쁘면 안 좋다.

오로는 길한 인상은 아니지만 현대에는 찰색을 많이 보고 심상을 많이 보는 관계로 개의치 않는다. 얼굴색에 점점이 희끗희끗하고 군데군데 붉으면서 전체적으로 불에 그을린 듯 보이면 급히 먹거나 화가 침범하게 되어 체하면서 그런 찰색이 돋는다,

4) 사독(四瀆) 바로 잡기

사독이란 얼굴에 있는 네 개의 구멍(눈, 귀, 코, 입)을 말한다.

☼ 눈

눈은 시각을 전달하는 기관으로 사물을 보는 순간 뇌에 전달한다. 길한 눈은 흑백이 분명하여 신(神 : 마음)이 들어있어야 한다. 눈동자를 필요 이상으로 굴리는 사람은 눈앞의 이익에 급한 사람이다. 눈에는 의지와 상관없이 20%이상의 신기가 있기 때문에 후에 닥쳐올 일을 예견하기도 한다.

맑은 마음을 갖고 긍정적인 사고와 노력하는 마음으로 운기를 북돋워 아름답게 보이는 눈이 되도록 해야만 할 것이다.

☼ 코

코는 얼굴 중앙 부위에 있으며 중년운을 말해준다. 공격력, 방어력, 사회적인명예, 건강, 재물, 성격 등을 본다.

자기의 생김새를 말해 주는 부분이 코이며, 코는 그 사람의 자신을 그대로 나타낸다. 또한 처를 말해 주기도하고 남편을 말해주기도 한다. 그 사람의 재운과 부인의 성품이 담겨져 있다. 여자는 본인 자신과 남편의 성품이 담겨져 있다.

준두의 찰색도 건강할 때는 윤이 나고 맑고 환하다. 건강이 나쁘고 힘이 없으며, 일이 잘 안될 때는 코의 찰색이 어두워진다. 양쪽에 난대, 정위가 콧등 연수와 같은 크기의 코가 예쁘고 힘이 있어 보여야 좋다.

콧구멍이 적으면 받기만하고 욕심이 많아서 창고 속에 넣기만 하고 베풀 줄을 모른다. 세수할 때마다 깨끗이 씻은 손 장지를 콧구멍에 집어넣고 소재를 해주면 코가 넓어져 폐활량도 많아 질뿐 아니라 재산 관리 능력도 높아지고 찰색도 좋아진다.

☼ 귀

귀는 채, 청, 관이라 하여 우리 몸에서 안테나 역할을 해준다. 우리의 청력을 관장해줄 뿐만 아니라 유년시절의 생활상을 말해주며 현대에는 귀만으로도 초년, 중년, 말년으로 분리하여 그 사람의 일생을 보기도 한다. 귀는 심리 상태가 복잡해지면 본인도 모르게 쫑긋하게 세워지는데 이것은 귀로 말없는 표현을 하는 것이다.

귀는 눈보다 올려 붙어 있어야 명예도 얻고 좋다. 귀는 특이한 활동을 잘하며 창의력도 있는데, 귀 앞의 근육을 발달 시켜서 귀의 신경이 연결된 점에 중점을 두고 좋은 청력을 유지하면 귀골 격이 될 수 있다.

✿ 입

몸에서 가장 큰 관문 역할을 하는 곳이 입이다. 입이 얇으면 언변이 좋으나 때로는 실수도 할 수 있다. 입술이 두터우면 입이 무겁고 결론을 전하는 힘이 크다.

넉 사자 입은 입의 모서리가 방정하고 두텁고 깨끗하여 입의 양쪽 끝이 살짝 올라간 인상을 준다. 넉 사자 입을 가진 여성은 직장인이 많은데, 총명하고 우직한 성향은 직장에 근무하는데 장점이 된다.

윗입술보다 아랫입술이 두터운 것이 보통인데 이런 사람은 자기주장과 고집이 센 편이다. 입이 작으면 실수는 안하지만 소심하고 재복이 적으며, 고민 하고 근심걱정하면 입을 오므리게 되는데 위축된 것 같은 인상을 준다.

입꼬리가 밑으로 쳐지는 입은 교만해 보이고 비판적이며 자기의 부족한 것과 과시하는 것을 한꺼번에 표현하는 사람이다. 신중하게 입을 다물고 있는 것보다 적극적으로 힘 있고 부드럽게 자신을 표현하는 습관을 들여 친절한 말솜씨로 얘기하면 입의 귀가 아래로 쳐지는 것이 사라지며, 입술색이 좋아지고, 미소를 띠우는 입은 운을 좋게 불러들인다.

5) 찰색의 관찰

외부적으로 발산하는 기색은 매우 중요하다.

인상학에서는 절대적으로 필요한 것이 기와 색이다. 귀격으로 생겨도 찰색이 나쁘고 찡그리는 상을 했을 때는 좋은 신이 머물지 않는다. 이목구비도 중요하지만 그 속에 내포하고 있는 심상의 강약을 기색으로 읽어야 한다. 그러기 위해서는 찰색에 대한 연구를 부단히 해야 할 필요가 있다.

위는 스트레스를 받거나 신경을 많이 쓰면 신경성 위장병이나 탐식가가 된다. 준두에 갈색이나 붉은색이 나타나면 위장병이나 간에 손상이 일주일 전후로 나타난다. 마음먹고 잘 다스리면 건강을 돼 찾을 수 있다.

준두가 정상적이면 윤기가 나고 눈빛이 좋아지고 생기가 돌기 시작한다.

목소리에도 음의 색이 있다. 음색이 부드럽고 윤기가 있으면 목소리는 청아하고 맑다.

색 자체가 환하고 부드럽고 연하며 탁하지 않으면 길운을 예상하고, 어두운 색이고 탁한 색이면 반드시 흉한 일이 생긴다.

6) 심상에 나타나는 길흉

✿ 사주는 관상만 못하고 관상은 심상만 못하다.
✿ 이마에 뼈가 너무 툭 튀어 나오면 부모와 이별 한다.
✿ 머리는 둥글고 이마는 용의 뿔처럼 나면 눈이 아름답지 못해도 귀하게 된다.
✿ 눈썹 뼈가 불거지고 도두 룩 하게 되면 결혼이 늦다가 눈썹 뼈가 들어가면서 부드럽게 보이면 결혼하게 된다.
✿ 눈썹은 보기에 좋고 광채가 나며 적당하게 숱이 난 사람이 좋다. 털이 가늘고 수려하면 이마가 약간 불합치 되더라도 영화를 누린다.
✿ 인당 위에 일각 월각 살이 오목하면 객지에서 자수성가 하여 결혼하고 뿌리 내린다.
✿ 수명을 보려면 눈을 봐야 하는데 눈빛이 밝고 차분하고 안정적이면 어떠한 상황에서도 흥분하지 않고 냉정하고 차분하게 일을 처리한다.
   눈매에 밝고 맑은 정신이 실려 있지 못하면 수명이 길어도 치매에 걸리기 쉽다.
✿ 침골은 머리 뒤에 있는 뼈(뒤통수에 나온 뼈)를 말하는데 이골이 상하로 둥글게 나왔으면 귀히 되어 부귀를 누린다.
✿ 눈에 신이 안정되어 참된 기가 있고 금은보화가 가득한 것처럼 수려하고 빛이 밝고 은은하면 귀히 되어 벼슬을 하고 곤명은 귀부인이 되어 수복을 누린다.
✿ 콧대가 바르고 난대 정위가 힘이 있고 풍만하여 쓸개주머니를 달아매고 다닌 듯이 생겼으면 일생 돈이 떨어질 날이 없다.
✿ 기의 원천이 되는 소리에는 음(音)이 있다.
   귀한 사람은 소리가 맑고 청아한 음이 있고, 운이 있어 음성이 커도 부드럽고 작게 들려도 울리면서 여운이 있다. 부드럽고 힘이 실린 목소리에 꾸밈없이 말할 때 상대의 뇌리에 각인되어 인정을 받는다.

✪ 손은 말하는 입의 역할을 한다. 손은 소우주이기에 얼굴에 없는 장점을 손이 다 가지고 있다.
몸에서나 언어에서나 복 있게 생긴 데가 없는 사람이 갑부가 되어 잘 사는 사람도 있다. 이런 사람과 악수를 해 보면 손에 복이 꽉 차 있는 것을 알 수 있다. 손에 복이 있는 사람을 감춰진 복이라고 하여 숨은 복(음복)이 많다고 한다.
손바닥에 무늬가 수려하고 삼대선 외에 12선이 다 있으면 몸에 결함이 있고 오관이 약간 미흡해도 귀격이 된다.
✪ 기는 신이 맑아서 온전함이 있고, 신이 온전하면 진취가 빠르고 모든 것이 풍·족하다.
코는 재백궁이므로 코가 높으면 좌우 관골이 코를 잘 보호해 주어야 하며, 이마와 턱은 상하를 보호해 주며, 양쪽 관골은 좌는 동쪽이니 아침이며 하루를 여는 묘시에 해당하고, 우측 관골은 서쪽의 일몰인 유시에 해당하는 것으로 사회성을 본다.
관골이 코를 잘 보호하고 자기의 중심인 코의 기를 강화시켜서 마음을 편안하고 안정되게 하면 안면에 찰색이 좋아진다.
✪ 수치심 없이 머리를 잘 긁는 사람은 염치를 모르는 뻔뻔스러운 자이다.
✪ 진지함이 부족하고 가볍게 희죽거리는 자는 큰일을 제대로 처리 못하여 언제나 남의 지시만 받는다.
✪ 일처리를 적당히 얼버무리고 한 번도 제대로 처리를 못하는 자는 음란하고 천하여 운이 제대로 따르지 않는다.
✪ 생각 없이 남의 결점만 꼬집어 흉보는 사람은 의심이 많고 너무 소심하여 큰일을 성취하기 어렵다.
✪ 먹는 것에만 정신을 쏟는 자는 욕심이 많고 오래 살지 못하고 명을 재촉한다.
✪ 작은 것을 확대하여 자랑삼아 알리는 자는 가난하고 운이 잘 들어오지 않는다.
✪ 얼굴이 크면 미목이 청수함으로 몸과 연결을 잘해야 노후가 풍요롭다.
✪ 코가 크면 관골도 잘 솟아 보호해 주어야 가난하지 않다.
✪ 손이 크면 단정하고 마디가 가늘어야 기술이 풍부하다.
✪ 입은 작은 듯하고 입술이 붉어야 하며 입을 벌렸을 때는 커야 좋다.
✪ 발이 크고 넓고 두텁고 방정하며 윤기가 흐르면 길하다.
✪ 얼굴이 작으면 작은 대로 수려하고 당당해서 쳐지는 것이 없으며 기색이 밝으

면 귀하게 된다.
- ✿ 서비스 직업인에게 미간의 세로 주름은 좋지 않다. 경영자의 미간에 가로 주름은 흉하다. (회사가 위험에 빠진다.)
- ✿ 늙은이가 앞으로 허리를 숙이고 다니는 것은 힘이 없어서 일어나는 현상이다.
- ✿ 준두에 검은 기운이 도는 것은 큰 어려움에 빠져 스트레스를 받기 때문에 위장의 상태가 좋지 않다는 표시이다.
- ✿ 눈매가 동그랗고 도발적이고 강인한 모습은 긴 코와 조화를 잘 이루면 독창적이고 창의력이 많다.

7) 연령으로 본 기색

① 1세~2세
왼쪽 귀의 천륜이다. 왼쪽 귀 위쪽 부분이며, 윤곽이 분명하고 둥글고 아름다워야 한다. 빛이 밝고 산뜻해야 좋다. 천륜에 결함이 있고 빛이 어두우면 1~2세 운세가 좋지 않다. 금성에 해당한다.

② 3세~4세
인륜이며 왼쪽 귀 중앙에 오목하게 들어간 곳이다. 빛이 명윤하면 3~4세운이 좋다. 색이 우두우면 큰 병이 오고, 귓구멍이 지나치게 작으면 좋지 않다. 윤은 있는데 곽이 없으면 평생 고독하고 빈한하다.

③ 5세~7세
이름은 지륜이다. 수주라고도 하고 왼쪽 귀 아래쪽의 두툼한 귓불을 말한다. 수주 끝이 입 쪽을 향하면 가장 좋고, 중년 이후에 부귀하고 장수 한다. 수주가 없는 경우 집안 환경이 좋지 않고, 재산을 모으기 힘들며, 말년에는 재난과 병으로 어려움이 많다.

④ 8세~9세
오른쪽 귀의 천륜이다. 귀 위쪽을 말하며 오행 중에 금성에 해당한다. 관찰은 왼쪽 귀와 같이 본다.

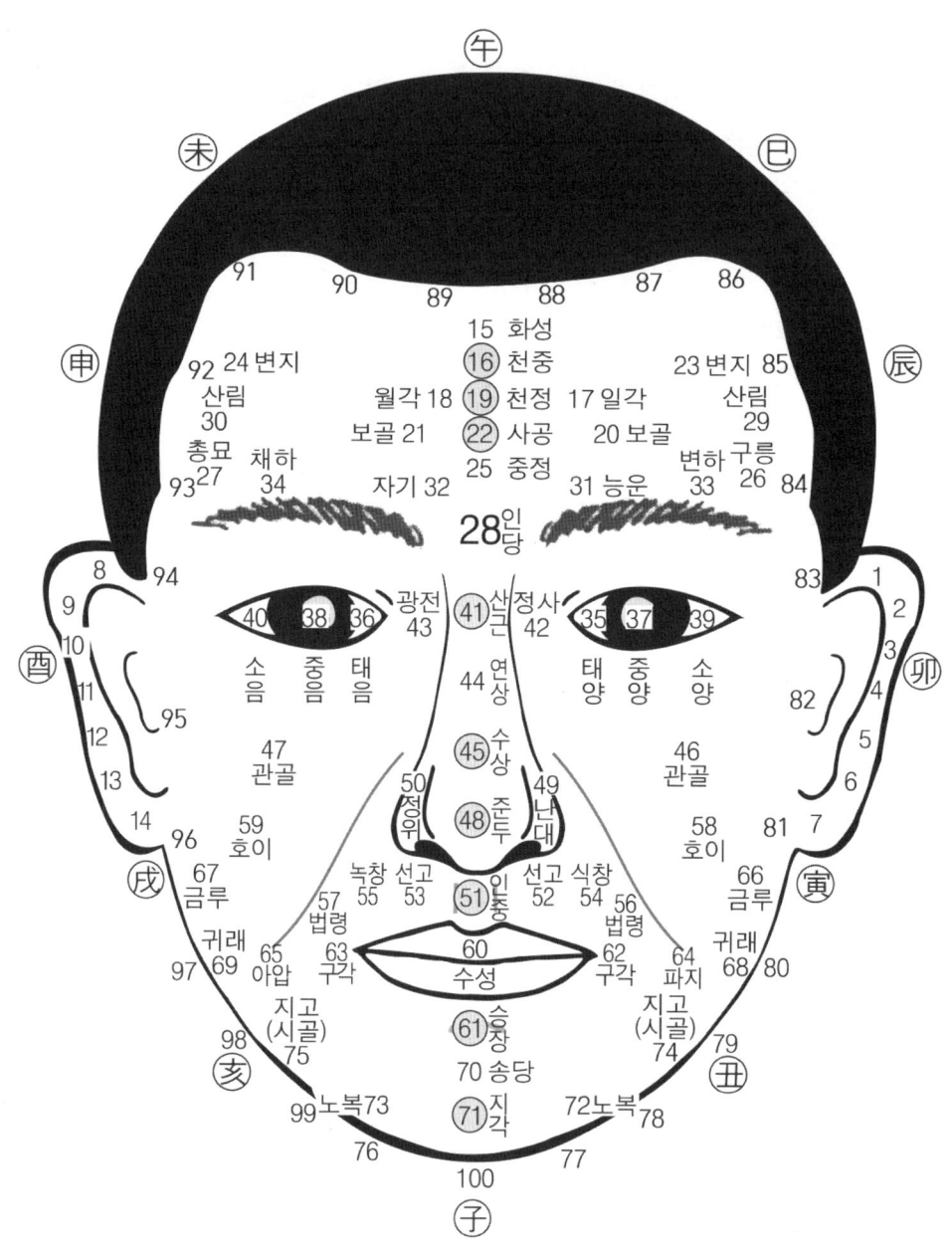

유년 운기 부위도

⑤ 10세~11세
  오른쪽 귀 중앙의 오목하게 들어간 곳으로 이름은 인륜이다. 관찰하는 법은 왼쪽 귀와 같다.

⑥ 12세~14세

오른쪽 귀 아래쪽의 귓불을 말하고 지륜에 해당한다. 수주라고 부른다. 찰색이 좋으면 건강하게 자란다. 귀의 색이 밝고 눈빛이 좋으면 건강하게 잘 자란다. 귀가 예쁘고 명윤하면 부모 사랑을 받으며 자란다.

⑦ 15세~16세

화성 및 천중이다. 발제 바로 밑 부위 중앙 부분이 혈색이 깨끗하고 밝으면 공부도 잘하고 성격도 좋아진다. 16세까지 소년 시절인데 15세 자리를 화성(火星)이라 하고 바로 밑 16세 자리를 천중(天中)이라고 한다. 이 연령대에 공부 잘하고 성공하면 이곳이 약간 볼록하면서 연한 홍색이 나타난다.

⑧ 17세~19세

일각(17세), 월각(18세), 천정(19세)을 말하는 곳으로 천정은 천중 바로 밑 부분 인데 약관(弱冠)기 이기에 통통하고 건강해야 좋다. 가끔 색이 검은 약관기를 맞이하는 사람은 흉운 이므로 그 연령대에 사고를 당하면 고생하지만 일각 월각의 색이 좋으면 잘 보낸다. 이마는 높이 솟고 색은 맑아야 하며, 점이나 반점이 없고, 함몰 되거나 비뚤어지지 않아야 한다.

⑨ 20세~21세

20세는 왼쪽 보(輔)각 21세는 오른쪽 보각을 말한다. 일·월각 옆에 자리하고 복덕궁이라 부른다. 이곳은 중요한 곳으로 약관기 뿐 아니라 일생동안 살아가면서 봐야 하는 중요한 곳으로 부귀를 나타낸다. 관료 계통 종사자나 벼슬을 하는 귀한 사람들은 이곳이나 변지 역마를 보고 길운이 올 것인가 흉 운이 올 것인가를 가늠 한다. 이마의 찰색으로 직장에서의 일을 예측한다. 보각은 일각 월각에서 각각 1.5cm씩 상하 좌우를 보면 된다. 잘 모를 때는 인당 바로 윗부분을 봐도 된다. 즉 인당 위 보각이 약간 붉게 윤기가 나고 밝고 좋으면 시험 보는 이는 합격하고 결혼을 한 이가 무직자일 경우에는 취직이 되고 사업을 하는 이는 큰 돈이 생기게 된다. 이곳이 명윤하면 대길 운이다. 천창이 함몰되거나 골이 드러나 있으면 운세가 침체되어 방해를 받거나 관액을 당할 수 있다.

⑩ 22세

사공이라 하며 이마 중앙의 천정 바로 밑에 있는 것을 말하고, 22세 나이와 50~60대에서도 이곳의 찰색을 참고 한다. 사공은 천정 바로 아래 중정 바로 위를 말하는데 이곳이 담배 연기 색으로 암흑하면 익사 사고나 화재가 일어날 수 있고 흉사가 발생 한다.

사공의 자리는 평평하고 반듯하며, 색이 밝고 깨끗하며, 주름이나 점이 없어야 좋다. 좌우 양쪽 귀를 살펴보고 이마를 보며 눈빛을 살펴보고 산근에 주름이나 점이 있나 없나를 살펴 본 다음에 좋고 나쁨을 판단해야 한다.

두 귀가 낮고 어두우며 산근이 끊어져 있고, 인중이 얇고 좁거나 짧고 얕으면 22세에 큰 흉사가 있으므로 질병과 사고에 주의해야 한다.

⑪ 23세~24세

이마 끝 부위인 변성을 확인하는 자리이며, 변지라고도 한다. 위치는 발제선의 양측이다. 변성(邊城)이라는 곳은 이마를 볼 때에 반드시 함께 봐야 한다.

변성은 골이 돌출할수록 좋고, 한쪽으로 치우치거나 함몰되지 않고, 나쁜 점이나 주름이 없고, 발제가 가지런해야 한다. 두 눈에 신이 있고, 화양이 기세가 있으며, 천정이 풍만한지를 보아야 한다.

두 눈에 신이 없고 혼탁하거나 살기를 띠고 있고, 이마가 좁고 함몰되어 있으며 변성 골의 기세가 일어나 있지 않고, 발제가 가지런하지 않으면 23~24세의 운세에 흉사가 많고 질병이 있거나 육친을 극한다.

변지에 흰색이 뭉쳐서 나타나면 길한 징조이고, 흑색이 나타는 것은 흉한 일이 생긴다. 그리고 이마를 볼 때에는 언제나 눈을 같이 보고 판단을 해야 한다.

⑫ 25세

사공 아래 인당 위로 중정의 자리이며 관록궁이 된다. 풍만하게 골이 솟고 광택이 나며, 함몰되지 않고 나쁜 주름이나 점이 없어야 한다.

중정은 이마 중요 부위이므로 찰색을 정확하게 보아야 한다. 이곳에 검푸른 색이 떠오르면 좋지 않은 일이 있고, 색이 예쁜 자색으로 윤기가 나면 직장에서 승진하게 되고 생각지도 않았던 돈이 들어온다.

양 눈썹이 인당을 침범하지 않고, 산근이 끊어지지 않고, 두 귀의 윤곽이 드러나지 않으며, 수주가 입을 향하고 있으면 25세의 운세가 좋다고 할 수 있다.

두 눈썹의 형상이 같지 않고 눈썹에 살기를 띠고 있으며, 산근이 끊어져 있고, 양귀의 형상이 좋지 않고 귓불이 없으면 크게 불길하다.

⑬ 26세~27세

좌명 26세는 구릉이고, 우명 27세는 총묘이며 위치는 좌위 이마 눈썹 끝 위쪽이다. 이마 부분은 중요한 부위여서 꼭 26세와 27세에만 해당되는 것이 아니고 일생을 통해서 애·경사나 중요한 일에는 이곳을 필히 살펴보아야 한다. 나이 들어 60대에서도 이곳을 잘 살펴보고 일을 착수하는 것이 중요하다.

구릉과 총묘 자리는 골이 일어나 높고 커야 하고, 동시에 기색이 밝아야 좋다.

⑭ 28세

명궁(命宮), 인당에 해당한다. 양미간의 찰색을 살핀 다음 천창의 색도 살피고 눈을 본 다음 운이 좋은가 나쁜가를 살펴야 한다. 가장 먼저 눈에 띠는 곳이 인당(印堂)이니 인당이 맑고 색이 선명하고 명윤하면 길하고 이곳의 기색이 거무스름하고 담뱃재 색 같은 것이 깔려 있거나 요철이 심하거나 하면 되는 일이 없고 흉한 일만 생긴다. 학업중단, 부부불화, 병고에 시달리게 된다.

사람을 바라보면 가장 먼저 인당에 시선이 멈추게 된다. 인당은 화의 자리에 속하므로 부끄럼을 탈 때에는 발그레하게 밝고 예쁜 색이 나타나고, 연하면서도 부드러운 황색 자색 홍색이 비칠 때에는 길한 일이 있게 되고 탁하고 검푸른 색이 보이면 안 좋은 일이 계속적으로 발생한다.

⑮ 29세~30세

임목 왼쪽 산림 부위는 29세를 나타내고 오른쪽 부위는 30세 자리이다. 여자는 언제나 반대로 보면 된다. 정확한 위치는 역마의 바로 밑을 임목이라 하며 이곳을 산림이라고도 한다.

이곳에 담배 연기와 같은 색을 띠고 어둠침침해 보이면 재앙이 따른다. 또한 아침에 일어나서 이곳의 색이 연한 자색이나 황색으로 윤기가나면 하고 싶은 일이 잘된다는 예시이기도 하다. 이곳이 꺼지지 않고 환하면 총명해서 다양한 방면에 관심과 호기심이 많아지고 스스로 연구하고 실천하여 좋은 일을 많이 하게 된다.

이곳의 색이 항상 좋으면 노후에도 즐거운 생활을 하게 된다. 현재 나이든 사람들의 이곳 연령대의 젊은 시절에 당한 일의 통계를 보면 이곳은 중앙이 아니고 변방에 속하므로 이곳이 어두워 보이면 그늘이 진다해서 여성관계에 실의를 겪고 고민을 하든가 취직이 안 되어 한동안 애를 먹고 힘든 날을 보냈다는 사람이 많은 것을 보면 이곳이 명륜 해야 좋다는 것을 알 수 있다.

이곳의 이름도 임목(林木)이라고 했다. 산림지대는 산 계곡과 산골짜기가 있기 마련인데 몸의 컨디션이 안 좋을 때는 이곳의 산 계곡이 그늘에 파묻혀 있는 형상이라는 결론이기 때문에 운이 잠시 산 계곡을 지나는 과정이라고 생각한다. 이런 과정을 지날 때에는 도(道)를 잘 따라서 행하고 뒤엉키는 경거망동을 하지 않으면 된다. 즉 맑은 골짜기를 걸어가는 여유로운 마음이면 신(神)도 행운을 주신다.

⑯ 31세~34세

31세에서 32세 사이는 눈썹 바로 위를 지나는 운이고 33세에서 34세 사이는 양 눈썹을 지나는 운을 말한다. 왼쪽 눈썹 앞부분은 능운(陵雲 : 언덕의 능에 드리운 구름)이라는 곳이고 오른쪽 눈썹 머리 부분은 자기(紫氣 : 실을 다듬는 자의 기운)로 이 나이의 운을 잘 넘겨야 한다는 암시가 내포되어 있다.

좋은 운으로 찰색이 옅은 홍자색이 떠오르면 대권을 잡거나 국회의원이 되는 특별한 운을 얻게 되고 또한 흰색이 떠오르면 모든 일이 스스로 잘 풀려 나가게 된다. 양눈썹 중앙에서 약간 바깥쪽 부분을 번하 채하(繁霞 : 33, 彩霞 : 34)라고 하며 33세에서 34세의 운을 좌우한다.

먼저 두 눈을 보고 산근과 준두를 함께 보면서 능운과 자기를 보고 그 다음에 번하와 채하를 보고 눈썹의 생긴 형을 보며 그 언저리 살비듬의 미구(眉丘 : 눈썹 난 곳의 볼록한 언덕)을 보아서 결론지어 말을 해야 한다.

두 눈썹이 짙지 않고 옅지도 않아 적당하며 고르고 명윤하며 색이 좋으면 문무를 겸전하고 예술 방면에 탁월한 재능을 갖게 되며 인맥을 잘 형성하여 인기를 집중하고 형제, 자매, 친인척과 교류도 활발하며 재복이 많게 된다.

⑰ 35세~40세

좌명 35세(태양), 우명 36세(태음), 좌명 37세(중양), 우명 38세(중음), 좌명 39세(소양), 우명 40세(소음)이다. 삼양(太陽, 中陽, 少陽)인 왼쪽 눈(건명)은 오행 상으로 목(木), 화(火)의 성분이 많으므로 태양에 비유하고 한가운데 위치하며 소양인 목의 기운도 많이 가지고 있음을 상징하고 또한 오른쪽의 삼음(태음, 중음, 소음)인 태음은 물의 기운이 많고 한가운데 위치하며 소음인 금(金)의 기운이 많이 있음을 나타낸다. 즉 눈에는 오행이 다 들어 있다.

마음고생을 하면 눈이 뻑뻑하고 밤에 수면을 취하지 못하면 눈을 꾹꾹 찌르는 것처럼 느껴지고, 위가 아프면 눈빛이 흐려지는 등 우리 신체에 이상이 있을 때는 눈에 바로 나타난다. 여기에 큰 불행이나 큰 행복이 오는 것을 눈의 기색이나 찰색으로 금방 읽을 수 있다.

예쁜 홍색과 자색이 가장 좋은 색으로 아침에 은은하게 보이다가 눈 속에 포진되어 기로 발산되면 눈의 기가 맑고 또렷하며 힘이 있고 광채가 은은하게 멀리까지 비춰지면 틀림없이 좋은 일이 생기면서 마음이 안정되고 편안하여 친근감이 감돈다.

백색이 나타나는 것은 맑은 백색은 좋으나 너무 어두운 색은 수명을 재촉한다. 또한 눈 속의 흰 창에 빨간 핏줄이 서 있는 것은 당분간 좋지 않은 일이 있음을 예시 한다. 짙은 청색이나 흑색, 그리고 어두운 암색은 병환이나 수명을 재촉하는 일이 생긴다.

한쪽 눈을 3년으로 보면 양쪽 눈의 합이 6년이므로 35세에서 40세까지를 보지만 이 나이를 지나도 눈이 가장 중요하여 인상의 비중을 많이 차지한다.

눈이 약간 들어 간듯하면 침착하게 사태를 파악 할 줄 알고 여기에 찰색이 좋으면 인생의 흐름을 잘 탄다고 볼 수 있다. 또한 쏘아 보는듯한 눈은 눈의 근육을 움직여 의도적으로 취하는 행위가 아니고 그 사람의 기백과 배짱이 은연 중에 눈으로 나타나는 것을 말한다.

강한 눈빛으로 상대방의 기선을 제압하기도 하며 위엄을 보이기도 한다. 보통 사람은 눈으로 마음을 주고받으며 상대방에 대한 인상과 정보를 눈으로 읽는데 이때에 찰색을 보고 깨끗하면 자신의 일에 몰두하는 사람이라는 것을 알 수 있다.

쌍꺼풀이 있고 작은 눈매에 약간 들어간 눈은 생각이 많고 사려가 깊은데 찰색이 좋으면 최상의 길운을 만나며 찰색이 암흑색으로 나쁘면 수기가 없어서 어둡고 일이 막히게 된다.

⑱ 41세~43세

41세는 산근을 말하는데 눈과 눈 사이에 있는 코 뿌리를 말한다. 이곳의 왼쪽은 42세(精舍), 오른쪽은 43세(光殿)로 본다. 이곳이 너무 건조 하거나 색이 검거나 흰색이면 병이 생기고 발전을 패하며 조상에 액운이 서리게 된다. 산근이 맑고 윤택하면 42세의 정사 운도 좋고 43세의 광전까지도 좋게 지나게 된다. 이 부위를 볼 때에는 양쪽 눈과 정사와 광전과 산근까지 모두 곁들여 한꺼번에 봐야 한다. 이곳이 오랫동안 어두우면 집안에 근심이 쌓이게 되고 색이 담배 재색이 나오면 세심하게 마음을 써야 한다.

와잠은 자녀운을 보는 곳인데 눈동자 밑에 아래 눈꺼풀의 눈물주머니 있는 곳을 말한다. 여기는 뼈가 없는 무골 처인데 이곳을 누·당이라 하며, 누·당 바로 아래를 음·등이라 하고, 이 음·등은 여자의 자궁 내 건강과 질·액을 표시하는 곳이다.

이곳 음(陰)등(騰)과 누(淚)당(當)은 덕(德)이 있나 없나를 보는 곳이다. 건명도 마찬가지로 본다. 이곳을 전부 합쳐서 용궁이라고 하는데, 이 용궁 왼쪽을 삼양, 오른쪽을 삼음이라고 한다. 여기의 찰색은 황색에 가까운 것이 좋고 검고 어두우면 자식을 잃든가 관재구설이 있을 수도 있으며, 살짝 비쳤다가 사라지는 경우도 있다. 누·당에 깨끗한 청색은 해롭지 않고 길상이다. 와잠의 색은 흑색과 청색이 나쁜데, 몸이 피곤해도 검푸르고 흑색이 되지만, 이 부위가 항상 검고 푸른 사람은 색을 좋아하는 사람이며 건강과 자손에는 좋지 않다.

누·당에 흰 가루가 깔린 것처럼 희거나, 흑기가 생기거나 하면 그해에 자녀에게 좋지 않은 일이 발생하고 부부가 이별하게 될 수가 있다. 사람을 마주 보았을 때 누·당이 환하게 보이면 정도 많고 자녀도 건강하고 본인의 건강도 좋다.

⑲ 44세~45세

콧등을 년(年)수(壽)라 하고 연상은 44세, 수상은 45세를 말하며 얼굴 한 가운데 있기 때문에 중악이라고도 한다. 산근 아래 연상, 연상 아래 수상이 위치하고, 찰색이 밝고 환하면 건강하고, 청색과 흑색이 짙으면 흉하며, 홍색이나 빨강색에 가까운 적색도 좋지 않다.

콧등이 황색 빛이 나고 이마와 얼굴에 홍색이나 황색이나 연한 자색이 환하게 감도는 것은 몸도 마음도 건강하고 재복이 많아 큰돈을 만지며 나날이 발전한다.

얼굴 중앙에 위치해서 재물을 표시하므로 코를 재백궁이라 한다. 이마에서 뻗어온 산근과 더불어 여기의 색이 환하고 양쪽 관골(광대뼈)과 조화를 잘 이루고 난대와 정위가 풍성하여 색이 환하고, 꺼지거나 튀어 나온 곳이 없는 좋은 관상에 적당하게 붉게 빛이 명윤하게 나타나면 대길할 상이다.

도화색은 마음이 평온하지 못할 때 나타나는 색으로 젊은이들에게 주로 나타나는 색인데 색욕이 강해지고 있으니 조심하라는 예시이므로 평상시에 수양이 잘되어 심성이 안정되면 이 도화색은 스스로 없어진다.

⑳ 46세~47세

왼쪽 관골은 46세에 해당하고, 오른쪽 관골은 47세에 해당한다. 관골은 젊은 사람과 늙은 사람의 색이 약간 차이가 난다. 젊은 사람은 화색이 약간 있어야 좋고, 늙은 사람은 밝은 황색 계통이 귀족색이라 해서 부귀를 겸하는 황색이 좋다.

왼쪽의 관골은 46세의 운을 관장하고, 오른쪽의 관골은 47세의 운을 관장한다. 관골이 사회운을 주관하므로 관골의 관상과 찰색에 따라 인상이 달라지고 운이 달라진다. 관골이 코보다 약간 낮은 듯하면서 코를 보호해주는 것이기 때문에 사회성을 띠우고 그 세력에 따라서 평생 그 사람의 추진력과 박력과 권위를 보아 사회운을 가름한다.

곤명의 관골은 살이 붙어서 드러나지 않은 듯이 살짝 나와야 좋다. 계란처럼 툭 불거지거나 뼈만 앙상하게 나오면 과부의 상이요 무지해서 고독하고 자존심이 강하여 남과 화합하기 힘들다.

관골에 도화색이 완연히 비치면 건명 곤명 모두 호색 음탕하고 부부운이 안 좋은 사람이 많다. 관골에 도화 빛이 강하면 곤명은 초년에 실연을 당하고 중년에 음식업이나 주류업을 하게 된다.

관골 바로 옆에 살만 있는 곳이 허위(虛僞)라고 하여 뼈가 없고 얼굴에서 정면이 되는데, 이 부위가 약한 홍색이면 좋고 늙어서 청색이나 암울한 기색이면 수명이 다 되어 간다고 보면 된다.

㉑ 48세~50세

코끝은 48세를 나타내고 난대는 49세 나타내며 정위는 50세를 나타낸다. 코는 얼굴 중앙이며 토성이고 화의 성분을 꺼려한다. 그러므로 코는 건조해도 안 되고 준두가 붉은색으로 변하면 바쁘기만 하고 되는 일이 없다. 술을 많이 마셔 주독이 걸려도 코끝이 빨간색이 되는데 이색이 표출되면 바쁘기만 하고 되는 일이 없다.

난대와 정위는 힘이 있어야 좋은데 힘없이 콧구멍만 크고 기색도 없이 늘어져 준두에 청색이 나타나면 화재를 당할 수 있으니 조심해야 하고 관재나 실직 또는 재산에 피해가 올 수 있다.

콧방울이 넓은 것은 성정이 강하고 넓은 활동을 하고 있음을 말하고 코와 입 사이의 인중이 넓은 것은 그 인품을 인정받고 덕이 퍼지고 후덕함을 자랑하는 것인데 색이 밝고 윤택하면 만사형통하는 운이다.

㉒ 51세~55세

인중 가장자리에 법령 양쪽 안쪽이 식·창과 녹·창인데 이곳이 황색의 예쁜 찰색이 뜨면 만사가 형통하고, 먼지가 낀 것처럼 보이면 하는 일이 막혀 흉하게 된다. 인중은 코 바로 밑에 홈에 위치하며 51세를 관장한다.

인중 옆에 선고(仙庫)라고 호칭하는 곳의 좌를 52세, 우를 53세가 관장한다. 왼쪽법령 안쪽을 식창(食倉)이라 하여 54세를 관장하고, 오른쪽 법령 안쪽을 록창(祿倉)이라 하여 55세를 관장한다.

인중이 자색으로 맑고 깨끗하여 황색이나 예쁜 자색을 띠면 가정이 흥왕해지고 만사 대길하며, 반대로 이곳이 연기가 낀 듯이 검은색이 나타나면 고생을 많이 하고 가산을 탕진 한다.

인중으로부터 말년이 시작되고 법령과 턱의 보좌로 말년을 맞이한다. 인중의 51세~55세 까지를 합하여 평(平)구(口)각(角)이라고 하는데, 인중의 황색은 노인에게 흉상일 경우가 있다.

㉓ 56세~57세

법령 선은 난대 정위에서 시작하여 입 양가 쪽으로 길게 뻗어 내려간 선을 말함인데 왼쪽은 56세 오른쪽은 57세의 운을 관장하며 일명 담사(膽蛇)라고 한다. 담사 색이 깨끗하고 맑으면 만사형통 할 수이다.

담사는 법령을 말하는데 담담하게 뱀처럼 길게 내려 뻗은 선은 입을 둘러싸고 턱으로 내려 왔다 하여 담사라고 했다. 이곳이 옅은 홍색이면 크게 형통하고 만사 대길하다. 이곳이 흑색이나 백색으로 갈라져서 두 가지 색이 또렷하면 좋지 않은 일이 계속 발생하므로 중지하라는 신호로 받아 들여야 한다.

색이 환한 황명한 색은 만사형통을 의미 한다. 또한 법령 내부에 옅은 자색이 올라와도 좋고 흑과 백이 따로따로 떨어져 있으면 길한 일이다.

㉔ 58세~59세
왼쪽에 호이(虎耳)는 58세, 오른쪽에 호이는 59세를 관장하는 곳으로 귀 앞쪽에 턱 바로 위의 옆 부분을 합쳐서 하고(下庫)라고 하여 옅은 홍색이나 황색이 예쁘게 보이면 길하고, 암울한 색은 흉하다.

㉕ 60세
수성인 입은 60세의 운을 관장한다.
이곳의 색은 선명하게 밝아야 하며 입술과 혀는 붉은 색을 최고의 색으로 본다. 남자의 경우 자(紫)색이 감도는 것은 귀골색이라 하여 노인들은 귀격의 대접을 받는다.
입술색이 남자는 푸르고 여자는 흰색이면 가난하고 흉·액이 가끔 따르게 되므로 입술 색이 변할 때에는 조심하여야 한다. 입술이 항상 검푸른 사람은 남녀노소를 막론하고 부부의 인연이 박하다.
배를 타고 여행을 하거나 이동을 할 경우에는 반드시 입 주위를 살펴 붉은색이 진하게 나타나면 배로 여행하는 것은 중단 하고 차량이나 비행기를 이용하여야 한다. (입은 수를 표시하고 바다 또한 수이기 때문이다).
입술이 조밀하게 다물어져 있으면 빈틈없는 성격이며 입을 다물고 있을 때 빛이 밝고 맑으면 그 사람의 내면에 인품이 갖춰져 있음을 읽을 수 있다. 큰일이 닥쳤을 때 당황하면서 입술색이 순간적으로 새파랗게 변하는 것을 보면 입술의 찰색이 중요 하다는 것을 알 수 있다.
입은 수성(水星)이라 하지만 다른 이름으로 조개 장(漿)자를 써서 수장(水漿)이라고도 한다. 수장의 색이 검으면 병이 악화되어 사망하게 되며, 흰색은 바로 붉은 색을 이끌게 되어 기력을 회복하고, 진한 황색은 죽는 색이라 하여 좋지 않고, 새파랗게 된 청색은 병을 유발하므로 좋은 색이 아니다.
이곳은 50세 이후(50~60)세 지·천·명의 나이가 넘으면 희멀겋게 입술이 바래지기 때문에 흰색도 나쁘게 보지 않는다.
젊은 나이에 입술이 흑색 또는 검푸르면 수액(水厄)이 있을 것을 예시해 주는 것으로 큰 물가에서 물놀이는 삼가야 한다. 입은 물을 표시하는 물의 운이고 환갑년에는 잘못하거나 힘이 없으면 낮은 우물물 정도에도 코를 박고 죽을 수 있다고 하여 낙정관살(落井官殺)이라고 했다.

또한 환갑에는 입을 지나는 나이 이기 때문에 윗입술 아랫입술 사이로 기가 빠져서 액운에 허덕이는 때라하여 미리 액을 때운다는 의미에서 환갑잔치를 하였으나 현재는 90세 이상 수를 하므로 잔치를 하지 않는다.

㉖ 61세~63세

입술 바로 아래 부위를 승장(承裝)이라고 하는데 61세를 관장한다. 장하게 꾸민다고 하여 꾸밀 장을 썼다. 승장 양 옆으로 입술 끝 부위를 구각이라고 하며 왼쪽을 62세, 오른쪽을 63세를 관장한다. 이 부위가 흰색에 가까우면서 밝고 명윤하면 날이 갈수록 재산이 쌓인다.

좋은 일이 반복되어 웃음을 잃지 않고 살아가기에 양쪽 볼의 근육이 늘어나 넓어지면서 기색이 환해져 운도 잘 들어온다. 승장 근처의 흰색이 뽀얗고 예쁜 색이면 직장에서 승진을 하고 예상치 않았던 재물이 들어온다.

㉗ 64세~67세

승장 아래 구각 바로 옆 왼쪽을 파지(波地)라 하는데 물결치듯이 얼굴 위에서 살이 내려와 구각 옆에 둥그스름하게 내려앉은 살결을 말하며 이곳이 64세를 관장한다.

반대편 오른쪽을 아압(鵝鴨)이라고 하는데 거위 아와 집오리 압자로 거위와 집오리들이 물가에서 노니는 자리라 해서 아압이라고 하는 이곳은 65세를 관장한다.

금루(金縷)는 금실로 짠 루인데 왼쪽의 금루는 66세를 관장하고, 오른쪽의 금루는 67세를 관장하는데 축(丑)궁과 해(亥)궁 위에 있으니 북방의 수(水)위에 있으며 흰색 계통의 색이 좋으며 맑은 구슬과 같은 색이면 67세에 운수 대통한다.

북쪽의 턱이 튼튼하고 좋아 예찬론이 쏟아져 나와도 해로운 탁한 공기에 노출되거나 지나치게 큰 스트레스를 받거나 담배를 심하게 피워 폐(金)가 목(木)의 간을 극해서 근육의 힘을 상실하게 되면 얼굴의 근육이 턱 쪽으로 볼록하게 내려오는데 이곳을 심술보라고도 하며 이곳의 색이 좋아야 한다.

너무 흰 것은 백회 분을 바른 것처럼 생겨서 흉하고, 약간 누런빛이 감도는 흰색이 가장 좋다. 이곳에 담배 연기 같은 색을 띠면 수일 내로 불행한 일이 닥친다.

㉘ 68세~69세

금루 바로 옆에서 약간 비껴 아래에 위치한 귀래(歸來)는 이곳이 함하지 않고 살이 쪄서 보기 좋으면 다시 복이 온다고 해서 귀래 라고 이름을 붙였다. 이 귀래는 볼연지 바르듯이 약간 연한 홍색이 윤기 있게 비치면 만사 대길할 것이라고 보는데 왼쪽을 68세, 오른쪽은 69세를 관장한다.

건명과 곤명은 반대이니 나이계산은 반대로 하면 된다. 이곳이 색이 환하고 명윤하면 그해가 좋고 색이 탁하고 갈색이나 흑색이 떠오르면 흉하다.

㉙ 70세~71세

승장 바로 아래를 송당(頌堂)이라 하는데 노인이 되어서도 마음을 후덕하게 베풀어 살이 올라 복스럽다고 해서 칭송송자를 붙여서 송당 이라고 한다. 이곳은 70세운을 관장하는 곳으로 함하지 않고 기색이 명윤하면 70세 한해는 모든 것이 활발하게 전개되어 명예와 행복이 따르는 한해가 된다.

송당은 혀를 내밀어 끝이 닿는 곳을 말 하는데 이 송당 바로 밑을 가리켜 지각(地閣)이라고 하는데 71세의 운을 관장한다. 지각은 대지 위에 건물을 세운다는 뜻으로, 이 지각이 크고 통통해서 볼록 나오고 살이 쪄있으면 재산이 많고 좋은 집에서 노후를 즐길 수 있는 상이다.

늙은 말년에 턱이 좋으면 재산을 가지고 있다고 보면 된다. 이 지각은 약간 누런 종이 빛처럼 생긴 흰색을 띠우고 선명하게 윤기가 흘러 오랫동안 길게 윤택하면 좋고, 색이 탁하고 마르고 꺼칠하면 좋지 않다.

㉚ 72세~73세

지고 바로 아래에 있는 곳을 노복(奴僕)이라고 한다. 왼쪽 노복은 72세를 관장하고, 오른쪽 노복은 73세를 관장한다. 노복이 연한 황색이나 연한 홍색이 은은하게 풍겨 나와 색이 연하고 명윤하면 72세와 73세에 만사형통 한다.

㉛ 74세~75세

노복 양 옆으로 비껴서 위쪽으로 양쪽의 아래쪽 뺨을 말하며 이곳을 지고(시골)이라고 하는데 왼쪽 지고는 74세, 오른쪽 지고는 75세를 관장한다. 이곳의 찰색은 환하고 밝게 윤택한 빛이 나오면 좋고, 메마르고 거칠고 담뱃재의 색을 띠면 좋지 않으며 뾰루지가 생겼다가 없어지면서 흉이 생겼을 때 흉터가 검어지면 흉한 일이 생기게 된다.

㉜ 76세~77세

얼굴 가장 아래쪽 밑으로 북쪽에 치우쳐 있는 자(子)궁은 76세와 77세를 관장하는 곳으로 지각 바로 밑 양쪽을 말하는데 오른쪽을 76세, 왼쪽을 77세로 본다. 이곳은 물을 표시하는 곳으로 옅은 황(黃)암(暗)색이 명윤하면 길하다. 법령의 나이는 56세~72세까지를 관장한다. 인생 하반기 운을 볼 때 해당 연령에 근접해서 찰색을 보는데 입의 언저리 전체와 부분별로 보면 된다.

㉝ 78세~79세

축(丑)궁이라고 하는 78세, 79세를 관장하는 곳은 왼쪽 아래턱으로 목과 연결된 부위이다. 이곳은 2년 연속 본다. 이곳은 주름이 적고 선명한 색이면 대길하다.

㉞ 80세~81세

축(丑)궁 바로 위쪽 인(寅)궁을 보는 곳으로 색이 선명하면서 맑고 윤택해야 좋다.

㉟ 82세~83세

왼쪽 귀 바로 앞 묘(卯)궁을 보는 것으로 82세와 83세를 관장한다. 윤기가 흐르고 약간 연분홍빛을 띠우면 대길하다.

㊱ 84세~85세

왼쪽 이마 구석진 곳인데 귀의 바로 위이고 왼쪽 눈썹 끝 바로 위이다. 이곳의 색이 밝고, 환하고 윤기가 나며 색이 예쁘게 은은하게 비치면 길한 상이며 진(辰)궁에 해당한다.

㊲ 86세~87세

사(巳)궁에 해당하며 86세와 87세를 관장한다. 이곳이 적색이고 잿빛이면 병이 생긴다. 환한 색이나 명윤하면 만사형통 한다.

㊳ 88세~89세

오(午)궁에 해당하는 곳으로 88세와 89세를 관장하는 곳이며 흉이 없고 잡티가 없어야 하며 윤택하고 색이 옅으며 깨끗하면 길상이다.

㊴ 90세~91세

오른쪽 발제 시작 부분 바로 아래 미(未)궁을 말한다. 이곳이 좋으면 90세와 91세의 2년은 건강하고 좋은 상이 된다. 보통 90세가 넘으면 이곳의 찰색을 잘 관찰할 필요가 있다.

㊵ 92세~93세

오른쪽 이마 변두리인 신(申)궁은 왼쪽 눈썹 맨 끝 바로 위를 말하며 92세와 93세를 관장한다. 이마 색보다 더 맑은 색이면 좋다.

㊶ 94세~95세

오른쪽 귀 바로 앞이고 유(酉)궁인데 94세와 95세를 관장한다. 이곳의 기색이 명윤하면 부부 사이가 좋고 장수 한다.

㊷ 96세~97세

오른쪽 귀 바로 밑을 말하며 술(戌)궁이라고 하는 이궁은 96세와 97세를 관장하는 이곳은 호이 바로 옆이며 귀의 밑 부분이다. 이곳에 검은빛이 돌면 사망하게 되므로 관찰을 게을리 하면 안 된다.

㊸ 98세~99세

이곳은 오른쪽 노복 바로 옆이고 목과 연결 부위로써 해(亥)궁을 보아서 그해의 길흉을 판단한다. 색이 명윤해야 한다. 이곳에 흉이 있든지 탁하면 사망하게 된다.

㊹ 100세

100세가 넘으면 101세부터는 왼쪽 귀 맨 윗부분부터 찰색을 본다. 곤명은 반대로 우측 귀 상륜 맨 위부터 보면 된다.

8) 계절로 보는 색

색을 논하면 봄철인 인, 묘궁에 옅고 깨끗한 청색이 나타나면 길하고, 여름철인 오, 미궁에 엷은 적색이 뜨는 것이 좋으며, 가을인 신, 유궁에 백색이 뜨면 대길하고, 겨울인 해, 자(子)궁인 지각에 약한 흑색이 뜨면 만사형통 한다.

9) 찰색 간별법

✿ 명예를 볼 때는 이마와 관골의 찰색을 본다.
✿ 건강을 볼 때는 가장 먼저 구각(口角)을 보고 수명을 논한다.
✿ 재복을 볼 때는 준두와 난대, 정위를 보고 눈을 본다.
✿ 사회성과 경영관을 볼 때는 양쪽 관골을 보고 눈썹을 참고한다.
✿ 눈빛을 보고 신(정신상태)으로 마음을 읽어낸다.
✿ 얼굴 오행 부위에 기색과 오색(五色)의 생멸(生滅)을 읽어 내야 한다.
✿ 찰색이 좋으면 과거 불운을 생각하지 않고 현재 만족으로 좋은 운이 든다.
✿ 웃는 얼굴을 보면 상대방도 기분이 좋아 색이 좋아진다.

10) 좋은 찰색 만들기

✿ 평온하고 온화한 기색에 즐거운 마음이 생기면 긍정적인 사고로 외부의 근육이 밝은 인상을 만들어 낸다.
✿ 슬픈 마음을 갖고 있으면 오장의 기능이 떨어져 얼굴로 표출되기 때문에 긍정적인 마음으로 밝고 명랑하게 생활을 하면 원상으로 회복할 수 있다.
✿ 사업 경영자는 인상이 좋아야 하는데, 심상이 인상을 좌우하므로 어떤 마음을 갖고 경영 마인드를 정할 것인지는 현대 사회에서 중요한 요소가 된다.
✿ "얼굴을 보면 그 사람을 알 수 있다"는 말은 인상 관리의 중요성을 강조하는

것으로 미소를 띤 모습으로 생활하면 좋은 기색과 찰색을 상으로 보이게 할 수 있다.
✿ 가정과 사회 구성원과의 개인 적응 능력과 사회화 과정을 통해서 인격의 상호작용이 발생하는데 밝고 건강한 마음으로 상을 경영하면 성공할 수 있다.
✿ 얼굴에는 50여개의 근육이 있는데 근육 운동만으로도 성형 수술 없이 상을 좋게 만들 수 있다.

【2】여인 곤명(坤命)의 상

1) 곤명의 심상

목이 길면 정조 관념이 강해서 수절을 하고, 입이 크면 애기를 잘 낳고, 어미와 간문이 좋으면 남편 덕이 있고, 오른쪽 와잠이 좋으면 아들을 잘 낳을 상이며, 왼쪽 와잠은 딸을 잘 낳는다. 코는 난대 정위가 잘 발달 되었고 높지도 않고 얕지도 않은 상이 좋다.

✿ 옥니는 마음이 독하고 고독하고, 누런 이는 색을 밝힌다. 입술이 항상 푸르면 아기를 못 낳을 상이다. 얼굴이 너무 큰 여자는 여자가 할 일과 남자가 할 일을 모두 다 해야 하는 슈퍼우먼이다.
✿ 얼굴에 흉터가 많거나 흠이 많으면 남편 복이 없다. 입술에 핏기가 없거나 얼굴이 백지장과 같으면 질병이 많고 입술에 간의 색이 보이면 남편을 극하고 자식을 상하게 한다. 아랫입술이 너무 커서 윗입술을 감싸면 뇌공(雷公)입이라 해서 자식운이 좋지 못하며 행실 또한 현숙하지 않다.
✿ 입이 단정하고 작으면 지혜가 많고 현명하다. 얼굴에 주근깨가 많으면 천한 명이다.
✿ 여자의 배가 둥글면 선비를 남편으로 맞이한다. 손등이 거북등처럼 수북하고 볼록 올라와 있으면 재복도 많고 귀하게 될 상이다.
✿ 손이 죽간(대나무마디)처럼 생긴 사람은 복이 무궁하다. 땀이 많으면 고생이 많고 땀이 전혀 없으면 자식이 없다.
✿ 눈은 귀천을 보고 코는 남편을 그대로 나타내는 것이며, 입은 자식을 보고 눈썹은 형제의 우애를 판단한다.

✿ 7가지 현숙함을 지닌 여인상
  - 자기의 표현으로 보행이 단정하다.
  - 얼굴이 모지지 않고 둥글며 약간 두터워서 너무 가냘프지 않는다.
  - 오관이 바르고 예쁘다. (눈, 눈썹, 코, 귀, 입)

- 얼굴에 상정, 중정, 하정이 균등하여 잘 생겼다.
- 언어가 순하고 부드러우며 가식이 없다.
- 용모단정 하여 반듯하고 귀품이 배어있다.
- 눈을 정시하며 눈동자가 커서 시원스럽다.
 이상을 갖춘 여인은 어진 남편과 빼어난 아들을 두며 가문을 드높이고 부귀를 겸전한다.

2) 곤명의 부귀

✿ 눈에는 검은 동자가 커서 아름답고 귀가 두툼하여야 한다.
✿ 이마는 넓고 시원스러우며 흠이 없고 인중이 길고 곧아야 하며, 손은 바닥이 붉고 윤택하며 가로선이 많고. 천창, 지고가 두둑하고 관골과 시골(광대뼈와 턱뼈)에 살이 두터워야 한다.
✿ 준두가 반듯하고 난대와 정위가 분명하고 힘이 있어야 한다.
✿ 코를 감싸주는 관골과 서로 상생하고 극이 없어 부드럽고 온화하면 식복과 재복이 많아 손으로 많은 돈을 만지는 부귀의 상이다.
✿ 음성이 적지도 않고 너무 크지도 않고 여운이 있으며 부드러워야 한다.
✿ 용모가 수려하고 위의(威儀)가 있고 편안한 감을 줘야 한다.
✿ 머리숱이 적당하고 윤기가 나며 귀는 희고 맑고 바르게 생겨야 한다.
✿ 목이 길고 튼실해야 하며 인중은 맑고 길며 분명해야 하고, 이는 희어야 한다.
✿ 코는 반듯하고 예뻐야 하며, 시골에 살이 있어 평평해야 좋다.
✿ 등은 곧게 내려와야 하고, 어깨선은 부드럽게 내려와야 한다.
✿ 걸음걸이는 무겁지 않고 경쾌하면서 몸을 흔들지 않아야 한다.
✿ 법령 선은 선명하고 바르게 내려와야 하고, 웃을 때 이가 보이지 않아야 한다.
✿ 눈썹은 초승달처럼 생기고 눈을 덮어야 한다.

3) 곤명의 좋지 않은 상

✿ 입이 툭 튀어 나오고 음성에 고저가 심하여 고르지 못하고 머리카락은 빛이

노랗고 곱슬머리이면 좋지 않다.
- 코 길이가 짧고 콧구멍이 훤히 들여다보이거나, 눈의 모양이 삼각이거나, 사백안(사시 눈에 흰 창이 많은 것)이면 좋지 않다.
- 코뼈가 불거지고 굴곡이 있으며 몸이 굳은 것처럼 뻣뻣하고 목이 짧으며, 눈이 깊게 움푹 들어가 있으면 좋지 않다.
- 관골 높이가 미구(眉丘 : 눈썹의 언덕)인 안각보다 높으면 남편을 극하고 아들을 형하는 상이다.

4) 자녀가 없는 상

- 눈썹이 듬성듬성하고 눈동자에는 힘이 없으며, 말할 때에 말끝이 흐리고 음성이 탁하고 깨진 그릇소리가 나는 자는 좋지 않다.
- 두 눈이 움푹 들어가고 눈 끝이 아래로 쳐져 있으며, 눈이 붉고 눈 주위가 검은 빛이 나면 좋지 않다.
- 콧대가 움푹 들어가 콧등이 낮고, 입은 불을 부는 것처럼 뾰족하게 나오면 안 좋다.
- 배꼽은 작고 얕으며, 몸이 무겁고 살빛이 탁하고, 살은 비대하고 뼈는 가늘고 머리숱이 유난히 적으며, 눈 주위가 어둡고 와잠이 아래로 쳐져 있으며, 관골과 턱뼈에 살이 없어 밖으로 튀어 나온듯하면 좋지 않다.
- 엉덩이에 살이 부족하여 엉치뼈가 튀어 나오고, 입술이 바랜 것처럼 희멀건 하고 청색이면 좋지 않다.
- 이마는 작고, 턱 뼈만 크게 발달하고, 인중에 흠이 있고, 희미하면 좋지 않다. 이상의 상은 빈궁하고 고생이 따르며 남편복도 없지만 자식을 두기가 어렵다. 자녀가 있으면 노년에 자식 때문에 고생을 사서 할 형이다.

5) 곤명의 빈한 상

이마와 얼굴이 길고 각이 져 있고, 얼굴은 크고 키가 작고 귀가 뒤집혔으며, 목에 울대 뼈가 나오고, 팔꿈치 뼈가 튀어 나오고, 얼굴에 잔털이 많고 입술에 흉터가 있으면 좋지 않다.

관골이 높아서 계란처럼 툭 튀어 나오고, 와잠 부위에 가로금이 있으며, 인당에 세로로 현침문이 있고, 콧등(연수)에 세로금이 나 있으며, 산근이횡문으로 끊어져 있거나 얼굴에 흉터가 있으면 좋지 않다.

음성이 쩌렁쩌렁 울리거나, 눈썹이 산란하며, 눈썹 중간이 끊어졌거나, 턱이 뾰족하거나 한쪽으로 틀어지고, 콧등의 뼈가 튀어 나와 휘어졌거나, 살이 딱딱하거나 얼음처럼 차가우면 좋지 않다.

눈이 '사시'이거나 삼각 눈이고, 이가 크고 잇새가 떠서 드물며, 콧구멍에 장창(긴털)이 나와 있고, 잠을 잘 때 코를 골고 입은 불을 부는 듯 하며, 얼굴색이 희고 성질이 급하며, 우는 소리를 잘 하면 좋지 않다.

6) 곤명의 천한 상

두 눈빛이 밖으로 드러나고, 마음이 항상 심란하고 변덕스러우며, 얼굴 만면에 도화색이 가득한 자는 심상을 잘 닦고 수양을 하면 어느 정도 천한 상을 면하게 된다.

살갗이 꺼칠하면서 푸석푸석하고, 얼굴에 반점이나 기미가 끼고 사마귀가 있으며 눈꼬리가 쳐져 있고, 턱을 잘 바치고 손톱을 물어뜯는 버릇이 있으며, 머리를 흔들고 손을 가만두지 못하고 손으로 말의 표현을 하듯 손을 많이 움직이고, 얼굴이 한쪽으로 틀어져 있으며 입술이 틀어져 있고, 입 양 끝에 세로 주름이 있으며 오리걸음을 걷고, 곁눈질을 하면서 고개를 숙이고, 독백을 하듯 중얼거리는 습관은 혼자 있어서 정신적으로 공황 상태이기 때문이다.

얼굴은 큰데 코가 유난히 작거나, 얼굴은 작은데 코가 유난히 크고, 말을 하는데 자주 끊기며, 발이나 발가락을 자주 흔들고 이동을 자주하거나 한자리에 오래 머물러있지 못하면 천한 상이다.

웃음소리가 둔탁하고, 머리에 털이 많지 않으며, 턱뼈가 없고 사람을 대할 때 정시를못하고, 대화하는 도중에 말을 더듬어 자주 말을 멈추는 습관이 있어도 천한 상이다.

목이 유난히 짧고, 반듯하게 서 있지를 못하고, 남의 말을 잘 하는 자도 천한 상이다.

이상과 같이 천한 상을 가지고 있는 자는 고치고자 하는 마음으로 심혈을 기울여 노력하면 고쳐질 수 있다.

7) 음란한 곤명

- 얼굴빛이 푸르고 입 주위에 항상 푸른빛이 감돈다.
- 입술이 항상 젖어 있어서 남자들의 시선을 끈다.
- 눈썹에 흑자가 있거나 항상 눈웃음을 친다.
- 도화 살이 있어서 눈빛이 붉고 수기가 많다.
- 눈 밑 와잠 부위가 항상 검고 입을 삐죽거리며 교만한 표정을 잘 짓는다.

8) 곤명의 장수

눈이 작고 인중이 대쪽처럼 길고 뚜렷하다. 목과 코나 골이 힘 있게 뻗어 내렸다. 눈두덩이가 두꺼워서 인내심도 강하고 도전정신도 있다. 머리카락이 굵어서 사회 활동을 하면서 환경을 밝게 한다. 눈썹이 눈을 덮고 적당한 외유내강형이라 일주가 힘있다.

입술이 두툼해서 강인한 노릇을 잘하고, 귀 뒤의 수골이 툭 튀어 나와 있다. 법령선이 길게 뻗어 내려와 입 아래로 흐르면서 안으로 오긋하게 넓게 흘러 내려 왔다. 배가 아래로 쳐진 듯하고 배 꾸리가 크고 피부가 두껍고 손목에 수경선이 3개 이상이다. 준두가 강인하여 에너지 발산하는데 일조를 하고 솔직한 성격이다.

9) 곤명의 단명

- 눈썹과 눈이 거의 붙어 있는 상으로 전택궁이 좁다.
- 눈이 크기만 하고 힘이 없고 쌍꺼풀이 있다.
- 귀는 얇고 조그마하고, 귀의 바퀴가 뒤집혀 있다(인덕부족).
- 입술이 검푸르거나 입술이 흰색일 때도 있다.

- 입이 불을 부는 것같이 뾰족하고 부정적으로 불평이 많아 대인 관계도 선을 긋는다.
- 허리나 등이 쉽게 굽은 사람은 길과 흉간에 좋지 못함이 있다.
- 인중이 몹시 짧거나 가로금이 있다.
- 눈빛이 항상 초점이 없고 흐리다.
- 관골과 수골이 낮으며 눈두덩이 얇고 움푹 패었다.
- 관골이나 수골이 약하거나 움푹 꺼져 있다.
- 눈썹이 듬성듬성 나있거나 끊어져 있다.
- 코가 휘어 있는 사람은 폐활량이 약하므로 부동산을 오래 보유할 수 없다.
- 코가 휜 자는 부동산 보다는 금을 사놓는 편이 좋다.
- 눈이 툭 튀어 나온 사람은 시시각각으로 찾아오는 불길함을 조심하라는 경고로 타인에게 불쾌한 인상을 주지 않도록 해야 한다.
- 단순하게 안광만 좋은 용의 눈은 상대를 쏘아보는 인상을 주면서 상대에게 은근히 위압감을 줄 수 있으므로 여자가 용의 눈을 가지면 겉으로 드러낸 마음과 정신상태를 잘 파악해야 함으로 팔자가 세다고 판단 한다.
- 얼굴이 모난 형도 남성적인 성격이 내제되어 있어 여성다운 부드러움은 없고 가정과 직장을 같이 갖기에 외롭고 고단한 생활을 하며 건강을 돌보지 못해 단명할 수 있다.
- 음성적인 나한미 눈썹의 소유자도 길한 상은 아니지만 정신적인 수련이나 종교계통에서 꾸준히 일하면 눈썹의 흉한 인연은 저절로 바뀌게 된다.
- 전택궁이 넓어도 주름이 많고 탁하고 눈에 핏발이 서고 상이 좋지 않으면 집과 주거에 대한 걱정이 많아지고 재산상으로 손해를 보게 된다.
- 전택궁이 약한 자는 재테크에 약한 사람이 많다.

제 9장. 관상의 관찰

【1】얼굴의 삼정

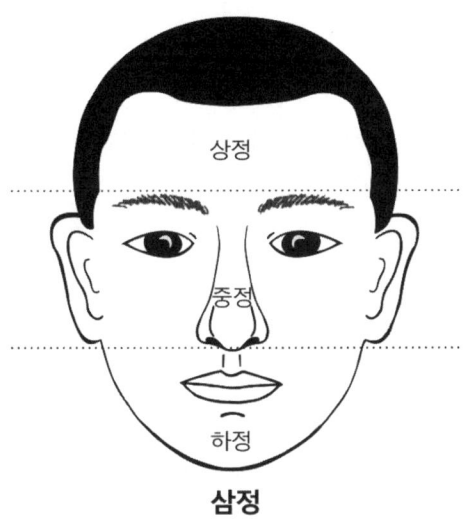

삼정

상의 관찰을 보는 데는 먼저 얼굴의 삼정(상정·중정·하정)을 구분해서 그 부위에 따른 길흉을 살펴야 한다. 골격은 일생의 영광과 고통을 나태내고, 기색은 주로 유년의 성공과 패배 그리고 흥하고 망함을 나타내는 것인데 골격이나 기색과 생김은 나면서부터 일정한 것이 아니고 나이를 먹고 세월이 흐름에 따라 각각 형태가 달라지는 것임을 알아 두어야 한다.

✿ 상정은 하늘을 상징하니, 천중 아래로부터 인당 위를 말하는데, 사람의 귀천을 주관하는 곳이며, 중정은 사람을 상징하니 산근으로부터 준두까지의 위치로써 주로 수명 장·단을 주관하고, 하정은 땅을 상징하니 인중으로부터 지각까지의 위치인데 주로 빈부를 나타내는 곳이다.

  상정은 천중·천정·사공·중정·인당까지인데 이 다섯 부위는 눈으로부터 발제까지 이마 전부를 차지한 곳으로 부모 관계, 임금 및 장상 관계, 운으로는 초년의 길흉 관계를 살피는 곳이다.

✿ 중정은 산근·연상·수상·준두의 네 부위로 즉, 눈 밑으로 좌우 관골과 좌우 귀가 모두 중정 부위에 속해 수명의 장단, 재산의 유무, 처자관계, 형제 관계 및 중년운을 주관하는 곳이다.

✿ 하정은 인중·수성·승장·지각의 네 부위이니 입을 비롯하여 좌우의 뺨과 좌우 이골(옆 턱)이 모두 하정에 속해 복록 유무와 전택·노복·가축의 성패와 말년 길흉을 나타내는 곳이다.

✿ 삼태 행운의 한계는 1세부터 명이 끝날 때까지 이다. 삼태란 즉 삼정을 말한다.

✿ 십삼 부위 한계마다 각각 맡은바가 있는데 십이궁의 분야를 살피면 된다.

✿ 명궁은 인당, 재백궁은 준두·천창·지고, 형제궁은 두 눈썹, 전택궁은 눈과 눈썹 사이, 남녀궁은 두 눈 상하와 인중, 노복궁은 턱과 입술, 처첩궁은 눈꼬리(어미·간문), 질액궁은 연상·수상(산근 아래), 천이궁은 이마 좌우 양끝, 관록궁은 이마, 복덕궁은 양쪽 눈썹 윗부분, 부모궁은 일·월각의 위치이다.

✿ 땅에는 남북이 있다. 남방인은 기가 맑으나 두텁지 않고, 북방인은 기가 두터우나 맑음이 적다.

✿ 사람에게는 늙고 젊음에 따라 다른 점이 있다. 노인에게는 기색의 빛이 엷으면 좋지 않고, 소년은 기색이 윤택하지 못하면 좋지 않다.

✿ 기색이 밝은 가운데 체기(어두운 빛)가 있으면 물이 바람을 만난 격이며, 어두운 가운데 밝은 빛을 띠면 구름이 개어 햇빛을 보는 격이다. 누르고 밝은 빛이 얼굴 대부분에 있더라도 인당·준두 또는 이마·턱·좌우 관골에 암기가 나타나면 이는 좋은 일 가운데 근심이 생길 징조이다. 얼굴 부위에 어두운 기색이 있더라도 인당과 준두에 밝은 황기가 띠어 윤택하면 근심이 변하여 기쁜 일이 생긴다. 그러므로 일 푼의 정신이 있으면 일 푼의 복록에 이르고, 하루의 기색이 있으면 하루의 길흉이 있으니 이름난 관로같이 신통한 사람이 아니면 이치를 깨닫지 못하며, 천강을 통한 귀안이라야 깨달을 수 있다.

1) 상정 운기(上停 運氣)

✿ 이(離)위(位)는 관록궁이라 옆으로 곤위와 손위를 연결하고 높고, 넓고 각이 있어야 한다. 위로는 천중에서 아래로는 인당에 이르고, 옆으로는 일각과 월각에 이어서 용각·호각, 그리고 척양·무고·화개·복당 등의 부위로 두 눈썹 위를 상정이라 한다. 이 부위를 통틀어 관록궁이라 하며, 貴는 상정에서 주관한다.

✿ 역마 위치는 바로 천이궁인데 이곳을 통칭 태양이라 하며 풍만하고 형살이 없어야 한다. 좌우 태양이란 변지·역마·산림·교외의 위치로서 이를 통틀어 천이궁이라 하는데 주로 외부로의 출입 관계를 보는 곳이다. 이 부위는 윤택하고 맑게 황·홍색을 띠면 관록과 재물이 들고, 출입에 기쁜 일을 만난다. 어둡거나 지저분하거나 붉거나 검으면 좋지 않다. 적색은 구설과 송사에 휘말리고, 백색은 사·상의 액이며, 청색은 우환으로 좋지 않고, 흑색은 옥살이와 사망의 액이

발생한다.

✿ 경사로운 흐름(경운)이 관록궁에 나타나면 중신의 귀한 직에 오른다. 황색 기운 가운데 붉은 기운이 비치는 것을 경운이라 한다. 이러한 기색이 이마 위에 보이고 다시 밝은 황색 기운이 보이면 반드시 대귀하여 높은 지위에 오른다. 이러한 기색이 짙게 나타나면 석달 안으로 효과가 나타나고, 늦어도 여섯 달이나 일년 안에는 효력이 발생한다.

붉은 기운이 엽전 또는 달과 같이 둥글게 비치면 일주일 안으로 부귀가 반응한다. 붉은 기운이 보이지 않고 황·홍색만 나타나면 재물이 생기는 일에만 그치므로 붉은 기운만이 貴氣라 할 수 있다. 천중에 위와 같은 기색이 있으면 귀한 관직에 오르고 천정 부위에 있으면 이품이며, 사공부위에 있으면 삼품이고, 중정 부위에 있으면 사품이며, 인당 부위에 있으면 오품의 벼슬에 이른다.

황색 기운 가운데 붉은 기가 반달처럼 나타나서 위로 천부(천중·천정)와 눈썹 위, 변지 역마 궁에 비치고, 아래로 준두까지 응하면 반년 안에 칙명을 받는 기쁨이 있고, 아니면 귀인의 천거로 높은 관직을 얻거나 귀한 자식을 낳고, 또는 토지가 늘거나 큰 재물이 들어오고, 죄인의 경우에는 특사의 은총을 입게 된다. 위의 예와 같은 부위에 붉은색 기운이 없고 홍 황한 기색을 띠고 빛나고 윤택하면 재산만 크게 느는데 그치며, 평상인의 경우에는 횡재 하거나 혼인의 경사가 아니면 자손의 경사가 있다.

✿ 천중(이마의 상단)에 황백기가 둥그렇게 동전 모양으로 광채가 나타나고, 이마가 높고 넓으며 겸하여 삼태(이마·턱·코)에 밝은 황색의 기색이 발하면 칠순 안으로 관록이 영전 된다. 일·월각과 용각, 호각에 황색 기운을 띠어 흩어지지 않으면 삼년 안으로 높은 직위를 얻게 된다.

✿ 밝은 황색 기색이 이마 위에 높고 넓게 나타나면 3개월 안으로 반드시 벼슬에 오르고 재물이 늘어나며, 찬란한 빛깔이 명궁에 비치면 열흘 안으로 높은 사람으로부터 총애를 받게 된다. 황색 기운의 한두 점이 동전과 같거나 달과 같이 둥글거나 마디가 있거나 또는 실이 엉킨듯하여 천정·고광으로부터 아래로 인당과 눈썹 위에 접하고 또는 태양 및 준두·현벽과 통하여 서로 응함이 있으면 벼슬이 반드시 영전되고 평상인은 재물을 얻는다. 이러한 기색이 짙게 나타나면 한 달 이내로 응하고, 얇게 비치면 두 달 이내에 응한다. 만약 기색이 고기비늘 같고, 그 가운데 자홍색이 은은하게 실낱같거나 콩알같이 나타나면 이것을 찬란한 빛이라고 하는데, 인당에 이러한 기색이 보이면 벼슬이 높은

지위에 오른다. 그러므로 벼슬아치는 크게 등용되고, 중은 명망이 높아지며, 군인은 싸움에 이기고, 평상인은 진귀한 보물과 큰 재산을 얻는다. 인당에 붉은색 기운이 보이면 비록 작은 근심이 있을지라도 해롭지 않으며, 인당에 이러한 기색이 없으면 재산이 늘어나는 정도로 만족해야 한다.

✿ 실금이 상정에 나타나면 관직이 갑자기 오르게 되고, 이마 위에 홍·황색의 실금이 있는 자는 30일 안으로 벼슬이 영전되고 보통 사람은 매사가 대길하다. 홍·황색이 모든 부위에 나타나면 재물이 많이 들어온다. 두 눈썹머리를 주서(奏書)라 하는데, 이 위치에 밝은 황색 빛이 준두와 더불어 서로 응하면 매사에 창성하고, 적색이 나타나면 좋지 않다. 왼쪽 눈썹을 나후, 오른쪽 눈썹을 계도라 하는데 나후에 황기가 밝게 나타나면 재산이 늘고, 계도에 황색이 밝게 비치면 아내를 얻고 재물을 얻는다.

그러나 두 눈썹 위에 적기가 있으면 시비와 소송이 있고, 백기가 나타나면 부모의 효복을 입고, 청기가보이면 우환과 질병이 있고, 흑기를 띠면 형옥과 사망의 액이 들며 또한 형제를 형극한다.

✿ 구주(양주·기주·예주·형주·서주·청주·양주·연주·옹주)란 모두 중국에 있는 고을 이름인데 얼굴 부위에 붙여진 별명이다. 즉 양주는 이마, 기주는 턱, 예주는 준두, 형주는 왼쪽 태양, 서주는 오른쪽 태양, 청주는 왼쪽 관골, 양주는 오른쪽 관골, 연주는 입의 왼쪽, 옹주는 입의 오른쪽이다. 그러므로 구주에 모두 황기가 밝게 나타나면 관인은 승진하고, 평상인은 재물을 얻는다. 붉은색의 기운이 점점 콩알처럼 둥글거나 달처럼 둥글며 또는 실타래 엉킨 것 같고 옥문과 같이 생겨 위로는 천중에서 아래로는 준두에 이르며 아울러 좌우 관골과 변지·역마 등 모든 부위에 나타나면 높은 직위에 오르거나 재록이 많아진다. 붉은색 기운은 이마와 좌우 관골에 있는 것이 좋고, 지각(턱)에 나타나면 좋지 않다.

✿ 과갑의 위치는 두 눈썹 위에 있고, 과명의 위치는 눈썹 아래를 말하는데 과갑·과명 두 부위에 황·자색이 인당을 가로질러 퍼지면 큰 이익을 이룬다. 얼굴에 황기가 있더라도 인당·준두·변지·역마 부위에 기색이 어두우면 매사에 발전이 없고 궁핍하며 건강치 못하면 형체 한 까닭이다. 조는 듯 취한 듯 고민과 수심이 있는 듯한 사람은 신체라 하고, 말에 박력이 없고 거동이 병든 사람 같으면 기체라 하고, 밝은 것 같으나 밝지 않고 어두운 것 같으나 어둡지 않은 것은 색체라 한다.

형체는 10년을 가고, 신체는 8년, 기체는 5년, 색체는 3년을 간다. 체기가 열리면 운기도 통하여 좋은 일만 생기지만 체기가 걷히지 않으면 일생동안 되는 일이 없어 고생을 하므로 기색과 형상을 겸하여 길흉을 살펴야 한다.

2) 중정 운기(中停 運氣)

✿ 중정의 부위는 관할이 매우 많다.
인당은 명궁이니 평활해야 하고, 연상·산근은 질·액 궁이니 풍성해야 하고, 준두는 재록 궁이니 곧고 커야 아름답고, 두 눈썹은 형제궁이니 길고 가지런해야 하고, 자녀궁은 용궁이니 눈두덩이 깨끗해야 하고, 처첩궁은 어미에 속하니 마르고 오목하면 아니 된다. 중정 부위는 형모도 좋아야 하지만 기색이 빛나고 맑고 밝아야 길하고, 기색이 어두워 체기를 띠면 형모가 좋더라도 올바른 길격이 아니다. 귀가 높이 붙고 입과 조응하면 수복을 누리며, 관골이 솟고 상운(좋은 기색)이 비치면 권세가 높아진다. 천창과 지고가 모두 골육이 풍만하면 많은 부를 누리고, 천창의 위치는 일·월각 뒤에 있고, 지고의 위치는 지각의 곁에 있는데 이곳이 모두 풍만하고 탄력이 있으면 토지와 재물이 풍부하다. 명문은 이주(귀밑 살) 앞이요, 인수의 위치는 명문 아래로써 이곳이 모두 도도록하게 살이 차고 살결이 밝고 윤택하면 수복을 누린다.

✿ 월패의 위치는 바로 산근으로 질액궁 위치를 말하는데, 이곳이 연상(산근 아래)과 더불어 밝고 윤택하며 높이 솟으면 일평생 건강하고 재앙이 없다.

✿ 인당에 황점이 구슬 모양으로 나타나면 상서로운 일을 거듭 보게 되고, 자기(인당을 지칭함)에 빛이 콩알같이 나타나면 귀록을 모두 이룬다. 자기란 인당을 가리키는 말인데 인당에 누른빛이 밝게 비치면 새물 구함이 여의하고, 병자는 죽지 않고, 관송에 걸린 자는 사건이 해결되어 모든 일이 좋아진다. 인당에 황기가 구슬 또는 동전 모양으로 나타나면 벼슬이 높아지고, 평상인은 재물이 생기는데 10일 안으로 좋은 일이 있다.

✿ 밝은 누른빛이 인당에서 일어나 산근·연상·수상으로 번지고 옆으로는 눈의 상하로 부터 발제까지 이르며, 준두로부터 좌우 관골 및 명문에 이르러 버들잎을 가로 걸친 듯 보이는 자는 크게 귀히 되지 않으면 큰 재물을 얻게 된다.

✿ 눈썹 머리를 주서라 하는데, 이곳에 황기가 생겨 옆으로 변지·역마 부위까지 번지면 90일 안으로 관직이 높아지거나 먼 곳의 재물을 얻는다. 중악(코 : 준두)에 금광이 돋아나 위로 사공(이마)에 까지 비치면 귀한분의 부름을 받아 벼슬을 하게 된다.
✿ 여러 사람이 벼슬을 놓고 경쟁이 붙었을 때에는 상정과 중정의 황점을 자세히 살피고, 인당에 황명한 기색이 돋아 변지·역마에까지 미치고 준두도 밝고 윤택하면 좋은 관직에 선임되고 눈썹 상하, 변지와 역마 인당 좌우 관골에 황색이 쌀알처럼 돋아난 가운데 자색이 점점이 나타나면 모든 경쟁을 물리치고 요직에 오른다.
인당 위에 홍·황색을 띠고, 산근에는 푸른 점이 있으며 준두와 관골이 적색을 띠면 지방에 부임하는 관직에는 좋지 않다. 그리고 현·벽의 위치에 암흑색이 나타나면 벼슬아치는 반드시 액이 따르고 평상인은 타관에 나가 신병을 얻는다.
✿ 정당한 순서로 관직을 얻고자 하면 인당과 토성(코)의 기색을 살펴야 한다. 준두·법령·정위에 황기가 나타나 코와 연결하고 위로는 인당까지 이르면 벼슬을 정당한 방법으로 얻게 되지만 그렇지 않으면 비록 벼슬에 오른다 해도 비공식이요, 한직이거나 잡직일 뿐이다.
✿ 눈썹 밑을 삼양(태양·중양·소양)이라하고, 외양을 일러 박사라 하는데, 항상 밝고 정결해야 한다. 만일 항상 누른 빛깔이면 재물도 있고 신혼의 기쁨도 있으며, 홀연히 누런빛이 짙으며 홍색과 자색의 기를 띠면 반드시 아들을 낳고 벼슬도 올라간다. 암흑색은 피해야 하며, 인당·절두·양관이 모두 어두운 자는 반드시 실직 패·재하고 집안이 편안치 못하다.
✿ 산근과 연상·수상이 항시 빛나고 윤택하면 재앙과 질병이 없고, 황명한 빛을 띠면 안락하고, 병든 자는 곧 쾌유 한다. 만일 이곳이 어두우면 매사를 이루지 못하고, 적기를 띠면 혈·광·지·액이요, 백기를 띠면 상액이요, 청기는 우환, 흑기를 띠면 재액이 발생한다. 황색이 두 눈썹 상하로 고루 나타나면 100일 안으로 재관에 이르고, 황기가 위로 액·각을 뚫고, 중간으로 자금색이 보이면 벼슬아치는 직위가 올라간다.
✿ 준두로부터 인당에 이르기까지 황명한 빛이 나타나 위로 천정에까지 비치면 가까운 시일에 재록을 얻거나 또는 아내를 얻거나 귀한 자식을 낳게 된다. 여기에 다시 삼양(눈 밑)의 모든 부위에도 황색이 번지면 대귀 또는 대부하게

된다. 준두는 코끝을 말하는데 이곳에 자색이 굽어진 달 모양으로 나타나면 재물과 우마와 전답이 늘어난다.

✿ 화창의 위치는 관골의 아래인데 이곳에 황명한 기색이 나타나면 기쁜 소식이 오거나 좋은 자리로 옮길 징조이며, 이곳에 자색 기운이 점점이 비치면 발복이 더욱 빠르다. 난대와 정위는 준두의 좌우를 말하는데 이곳에 자색이 나타나면 반드시 신분이 높은 사람이 찾아와 도움을 준다.

✿ 코를 명당이라 하는데 얼굴 중앙이 되는 곳이다. 코 상하좌우에서 오장육부로부터 발생한 병·근을 살핀다. 명당이란 코이고, 관은 미간이며, 정은 얼굴이고, 번은 뺨이며, 폐는 귀문이라 하는데 이 부위는 모두 모난 것을 좋은 상이라 한다. 열 발자국을 떨어져서도 선명하게 보이면 반드시 수를 누린다. 명당은 골이 솟고 평직 해야 하는데, 오장이 코 중앙과 통하고 육부는 코 양 측면에 연결된다. 정은 머리며, 관의 상은 인·후이고, 관의 중앙은 폐이며, 인당은 심장이고, 그 아래는 간이며, 간 왼쪽이 담이고, 인당 두 번째 아래는 비장이며, 준두가 위장이고, 준두중앙이 대장이며, 대장과 같은 위치에 신장이 있고, 인당 윗부분은 소장이며, 인당 아래는 방광인데 청·황·적·백·흑의 다섯 가지 빛은 각각의 부위에서 나오는 색이다. 부위에 따른 골격이 패이면 반드시 병액을 면하기 어렵고 다만 겉으로 밝은 기색이 간간이 나타나면 중한 병을 앓아도 죽지는 않는다. 적색 기운이 보이면 풍을 앓고, 청·흑색의 기운이 보이면 중병을 앓고 있으며, 백색 기운이 보이면 기가 허하다는 것을 알게 되므로, 기색을 살펴 병의 깊고 얕음을 알게 된다. 그러므로 기색으로 인간의 성패와 재산의 유무, 신분의 상하 등과 병의 근원까지도 알 수 있는 것이니, 기색이 외부로부터 내부로 들어가면 병이 외부에서 생겨 안으로 침입하고, 기색이 안쪽에서 바깥쪽으로 나타나면 병이 내부의 원인으로 생긴 것이다. 얼굴에 병색을 띠어 깊이 박히고 아래에서 위로 번지면 병이 더욱 심하게 되고, 병색이 위에서 생겨 아래로 내려오며 희미하게 흩어지면 병은 낫는다. 그리고 병색이 위쪽이 심하면 위로 퍼지고, 아래쪽이 심하면 아래쪽으로 퍼지는 것을 알 수 있다.

✿ 어미 아래를 금궤라 하는데 이곳에 밝은 황색기운을 띠면 경사가 많이 생기고, 금신이란 안각(어미 아래)·천창·신광·천문·현무 부위를 총칭하는데 이곳에 자황색이 나타나면 복록이 날로 생겨난다.

✿ 사법 및 경찰 지위의 자에게 어미 부위에 홍색이 은은하게 비치면 도둑을 잡는데 공을 세우는 상이 된다. 그리고 삼양·인당·준두·변지·역마 궁이 모두 밝

고 깨끗하면 발복을 수일 안으로 받게 된다. 어미 부위에 청·흑색을 띠면 공무 과실을 범하고 실직하게 되는 경우까지 이르게 된다. 여자 이마에 자색점이 예쁘게 펼쳐져 있으면 반드시 귀한 신랑을 만나게 되며 항상 머물러 있으면 일생동안 건강하고 장수한다.

✿ 홍색이 윤택하게 어미 위치에 동전의 절반 만하게 나타나면 어진 신랑을 만나 혼인하게 되고, 와잠에 금·황색이 한 점 선명하게 나타나면 임산부는 귀한 자식을 낳게 된다.

✿ 왼쪽 눈을 용혈이라 하고, 오른쪽 눈을 봉지라 하는데 이 부위가 홍 황색을 띠고 윤택하며, 옅은 자색이 위아래 눈꺼풀에 둘러 있고, 인당과 준두에도 홍·황색이 보이면 반드시 귀자를 낳는다. 눈 밑 와잠에 청·황색을 띠면 딸을 낳는다. 인당에 홍·황색이 없으면 자녀를 낳더라도 기르기 어렵고, 와잠과 인당이 모두 청색을 띠면 우환과 질병이 많으며, 눈 밑에 흑색이 비치면 자녀를 잃는다.

✿ 눈 밑에 홍·황한 기색이 돋아난 것을 음즐문이라 하는데 이러한 기색이 복당·변지·역마·삼양에 이르면 귀한 자녀를 낳는다. (왼쪽은 남자아이, 오른쪽은 여자아이)

3) 하정 운기(下停 運氣)

✿ 하정 부위는 만년(晚年)의 운을 주관한다.
지각은 전택을 맡은 부위이니 코와 조응해야 좋고, 입술과 턱은 노복과 우마를 맡은 곳으로 천창(이마)과 조응해야 길하다. 입이 각궁 같고 윗수염이 갈라진 창같이 생기면 의록이 무궁하고, 입과 수염에 인중은 대를 쪼갠 것 같고 입술은 붉은 칠을 한 것 같으면 수복을 모두 누린다. 난대·정위 두 곳에 자색기운이 좌우로 쌓이면 한달 안으로 칙명을 받아 귀히 된다. 식 창의 위치는 법령에 있다.

✿ 난대 아래와 인중 곁에 자색기운이 엽전만 하게 있으면 20일 안에 은공으로 명성을 떨치고 재앙을 만나더라도 손해가 없다. 준두가 거울처럼 밝고 깨끗하면 반드시 좋은 분을 만나게 된다.

✿ 내주란 법령 아래를 말하는데 이곳에 황한 빛이 나타나면 반드시 귀한 분으로부터 진수성찬의 접대를 받는다. 법령에 동전 반 조각만한 자색 기운이 보이면 혼인의 경사가 있다. 법령에 기색이 보이면 석 달 이내로 혼인의 경사가 있으며, 자색이 아닌 황색이 나타나면 식구가 느는데 왼쪽에 있으면 득남, 오른쪽에 있으면 딸을 얻게 된다.

✿ 학당에는 사학당과 팔학당이 있는데, 사학당은 눈을 관학당, 이마를 녹학당, 이를 내학당, 명문을 외학당이라 하고, 팔학당에는 천중을 고명학당, 사공을 고광학당, 인당을 광대학당, 눈썹을 반순 학당, 눈을 명수 학당, 귀를 총명 학당, 입을 충신학당, 턱을 광덕학당이라 하여 합하여 12학당이라고 부른다.

이 12학당이 모두 밝고 깨끗하면 귀인의 제휴를 얻어 출세 길이 무난히 열린다. 빛이 밝으면 집안이 편안하고 길하며, 기각이 붉고 빛나면 늦게 태평하고 편안할 것이다. 현벽은 귓밥 밑 얼굴과 인당 밑이고, 지각은 턱과 입 중간인데 현벽은 빛이 밝아야 좋고, 지각은 붉게 빛나야 편안하다.

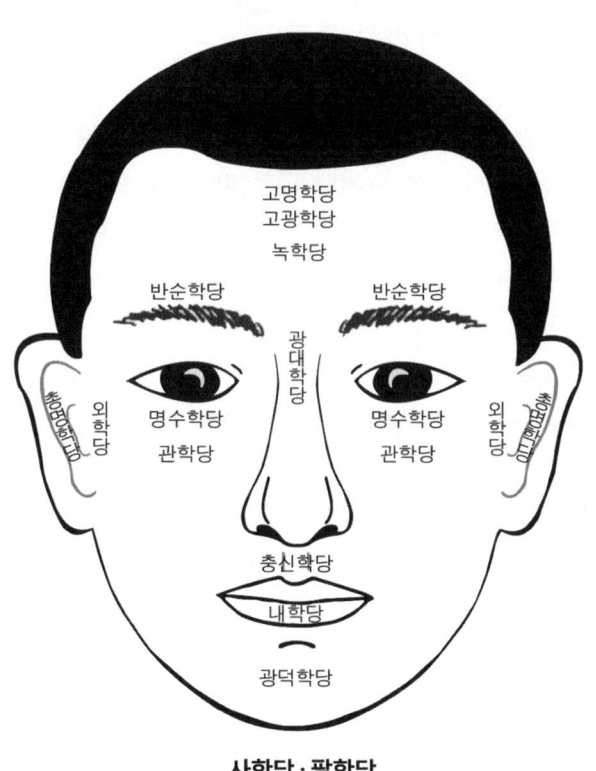

사학당 · 팔학당

4) 상정 흉기(上停 凶氣)

✿ 신(神)이 맑으면 밝은 달이 물결에 비친 것 같고, 기(氣)가 어두우면 구름과 안개가 천지를 덮은 것 같다. 취해도 취하지 않은 것 같고, 졸려도 졸리지 않은 것 같으면 발달하는 상이요, 어두워도 어둡지 않은 것 같고, 밝아도 밝지 않은 것 같으면 기색이 발동하지 않는 상이다.

신은 광채가 발하여야 길하고, 단촉함은 좋지 않으니, 신이 단촉하면 단명하다. 눈을 위로 추켜보는 버릇이 있는 자는 거만하고, 아래로 내려다보는 자는 어리석고, 곁눈질하는 자는 간사하고, 성난 듯 보는 자는 흉악하다.

눈에 물기가 젖은듯하면 남녀를 막론하고 음란하며, 눈빛이 횃불처럼 생기면 살생을 즐긴다. 눈동자에 붉은 점이 있거나 붉은 실금이 있으면 비명횡사 하고, 눈동자가 송골매 눈 또는 뱀눈처럼 생긴 자는 모두 성질이 악독하다.

눈동자가 맑지 못하거나 흰 자위가 많으면 성품이 간사하고 죽을 때에는 악사 하며, 붉은 눈자위에 누른 눈동자는 성품이 포악하고 흉사 한다. 눈꼬리가 아래로 처지면 부부간에 생이별하고, 눈시울이 세모지면 골육을 형상하며 마음이 독하다.

머리털이 짙으면 건강하고, 걸으면서 머리를 흔들거나 앉을 때 고개가 기울어지면 빈궁하고, 잠잘 때 눈을 뜨거나 먹을 때 이가 보이면 천박한 상이다. 형상이 흙으로 빚은 인형 같은 자는 단명하고, 모습이 청수하지 못하고 지저분하고 더럽게 보이는 자는 모든 일에 불성실하다.

혈색이 밝지 못하고 어두우면 빈궁하고, 성낼 때 얼굴이 푸르게 변하면 간사하고 음흉하며 악독하고, 웃을 때 얼굴이 빨개지고 요염하면 수명이 짧고, 혈색이 창백하여 백골처럼 희면 생명이 얼마 남지 않고, 기색이 잿빛 같으면 황천객이 되어 간다.

✿ 청색이란 근심과 걱정과 놀라는 일의 질·액을 뜻하는데, 청기가 구슬처럼 점점이 나타나고, 흠집처럼 군데군데 보이는데 만일 천중에 청기가 보이고 빛이 윤택하면 반드시 칙명이 있으나, 청기가 나타나 윤택하지 못하면 일자리를 얻지 못한다.

이마에 청기가 보이면 60일 안으로 근심과 놀랄 일이 생기고, 눈썹 밑에 청기가 보이면 10일 안으로 손재수와 놀랄 일이 생기고, 인당에 청·점이 나타나면 재액과 손재가 있으며, 산근과 연상·수상이 푸르면 많은 일들이 여의치 않고,

인중이 푸르면 재물을 파하고, 지각이 푸르면 수액이 있고, 구진·등사·현묵이 푸르면 도둑에게 물건을 도난당한다.

복과 육축을 손실하며 많은 일이 불리 하지만 겨울에는 이러한 액이 감소한다.

✿ 분색이 얼굴에 나타나면 상액이 반드시 돌아오고 둥글둥글한 백점이 각궁에 있으면 그 부위에 따라 액이 발생한다. 얼굴빛이 분가루를 바른 것 같고 빛이 윤택하지 않으면 상액이 있는데, 하얀 점이 매화 또는 이화(배꽃)같이 생겨 둥글둥글하게 보이면 그 부위에 따라 상액이 생긴다. 이마에 백기가 나타나면 60일 안으로 부모의 근심이 있고, 인당에 실 같은 백기가 서리고 코·입·귀에도 있으면 부모를 잃게 되는데 부모가 없는 자는 자신이 사망한다.

산근에 이러한 기색이 있으면 120일 안으로 사망하게 되고, 눈 밑에 백기가 보이면 자녀를 잃고, 눈꼬리에 나타나면 삼칠일에 처첩을 잃고, 관골위에 있으면 형제에게 액이 있고, 귀 아래와 변지의 백기는 자매 고모에게 액이 미친다. 연상의 백기는 중상을 당하거나 조부모의 복을 입게 되고, 수상의 백기는 일년의 복제수가 있고, 준두의 백기는 부모의 복이니 심하면 자신이 사망하고, 가벼우면 재물을 탕진하고, 인중의 백기는 집에서 일하는 자와 여러 가축의 손실이 있다.

적기가 얼굴에 비치면 송사가 자주 일어나는데 적기가 점점이 나타나거나 실낱같이 엉기면 모든 부위에 따라 액이 발생한다. 얼굴에 붉은 점, 붉은 실금이 나타나면 관사·화재·악병 및 살상이 이른다. 그러므로 천중 및 천정의 적점은 화재 및 병란을 만날 징조요, 사공·중정의 붉은 점은 횡액과 파재 수가 있고, 인당 및 눈썹 머리의 적기는 투쟁과 신액이 있고, 산근·연상·수상의 적기는 화재·손재·노복·우마의 손실이요, 준두의 적기는 형액과 쟁송이며, 준두에 적색이 구더기 모양으로 나타나면 혈광과 파재의 액이 있고, 인중은 실물, 입술 위아래로 적기가 얽히면 구설, 승장은 술에 의한 화액, 지각의 적기는 토지관계로 인한 소송, 눈 위의 적기는 형옥에 갇히고, 눈밑의 적기는 산액이 있다.

✿ 얼굴 전체가 화색을 띠고, 털구멍마다 청색 및 적사가 바늘로 찍은 것처럼 나타나면 형액과 화액이 일어날 징조이다. 이마·준두·관골에 화기가 있고 푸른 점이 섞여 나타나며, 인당과 눈썹 밑 현·벽이 모두 붉은 기가 나타나면 살찐 사람은 독종(피부가 헐면서 나타나는 종기)과 악창(종기가 악화됨)이 발생하고 여윈 사람은 피로로 인한 병이 생긴다.

✿ 인당과 준두에 적기를 띠면서 눈썹 위에 적색이 옆으로 넓게 퍼지면 90일 안

으로 흉사하고, 붉은 점(화점)이 이마에 나타나면 30일 안으로 사망한다. 이마 전체에 붉은 기운이 번지면 송사가 일어나고, 천정과 천중에 청기가 나타나면 우환이 생긴다. 청기가 천정을 뚫으면 90일 안으로 심한 우환이 발생한다. 청기가 발제부터 인당까지 연결되면 질병의 종류와 관계없이 60일 안으로 사망하고, 코에까지 이르면 30일 안으로 사망하고, 인중에까지 이르면 일주일 안으로 죽게 되고, 얼굴 전체에 가득하면 당일에 죽는다.

✣ 천정에 푸른 점이 번지면 전염병이 돈다.
✣ 천악의 위치는 천중 좌우 옆을 말하는데 두 곳에 검은 기색이 심하면 말라 죽는다. 준두의 흑기가 천정에까지 오르면 반드시 사망에 이르고, 준두에 윤택한 빛이 있으면 절반은 구제 된다.
✣ 이마 위가 침침하면 항상 매사에 막힘이 있고, 변지와 천정에 검은빛이 보이고 귓가에 어두운 빛이 있으면 발전이 느리다. 좌우의 눈·변지·역마의 아래와 귀 앞, 현·벽 일대에 기색이 밝지 못하면 만사에 되는 일이 없고, 위 부위에 흑기가 있으면 파재·형옥의 수가 있다.
✣ 이마가 검은 반점이면 병이 들어 고치기 어렵고, 변지에 적기가 들면 타관에서 죽고, 사살(눈썹 위 한 치) 위치에 청 흑기의 재앙이 나타나면 위험한 곳에서 생명을 잃고, 사살의 위치가 황윤하면 전쟁에서 승리하고, 흑기가 있으면 패한다.
✣ 역마 부위는 기색이 황윤해야 하는데 이곳에 청 흑기가 있으면 화가 있고, 적기가 있으면 구설이 따르고, 백기가 천정을 가로 뚫으면 업무 중에 집안의 부음을 받는다.
✣ 천정에 습기가 생기면 부모의 근심이 있고, 정면에 백기가 점점이 나타나면 반드시 형제를 사별한다.
✣ 눈썹 위에 하얀 빛이 보이면 부모를 잃는데, 왼쪽 눈썹 위는 아버지를 잃고, 오른쪽 눈썹 위는 어머니를 잃는다.
✣ 인중에 흰빛이 분가루 같이 서려 있으면 부모를 잃거나 자신이 액을 당한다.
✣ 얼굴에 주근깨나 백랍이 가득하면 부모의 상복을 입게 되고, 천창에 눈같이 흰빛이 나타나 변지까지 번지면 생명이 위태롭다.
✣ 천창에 백기를 띠어 좌우 눈과 역마, 변지까지 연결되면 사망에 이른다.
✣ 누당의 기색이 주석 빛같이 나타나는 것을 상문이라 하는데 상문에 주석 같은 백기가 보이면 자녀에게 슬픈 일이 있고, 귀 앞에 백기가 나타나 입 언저리까

지 보이면 백호기라 하는데 백호기가 입술을 두르면 사망한다.

5) 중·하정 흉기(中·下停 凶氣)

✿ 인당이 꺼지고, 질·액 궁에 주름이 어지럽게 잡히면 형상을 면치 못하고, 좌우의 눈썹이 서로 닿은 듯하게 몹시 좁거나 이 부위에 크게 흠집이 있거나 검은 사마귀가 있으면 객지에서 죽음의 변을 당한다.

✿ 눈썹이 거슬러 났으면 형제간에 반목이 많고, 눈썹 부위가 모지고 솟으면 성격이 몹시 강하다.

✿ 귀에 주름이 어지럽게 잡히면 가산을 파·패하고, 콧잔등에 뼈마디가 솟으면 처첩과 이별 한다.

✿ 코끝이 매부리 같이 굽으면 가슴속에 독기를 감춘 사람이요, 콧구멍이 침통 같이 좁은 자는 매우 인색하다.

✿ 코가 삐뚤어지거나 굽거나 오목하게 들어가거나 하면 육친을 극하고 고독한 운명이요, 콧구멍이 뻔히 보이면 재물을 모으기 어렵다.

✿ 메기입처럼 생긴 자는 무덤을 찾아다니며 제사 음식을 얻어먹고 연명하는 거지의 신세요, 까마귀 부리를 닮은 입은 육친과 정이 없고 인연이 박하다.

✿ 이가 입술 밖으로 튕겨져 나오는 자는 타향에서 객사하고, 혀를 날름거리며 입술에 침을 바르는 버릇이 있는 자는 가슴속에 음욕과 독기를 감추고 있는 사람이다.

✿ 머리털이 풀처럼 우거진 자는 천성이 어리석고, 목소리가 깨진 나팔 소리와 같은 자는 주로 가족을 형극한다.

✿ 인당이 적색이면 관재시비가 따르고, 주작이 인당에 임하면 흉·재와 형옥이 있다.

✿ 연상·수상의 위치가 붉은빛이면 농혈 병이 생기고, 눈썹머리에 붉은 기색이 돋우면 비명의 횡액이 있다.

✿ 산근에 적색을 띠어 두 뺨과 연결되면 화재 수가 있고, 명문의 홍기가 산근에까지 번지면 중죄를 범하고 감옥에 간다. 명문에 적색이 눈썹 밑으로 나타나고 아울러 산근에 이르면 형장에서 사망한다.

✿ 준두에 적색을 띠면 폐병에 걸리며, 코를 자주 훌쩍거리는 자는 술이나 마시고 싸움질하는 무리가 된다.
✿ 준두에 구더기 모양이나 풀뿌리 같은 적색이 모이면 관재수와 화재를 당한다. 붉은 실금이 준두 밑으로부터 법령의 위치에 얽히면 부리는 사람에게 해를 입는다.
✿ 난대 옆에 붉은 실금이 서리면 병액이 있는 징조이며 이러한 기색이 법령까지 퍼지면 노복(부리는 사람)의 덕이 없고 양기가 허하여 몽정을 자주하게 된다. 연상·수상 및 좌우 관골에 붉은 기운이 짙게 나타나 옆으로 번지면 아랫배가 아픈 장질환이 있다.
✿ 홍점이 좌우 관골 및 질·액궁에 나타나면 남자는 치질과 창병(매독)이 발생하고 여자는 산액(태아사망)을 당한다. 준두와 관골이 주작(연지 빛같이 붉은 것)이 발동 되었다 하는데, 인당과 삼양에 황기를 띠면 벼슬이 좌천 되는 데에만 그치고, 황기가 없으면 반드시 파면당하든지 아니면 소송이 발생한다. 입후보 한 경우 또는 고시에 응한 자가 위와 같은 기색이면 모두 뜻을 이루지 못하며, 가정에는 처자와 형제간에 불화만 생긴다.
✿ 도화색(붉은색)이 뺨에 나타나면 중병에 걸리고, 좌우 관골에 홍색 가루를 뿌린 듯 짙게 아롱지면 요개 통(허리 아픈 병)에 걸린다.
✿ 태양의 위치는 두 눈 위를 말하는데 이곳에 붉고도 연기 색 같은 검은빛이 서리고 얼굴이 붉은 빛을 띠면 반드시 독한 이질에 걸려 고생한다. 관골에 적황색이 섞이고 입술은 백색을 띠면 중풍을 앓는다. 관골 부위에 홍기를 띠며 청·점이 군데군데 나타나고 입술은 희고, 동자가 누르면 중풍으로 생명이 위험할 징조이니 사전에 예방해야 한다.
✿ 부녀자의 경우 눈 아래에 적기가 벌레처럼 생겨 나타나면 산액과 형옥의 수가 있다. 홍염이 눈두덩에 비치는 여자는 음란하고 질투가 많다. 여자가 얼굴 전체에 홍염을 띠면 이를 '도화살'이라 하는데 겸하여 눈두덩 위아래에 나타나면 음욕이 많고 질투가 강하다.
✿ 임신한 부인이 준두와 관골에 적기를 띠면 산액을 피하기 어렵고, 임신한 여자가 눈두덩 위아래에 청·황한 빛이 있고 인중에도 청·황한 빛을 띠면 쌍생아를 임신한 징조다. 인중에 검은 사마귀가 있는 여자도 쌍생아를 낳는다고 한다.
✿ 얼굴빛이 훈황(화색이 없고 누르기만 함)하면 월경이 불순하고, 눈두덩이 젖은 잿빛 같으면 대하증이 있다.

✿ 얼굴에 청기가 화장한 것처럼 골고루 번져 있는 여자는 외간 남자와 놀아나고, 콧대에 푸른 힘줄이 곧게 뻗쳐 있는 여자는 간부를 두고 본 남편을 살해하고, 얼굴 전체에 푸른 기색이 가득하면 음란하고 간특하다.

✿ 어미에 황색이 미미하게 보이면 간음으로 인하여 이익을 얻고, 청색이 미미하면 처첩에게 재앙이 있다.

✿ 간문에 적기가 나타나면 색정으로 인하여 말썽이 일어나고, 간문에 흑기가 나타나면 남자는 상처하고 여자는 상부한다.

✿ 태양에 청색을 띠면 부부간에 항상 싸우고, 뺨 아래에 구슬 알같이 붉은 점이 아롱지면 부부 금슬이 좋지 않다. 연상과 수상에 콩알 같은 적기가 보이는 자도 마찬가지이다.

✿ 간문에 청백색이 눈두덩 끝까지 연결되면 비첩이 도주하고, 눈두덩 중앙에 청기가 나타나 연상까지 이르면 물로 인한 액이 생긴다.

✿ 인당에 청기가 점을 찍은 듯 선명하면 관직을 잃거나 손재하고, 현무(눈꼬리의 주름)가 두 갈래로 생기면 항상 아내에게 병이 있다. 흑기가 눈썹 꼬리에서 나타나 역마 부위로 올라가면 교통사고로 놀란다. 눈 밑에 청색이 있으면 주로 의혹과 우환과 경악된 일이 생기며 색욕을 탐한 뒤에도 이러한 기색이 생긴다.

✿ 좌우 눈 밑에 청기가 서리고 붉거나 푸른 점이 준두에 나타나 눈썹까지 번지고 인당과 연상·수상에 청기가 있으면 반드시 감옥에 간다. 적기가 나타나지 않고 인당에 청기가 없으면 면직과 손재만으로 그치고 관액은 당하지 않는다.

✿ 코를 토성이라 하는데 토성에 청색을 만나면 십년동안 재물을 낭비하게 되고, 하는 일마다 실패하는데 청기가 다시 검고 침침한 빛과 섞이면 반드시 신명이 위험하다.

✿ 산근(월패)이 어둡고 청·흑색이 무겁게 박혀 흩어지지 않으면 병이 많을 뿐 아니라 49세 전후를 넘기기 어렵다.

✿ 청기가 코를 중심으로 좌우 관골에 번져 있는 것을 행시라 하고, 이 부위가 검고 어두우며 귀 앞까지 번진 것을 탈·명이라 한다. 청기는 보통 준두에서 발생하고 흑기는 귀 앞에서 나타나기 시작하는데 귀 앞을 명문이라 해서 신장에 속한 부위가 된다. 그러므로 기색은 마땅히 희고 밝아야 길하니 즉 금생수의 이치이며, 흑색은 신장의 색으로써 이곳에 흑기가 나타나면 신장에 병이 있고, 흑기가 명문에서 발하여 코와 입까지 연결되면 반드시 죽는다.

✪ 왼쪽 귀 앞에 검은 주름이 귀뚜라미 다리처럼 얽혀 있으면 귀서라 하는데 이러한 경우에 흑기가 인중까지 번지면 반드시 죽는다. 준두에 흑점이 지주(거미)처럼 있는 것을 파·패살 이라 해서 주로 패가망신 하는 상이다.

✪ 귀래의 위치는 법령 옆인데 흑기가 연상·수상·준두로부터 귀래 까지 이르면 술과 음식 및 색욕으로 인한 액을 당하고, 흑기가 난대에서 발생하여 귀래에 이르면 벼슬과 재물을 잃는다.

✪ 산근에 검은 연기와 같은 빛이 서리면 관직과 재산을 잃거나 도둑이 들어 재물을 잃는다. (중병을 앓고 있는 자는 생명을 부지하기 힘들다).

✪ 연상·수상에 흑색이 손가락만큼 크게 나타나는데 만일 콧구멍에서 냉기가 나오면 즉사 한다. 연상에 검은 기운이 침입하면 살아나지 못한다. 연상에 흑기가 처음 돋아날 때 돼지비계 같이 생기면 죽지 않으나 빛이 차츰 짙어지면서 반년이상 흩어지지 않으면 반드시 죽는다.

✪ 삼양[7]을 가(家)라 하고 삼음[8]을 택(宅)이라 하며 눈썹 아래를 청룡이라 한다. 삼양과 삼음과 청룡의 부위에 흑색이 어둠침침하게 나타나거나 또는 실금 같이 생기면 집안이 불안하고 집에서 부리는 사람에게 재앙이 따르며, 인당·준두·관골이 밝지 못하면 관직과 재물을 잃고 횡액을 당한다. 누당 아래가 연기빛같이 검푸른 빛을 띠면 자녀에게 액이 미치는데 왼쪽은 사내자식에게 액이 있고, 오른쪽은 딸자식에게 액이 따른다.

✪ 눈꺼풀은 토에 속하는데 이곳에 그을음이나 숯처럼 검은 빛이 나타나면 가래가 끓고 숨찬 병이 생기고, 겸하여 천중·연상·준두에까지 흑기가 나타나면 살지 못한다. 눈꼬리 아래를 금궤라 하는데 여기에 흑기가 활처럼 서리면 90일 안으로 재물을 파한다.

✪ 관골 위를 역사라 하는데 이곳이 검푸르고 인당에 암기가 서리면 반드시 유배되고, 여자의 경우에는 산액을 당한다.

✪ 코 기둥의 좌우를 황·번(좌)·표·미(우)라 하는데 이곳은 항상 깨끗하고 맑아야 하는데, 이곳에 흑기가 침입하면 화재 등의 재난을 당한다.

✪ 눈꼬리 부위에서 푸르고 불그레한 힘줄이 솟아 턱과 입을 얽는 듯 내려오면 이것을 등사라 하는데 힘줄이 입술에 바짝 닿으면 객사 하거나 굶어 죽는다.

---

7) 태양 · 중양 · 소양(좌안)
8) 태음 · 중음 · 소음(우안)

하정에 적색과 흑색이 혼합되어 있음은 손재수와 도·겁을 예방해야 한다. 하정의 일부가 건조하고 적색과 흑색이 교차 되어 있는 것을 대모라 한다. 인당과 준두의 기색이 혼암하면 반드시 도둑에게 손재한다.

✿ 조주는 법령 곁에 위치하는데 이곳이 붉은 화염 같으면 반드시 육축의 손실이 있다. 콧구멍과 그 부근이 검고 건조하면 모사를 성취하기 어렵다. 입술 부근에 적기가 가리면 시비를 면치 못한다. 입술 상하 좌우에 적기 또는 붉은 점이 나타나면 시비 구설을 불러들인다.

✿ 귀는 신장에 속하므로 신이 태 약 하거나 이상이 있으면 귀가 초 흑(윤기가 없이 메마르고 검은 것)해지는 것이니 더하여 명문과 연상·수상이 모두 검으면 살지 못한다. 입 모서리에 백기를 띠고 윤기가 없이 건조하면 현재 통증이 있는 상태요, 귓바퀴, 귀 둘레가 건조하고 흑색을 띠면 죽음이 눈앞에 있다.

✿ 오래된 병에 입술이 검붉으면 고치기 어렵고, 소아의 병에 농색을 띠면 생명이 위험하다. 어린이 병에 얼굴빛이 푸르렀다, 희었다, 붉었다, 검었다 하면서 수시로 변하는 것을 농색이라 하는데 이렇게 되면 오래 살지 못한다.

✿ 법령의 주름이 입안으로 들어 간듯하면 경열 병(목이 잠겨 음식을 먹지 못하는 병)에 걸리거나 음식이 궁핍하여 굶어 죽는 것이다.

✿ 어미에 짧은 주름이 한 가닥 있으면 아내를 한번 극하고 두 가닥 있으면 두 번을 극하는데, 만일 긴 주름이 있으면 극하지 않고 오직 노록함이 많다. 그리고 눈꼬리 밑에 주름이 여러 가닥 어지럽게 잡히면 주로 불효자를 둔다. 간문에 긴 주름이 구레나룻까지 들어오면 죽을 때 타향에서 죽는다.

【2】얼굴로 판단하기

1) 얼굴 인상

얼굴 인상은 본인의 모든 것과 같다. 본인 마음의 변화에서부터 운의 흐름과 앞으로 닥칠 일까지 모든 것이 나타난다. 즉 인상을 보면 예측이 가능하기 때문이다. 본인 마음의 상태에 따라 인상이 달라져 보이는 것도 이와 일맥상통 한다. 그러므로 인상은 항상 변화하며 고정된 운명이 아니라는 말이다. 이와 같이 매일의 조그만 변화가 본인 운을 좋게 만들어주며, 작은 변화로 인해 본인 앞날에 대하여 향후 일어날 액운까지도 예측이 가능하기 때문이다. 얼굴 요소요소를 주목해 보면 이러한 마음의 흐름 즉 운명의 흐름이 모두 보이게 된다.

2) 입 모양에 의한 운세 판단

입술 생김이 조화 있게 생기거나 혀 길이가 길면 중년 이후에 운이 트어 복이 찾아오고, 입술 생김이 얇으면 가난하기 십상이고, 입술 크기에 비해 눈이 작다면 사람 구실을 못하는 운세이다. 혀가 두텁고 길면 재물운이 있어 운이 트어 복이 닥친다. 입술이 얇고 혀가 얇으면 재물운이 없어 박복을 면치 못한다. 입술이 바르고 콧마루가 곧으면 형제간에 우애가 있으며, 형제간의 도움으로 형제 모두가 크게 성공할 수 있다.

3) 눈 모양에 의한 운세 판단

눈은 사람의 심장을 나타내는 것으로 그 사람의 마음을 알아 볼 수 있고 또한 성격 까지도 같이 볼 수 있는 것이 눈이다. 눈은 사람에게 가장 중요한 부분이며, 모든 것(성격과 그 사람의 앞길)들을 내포하고 있는 곳이다.

눈은 '마음의 창'으로 눈이 선한 사람은 그만큼 마음이 여린 사람이며, 눈매가 사나운 사람은 성격 또한 강한 사람이라 할 수 있다. 그렇지 않은 경우도 있으나 대개의 경우는 그렇다 하는 것이 눈을 보는 상이다.

4) 눈썹 모양에 의한 운세 판단

눈썹은 형제를 나타내며 아미월 같으면 형제간에 큰 문제없이 평온하게 지낼 상이며, 눈썹이 짧고 거칠며 눈썹이 불안정하게 위로 솟았거나 아래로 내려오면 형제 간의 우애가 좋지 않은 상이다.

5) 코 모양에 의한 운세 판단

코 모양은 사람 얼굴 중 가장 가운데에 있는 신체 일부 중 하나이다. 코 모양은 사람마다 가지각색이지만 어느 정도 일정한 특징을 가지고 있다.
콧구멍은 사람이 숨을 쉬는 가장 중요한 통로이며 이 통로가 드러나는 사람의 경우는 늙게 되면 지독한 외로움과 싸움을 해야 할 상이다. 코끝의 살이 딱딱한 사람은 하는 일이 번창하여 가정 외적으로는 성공할지 모르나 화목한 집안을 이루기가 힘들다. 비량이 곧고 바르면 그 사람은 가정을 평온하게 하는 힘이 있으며, 평범하지만 점점 부를 축적하는 상이다. 반대로 비량이 곧지 아니하고 일그러져 있으면 외로움을 탈 것이며, 재산을 많이 모으면 많이 모으는 대로 탕진하게 되는 상이므로 이러한 상의 경우 재산은 비록 조금 모으더라도 절약하는 마음을 항상 가져야 노년이 되어 극심한 고독을 면한다.
코가 작으면 가난한 사람이 많고 코가 크면 금전적인 여유와 자신의 기술을 이용하여 많은 부를 축적할 상이다.

6) 귀 모양에 의한 운세 판단

귓불 끝에 마치 구슬이 있는 것처럼 붙어 있는 사람은 자신의 이름이 널리 유명해질 것이며, 귓속에 튀어나온 돌출이 있다면 오래 살아 무병장수를 누릴 것이며,

돌출한 것이 검은 빛이 있다면 오히려 객지에서 죽음을 맞을 운세이다.

귓속뿐만 아니라 귀 겉에서도 검은 빛이 감돌면 이는 재물과는 거리가 멀며 가난과 외로움에 힘겨운 나날을 보낼 것이다. 귀가 눈썹보다 높이 있는 사람은 귀인을 만나 평탄한 길을 가게 되며, 눈썹보다 낮은 사람은 주위 사람들의 덕을 보지 못할 상이다.

귀가 작고 짝짝이인 사람은 추진력이 부족하여 항상 누군가의 그림자에 가려져 있어 자신의 노력에 비하여 인정을 받지 못할 것이며, 귀가 큰 사람 또한 무병장수할 상이다. 귓불이 큰 귀는 수주라고 불려 지는데 귓불은 쉽게 우리가 부처를 연상하면 알 수 있다. 인덕복과 함께 인자함의 상징이 되는 이 귓불은 그만큼의 복, 즉 다재와 다복을 말한다. 사람에게 있어서의 복이 되고 재물에 있어서의 복이 되니, 일반 사람들은 귓불이 큰 것을 가장 보편적으로 널리 인지하고 있다.

귓구멍의 크기는 보통사람의 성격으로 이어지는데, 흔히 볼 수 있는 손금과 마찬가지로 가지런한 귓구멍은 바른 성격을 뜻하며 구불구불 하거나, 혹은 귀의 구멍이 좁은 것은 그 사람의 소심함을 의미한다.

7) 얼굴색으로 보는 관상

사람의 관상을 볼 때 생김새나 모양을 보는 것만으로 국한 되어 생각하는 경우가 많은 데, 이것은 잘못된 생각이고 사람의 안색이나 목소리를 통해서도 좋고 나쁨을 구별할 수 있다.

- ✿ 좋은 안색
  약간 희멀건 한 색조에 누런빛을 띠면 된다.
- ✿ 좋지 못한 안색
  흉색에는 두 종류가 있는데 지금의 상황이나 조건이 하강 국면에 처해 있을 때 나타나는 색이 있고 미래에 대한 불안감이나 불확실성으로 예견되어지는 색이 있다.

8) 얼굴 형태 보기

사람들의 얼굴 모양은 그 사람 성격을 나타낸다. 즉 얼굴 생김새에 따라 그 사람의 운명을 쉽게 간파 할 수 있다. 사주나 궁합은 태어난 生年. 月. 日. 時에 의해 고정된 형태이나, 얼굴은 항상 변화하며 본인 의지에 따라 변화시킬 수도 있다. 얼굴 기본 골격 변형은 성형수술 외에는 불가능 하나, 사람 얼굴의 전체적인 표정과 인격은 사회생활에 의해서 변하게 된다. 바꾸어 말하면 좋은 인상으로 즉 좋은 얼굴로 변모시켜 본인 운의 흐름을 좋은 쪽으로 유도하는 것이 얼마든지 가능하다.

9) 얼굴 모양에 의한 성격 판단

나이가 들면서 전체적인 얼굴 표정, 모든 인격이 젊었을 때보다 판이하게 달라진다. 얼굴에 풍기는 중후한 멋과 맛이 힘든 일을 하시는 분들에게도 얼굴에 온화한 분위기가 흐르는 분들이 많다.

① 둥근형 얼굴

얼굴이 둥글며 살이 있어 약간은 통통한 느낌을 주는 얼굴형이다. 이 얼굴은 음의 기운이 왕성하고 양의 기운이 쇠한 얼굴이므로 귀한 격에는 들어가지 못한다. 오관이 잘 생겼으면 재물과 먹는 것과 전답에는 큰 이상이 없다. 오관과 삼관이 좋지 못하면 부자나 벼슬을 하지 못 한다. 다만 기술과 재주 있는 사람이 될 것이다. 조상이 사는 곳을 떠나고 집을 떠나면 본인의 수명은 연장 된다. 성격 역시 얼굴형의 생김새처럼 둥글둥글 시원한 성격이다. 둥근 얼굴형은 거부감이 없는 형으로 사람들과 쉽게 친해져 그만큼 대인관계의 폭이 넓다. 많은 친분 관계로 유지하는 것은 추천할만한 생활 방식이지만 반대로 대인 관계에 있어서 복잡한 사람으로 될 수도 있다.

이성의 만남을 즐기는 타입으로 인해 삶의 균형을 갑자기 잃어버리는 경우가 종종 있을 수 있다. 하지만 둥근형은 부지런한 모습을 띠고 있어 생활하는데 있어서 남들보다 눈치와 발 빠른 행동으로 살아가는 형이다.

② 긴 얼굴형 얼굴

얼굴에 살이 없으며 말처럼 길며 잇몸이 약간 돌출되는 얼굴형이다. 상대방에게 좋은 이미지를 심어주는 얼굴형은 아니다. 상대방이 느끼기에는 이기적이고, 독단적인 사람이라고 평가기 쉬워 초면에 상대방과 쉽게 친해 질수 없는 부분이 있다. 그러나 무언가 하고자 하는 의욕감이 다른 얼굴형에 비해 강하게 작용한다. 이마 천정 부위가 모나고 지각 부위가 넓고 비대하고 진궁과 태궁 양궁 즉 양관 골이 좁은 것을 말한다. 본신이 약하면 창고 형체라고 부를 수 있다. 벌과 같이 허리가 가늘고 얼굴이 좁으면 처음엔 부자였지만 나중에는 가난해진다. 독립심이 강해 어떤 일을 행함에 있어 끝까지 혼자의 힘으로 밀어 붙이는 경우도 종종 있다. 이런 행동이 단점이라고 할 수 있으나 그만큼 자신감이 있다는 뜻이다. 그런 삶의 패턴은 인내력과 대인 관계에서의 유리한 입지로 사회 무리 속에서 지도자의 모습으로 생활할 가능성이 많다. 그러나 상황에 따라 자신의 뜻을 굽히는 습관을 길러야 한다.

③ 초승달 형 얼굴

옆에서 볼 때 초승달 같은 형태를 말한다. 턱이 조금 앞으로 나온 선이 굵고 거침이 없는 성격의 소유자이다. 삼정 부위가 길고 넓고 창고 혈 부위가 다 함께 완전하고 그 부위가 핍박하지 않으면 좋은 상의 얼굴이다. 삼재가 구속 하게 되는 것이고, 육부가 완전하면 가장 상등의 격국이 된다. 남자가 이런 얼굴이면 초년과 중년·말년이 다 길하다. 이관이 잘생겼으면 공명의 분수를 얻게 되는 것이고 삼관이 잘생겼으면 사법부의 분수가 있는 것이고 사관이 잘 생겼으면 국가의 재상의 분수가 있으며 오관이 좋지 못하더라도 일평생을 부자가 되고 풍족하게 살 것이다.

대인 관계의 폭이 넓고도 깊어 마당발이라는 말이 어울리는 사람이고, 어린 시절부터 사람들과 쉽게 친해지며 항상 마음을 열고 사람들을 대하려 하기 때문에 주위에는 항상 사람들이 모이는 편이다. 자신의 위치를 지킬 줄 아는 현명함도 있어 결코 자만하거나 자신을 뽐내지 않는 모습을 사람들은 좋아하게 된다. 초승달형은 머리의 회전이 남들보다 빠르고, 상황에 따라 대처 능력이 탁월해 어떤 직업을 가져도 정상의 자리에 오를 수 있다. 어떤 상황에서든 수동적인 면보다는 능동적인 행동이 강하게 작용하기에 발전 속도가 다른 얼굴형에 비해 빠르다고 볼 수 있고, 그런 삶의 패턴으로 사람들에게 좋은 평을 많이 들을 수 있는 타입이다.

④ 볼록형 얼굴

천정과 지각 부위가 좁고 뾰족하다. 지고가 다함께 풍족하고 원만하지 못하다. 남자가 이런 형상이면 초년에 좋지 못하여 어릴 때 둔한 일이 많았으며 부모 양편이 다 부족했으니 형극한 일이 많았고 조상의 조업이 적었으며 근본의 기초가 없다. 얼굴 삼관 부위가 다 좋으면 공명의 분수가 있다. 오관이 잘 생겼으면 수명은 긴 사람이 된다. 귀와 산근 부위가 움푹하다면 노력은 많지만 고초를 당하고 사방을 분주하게 달리게 되니 외지에서 일하면 길하다. 오관 부위가 좋지 못하면 일평생 가난하다.

옆에서 얼굴을 보았을 때 코 부분이 다른 부분에 비해 많이 돌출된 형태를 말하며, 이마와 턱 부분이 대체적으로 들어가 보인다. 항상 다른 분야를 기웃거리게 되는 스타일로 절대 평범하지 않는 성격이다. 자유스러운 성격에 창의력도 풍부하여 성공 가능성이 높으나, 다만 새로운 일을 시작하려 할 때 심사숙고해서 계획을 세우고 치밀하게 준비하는 면이 부족하여 낭패를 보는 경우도 많은 것이 단점으로 지적된다. 또한 새로운 일을 시작하여 하고 있는 도중에도 자꾸 다른 쪽을 곁눈질하는 습성 때문에 진득하게 한 가지 일을 해 나가는 끈기가 부족한 편이다. 자꾸만 일어서려는 가벼운 엉덩이를 무겁게 해주는 노력이 필요하다. 지혜로운 능력을 제대로만 발휘 한다면 충분히 성공을 이룰 수 있지만 생각 없이 너무 쉽게 새로운 일로 변화를 찾아가는 것은 위험도 동반하는 경우가 많다는 것도 명심해야 한다.

⑤ 네모난 형 얼굴

네모난 형은 깍두기 얼굴이라는 말처럼 얼굴이 네모난 사람의 얼굴 형태를 말한다. 다른 사람에 비해 턱이 발달되어 있는 형태이다. 모난 형을 객관적인 입장에서 평하면 감정이 없는, 즉 메마른 사람이라고 평할 수 있다. 얼굴 부위가 모나고 방정하고 반듯하게 생겼으며 골격은 있어도 근육이 없다. 창고 부위에 결함이 있는 사람은 음의 기운이 양의 기운에 편승한 것이니 부자 되고 벼슬하는 사람이 되기는 어렵다. 수명에는 큰 문제가 없다 하더라도 처자간의 인연이 없게 되는 것이며 일생 귀한 벼슬하는 사람을 가까이 하지만 분주하게 다니면서 수고스럽고 괴로움을 당한다. 이 형의 경우 건강 상태가 좋아 보이지는 않을 것이다. 또한 상대방에게 호감을 얻는다는 것도 쉽지 않아 자신감을 잃어버리는 경우가 많다. 하지만 남들이 알지 못하는 속이 진실한 스타일이다. 친구를 사귀어도 여러 명을 사귀기보다는 소수의 진실한 친구를 원하고, 큰소리로 침을 튀기면서 떠들기보다는 조용한 분위기에서 대화를 나누기 원하는 점잖고 교양 있는 스타일로 천박한 분위기와는 거리가 먼 타입이다. 그러나 시끄럽고 마음에 들지 않는 분위기에서도 내색하지 않고 분위기를 맞추어 줄 수 있는 여유도 가지고 있다. 일을 할 때도 떠벌이면서 요란하게 하지 않고 조용하고 빈틈없이 일을 처리하는 믿음직한 모습이 있다.

⑥ 역삼각형 얼굴

삼각형을 거꾸로 놓은 형태의 얼굴 형태를 말하며, 머리에서 턱 쪽으로 내려올수록 얼굴이 점점 더 좁아지는 형태이다. 불기운인 화성이 너그럽게 넓으니 지각이 뾰족하다. 하늘은 있어도 땅이 없는 격이다. 이와 같은 얼굴을 가진 사람은 맑고 청정한 것이 많고 탁한 것은 적다. 이 얼굴형의 경우 부모에게 물려받은 재산이 많은 형으로 초년부터 운의 흐름이 상승하는 사람이다. 25세 까지는 복록을 향유하는 優를 가졌다. 진지함과 성실함, 잔꾀를 부릴 줄 모르는 우직함은 상대방에게 강한 인상을 심어줄 것이다. 공명의 뜻을 굳힐 수 있으되 얼굴위에 오관이 잘 생겼으면 적지만 귀한 벼슬을 얻을 수 있다. 강한 인상이라는 것은 자신감에서 비롯되는 행동으로 주변 사람들에게는 믿음이 통하는 자신으로 비춰질 것이다. 이 형은 곧고 잔꾀를 쓰지 않고 정정 당당하게 큰길을 곁눈질 하지 않고 가는 신념에 찬 모습으로 생활하는 사람으로 인생행로에서 만나는 자잘한 어려움들은 오히려 본인의 의지를 굳게 만들어주며 원만하고 유연한 인격을 갖추도록 도와주는 격이 된다. 고생을 고생으로 여기지 않고 오히려 인격수양의 도구로 활용하니 나이가 들어갈수록 지도자의 품격이 나타나게 된다.

⑦ 마른형 얼굴

얼굴에 살이 없어 얼굴의 뼈가 그대로 드러나며 빈약해 보이는 얼굴 형태이다. 이마 천정 부위가 높으면서 좁고 인중의 부위가 촉박하면서 작고 지각이 좁으면서 길쭉하다. 마음과 성품이 총명하다고 하지만 높은 것을 익히지 못하고 손으로 만드는 예술적인 것으로 인해 조판한다. 마른형의 경우에는 계란형도 있을 수 있고, 긴 형도 있을 수 있지만 얼굴이 작고 살집이 없는 형태를 뜻한다. 이 얼굴형은 신경과민 형으로 긴 얼굴형과는 얼굴의 길이는 보통이나 살이 없는 얼굴형이다. 이러한 형은 물질적으로 이익을 많이 보지는 못하는 특징을 가지고 있다. 섬세한 부분이나 상황에서 실력을 발휘하기 때문에 예능계의 방향에서 두각을 나타낸다. 모임 같은 자리에서 분위기를 파악하는 능력이 뛰어나 분위기를 적절히 띠울 줄도 안다. 고통 받는 사람에게는 꼭 필요하고 적절한 한마디 말을 선택해서 위로해 줄줄 아는 따뜻한 마음씨도 가지고 있다. 스트레스를 처리하는 능력도 뛰어나 자신에게 스트레스가 쌓이면 어떻게든지 해소할 방법을 찾아서 풀어 버리는 스타일이다. 한편 다른 사람들이 자신을 칭찬해 주기를 바라는 마음이 많은 반면, 자신의 존재를 인정받지 못하면 어떻게 해서든지 자신을 과시 하고자 한다. 이런 상황은 승부욕을 불러들이지만 삶에 승부욕이 있다는 것은 자신의 발전에 많은 영향을 미치지만, 자칫 단기간에 승부가 나지 않으면 뜻밖의 어려움에 봉착하게 됨을 명심해야 한다.

⑧ 삼각형 얼굴

말 그대로 삼각형을 세워놓은 듯한 얼굴 형태를 말하며, 턱에서 머리 위로 올라 갈수록 점점 좁아지는 형태의 얼굴을 말한다. 관자놀이 쪽이 유난히 들어간 사람들의 형태이다. 천정이 좁고 지각 부위가 풍유하게 되면 이것은 땅은 있지만 하늘은 없는 격이다. 남자가 이런 상을 하고 있으면 20년 동안은 고옥하고 고생을 당하니 조상의 보살핌이 적은 사람이다. 이 사람의 근본 뿌리의 기틀은 엷다고 하지만 곧 중년과 말년을 기다린다면 복도 점진적으로 오고 재산도 오게 되어서 꾀하는 것은 다 이룰 수 있다. 이 얼굴형을 띠는 사람은 극소수이다. 이마 즉 윗 얼굴 모양이 적은 것은 생기가 없고, 고독한 이미지를 주는 얼굴형이다. 사주와 연관 지어 얼굴형을 평한다면 초년운은 그리 좋지 않다. 그러나 청년기를 지나 말년으로 갈수록 운이 상승하는 특징을 가진 얼굴형이라 할 수 있다. 이 얼굴형의 경우 지식이든 금전이든 사람이든 자신의 것으로 만들기를 좋아하고 자신을 내세우기를 좋아하며 주변 사람들에게 인정받는 일이라면 정신적, 물질적 방법을 동원해서 자기 충족을 만끽한다. 이런 삶의 방식은 자칫 타인들로부터 잘난 척 한다는 인상을 심어줄 수도 있으니, 보기에 따라서 오만한 듯한 성격만 절제 한다면 많은 사람들로부터 인정을 받을 수 있다. 타인이 무엇에 관심을 가지고 있는지를 한눈에 알아보아 그들을 위해 적합한 상황 판단을 할 줄 아는 센스를 가지고 있다.

⑨ 살찐형 얼굴(일명 : 뚱보 형)

얼굴 전체가 살이 많아 안정적인 느낌을 주며 보통 인자한 인상을 풍기는 사람의 얼굴 형태이나 게으른 사람이 많은 얼굴형이다. 둥근형보다 얼굴 살이 많이 붙어있는 얼굴 모양으로 사람 전체가 무게감이 있는 스타일이다. 살이 많이 붙어 있다는 것은 상대방에게 따뜻함과 편안함을 주는 조건이 된다. 특히 상대방을 적으로 돌리는 경우가 적으며, 친분이 있는 사람에게 배신을 당하는 경우가 극히 적다. 남자가 이런 얼굴을 하면 초년 중년 말년이 길다. 이관(눈, 코, 입 중 두 가지)이 잘 생겼으면 귀한 벼슬의 운수이며 오관이나 사관이 다 잘 생겼으면 장수나 정승을 할 수 있다. 다만 그 부위가 넓고도 핍박 되고 두터우면서도 촉박하며 비대하면서도 기운이 막히고 흰빛을 하고 있으면 수명이 짧으니 대체적으로 금기운이 지나치게 크고 태왕한 까닭이다. 이 얼굴형은 남들에게 싫은 소리를 못하고 그 반면에 화가 나거나 마음을 다르게 먹으면 뒤도 돌아보지 않는 것이 이 얼굴형의 특징이다. 또한 욕심이 많으며 이성에 대한 욕심도 남달라 연인을 둘 이상 두기 쉬우므로 색정을 조심해야 하고, 타인을 위해 봉사하는 자세로 임한다면 오히려 성공의 기회도 찾아 든다. 신체가 두껍고 피부가 윤택한 기운이 있으면 좋다.

"사람의 운명은 본인이 생각하기에 따라 모든 것이 달라진다. 무엇에 대한 생각을 하게 되면 행동으로 옮겨지며, 행동을 표출하면 습관이 바뀌어 지고, 습관이 되면 자신의 운명이 바뀌면서 자신의 인격이 얼굴에 나타나기도 한다. 그러므로 주어진 일에 최선을 다하고, 항상 능동적인 사람이 좋은 결실을 맺는다."

【3】 신체로 판단하기

1) 목으로 본 성격

목은 머리와 몸통을 연결하는 부분으로 일곱 개의 뼈로 구성되어 있다.

✿ 목이 긴 형
긴 목만큼이나 자존심이 강한 타입. 자신의 남자 친구가 한눈 파는 것을 절대 용납 못하며 혹여 그러한 일이 발생 했을 경우, 질투의 화신으로 돌변하는 질투심 강한스타일이다.

✿ 목이 짧은 형
대체적으로 마음이 넓고 이해심 많은 타입. 질투심은 조금 있으나 자신이 사랑하는 사람이므로 결국은 용서하고 받아들이는 타입이다.

✿ 목이 가는 형
귀여운 의심쟁이 타입. 언제나 남자 친구에게 애교를 부리며 어리광을 부리는 타입. 그러나 자신의 남자 친구가 자신을 대하는 태도가 달라진다거나 조금만 변해도 금방 알아차리고 혹시나 다른 여자가 생긴 것이 아닌가 하는 의심 많은 스타일이다.

✿ 목이 굵은 형
질투라는 단어를 모르는 타입. 사소한 것에는 전혀 신경을 쓰지 않는 스타일. 심하게는 자신의 남자 친구가 바람을 피웠다고 해도 개의치 않는 대범한 스타일로 좋게 말하면 집착이 없는 담백한 스타일이다.

2) 발 모양으로 본 성격

✿ 일자로 쭉 뻗은 발
성공수와 직결되는 이러한 발의 족상은 그만큼 성격에 있어서 낙천적인 경향이 강하며 대범하다. 그런 성격을 토대로 다듬어진다면 사업가로서의 역량이 가장 진한 족상이 이에 속한다. 대인 관계가 가장 무난하며, 즐기는 것을 또한 좋아한다.

✿ 볼이 좁으면서 호리호리한 발

볼이 좁은 것은 그 사람의 예민함을 일컫는다. 예민한 사람들은 예술적 감각이 뛰어날 정도로 독창적이며, 창조적 기운이 강하다. 뿐만 아니라 이러한 사람들은 보통 이지적임을 함께 수반하기 때문에 행동이 재빠르고 아주 내향적인 운세의 흐름을 갖게 된다.

✿ 발 모양이 앞으로 굽거나 휘어진 발

독서나 그림 등을 취미로 하는 사람들이 이에 속하며 이런 사람들은 개인적인 공간을 아주 좋아 한다. 아주 내성적인 사람들이 여기에 속하지만 그만큼 정신적인 부분의 발달 내지는 지혜가 출중함을 의미한다.

✿ 발 모양이 전체적으로 바깥쪽을 향해 뻗은 발

우리가 흔히 말하는 참한 사람들이 여기에 속한다. 반면에 운동 쪽 등 예체능적으로 움직이게 되는 사람은 고집이 아주 세다. 그렇기 때문에 한 분야에서는 능숙한 실력을 발휘하게 되나, 여러 분야에서는 성공하기 어렵다.

직종을 자주 바꾸지 않는 것이 좋으며, 여행을 통하여 소심한 성격을 고치는 것이 필요하다.

3) 발가락의 모양과 크기로 본 성격

✿ 발가락이 길다.

감수성에 민감한 반응을 보이며 사춘기 시절 큰 변화를 겪게 되는 상이 보통 이러하다. 그만큼 생각은 많으나 실행에 옮기는 데는 부족한 면이 많다.

✿ 발가락이 길고 굵은 발

발가락이 길다 함은 그만큼 발의 길이가 긴 것과 마찬가지로 보통 겁이 많고, 의외로 이러한 사람들은 지능지수가 높은 반면에 타인과 마찰이 많은 것이 특징이다. 자신을 조절하는 능력이 그만큼 부족하다는 것을 의미한다.

✿ 발가락 사이에 틈이 있는 경우

재주가 비상하고 남과 다른 생각이 많은 사람들이 이에 속한다. 이러한 사람들은 재물 복이 없으며, 사람과의 인연에 있어서 실패수가 많은 것이 특징이다.

✿ 새끼발가락과 옆 발가락이 떨어져 있는 경우

이런 경우는 조상운이나 배우자 혹은 자녀 등 가까운 사람에 의한 복이 없다. 친구가 많지 않으며 늘 외로움을 많이 갖는 상으로 스스로 만족하는 법을 얻는 것이 가장 우선시 된다.

4) 엉덩이 모양으로 본 성격

엉덩이는 다른 말로 둔부라고도 하며 허리 아래에서부터 허벅다리 위의 좌우 쪽으로 살이 둥글게 나온 부분을 말한다.

✿ 엉덩이가 마르고 편평한 스타일(돈으로 인한 어려움이 없는 타입)
  다른 사람과 함께 식사를 하고서 일부러 돈을 내지 않을 정도로 인색한 타입이다. 누군가가 부추기거나 독촉하기 전에는 절대 돈을 내지 않는 편이다. 그러므로 돈 때문에 겪는 어려움은 없을 것이다.
✿ 엉덩이가 돌출된 스타일(노는데 낭비가 심한 타입)
  씀씀이가 무척 큰 편이다. 기분파라고도 볼 수 있다. 인생의 목적은 즐기는 것이라고 생각하는 사람들이 많은 편이다. 돈은 시원스럽게 쓰는 것이 맛이라고 생각하는 타입이며 낭비가 심한 타입이다. 절제와 절약이 필요하다.
✿ 엉덩이가 견실하고 올라간 스타일(경제관념이 명확한 스타일)
  돈에 관한한 철저한 편이다. 수입과 지출에 대한 계획이 명확하며 낭비가 없다.
  주변 사람들에게 인색하다는 평을 들을 수도 있으나 돈 때문에 근심하는 일은 없을 것이다.
✿ 엉덩이가 작은 스타일(소비욕이 강한 타입)
  말 그대로 소비욕이 강하다. 나쁘게 말하면 사치가 심한 편이다. 사고 싶은 것이 있다면 돈을 빌려서라도 사야 직성이 풀린다. 이런 스타일은 유행에 민감하고 허영심이 많은 편이다. 반면 적극적이면서 행동하는 타입이기도 하다.
✿ 계란형 엉덩이 스타일(겸손한 타입)
  자신이 커다란 부가 있다고 해도 티내지 않는 타입의 사람이 많다. 가진 것이 많다고 사치를 부리거나 남을 무시하는 일이 없다. 낭비벽도 없으며 자신이 가진 일에 최선을 다하는 스타일의 사람이 많다.

✧ 직사각형 엉덩이의 스타일(재운이 평범하고 기복이 없는 타입)
　경쟁심이나 질투가 심한 타입이다. 재운은 평범하고 큰 기복은 없으나, 질투와 욕심이 많고 경쟁심이 많아서 사소한 일에도 남과 많이 부딪히는 타입이다.
✧ 삼각형 엉덩이의 스타일(금전욕이 강한 타입)
　돈에 대한 욕심이 아주 강한 타입이다. 한탕주의자들이 많다. 적은 돈을 쓰는 것에 대해서는 관대한 편이나 한 번에 큰 재산을 얻기를 갈망하는 타입이다. 이런 타입의 사람은 큰 부에 대한 집착이 강한 편이다.

5) 종아리 모양에 따른 운세

　사람의 다리 중에서 무릎과 발목 사이를 종아리라 한다. 아름다운 종아리는 종아리뼈가 휘지 않고 곧게 뻗어 있어야 하고 안쪽 부위는 직선으로 발목을 향해 곧게 모아져 야 한다. 치마를 즐겨 입는 여성이라면 종아리 모양이나 살찐 정도에 예민할 수밖에 없다.

✧ 종아리가 풍만한 여자
　종아리가 풍만한 것은 그 만큼 착실한 것을 의미한다. 성격에 있어서 미래 지향적이며, 그만큼 정신적인, 혹은 이성적인 중립이 필요하다.
✧ 종아리가 풍만하면서 날씬한 여자
　여성미가 강하면서도 형평성이 좋은 사람이다. 과거에 장군 상으로 불러지는 경우가 많듯, 장군상은 강한 것을 의미하는 것이 아니라 부드러움을 함께 갖는 상을 말한다. 사람을 사귀는데 있어서 호탕하며 대범한 사람 들이 여기에 속하나 재운에 관하여는 아주 소심하기 때문에 이런 사람들은 인연을 다룸에 있어서 좀 더 너그러운 입장을 가져야 한다.
✧ 종아리가 가늘고 날씬한 여자
　이런 사람은 보통 지적인 이미지와 함께 경쾌함을 갖게 한다. 그만큼 단면으로 소심함을 나타내기도 한다. 자신을 잘 꾸미는 성격이 이에 속하고 현실과는 거리가 먼 행동에 스스로를 부여하는 경우가 많아서 이상을 쫓게 되는데 이러한 점을 고쳐야 한다.
✧ 종아리가 가늘고 짧은 여자

가늘고 짧은 사람은 남의 이목을 아주 중요시 생각하는 성향이 강하다. 남의 이목을 중요시 하는 만큼 자신에 대해서 자신감이 없으며 타인을 항상 경계하는 입장에 놓여 인연, 수의 관리가 아주 허술하며, 심적으로는 외로움이 많은 사람들이 여기에 속하며 사리 분별력이 부족하므로 이런 사람은 이성을 기르는데 힘써야 한다.

✧ 종아리가 짧고 풍만한 여자

생각이 많다. 스스로의 입장을 고수하긴하나 생각이 많고 실현하는데 있어서 아주 느리다. 활동적인 것을 좋아하지는 않으나 색다른 것을 좋아하고 인정이 넘치는 만큼 항상 산만하여 인연을 오랫동안 지속시키지 못하는 단점을 갖게 된다.

【4】 신체로 보는 관상 요약

1) 머리털

- 곱슬머리를 가진 사람 : 이성으로 인한 구설이 많이 발생한다.
- 머리털이 곱고 윤택한 사람 : 부귀할 상이다.
- 윤기가 없는 머리털 : 혈기가 부족해서 잔병치레가 많다.
- 귀 위의 머리털이 몹시 부족한 사람 : 사기꾼의 상이다.
- 나이가 많지만 머리털과 수염이 윤택한 사람 : 건강하고 복이 많으며 장수한다.
- 거칠고 악취가 나는 사람 : 가난하고 천박한 상이다.
- 쑥대처럼 우거진 머리털 : 평생 가난하여 고생한다.
- 가늘고 부드러운 사람 : 성격이 매우 부드러운 사람이다.
- 굵고 억센 머릿결 : 억세고 급한 성격의 소유자이다.
- 머리털이 희박한 사람 : 지능은 발달 했으나 정욕은 약하다.
- 머리털이 억세고 숱이 많은 사람 : 성욕이 강하고 호색가이다. 지적장애가 있다.
- 어린 나이에 머리털이 희고 수염이 노랗게 변한 사람 : 수명이 짧거나 복이 없다.
- 머리털이 눈빛같이 희고 얼굴이 불그레한 노인 : 장수할 상이지만 자신의 욕심을 채우기 위해 권세를 마구 부리면 횡액으로 죽을 수 있다.
- 머리털이 누르고 거친 사람 : 고독할 상이다.
- 머리털이 붉은 사람 : 재액이 많고 특히 화재를 조심해야 한다.

2) 골격 / 뼈 / 살

- 야윈 사람이 뼈가 삐죽삐죽 많이 튀어 나온 사람은 고독하다.
- 살찐 사람이 살이 단단하지 못하고 너덜한 사람은 단명 한다.

- 앞가슴이 넓지 못하고 등이 좁고 두 어깨가 축 늘어졌거나 올라붙어서 마치 병든 닭 모양으로 생긴 사람은 가난하여 고생을 많이 하면서 오래 살거나, 가난하지 않으면 도중에 요사한다.
- 뼈가 연약한 사람은 오래 살더라도 행복을 느끼지 못한다.
- 뼈가 살보다 많은 사람은 적극적인 성품의 소유자이다.
- 살이 뼈보다 많은 사람은 소극적인 성품의 소유자이다.
- 살이 옆으로 찐 사람은 성질이 흉악해서 적을 많이 만든다.
- 살이 축 쳐진 사람은 성질이 너무 부드러워 기회를 못 잡는다.
- 허벅지에 살이 너무 많은 사람은 수명이 길지 못한다.
- 악취가 몸에서 나는 사람은 빈천한 상이다.
- 몸이 두텁고 거북이형인 사람은 부귀하게 된다.
- 살결이 희고 윤택한 사람은 귀하게 된다.
- 살결이 검고 거친 사람은 천하게 된다.
- 부드럽고 향기 있는 피부는 귀하게 된다.
- 살빛이 얼굴보다 흰 사람은 귀하게 된다.
- 귀가 얼굴보다 흰 사람은 만년에 이름을 날린다.
- 목이 얼굴보다 흰 사람은 늦게 귀하게 된다.

3) 음성 / 수염

- 깨진 종소리나 찢어진 북소리는 흉한 상이다.
- 남자가 여자 목소리를 내는 사람은 빈천할 상이다.
- 여자가 남자 목소리를 내는 사람은 남편과 인연이 없다.
- 체구는 큰데 음성이 작은 사람은 발달이 몹시 늦어진다.
- 체구는 작아도 소리가 웅장한 사람은 크게 대성 한다.
- 음성이 청했다 탁했다 하는 사람은 빈천할 상이다.
- 말을 급하게 하고 더듬는 사람은 일에 막힘이 많다.
- 말을 다급하게 끝맺거나 말도 하기 전에 얼굴색부터 변하는 사람은 빈천할 상이다.

✿ 소리가 입안에서 우물우물 하는 사람은 가난할 상이다.
✿ 수염이 쑥대처럼 우거진 사람은 귀하지 못하다.
✿ 수염이 맑고 깨끗하며 약간 드문 사람은 귀하게 된다.
✿ 수염이 너무 드물어 살이 보이는 사람은 귀하지 못하다.
✿ 윗수염이 입술을 덥지 못한 사람은 인덕이 없다.
✿ 구렛나룻이 너무 많지 않고 드물게 난 사람은 귀한 상이다.
✿ 돌돌 말린 수염은 형벌을 받을 상이다.
✿ 수염이 매우 빳빳한 사람은 성질이 강하여 실패 한다.
✿ 수염이 너무 유약한 사람은 기회를 놓치고 실패 한다.
✿ 인중에 수염이 없는 사람은 남의 일만 해주다 공이 없다.
✿ 여자가 인중에 수염이 감실감실한 사람은 중년에 과부가 된다.

4) 목 / 어깨 / 등

✿ 목이 가늘고 약한 사람은 가난하다.
✿ 얼굴이 맑고 목이 짧은 사람은 부귀하다.
✿ 얼굴이 탁하고 목이 긴 사람은 가난하다.
✿ 평평하고 살이 붙은 어깨는 대길하다.
✿ 어깨가 넓고 모진 사람은 부귀하다.
✿ 어깨가 축 늘어지고 살이 없는 사람은 흉한 상이다.
✿ 어깨가 넓고 얼굴이 맑은 사람은 대길하다.
✿ 약간 높은 듯한 어깨는 성공 한다.
✿ 어깨가 축 처진 사람은 가난하다.
✿ 단정하고 두터운 등을 가진 사람은 대귀 한다.
✿ 거북 등 같은 사람은 대귀 한다.
✿ 내천 자 같이 골이 진 등은 빈천할 상이다.
✿ 등이 크고 골진 사람은 빈천할 상이다.
✿ 등이 둥근 여자는 좋은 남편을 만날 상이다.

5) 허리 / 가슴

✿ 허리는 둥글고 등이 두터운 상은 부귀할 사람이다.
✿ 허리가 모지고 등이 얇은 상은 빈천할 사람이다.
✿ 허리가 곧고 둥근 사람은 부자가 될 상이다.
✿ 허리가 약하고 가는 상은 가난하게 될 상이다.
✿ 등은 좋으나 허리가 약한 사람은 초년은 좋으나 중년은 안 좋다.
✿ 등은 얇으나 허리가 둥글고 풍후한 상은 초년은 곤궁하지만 중년에 발복한다.
✿ 허리와 등이 다 좋은 사람은 부귀할 상이다.
✿ 곰 등에, 잔나비 팔에, 이리 허리를 가진 사람은 대귀할 상이다.
✿ 가슴 빛깔이 윤택한 사람은 지혜와 복이 많다.
✿ 가슴 빛깔이 어두운 사람은 어리석고 박복하다.
✿ 가슴을 쑥 내밀거나 삐뚤어진 사람은 가난한 상이다.
✿ 가슴이 평평하고 반듯한 사람은 부귀할 상이다.
✿ 가슴에 털이 난 사람은 반드시 성공한다.
✿ 가슴이 움푹 들어간 사람은 흉한 상이다.
✿ 가슴이 퍼지고 넓으며, 붉고 검으며, 크고 바른 상은 부귀를 겸전하고 자녀가 성공할 상이다.
✿ 젖이 작고 가늘며 희고 굽으며 아래로 숙인 사람은 외롭고 가난할 상이다.
✿ 젖꼭지가 부드럽고 큰 사람은 귀한 자식을 둔다.
✿ 젖꼭지가 단단하고 작은 사람은 자녀가 없을 수 있다.
✿ 젖꼭지가 위로 향한 사람은 귀한 자식을 두게 된다.
✿ 젖꼭지가 아래로 숙은 사람은 좋지 않은 상이다.
✿ 젖꼭지가 겨드랑이 밑에 가까운 사람은 부유하게 산다.
✿ 젖꼭지에 검은 점이 있는 사람은 반드시 귀한 자식을 낳는다.
✿ 젖꼭지가 붉은 사람은 자신이 귀하게 된다.
✿ 희거나 누런 젖꼭지를 가진 사람은 천한 상이다.
✿ 배가 배꼽 아래로 축 처진 사람은 어리석을 상이다.
✿ 뱃가죽이 두터운 사람은 건강하고 부귀할 상이다.
✿ 뱃가죽이 얇은 사람은 신체가 허약하고 가난할 상이다.
✿ 배가 희거나 붉고 윤택한 사람은 부귀할 상이다.

✿ 배가 검고 누르며 거친 사람은 빈천하게 살 운명이다.
✿ 배에 '삼(三)' 자 무늬가 있는 사람은 대귀할 상이다.
✿ 배에 '북방 임(壬)' 자 무늬가 있는 사람은 극귀할 상이다.

6) 배꼽 / 음부

✿ 배꼽이 넓고 깊은 사람은 지혜와 복이 있을 상이다.
✿ 배꼽이 좁고 얕은 사람은 어리석고 복이 없는 상이다.
✿ 배꼽이 적고 뾰족이 내민 사람은 가난하거나 요절할 상이다.
✿ 배꼽에 검은 점이 있는 사람은 이름을 사방에 날릴 상이다.
✿ 배꼽에 살구 한 개가 들어갈 만한 사람은 크게 부자 될 상이다.
✿ 배꼽이 깊고 넓으며 모지고 위로 향한 사람은 귀하게 된다.
✿ 배꼽이 좁고 작거나 뾰쪽 하며 아래로 향한 사람은 천하게 될 상이다.
✿ 남자 귀두에 검은 점이 있는 사람은 귀한 자식을 둔다.
✿ 남자 콧등에 사마귀가 있는 사람은 음경에도 사마귀가 있다.
✿ 여자 입술에 사마귀가 있는 사람은 음부에도 사마귀가 있다.
✿ 눈썹에 털이 많은 사람은 음부에도 털이 많다.
✿ 눈썹이 털이 적은 사람은 음부에도 털이 적게 난다.
✿ 항문에 털이 없는 사람은 빈천한 상이다.
✿ 항문에 털이 약간 있는 사람은 부유하게 사는 좋은 상이다.
✿ 여자 음문에 검은 점이 있는 사람은 귀한 자식을 둘 상이다.
✿ 남자 음경이 모지고 강한 사람은 귀하게 될 상이다.
✿ 남자 음경이 적고 부드러운 사람은 크게 성공하지 못한다.
✿ 음부에 털이 산란한 사람은 음란한 상이다.
✿ 여자 음부에 털이 아주 없는 사람은 자궁이 약한 상이다.
✿ 음모가 부드럽고 적당히 난 사람은 귀한 상이다.
✿ 음모가 강하고 산란한 사람은 음란하고 천한 상이다.

【5】 쉽게 보는 관상

관상은 3000년 전에 전쟁을 시작하면서부터 천성과 삶 전체를 보았다. 얼굴은 木火土金水 오행의 원리에 부합된다. 오악이 잘 나왔을 때는 한 곳이 10년씩 간다.

1) 현재에 보는 관상

이미지 및 리더십을 보기 위한 상을 본다.
✿ 사주는 관상만 못하고 관상은 심상만 못하다.
✿ 상은 변한다. 자신의 상과 운명은 스스로 만들어 나가는 것이다.
✿ 상은 동양은 함께 본다. 서양은 토막토막 잘라서 본다.
✿ 인상학의 사상적 배경은 천인(天人)상응 관념, 음양오행 관념, 도교사상, 골상법이 근간이다.
✿ 인상학의 현대적 가치는 인사관리, 성형, 교육문제에 활용한다.
✿ 정신(情神). 情은 혈의 에너지에서 나온다. 神은 뇌의 에너지에서 나온다.
✿ 인간은 마음을 쓰며 살아가는 존재요, 생각을 하며 행동하는 존재다.
✿ 화와 복은 문이 따로 없으며, 오직 그 사람이 스스로 불러들인다.
✿ 실패와 성공은 사람과의 만남이다. 행복과 불행도 사람과의 만남이다.
✿ 행복하기 때문에 웃는 것이 아니고 웃기 때문에 행복한 것이다.
✿ 인상학에서는 가장 먼저 건강을 본다.
✿ 얼굴의 균형을 먼저 본다.
✿ 삼정을 본 후 오악을 본다. 그리고 이목구비를 본다.
✿ 가장 먼저 눈을 본다.
✿ 기가 살아 있는지 죽어 있는지를 본다.
✿ 얼굴에서 고·저를 본다. (양 : 나왔을 때, 음 : 들어갔을 때)
  나온 얼굴은 자기표현을 잘한다. 들어간 얼굴은 음하다.
✿ 얼굴의 탄력을 본다.
    탄도가 너무 좋으면 본인은 좋으나 옆 사람이 안 좋다.

(얼굴이 너무 팽팽하면 받쳐줘야 하니까 풍이 잘 온다.)
✿ 얼굴 근육의 변화를 본다. (긴장감이 없어지면 얼굴이 쳐진다.)

2) 심상이란

　인상법에서 가장 중요한 것은 마음의 상인 심상이라 할 수 있다. 인상이 아무리 좋아도 마음속에 있는 심(心)이 바르지 못하면 육체와 상을 좋게 다스리지 못하고, 선이 악에게 당하면 그 심이 외부에 표출 되어 상을 나쁘게 변화 시킨다. 신체와 얼굴의 피부색인 찰색과 눈빛 등 모든 상이 심상에 의하여 좋아지거나 나빠지는데 몸에 나오는 작은 털, 머리카락, 눈썹 하나하나에도 심상이 담겨져 있다. 수상, 관상, 족상 등 모든 상이 마음에 따라 변한다.
　인상학에서는 심상을 가장 중요하게 본다. 심상이 바르고 좋은 자는 인상도 좋아지고, 인상이 좋아지면 좋은 운기가 찾아오는데 상은 기에 의하여 15일 또는 30일에 한 번씩 변화를 가져온다.

① 심상을 관리하는 방법
✿ 미워한다고 소중한 생명에 대하여 폭력을 쓰거나 괴롭히지 말고, 좋아한다고 너무 집착하여 곁에 두고자 애쓰지 않아야 한다.
✿ 사랑하는 사람에게는 사랑과 그리움이 생기고, 미워하는 사람에게는 증오와 원망이 생기는데, 사랑과 원망을 다 놓아야 한다.
✿ 너무 좋아할 것도 너무 싫어할 것도 없다. 너무 좋아해도 괴롭고, 너무 미워해도 괴롭다. 우리가 알고 있고, 겪고 있는 모든 괴로움은 좋아하고, 싫어하는 두 가지에서 온다고 해도 과언이 아니다.
✿ 늙는 괴로움도 젊음을 그리워하는데서 오고, 병의 괴로움도 건강을 좋아 하는데서 오며, 또한 삶의 좋아함도 살고자 하는 집착에서 오고, 사랑의 아픔도 사람을 좋아하는데서 온다. 이렇듯 모든 괴로움은 좋고 싫은 것만 없다면 괴로울 것도 없으므로 마음은 평화를 가질 수 있다.
✿ 그렇다고 사랑하지도 말고, 미워하지도 말고, 그냥 돌처럼 무감각하게 살라는 말이 아니고, 사랑을 하되 집착을 하지 말고, 미워하더라도 거기에 오래 머물

러서는 안 된다는 말이다. 사랑이든 미움이든 마음이 그곳에 머물러 집착하게 되면, 그때부터 분별의 괴로움은 시작되기 때문이다.

✧ 사랑이 오면 사랑을 하고, 미움이 오면 미워하되, 머무르지 않도록 해야 한다. 인연 따라 마음으로 생각하고, 인연 따라 받아 들여야 하겠지만, 집착을 놓아 버리고, 사랑과 미움도 놓아야 한다.

✧ 공자의 말씀 중에서 사람의 마음은 산천보다 더하고, 알기는 하늘보다 더 어렵다.

하늘에는 봄, 여름, 가을, 겨울의 사계절과 낮과 밤 구별이 있지만, 사람은 꾸미는 얼굴과 깊은 감정 때문에 알기가 어렵다.

✧ 외모는 진실한 듯하면서도 마음은 교활한 사람이 있고,
✧ 겉은 아름다우면서도 속은 못된 사람이 있으며,
✧ 겉은 원만한 듯하면서도 속은 강직한 사람이 있고,
✧ 겉은 건실한 듯하면서도 속은 나태한 사람이 있으며,
✧ 겉은 너그러운 듯하면서도 속은 조급한 사람이 있다.
✧ 의(義)로 나아가기를 목마른 사람이 물을 찾듯 하는 사람은 의를 버리기도 뜨거운 불을 피하듯 한다.
✧ 셰익스피어는 마음이 유쾌하면 종일 걸을 수 있고, 괴로움이 있으면 십리 길도 지친다고 했다.
✧ 항상 즐거운 마음으로 약간은 손해 보는 맘으로 살면 삶이 여유롭고 편해진다.
✧ 이 세상에 진실로부터 도망칠 수 있는 사람은 없다.

살아가면서 때로는 피하고 싶은 진실과 맞딱드려야 할 때가 있다. 그냥 모른 채 살면 좋겠지만 진실은 너무 끈질겨 우리의 발목을 잡고 놓아주지 않는다.

✧ 비상한 용기 없이는 불행의 늪을 건널 수 없다.

누구나 불행을 피해갈 수는 없지만, 그렇다고 이겨내지 못할 불행도 없다. 세상에 대한 원망과 연민을 이겨낼 수만 있다면 모든 고통으로부터 구원 받을 수 있다.

✧ 가장 견고한 감옥은 스스로 만드는 것이다.

어떤 일을 망치는 가장 큰 원인은 두려움이다. 이 두려움이 갖가지 변명거리를 만들어내며 우리를 뒷걸음 질 치게 만든다. 두려움은 누가 우리에게 주는 것이 아니라 우리 스스로 만들어 내는 것이다.

✧ 완벽주의가 좋은 인간성을 의미하지는 않는다.

일에서는 완벽주의가 빛을 발할 수 있지만, 인간관계에서는 오히려 해가 된다. 완벽주의자는 함께 일하는 동료로써는 좋지만 친구로써는 꺼려한다.

✪ 사랑은 인생에 처방하는 가장 강력한 진통제다.
고통으로 가득찬 이 세상을 순간적으로 살아 볼만한 곳으로 만들어주는 신비로운 존재가 사랑이다. 인간이 견뎌야 할 모든 시련에 대한 보상으로 주어지는 것도 사랑이다.

✪ 좋은 일이 일어나는 데에는 시간과 인내가 필요하다.
나쁜 일에 빠져 드는 데에는 시간이 걸리지 않지만, 나쁜 일에서 벗어나는 데에는 상당한 시간과 인내가 필요하다. 좋은 것 일수록 그것을 얻는 데에는 긴 시간이 필요하다.

✪ 방황하는 영혼이라고 해서 모두 길을 잃은 것은 아니다.
인생에는 미쳐 다 가볼 수 없는 여러 갈래 길이 있다. 그 여러 갈래 길 사이에서 잠시 이탈하거나 행로를 변경하는 것은 방황이 아니라 오히려 모험일 수 있다.

✪ 같은 행동을 반복하면서 다른 결과를 기대 할 수는 없다.
우리는 너무나 많은 것을 체념하면서 살고 있다. 그래서 희망이 없는 사람은 변화를 꾀할 수가 없다. 불행하다고 느낀다면 지금과 다르게 살아 보려는 노력이 필요하다.

✪ 지금 하는 행동이 미래를 말해준다.
나와 다른 어떤 사람에게 문제가 있다면 먼저 행동을 살펴야 한다. 말이나 행동이 아니라 행동이 그 사람에 대해 가장 정확하게 말해주기 때문이다.

✪ 감정적인 행동을 이성적으로 멈추게 할 수는 없다.
우리가 스스로 잘못인줄 알면서도 어리석은 행동을 반복하는 것은 그 행동이 논리적으로는 설명되지 않는 편견이나 아집에서 출발한 것이기 때문이다.

✪ 나에게 일어난 대부분은 나에게 책임이 있다.
사람은 자신의 고통을 다른 사람이나 외부 환경 탓으로 돌리려 한다. 하지만 자신을 고통으로 빠뜨리는 것도 그 속에서 구해내는 것도 결국은 자기 자신임을 알아야 한다.

✪ 모든 인간관계에서 주도권은 무심한 사람이 쥐고 있다.
어떤 인간관계든 깨어질 때는 어느 한쪽이 먼저 마음이 떠나기 마련이며, 그 사람이 오히려 간자가 되어 원상회복을 위한 약자의 모든 노력을 헛수고로 만들어 버린다.
- ✿ 무분별한 친절이 상대를 더 망칠 수 있다.

  우울증에 걸린 사람에게 필요한 것은 주위 사람들의 친절이다.
  보호가 아니라 절망을 이겨 내겠다는 본인의 강력한 의지이다.

- ✿ 열 번 변명을 하느니 한 번 모험을 하는 것이 낫다.

  새로운 일에 도전하면서 왜 그 일을 할 수 없는가에 대한 변명 거리만 준비하는 사람이 있는가 하면, 그 일을 하지 못할 이유가 없다는 모험심으로 출발하는 사람도 있다.

- ✿ 지금 좋은 것이 영원히 좋으리라는 법은 없다.

  뛰어난 두뇌, 유머감각, 완벽주의 등 어떤 사람을 돋보이게 해주던 요소들이 그 사람을 불리한 처지로 몰아넣을 수 있다. 인생에 절대적 가치가 없듯이 절대적 장점도 없다.

- ✿ 남을 속이는 것보다 자신을 속이는 것이 더 나쁘다.

  갖가지 핑계로 게으른 자신을 합리화 하는 것만큼 어리석은 일은 없다.
  자기 합리화가 반복되면 어떤 판단도 올바로 할 수 없게 된다.

- ✿ 이혼과 불륜은 완벽한 사랑의 환상에서 비롯된다.

  나를 완전히 이해 해주는 사람과 영원히 함께하는 완벽한 사랑이 있다면 얼마나 좋을까? 그것은 환상이며 헛된 욕망일 뿐이다. 이혼과 불륜이 난무한 현실이 그것을 말해주고 있다.

- ✿ 아무리 좋은 부모라도 훌륭한 스승이 되기는 어렵다.

  끊임없이 규칙을 만들고 강요하며 통제해야만 부모로써의 역할을 다하는 것이라고 믿는 사람이 있다. 그 결과는 오히려 아이를 나약하고 비관적인 사람으로 만들 뿐이다.

- ✿ 불필요한 두려움은 진정한 기쁨을 방해할 뿐이다.

  이 사회는 온갖 다양한 것들로 우리를 불안하게 만든다. 전쟁과 테러, 가난, 질병, 사업실패 등 그것들은 단지 일어날 가능성이 있다는 것만으로도 우리의 행복을 방해한다.

- ✿ 부모가 자식의 모든 문제를 해결해 주지는 못한다.

  훌륭한 부모가 되고 싶다면 통제하는 대신 따라오게 해야 한다. 가장 중요한 것은 아이들에게 어떠한 상황에서도 행복해 질수 있다는 믿음과 용기를 심어주는 것이다.

✿ 아쉬운 기억일수록 낭만적으로 채색되는 경향이 있다.
과거의 기억은 곧잘 낭만적인 환상으로 부활 한다. 과거의 낭만적인 기억에 매달리는 사람들의 문제는 현재에 만족하지 못하고 미래를 불안하게 생각한다는 것이다.

✿ 인생의 마지막 의무는 아름다운 노년을 준비하는 것이다.
외로운 노년을 자식에게 기대려는 것은 환영 받지 못한다. 노년의 상실감을 품위와 의지로 견뎌내는 것이야 말로 마지막으로 용감해 질수 있는 기회이다.

✿ 배려가 있는 거짓은 내가 아프고, 배려가 없는 진실은 상대가 아프다.
나에게 얼마만큼 가치가 있는 사람이냐에 따라서 거짓일수도 진실일수도 있다.

✿ 항상 즐거운 마음으로 내가 약간은 손해 보는 마음으로 살면 삶이 여유로워 지고 편안해진다.

✿ 상처 주는 말보다 위로하는 말이, 비난 보다는 격려의 말이, 나와 타인의 삶을 행복하게 한다.

✿ 꾸밀 줄 모르는 아름다운 사람, 모르는 것을 모른다고 말할 줄 아는 솔직한 사람, 아는 것을 애써 난척하지 않고 자신의 지식을 나눌 줄 아는, 겸손함과 지혜가 있어야 한다.

3) 인상을 쉽게 보는 법

✿ 체형을 본다.
가장 먼저 눈에 띠는 것이 신체이다. 체형은 머리부터 발끝까지를 보고 관찰하며, 현상을 직관할 때에는 전체적인 균형감을 보며, 신체의 비대함이나 왜소함 등의 형이나 기의 강약을 보고, 자세의 단정함을 같이 보며, 체형의 전체적인 특징이 있는가를 살핀다.

✿ 기를 본다.
얼굴 표정이나 음성 및 자태에서 읽을 수 있으며, 활기를 띤 힘에 의한 기를 살피고, 얼굴의 찰색을 살피면서 그 사람의 마음가짐과 오악과 사독 그리고 12궁을 관찰한다.

4) 인상을 관리 하라

✿ 붕어눈처럼 튀어 나온 사람은 자기표현을 잘 하는데, 상대방을 비판하고 좋지 않은 얘기를 잘한다. 대체적으로 수명이 짧다. 눈이 튀어 나온 사람은 손을 씻을 때마다 두 손으로 눈을 마사지하면 들어간다.
✿ 인물은 잘 생겼으나 표정이 차갑고 무뚝뚝한 사람은 본인 할 일만 하고 대화가 없으므로 발전을 생각하기 어렵다. 이러한 사람은 심상을 바로 하여 밝은 마음으로 대화하는 습관을 들이면 좋아진다.

5) 재력과 인상

목소리의 울림이 좋고 눈빛과 기색이 좋아 힘이 있어 보이면 재력이 좋다고 봐야 한다. 목소리는 크나 힘이 없고 소리가 끊어지면서 떨림이 있고, 입안에서 어물거리며 탁한 소리가 나면, 마음도 불안하고 건강 상태도 좋지 않다고 봐야 한다. 이러한 사람에게는 금전 거래가 있으면 받아 낼 수 없다.

걷는 걸음걸이나 앉은 자세를 보아 반듯하고 걸음걸이에 힘이 있고 다급한 일에도 느긋하게 상황에 대처하는 뱃장이 있으며, 온화한 미소를 풍기면 재력이 있다고 본다. 대체적으로 음성이 좋은 사람이 얼굴에 법령이 또렷하면 여수 관계가 정확하여 금전거래를 하여도 될 사람이다. 음성은 목을 통해서 입 밖으로 울려 나오는데 소리가 굵거나 힘이 있고, 가늘면서 저음이거나 등 여러 유형이 있는데 음을 듣고 색을 잘 간파해야 한다.

대부분 목소리가 맑고 힘이 있으면 재력이 풍부하다고 보면 된다. 음성학에서도 마음 관리는 매우 중요하다. 마음이 안정되어 있으면 시작부터 끝까지 음성이 고르고 부드럽게 그리고 유연하게 발성되어 운기가 살아난다. 기분이 좋으면 대화를 할 때에 밝고 환한 목소리가 나오는데 음성도 심상에 의하여 좌우 된다.

6) 악수 할 때 심상

- 악수 할 때에 엄지손가락을 세우면 자기 주관이 뚜렷하고 상대를 견제 한다는 뜻도 있다. 손에서 엄지는 대장을 표시 할 때 쓴다.
- 손가락을 쫙 펴서 손바닥을 보여 주면서 하는 사람은 개방적인 성격이다.
- 손가락을 모두 붙여서 손등을 보이면서 내미는 사람은 꼼꼼하고 계산적이며 치밀하다.
- 남성들은 첫 대면에서 엄지를 세우고 악수하지만 상대가 여성이면 엄지가 내려간다.
- 손가락을 쫙 펴고 엄지를 붙여 손을 내밀면 내성적이고 치밀하다.
- 손바닥을 보이고 손가락을 넓게 펴는 사람은 어지간한 사생활은 비밀이 없다.
- 손바닥을 보이면서 손가락을 바짝 붙이고 악수하는 사람은 마음을 보여주기는 하나 조심스러운 사람이다.
- 손등을 보이면서 손가락을 펴면 사생활은 감추더라도 사회생활은 공개한다.
- 계란을 쥐듯 하며 손바닥을 보이고 악수를 하면 마음을 잘 드러내지 않는다.
- 몸 가까이에서 슬그머니 손을 내밀고 악수하면 내성적인 사람이다.
- 악수를 하면서 힘의 강약과 거칠고 부드러운 촉감을 느끼면서 직업을 파악할 수 있다.
- 여자의 손이 억세면 과거에 거친 일에 종사한 사람으로 보면 된다.
- 손을 잡으면서 순간적으로 상대방 내면의 氣를 느껴야 한다.

7) 다른 유형

- 얼굴이 마름모형은 반드시 노후 대책을 해야 한다.
- 삼각형의 얼굴은 하나하나씩 차근차근 모아야 한다.
- 역삼각형의 얼굴은 꼼꼼하게 따지는 습관 때문에 재테크의 기회를 놓친다.
- 얼굴이 사각인 사람은 뱃장이 좋아 남의 말을 안 듣는데 행동은 느긋하며 금전은 은행 예금형이다.
- 왕자형의 얼굴은 사업을 하면 망하기 쉬워, 어려워도 봉급생활자가 되어야 한

다.
✿ 얼굴이 둥근형은 윗입술 인중 옆이 두둑하면 돈이 따른다.
✿ 하반신이 약하고 상반신이 좋은 사람은 큰돈 번다고 소리만 요란하다 거지되기 십상이므로 금전 관리를 배우자에게 맡겨야 한다.
✿ 큰돈을 묻어두는 태음인은 약삭빠른 재테크를 하고, 소음인은 보수적이며 안전한 재테크를 한다.
✿ 법령 안쪽 입 주위의 색이 환하고 좋으면 은행에 돈을 넣고 살며, 식록이 밝고 명윤하면 돈이 들어온다.
✿ 입이 잘 열리면 금고도 잘 열린다. 단단하면 금고도 단단하다.
✿ 콧구멍이 훤히 드러난 사람은 사업은 삼가고 봉급생활을 해야 한다.

8) 전래의 심상

✿ 노인은 기와 혈색으로 영화를 본다.
✿ 사람의 지혜는 피부의 윤택함과 털의 유여와 강을 본다.
✿ 사람을 사귈 때는 눈을 먼저 보고 사귀어야 한다.
✿ 희로애락을 잘 나타내지 않는 사람은 인내심으로 성공한다.
✿ 좋은 일로 적선하는 사람은 자손에게 영화가 있다.
✿ 부인은 위엄이 있고 어질며 단정해야 최상이다.
✿ 마음의 음덕을 쌓은 사람은 여유가 있어 인상이 좋아진다.
✿ 악으로 모은 재산은 악으로 망한다.
✿ 스스로 한 일을 책임지지 못한 사람은 패망한다.
✿ 크게 할 수 있는 말을 귓속말로 얼버무리는 사람은 음흉한 사람이다.
✿ 자기 자랑을 많이 하는 사람은 그릇이 적어 크지 못한다.
✿ 바쁜 일이 없으면서 항상 바쁜 체하는 사람은 복이 오래 머물지 못한다.
✿ 조그만 권세를 남용하는 사람은 얼마 못가 망할 사람이다.
✿ 남의 단점을 들추어내는 사람은 인덕이 부족한 사람이다.
✿ 재주를 가르쳐 주지 않는 사람은 응큼하고 큰 공을 못 이룬다.
✿ 큰소리 잘치고 얼굴을 자주 바꾸는 사람은 운도 자주 바뀐다.

✿ 즐거울 때 기쁜 표정이 없고 근심어린 사람은 가난한 사람이다.
✿ 큰소리만 치는 사람은 이루는 것 없이 항상 곤궁하다.
✿ 성격이 급해 잘 참지 못하는 사람은 손재만 있고 장수도 못한다.
✿ 만족을 모르는 사람은 늙어서 재산 쌓아 놓고 굶어 죽는다.
✿ 만족함을 느끼는 사람은 가난해도 부자가 부럽지 않다.
✿ 곤란이 닥쳐도 흔들리지 않는 자는 초년에 가난해도 후년에 잘 산다.
✿ 남을 중상 모략하는 사람은 패가망신 할 사람이다.
✿ 사정이 딱한 사람을 도와주는 사람은 자손에게 영화가 온다.
✿ 심상이 좋은 사람은 좋지 않은 일을 당해서도 좋은 일로 바꾸는 힘이 있다.
✿ 소년 시절에는 정신 집중이 재산이므로 신혈(神血)을 취해야 한다.
✿ 소년이 노인 행동하면 요절 상이며, 노인이 소년 행동을 하면 장수할 상이다.

제 10장.
음성(音聲) : 언상(言相)

【1】 음성에 대하여

　상대방에게 나의 느낌이나 뜻을 소리로 표현하여 전달하는 방법이 음성이다. 각 개개인의 신체 내에는 소리를 만들어 내는 성대를 포함한 여러 기관 있는데, 여기에는 음과 성이 있으며 이를 합하여 음성이라 한다. 성은 소리의 시작을 주관하고 음은 소리의 멈춤을 주관한다. 사람의 언어에는 영혼이 있고, 그 영혼은 쉬지 않고 움직인다. 사람의 머리는 하늘의 기운과 매초마다 소통하고 있으므로 나쁜 생각을 많이 하면 하늘에서 망하는 기운이 내려오고, 좋은 말과 좋은 소리는 복을 준다.
　말은 한번 뱉으면 주워 담지 못하므로 주의해야 한다. 입이 크고 거친 사람은 남의 단점이나 아픈 곳만 지적하고, 입이 상하 비율이 좋고 입술이 긴 사람은 말을 삼가할 줄 안다. 입술이 짧고 얇은 사람은 말이 급하며 경솔하고 이가 작은 사람은 허언을 자주 하거나 남을 속인다. 그러므로 말의 경중·고저·장단·리듬·트릭·청탁·말투 등을 분석하면 마음을 읽을 수 있다. 말은 입에서 나오지만 결정은 마음이 하기 때문이다.

1) 음과 성

　발성기관과 발음기관에서 나는 소리 모두를 음이라 한다. 기침, 재채기, 웃고 우는 소리, 휘파람 소리, 외치는 소리, 동물의 소리를 흉내 내는 소리, 혀 차는 소리, 물 마시는 소리 등이 음에 해당하며, 성대를 포함한 여러 기관에서 만들어 낸 소리에 어휘력 등으로 언어화 할 때 나오는 음과 성을 합하여 말소리라 하는데 이를 음성이라 한다.
　음이 각 개인의 신체에서 일정한 과정을 거치고, 소리가 발생하는 상태에 따라 성이 틀리게 표출된다. 소리의 끝인 음도 발생하는 부위의 상태에 따라 진동이 틀리게 되는데, 시작하는 성과 끝인 음을 합하여 음성이라 한다.

2) 음성의 생성

신체내에 근원적인 힘을 주는 오장(간, 심장, 비, 폐, 신장)을 음성을 나오게 하는 1차 기관으로써 근본적인 기를 발생 시키는 기관이라 할 수 있다. 오장의 모든 기운을 합한 것을 내기라 하는데 폐장에서 올라온 내기압이 기도를 통하여 성대를 울리며 소리가 발생 된다. 소리가 나는 호흡관과 성대를 합하여 발성 기관이라 칭한다. 성대의 떨림과 성대의 상태에 따라 음성의 강약, 고저, 리듬 등의 음질이 결정 된다. 성대에서 올라온 소리를 받아 울림과 발음으로 언어화하여 코와 입 밖으로 내보내는 기관을 공명기관이라 한다. 음성과 공명이 일어나는 곳으로는 호흡관을 통해 울리는 성대가 있는데, 호흡관과 성대를 합하여 인후강이라 한다. 인후강에서 올라온 성은 두 줄기 공명을 일으켜 음성으로 화한 후 밖으로 음파를 보내는데 이를 통틀어 음성의 생성이라 한다.

3) 음성과 오행

✧ 폐는 金음성의 근본장기로 허파라고 부르기도 하며, 몸 안의 공기 창고이다. 산소와 이산화탄소가 번갈아가며 수축 활동을 하며, 좌우로 한 개씩 둘로 나누어져 있으며 그 크기가 다르다. 폐장은 슬픔을 주관하는 장기로 폐기능이 안 좋은 사람은 마음 한구석에 슬픔과 허전함이 잠재되어 있다.
폐는 오장 중 음성에 가장 가까이에서 직접적으로 공기에 압력을 성대로 보내주는 역할을 한다. 소리를 내기 위하여 공기 힘을 조절하여 불어내는 작용기관이다. 음성이 발생하기 위한 공명 기관과 발성기관인 2. 3차 기관과 1차 기관인 근본기관 중간에 있어 오장의 기운을 위로 올려 보내는 마지막 기관이다. 폐의 크기와 역량과 상태에 따라 음성의 강약과 대소가 결정되어 자신감에 따른 박력과 대범함이 드러나 운수에 막대한 영향을 미친다. 감기라도 걸리면 폐의 기운이 약해져 목소리에 즉각 반영되어 음성에 변형이 오거나, 소리가 탁해지거나, 음성에 기력이 약해진다. 코가 낮거나 콧구멍이 들려 보이면 폐에 한기가 잘 침범하여 호흡 질환이나 폐질환에 잘 걸린다.
✧ 비·위장은 土음성에 근본 장기로 식도를 통하여 구강과 연결되어 있다. 식도

는 소리를 내는 데에 직접적인 역할을 하지는 않지만 스스로 신축운동을 하여 음성에 필요한 소량의 공기흐름을 제공한다.

식도는 평소에 말소리가 날 때는 닫혀 있으나 공기흐름에 의해 열리면 그때 음성에 영향을 주는 것이다. 성대가 질병이나 다른 이유로 손상되면 식도를 통해 언어를 표현하는 것만 보아도 식도의 음성에 대한 영향력은 확실하다.

비위 장은 고민에 따른 괴로움의 장기이다. 비·위장이 약해지면 생각을 너무 깊이하게 되어 정서불안에 잘 빠져든다. 비·위장은 성대에서 발하는 음성이 식도를 통하여 아래로 내려와 울림을 주는 소리통 역할을 한다.

✿ 간은 木음성에 근본 장기로 피를 저장하고 몸체에 활기와 활력을 유지시켜주는 중요한 장기이며 독소로부터 몸에 방패역할을 하는 유익한 장기이기도 하다.

간은 노여움의 장기이다. 간의 상태가 좋지 않은 사람은 기분이 항상 좋지 않으므로 사소한 일에도 화를 잘 낸다.

오행인 木火土金水가 서로 간에 상생과 상극을 하며 만물이 생성되고 변화하듯 내부 장기도 서로 간에 相生과 相剋하며 유기적 관계를 항상 유지한다. 五臟중 한 개의 장기만 자기역할을 못하여도 오행 생극 운동이 무너져 음성이 發하는데 지장을 초래 한다.

간은 음성에 근본기관인 오장에 한축을 담당하여 언어에는 감정을, 음성에는 생기와 활력을 불어 넣어주어 음성의 대소와 고저를 유지시켜주어 운명적으로 매우 중요한 역할을 한다. 간목은 신장에서 힘을 받아 심장에 전달하는 역할을 하지만 음성 역할 전체를 볼 때 음성에 활기를 넣어주는 중요한 장기이다.

✿ 심장은 火음성에 근본 장기로 장기 중 가장 열정적으로 활동하는 장기이다. 다른 장기는 잠깐씩 쉬기라도 하는데 심장은 죽음에 이르러서야 휴식을 찾는다. 심장은 열정적인 사랑의 상징으로 우리에게 영원히 인정되고 각자의 영혼도 심장에 거하여 죽음과 같이 내 몸을 떠난다.

심장은 명랑함과 기쁨을 주관하는 장기로 심장기능이 약해지면 감정조절이 안되어 감정이 급상승하여 쉽게 흥분하고 아무것도 아닌 일에도 이유 없이 슬퍼지고, 큰소리로 웃기도 한다.

심장은 3차 공명기관중 언어를 만들어내는 혀와 맞닿아 있다. 언어는 소리를 통해 구현됨으로써 상대에게 나의 뜻과 나의 느낌을 전달하는 음성의 마지막 수단이다.

심장은 음성에 열정을 불어 넣어주고 언어를 만들어 음성을 완성케 하는 적극적 역할을 한다. 심장이 건강하여 활기차면 언어에 진실함의 氣가 실려 느낌 전달이나 설득력에 도움을 주어 남녀간 사랑 고백은 물론 사업상, 영업상 대화의 성공적 실적을 얻어낸다. 애정운, 대외적 교제운, 재물운 모두 심장의 음성에 대한 역할에 달려 있다. 음성에 심장의 열정이 닿지 않으면 빛 좋은 개살구와 같다.

✿ 신장은 水음성의 근본장기이다. 장기 중 가장 아래에서 위로는 뇌를 포함하여 나머지 장부(臟腑) 모두를 떠받드는 막중한 임무를 갖고 있다. 장(腸)에서 추출한 각종 영양분을 분류하고, 농축저장, 배설 등 출납을 관장하는 없어서는 안 될 장기이다.

신장은 두려움의 장기로 콩팥 기능이 떨어지면 작은 일이나 작은 사건에도 무서움을 느껴 큰 불안감을 갖는다.

음성의 발성은 가장 가까이는 순강(脣腔)인 입술과 치아에 있고, 구강(口腔)인 입안에 있고, 비강(鼻腔)인 코와 두 개(頭蓋)에 있고, 다음으로 인후강(咽喉腔)인 성대와 호흡관에 있다. 성대(聲帶)가 울리기 위하여서는 오장 중 폐장에서 올라오는 공기압력의 직접적인 도움을 받아야 한다.

폐장은 오행 상 土의 역할을 하는 비위의 도움으로 성량이 결정되나 비위는 심장의 기운을 받아야 하므로 심장 火의 생하는 기운을 받아야 하고, 심장은 肝木에 의해 힘을 받아야 한다. 간목은 신장 水 기운이 무너지면 오장의 근본바탕이 무너진 것과 같다. 폐장의 기운에 따라 음성의 강약과 대소에 따른 성량이 생성되어 박력과 추진력이 결정되고 비위의 울림에 따라 재물의 쟁취력이 이루어지고 간장의 기운에 따라 음성에 감정과 활력이 생성되어 기획력이 발하고 심장의 기운에 따라 언어에 열정과 진실성이 결정되어 대인관계가 성립되며 신장의 기운에 따라 음성의 윤택함과 인간국량의 기본바탕이 이루어진다. 오장 기관의 밑받침은 신장이 떠받들고 있으므로 신장의 중요함은 음성에 절대적이라 할 수 있다.

4) 음성의 정의

음성을 생리학적으로 구별하는 방법에는 목소리의 대소, 고저와 음색이 있다. 음색은 발음체가 소리를 낼 때 음의 높이가 같아도 악기 종류와 사람에 따라 다르게 들리는 소리의 특성이 있다. 즉 같은 조건, 같은 높이, 같은 세기로 음계를 만들어 각기 다른 악기로 소리를 낼 때 악기 마다 소리가 다르게 나오듯이 사람의 음성도 이와 같아 각 개인이 만들어 내는 소리가 기관의 상태와 역량의 차이에 따라 다르기 때문에 음성도 달라진다. 음색, 대소, 고저, 청탁 등 음성의 윤택함과 음성의 음운의 유무 등을 분석하여 성격, 건강, 운명 등을 알아 낼 수 있다. 음성은 오장인 근본 기관과 공명 기관, 발성 기관인 목청이 있는데 질병으로 인하여 어느 한 기관이라도 제 역할을 못하면 소리가 나오지 않든지, 아니면 소리가 좋지 않아 사회생활이 힘들어지는데, 이들 3기관은 삼위일체가 원활하게 이루어져 정상적인 음성이 나올 수 있도록 하여야 한다.

5) 소리

사람에게는 소리가 있으니 종(鍾)소리, 북(鼓)소리와 같은 음향이 있다.

그릇이 큰 사람은 소리도 우렁차고 크고, 그릇이 작은 사람은 소리도 작고 짧게 울린다. 정신이 맑으면 기(氣)와 화(和)하고 기가 화하면 소리도 깊게 울려 나와 화창하며, 정신이 흐리면 기가 단촉하고 기가 단촉하면 소리가 초급(焦急)하여 가볍고 목쉰 소리가 나온다. 귀인(貴人)의 음성은 단전(丹田 : 배꼽에서 한 치 아래) 속에서 나와 심기(心氣)로 통해서 밖에 이르므로 단전이란 곳은 소리의 근본이며, 혀(舌)끝은 소리를 표현하는 곳이다. 소리는 맑으면서 둥글고, 굳으면서 밝으며, 느리면서 맹렬하고, 급하면서 화(和)하고, 길면서 힘이 있고, 굳세면서 절도가 있어야 한다.

6) 언상이란?

음성을 언상으로 본다. 음성은 관상보다 중요하다.

음성은 마음을 대표하는 표출 부로써 스스로 선한 마음을 일으켜 수양하여 선덕을 쌓으면 마음의 중심인 순수한 마음을 안정시켜 맑은 영성(靈性)이 오장육부(五臟六腑)에 영향을 주어 긍정적인 사고방식과 적극적인 사고방식으로 인하여 그 기운에 맑고 윤택함을 더하여 본래 갖고 있는 음성의 격(格)을 높이 하여 운의 흐름을 부드럽게 하고 복록을 있게 한다.

음성상학(언상)은 현대의 복잡한 사회에서 인간이 원만한 삶을 유지하기 위하여 상호간 소통하고 교제하며 교감하는 수단 중 가장 원초적인 말소리를 깊이 있게 연구하는 학문이다.

음성은 인류 문화에서 몸동작과 동시에 의사 표현의 수단으로 사용되어 왔기에 그 역사는 인류 문명의 초기부터 시작 되었다 할 수 있다.

음성상학은 인류 문화를 논하는 인문학중 가장 먼저 연구 발전되어 읽혀져야 할 학문임에 틀림없으나 이제야 세상에 얼굴을 드러내는 것이 너무나 많이 늦었다고 본다.

어느 학문이든 시대의 흐름에 따라 명멸하는데 음성학은 21세기 문턱에서 처음 나오는 것으로 개인주의가 팽배한 이 시대에 상호간의 이해와 배려를 통해 교류와 화합을 이루어 따뜻한 사회를 이루고자 함일 것이다.

일상생활에서 일어나는 모든 일들을 다른 상학과 같이 겸하여 언어의 표현을 세밀하게 듣고 관찰하여 상대의 마음을 깊이 있게 읽어내어 음성에 따른 운명의 판단을 하기 위함이다. 세상의 이치는 보이지 않는 것이 보이는 것을 조종하는 것처럼 보이지 않는 나만의 독특한 음성을 가졌기 때문에 나만이 가는 인생길이 따로 있다.

✧ 심(心) 즉(卽) 형(形)이라 마음은 형상(形象)과 같고,
✧ 심(心) 즉(卽) 음(音)이라 마음은 음성(音聲)과 같아,
✧ 형(形) 즉(卽) 음(音)으로 형과 음성은 같은 것이다.
✧ 형(形) 즉(卽) 성(性)으로 형상은 성격을 이루고,
✧ 음(音) 즉(卽) 성(性)으로 음성(音聲)도 성격과 같다.
✧ 마음이 곧 음성이듯 음성이 곧 마음이다.

- 마음 따라 음성상이 결정되고, 음성 상에 따라 운명이 결정되어진다.
- 음성은 순수한 마음이 밖으로 드러낸 것이다.
- 마음이 안정되어 여유로우면 음성도 여유로워 느긋하고 편안하다.
- 마음이 불안하면 음성도 이에 따라 불안하여 급하다.
- 음성은 현재의 마음을 밖으로 나타내는 것이다.
- 마음이 밝으면 음성도 발랄하고, 마음이 슬프면 음성도 슬프다.
- 마음이 작으면 음성도 작고, 마음이 크면 음성도 크다.
- 마음이 나약하면 음성도 나약하고, 마음이 강하면 음성도 힘차다.
- 마음이 착하면 음성도 부드럽다.
- 마음이 담담하면 음성도 느긋하여 급하지 않다.
- 마음이 열불나 화가 나면 음성도 급격하게 커진다.
- 음성이 편안하면 마음도 편안하고, 음성이 침울하면 마음도 침울하다.
- 음성이 불안하면 마음도 불안하고, 음성이 간사스러우면 마음도 간사스럽다.
- 음성이 날카로우면 마음도 날카롭고, 음성이 탁하면 마음도 탁하여 욕심이 많다.
- 음성이 걸걸하면 마음이 소탈하여 실속이 없다.
- 음성이 가늘면 마음이 여리어 약하고, 음성이 나약하면 마음에 두려움이 많다.
- 음성이 가벼우면 마음이 굳지 못해 변심이 많다.
- 음성이 음침하면 마음도 음흉하며, 음성이 능글맞으면 마음도 능글맞다.
- 음성이 밝으면 마음도 밝고, 마음이 기쁘면 음성도 기뻐 명랑하다.
- 음성이 느리면 마음도 느릿하고, 음성이 빠르면 마음도 급하다.
- 음성이 부드러우면 마음도 부드럽다.
- 음성이 얌체스러우면 마음도 얌체스럽다.
- 음성이 맑으면 마음도 맑아 양심에 저버리는 거짓이나 술수를 안부려 당당하다.
- 외로운 마음이 가득하면 음성도 활기차지 못하고 윤택함을 잃어 힘이 없다.
- 마음이 행복하면 음성도 명쾌하여 언어가 잘 이루어진다.
- 마음에 사랑이 가득하면, 음색이 어떻든 윤택함이 배어 있어 편안한 음성이다.
- 사특한 마음에서는 변덕스러운 음성이 생성 된다.
- 기쁨에서 나오는 음성은 경쾌하고 밝고, 슬픔에서 나오는 음성은 처량하다.
- 마음에 변화가 있으면 음성도 변하고, 음성이 변하면 마음도 변한다.

7) 음과 혀

혀는 심장의 바깥기관으로 몸 전체의 원기인 중단전에 응하여 공명을 이루며 언어를 이루는 표현기관이다. 밖에서는 보이지 않으나 그 역할은 지대하고 인간의 생명을 지켜낸다.

✿ 세치 혀를 무겁게 하여 침묵하는 것보다 나을 때 말을 표현하라.

✿ 윗잇몸에 닿는 부분을 설단, 혀의 가장 끝부분을 설침, 설단과 설침을 합하여 설선이라 하고, 혀의 가장자리를 설연이라 하며, 입천장과 닿는 부위를 혓바닥이라 한다.

✿ 혀가 두터워 입안에 가득차고 색이 맑으면 부자가 되고, 혀가 길어 내밀어 준두에 닿으면 큰 인물로 대업을 이루며 다소 단단하면 귀하게 된다.

✿ 혀가 좁고 길면 간사한 모사꾼이고, 혀가 두터우나 짧으면 운명의 기복이 심하여 유년 시절과 청년기에 막힘이 많고, 혀가 뾰족하고 설선이 좁으면 욕심만 많고, 혀가 지나치게 얇으면 언어가 가벼워 간사하고 빈천하다.

✿ 혀가 짧고 작으면 급한 성격이며, 가벼운 성정으로 실패가 많아 가난하고 고생이 심하다.

✿ 혀가 길고 설단이 가늘고 뾰족하면 되는 일이 없고 독사 같은 마음이며, 혀가 짧고 작으며 밋밋하여 볼품이 없으면서 음성이 작으면 국량이 작고 포부가 없으므로 여름철에는 노숙을 하며, 혀가 작고 입이 크면 말이 가볍고, 혀가 큰데 입이 작으면 언어가 어눌하고 성공을 못한다.

✿ 혀 설침이 뾰족하고 입도 튀어나와 뾰족하면 심장기능과 비위기능이 부실하여 음성이 작고 가벼워 반드시 떠도는 인생이 된다.

✿ 혀에 흑자가 있으면 거짓말을 잘하고, 말하기 전에 혀를 날름되면 거짓말을 준비중이고, 말하기 전에 입술을 핥으면 음란하며, 남자가 여자를 대할 때 혀를 내밀어 입술을 빨면 음탕한 마음의 표현이다.

✿ 중환자의 혀가 붉으면 심장의 열의 표출로 생명의 불꽃이 마지막으로 타는 것이며, 혀가 간장색 같이 검으면 암 진단을 받아야 하고, 혀가 백지처럼 희면 빈천하고, 청·후의 기색이면 중병이며, 혀가 푸르면 육친과 이별하고 고생이 많이 따른다. 혓바늘이 솟으면 심장에 이상이 있으며, 사람이 갑자기 쓰러져 혀가 굳어 말이 어눌하면 중풍이 온 것이다.

✿ 혀의 백태는 통상적으로 건강의 상징이고, 흑색의 태는 곧 사망의 징조이며,

황색의 태는 병이 중한 상태이다.
- ✿ 여자는 혀가 길거나 내밀었을 때 코에 닿으면 혀끝에 무게가 있어 말에도 위엄이 서려 불쑥 내뱉는 말이 상대의 가슴에 비수를 꽂듯 언어가 억셀 때가 많으므로 주의하여야 한다.

8) 음성과 치아

언어의 정확성과 함께 음성의 흐트러짐을 잡아주어 순화시키는 역할을 담당한 부위가 치아가 된다.

- ✿ 치아 중에 대문 이는 가장 정중앙, 바로 혀 놀림과 맞닿아서 그 역할이 크다. 음성상학 면에서 볼 때 대문 이가 바르고 크면서 사이가 벌어지지 않으면 언어의 진실성이 있어 대인 관계가 좋고 성실함이 남달라 사회생활에서 큰 일꾼이 된다. 또한 건강하고 신의가 있어 운세가 강하게 들어온다.
- ✿ 치아 사이가 듬성듬성 벌어져 치열이 고르지 못하면 치음이 섞여 나와 언어가 정확성을 잃고 음성도 새거나 갈라져 운세에 악영향을 끼친다. 재앙이 많이 찾아들고 성격도 괴팍하고 학문에 관심이 없고, 신의와 신용도 떨어져 사회생활이 힘들다.

9) 음성과 입술

입술은 구강 안에서 혀와 함께 어우러져 나온 언어와 음성을 마지막으로 공명과 음파를 이루어 완성시켜 주는 부위이다.

- ✿ 상하 입술의 두터움이 균형을 이루어 정합이 이루어지면 음성의 안정감과 언어의 올바른 전달로 인하여 가정생활과 사회생활에서 필요한 대인관계, 교우관계, 가족관계, 인척관계 모두 원만하다.

✿ 아랫입술이 윗입술보다 더 발달하여 두터우면 윗입술의 떨림이 아랫입술보다 더 빨라지므로 말이 빠르고 낮은 음성보다 높은 음성이 자주 나온다. 음성이 급하고 높아져 변화가 많으면 불안정하여 감정을 숨기지 못하여 좋고 나쁜 감정을 그대로 표현 한다. 운명도 급격한 마음의 변화와 같이 한때는 부자로 살다가 한때는 급격하게 몰락하여 가난하게 지내는 굴곡이 심한 삶을 살게 된다.

✿ 윗입술이 아랫입술보다 발달하여 두터우면 음성과 언어 모두 폭과 크기에 비하여 더 작거나 좁게 이루어져 높은 음성보다 낮은 음성이 자주 나온다. 따뜻한 정은 많으나 자신감이 결여 되어 있으며, 헌신적으로 정성과 성의를 다하는 사랑을 한다. 주체성과 적극성이 부족하여 앞장서기 보다는 남의 의견에 따르는 피동적인 인물이다.

✿ 아래, 위 입술 모두가 두터우면 언어와 음성이 급하지 않고 느릿하여 끊어지듯 이어지듯 모호한 음성이다. 상하 입술이 지나치게 두터우면 머리가 단순하거나 우둔하여 본능에 잘 치우친다. 남녀 모두 지나치게 성욕에 강하여 음란하다.

✿ 아래, 위 입술 모두 얇으면 언어와 음성이 느릿하지 않고 무겁지 않아 급하다. 마구 토해내듯 언어를 구사 한다. 상하 입술이 얇고 길면 언어와 음성이 급하게 이루어지나 신중한 마음을 가져 음성의 안정감과 언어에 정확성이 있어 사교나 처세상 우월한 조건을 갖는다. 마음속을 알 수 없으며, 남녀 간의 성보다는 권력과 명예를 중시한다.

✿ 상·하 입술이 얇으면서 입이 작으면 언어와 음성이 빠르게 이루어지며, 음성에 무게감과 신중함이 없고 허언이 많아 실수가 많다. 작은 일에 적성이 맞아 집안의 소소한 일에 적합한 전업 주부가 어울린다. 욕심이 적고 무기력하면 복록이 없이 파재를 잘하며 가난하다.

【2】 음성 판단

1) 여자 음성의 여러 가지 유형

✿ 여자 음성이 크면 용맹스럽다.
심폐기능과 비위 기능이 왕성하다는 뜻이다. 심장 활동이 왕성하면 격렬하고, 폐기능이 왕성하면 과감하고, 비위기능이 왕성하면 중후하다.

✿ 여자 음성이 크고 억세면 누님 기질이 있다.
심 폐장 비위기능이 좋아 음성이 억세다는 것은 힘든 세상을 헤쳐 나간다. 시원스런 성격의 소유자이다.

✿ 여자 음성이 맑으면서 엷게 탁성이면 현금을 많이 갖고 있다.
엷게 탁하고 흐린 것은 흙탕물이 섞인 강물을 말한다. 강물의 하류와 바닷물이 만나 섞이는 구역을 기수역이라 하는데, 기수 역에는 각종 먹이가 많아 물고기들의 산란장소가 된다. 물고기가 모이듯 현금이 모인다.

✿ 여자 음성이 너무 맑아 청아하면 수녀원이나 비구니를 그리워한다.
더렵혀지는 두려움으로 거부감을 나타낸다. 순수성이 짙어 종교적 선택을 하게 된다.

✿ 여자 음성에 비음이 섞인 여자를 애인으로 두어라.
비음의 음성은 감성이 여려 음감에 잘 젖어들고, 심미안의 발달로 분위기에 민감하고 애교가 만점이다. 고향의 포근한 감정을 느낀다.

✿ 여자의 음성이 고운 미성이면 성의 아름다움을 즐길 줄 안다.
음성은 성과 깊은 관련이 있다. 잠자리에서 교태어린 목소리를 내는 것도 천분으로 미성을 갖는 것이다.

✿ 여자 음성이 곱고 맑아 윤택하면 생활도 윤택하다.
음성이 곱다는 것은 맑고 부드러운 것으로 마음가짐도 부드럽고 순하다는 표출이다. 여자 목소리의 최우선은 산뜻하여 맑음이요, 다음으로 윤택함이 꼭 따라야 한다.

✿ 여자 음성이 낭랑하면 여자 덕에 남편이 출세한다.
귀함을 갖춘 여자로 힘든 일이 닥쳐도 인내력과 성실성으로 견뎌내는 강한 여인상이다. 부인을 본받아 적극적으로 사회에 임하여 출세한다.
- ✿ 여자 음성이 맑으면 남에게 잘 당한다.

  거짓과 술수를 모르는 순진한 성격을 갖는다. 남에게 사기나 기망에 손해를 본다.

  내가 내 말을 믿듯 타인의 말도 잘 믿기 때문이다. 선하고 착한 사람은 악하고 못된 사람에게 잘 당한다.

- ✿ 여자의 음성이 가늘고 여리면 변심이 많다.

  가늘고 힘이 약하면 마음도 굳지 못하고 중심을 잃어 한곳에 머무르지 못한다. "여자의 마음은 갈대와 같다." 라는 말이 여기서 생성 되었다.

- ✿ 여자의 음성이 허스키하면 추억 속에 산다.

  흩어지는 음성이 메마르기까지 하다는 의미이다. 메마르고 거친 내 마음을 적셔줄 이성을 일찍부터 찾는다. 남자를 일찍 만나 초년부터 남녀 간 슬픈 이별을 겪는다. 마음의 상처가 평생 지워지지 않는다. 결혼을 35세 이후에 해야 한다. 일찍 결혼 하면 생사 이별로 아픔을 겪는다. 심하면 평생을 홀로 외롭게 지낸다. 메마른 감정으로 인한 남편에 대한 소홀함으로 가정생활이 오래가지 못해 이혼 경력을 만든다. 음성이 허스키 하면 허스키한 만큼 어려움을 겪는다.

- ✿ 여자의 음성이 다소 거친 탁성(허스키 보다 정도가 약함)으로 굵으면 남자와 인연은 많으나 이별이 많다.

  남자가 갖는 음성을 여자가 갖고 있으면 겉은 여자요 속은 남자다. 남자가 남자 만남에 거리낌 없듯이 무수한 남자와 깊은 관계를 맺으나 애틋한 사랑이 움트지 않는다. 사랑이 길지 못해 헤어짐을 반복하고 남자를 계속 바꿔 가면서 살아간다.

- ✿ 여자 음성이 남자 같이 굵으면 사연이 많다.

  여자와 남자 둘이 있는 것이 아니라 남자 둘이 있는 격이다. 사소한 싸움이 잦고, 남자를 일찍 겪으며 결혼 후 남편을 극한다. 음탕하여 음란하기도 한다. 혼사가 안 이루어져 35세 지나서도 힘들다. 남편 덕이 없어 생활 전선에 나서야 한다. 드센 음성에 드센 운명이 따르므로 영화를 못 누린다.

- ✿ 여자 음성이 앳되고 맑으면 평생 소녀다.

  순수한 마음 바탕이 맑으면 목소리도 맑다. 마음이 여리면 목소리도 여리다. 할머니가 되어도 나이와 상관없이 소녀 때의 순수한 감정, 순정, 순진함을 갖고 산다.
✿ 여자의 음성은 자녀와 인연의 끈이다.
   여자의 음성이 너무 맑으면 자식과 인연이 없다. 맑다는 것은 촉촉함이 없는 건조한 음성이 맑기만 하다는 것이다. 메마른 대지에 초목이 생장 못하듯 자녀가 기댈 곳이 없는 음성이다.
✿ 여자의 음성이 앙칼지면 미워하는 성질이 강하다.
   나보다 약한 상대를 향하여 악을 쓰고 미워하는 성질이 강하다. 부모와 인연이 자주 끊겨 일찍부터 떨어져 지내거나 부모와 서로 이별하여 외롭게 살아간다.
✿ 음성이 맑으면 마음도 맑아 양심에 저버리는 거짓이나 술수를 부리지 않고 거리낌 없이 당당하다.
✿ 외로운 마음이 가득하면 음성도 활기차지 못하고 윤택함을 잃어 힘이 없다.
✿ 마음이 행복하면 음성도 명쾌하여 언어가 잘 이루어진다.
✿ 마음에 사랑이 가득하면 음색에 윤택함이 배어 있어 편안한 음성이며, 사특한 마음에서는 변덕스런 음성이 생성된다.
✿ 기쁨 가운데서 나는 음성은 경쾌하고 밝고 슬픈 가운데서 나는 음성은 가라앉아 처량하다.
✿ 마음에 변화가 있으면 음성도 변하고, 음성이 변하면 마음도 변한다.

2) 인상과 목소리

인상 중에는 얼굴을 보고 판단하는 방법과 몸 전체를 보고 판단하는 방법, 이외에 목소리로 판단하는 방법이 있다. 달마 상법에는 "모든 것을 알 수 있는 것은 목소리이다"라고 목소리의 중요성을 밝혔다. 목소리는 상대방의 말의 내용뿐 아니라 목소리 상태와 음성으로 사람 됨됨이를 충분히 알 수 있다.

✿ 전화 통화가 일반화 되면서 먼 곳에 있는 사람과 가까이에 있는 것처럼 말할 수 있게 되었고, 교제나 비즈니스도 전화 통화로만 이루어지기도 한다.
✿ 한 번도 만난 적이 없어도 전화 상대의 인물을 상상하거나 마음이 통할 수 있는 것은 목소리가 이야기 내용뿐만 아니라 말하는 사람의 내면을 전달하기 때

문이다.
- 인간의 개성과 감정, 성격, 건강상태 까지도 잘 나타나게 해줌으로 인상을 보는데 꼭 필요하다.

3) 목소리 판단

마음이 변하면 가장 먼저 눈이 변한다.
- 아이를 보는 눈은 부드럽고 온화하며, 젖을 주는 엄마의 눈은 자애로 가득 차 보인다. 화난 눈인지 근심스런 눈인지 등 눈을 보면 감정을 알 수 있다. 보통은 내면 깊은 곳의 인간성까지는 파악하지 못한다.
- 즐거운 일이 있으면 자연스럽게 목소리가 높아지고, 슬픈 이야기를 하면 목소리가 가라앉는다.
- 통화를 할 때 상대의 얼굴은 모르지만 졸린 목소리, 하품을 참는 목소리, 웃는 목소리, 목감기 소리 등 다양한 소리가 목소리와 함께 상대의 얼굴을 상상하게 만든다.
- 음성이 맑으면 마음도 맑아 양심에 저버리는 거짓이나 술수를 부리지 않아 거리낌 없이 당당하다.
- 외로운 마음이 가득하면 음성도 활기차지 못하고 윤택함을 잃어 힘이 없고, 마음이 행복하면 음성도 명쾌하여 언어가 잘 이루어진다.
- 마음에 사랑이 가득하면 음색이 어떻든 윤택함이 배어 있어 편안한 음성이며, 사특한 마음에서는 변덕스러운 음성이 생성된다.
- 기쁨 가운데서 나오는 음성은 경쾌하며 밝고, 슬픔 가운데서 나오는 음성은 가라앉아 처량 맞다. 마음에 변화가 있으면 음성도 변하고, 음성이 변하면 마음도 변한다.
- 성상학(聲相學)에서는 목소리를 듣고 운세의 좋고 나쁨을 판단한다.

4) 오행으로 보는 소리

사람은 누구나 자신만의 소리를 가지고 있다. 얼굴을 보지 않고도 울림과 파장으로 자신의 에너지를 전달하고 의사소통을 한다. 자연은 만물의 형상을 가지고 있으면서 각기 다른 소리를 낸다. 사람도 각자가 특징적인 자기의 소리를 가지고 있는데, 이렇게 많은 특징적인 소리를 구분하기 어려워 선조들은 궁(宮), 상(商), 각(角), 치(徵), 우(羽) 5음으로 구분하여 사물에서 나오는 소리를 나타냈다. 5음의 소리를 목화토금수(木火土金水) 오행(五行)음으로 전환하여 구별한다. 소리는 오장과 육부의 기운을 받아 성대를 통해 혀와 입술로 나온다.

- 목성(간의 소리) : 가늘고 높은 소리로 들린다. 반드시 발달한다.
- 화성(심장의 소리, 마음의 소리) : 초조한듯하며 울림이 없는 소리. 중년에 실패하고 노년이 고독하다.
- 토성(위장의 소리) : 저음이며 조금 탁하다. 조용하고 바르다. 발달이 늦고, 사람 때문에 때로는 혼이 난다. 배에서 나오는 소리를 낸다.
- 금성(폐의 소리) : 부드럽고 힘이 있으며, 소리가 작아도 탁하지 않고 청명하다. 그에 맞게 발달한다.
- 수성(신장의 소리) : 말이 길게 여운이 있으며 느리다. 부귀 장수 한다.
- 금성은 울림이 있고, 목성은 건조하며, 수성은 급하고, 화성은 열기가 있고, 토성은 잠겨 있다.
- 목음은 맑고 단정하며, 우렁차면서 깨끗하다. 화음은 불꽃이 폭발하는 소리처럼 초조하고 강렬하며, 바짝 말라서 거칠게 튄다.
- 금음은 멀리 퍼지지만 촉촉하면서 마르지 않은 소리인데, 울림이 있지만 흩어지지 않고 높지만 난폭하지 않아서 옥경을 흐르는 음과 같다.
- 수음은 원만하고 맑으며 급하면서도 여운이 있는데, 작을 때는 계곡물이 흐르는 듯하고, 클 때는 파도가 넘실대는 듯하다.
- 토음은 깊고 중후하며 막힌 듯하면서도 울림이 있어, 항아리 바닥이나 산골짜기에서 나는 소리 같다.
- 금성은 밝으면서 낭랑한 소리를 내야 하고 날카로운 것은 좋지 않다.
- 목성은 높고 막힘이 없으면서 그윽해야 하고, 쉰 듯한 소리나 깨지는 소리는 안 좋다.

- ✧ 수성은 원만하고 매끄러우면서 여운이 있어야 하고, 여운이 없이 흩어지면 안 좋다.
- ✧ 화성은 강직함 속에 절박함이 있어야 하고, 氣가 짧은 것은 좋지 않다.
- ✧ 토성은 깊고 중후하면서 느리고 완만해야 하고, 탁하고 잡음이 섞인 것은 좋지 않다.

5) 얼굴과 목소리의 관계

자신의 목소리에 자신감을 갖는 것은 얼굴에 자신감을 갖는 것만큼 어려워서 자신의 목소리에 콤플렉스를 가진 사람이 많다. 또한 자신이 듣는 자신의 목소리와 다른 사람이 듣는 자신의 목소리는 다르기 때문에 녹음된 자신의 목소리를 들으면 놀라는 경우가 많다.

- ✧ 종이나 북같이 울리는 여운이 큰소리를 내는 사람은 큰 인물이 된다.
- ✧ 마음이 맑은 사람은 온화하며, 온화한 목소리는 윤기가 있고, 마음에서 나오는 말소리도 잘 통하게 된다.
- ✧ 마음이 탁하면 일을 걱정 하는듯하여 소리도 자연 흐리고 어지러워지며 경솔한 말씨가 된다.
- ✧ 목소리는 보이지 않는 인상으로 보이는 인상보다 중요하게 여긴다.
- ✧ 목소리가 있어도 소리가 없고, 목소리가 작아도 멀리 울려 퍼지는 소리가 좋다.
- ✧ 목소리는 몸과 얼굴을 사용해서 내는 것이므로 얼굴과 몸의 특징이 목소리에 크게 영향을 미친다.

6) 목소리의 특징

- ✧ 키가 큰 사람은 목소리가 낮은 경우가 많다.

✿ 목이 굵고 키가 작은 사람은 목소리가 높은 경우가 많다.
✿ 턱이 튀어 나온 사람은 비교적 좋은 목소리를 낸다.
✿ 광대뼈가 튀어 나온 사람도 비교적 좋은 목소리를 낸다.

7) 목소리의 성격

✿ 소프라노 여성 : 이성보다 감정이 앞서는 연애 지상주의자이며 낭만 형이다.
✿ 알토 여성 : 기술로 상대의 마음을 사로잡는 현실 형이다.
✿ 테너 남성 : 냉정하고 성실한 실리 형이다.
✿ 베이스 남성 : 믿음직스럽고 분별이 있으며 인격이 원만한 형이다.
✿ 인체 구조상 성대는 신체의 크기에 비례 한다. 키가 작으면 대체로 성대도 작다.
  비만형이면 성대도 포동포동하고 두꺼우며, 성대의 폭이 좁아서 숨을 내쉬면서 진동시키면 고음을 낸다.
✿ 키가 큰사람은 성대도 길어서 저음이 되며, 바리톤이나 베이스 목소리를 내는 사람은 주로 마른 체형이다.

8) 목소리와 건강

✿ 목소리와 몸은 밀접한 관계가 있으므로 목소리로 건강상태를 파악할 수 있다.
✿ 급성 후두염에 걸리면 높은 소리가 나오지 않고 탁한 소리나 쉰 소리가 나오고, 만성적일수록 증상이 심하다.
✿ 여성의 경우는 생리를 할 때 성대 출혈이 잘 나타나는데 목소리가 갈라지며 음도 내려간다.

9) 목소리와 표정관리

얼굴 모양이나 몸이 목소리와 관련이 있듯이, 목소리는 사람의 마음을 언어로 전달하는 것이므로 표정도 목소리와 관계가 깊다.

- ✿ 사과할 때 : 약하고 낮은 목소리로 느리게 말하고, 목소리는 어두운 느낌으로 한다.
- ✿ 감사할 때 : 높고 힘이 있는 목소리로 밝은 느낌이 들게 한다.
- ✿ 돈을 빌릴 때 : 약하고 낮으며, 느리게 말한다.
- ✿ 돈 부탁을 거절할 때 : 약간 강하고, 속도와 높이는 중간 정도가 좋다.
- ✿ 임금 지불을 요구할 때 : 강하게 말하지 말고, 속도는 약간 느리게 한다.
- ✿ 강경할 때 : 매우 빠르고 극단적인 목소리로 말한다.
- ✿ 무서울 때 : 속도가 빠르고 또렷한 목소리로 말한다.
- ✿ 도취되어 있을 때 : 여성은 남성적인 목소리, 남성은 여성의 허스키한 목소리로 한다.
- ✿ 긴장감이 있을 때 : 높고 빠르며 속도감이 있게 표현한다.

9) 목소리와 운세

"관상 중에 으뜸이 소리를 보는 것이고, 다음이 정신을 보는 것이며, 그 다음이 형색을 보는 것이다. 이 말은 목소리가 얼마나 중요한 것인지를 알려준다. 하늘에는 천둥소리가 있고 땅에는 폭풍소리가 있으며, 산에는 계곡에 물 흐르는 소리가 있고, 바다에는 파도가 출렁이는 소리가 있다. 사람에게는 상·중·하 단전의 소리가 있다.

하단전(아랫배) 소리가 가장 좋고, 중단전(가슴부위)소리는 중등, 상단전(목부위)소리는 하등이다. 즐거운 데이트를 하기 전이라면 누구나 무의식중에 목소리에 탄력이 생긴다.

전화 통화중에는 밝은 목소리, 웃는 소리, 잠에 취한 소리, 화난 소리, 우는 소리 등 여러 가지가 들려온다. 목소리와 함께 상대의 상태를 읽을 수 있으며, 상대의 얼굴이 손에 잡힐 듯이 보일 수 있다.

- 하단전에서 나오는 소리는 뿌리가 깊어 중후하며, 부드럽고 매끄러워 멀리까지 들리고, 원만하면서 화통하다. 이런 사람은 총명하고 부귀를 누린다.
- 중단전에서 나는 소리는 뿌리가 얕아서 겉으로 드러나는 것이 작게 느껴지며, 경중이 균등하지 못하고, 맑게 울리는 것이 절도가 없어, 이러한 사람은 성공과 실패가 공존하거나, 처음에는 가난하고 훗날에 부자가 되든지, 아니면 처음에는 부자였으나 훗날에는 가난하게 된다.
- 상단전에서 나는 소리는 혀끝에서 나오는 것으로 서로 조화를 이루지 못하고, 마르고 습한 것이 고르지 않으며, 떨림이 있고 우는듯하며, 메마르고 찢어지는 듯하여 이런 사람은 인생이 고달프고 가난하다.
- 맑으면서 원만하고, 견고하면서 밝고, 완만함 속에 강렬함이 있고 급하면서도 조화를 이루고, 소리가 길면서 힘이 있는 사람은 부귀하게 되고 복과 수를 누린다.
- 소리가 급하면서 쉰 듯하거나 완만하면서 느물거리는 듯하며 깊고 꽉 막힌 것처럼 들리거나, 얕으면서 바짝 마른 소리가 나면 좋지 않다.
- 남자인데 여자 같은 소리를 내거나, 몸은 큰데 소리가 작거나, 말보다 안색이 먼저 변하는 사람은 어리석고, 중한 형벌을 받거나 가난하고 요절할 사람이다.
- 소리는 유약하면서 경박하고, 탁하고 딱딱하며, 연약하고 막혔으며, 말을 빨리 하지만 두서가 없으면 소통은 가능하나 빈천하다.
- 성급하고 중간에 끊어지는 듯한 소리는 성공과 실패가 공존하며 단명 한다.
- 소리가 막혀 답답한 사람은 살아가는데 장애물이 많고, 소리가 울리는 사람은 행동이 빠르며, 소리가 맑은 사람은 고결하고, 소리가 탁한 사람은 우둔하다.
- 사람은 큰데 소리가 작으면 가난하고 명이 짧으며, 사람은 작은데 소리가 크면 부귀하게 되고 복과 장수를 누린다.
- 소리가 약한 사람은 나약하고, 소리가 희미한 사람은 보잘것없으며, 깨지는 소리를 내는 사람은 일에서 성공하기 힘들다.
- 소리가 가벼운 사람은 판단력이 부족하고, 목소리가 딱딱한 사람은 드세고, 소리가 연약한 사람은 말은 달콤하게 하지만 속은 그렇지 않다.

10) 남자 목소리

"단전(丹田)은 소리의 뿌리이다."

✿ 남자는 목소리가 너무 커도 좋지 않다. 장래 운기를 크게 떨어뜨리기 때문이다. "주가가 폭락하는 것과 같이 된다."
목소리 큰사람이 대우 받는 세상이라는 우스갯소리가 있지만 작은 거보다 큰 것이 좋은 것만은 분명하다. 서로가 언쟁이 있을 때 "목소리 큰사람이 제일이다"라는 말도 있다. 국회의원들도 그렇고, 차량 접촉 사고시 목소리가 크면 이겼다. 하지만 너무 큰 목소리는 장래의 운을 하강시키는 역할을 할 수도 있다.

✿ 여자 목소리를 내는 남자는 극자하고 출세를 못한다. (여성이 할 수 있는 직업을 선택하면 운기를 회복한다. 요리사, 선생, 간호사 등)

✿ 남성은 남성답게 뱃속에서 나는 것 같은 소리가 좋으며, 소리가 깨지는 것 같으면 목전의 운기가 좋지 않다.

11) 여자 목소리

소리 자체가 마음의 아름다움과 추함을 드러낸다.
"목소리는 마음을 그대로 반영한다."

✿ 여자 중에 남자 목소리를 내는 사람은 음란하다. 남편과 자식에게 해로우며 일생 힘든 고생을 한다. 너무 얇아도 또 너무 굵어도 안 된다. 특히 약간의 중성적인 목소리를 내는 여자는 음탕하다고 여긴다. 여자의 목소리가 둔탁하고 윤기가 없으면 남편과 자식에게 사랑을 받지 못한다. 그러나 허스키 가수는 돈을 많이 번다.

✿ 크렁크렁 나는 소리로 균형이 잡힌 부드러운 소리를 못 내는 사람도 흉상이다.

✿ 옆에서 들으면 싸우는 것처럼 말하는 것을 논기(論氣)라고 하는데, 이것은 인간 판단과 운기의 판단 재료가 되며 좋지 않은 목소리로 재앙이 따른다.

【3】 음성의 성질별 구분

성량의 미세한 차이로 인한 배합이 같지 않기 때문에 비슷한 음성은 있을 수 있으나 동일한 음성은 없다. 마찬가지로 운명 또한 비슷할 수는 있어도 같을 수는 없다.

얼굴이 千態萬象으로 하나도 같은 사람이 없고 지문과 수상이 같은 사람이 없듯이 비슷한 음성이 있을 수는 있어도 같은 음성은 없다. 성격도 비슷할 수는 있으나 같을 수는 없고 음성 또한 이와 같아 天人天聲 萬人萬聲 한 사람도 同一한 사람이 없다.

① 크다
몸 안의 장기가 모두 운행이 원활하나 특히 비위기능과 심폐기능의 왕성하므로 모아진 內氣가 힘차고 크기 때문에 음성이 윤택하며 크게 울린다. 매사에 당당하며 어려움이 닥쳐도 적극적으로 극복하는 추진력과 박력이 있다.

② 작다
몸 안의 장기가 작거나 기능과 運氣가 원활치 못하여 내기가 미약하기 때문에 음성이 메마르며 작다. 매사에 소극적이고 자신감이 없어 큰일보다는 작은 일에 매달리는 습성이 있다. 드나드는 운마다 작아서 결실도 작다. 평생 남의 밑에서 지내는 사람이 많다. 음성을 사용치 않고 뇌수 활동과 손을 이용하여 큰 성과를 내는 경우도 있다. 바둑계, 화가, 시인 등에 인물이 많다.

③ 맑다
氣道를 통하여 올라온 공기압이 聲帶를 울릴 때 성대 떨림판의 기능이 가늘고 예민하면 소리의 音色이 맑음을 유지한다. 목을 거쳐 올라온 맑은 음성이 처음으로 만나는 입안 구조가 메말라 거친 면이 없고 윤택하여 매끄러우면 음성에 맑음을 더하여 준다. 음성이 맑으면 질서와 준법정신이 몸에 배어 있어 사회생활에 모범적인 인물로 남에게 피해를 주지 않는다. 영특하고 총명하여 학업에 성취도가 크다. 貴한 命으로 타인의 존경을 받는다.

④ **탁하다**
　몸 안의 오장기능 중 심장과 간 기능은 음성에 맑음과 탁함을 관장한다. 심장 기능과 간 기능의 운기 차이에 따라 음성의 탁함의 경중이 달라진다. 음성이 탁하면 본능적 성향이 강하여 음욕(淫慾)과 물질에 대한 욕심, 명예에 대한 욕망이 강하다. 인생 초반에 겪고 넘어야 할 장애가 많으나 본래 갖고 있는 저돌적 박력(迫力)이 있어 이를 무사히 넘긴다. 주로 천(賤)한 명(命)으로 남들의 질시를 받는다. 음성이 탁한 것이 지나쳐 깨진 징소리 같으면 재앙이 많다. 재물로 인한 재앙이다.

⑤ **촉촉하다**
　오장기능 중 신장은 음성의 윤택함을 관장한다. 오장의 운기가 강건하고 신장 계열 모두가 왕성한 운기를 하면 몸 안의 진기인 호르몬(內精)의 생산이 많아 활기차다. 음성이 윤택하면 지혜로움이 돋보여 세상살이에 대처함이 바르고 재물을 불러들이는 자성(磁性)이 있어 부귀를 누린다.

⑥ **건조하다**
　메마른 음성을 말한다. 입에서만 맴돌듯 나는 음성으로 무엇을 말하는지 우물우물 혼자만 지껄인다. 內氣인 신수기(腎水氣)의 힘을 받지 못하여 억지로 토해내듯이 나는 음성이다. 건조한 음성은 사려(思慮)가 깊지 않아 생각 없이 뱉어내는 말이 많아 진실 됨이 모자란다. 복잡한 이론보다 단순한 것, 쉬운 것에 익숙해져 있어 답답형 인물이다. 노동이나 걸식으로 호구지책을 삼으며 질병에 저항력이 약하다.

⑦ **두텁다**
　몸체 내 오장 기능 중 비위(脾胃)기능은 음성의 두터움을 관장한다. 두텁다는 굵다와 통한다. 굵고 무게감 있는 음성을 말한다. 음성이 굵으면 사려는 깊으나 너무 신중하여 융통성과 결단성이 떨어진다. 신뢰감이 있는 인물로 실행치 못할 약속을 하거나 자신 없는 일을 처음부터 하지 않는다.

⑧ **가늘다**
　가늘고 여린 음성은 두 가지 경우로 나뉜다. 첫째는 몸 안의 오장기능 전반에

걸쳐 내기가 약하여 나는 음성과, 둘째는 몸 안의 오장기운은 강건하여 정상운기를 하여 올라온 내기는 힘차고 줄기차나 이를 옮겨주어 받아주는 호흡관과 성대가 여리거나 좁아서 나는 음성이다. 가늘고 여린 음성은 약한 음성과 통하여 대화 중 음성이 끊기는 맛이 있어 갑갑함을 느끼게 한다. 의욕과 자신감이 결여되어 있어 성취욕이 없다. 소극적인 인물로 빈천하다. 내면에 꽉 들어찬 욕망과 성취욕이 있어 관심 갖는 분야에 대한 열정이 대단하다. 리더를 충고하고 보필하여 움직이는 저력이 있어 참모역이나 2인자역할을 잘한다.

⑨ 유운(有韻)

음성의 울림은 음성이 나기 위한 1차기관인 오장 육부인 근본기관의 원천 힘과 2차기관인 성대의 튼실함과 3차기관인 공명기관의 각 부위가 三位一體하여 나는 것으로 이들 기관 중 한 부위만 하자가 있어도 울림의 정도는 크게 차이가 난다. 음운이 길면 장수하며 운이 있어도 짧으면 단명 한다. 음성이 크게 울림이 있으면서 길면 욕망과 바람이 대국적이어서 대중을 감화시키고 설득시키는 역량이 커 정치나 연설가로 잘나가서 사회에 이바지한다.

⑩ 무운(無韻)

목에서만 겨우 나는 소리로 음향이 전혀 느껴지지 않는다. 빠르기도하고 느리기도 하며, 굵기도 하며 가늘기도 하는 등 여러 유형의 음성에서 나타나는 현상이다. 끈질긴 인내력이 모자라 한 가지 일에 전력 못하고 여기저기 관여 하였다가 끊어버리는 습성이 있다. 주위사람과 교류관계도 쉽게 끊고 잊어버리는 성향이 있다. 남자는 재물복이 없어 항상 쪼들려 가난하여 가정환경도 편치 않다. 여자는 격이 낮아 천하다.

⑪ 급하다

장기 모두가 작거나 위쪽으로 자리 잡아 항상 급하고 바쁜 마음이 자리잡아 음성도 촉급하여 생각 없이 뱉는 말이 실수가 잦다. 일을 시작함과 함께 혈기의 운행이 과도하여 울컥 화를 먼저 내거나, 정리되지 않은 마음자세로 인하여 실수가 잦거나 하여 일에 진척이 늦다. 국량이 작아 큰일 앞에서는 당황하여 엄두도 못 내고 작은 일도 실수투성이다. 급하다 못해 혼란한 음성이 발성되면 일마다 좌절이 많다. 여자 음성이 급하면서 자주 끊기면 남자 인연이 멀고 만나는 남자마다 인연이 끊긴다.

⑫ **가볍다**

음성이 가늘다 와는 비슷하나 엄밀히 보면 완연히 다른 소리로 음성이 토음성으로 굵어도 가벼울 수 있고, 높은 목음성이라 해도 가벼울 수가 있으며 가늘며 가늘 수도 있다. 아기 음성 정도로 이해하면 된다. 어느 유형의 음색이든 가벼우면 무능하여 하는 일이 오래가지 못하고 자주 끊긴다.

⑬ **불완전 음성**

폐장을 통하여 올라오는 공기의 힘에 의해 성대가 울려 음성이 완성되어 발성된다. 성대가 자기 역할을 다하지 못하여 기도를 통하여 올라온 공기 중 일부만 받아들여 소리가 되고 나머지 공기는 그대로 성대를 통하지 않고 호흡 소리로 음성에 섞여 나는 음성을 불완전 음성이라 한다.

불완전 음성이란 숨소리가 음성에 섞여 나는 것을 말한다. 임종을 앞두거나 병약한 환자에서 많이 나는 음성이나, 보통 사람들이 이런 음성이 날 때는 몸체의 기력이 전반적으로 하향한 것을 알려주며, 운도 이에 따라 급격히 하락함을 알려준다.

【4】 음성상학

음성은 밖으로 나오면서부터 스스로 갖고 있는 五行生剋 작용의 기를 발하여 재물에 대한 磁性을 발한다. 음성이 탁하더라도 울리면 오행생극 작용 중 火生土가 이루어져 재물이 생기며 음성이 가늘더라도 윤택하여 줄기차게 나오면 金生水가 이루어져 재물에 대한 오행상생이 계속 이어져 작은 재물이라도 자꾸 생겨 생활이 윤택해진다.

음성이 약하거나 가늘면 오행기운 모두가 약하여 재물을 끊어 들이는 磁性이 미약하여 돈이 잘 새어나간다. 음성이 높으면 오행 중 木 기운만 왕성하여 돈이 잘 새어나가고, 음성이 탁하면 오행 중 火 기운만 강하여 돈이 잘 새어나가고, 음성이 날카로우면 오행 중 金기운이 세어서 돈이 잘 새어나간다.

① 입에서만 나는 음성
혀끝에서 나는 소리로 급한 음성이거나, 가볍거나, 산만하거나, 무향으로 음성의 끝이 없거나 한다. 언어 힘이 실리지 않아 상대에게 믿음을 주지 못하고 신뢰감을 주지 못하여 대인관계 교제 폭이 한정되어 있어 사회생활이 미약하여 주로 막노동이나 험한 일에 종사한다. 질병에도 약하여 살만하면 건강이 잘 무너지고 성격도 괴팍하여 형극도 잘 당한다. 변심이 많고 눈에 神이 약하여 빈천하다.

② 중단전(中丹田)에서 나는 음성
가벼운 소리로 울림이 적어 음성에 음향이 없어 근심 어린 느낌으로 다가온다. 상대에게 진실성, 신뢰감을 주지 못해 진정한 내편이 없다. 적극성이 모자라 용두사미다. 內氣가 모자라 남의 부림을 받고 한평생 지낸다. 젊은 시절 한때 음성에 기운이 왕할 때가 있어 삶이 윤택할 때도 있다. 이때는 몸체 내의 기운이 왕성할 때로 그 기간이 길지 못하다.

③ 하단전(下丹田)에서 나는 음성
윤택함과 울림 등을 모두 갖고 있는 음성으로 어느 유형의 음색과 음질을 갖고 있더라도 국량(局量)이 큰 인물로 부귀를 함께 누린다. 한평생 많은 사람을 설득하고 감화시키는 음성으로 젊은 시절에는 은인이 많고, 중년에는 협력자가 많고, 만년에는 아랫사람의 존경어린 떠받침이 많다.
매사 신중하나 결정 후에는 과감하여 실패가 없다. 실패가 있더라도 곧 만회한다. 內精이 왕성하여 스테미너도 좋아 장수한다.

④ 출세한 자리를 유지하는 데는 음성이 있다.

음성이 크면서 울림이 있으면 성실함과 함께 책임감도 강하여 중책을 맡으면 맡은 일을 만족스럽게 해결하여 윗사람에게 믿음을 주나 음성이 약하여 작거나 낮으면 능력에 한계가 드러나고 책임감도 낮아 큰일이나 중책을 이어 갈수가 없다.

⑤ 음성은 재물에 대한 磁氣性을 갖고 있다.

오장인 간, 심, 비, 폐, 신은 오행인 목, 화, 토, 금, 수의 기운에 의하여 생극 작용을 한다. 음성은 밖으로 나오면서부터 스스로 갖고 있는 오행생극 작용의 기를 발하여 재물에 대한 자성을 발한다.
음성이 탁하더라도 울리면 오행생극 작용중 화생토가 이루어져 재물이 잘 생기며 음성이 가늘더라도 윤택하여 줄기차게 나오면 금생수가 이루어져 재물에 대한 오행상생이 계속 이어져 작은 재물이라도 자꾸 생겨 생활이 윤택해진다. 음성이 약하거나 가늘면 오행기운이 모두가 약하여 재물을 끌어 들이는 자성이 미약하여 돈이 잘 새어나가고, 음성이 높으면 오행중 목 기운만 강하여 돈이 잘 새어나가고, 음성이 탁하면 화 기운만 강하여 돈이 잘 새어나가고, 음성이 날카로우면 오행중 금기운이 강하여 돈이 잘 새어 나간다. 이 모두는 음성의 오행운기에 따른 금전에 대한 자기성의 강약의 차이로 인한 결과이다.

⑥ 코맹맹이 소리

음성이 구강인 입에서 나는 소리음보다 비강인 코에서 나는 소리가 더 크면 이를 코맹맹이 소리라 한다. 목소리는 밖으로 나올 때 혀를 움직여 언어를 동반한다. 때문에 입에서 나는 음성은 코에서 나는 소리보다 크고 우선한다. 코에서 나는 소리가 입에서 나는 음성보다 크면 신하가 임금을 이겨먹는 꼴이어서 흉하다. 코맹맹이가 심하면 철이 늦게 들어 응석과 어리광을 잘 부린다. 입에서 나는 소리와 코에서 나는 소리가 5 : 5정도이면 특색 있는 음성으로 재치와 순발력이 있어 사회생활에서 처세가 능하고 개인 간 교류도 원만하여 잘 지내나 남녀간의 만남이나 결혼생활은 불행하여 생사이별의 고통을 당한다.

⑦ 가수나 성악가, 판소리의 음성

가수의 음성이나, 성악가의 음성이나, 판소리꾼의 소리는 각자가 가지고 있는 음색과 성량의 폭, 성대의 떨림, 호흡조절, 감정이입 등에 의해 발성되어 음악이라는 리듬에 맞추어 대중에게 다가가는 음성이다.

소리에 기교와 기량을 한껏 부려서 나는 음성으로 본래 자기가 갖고 있는 소리에 발성 훈련하여 한껏 멋을 부려 덧칠한 가성적인 음성이라 할 수 있다.

⑧ 가수가 슬픈 노래를 자주 부르면

슬픈 노래를 자주 부르는 가수가 대중 앞에서 노래를 할 때 자기감정이 그 노래의 슬픈 가사, 슬픈 곡에 푹 빠지지 않으면 대중들은 그 노래와 그 가수에게 감화되지 못하여 외면할 것이다.

요절한 가수는 슬프거나 부정적 의미가 있는 노래를 호소력 짙은 목소리로 진정으로 슬프고, 괴롭고, 절망적 분위기를 만들어 리듬에 취하듯 불렀다. 슬픈 가사와 음악은 주술적 효과가 있어 인체에 생동감을 유지시켜주는 폐기(肺氣)와 간기(肝氣)와 신기(腎氣)에 각인되어 이들 장기 모두를 무기력 하게하여 생명력의 근간을 무너지게 한다. 슬픈 이별노래, 절망적인 노래를 자주 듣거나 부르다보면 장기와 마음도 따라서 슬픈 이별, 절망적 삶에 익숙하여져 절망적인 것을 당연시하여 자신도 모르게 슬픈 이별을 하고, 절망적인 삶을 살게 된다.

⑨ 불효자는 왜 우는가?

목소리가 부드러우면 천성이 따뜻하고 온화하여 마음도 따라서 부드럽고 착하다. 효자는 반드시 부드러운 목소리를 가졌다. 음성이 날카롭거나 갈라지거나, 째지거나 하면 결코 효자 노릇을 못한다. 부드러운 음성은 기본적으로 남에게 친절하고, 효심이 지극하다.

⑩ 여자의 애교는 비음에서 시작된다.

남녀 모두 음성에 콧소리인 비음이 약간 섞이면 순수 마음의 바탕도 긍정적이어서 밝고 부드럽다. 유행에 민감하여 치장하고 멋을 부릴 뿐만 아니라 구강에서만 나는 음성보다 상대에게 닿는 음파와 공명의 부드럽고 유연한 효과가 배가되어 대화에 따른 느낌 전달이 원활하여 설득 및 교제에 능하다.

⑪ 생명력이 긴 인기가수는 이유가 있다.

음성이 나기 위해서는 오장을 바탕으로 한 근기가 폐를 통하여 호흡관 끝에 있는 성대를 울려 그 울림이 공명기관인 비강과 구강, 순강으로 발하여 상대에게 다가간다. 감성과 감정을 한껏 품은 노래는 성대를 통하여 구강과 비강으로 나뉘어져 함께 공명을 일으킨다. 비음이 있는 가수의 노래에 마음이 뺏겨 자신도 모르게 그 노래와 그 가수를 좋아하는 심정이 움튼다. 이때 가수와 대중과의 교감을 동기감응이라 하고, 이심전심이라 하며, 텔레파시가 통한다고 한다. 비음의 비율이 높아 줄기차게 노래에 공명을 일으키는 가수는 인기가 매우 높다고 할 수 있다.

⑫ 이중 성격

이중 성격이란 두드러진 성격이 둘이어서 음성도 둘로 이루어진 것으로 한음성에 음색과 음질을 달리한 소리로 둘로 이루어진 것이다. 이중 성격은 주로 상반된 음성의 차이로 인하여 성격도 극과 극을 치닫는 경우가 많다. 이중 성격의 소유자는 운명적으로도 이중적이어서 성공 다음에는 바로 실패가 따라 운세가 고르지 못해 가정적으로도 불행하고, 사회생활도 평탄치 못해 이중적 고통을 당한다. 이중 성격은 이중 인격화한 것과 같은 의미라 할 수 있다.

⑬ 다중인격 소유자

다중인격 소유자는 세 가지 이상의 특색 있는 음색이나 음성을 갖는 것을 말한다. 한 성대에서 상황에 따라 갈라진 음성, 높은 음성, 날카로운 음성, 낮은 음성 등 다양한 칼라의 음성이 나오면 다중인격 소유자로 볼 수 있다. 음성이 다변화 되어 어느 것이 중심 목소리인지 모를 인물을 말한다.

다중 음성을 지닌 인물은 겉으로 드러난 외모는 순진스럽게 생겼거나 내지는 특징 없는 보통 모습일 때가 많다. 사회를 떠들썩하게 만드는 범죄형들이 많이 갖고 있는 음성이다.

⑭ 음성과 웃음

웃음도 음성도 모두 마음에 바탕을 두고 발하는 것으로 웃음소리의 성질에 따라 상대방의 근기와 인간 됨됨이를 알 수 있다. 기쁜 일이 커서 감격이 크면 마음 바탕인 간, 심, 비, 폐, 신 모두가 활기를 찾아 자연스레 웃음소리가 크고 명랑하다. 이러한 웃음은 스트레스를 줄여주고 면역세포를 활성화 시켜주며 질병도 예방하여 준다.

냉소(冷笑)란 표정 없이 웃는 것이며, 비웃음은 쌀쌀한 태도로 업신여겨 웃는 웃음을 말하며, 억지웃음은 눈은 웃지 않고 입만 겨우 열어 짧게 신음하듯 웃는 웃음을 말한다. 마음속에 음냉한 기운이 꽉 차서 품은 뜻은 감추어 내놓지 않고 간교한 모사가 많다.

웃음과 동시에 얼굴에 표정도 기쁜 감정이 모두 표현되어 눈도 입도 밝아야 솔직 담백한 성정을 지닌 훌륭한 인품의 소유자라 할 수 있다.

⑮ 어느 유형의 음성이든 줄기차고 윤택하면 자세가 바르다.

몸 안 장기의 운행이 거침없이 힘차면서 원활하려면 허리의 자세가 곧고 등이 굽지 않아야 한다. 음성이 줄기차고 윤택한 사람은 아무도 보지 않는 곳에서도 자세가 흐트러지지 않는다.

⑯ 음성이 윤택하면 뇌 기능이 좋다.

음성은 우리 몸체의 오장육부를 포함한 나머지 기관들의 총화의 결과이다. 윤택한 음성은 신장수기의 원활한 운기의 결정판으로 뇌수기능에 많은 영향을 끼친다.

⑰ 음색이 어느 유형이든 힘찬 울림이 있으면 복을 부른다.

음성이 울리려면 비 위장을 포함한 오장육부 장기 모두 왕성한 활력을 지녀야 함은 물론 입, 코, 두상 모두 격을 갖추어야 한다. 격을 갖춘 용모에서 인복(人福), 재복(財福)은 저절로 따르게 된다.

⑱ 음성이 윤택하고, 울리면 금전수입이 꾸준하다.

윤택한 土生金, 金生水가 이루어진 음성은 재물을 끌어들이는 磁性과 함께 지혜로움이 있어 재물에 대한 시너지 효과가 있어 음성이 밖으로 나아가면 수

입이 자꾸 늘어난다. 음성이 한 음색으로 줄기차며 윤택하면 오관인 耳目口鼻眉가 모자라도 수입이 꾸준하여 윤택한 삶을 유지한다.

⑲ 남자 음성이 가늘고 약하면 성불구자다.

남자 음성이 가늘다함은 몸 안의 신장수기를 포함한 오장기능 모두가 작거나 허약함을 음성에 반영한 것이다. 음성이 약하다는 것은 陽氣가 부족함을 알려주는 것이다. 우리역사나 중국역사에 등장하는 내시(內侍)들 모두 음성이 가늘고 약하여 중성적 음성을 가졌다는 것으로 알 수 있다.

⑳ 급한 음성

성급한 마음에서 시작된 급한 음성은 코도 짧다. 입에서 發하는 음성으로 가볍고 가늘기 때문에 말에 실수가 잦고 언어가 단순하여 충분한 감정과 의미가 베어나지 못한다. 급한 음성의 남자는 사회적 인맥교류가 원만치 못하여 외롭고 경제적으로는 궁핍하다. 여자는 정확치 못한 대화술로 인하여 남녀교제가 이루어지지 않아 결혼도 늦다.

㉑ 느릿한 음성

느릿한 음성은 두 가지 경우로 나눌 수 있다. 첫째는 오장육부의 기력이 쇠하여 약한 내기에 따른 느린 음성이다. 둘째는 느릿한 음성은 침착하고 여유로운 마음에 발하는 어눌한 눌변가 음성으로 급한 음성과 달리 음색이나 음성의 성질이 다양하게 이루어졌다. 언어를 구사함에 침착하고 심사숙고하여 실수가 없다. 느리어 어눌한 언어 뒤에는 예리하고 날카로운 관찰력과 정확한 판단이 뒤따라 매사에 성취가 크며 현실에 만족하기 보다는 앞날을 대비하는 습성을 지녔다.

㉒ 따르던 사람이 떠나는 것은?

지구가 자기장 작용이 있어 만물을 끌어안고 가듯 몸체의 내기에서 발하는 음성도보이지 않는 자성이 있어 상대와 인연을 이어주는 연기성(緣氣性)을 갖고 있다. 부모음성이 부드럽고 윤택하여 정감이 흐르면 자녀와 인연이 좋듯이, 리더나 상사의 평소음성이 굵고 힘차면 부하직원이나 손아래 사람들은 그 음성의 그늘에서 안정감을 느껴 안착하려 한다.

굵고 힘차던 음성이 차츰 낮고 기력이 없는 음성으로 변하여가면 수하인(手下人)의 잠재의식 속에 각인되어 있던 리더나 상사의 면목이 전에 갖지 않게 약한 모습으로 각인되어져 불안감으로 번져 떠나간다. 유망 정치인의 말로에서 많이 볼 수 있다.

㉓ 음성이 크고 거친 경우

바람이 지구의 열기와 대기의 흐름으로 인하여 생성되었다 없어지듯 음성도 몸 안의 열기와 氣의 흐름으로 인하여 생성되었다 소멸한다. 바람은 손에 잡히지도 않고 보이지도 않으나 소리나 느낌으로만 인식되어지듯, 음성도 손에 잡히지 않고 눈에 보이지 않는 氣로 이루어진 것이다.

태평양 바닷물이 차츰 온도가 높아 더워져 기류가 뭉쳐 강력한 태풍으로 변하여 농부가 땀흘려 기른 온갖 농작물과 과실을 한꺼번에 쓸어버리듯 음성이 태풍과 같이 크고 거칠면 젊은 시절부터 몰아치는 대담성과 박력으로 목표를 향하여 매진하였으나 어부가 다잡은 고기 놓치듯 60~63세가 지나면서 운세가 흐트러져 인생에 큰 실패가 따른다.

㉔ 믿음이 가는 사람

어느 상황에 놓이든(기쁘든, 슬프든, 괴롭든, 화나든) 음성이 한 음색으로 높든, 낮든, 크든, 작든, 굵든, 가늘든, 탁하든, 청아하듯 꾸준하면서 여운이 있으면 마음자세가 한결같은 변함없는 인물이다.

㉕ 걸걸한 목소리 소유자는 좋은 사람이다.

걸걸하다 함은 갈라진 음성이 투박하여 굵게 나는 것을 말한다. 갈라진 음성과 흩어진 화음성(火音聲)과는 판이한 것으로, 걸걸한 음성은 굵게 나는 土音聲이 갈라졌음을 의미한다. 수기가 없어 땅이 가물어 갈라지듯 음성에 윤택함이 모자라고 울림이 없어져 토음성(土音聲)으로서 효용가치가 떨어진다. 土성격인 信(신)이 있어 타인에게 배려심과 믿음을 주어 호인(好人)소리는 들으나 실속과는 거리가 멀어 경제적으로는 소득이 적다.

㉖ 남자 음성이 가냘프고 고음으로 높으면 잘 삐친다.

가늘고 예리하며 높은 음을 계속 유지하는 음성은 여자들이 특징적으로 갖고 있는 음성이다. 남자가 가늘고 높은 음의 소리를 가졌다 함은 내면 순수 마음에 바탕이 여성화 되어 있어 조금 언짢은 소리에도 민감하게 반응하여 잘 토라진다. 또 신뢰감이 없고 위엄이 서지 않는다. 주로 자식을 극하는 경우가 많고 빈천(貧賤)하다.

㉗ 음성이 흐릿하고 낮으면 배움이 부족하다.

흐트러지고 낮은 음성을 말한다. 흐트러지는 火音聲이 發聲된다는 것은 두 종류로 같은 불이라도 기세등등하게 활활 타는 큰 산불이나, 끊임없이 불을 뿜어내는 火山과 같은 불이 있고 겨우 1m정도의 공간을 희미하게 비추어 꺼지지 않기만 바라는 촛불이나 호롱불이 있듯이 음성도 이와 같다. 화음성에 토음성이 더하여져 흩어지나 굵고 힘찬 음성이 있고 오로지 꺼지지 않기만을 바라는 호롱불 같은 음성이 있다. 목소리가 작아 기력을 잃은 음성 소유자는 바램과 목적이 본능적이어서 먹고, 마시고, 노는 데에 몰두하여 단순하고 유치하다. 그러므로 학문이나 문장력 등 지적인 면을 추구하는 욕망이 없어 학업을 계속 이어나가는 것이 힘들고 어렵다.

㉘ 음성이 째지면 나도 남을 미워하고 남들도 나를 미워한다.

관상학의 기본이며 원칙이론이 있다면 體-相-用 원칙일 것이다. 마음바탕인 體가 그러하면 밖으로 드러난 相이 그러하게 생겼고, 상이 그러하면 운세(運勢) 또한 그런 쪽으로 흐르거나 결정된다는 이론이다.

마음 바탕이 그러하면 음성이 그러하고, 음성이 그러하면 그러한 운명의 길로 기운다. 마음 바탕이 표독스럽고 앙칼지기 때문에 음성이 째지고 날카로운 것으로 발달한 것은 써먹어야 하는 體-相-用이론에 근거하여 남을 미워하고 공격할 일이 자꾸 생기기 마련이다. 내가 남을 미워하니 남들도 상대가 나를 미워하는데 좋아할 수없는 것이 인지상정인지라 남들도 나를 미워함은 당연하다.

㉙ 음성의 처음과 끝이 다른 경우

음성은 한 개인의 운로를 밖으로 알려주는 상(象)이고 현재 마음을 밖으로 드러낸 거울이라 할 수 있다.

처음 만날 때 음성보다 헤어질 때 음성이 작거나, 한 음절이나 한 어휘로 이어진대화 중 처음 시작할 때 음성보다 뒤로 가며 작아지거나 흐트러지면 처음과 끝이 다른 인물로 차츰 운이 하락하여 현재 가정형편이 몰락했거나 재물의 손재가 있음을 알려주는 것이다.

반대로 처음 만날 때 음성보다 헤어질 때 음성이 크거나, 대화중 처음 시작할 때 음성보다 뒤로 가며 커지면 자수성가형(自手成家形)으로 어렵고 힘든 고난의 세월을 극복중이거나 극복한 인물이다. 삶에 의지력이 강하여 매사 자신감과 의욕이 넘쳐 결과가 좋아 주변의 칭송을 듣는 인물이다.

㉚ 젊은이가 노인의 음성을 가진 경우

25~35세쯤의 청장년이 노인의 음성을 빼어 닮아 굵은 듯 느린 듯 탁한 듯하면 아직 세상 경험은 적지만 매사 대처함이 구렁이가 담 넘어 가듯 두루뭉실 자기 속을 내보이지 않고, 이익에는 적극 나서고 손해 볼 일이 눈앞에 있으면 철저히 피해간다. 몸도 음성에 따라 노화 현상이 빨리 찾아와 소화불량, 허리통증, 정력 감퇴, 성인병 노출, 피로 누적 등 질환으로 고통을 받는다.

㉛ 자웅성(雌雄聲)

내기(內氣)의 불안정한 기운에 의해 음색, 고저, 대소 등 음성에 급격한 변화가 있을시 이를 자웅성이라 한다. 처음 대면 시는 자신감에 차있어 큰 음성으로 나가다가 나중으로 갈수록 차츰 작아지는 음성으로 이를 용두사미(龍頭蛇尾) 음성이라 따로 칭한다. 매사 일처리가 끝이 같지 않아 실패를 자주 한다. 일에 대한 성과가 미미하여 힘든 나날을 보낸다.

㉜ 음성이 너무 높아 듣기 싫을 정도일 때

음성이 큰 것과 달리 높다는 것은 고음으로 순수마음이 높고 높은 산의 고봉에 있는 것과 같아 강한 바람 앞에 촛불과 같아 풍파에 시달리고 외롭다. 특히 여자가 높은 음을 가지면 37~39세에 이혼을 하며 이혼 사유는 성격차이로 인한 가정 내 불화이다.

㉝ 상대와 대화도중 음성이 갑자기 낮아질 경우

평상인들은 음성의 변화가 때에 따라 다르게 생성되나 이러한 것은 차지하고 평소 음성의 변화가 없어 안정감을 갖던 인물이 대화도중 음성이 가라앉아 작아지거나, 더듬거리거나, 언어의 뒤끝이 흐려지면 자기 양심에 반하여, 거짓말 하는 순간 마음의 동요가 일어 언어와 음성에 자신감을 잃어 나타나는 현상이다.

㉞ 음성이 미세하게 떨리는 경우

대화시 평소와 달리 음성이 미세하게 떨리면 현재 무엇인가 불편한 마음의 발현으로 사생활이든, 건강이든 이상이 있다는 신호이다. 마음과 정신 모두 안정을 이룬 상태이면 음성은 변함없이 평소대로 줄기차게 발성된다.

㉟ 평생부부

음성은 마음을 밖으로 드러낸 것이요, 인간관계 인연(因緣)의 끈이다. 결혼 할 당시의 음성이 바뀌지 않고 한 음성으로 계속 이어져 만년이 되어도 같은 음성으로 이어지는 부부는 결혼할 때 가진 상대에 대한 사랑과 믿음이 변하지 않으므로 평생 부부로 해로 한다.

㊱ 이혼하는 부부

한 개인이 가진 음성이 때에 따라 둘로 변하는 것은 순수 마음이 크게 둘로 나누어져 있음을 알려주는 것으로 이를 이중 음성을 가진 이중인격자(二重人格者)라 했다. 한 개인이 가진 음성이 여러 음색이거나 다중으로 된 음성의 성질이나 기능을 가져도 이를 다중음성을 가진 다중 인격자라 한다. 이중음성을 가진 인물은 순수마음이든 잠재마음에서 따로따로 두 마음이 자리 잡고 있어 상황에 따라, 당시 기분에 따라 마음의 방향이 수시로 바뀌어진다.
부부 중 한쪽은 이중 음성을 가졌고, 다른 한쪽은 한 음성으로 순수마음을 지녔다면, 사는 재미는 없으나 참고 견디며 이별 없이 지낼 수 있다. 부부가 모두 다중음성이면 부부 모두 다중성격 소유자로 서로 다른 마음의 존재로 다툼이나 분규가 많아 결국은 성격차이로 인하여 이별이나 이혼을 택한다.

㊲ 남자가 중년이 지나도 어린아이 음성인 경우

어른이 되어서도 가늘고 앳된 음성을 계속 발성하면 아직 덜 성숙된 성대와 내부 장기의 영향으로 몸과 마음 모두 연약해서다. 나이를 들어가며 음성은 내부 장기의 바탕으로 한 마음에 연륜이 쌓여 차츰 굵은 듯 여유롭게 발성되는 것이 자연스러운 현상이다.

중년이 되어서도 앳된 음성이 가늘게 이어져 맑은 듯하면 아직 사리 분별함이 모자라 철이 덜난 어린아이와 같은 사고력으로 큰일 앞에서 망설이며 나서야 할 때와 물러서야 할 때를 분간 못하여 주변을 불편케 한다. 어린아이와 같은 음성의 소유자는 마음바탕도 유치하여 추켜 세워주면 아주 좋아한다.

㊳ 음성이 너무 굵은 경우

음성이 너무 굵어 묵직한 무게감마저 느껴지면 과유불급(過猶不及)으로 무거운 탱크가 앞뒤 안보고 돌진하듯 세상 모두를 내편에서 유리하게 판단하여 밀어붙이듯 진행시킨다. 남의 돈을 빌리고도 오히려 큰 소리로 "죽기 전에 갚겠다" 등 억지 논리로 상대를 압박하는 무지한 성정이 깔려 있다. 음성의 굵기도 적당하여 지나치지 않아야 차분하고 진중한 성정을 지닌다.

㊴ 타인과 첫 대면한 경우

상대에게 다가가는 이미지 중 대화 내용은 15% 정도이고, 얼굴의 생김은 30%, 몸동작과 옷매무새는 각 15%, 그리고 나머지 40%는 음성에 있다. 관상학에서도 얼굴상 30%, 몸체상 30%, 음성상 30%, 나머지 10%로 하여 상을 나눌 수 있다. 상대와 첫 대면시 첫인상의 좋고 나쁨을 결정짓는 중요한 요소는 얼굴보다는 음성에 있다. 아무리 용모가 준수하더라도 음성이 흐트러져 있거나 허약하여 작으면 진기(眞氣)가 불안정 상태인 이유로 운의 흐름이 나쁘다는 것을 알려주는 것이며, 용모가 볼품이 없어도 음성이 활기차고 윤택하면 운의 흐름이 좋다는 것을 알려주는 것이다. 이렇듯 음성상은 상대를 읽어내고 알아보는 핵심적인 부분으로 세밀한 관찰력을 갖도록 연마하여할 것이다.

㊵ 허스키 음성인 경우

음성이 목의 성대에서부터 여러 갈래로 갈라져 거칠고 탁하게 나는 것을 허스키라 한다. 허스키 음성에는 부드러운 허스키, 크고 굵어 박력을 느끼게 하는 허스키, 윤택하여 정감 있는 허스키가 있다. 그러나 대부분 허스키는 윤택한 맛이 없어 거칠고 시끄러워 거슬림이 많다. 여자 음성이 허스키 하면 그 집안이 시끄러워진다. 같은 유형의 허스키라 해도 크고 굵어 울림이 있으면 곤란을 겪는 와중에도 꿋꿋하게 견디어 이겨낸 경우도 있지만, 작고 여리어 시끄럽기만 한 허스키는 이를 이겨내지 못하고 주저앉고 만다.

㊶ 사나운 음성의 경우

날카로운 음성, 가느나 예리한 음성, 째지는 음성, 크기만 하고 울림이 없는 음성 등이 사나운 음성이라 할 수 있다. 이들 음성 모두는 예리하고 날카로운 칼날이나 도끼 같은 무기와 같아 항상 위험을 지니고 있다.

사나운 음성은 내 발등부터 찍어놓고 가장 가까운 부모나 형제, 배우자, 자녀 순으로 가르기 시작한다. 평소에 부드럽고 유연한 음성이라 해도 운(運)따라 변하다 보면 사나운 음성으로 변하는 경우가 있다. 아무것도 아닌 일에도 화를 잘 내어 음성의 변화가 급격하면 운의 변화로 인한 형액이 따르거나 큰 사고로 인한 가슴 아픈 일을 겪게 된다. 항상 마음의 여유와 안정을 유지함은 음성의 안정과 함께 운의 흐름을 순조롭게 할 수 있는 것이다.

㊷ 무속인의 음성

무속인의 빙의는 우주자연의 변형된 기운과 인간의 변형된 생체 에너지와 파장이 맞아 교합이 이루어질 때 어쩔 수 없이 혼란스러운 에너지로 인하여 생기는 현상이라 할 수 있다. 가장 직접적인 원인으로는 오장 활동 중 간경(肝徑)과 신장(腎臟)의 운행이 너무 지나쳐 왕성하든가, 미약하여 허약하든가 하는 이유로도 볼 수 있다.

무속인은 접하는 신(神)의 종에 따라 목의 성대에 신기(神氣)가 실려 동자 신을 접하게 되면 동자 음성을 갖고 동자와 같은 언어와 행동을 하며, 선녀 신을 접하면 선녀 음성을 갖고 선녀와 같은 언어와 행동을 취하고, 할아버지가 실리면 무게감 있는 음성으로 타인을 타이르거나 야단치거나 한다. 그러나 무속인도 본래 가지고 있는 음성이 크면 운명적으로 보통인들과 다르지 않아 겪고 넘어야할 역경과 고난의 길이 험난하다. 본래 갖고 있는 음성이 작고 힘이 없으면 들어온 神도 이를 감당하지 못하여 자꾸 회피하게 되어 내림굿하다 말고 100일 기도, 1,000일 기도 하다 포기한다. 무속인의 음성이 낭랑하여 윤택하면 주문과 기도문을 읊을시 신과 대화소통이 원활하여 사안에 대한 명쾌함과 함께 바라는 일도 잘 이루어져 신통하다는 소리를 듣는다.

㊸ 음성이 부드러우면 사람이 좋다.

부드러운 음성의 소유자는 낮은 음성과 약한 음성을 동시에 지닌 것으로 마음이 약하여 절대로 약한 일이나 남을 헤치는 일을 못하여 사람 좋다는 평을 듣는다. 사람 좋은 것만 가지고는 현대의 복잡다단한 사회생활에서 견디어 내기 힘들다.

부드럽되 여유로워 화평(和平)하여 편안한 느낌을 주는 음성, 화윤(和潤)하여 촉촉한 맛이 느껴지는 음성을 가지면 귀인으로 대접을 받는다. 음성이 부드러우면 사람만 좋다고 할 뿐 귀인은 될 수 없다.

㊹ 음성이 지나치게 맑은 경우

음성이 유리같이 투명하여 맑다 못해 과청하면 청량(淸凉)한 음성으로 성격도 결벽증세가 있어 주변에 가까이 하는 사람이 없어 항상 외롭다. 살림도 성격과 같이 맑아져 가난해진다.

음성이 낭랑하여 윤택한 맛이 없으면 어렵고 힘들 때 주변에 사람이 없어 외롭다. 하지만 밝고 맑은 명랑(明朗)한 음성은 부귀를 누린다.

㊺ 무의식적인 음성의 경우

나도 모르게 무의식적으로 한숨짓는 소리가 가냘프면 이를 암체(暗滯)된 음성이라 한다. 사람은 누구나 선지선각(先知先覺)이 있어 아직 일어나지 않은 앞날의 걱정스러운 일을 미리 예지하는 것으로 근심 걱정이 이어서 일어난다. 주로 궁핍한 생활을 한다.

㊻ 음성이 고르지 못한 경우

음성은 마음을 대변하는 보이지 않는 상으로 음성이 컸다 작았다 하고, 고르다, 떨리다, 가늘다, 굵다 하는 등을 반복하면 현재 마음 바탕이 안정감을 잃어 요동치는 것으로 건강이 나빠짐과 함께 불안감을 드러내는 것이다. 일을 추진한 마음의 안정감은 필수로서 불안정한 마음으로는 어느 일도 이룩할 수 없다. 음성이 고르지 못하면 운이 나쁘게 흐른다.

㊼ 간사한 인물

중요한 내용도 아닌 것을 낮은 목소리로 귓속말로 소곤소곤하면 당장은 친근감이 있어 보여 특별한 관계인양 가깝게 느껴지지만 사실은 뱃속이 검어 믿을 수 없는 사람이다. 이때 음성마저 가늘고 상냥하면 뒷담화 잘하고 앞과 뒤가 맞지 않고, 처음과 나중이 다른 인물로 눈마저 뱀눈이거나 삼각 눈이면 남의 물건을 그냥 가져가는 양심을 저버리는 행동을 서슴지 않는다.

㊽ 음성이 가는 경우

남녀 모두 음성이 윤택하더라도 가늘면 금전적 어려움은 없으나 인연의 끈인 음성이 약하여 항상 외롭다. 가는 음성에 윤택함이 있어 결혼을 하였더라도 배우자를 묶어두는 인연 끈인 음성이 가늘고 약하여 관리가 제대로 이루어지지 않아 배우자를 지켜내지 못하여 상대의 외도로 속상하는 일이 많고 나중에는 너는 그래라 할 정도로 포기 상태까지 이른다. 여기에 처량함마저 더해진 음성을 가지면 금전적 어려움과 함께 인연마다 슬프게 끊겨 혼사가 안 이루어져 외로워진다. 특히 여자 음성이 너무 맑아도 남녀 간에 사랑이 이루어지지 않아 외로워진다.

㊾ 음성이 커서 시끄러운 경우

음성이 크다는 것은 전반적 삶의 우월조건이다. 크기가 지나쳐 시끄러울 정도면 빈 깡통이 요란하듯 실속이 없다. 체력은 강하여 항상 나다니고 분주하여도 별로 소득이 없다. 금전이 들어오면 나가기가 바쁘고 주변에 믿고 가까이할 사람이 없어 외롭다. 울림이 없이 오직 음성만 큰 대중가수가 운(運)따라 요행히 한 두곡 불러놓고 쓸모없는 차량 오랫동안 주차장에 주차시켜 놓듯 한가하여 대중에게 잊혀지는 것은 노래 음정은 좋으나 목소리가 커서 시끄럽기 때문이다.

㊿ 음성이 굵고 힘찬 경우

당뇨병, 고혈압 등이 있어도 음성이 굵고 힘차면 이를 이겨내는 내성이 강하여 오래 산다. 반대로 음성이 가늘고 약하면서 고혈압 등이 걸리면 이를 이겨내는 내성이 약하여 오래 견디지 못하고 일찍 사망한다. 음성은 마음을 대표하는 표출부로서 스스로 선한 마음을 일으켜 수양하여 선덕을 쌓으면 마음의 중심인 순수한 마음을 안정시켜 맑은 영성이 오장육부에 영향을 주어 긍정적사고방식과 적극적 사고방식으로 열정을 갖추어 임하여 그 기운에 맑고 윤택함을 더하여 본래 갖고 있는 음성의 격을 높게하여 운의 흐름을 부드럽게 하여 복록이 있게 한다.

(51) 재산은 누구 앞으로

운수는 늘 변하는 것으로 좋은 운이 다하면 나쁜 운이 찾아들고, 나쁜 운이 지나면 좋은 운이 따르는 것은 우주 자연의 순행법칙으로 이러한 위대한 변화의 진리는 인간의 힘으로 바꿀 수 없다. 두 부부 중 윤택한 음성을 가진 쪽으로 재산을 더 많이 소유할 수 있도록 하면 어려울 때가 도래하여도 재산이유지되어 더 많이 증식할 수 있는 기회가 되므로 큰 도움이 된다.

(52) 음성이 가라앉아 낮은 경우

음성이 꾸밈없이 날 때 가라 앉아 낮으면 음성적인 면이 많다. 감추어야할 비밀도 많고 남을 의심하여 음해하려는 심성이 깔려있어 謨事(모사), 권모술수에 능한 인물이다. 여기에 가늘기까지 더한 음성이면 음에 음을 더한 성격으로 대단히 음흉한 인물이다.

앞으로 나서지 않고 뒤에서 불평불만 늘어놓다가도 때가오면 찬성으로 돌아버리는 완전기회주의자이다. 인간은 사회성이 있어 단체나 조직, 모임 등을 가질 때 어느 조직이나 단체, 모임에 한두 명씩은 이러한 사람이 꼭 끼어 있어 분위기를 흐리고 해를 끼친다.

(53) 어린아이의 건강

어린아이는 16세 까지는 골격이 아직 미성이므로 음성으로 상을 대신한다. 음성은 태어나면서 根氣(근기)에 의해 생성되어 나는 것이다. 크고 힘차던 음성이 아무 이유 없이 어느 날 갑자기 약해지고 작은 음성으로 변하지 않는다. 어린아이의 음성이 크고 힘차면 현재 아무리 허약한 미숙아일지라도 곧 건강과 체력을 되찾아 무럭무럭 건강하게 자란다. 반대로 아무리 건강한 아이라 해도 음성이 작아 힘이 없으면 곧 병치레 할 것을 예고하거나 뇌의 성장이 정상적이지 못하여, 같은 또래의 아이들과 학업 성적의 차이가 심하게 난다.

(54) 체구가 작은 경우

신체중 머리, 얼굴, 몸, 손 다리 등 다섯 부위 모두가 짧으면 五短人(오단인)이라 한다. 오단인이 인당이 넓고 두툼하여 격을 갖추고 골육이 균형을 이루어

적당히 풍요로우면서 五嶽이 솟아 서로 응하면 크게 부귀 하는 상으로 만인지상 고위관료의 인물이다.

몸체가 작은 五短人들은 큰 체구의 사람들에 비해 생존위협으로부터 본능적으로 살아남기 위하여 더 긴장하여 실력과 기능을 더 연마 노력해야 하는 정신력과 인내력이 강해질 수밖에 없다. 작은개체일수록 주변 환경에 민감하고 이를 극복하려는 의지가 남다르다. 체구가 작아도 음성이 크거나, 맑아 은쟁반에 옥구슬 구르는 듯한 음성이거나, 쩌렁쩌렁 울리는 鐵聲을 가지면 큰 인물로 자기 역량의 한계를 뛰어 넘어 욕망을 달성하여 極貴(극귀)의 자리에 올라 천하를 호령한다. 박정희 전대통령, 등소평, 간디, 나폴레옹 등이 있다.

(55) 체성(滯聲)이란

음성이 컸다 작아졌다 하는 것을 雌雄聲(자웅성)이라 하고 처음은 급하고 나중에는 더듬고 얼버무리는 음성을 滯聲(체성)이라 한다. 체성의 소유자는 매사 도중에 막힘이 많아 난처한 입장에 잘 놓이며 인간관계도 꾸준치 못하여 외롭고 쓸쓸하다.

(56) 평생 가난한 사람

음성이 나약하고 가라 앉으면 순수마음 바탕에 자신감 없어 겁이 많아 남 앞에 나서지 못하고 음성이 힘없어 가벼우면 오장기능 모두가 허약하여 타인에게 의탁하여 지내며 음성이 메말라 건조하면 신수기가 고갈되어 그 인생이 외롭다. 음성에서 가장 경계하여야 할 것은 혀끝에서 맴돌듯 기어 나오는 것으로 평생 가난할 사람은 음성이 입안에서 우물쭈물한다.

(57) 음성과 질병

누구든지 약하게 타고난 臟腑(장부)가 있고, 성장과정을 거치면서 가족력, 주변 환경의 영향, 본인 부주의, 노화현상 등으로 인하여 질병에 노출되지 않은 사람은 없을 것이다. 우리 몸은 잠재된 질병에 대한 징후를 얼굴기색과 음성으로 미리 표출시켜 알리려는 본능적 기능을 갖고 있다. 음성은 타고난 장부의 상태에 따라 현재 장부의 건강 상황에 따라 민감하게 반응하여 발한다.

젊은 시절 음성이 굵었다 가늘었다를 반복하다가 어느새 굵은 음성이 약해져 소멸되고 여리고 가는 음성이 主音聲(주음성)이 되면 가족력으로 인한 당뇨병의 유전적 소질을 많이 가진 사람으로 본다. 음성의 높낮이가 급격하게 변하여 발성되면 흥분으로 인한 성격변화도 심한 인물로 간기능 저하나 고혈압으로 인한 여러 합병증이일어나 뇌출혈로 인한 반신불구가 염려된다.

음성이 태생적으로 가늘어 평소생활에서 高聲(고성)불가일 정도로 기력이 약하면 호흡기의 질병에 노출되어 폐결핵, 만성기관지염, 해소, 천식 등 외부환경과 바이러스 병균에 약한 체질로 볼 수 있다. 평상시에 목이 자주 쉬어 거친 소리가 나면 신장 기능의 약화로 인한 것이고, 큰 음성이 갑자기 작아지면 비위기능의 허약함이 주원인이며, 가늘고 날카로움이 더해진 음성은 유전적 영향으로 고질병, 몹쓸병 등의 시달림이 곧 있을 징후이며, 생활하며 음성이 윤택하지 못해 메말라 까칠하여지면 노화현상이 일찍 찾아드는 체질로 각종 암질환을 조심하여야 한다.

상기의 모든 질병에 대한 특효약은 아직 없으므로 신장수기 강화와 신장경의 건강을 추구하여야 할 것이다.

㊽ 사기꾼의 음성

상습적으로 거짓말로 상대를 속여 착오나 착각 속에 빠뜨려 자기이익을 꾀하는 행위는 위법한 것으로 이러한 인물을 흔히 사기꾼이라고 한다. 사기꾼의 음성은 이렇다하고 정하여져 있는 것은 아니다. 어느 유형의 음질의 음성이든 다중적 색깔을 갖는 목소리에서 사기를 칠 수 있는 성향이 많다.

사기를 칠 때는 평상시와 다르게 음성의 변화가 많다. 아주 미세하게 떨린다든지, 상대방에게 생각할 여유를 주지 않기 위하여 중요한 대목에서는 말을 빠르게 한다든지, 설득력을 높이기 위하여 위장된 음성으로 안정감을 느끼게 하기도 한다.

전화상으로 상대방을 속이려 할 때는 위장된 음성으로 假聲(가성)을 쓰기도 한다. 중요한 것은 다중 음성을 가진 사기꾼이 상대를 속일 때 음성은 보통 갖고 있던 음성보다 다소 낮고 푸근한 저음으로 깔아 안정감을 주는 효과로 설득력을 높인다. 여자 음성이 가늘고 여리며 차분하면서 얼굴도 곱살스러우면 청순가련형으로 상대에게 다가가는 이미지가 순진스럽고 진실성이 있게 보인다. 이러한 청순가련형의 여자얼굴이 대화중 좌, 우 어느 한쪽으로 살짝 기울어지면 마음 균형이 한쪽으로 기울어진 것으로 감추고 싶은 일이 많거나 양심을 버리는 일을 서슴지 않는 인격의 소유자이다. 금전적 이익을 위해서는 남을 속여 기만하는 교활한 심성이 깔려 있다. 음성에도 인격이 묻어나는 것으로 사기꾼은 음성이 낮게 저음으로 점잖게 발성되면 상대방을 설득하고 속이는데 유리하다는 것을 본능적으로 알고 있다.

㉙ 성악가의 聲量(성량)과 音幅(음폭)

성악은 성량과 음역 폭에 의해 여자 음성은 소프라노, 메조소프라노, 알토로 남자 음성은 테너, 바리톤, 베이스 등 6개 음역으로 나뉜다. 각 음역의 경계는 규정에 의해 엄격히 정해진 것이 아니라 성악가의 능력에 따라 조금씩 차이가 있다.

합창은 주로 소프라노, 알토, 테너, 베이스로 이루어진다. 고음인 소프라노는 음성 중 가장 높은 음력을 갖고 있어 가장 맑고 화려하다. 하지만 윤택하지 못하면 가정에 불화가 심하다. 중고음인 알토는 음성 중 세 번째로 높은 음역을 갖고 있어 가녀리나 무게감이 있다. 하지만 무게감이 없으면 복량이 없다.

중음인 테너는 음성 중 가장 안정감이 있는 음폭을 가져 듣기에 부담이 없다. 하지만 윤택하지 않으면 안정감이 떨어져 불안하며 경제적으로 궁핍하다. 중저음인 바리톤은 음폭이 넓고 굵어 웅장하여 여유로움을 느끼게 한다. 하지만 윤택하지 못하면 賤(천)하다. 저음인 베이스는 음폭과 음역이 굵고 무게감이 있어 중후한 느낌이 있어 듣기에 편하다. 하지만 윤택하지 못하면 천하고 가난하다.

㉚ 음성은 大(대) 小(소)가 우선이다.

음성의 특성과 기능을 구분지어 순위를 정하라면 淸濁(청탁) 보다 대소가 우선이다. 운명의 길을 가늠할 때는 가장 먼저 그 사람의 타고난 度量(도량)과 才幹(재간)인 局量(국량) 즉 마음 바탕의 크기이다. 자동차가 좁고 험한 비포장도로를 가느냐, 아니면 넓고 포장이 잘된 고속도로를 가느냐에 따라 운행결과의 차이가 바로 국량의 크기의 비교라고 할 수 있다. 국량의 크기 차이에 따라 삶의 과정과 결과가 정해진다. 음성이 맑고 탁하고, 가늘고 굵고 보다는 크고 작고에 따라 국량의 차이가 더 드러나기 때문이다.

같은 실력 동일한 조건으로 동시에 회사에 입사하여도 음성이 커 우렁찬 사원이 두각을 나타내어 인정을 받는다. 음성이 크면 꿈과 이상이 높고 원대하여 바라는 목표를 크게 하여 인생길 처음부터 열심히 노력한다.

㉑ **비음(鼻音)**

음성은 단순히 느낌이나 바람을 상대에게 전달하는 역할에 그치지 않는다. 인간관계에서 같은 내용의 대화라 해도 비음이 전혀 없는 음성보다 다양한감정이 포함된 비음이 적당히 어우러진 음성일 때 상대에게 진심에서 묻어나는 설득력이 높다.

음성에서 비음의 비율이 30~40%정도로 발성되면 언어 울림이 더하여져 한층 유연하고 부드러운 느낌으로 상대에게 다가간다. 비음은 안정감과 신뢰감을 주기 때문에 설득력이 월등하다.

【5】 언행

　소리에는 사람의 영이 담겨있어 소리만으로도 모습과 격을 판단한다. 목소리는 부모에게 물려받기도 하지만 음식과 환경에서 오는 경우도 있는데 공기가 몸속에 들어가 나오면서 다듬어지며 턱뼈의 크기와 코에서 울려 나온다.
　음색과 어투를 들으면 직접 만나지 않아도 성격을 파악할 수 있으며 언어 사용에서 귀격과 천격을 읽을 수 있다. 걷는 것은 동적이라 양에 속하지만 앉는 것은 정적이라 음에 속하는데 앉아 있을 때 나오는 소리와 서서 말할 때 소리는 다르게 나온다.
　여성이 황소처럼 우렁찬 목소리를 내는 것은 사주가 드세어 풍파가 많고, 쇳소리가 나면서 쩌렁쩌렁 울리고 명쾌하면 일하고 싶은 대로 일을 한다. 늙어도 맑고 격이 높고 적당하게 명쾌하면 일을 하고 싶을 때 까지 한다. 윤기가 없이 푸석푸석한 목소리는 정이 많아도 표현하는데 서투르고 상대방에게 금전과 관련하여 많이 인색하다.
　남성이 여성의 말씨나 음성을 쓰면 마음이 크지 못하고 성공도 늦으며, 이러한 사람은 여성과 관련이 있는 직종에서 일을 하면 성공한다. 콧소리로 얘기하는 사람은 듣기는 좋으나 가식이 많으며, 깨무는 듯 어금니에서 소리가 나는 사람은 일은 잘하지만 성격이 모질고 독한 면이 있다. 혀끝에서 혀 짧은 소리를 내는 사람은 속이 좁은 편이고 생활의 안정이 늦게 온다.
　목소리 내는 성향도 어느 정도 변하여 단전에서 나오는 목소리는 몸이 건강하고 강한 운이 부드럽게 온다. 말하기 전에 먼저 웃고 말하는 사람은 호감은 주지만 바람기가 있다. 호들갑을 떠는 사람도 바람기가 있고, 관심이 있는 화제에 눈을 감는 사람은 이해타산에 민감하고 냉정한 편이다.
　말할 때 상대의 눈을 정시 못하면 결단력이 부족하며, 말을 할 때 입술을 핥고 아랫입술을 깨물면서 말하는 습관이 있으면 허영심이 많고 거짓말도 잘한다. 부모가 자식에게 혼내는 일이 있을 때 아랫입술을 물고 야단치면 그 자손에게 해가 가는데 이런 점은 고쳐야 하겠다.
　음성은 소리의 여운이고 마음과 정신은 소리의 근본 바탕이 되는 것이니 사람에 따라 심에 비쳐진 희·노·애락에서 나오는 환성(기뻐 할 때 울려나오는 소리), 우성

(근심스러울 때 나오는 가라앉은 소리), 자비 성(인자한 목소리로 타이르는 소리), 숙살성(쇠붙이가 부딪히며 나오는 소리), 낙성(즐겁게 기분이 좋아 나오는 소리)등으로 이런 음성을 파악하면 흥망성쇠와 선악을 판단 할 수 있다.

　소리는 마음을 대신해서 표현함으로 덕을 쌓고 노력하면 음성도 좋아져 운기가 스스로 좋게 찾아온다. 소리가 가벼운 자는 무능하고 소리가 깨지는 자는 일이 잘 풀리지 않고, 계곡에서 흘러내리는 물소리처럼 맑은소리는 극귀할 사람이며, 음성이 배꼽 부위 속에서 부터 울려 나오는 소리가 나는 것은 오복을 다 갖춘 사람이다.

　말을 오래하면 목소리가 맑았다 흐렸다 하는 것은 형액이 따를 일을 했다 안했다하여 불안하고, 이러한 음성의 소유자는 히스테리가 있는 형이니 목소리를 아끼고 성대를 보호해야 한다. 또한 목소리가 크고 작아서 일정하지 못하면 약간의 불운이 따른다.

　한마디 말을 마치기도 전에 다음 말을 겹쳐서 급하게 연이어서 말을 하는 자는 일마다 뜻을 이루지 못하고, 소리는 길게 내고 있는데도 기가 먼저 빠져 나가면 오래 살지 못한다.

　말소리나 음성 자체가 너무 느리고 힘이 없는 자는 문장의 발전이 없으니 권세도 없다. 꿩이 우는 소리를 하는 자는 길한 명이다. 음성이 너무 느린 소리는 안 좋고 소리에는 여운이 있어야 한다. 우보나 호보로 걸음을 위엄 있고 뚜벅뚜벅 무겁고 침착하게 걷는 사람은 목소리 또한 맑고 여운이 있어 발전할 사람이다.

1) 언행의 관찰

✿ 목소리는 부모에게 물려받지만 살아가면서 만들어지기도 한다. 배, 가슴의 모양, 상하 턱뼈의 크기, 코의 자리에 따라 소리는 다듬어져 나온다.
✿ 목소리에는 사람의 영혼까지 실려 있어 소리만으로도 모습과 격을 파악할 수 있다.
✿ 음색과 어투를 들으면 체형이 그려지면서 얼굴형과 눈, 코, 입이 나타나고, 언어의 격으로 귀천을 읽는다.
✿ 마음이 고귀하면 자연히 언어도 고상하게 나온다.

- 말이 빠른 사람은 솔직하기는 하나 성급해서 실수가 잦으므로 귀격이 아니다. 여유가 있고 기운이 강하면 느긋하면서 확실하게 말한다.
- 생각을 정리하듯 말하는 사람은 시간이 지날수록 왕성한 활동을 보인다.
- 화난 목소리는 일이나 건강에 나쁘고 우는 소리를 내면 울 일이 생긴다. 목소리가 퉁명스럽거나 휘감기면 천박하여 운이 왔다가도 도망간다.
- 끈적끈적하게 말하는 사람은 심중에 음모가 있어 방심하면 놀랄 일이 생긴다.
- 여성이 황소 소리를 내면 드세어 풍파가 잦고 쇳소리가 나듯 명쾌하면 일하고 싶은 만큼 일한다.
- 목소리가 명쾌하고 부드러운 남성은 연애도 잘하고 돈도 잘 쓴다. 속마음이 크다.
- 윤기 없이 퍽퍽한 목소리는 정이 많아도 표현에는 서투르고 코마저 높으면 면 대하기가 거북하다. 융통성이 없고 연애할 때 금전에 인색하다.
- 혀끝에서 소리가 나면 속이 좁고 생활에 안정이 늦게 온다.
- 남성이 여성 말씨를 쓰면 마음이 크지 못하고 성공도 늦다. 그러나 여성 직종에 종사하면 성공한다.
- 단전에서 시작되는 목소리는 몸이 건강하며 강한 운세로서 최고로 평가된다.
- 코에서 소리가 나면 듣기는 좋아도 가식이 많고 깨무는 듯 어금니에서 소리가 나면 일은 잘해도 모질고 독한 면이 있다.
- 아무도 없는데 중얼거리는 사람은 고독을 불러들이고 결국 혼자 있게 된다.
- 말할 때 표정에서 성격을 읽는다. 말하기 전에 먼저 웃으면 상대에게 호감을 주지만 바람기는 많다.
- 대화 때 눈을 옆으로 흘기면서 웃거나, 대단한 일도 아닌데 호들갑스럽게 해도 마찬가지이다.
- 상대의 눈을 정시하며 또박또박 말하는 사람은 자신감이 넘친다.
- 평소에는 가만히 있다가 관심이 있는 화제가 나오면 눈을 감는 남성은 이해타산에 민감하고 뻔뻔하며 냉정하다.
- 살다가 언어가 거칠어지면 힘든 생활이 돌아온다.
- 입술을 핥거나 아랫입술을 깨물면서 얘기하는 버릇이 있는 여성은 허영심이 있고 거짓말도 능하다. 부모인 경우 야단칠 때 아랫입술을 물면 자녀에게 해롭다.
- 말을 예쁘게 하면 인상이 좋아진다. 칭찬을 자주 해줘야 한다.

- 말을 할 때 검은 동자가 흔들리며 상대의 눈을 바라보지 못하면 정직하지 못하고 결단력이 부족하여 반드시 만년에 어렵게 된다. 신뢰감이 없고, 사정이 여의치 못하면 야반도주라도 할 사람이다.
- 혼자 말처럼 말하는 사람은 자식 복이 없어 혼자 산다. 여자는 과부가 된다.
- 여성 중에 남자 목소리를 내는 사람은 음란하며, 남편과 자식에게 해로우며 일생 노고가 많다.
- 크렁크렁 나는 소리로 균형이 잡힌 부드러운 소리를 못내는 사람도 흉상이다.
- 말을 할 때 상대방의 표정을 읽을 줄 알아야 한다. 교양 유무를 볼 수 있다. 언청이는 부모덕이 없다.
- 소곤거리는 소리, 여운이 없는 소리, 탁한 소리 등은 불운을 부르는 목소리이다.
- 말을 하면서 표정이 나온다. 인상이 좋지 않으면 돌아서면 되지만 말은 듣기 싫어도 들어야 한다.
- 좋은 목소리는 아랫배에서 나와야 좋고, 목에서 내는 목소리는 좋지 않다.
- 모든 상은 에너지를 가장 먼저 본다. 인상보다 언상을 더 중요하게 본다. 언상으로 상대방의 격을 볼 수 있다.
- 좋지 않은 목소리는 유약하며 경박하다. 탁한 된소리거나 부드러운 듯 막힌 소리다.
- 목소리가 탁하면 어리석다. 깨진 징소리 같으면 마음의 씀씀이가 굽어 성공과 실패를 반복하면서 결국은 실패하여 외롭고 가난하게 된다.
- 뼈가 왕하면 목소리가 곱지 않다. 부드럽지도 않다.
- 음성이 부드럽고 조용하고 조리 있게 대화를 하더라도 옥니를 가진 자는 속으로 벼른다.
- 뚱뚱한 사람은 여성스러운 목소리가 많다.
- 목소리가 낮고 걸걸하면서 쇳소리가 낀 듯 하는 목소리는 간교하고 남을 속이는 목소리이다.
- 쉰 것 같은 목소리는 재산을 깨뜨리기 쉽고 일이 순조롭지 않다.
- 목소리가 크고 우렁차면 부유하고 귀하게 된다. 작고 약하면 마음이 나약하다.
- 웅장하고 깊은 목소리는 성격이 좋고 신뢰감을 주기 때문에 좋은 평가를 받는다. 인간관계와 업무에서 모두 뒤끝이 좋고 명쾌하여 믿고 일해도 좋을 사람이다.

✿ 모든 것을 알고 싶을 때는 소리를 들어야 한다.
✿ 소곤소곤한 목소리는 비밀이 많다. 상대를 잘 믿지 못한다. 큰일 도모에 역부족인 사람으로 사업 파트너로 적절하지 않다.
✿ 소리와 체격은 같이 가야 한다.
✿ 큰 소리로 떠드는 사람은 실속이 없다. 하지만 호인도 많아 대인 관계가 넓다. 반면 중요한 결정은 확답을 받아 놓지 않으면 나중에 딴소리를 한다.
✿ 너무 큰 소리는 미래의 운을 떨어뜨리기도 한다.
✿ 살이 찌고 배 울림소리는 토형이다.
✿ 음성이 끊어지지 않고 여운이 있는 것이 좋다. 메마르고 여운이 없으면 일시적으로 부자가 되더라도 재산이 곧 흩어지게 된다.
✿ 목소리가 목과 입에서 나면 고생이 많고 가난하고 천하여 평생 바쁘게 산다.
✿ 목소리가 끊어졌다 이어졌다 하면 성공과 실패의 기복이 있고 단명 한다.
✿ 처음에는 나지막하고 약했지만 점점 낭랑해지는 사람은 처음에는 어려울지라도 나중에는 부자가 된다.
✿ 처음에는 낭랑하다 나중에 낮고 약하게 되면 처음에는 부유할지라도 나중에는 가난하게 된다. 막힌 듯 하는 목소리는 실제로도 막힘이 많다.
✿ 체격이 크면 우레와 같은 소리여야 한다.
✿ 목소리가 그릇이 깨지는 듯하고, 항상 쉬어 있는 듯하며, 경망스러우면 듣기에도 거슬리는 목소리다. 지나치게 날카로우면 경계하는 것이 좋다.
✿ 남자가 조용하게 얘기하면 먼저 눈을 보고 주름을 보고 음흉을 판단 한다.
✿ 여자가 남자의 목소리이면 성격이 강하고 배우자 운이 나쁘다. 남자가 여자의 목소리이면 나약하고 우유부단하여 가난하게 된다.
✿ 여자의 목소리는 너무 얇거나 너무 굵어도 좋지 않다. 여자의 목소리가 둔탁하고 윤기가 없으면 남편과 자식에게 사랑을 받지 못한다.
✿ 소리 내어 웃으면 인상이 좋아진다.
✿ 몸집은 큰데 목소리가 작은 사람은 가난하고 천하며 수명도 길지 못하다.
✿ 몸집은 작지만 목소리가 우렁찬 사람은 부귀하고 장수한다. 귀엽고 사근사근한 목소리는 외유내강형이다.
✿ 목성(木聲)은 조용히 말해도 소리가 멀리까지 가고 높낮이가 별로 없이 안정되어 있다.
✿ 소리가 양적인지 음적인지에 따라 다르다. 양적인 여자의 목소리는 맑지 않다.

- 화성(火聲)은 말솜씨를 갖추려고 노력하나 빠르며 급하고, 높낮이가 가장 심하다. 달변가가 많다.
- 수성(水聲)은 말이 느리지만 일정한 속도와 부드러운 목소리로 사람들의 마음을 편안하게 해준다.
- 토성(土聲)은 중후하나 멀리가지 않고 가까이 들으면 약간 웅웅 소리가 난다. 듣는 사람에게 믿음을 주고 설득력이 가장 좋다.
- 금성(金聲)은 짧고 강하게 나타나고 끝소리가 자신의 의지를 감싸듯하게 나온다. 자신의 고집이 곧 생명이다. 이 음성을 들으면 불가능이 없다는 생각이 든다.
- 탁음(濁音)은 닭살이 돋는 음성이다. 매우 떨리거나 여성이 남성 소리 같으면 노력을 많이 기울여야 한다. 소리의 높낮이나 속도감, 리듬감이 전혀 없어 듣는 사람이 금방 짜증을 느낀다.
- 치음(熾音)은 화성이 매우 강렬하여 거부감이 먼저 들게 한다. 딱따구리처럼 빠르고 강하지만 맑지 않다.
- 저음(低音)은 귀를 기울여야 간신히 들을 수 있거나 톤이 낮아 파장 자체가 적다. 이런 목소리는 운이 열리지 않는다.
- 중음(重音)은 소리는 하나로 나오나 기운은 두 가지를 포함한다. 목성에 화성이 겹치면 목화로 본다. 금음에 수성이 중복되면 에코가 필요 없을 정도로 음성이 좋다. 목화의 음이 겹쳐 나오면 아주 밝고 명랑한 소리로 많은 사람들을 즐겁게 한다.
- 파음(破音)은 듣는 사람의 촉각을 곤두서게 만들고 사물을 파괴하는 강한 에너지가 있다. 이런 사람을 가까이 하면 아무리 좋은 운이 와도 견디지 못하고 산산이 부서진다.
- 풍음(風音)은 모든 힘을 기울여 말하지만 상대방은 들은 척을 하지 않아 의사 전달하기가 힘들다.
- 청음(淸音)은 말소리가 끊어지지 않고 부드러우면서 상대를 편안하게 만든다. 귀하며 청고하고, 정결하여 항상 복덕이 따른다.
- 압성(鴨聲)은 오리가 꽥꽥거리는 소리 같고, 여기에 목에 근육과 힘줄이 심하게 나타나거나 튀어 나오면 아주 흉하다. 이런 사람은 상대의 단점을 지적하며 쾌감을 즐기는 사람이다.
- 소성(小聲)은 소리가 너무 작고 가냘프며 평생 일에 지쳐 가난하고, 하루도 편

안한 날이 없다.

- 하단성(下丹聲)은 단전 밑에서 기운이 발동하여 장부를 통해 입으로 나오는 목소리이고 아주 좋은 소리이다.
- 상단성(上丹聲)은 장부가 아니라 목과 혀로만 나는 음이다. 크게 소리를 질러도 멀리가지 않고 듣는 사람을 짜증나게 만든다. 이런 사람은 고달프고 빈천하다.
- 견성(犬聲)과 양성(羊聲)은 개나 양의 울음소리를 내는 사람으로 천박한 음성이다.
- 읍성(泣聲)은 항상 징징대며 우는 소리로 말하는 사람이다. 슬프게 말하는 습관이 있는 사람은 인생도 고독하고 슬프다.
- 장성(長聲)은 목소리가 길며 끝부분이 끊어지지 않고 이어지면 아주 좋다. 활기차고 즐겁게 살아가는 사람이다.
- 종성(鐘聲)은 종소리처럼 소리가 은은하고 심원하여 여운이 좋고 끊어지지 않고 원기에 찬 음성이다. 소리가 작아도 맑고 깨끗하면 좋은 소리다.
- 산성(散聲)은 소리는 크나 멀리 가지 않고 흩어지면 하속의 무리다. 고생이 많고 남에게 이용만 당한다. 산에 올라가 크게 심호흡하고 야호를 외치면 좋아진다.
- 급성(急聲)은 사람을 협박하거나 마음을 속일 때처럼 급해지는 목소리다. 항상 이런 목소리라면 도적의 무리로 본다.
- 부성(浮聲)은 죽음을 앞둔 사람의 목소리 같으므로 요절하거나 빈천하다. 젊은 사람은 평생 한곳에 뿌리를 내리지 못하고 떠돈다.
- 살성(殺聲)은 눈이 충혈 되고 목소리가 격앙되면 사람을 죽이는 기운이 점점 강해진다.
- 조성(粗聲)은 계속 답답하게 나오는 목소리다. 만사가 시원하게 풀리지 않고, 항상 중요한 고비에서 쓴잔을 마신다.
- 양성(揚聲)은 밝고 점점 높아지는 목소리로 부유하게 됨을 알 수 있다. 만약 입술이 붉고 이가 옥처럼 깨끗하고 눈썹이 길고 귀가 크면 귀하게 된다.
- 웅성(雄聲)은 여자는 좋지 않으나, 남자는 높은 관직에 오른다. 몸이 약하고 작으나 만인을 압도하는 웅장한 목소리는 매우 좋다.
- 마성(馬聲)은 놀라거나 비정상적인 말이 내는 소리로, 이런 소리를 자주 내면 조급하고 매우 독한 사람이다. 조용하던 여자가 갑자기 웃음소리가 달라지거

나, 놀라 몸을 떠는 경우가 여기에 해당한다. 말은 오화(午火)로 도화(桃花)를 뜻한다.

✪ 향성(響聲)은 소리가 맑고 깨끗하고 울림이 좋으면 남편과 자식을 영화롭게 만든다. 하루 종일 피곤하고 지친 남편이 집에 들어와 부인의 목소리만 들어도 피로가 풀려 힘이 솟는다.

✪ 아성(兒聲)은 성인인데도 어린아이 목소리를 내면 부부가 백년해로하기 힘들다. 남자는 아들을 두기 어렵고, 설사 아들이 있어도 부모의 가슴에 못을 박는다.

✪ 처녀성(處女聲)은 애교가 있어 듣기는 좋을지 모르나 남자가 점점 무능해지고 집밖에서 맴돌게 된다. 나이와 목소리도 어울려야 가정이 편하다.

✪ 허스키는 조성(粗聲)·파음(破音)·형음(刑音)이 섞인 목소리다. 이런 소리는 매력적으로 들릴지는 모르나 운명학에서는 불행을 달고 다니는 것으로 본다. 가정이 깨지기 쉽고, 법정문제 등으로 고달프다. 결혼생활을 오래하지 못한다.

【6】 음성과 운(運)과 명(命)

음성은 마음을 대표하는 표출부로서 스스로 선한 마음을 일으켜 수양하여 선덕을 쌓으면 마음 중심인 순수한 마음을 안정시켜 맑은 靈性(영성)이 오장육부에 영향을 주며 매사에 긍정적이고 적극적인 사고방식으로 열정을 갖추어 임하면 그 기운에 맑고 윤택함을 더하여 본래에 갖고 있는 음성의 격을 높게 하여 운의 흐름을 부드럽게 하고 복록이 있게 한다.

음성이 나오기 위해서는 오장육부의 근본적 운행에 의해 발한 根氣(근기)로 성대를 울려 發聲된다. 원천적 바탕은 몸 안의 오장육부 각 經絡(경락)의 생체 에너지와 우주 자연 운동 에너지와의 유기적 소통으로 생명력이 있어야 한다.

사람마다 운과 명의 차이가 나는 것도 각자 조상 根氣에 따라 갖고 태어난 장부의 생체 리듬인 음양오행 운기와 우주생체 에너지인 음양오행과의 생·극작용의 강약으로 인한 음성의 결과이다. 우주자연 음양오행의 리듬운행은 큰 틀에서 변함이 없으나 사람의 장부마다 오행운기는 환경과 조건의 관리에 따라 강약의 변화가 다양하게 이루어져 음성에 반영되어 운과 명이 결정된다.

운은 때에 따라 상황에 따라 바뀌며, 명은 하늘과 우주자연과 나와의 원천적 소통이어서 바뀔 수 없는 것이다.

① 음성과 운

음성은 길게는 세월 따라 노화 현상으로 인한 변화가 있고 짧게는 몸체 내 근기의 상태와 현상에 따라 음성 변화가 있다. 몸이 건강하고 마음이 편안하게 안정되면 음성이 밝게 발성되어 운의 흐름을 좋게 이끌어 간다. 몸 상태가 좋지 못하고 스트레스가 쌓여 마음이 불편하면 음성도 혼탁해지거나 불안정한 소리로 변하여 운의 흐름을 끊고 흉하게 이어진다.

② 음성의 格上(격상)

음성의 격을 높여 운의 흐름을 바꾸려면 음성의 가장 근본적 바탕인 腎臟徑(신장경)의 핵심인 下丹田(하단전)을 튼실하게 하는 방법일 것이다. 신장수기야말로 음성에 대한 윤택함과 울림을 주도하는 장기로 음성에 대한 영향력의 전부이고 중요한 요처이며 기운이다.
하단전의 기운인 신장 기운이 발하면 몸체의 뼈골기운도 따라서 발하여 그 기운이 외부로 발하면서 재물운이 트인다. 몸체의 하단전 기운이 뭉치는 아랫배와 허리둘레를 튼실하게 하여 음성의 근본 바탕을 만드는 것이 중요하다.

③ 운을 좋게 하는 방법
 - 걷기, 달리기, 근력운동을 꾸준히 하여 건강을 유지
 - 등산, 여행 등으로 산천을 즐겨 찾아 원기(元氣)인 호연지기(浩然之氣)를 기른다.
 - 단전 호흡법을 익혀 꾸준히 내기(內氣)를 길러 하단전을 단련
 - 108배 절을 꾸준히 하루에 두 번 아침 저녁으로 실행하여 하단전을 단련
 - 배꼽아래 2치 반~3치에 쑥뜸을 꾸준히 하여 하단전을 단련
 - 배꼽아래 3치정도 부위에 불 부황을 꾸준히 하는 방법 등이 있다.

이상은 모두 마음 바탕을 깨끗이 하여 善(선)하고 德性(덕성)스러운 순수마음을 갖는 것이 우선시 되어야 한다.
相(상)이 아무리 좋아도 마음을 따라 올 수 없고, 형상보다 마음이 먼저라고 하였다. 운이란 명과 달라 얼마든지 가꾸어 나갈 수 있다. 보이지 않는 마음바탕의 氣는 감추어져 있으나 만져지고 보여지는 오장육부 모두에 앞서 있는 것이다.
보이지 않는 것(形而上學(형이상학))이 보이는 모든 것(形而下學(형이하학))을 움직이고 조정하듯, 보이지 않는 마음 바탕의 氣(기)는 감추어져 있으나 만져지고 보여지는 오장육부 모두에 앞서 있다. 음성은 보이지 않는 마음을 드러내는 요소로 내가 바라는 것을 음성화 하여 자꾸 되뇌이면 이것이 신념화되어 굳게 믿는 마음이 다져진다.
성격, 습관, 사고방식 모두 마음 따라 뒤에 있는 客(객)이며 運(운)앞에 과정일 뿐 그것들이 운의 주인이며 주체일 수는 없다. 바라는 것에 대한 마음을 굳게 하여 신념화하는 것이 음성의 格上(격상)에 첩경이다.

④ 음성의 관리
선천적으로 타고난 음성을 후천적으로 관리하여 음성을 건강하게 하는 것은

운의흐름에 필수라 할 정도로 매우 중요한 요소이다. 현대인의 음성이 어제 다르고 오늘 다르게 자주 변하는 것은 불규칙한 생활리듬의 결과에서 오는 것으로 건강과 운명에도 나쁜 영향을 준다.

성생활을 지나치게 행하면 생체리듬이 깨져 음성에서 나쁜 변화가 있고, 노름이나 게임 등을 밤낮없이 행하면 그로인한 스트레스로 생체리듬이 깨져 음성에 나쁜 변화가 생긴다. 술좌석, 과격한 운동, 무리한 활동 등으로 인하여 생체리듬이 깨져 음성에 나쁜 변화가 있으며, 수험공부, 밤샘 연구 등으로 인한 스트레스는 생체리듬이 깨져 음성에 나쁜 변화를 준다.

음성이 나쁘게 변화된 경우 심하면 운의 흐름을 거꾸로 흐르게 하거나, 운의 흐름을 멈춘다든지, 운의 흐름을 미약하게 한다. 적당함이 최선으로 매사 지나치거나 무리를 하면 음성도 나쁘게 변한다. 무리한 행위로 성공과 출세를 하였다면 언제 무너질지 모르는 모래성과 같은 음성으로 곧 망하거나 불명예로 출세한 자리에서 물러나게 된다. 음성의 관리는 평소 생활태도와 몸가짐의 바름부터 시작되어진다.

⑤ 喉聲帶(목성대)의 보호관리

의학적이나 생리학적으로 볼 때 목에 성대가 없다면 소리의 떨림판이 없는 것으로 소리가 안 나는 것과 같다. 그러므로 성대보호관리야 말로 살아가며 가장 기초적인 의무 사항으로 생리적으로나 운명적으로 매우 중요하다.

선천적으로 음성이 나지 않는 것은 차지하고 후천적으로 성대에서 가장 치명적인 병은 후두암이라 할 수 있다. 후두암은 어쩔 수 없이 성대를 제거하거나 수술로 인하여 성대가 없어지기 때문이다. 후두암의 원인은 선천적인 이유보다 후천적인 관리 소홀이 더 심각하다.

- 담배를 지나치게 흡연하여 그로 인한 성대의 생리적 나쁜 변화가 가장 직접적인 원인이라 할 수 있다.

- 지나친 음주 후 고성방가로 성대에 무리를 주어 상처가 생겨 염증으로 인한 만성질환이 후두암의 원인이 된다.

- 지나친 노여움을 동반한 음성으로 날카롭고 째지는 음성도 목 건강에 나쁘다.

목의 성대 근육에 필요한 성분은 보톡스이다. 성대근육에 이완과 탄력을 주는 성질이 있어 매우 유용하다. 피부에 주입하는 보톡스는 나중에 간 기능에 문제가 오기 때문에 사용을 주의 하여야 한다.
음식으로 섭취할 수 있는 보톡스 성분은 돼지껍질에 많이 있고 닭발과 아구찜, 홍어껍질 등에도 성분이 많다.

⑥ 음성과 호흡

음성을 廣義的(광의적)으로 볼 때 허파를 포함한 오장육부의 운기에 의해 聲帶(성대)를 진동시켜 이 때 만들어진 소리를 혀를 포함한 공명기관인 비강, 두강, 구강 등을 거쳐 대기 밖으로 음파를 일으켜 나는 것이며 俠義的(협의적)으로 볼 때는 생명 유지를 위해 호흡을 할 때는 산소를 허파에 공급하고 소모된 가스를 밖으로 배출하는 과정을 이용하여 발성된다. 두 경우 모두 숨을 들이쉬었다 내쉬는 호흡의 힘으로 發聲(발성)되는 것은 동일하다. 따라서 호흡작용이 없으면 생명도 없고 음성도 없듯이 호흡작용이 불안하면 생명도 불안하고 음성도 불안하다. 음성이 안정적으로 발성되기 위하여서는 안정적 호흡과정이 매우 중요하다.

호흡의 呼(호)는 '내뱉는다'는 뜻을 지니고 있으며, 吸(흡)은 '들이마신다'는 의미를 갖고 있다. 호흡은 음성을 발성하지 않을 때도 작용하지만, 음성은 호흡 과정이 없으면 전혀 발성될 수가 없으므로 음성과 호흡은 떼어 놓을래야 떼어놓을 수 없는 관계로 안정된 음성이 나기 위하여서는 평소에 안정된 호흡과정과 조절을 익혀야 하며 더 중요한 것은 음성의 格을 높이기 위해 신장경인 하단전을 단련시킬 필요성이 있기 때문이다.

⑦ 복식호흡(腹式呼吸)

복식 호흡은 평소 자연적인 호흡으로 숨을 들이 쉬었다, 내 쉬었다를 반복하는 것과는 달리 숨을 들이 쉴 때는 아랫배가 나오고 내쉴 때는 아랫배가 들어가는 호흡방법이다.

⑧ 복식호흡 방법

첫째 : 편하고 바른 자세로 왼쪽 다리를 오른쪽 다리 위로 편안히 올려놓는 자세인 반가부좌 자세를 취한다.

둘째 : 오른손을 왼쪽 다리위에 올려놓은 다음 오른손 손바닥 위에 왼손 등을 맞대어 올려놓는다. 다음 좌우 엄지손톱 끝을 서로 맞대고 배꼽아래 쪽으로 끌

어 당긴다.
셋째 : 눈은 완전히 감지 말고 살짝 뜨고 1m~1.5m전방 아래 바닥을 응시한다. 동시에 혀끝은 입천장에 가볍게 밀착 시킨다.
넷째 : 본격적인 복식 호흡에 앞서 몸에 긴장을 풀고 편안한 심호흡을 3~5회 하여 호흡을 고른다.
다섯째 : 숨을 천천히 들이 쉬었다 15초간 멈춘 후(아랫배가 불쑥 나올 정도로 깊이 들이 쉬어야 함) 다음 천천히 밖으로 숨을 내보낸다.
여섯째 : 들이마신 숨의 멈춤 과정을 15초에서 30초~1분으로 차츰 늘려가며 꾸준히 단련한다.

【7】 운을 좋게하는 말하기

사람은 태어나서 죽을 때까지 말을 하는데 어떤 학자의 연구에 따르면 한 사람이 평생 500만 마디의 말을 한다는 것이다. 원석도 갈고 다듬으면 보석이 되듯 말도 갈고 닦고 다듬으면 보석처럼 빛난다.

1) 운을 좋게 하는 말하기 습관

- 같은 말이라도 때와 장소를 가려서 해라 : 그 곳에서는 히트곡이 여기서는 소음이 된다.
- 내가 하고 싶은 말에 열 올리지 말고 그가 듣고 싶어 하는 말을 해라 : 나 이외에는 모두가 우수 고객이다.
- 이왕이면 다홍치마다 : 말에도 온도가 있으니 썰렁한 말 대신 화끈한 말을 써라.
- 입에서 나오는 대로 말하지 말라 : 체로 거르듯 곱게 말해도 불량률은 생기게 마련이다.
- 상대방을 보며 말하라 : 눈이 맞아야 마음도 맞게 된다.
- 풍부한 예화를 들어가며 말하라 : 예화는 말의 맛을 내는 훌륭한 천연 조미료이다.
- 한번 한 말을 두 번 다시 하지를 말라 : 듣는 사람을 지겹게 할 수 있다.
- 일관성 있게 말하라 : 믿음을 잃으면 진실도 거짓이 되어 버린다.
- 말을 독점하지 말고 상대방에게도 기회를 주어라 : 대화는 일방통행이 아니라 쌍방교류다.
- 상대방의 말을 끝까지 들어 줘라 : 말을 자꾸 가로채면 돈 빼앗긴 것보다 더 기분 나쁘다.
- 내 생각만 옳다고 생각하면 큰 오산이다 : 상대방의 의견도 옳다고 받아 들여라.
- 죽는 소리를 하지 말라 : 죽는 소리를 하면 천하장사도 살아남지 못한다.

✿ 상대방이 말할 때는 열심히 경청하라 : 지방 방송은 자신의 무식함을 나타내는 신호이다.
✿ 불평불만을 입에서 꺼내지 말라 : 불평불만은 불운의 동업자이다.
✿ 재판관이 아니라면 시시비비를 가리려 하지 말라 : 옳고 그름은 시간이 판결한다.
✿ 눈은 입보다 더 많은 말을 한다 : 입으로만 말하지 말고 표정으로도 말을 하라.
✿ 조리 있게 말을 하라 : 전개가 잘못되면 동쪽이 서쪽 된다.
✿ 결코 남을 비판하지 말라 : 남을 감싸주는 것이 덕망 있는 사람의 태도다.
✿ 편집하며 말하라 : 분위기에 맞게 넣고 빼면 차원 높은 예술이 된다.
✿ 미운 사람에게는 각별하게 대하라 : 각별하게 대해주면 적군도 아군이 된다.
✿ 남을 비판하지 말라 : 남을 향해 쏘아올린 화살이 자신의 가슴에 명중된다.
✿ 재미있게 말하라 : 사람들이 돈 내고 극장가는 것도 재미가 있기 때문이다.
✿ 누구에게나 선한 말로 기분 좋게 해주어라 : 그래야 좋은 기의 파장이 주위를 둘러싼다.
✿ 상대방이 싫어하는 말을 하지 말라 : 듣고 싶어 하는 얘기하기에도 바쁜 세상이다.
✿ 말에도 맛이 있다 : 입맛 떨어지는 말을 하지 말고 감칠맛 나는 말을 하라.
✿ 또박또박 알아듣도록 말을 하라 : 속으로 웅얼거리면 염불하는지 욕하는지 남들은 모른다.
✿ 뒤에서 험담하는 사람과는 가까이 말라 : 모진 놈 옆에 있다가 벼락 맞는다.
✿ 올바른 생각을 많이 하라 : 올바른 생각을 많이 하면 올바른 말이 나오게 된다.
✿ 부정적인 말은 하지도 듣지도 전하지도 말라 : 부정적인 말은 부정 타는 말이다.
✿ 모르면 이해 될 때까지 열 번이라도 물어라 : 묻는 것은 결례가 아니다.
✿ 밝은 음색을 만들어 말하라 : 듣기 좋은 소리는 음악처럼 아름답게 느껴진다.
✿ 상대방을 높여서 말하라 : 말의 예절은 몸으로 하는 예절보다 윗자리에 있다.
✿ 칭찬 감사 사랑의 말을 많이 사용하라 : 그렇게 하면 사람이 따른다.
✿ 공통된 화제를 선택하라 : 화제가 잘못되면 남의 다리를 긁는 셈이 된다.
✿ 입에서 나오는 대로 말하는 사람은 경솔한 사람이다 : 가슴에서 우러나오는 말을 하라.
✿ 대상에 맞는 말을 하라 : 사람마다 좋아하는 음식이 다르듯 좋아하는 말도 다

르게 마련이다.
✿ 말로 입은 상처는 평생 간다 : 말에는 지우개가 없으니 조심해서 말하라.
✿ 품위 있는 말을 사용하라 : 자신이 하는 말은 자신의 인격을 나타낸다.
✿ 자만 교만 거만은 적을 만드는 언어다 : 자신을 낮춰 겸손하게 말하라.
✿ 기어들어가는 소리로 말하지 말라 : 그것은 임종할 때 쓰는 말이다.
✿ 표정을 지으며 온 몸으로 말하라 : 드라마 이상의 효과가 나타난다.
✿ 활기 있게 말하라 : 생동감은 상대방을 감동시키는 원동력이다.
✿ 솔직하게 말하고 진실하게 행하라 : 그것이 승리자의 길이다.
✿ 말에는 언제나 책임이 따른다 : 책임질 수 없는 말은 하지 말라.
✿ 실언이 나쁜 것이 아니라 변명이 나쁘다 : 실언을 했을 때는 곧 바로 사과하라.
✿ 말에는 메아리의 효과가 있다 : 자신이 한 말이 자신에게 가장 큰 영향을 미친다.
✿ 말이 씨가 된다 : 어떤 씨앗을 뿌리고 있는가를 먼저 생각하라.
✿ 말하는 방법을 전문가에게 배워라 : 스스로 잘하는지 못하는지 판단하지 못한다.
✿ 적게 말하고 많이 들어라 : 그래야 넉넉한 사람이 된다.

2) 소외당하기 쉬운 언행

✿ 상대방이 없을 때 상대방을 비웃지 말라.
✿ 모든 대화에서 당신만 계속 말하지 말라.
✿ 상대방이 말하고 있을 때 끼어들어 본인 자랑을 시작하는 경우.
✿ 본인 생각과 다른 말을 할 때 상대방 말을 무시하는 경우.
✿ 만나면 말로 싸워서 꼭 이기는 경우.
✿ 다른 사람에게 본인 잘못을 절대로 사과하지 않는 경우.
　　당신은 언제나 남들로부터 소외당하게 될 것이다.

3) 의사소통 방법

- 상대방 말을 잘 듣고 반응하려고 노력하라.
- 말은 상대방 방식대로 들어야 한다.
- 상대방 말을 이해하려 노력하고 관심을 갖고 들어라.
- 그의 가치를 인정해 주라.
- 상대방을 격려하고 긍정적으로 말하라.
- 어려운 이야기는 말할 시기를 잘 맞추라.
- 자기의 감정, 느낌, 마음의 상처를 말로 표현하라.

4) 성공하는 말투

- 모든 사람에게 공짜로 주어지는 것이 두 가지가 있는데 그것은 바로 시간과 말이다. 시간을 어떻게 활용하는 가에 따라 그 사람의 인생이 달라지듯이, 말을 어떻게 하느냐에 따라 천 냥 빚을 갚을 수도 있고, 남에게 미움을 받을 수도 있다.
- 자신이 자주 쓰는 말을 객관적으로 분석해 보라. 그러면 자신의 미래를 예측해 볼 수 있을 것이다. 성공하는 사람은 말투부터 다르다. 성공하는 사람은 어떻게 말할까? 이 질문은 당신 자신에게 하루에도 수십 번 질문해야 한다.
- 요즘 어떠십니까?
  보통 이런 질문을 받으면 긍정형, 평범형, 부정형 세가지 형태로 답을 한다.
  - 부정형
  이들은 질문을 받으면 입버릇처럼 이렇게 말한다.
  별로예요. 피곤해요. 죽을 지경입니다. 묻지 마세요. 죽겠습니다.
  - 평범형
  이들은 이렇게 이야기 한다.
  그저 그렇지요. 대충 돌아갑니다. 먹고는 살지요. 늘 똑같죠. 거기서 거깁니다.
  - 긍정형
  이들이 하는 말에는 열정과 힘이 가득 실려 있다.

죽여줍니다. 대단 합니다. 환상적입니다. 끝내줍니다. 아주 잘 돌아갑니다.
성공인 그룹과 실패인 그룹은 말하는 습관부터 다르다.

✪ 성공인은 남의 말을 잘 들어주지만, 실패인은 자기 이야기만 한다.
✪ 성공인은 '너도 살고, 나도 살자'고 하지만, 실패인은 '너 죽고 나 죽자'고 한다.
✪ 성공인은 '해 보겠다'고 하지만, 실패인은 '무조건 안 된다'고 한다.
✪ 성공인은 '난 꼭 할꺼야'라고 말하지만, 실패인은 '난 하고 싶었어'라고 말한다.
✪ 성공인은 '지금 당장'이라고 하지만, 실패인은 '나중에'라고 한다.
✪ 성공인은 '왜, 무엇'을 묻지만, 실패인은 '어떻게, 언제'를 묻는다.
✪ 성공인은 '지금까지 이만큼 했다'고 하지만, 실패인은 '아직 이것밖에 못했다'고 한다.
✪ 성공인 그룹의 말투를 자세히 분석해보면 다음과 같다.

첫째 : 성취를 다짐한다.
둘째 : 작은 성공을 축하해 준다.
셋째 : 실패를 나무라기보다는 성취를 인정한다.
넷째 : 화를 내기 보다는 유머를 즐긴다.
다섯째 : 남을 탓하기 전에 자신을 탓한다.
여섯째 : 상대방의 장점에 초점을 맞춘다.
일곱째 : 부정문 보다는 긍정문으로 말한다.
여덟째 : 상대방을 신나게 호칭한다.
아홉째 : 노래방에 가서도 긍정적인 노래를 부른다.

5) 효과적인 의사소통

✪ 부정적인 대화는 상대방에게 상처가 되므로 피해야 한다.
✪ 긍정적인 대화를 하고 이를 잘 받아들일 줄도 알아야 한다.
✪ 상황에 적절한 말을 해야 한다.
✪ 매일 배우자의 말을 집중해서 들어주라.
✪ 비언어적 방법으로 애정을 표현하라.
✪ 논쟁이나 자기 방어, 변명을 하지 말고 말다툼을 피하라.

- '너' 대신에 '나'라는 단어를 사용하라.
- 대화에도 성 차이가 있다. 배우자의 언어로 이야기하자.
- 상대방의 느낌을 인정해 주어라.
- 사랑 안에서 진실을 이야기하자.

6) 부부간 의사소통

- 부부가 서로 헤어져 있다가 만날 때는 미소로 맞으세요.
- 상대방이 지나치게 피곤해 있거나 감정적으로 흥분해 있을 때는 심각한 주제는 토론 하지마세요.
- 가능한 한 매일 일정한 시간을 정해 논쟁의 여지가 있는 문제들을 토의하세요.
- 당신은 상대방이 진정으로 하고 싶은 말을 할 때까지 인내하는 마음으로 기다리세요.
- 상대방의 이야기 중간 중간에 '알아요' '이해해요' '네'와 같은 말로 동의를 표현해 주세요.
- 말과 표정이나 몸짓으로 전달하는 메시지가 서로 일치하도록 노력하세요.
- 상대가 당신이 좋아하는 일을 했을 때 그를 칭찬해 주거나 당신의 마음을 말로 표현하세요.
- 아무리 사소한 일이라도 애매한 말로 표현하지 말고 구체적이고 실질적인 언어로 표현하세요.
- 당신이 상대방에게 대답할 차례가 됐을 때는 항상 충분히 대답해 주되 지나치지 않게 대답하세요.
- 당신이 상대방의 말을 잘 이해하지 못했거나 의도를 깨닫지 못할 때는 다시 한 번 말해주길 요청 하세요.
- 내 남편(아내)은 귀하고 그가 말하고자 하는 내용도 중요하다는 생각을 가져야 한다. 대화는 인격의 만남이기 때문에 상대의 인격을 존중해야 한다.
- 상대방 말을 끊지 말고 끝까지 들어준다. 대화 내용이 하찮은 것일지라도 귀하게 여겨주는 것이 건강한 대화의 기본자세이다.
- 들은 내용을 짧게 추려서 요점을 전달한다. 상대방이 하지 않은 말과 표현하지

않은 말을 할 때는 자신의 생각임을 밝히는 것이 대화의 예의이다.
✿ 대화중에 상대방이 무엇을 말하려고 하는지 속마음을 읽어준다. 이는 건강한 대화를 나눌 수 있는 지름길이다.
✿ 자신의 속마음을 살피고 표현한다. 남의 속마음을 읽어주는 것이 중요하다면 자신의 속마음을 읽어내는 것도 이에 버금가는 중요한 일이다.
✿ 말 이외에 이루어지는 '엑스트라 대화'에도 주의해야 한다. 대화는 말로만 이루어지는 것이 아니기 때문에 상대의 행동과 표정, 모습을 체크할 수 있어야 한다.
✿ 문제에 대한 해결방법이나 자신의 의견은 여유를 가지고 마지막에 제시한다.

부록

【1】 숫자로 본 인체의 신비

✧ 피가 몸을 완전히 한 바퀴 도는 데에는 46초가 걸린다.
✧ 눈을 한번 깜빡이는데 걸리는 시간은 1/40초이다.
✧ 혀에 침이 묻어 있지 않으면 절대로 맛을 알 수 없고, 코에 물기가 없으면 냄새를 맡을 수 없다.
✧ 갓난아기는 305개의 뼈를 갖고 태어나는데 커가면서 206개 정도로 줄어든다.
✧ 사람의 허파는 오른쪽보다 왼쪽이 더 무겁다.
✧ 인간의 수명을 70세라 할 때 일어나는 일들을 살펴보면
 - 소변을 본다 : 38,300리터
 - 꿈을 꾼다 : 127,500번
 - 심장이 뛴다 : 27억번
 - 운다 : 3,000번
 - 난자 생산량 : 400개
 - 정자 생산량 : 4,000억
 - 웃는다 : 540,000번
 - 음식물을 먹는다 : 50톤
 - 눈을 깜빡인다 : 333,000,000회
 - 물을 마신다 : 49,200리터
 - 머리카락이 자란다 : 563km
 - 손톱이 자란다 : 3.7m
 - 심장에 피를 보낸다 : 331,000,000리터
✧ 모든 인간은 코에 극소량의 철(fe)을 가지고 있어서 커다란 자장이 있는 지구에서 방향을 잡기 쉽도록 해준다. 빛이 없을 때 이것을 이용해서 방향을 잡는다.
✧ 눈의 근육은 24시간 동안 약 100,000번 움직인다. 다리가 이정도의 운동을 하려면 적어도 80km는 걸어야 한다.
✧ 두 개의 콧구멍은 3~4시간마다 그 활동을 교대한다. 즉 한쪽 콧구멍이 냄새를 맡는 동안 다른 하나는 쉰다.

- 뼈의 조직은 끊임없이 죽고 다른 조직으로 바뀌어 7년마다 한 번씩 몸 전체의 모든 뼈가 새로 바뀐다.
- 하루에 섭취하는 열량의 1/4이 뇌에서 사용된다.
- 누구든 눈을 뜨고 재채기를 하는 것은 불가능하다.
- 재채기는 시속 160km의 속도로 퍼지는데 이는 야구에서 투수가 던지는 공보다 훨씬 빠르다.
- 인간의 몸에서 가장 강력한 뼈는 넓적다리뼈이다. 이는 강철과 같은 정도의 압력을 견디어 낼 수 있다.
- 어린애가 두 살이 되면 그 키가 태어날 때의 두 배가 되는데 이는 어른이 되었을 때의 키를 예측하는 기준이 된다. 두 살 된 남자 아이의 키는 어른이 되었을 때의 49. 5%이고 두 살 된 여자 아이는 어른이 되었을 때의 52. 8%라 한다.
- 손톱, 발톱의 경우 뿌리 부분이 완전히 손톱 끝까지 성장하는데 걸리는 시간은 6개월이 걸린다.
- 여자가 임신을 하면 피의 양이 25%정도 증가한다.
- 뇌는 몸무게의 2%밖에 차지하지 않지만 뇌가 사용하는 산소의 양은 전체 사용량의 20%이다. 뇌는 우리가 섭취한 음식물의 20%를 소모하고 전체 피의 15%를 사용한다. 뇌는 1,000억 개 신경세포 접합부를 가지고 있어서 뇌 속의 상호 연결은 사실상 한계가 없다.
- 인간의 뼈는 화강암보다 강해서 성냥갑만한 크기로 10톤을 지탱할 수 있다. 이는 콘크리트보다 4배 강한 것이다.
- 폐는 폐포라 하는 공기 주머니를 가지고 있는데 그것은 무려 3,000,000개 정도나 된다. 이 폐포를 납작하게 편다면 그 넓이는 93평방미터 정도가 된다.
- 남성의 고환은 매일 한국 인구의 10배에 달하는 정자를 만들어 낸다.
- 한 인간이 살아 있는 동안 평균 280,000,000번 심장 박동을 하고 약 2,270,000리터의 피를 퍼낸다. 하루에도 주먹만 한 심장은 약 300리터의 피를 퍼내고 있다.
- 일반적으로 체중이 70kg되는 사람은 피의 양이 약 5. 2리터이다. 적혈구는 골수에서 매초마다 20,000개씩 생성 되는데 적혈구의 수명은 120~130일 정도이다. 이 골수는 평생 동안 약 반톤 가량의 적혈구를 만들어 낸다.
- 인체에서 가장 큰 기관은 피부이다. 어른 남자의 경우 피부의 넓이는 1. 9평방

미터, 여자의 경우는 1.6평방미터이다. 피부는 끊임없이 벗겨지고, 4주마다 완전히 새 피부로 바뀐다. 우리는 부모님이 물려주신 이 천연의 완전 방수 가죽옷을 한 달에 한 번씩 갈아입는 것이 된다. 한 사람이 평생 동안 벗어버리는 피부의 무게는 48kg정도로 1,000번 정도를 새로 갈아입는다.
✿ 우리의 키는 저녁때보다 아침때의 키가 0.8cm정도 크다. 낮 동안 우리가 서 있거나 앉아 있을 때 척추에 있는 물렁한 디스크 뼈가 몸무게로 인해 납작해지기 때문이다. 밤에는 다시 늘어난다.
✿ 우리의 발은 저녁때에 가장 커진다. 하루 종일 걸어 다니다 보면 모르는 새에 발이 붓기 때문이다. 그러므로 신발을 사려거든 저녁때에 사는 것이 좋다.
✿ 소화란 강한 산성과 알칼리성 사이의 위태로운 평형 작용이라 할 수 있다. 위산은 아연을 녹여버릴 정도로 강하지만 위장에서 분비되는 알칼리성 분비물이 위벽이 녹지 않도록 막아준다. 그런데도 위벽을 이루는 500,000개의 세포들이 매분 죽어서 새 세포들로 대체된다. 3일마다 위벽 전체가 새것으로 바뀌는 것이다. 이 위산은 바이오리듬에 의해 일정한 시간(대개 아침, 점심, 저녁에 분비되는데 이때에 식사를 하지 않으면 배가 고픈 것을 느끼는데 이것은 위벽이 상하고 있다는 신호이다.
✿ 여자가 아기를 출산 때는 자궁 입구가 평상시 때보다 500배나 크게 열린다.
✿ 인간의 혈관을 한 줄로 이으면 120,000km로서 지구를 3바퀴 감을 수 있다.
✿ 콜레스테롤은 인간의 몸에 해로운 것으로 알려져 있는데 콜레스테롤은 음식물 안의 지방을 녹이는 등 생리작용에서 생화학적으로 아주 중요하다. 콜레스테롤을 너무 많이 섭취하면 간에 부담을 주고 혈관 속에 쌓여 급기야는 혈관을 막아서 사람을 죽게 하기도 하지만 우리 몸에서 필수불가결한 요소이다.
✿ 자동차를 만드는 데에 13,000개의 부품이, 747제트 여객기를 만드는 데에는 3,000,000개의 부속품이, 우주 왕복선을 만드는 데에는 5,000,000개의 부속품을 필요로 하지만 우리 인간의 몸에는 60~100조 세포 조직이 있고, 대략 450억 개의 적혈구와 1억 개의 백혈구가 있다. 심장은 1분에 4.7리터의 피를 퍼내고 혀에는 9,000개 이상의 미각세포가 있다.
✿ 인간의 뇌는 고통을 느끼지 못한다. 가끔 머리가 아픈 것은 뇌를 싸고 있는 근육에서 오는 것이다.
✿ 인간은 위와 비장(脾臟=지라)의 50%, 간의 70%, 내장의 80%, 한 개의 콩팥을 떼어 내도 살 수 있다.

✧ 인간의 눈은 이상 조건에서 100,000가지의 색을 구분할 수 있지만 보통은 150가지를 구별해 낸다.
✧ 남자의 몸은 60%가, 여자의 몸은 54%가 물로 되었기 때문에 여자가 남자보다 술에 빨리 취한다.
✧ 아이들은 깨어 있을 때보다 잘 때 더 많이 자란다.
✧ 지문이 같을 가능성은 64,000,000,000대 1이다. 그러므로 이 세상 사람들은 지문은 모두 다르다.
✧ 갓 태어난 아기를 아무도 만져 주지 않으면 성장하지 않을 뿐만 아니라 때로는 죽기도 한다. 그래서 요즘 병원에서는 시간을 나누어서 교대로 간호사들이 갓 태어난 아기를 안아 준다.
✧ 개미는 자기 몸보다 50배나 무거운 것을 들 수 있고, 벌은 자기보다 300배 더 큰 것을 운반할 수 있는데, 인간으로 보면 10톤짜리 트레일러를 끌어야 한다.
✧ 보통 성인의 맥박은 1분에 70~80번인데, 조그마한 새의 심장은 1분에 1,000번이 넘게 뛴다.
✧ 한 단어를 말하는데 650개의 근육 중 72개가 움직여야 한다.
✧ 남자는 모든 것의 무게가 여자보다 많이 나가지만 단하나, 예외가 있는데 여자 가지방을 더 많이 가지고 있다. 이것이 여자를 아름답게 만든다.
✧ 자궁의 임신기간
코뿔소 : 560일, 기린 : 410일, 낙타 : 400일, 말 : 340일, 인간 : 266일,
원숭이 : 237일, 염소 : 151일, 토끼 : 30일, 개 : 63일, 고양이 : 60일,
쥐 : 19일, 주머니쥐 : 12일.
✧ 남녀 비교

남자	여자
뇌의 무게 : 1,417g	뇌의 무게 : 1,276g
심장의 무게 : 283g	심장의 무게 : 227g
피 : 5.7리터	피 : 5.5 리터
수분 : 60%	수분 : 54%
뼈 : 18%	뼈 : 18%
지방 : 18%	지방 : 28%
뇌세포 수 : 평균 228억	개뇌세포 수 : 평균 193억 개

✧ 1평방 인치의 피부에는 19,500,000의 세포와 1,300개의 근육조직, 78개의 신

경조직, 650개의 땀구멍, 100개의 피지선, 65개의 털, 20개의 혈관, 178개의 열감지기와 13개의 냉감지기가 있다.
- 혀의 맛을 알아내는 기관은 냄새를 맡는 코의 기관과 밀접한 관계를 가지고 있다. 만약 눈을 감고 코도 막는다면 사과와 감자의 맛을 구별해 내기가 힘들어진다.
- 신비하게도 여자들의 관절염은 여자들이 임신하자마자 다 사라진다.
- 피는 물보다 약 6배진하다.
- 정자를 만들어내는 공장인 고환은 온도가 낮아야 제 기능을 할 수 있으므로 방열기구처럼 언제나 쭈글쭈글한 주름투성이의 모양으로 매달려 있는 것이다. 체온이 올라가면 세정관의 정자 생산이 중지되기 때문에 더운 날씨에는 축 늘어져 되도록 몸에서 떨어져 있으려하고, 추우면 오므라들어 몸 안으로 기어든다.
- 몸의 열기는 80%가 머리로 빠져나가기 때문에 발을 따뜻하게 하려면 양말을 신는 것보다 모자를 쓰는 것이 더 낫다.
- 눈 깜빡임은 눈을 보호하고 각막을 매끄럽게 하는데, 한번 눈을 깜빡 거릴 때 1/40초의 시간이 소요된다. 1분에 평균 15번, 한 시간에 900번, 평생 동안 300,000,000번 정도 한다.
- 정자의 무게는 난자의 1/75이다.
- 고환 두 개는 25그램인데 오른쪽의 것이 더 크고 무겁다. 이렇게 크기와 높낮이가 다른 것은 서로 충돌의 위험을 배재하기 위함이다.
- 무게로 본 인체

뇌 : 1.4kg	심장 : 130g	간 : 1.4kg	지라 : 198g
고환 2개 : 25g	난소 : 7g	자궁 : 60g	유방2개 : 100g
이자 : 82g	뼈 : 9kg	폐 양쪽 : 900g	췌장 : 85g
신장2개 : 290g	방광 : 1.1kg		

- 인간의 몸에서 하루 동안 일어나는 일들을 살펴보면 2,340번 숨을 쉬며, 평균 3~4km 정도를 움직이고, 120m³의 공기를 마시며, 1.3kg의 수분을 섭취한다. 3.5kg의 노폐물을 배설하며, 0.7리터의 땀을 흘리고, 4,800단어를 말하며, 750번 주요 근육을 움직인다. 손톱은 0.0011684mm가 자라며, 머리털은 0.435356mm가 자라고, 7,000,000개의 뇌세포를 활동시킨다.
- 미소를 짓기 위해서는 14개의 근육운동이 필요하고 찡그리기 위해서는 72개의

근육을 움직여야 한다.
- 어두운 곳에서 잘 볼 수 있으려면 약 50~60초 정도가 걸린다. 하지만 일단 조절만 되면 밝은 햇빛에서 보다 100,000배나 더 예민해진다. 달이 뜨지 않은 밤에도 80km정도의 먼 산에 앉아있는 사람도 볼 수 있을 정도다.
- 인간에게는 맛을 알아내는 9,000개의 미각이 있다. 혀의 뒷부분은 쓴맛, 중간 부분은 짠맛, 앞쪽은 단맛을 느낀다. 보통 새는 40~60개, 벌새는 1,000개, 박쥐는 800개, 돼지는 15,000개, 토끼는 17,000개, 소는 35,000개의 미각을 갖고 있다.
- 조로증(早老症)은 일생이 몇 해로 압축되어 진행되는 병이다. 이 조로증에 걸린 어린 아이는 7~8세에 벌써 피부에 주름이 생기고 머리털이 빠지며 얼굴이 노인처럼 쭈글쭈글해진다. 뿐만 아니라 느끼는 것, 말이나 행동도 노인처럼 하다가 11~15세에 죽는다.
- 알콜 중독자인 여자가 아이를 낳으면 보통 아기의 평균 몸무게의 반 밖에 되지 않고 키도 20%정도 작다. 또 지능지수도 85를 넘지 못한다. 머리의 크기도 몹시 작으며 얼굴, 팔다리 등이 몹시 비정상이 된다. 성장할 때도 다른 아이들보다 성장이 느리고 운동 능력도 떨어진다.
- 맥주를 마시며 구두를 닦고 있다면 병이 들거나 심하면 죽을 수도 있다. 구두약 속의 니트로벤젠은 인간의 피부에 쉽게 흡수되는 독성이 있어서 폐에 들어가거나 음식물에 섞여 섭취되면 매우 위험하다. 맥주는 니트로벤젠의 체내 침투를 돕는다고 한다.
- 식욕 과다증이라는 매우 이상하고 무서운 병이 있다. 이 병에 걸리면 먹어도 식욕이 계속 일어난다. 이 병에 걸린 어떤 소년은 하루에 15시간 동안 계속 먹으며 10번 이상 대변을 보았다고 한다. 그래서 48kg의 체중이 129kg으로 늘어났다고 한다.
- 파나마 운하를 건설할 때 처음 이 공사를 시작한 프랑스 정부는 20,000명이 죽고 260,000,000달러를 소모한 후에야 포기하고 미국에 넘겼다. 미국은 1904년 이 공사를 인수한 후에 군의관 윌리엄 코로 호드고 가스를 보내어 황열병의 원인을 알아보게 했다. 1년 안에 그는 그 병의 원인이 모기에 있음을 알아내어 황열병을 몰아내고 공사를 완공했다.
- 우리 몸을 구성하고 있는 성분들
  물 : 61.8%   단백질 : 16.6%   지방 : 1.49%   질소 : 3.3%

칼슘 : 1.81% 　　인 : 1.19% 　　칼륨 : 0.24% 　　염분 : 0.17%
철분 : 0.0075% 　아연 : 0.0028% 　구리 : 0.00015%
마그네슘 : 0.041% 　망간 : 0.00013% 　옥소 : 0.00004% 기타 : 0.10082%

✪ 인체 구성 원소 : 산소, 수소, 탄소, 질소, 인, 칼슘, 나트륨, 칼륨, 염소, 유황, 마그네슘.
✪ 인체 비금속 원소 : 불소, 옥소, 붕소, 규소, 비소, 브롬.
✪ 인체 전이원소 : 바나듐.
✪ 인체 금속원소 : 철, 아연, 망간, 구리, 니켈, 코발트, 은, 칼륨 등
✪ 꿀 속에는 철, 구리, 망간, 규소, 염화칼륨, 나트륨, 인, 알루미늄, 마그네슘 등이 들어 있어 영양 덩어리이다.
✪ 고대 그리스에서는 금과 소금의 가치가 거의 비슷했고, 로마시대에는 군인의 급료를 소금으로 지불했다. 즉, 소금(salt)이란 말은 라틴어의 급료(saliry)를 의미하는 말(salarium)에서 나온 말이다.
✪ 팝콘이란 튀긴 옥수수라고 생각하는 사람들이 많은데 사실 팝콘이란 6가지의 옥수수중 한 종류일 뿐이다. 팝콘만이 열에 튀겨지고 나머지 던트 콘이나 스위트 콘, 포드콘, 플라워 콘, 플린트 콘은 말라 버리거나 쪼개져 버린다.
✪ 우리가 실제로 마실 수 있는 물은 지구에 있는 물의 0. 009% 밖에 안 된다. 97%가 바닷물이고 2%는 얼음과 눈이다.
✪ 길이로 본 인체
　입~식도 : 45cm　　　위장 : 27cm
　소장 : 6m　　　　　대장 : 1. 5m
　십이지장 : 23cm　　입~항문 총길이 : 약 9m
✪ 인체의 핏줄은(동맥, 정맥, 모세혈관의 총길이) 120,000km이다. 경부고속도로 왕복900km이니까, 133번 왕복할 수 있는 길이이다. 지구 둘레가 40,008km이니까, 지구를 3바퀴 돌 수 있는 길이이다. 이렇게 긴 핏줄을 이해한다면 피가 맑아야 병이 없고 오래 살수 있다는 것을 이해할 수 있다.
✪ 성인의 보통 머리카락의 숫자는 10만개이다. 수염은 3만개, 잔털은 30만개이다. 머리카락의 성분은 아미노산, 탄소 50%, 산소 20%, 질소 18%, 수소 7%이다.
✪ 인체의 피부 면적은 15,000cm²이다. 땀구멍은 500만개이며, 신경종말은 1,000개, 뇌 세포는 230억 개다.

✿ 여자의 난자는 인체에서 가장 큰 세포이다. 정자는 난자의 85,000분의 1크기이다.

정자를 희석하여 튜브에 넣고 미세한 전류를 흐르게 하면 음극에 X정자, 양극에 Y정자가 모인다. 이 원리로 남, 녀 조절이 가능하나 법으로 금지되어 있다.

✿ 귀청은 왜 있는가?

독한 냄새를 발하기 때문에 곤충이나 다른 이물질이 들어가면 죽는다.

✿ 인체의 뇌는 어떤 상태일 때 가장 편안할까?

뇌파로써 인간이 정말 편안하게 있는지 스트레스를 받고 있는지를 알 수 있게 되었다. 뇌가 편안히 쉬고 있을 때는 8~14 사이클과 주파수가 낮은 알파파가 나오고, 스트레스를 느낄 때는 주파수가 높아지며 14~20 사이클의 베타파가 나온다.

다시 말해서 뇌파를 측정함으로써 뇌에 가장 적합한 환경이 어떤 것인가를 알 수 있다.

✿ 어떠한 환경이 뇌를 편안하게 할까?

풍경으로 말하자면 대지와 나무가 있고, 아름다운 공간에 미풍이 초목을 살랑살랑 흔드는 환경이다. 게다가 졸졸 흐르는 물소리까지 더해지면 뇌는 더욱 편안해질 것이다. 이것은 인류의 첫 조상 아담과 하와가 살았다는 성경에 나오는 에덴동산의 환경과 같다.

사람 마음 깊은 곳에서는 무릉도원 같은 기쁨의 동산을 꿈꾸며 그리워하고 있는지도 모른다. 그러한 환경에서라면 영원히 사는 것이 가능할 것이다. 현대의학은 인간 질병의 근원이 어디인지를 정확히 깨닫고 결과만을 연구하는 것이 아니라 인류에게 무공해 천연 자연을 물려주어야할 것이다. 인체 면역계가 그러한 환경에서 왕성히 활동할 것이기 때문이다.

✿ 같은 병에 계속 걸리지 않는 것은 왜일까?

체내에 침투한 세균 따위의 이물질을 공격하여 몸을 지켜주는 세포는 백혈구만이 아니다. 임파구나 마크로파지가 그것으로 이물질을 잡아먹는 역할을 한다. 이와 같은 세포를 대식세포라고 하는데, 최근 이 속에 있는 마크로파지는 단순히 적을 잡는 것뿐만 아니라 면역에 있어서도 상당히 중요한 역할을 하고 있다는 것이 밝혀졌다. 이 '마크로파지'는 자신이 한번 먹은 것은 그것이 어떠한 항원인가를 인식하고 정보화하여 그것을 면역계통에 전달한다.

다시 말해 '마크로파지'는 첫 대면한 적을 해치운 뒤에 그것이 어떠한 성격이며 어떠한 약점을 갖고 있는지를 종합 분석하여 면역부분에 전하는 것이다. 그러면 정보를 받은 면역 부분은 그의 적(항원)에게 표적을 맞춘 항체(면역체)를 만들어, 그것이 재투입 될 때에는 재빨리 반격하여 퇴치할 수 있도록 전선을 강화하는 것이다. 이 대식세포의 활동이 활발하면 할수록 몸은 당연히 높은 면역성을 지닌다. 그렇게 되면 암 따위의 난치병도 예방될 가능성이 있으므로, 오늘날 면역학에서는 큰 관심을 기울이고 있다.

✪ 포유류라고 해서 월경을 하는 것은 아니다. 월경은 수태를 하기 위해 준비된 태반이 임신이 되지 않았을 때 일어난 것이므로 태생이 포유류라면 모두 월경이 있을 것이라고 생각하는 사람이 많다. 그러나 포유류 가운데 월경을 하는 것은 사람과 같은 원숭이 뿐이다.

이렇게 말하면 "개가 월경을 하는 것을 본적이 있다"라고 말 할 사람이 있다. 분명히 개도 출혈을 한다. 그러나 이것은 단순한 배란에 의한 출혈이지 수정란을 착상시키기 위해 준비된 자궁 내막의 자리가 벗겨져 하는 출혈은 아니므로 월경이라 할 수 없다. 또 고양이나 토끼, 족제비 등은 교미하지 않으면 배란이 되지 않으므로 전혀 그런 출혈을 볼 수 없다. 한편 원숭이의 월경주기는 짧은 꼬리 원숭이가 28일, 침팬지가 35일, 비비는 30~40일이다.

✪ 매일 1원씩 저축 한다면 70년을 사는 동안 인간은 25,550원 80년을 살 때 29,200원 정도 저축할 수 있다. 30,000원 정도 저축할 때쯤에는 관속에 갇혀 무덤에 들어가는 것이다.

✪ 낙태를 하는 것은 엄밀히 말해서 살인이다.

【2】 참고 문헌

마의상법	조승우	명문당
마의상법	최인영 편역	상원문화사
관상과 손금	지창룡	삼한출판사
관상의 길잡이	김광일	책만드는 집
직업 상담론	김기승	창해
정통관상 대백과	오현리	동학사
유장상법	원충철;이건일	도서출판 삼화
음양오행	김성태	텍스트북스
인상학 대전	이시모토유후;김영주	동학사
얼굴경영	주선희	동아일보사
인상학	엄정자	재본출판사
한국인의 얼굴 운명	김성헌	동학사
관상학의 인재경영	김연희	한국학술정보(주)
관상학의 장수비결	김연희	한국학술정보(주)
관상 색상 수상	김철안	삼하출판사
관상의 비밀	김효린	청비송
인생과 관상	홍성남	책과나무
음성관상학	이정욱	천리안
초보자를 위한 관상학	신기원	대원사
꼴 관상학	신기원	(주)위즈덤하우스
관상의 비밀	김효린	청비송
사람을 보는 지혜	이부길	삼한출판사
얼굴점	김병진	동학사
관상과 손금	김봉준	삼한
중국고대사상사론	리쩌허우;정병석	한길사
얼굴의 미학	윤명중	동학사
서양의 관상학 긴그림자	설혜심	한길사
생활과 심리학	손영화	학지사
얼굴경영 : 좋은 인상 만들기	주선희	동아출판사
음양오행이란	시에 송란;김홍경	연암사
관상학 전서	신일	동양서관

관상의 문화학	신을철	책세상
CEO얼굴을 읽다	아사노하치로;이인애	21세기북스
사상의학 몸의 철학	이창일	책세상
얼굴과 운명 관상학	노승우	법왕불교대학
관상학총비젼	추송학	생활문화사
복있는 관상은 어떤 얼굴인가	마의천	도서출판 동반인
현공풍수학	세준택	전통문화사
현공풍수고수비결	최명우 공저	상원문화사
수맥의 모든 것	이병조	한나라
동의수세보원주석	한동석	대원출판사
간명한중국철학사	풍우란(정인재)	형설출판사
인체생리학	이인모 외 5인 공저	형설출판사
두경부해부학	임도선 외 3인 공저	현문사

【3】 찾아보기

숫자

항목	쪽
100세	542
10가지 얼굴 유형	151
10세~11세	528
12궁	65
12기골(氣骨)	95
12세~14세	529
15세~16세	529
17세~19세	529
1세~2세	527
20세~21세	529
22세	530
23세~24세	530
25세	530
26세~27세	531
28세	531
29세~30세	531
31세~34세	532
35세~40세	532
3세~4세	527
41세~43세	534
44세~45세	534
46세~47세	535
48세~50세	535
51세~55세	536
56세~57세	536
58세~59세	537
5세~7세	527
60세	537
61세~63세	538
64세~67세	538
68세~69세	539
70세~71세	539
72세~73세	539
74세~75세	539
76세~77세	540
78세~79세	540
80세~81세	540
82세~83세	540
84세~85세	540
86세~87세	541
88세~89세	541
8세~9세	527
90세~91세	541
92세~93세	541
94세~95세	541
96세~97세	541
98세~99세	541
M자형 이마	128

ㄱ

항목	쪽
가느다란 눈	213
가는 목	390
가는 법령	286
가는 허리	419
가늘다	622
가볍다	624
가수가 슬픈 노래를 자주 부르면	627
가수나 성악가, 판소리의 음성	627
가슴(胸)	398
가슴을 관찰하며 읽기	399
가슴의 빛깔	401
가슴의 점, 사마귀	404
가슴의 털	401
가운데가 넓은 인중	297
각진 눈	209
간문	230
간사한 인물	637
갈라진 턱	382
갈매기 모양의 입	334
감찰관	52
갑(甲)자형 얼굴	151
강독(江瀆 : 귀)	54
개 코	254
개화이(開花耳)	356
거북 눈	197
거오골	92
거위 눈	199
걸걸한 목소리	631
걸음걸이	432
걸음걸이와 습관	504
검난문	494
검은자위 흰자위	222
검의 눈썹	174
검지(인지)	443
게 눈	203
겨드랑이	402
결후(울대뼈)	391
겸업문	494
계절로 보는 색	542
고괴지상(古怪之相)	27
고르지 않은 치아	348
고른 치아	347

고양이 눈	203	귀(耳)	59,351	깊은 법령	287
고전의 얼굴 분류법	26	귀를 관찰하며 읽기	358	까치 눈	197
고쳐야 할 점	40	귀신 눈썹	173	꼭 다문 입	322
고한지상(孤寒之相)	27	귀와 기억력	372	꼭지가 작은 유방	406
곤두선 눈썹	172	귀와 얼굴 부위의 조화	372	꼭지가 큰 유방	405
곤명의 단명	548	귀의 곽	366	꼭지 사이가 넓은 유방	407
곤명의 부귀	545	귀의 두께	360	꼭지가 안으로 몰린 유방	409
곤명의 빈한 상	546	귀의 모양	355	꼭지 사이가 좁은 유방	407
곤명의 심상	544	귀의 색	371		
곤명의 장수	548	귀의 위치	364		
곤명의 좋지 않은 상	545	귀의 점, 사마귀	366	**ㄴ**	
곤명의 천한 상	547	귀의 점	489	나귀 귀	357
골격 / 뼈 / 살	584	귀의 털	373	무의식적인 음성	637
골상(骨相)	91	귓구멍	370	나빠지는 몸을 좋게	508
골육론	89	귓바퀴	364	난대 정위(콧방울)	266
곰 눈	202	귓불	367	난새 눈	201
공작 눈	196	금(金)형으로 생긴 사람	41	날카로운 귀	363
관골(顴骨)	93,236	금귀 : 금이(金耳)	355	날카로운 입술	335
관골과 코의 형태	242	금성골	92	남녀궁(男女宮)	70
관골위의 점, 기미	244	급한 음성	630	남성의 성기	466
관괄위의 주근깨, 주름	244	기(氣)	84	남자 목소리	620
관골을 관찰하며 읽기	239	기다려야 하는 기색	511	남자 음성이 가냘프고 고음으로 높으면 잘 삐친다.	631
관골의 높이	241	기러기 눈	199		
관골의 색	245	기색에 따른 사망	508	남자 음성이 가늘고 약하면 성불구자다.	630
관골의 형태	240	기색을 만드는 일	519		
관록궁(官祿宮)	74	기색의 작용	519	남자가 중년이 지나도 어린아이 음성인 경우	634
관상의 관찰	551	기자이(棋子耳)	356		
관상학에서의 오행	36	기타 골격	100	납작한 궁둥이	463
광대뼈	97	긴 눈	210	낮은 코	268
구레나룻	309,372	긴 목	390	넓은 가슴	400
구부러지거나 휘거나 기울어진 인중	298	긴 법령	287	넓은 어깨	395
		긴 얼굴형 얼굴	574	넓은 이마	124
구부정한 어깨	397	긴 인중	295	넓은 인중	296
굵은 목	390	긴 코	269	넓은 코	269
귀 모양 운세판단	571	긴 턱	381	넓적다리	427
귀 부위의 흑자반점	500	깊은 배꼽	424	네모난 형 얼굴	575

노루 코	256
노복궁(奴僕宮)	71
논신(論神)	81
논형(論形)	79
높은 어깨	395
높은 코	268
누당, 와잠, 자녀궁	225
누당문	495
누런 눈썹	174
누에 눈썹	176
눈 모양 운세 판단	570
눈 부위의 흑자반점	498
눈 사이의 거리	205
눈 안 사마귀	233
눈 주위의 점	487
눈(目)	190
눈가 주름, 점	218
눈과 눈썹, 눈빛	165
눈과 눈썹사이	206
눈꼬리	228
눈꼬리 내려감	230
눈꼬리 올라감	229
눈끝(어미) 주름, 점	231
눈동자	222
눈두덩	215
눈빛	216
눈썹 머리	184
눈썹 모양 운세 판단	571
눈썹 안의 점	184
눈썹(眉)	168
눈썹꼬리	185
눈썹을 관찰하며 읽기	178
눈썹을 움직이는 습관	186
눈썹의 각 모양(眉形論)	170
눈썹의 길이	183
눈썹의 주름	186

눈썹의 형태 구분	179
눈에서 나타나는 습관	218
눈으로 살피는 질병	219
눈을 관찰하며 읽기	203
눈의 모양	196
눈의 색깔	221
느릿한 음성	630
늘어진 귀	362

ㄷ

다리가 굵은 여성	431
다리의 형태	433
다중인격 소유자	628
단정한 눈썹	177
단정한 여인	463
대칭되는 법령	288
덧니	347
도움이 되는 색	511
도화 안	200
동(同)자형 얼굴	152
동물에 빗댄 눈의 모양	215
돼지 눈	199
돼지귀(猪耳)	356
두꺼비 눈	202
두꺼운 귀	360
두꺼운 입술	328
두상 면골(頭相 面骨)	92
두터운 피부	471
두텁다	622
두툼한 허리	420
둔부(臀部)	459
둔부를 관찰하며 읽기	460
둥근 눈	211
둥근 이마	127
둥근형 얼굴	573

뒤로 넘어간 이마	126
뒤로 젖혀진 어깨	397
뒤집힌 귀(이화귀)	363
뒤통수	111
들어간 입	320
들창코	257, 271
등(背)	412
등과 가슴 배에 있는 점	490
등을 관찰하며 읽기	412
등의 길한 상	413
등의 흉한 상	413
등이 볼록한 어깨	396
따르던 사람이 떠나는 것	30
뚱뚱한 배	418

ㅁ

마늘 코	253
마른형 얼굴	576
만궁구(彎弓口)	314
만들어야 할 색	512
말 눈	201
말려 올라간 입술	333
맑다	621
매부리 코	254, 271
머리 형태	110
머리(頭) 및 머리털(髮)	107
머리색	115
머리털	584
머리털의 형태	114
머리털이 많은 경우	112
머리털이 적은 경우	113
명 봉황 눈	197
명궁(命宮) : 인당(印堂)	67
명문과 귀	367
목 / 어깨 / 등	586

목(目)자형 얼굴	153
목(木)형으로 생긴 사람	36
목(亢)	388
목귀 : 목이(木耳)	355
목덜미 뼈	98
목소리 판단	614
목소리	323
목소리와 건강	617
목소리와 운세	618
목소리와 표정관리	618
목소리의 성격	617
목소리의 특징	616
목으로 본 성격	579
목을 관찰하며 읽기	389
목의 색	392
목의 점, 주름	391
몸에 나타난 점의 의미	478
못생긴 귀	361
무릎	426
무릎과 정강이	426
무릎과 정강이를 관찰하며 읽기	426
무속인의 음성	636
무운(無韻)	623
무턱	384
문(紋)	492
물고기 눈	201
물소 눈	201
미간	185
미골	182
미수골	95
믿음이 가는 사람	631

ㅂ

박약지상(薄弱之相)	27
반듯한 이마	126
발 모양으로 본 성격	579
발(足)	453
발가락	457
발가락의 모양과 크기로 본 성격	580
발꿈치	457
발등	456
발로 하는 자기표현	458
발바닥 무늬(足紋)	455
발바닥	457
발을 관찰하며 읽기	456
발의 크기	457
발제(이마 위의 머리털이 난 경계)	112
방구(方口)	314
배(腹部)와 허리	415
배꼽 / 음부	588
배꼽	423
배꼽 부위의 흑자반점	500
배꼽을 관찰하며 읽기	423
배꼽의 색	425
배에 있는 점	490
배의 색	418
백안	223
뱀 눈	199
뱃가죽	417
버들잎 눈썹	174
벌어진 어깨	396
법령 위의 점	289
법령(法令)	282
법령선 안쪽, 식·록 부분에 방사선 상의 주름	496
법령에 있는 점	491
법령으로 본 질병	289
법령을 관찰하며 읽기	285
법령의 색	288
법령의 양쪽이 다른 경우	290
법령이 생기는 나이	285
법령이 확실하지 않음	290
보수관	52
보행	502
보행을 관찰하며 읽기	503
복당(福堂) : 천이궁안쪽	122
복덕궁(福德宮)	74
복서골	93
복선구(覆船口)	316
복식호흡 방법	655
복식호흡(腹式呼吸)	655
볼록한 눈	213
볼록형 얼굴	575
봉 눈	196
봉우리 코	255
봉황이 조는 눈	198
부모궁(父母宮)	75
부부간 의사소통	662
부채 모양 귀	362
부처 눈썹(나한미)	175
부처님 귀	356
불귀 : 화이(火耳)	355
불균형 턱	384
불완전 음성	624
불효자는 왜 우는가?	627
붉은 색	513
붕어 코	255
비골	96
비둘기 눈	200
비뚤어진 입	321
비음(鼻音)	643
빈약한 어깨	395
빗자루 눈썹	175
뺨(양 관골)	25

뻐드렁니	348	상모(相貌)	51	손을 관찰하며 읽기	438
뼈와 기혈	472	상모궁(相貌宮)	76	손의 두께	441
뼈와 살	472	상서로운 봉황 눈	198	손의 살결	439
뽀족한 귀	362	상정 운기(上停 運氣)	554	손의 색	448
뽀족한 입	320	상정 흉기(上停 凶氣)	562	손의 크기	440
뽀족한 턱	379	상정	17	손톱	449
삐뚤어진 코, 층이 진 코	272	새가슴	401	송곳니	347
		색기 있는 눈썹	173	수(水)형으로 생긴 사람	42
		색의 생성 기간	512	수귀 : 수이(水耳)	355
ㅅ		선풍이(扇風耳)	357	수상	155
사각 턱, 각진 턱	380	성공하는 말투	660	수성	156
사각형 이마	127	성기 부위의 흑자반점	500	수염(鬚髥)	304
사공	154	성긴 꼬리 눈썹	176	수염을 관찰하며 읽기	306
사기꾼의 음성	641	성형 수술	386,405	수염의 길상	308
사나운 음성	636	성형의 경우	519	수염의 색	306
사독(四瀆) 바로 잡기	523	세번 굽은 코	256	수주	369
사독(四瀆)	54	소 눈	196	숙여지거나 넘어간 목	392
사슴 눈	201	소 코	255	숫자로 본 인체의 신비	667
사슴 코	257,272	소라 눈썹	176	쉽게 보는 관상	589
사시안	224	소리(聲)	86	슬픈 상	28
사자 눈	198	소리	605	습관	162
사자 눈썹	174	소생의 찰색	509	승장	156
사자 코	254	소외당하기 쉬운 언행	659	신(神)	81
사자구(四字口)	314	소젖모양의 유방	409	신(申)자형 얼굴	151
사학당(四學堂)	62	소지	445	신체 각 부위 관찰	105
산근	155,258	속눈썹	206	신체로 보는 관상 요약	584
산만한 눈썹	173	속탁지상(俗濁之相)	27	신체로 판단하기	579
살결	472	손(手)	434	신혈과 명혈	420
살이 없는 코	256	손가락 사이	446	심변관	52
살이 없는 턱	383	손과 발	451	심상에 나타나는 길흉	525
살찐형 얼굴	578	손등 무늬(手背紋)	437	심상을 관리하는 방법	590
삼각형 얼굴	577	손등	439	심상이란	590
삼정	17	손바닥 무늬(掌紋)	437	쌍꺼풀이 있는 눈	218
상극의 최고 조화	45	손바닥	446,229	쏠개 코	254
상대와 대화도중 음성이 갑자기 낮아질 경우	633	손에 나타난 점의 의미	480		
		손으로 하는 자기표현	446		

ㅇ

아래가 넓은 인중	297
아래로 처진 눈	214
아래로 처진 유방	405
아래를 향한 유두	408
아랫배가 큰 사람	417
아랫입술	332
아랫입술이 두꺼운 경우	329
아름답고 볼록한 유방	406
악수 할 때 심상	596
악수	441
악한 상	28
안 좋은 귀	373
안면 분류	49
앉은 자세	427
앙월구(仰月口)	314
앞니	345
앵도구(櫻桃口)	315
약지(무명지)	444
얇은 귀	360
얇은 배	417
얇은 입술	330
얇은 피부	471
양 눈	200
양구(羊口)	315
양의 코	253
양자문	495
양쪽 입가의 높이	335
양쪽으로 벌어진 유방	409
어깨(肩)	394
어깨를 관찰하며 읽기	395
어린아이의 건강	639
어미문	494
언상	606
언행	644
언행의 관찰	645
얼굴 13부위	153
얼굴 모양 성격 판단	573
얼굴 성형	159
얼굴 인상	570
얼굴 피부	160
얼굴 형태 보기	573
얼굴(顔面)	148
얼굴과 목소리의 관계	616
얼굴로 판단하기	570
얼굴색	161
얼굴색으로 보는 관상	572
얼굴에 나타난 점	475
얼굴에 붙어있는 귀	362
얼굴을 관찰하며 읽기	157
얼굴의 삼정	553
얼굴의 형태	159
얼굴점	487
엄지	442
엉덩이 모양으로 본 성격	581
엉킨 눈썹	173
여드름 피부	471
여드름, 기미, 잡티, 주름	473
여성에게 나타난 점	482
여성의 관골	243
여성의 눈썹	186
여성의 성기	467
여성의 이마	137
여인 곤명(坤命)의 상	544
여자 목소리	620
여자 음성의 유형	611
여자의 애교는 비음	627
역마 부위의 색	512
역마골	92
역삼각형 얼굴	576
연령으로 본 기색	527
연상	155
연수	261
옅고 부드러운 눈썹	182
옅은 눈썹	172
옆머리 뼈	100
오관(五官)	51
오리 궁둥이	462
오목 코	255
오색	510
오성 육요	56,59
오악	22
오행으로 보는 소리	615
오행으로 본 귀	371
오행의 구분	33
오행의 상극(相剋)	44
오행의 상생(相生)	44
오행의 상생·상극과 조화	44
오형상설(五形象設)	47
옥니	347
옥량골	92
옥루골	93
올라간 궁둥이	463
옴팍 눈	211
완악지상(頑惡之相)	27
왕(王)자형 얼굴	152
용 눈	196
용 코	253
용(龍)자형 얼굴	153
용각골	93
용골	93
용구(龍口)	315
용의 눈썹	174
우구(牛口)	315
우는 상	27
운을 좋게 하는 습관	657
운을 좋게 하는 방법	653
운을 좋게 하는 말하기	657

웃는 상 27	음성과 질병 640	이(齒 : 이치) 343
원(圓)자형 얼굴 152	음성과 치아 609	이근골 99
원숭이 눈 196,202	음성상학 625	이루어야 할 색 512
원숭이 코 254,257	음성에 대하여 601	이리 눈 201
원앙 눈 197	음성은 대소가 우선이다 642	이마 부위의 흑자반점 498
위가 넓은 인중 297	음성은 재물에 대한 磁氣性	이마 형태에 따른 구분 133
위로 붙은 배꼽 424	을 갖고 있다 626	이마 24,116,164
위로 올라간 엉덩이 461	음성의 格上(격상) 652	이마가 좋지 않은 경우 145
위를 향한 유두 408	음성의 관리 653	이마를 관찰하며 읽기 132
위맹지상(威猛之相) 26	음성의 생성 602	이마의 발제 140
윗니와 아랫니 346	음성의 성질별 구분 621	이마의 색 129
윗배가 큰 사람 418	음성의 정의 605	이마의 선골 129
윗입술 331	음성의 처음과 끝이 다른 경	이마의 점 488
윗입술이 두꺼운 경우 329	우 632	이마의 주름 130,139
유(由)자형 얼굴 151	음성이 가는 경우 638	이중 누당문 495
유두의 색 409	음성이 가라앉은 경우 639	이중 법령 288
유두의 점, 털 409	음성이 고르지 못한 경우 637	이중 턱 377
유방사이의 넓이 406	음성이 지나치게 맑음 637	이중 성격 628
유방의 색 404	음성이 굵고 힘찬 경우 638	이혼하는 부부 634
유운(有韻) 623	음성이 너무 굵은 경우 635	인당 뼈 99
육부, 삼재 61	음성이 너무 높아 듣기 싫을	인당(印堂)과 이마 124
육상(肉相) 103	정도일 때 633	인당 124,155
음과 성 601	음성이 미세하게 떨리면 634	인당과 명궁 142
음과 혀 608	음성이 부드러우면 636	인상과 목소리 613
음란한 곤명 548	음성이 윤택하고, 울리면 금	인상을 관리 하라 595
음부 465	전수입이 꾸준하다 629	인상을 쉽게 보는 법 594
음부를 관찰하며 읽기 466	음성이 윤택 629	인중 골이 깊은 경우 298
음성 / 수염 585	음성이 째지면 632	인중 골이 얕은 경우 297
음성 판단 611	음성이 시끄러운 경우 638	인중 156,292
음성(音聲) 599	음성이 크고 거친 경우 631	인중과 건강 299
음성과 호흡 655	음양 안 199	인중과 자궁 302
음성과 오행 602	음양·오행 29	인중과 입, 치아 166
음성과 운 652	음양과 오행 31	인중을 관찰하며 읽기 295
음성과 운(運)과 명(命) 652	음양안(짝눈) 214	인중의 색 302
음성과 웃음 629	음양의 구분 32	인중의 점, 사마귀 300
음성과 입술 609	의사소통 방법 660	인중의 주름 299

인중의 콧수염, 솜털	301	
일·월각	122, 142	
일·월각골	93	
일자 눈썹	170	
일자 입	322	
입 모양 운세 판단	570	
입 부위의 흑자반점	499	
입 주위에 있는 점	490	
입(口)	59, 311	
입가 점, 사마귀	322	
입가 주름	322	
입가의 색	323	
입과 얼굴부위의 조화	323	
입꼬리가 올라간 입술	334	
입꼬리가 처진 입술	333	
입꼬리에서 나타나 아래로 쳐진 주름	496	
입술 선	337	
입술 점	335	
입술 주름	335	
입술(脣 : 입술순)	326	
입술과 질병	337	
입술색	336	
입술을 관찰하며 읽기	327	
입에서만 나는 음성	625	
입을 관찰하며 읽기	316	
입의 모양(口形)	314	
입의 한쪽만 올라감	335	
잇몸이 드러나는 입	321	

ㅈ

자고새 눈	202
자녀가 없는 상	546
자라목	391
자색	515
자웅성(雌雄聲)	633
자주 벌리고 있는 입	321
작은 궁둥이	462
작은 귀	359
작은 눈	208
작은 빗자루 눈썹	177
작은 엉덩이	462
작은 유방	403
작은 입	319
작은 코	268
장군골	94
장딴지	426
재력과 인상	595
재백궁(財帛宮)	68
재산은 누구 앞으로	639
재액의 예방	507
저구(猪口)	314
저반이(低反耳)	356
전(田)자형 얼굴	152
전래의 심상	597
전우이(箭羽耳)	357
전택궁(눈과 눈썹 사이)	184
전택궁(田宅宮)	69
절통 코	255
젊은이가 노인의 음성	633
점(點)	474
점어구(點魚口)	316
점을 관찰하며 읽기	487
점의 색	490
정면에서 보이는 귀	361
정면에서 보이지 않는 귀	361
정수리 뼈	97
정수리	111
젖어있는 눈	215
제독(濟瀆 : 코)	54
제비 눈	202
좁은 가슴	400
좁은 이마	125
좁은 인중	296
좁은 코	270
좁은 턱	383
종아리 모양 운세	582
종아리	431
좋은 걸음걸이	503
좋은 법령	286
좋은 이마	132
좋은 인상	519
좋은 인상 만들기	517
좋은 인중	303
좋은 찰색 만들기	542
좋은 허리	420
좋지 못한 조짐의 눈	233
좋지 않은 걸음걸이	504
좋지 않은 관골	245
좋지 않은 눈썹	188
좋지 않은 배꼽	425
좋지 않은 법령	290
좋지 않은 수염	307
좋지 않은 코	279
좌관골	96
좌우 크기가 다른 유방	405
좌우가 다른 가슴	401
좌우가 다른 엉덩이	461
주걱턱	380
주름	163
주머니 코	253
주먹코	271
준두	155, 263
중·하정 흉기	565
중간이 끊긴 눈썹	171
중단전에서 나는 음성	625
중정 운기(中停 運氣)	557

중정	18,155	천정골	95	코로 보는 건강	278
중조문	495	천주골	92	코를 관찰하며 읽기	257
중지(장지)	444	천중·천정·사공·중정	121	코맹맹이 소리	626
쥐귀 : 서이(鼠耳)	357	천중	153	코뿔소 코	254
즉어구(鯽魚口)	316	천창과 지고	141	코와 관골, 귀	165
지각, 노복궁	386	첩뇌이(貼腦耳)	356	코와 얼굴부위의 조화	276
지각	156	청색	513	코의 모양(鼻形)	253
지고	382	청수지상(淸秀之相)	27	코의 색	277
직각 법령	288	채구가 작은 경우	639	코의 점, 사마귀	274
진한 눈썹	182	체성(滯聲)이란	640	코의 점	489
질액궁(疾厄宮)	72,261	초승달 눈썹	176	코의 주름	275
짝 귀	361	초승달 형 얼굴	574	콧구멍	273
짧은 눈	210	촉촉하다	622	콧등	273
짧은 눈썹	176	추문구(皺紋口)	315	콧수염	308
짧은 목	390	추운 상	28	크고 짧은 눈썹	177
짧은 법령	287	출납관	53	크다	621
짧은 인중	296	취색	512	큰 귀	358
짧은 코	270	취한 눈	200	큰 눈	207
짧은 턱	382	취화구(吹火口)	314	큰 엉덩이	461
		치아 색	345	큰 원숭이 코	256
		치아를 관찰하며 읽기	344	큰 유방	403
ㅊ		치아와 건강	349	큰 입	317
찰색	161,507	치아의 크기	348	큰 코	267
찰색 간별법	542	침골	98		
찰색으로 병색 보기	508				
찰색을 관찰하며 읽기	513	**ㅋ**		**ㅌ**	
찰색의 관찰	524	칼 귀	363	타원형 턱, 둥근 턱	378
채청관	52	칼끝 눈썹	175	타인과 첫 대면한 경우	635
처진 가슴	402	칼등 코	256	탁하다	622
처진 궁둥이	463	코 모양 운세 판단	571	탄력있는 엉덩이	460
처진 어깨	396	코 부위의 흑자반점	499	탄력있는 유두	408
처진 엉덩이	461	코 성형	277	태양혈	96
처첩궁(妻妾宮)	72	코 왼쪽 수상에서 연상 옆에		턱(地閣)	26,375
천록골	93	긴 세로 주름	496	턱과 수염	385
천이궁·산림	72,123	코(鼻)	24,59,247	턱을 관찰하며 읽기	376
천정	153	코끼리 눈	197	턱의 점, 주름	385

토(土)형으로 생긴 사람	39	
토귀 : 토이(土耳)	355	
튀어 나온 입	320	
튀어나온 눈(출안)	212	
튀어나온 이마	125	
튀어나온 입술	332	
튀어나온 턱	384	
틀어진 귀	361	

ㅍ

팔과 다리	429
팔과 다리로 하는 표현	433
팔과 다리의 살	431
팔과 다리의 털	432
팔자 눈썹	172
팔자를 좋게 하는 기색	510
팔학당(八學堂)	62
팽팽한 피부	471
평생 가난한 사람	640
평생부부	634
평평한 인중	298
풍(風)자형 얼굴	153
풍당	369
풍만한 유방	402
풍만한 턱	377
풍후한 어깨	395

피	473
피부	469
피부를 관찰하며 읽기	469
피부의 색	470

ㅎ

하단전에서 나는 음성	625
하도와 오행	46
하독(河瀆 : 눈)	54
하정 운기(下停 運氣)	560
하정	20
학 눈	200
항문	463
해로운 색	511
해오라기 눈	202
허리 / 가슴	587
허스키 음성인 경우	635
혀(舌 : 혀설)	339
혀를 관찰하며 읽기	340
혀의 점과 사마귀, 주름	341
현담골	92
현서골	94
현재에 보는 관상	589
현재의 얼굴 분류법	27
현침문	494
형(形)	79

형(形)의 부족(不足)	80
형(形)의 유여(有餘)	79
형·신·기·성	77
형제궁(兄弟宮)	69
호골	93
호구(虎口)	316
호랑이 귀	357
호랑이 눈	198
호랑이 눈썹	177
호랑이 코	253
홍황색	516
화(火)형으로 생긴 사람	38
환대문	496
황새 눈	198
황색	514
회독(淮瀆 : 입)	54
효과적인 의사소통	661
후구(猴口)	315
성대의 보호관리	654
후중지상(厚重之相)	26
후퇴한 턱	383
흑색	515
흑자(黑字) 반점(斑點)	497
흑자반점 색	500
흩어지는 기색	511
흩어진 꼬리 눈썹	175
힘찬 울림	629

대유학당 출판물 안내 (2022년 4월)

자세한 사항은 대유학당으로 문의해 주십시오.
전화 : 02-2249-5630 / 서적구입 : www.daeyou.or.kr
입금계좌 : 국민은행 807-21-0290-497 예금주-윤상철

주역
- 주역입문(2017년 개정) 16,000원
- 대산주역강해(전3권) 60,000원
- 대산주역강의(전3권) 90,000원
- 주역전의대전역해(전2권) 70,000원
- 주역인해 20,000원
- 시의적절 주역이야기 15,000원
- 대산석과(대산의 주역인생 60년) 20,000원
- 우리의 미래(대산선생이 바라본) 10,000원

음양오행학
- 어디, 역학공부 좀 해 볼까? 20,000원
- 오행대의(2020년, 전2권) 44,000원
- 동이 음부경 강해(2014년) 20,000원
- 연해자평(번역본) 50,000원
- 작명연의 25,000원
- 풍수유람(전2권) 43,000원
- 팔자의 시크릿 16,000원
- 2020~2022 택일민력 12,000원
- 운명 사실은 나도 그게 궁금했어 20,000원

사서류
- 집주완역 대학 25,000원
- 집주완역 중용(전2권) 50,000원

주역활용
- 황극경세(전5권) 200,000원
- 하락리수(전3권) 90,000원
- 하락리수 전문가용 CD 550,000원
- 대산주역점해 30,000원
- 주역점비결 25,000원
- 매화역수(2019년판) 25,000원
- 후천을 연 대한민국 16,400원
- 육효 증산복역(전2권) 50,000원
- 초씨역림(전2권/신간) 180,000원
- 팔괘카드 셋트(고급나전케이스 포함) 20,000원
- 개인운세력(1년분) 50,000원

천문
- 천문류초(전정판) 30,000원
- 태을천문도 그 비밀을 밝히다 25,000원
- 태을천문도 9종(개정판) 100,000원
- 세종대왕이 만난 우리별자리(전3권) 36,000원

자미두수
- 별자리로 운명 읽기 1, 2 45,000원
- 자미두수 입문 20,000원
- 중급자미두수(전3권) 60,000원
- 실전자미두수(전2권/2017년 개정) 50,000원
- 자미두수 전서(상/하) 100,000원
- 자미심전 1, 2 55,000원
- 심곡비결 50,000원
- 자미두수 전문가용 CD 500,000원
- 핵심쏙쏙 북파자미 35,000원

예언불교
- 마음이 평안해지는 천수경 10,000원
- 옴 그림천수경 15,000원
- 마음의 달(전2권) 20,000원
- 항복기심(전3권) 60,000원
- 선용기심 30,000원

기문육임
- 기문둔갑신수결 16,000원
- 이것이 홍국기문이다(전2권) 53,000원
- 육임입문123(전3권) 80,000원
- 육임필법부 35,000원
- 대육임직지(전6권) 192,000원
- 전문가용 육임 CD 150,000원
- 육임을 알면 미래가 보인다 25,000원

손에 잡히는 경전
① 주역점 각권
② 주역인해(원문+정음+해석) 288~336p
③ 대학 중용(원문+정음+해석) 10,000원
④ 경전주석 인물사전
⑤ 도덕경/음부경
⑥ 논어   ⑦ 절기체조
⑧~⑨ 맹자   ⑩ 신기묘산
⑪ 자미두수 ⑫ 관세음보살
⑬ 사자소학 추구 ⑭~⑯ 시경
⑰ 주역점비결

- 천상열차분야지도, 태을천문도 300,000원
  블라인드(150*230, 120*180cm) 250,000원
  족자(70*150, 60*130cm) 150,000원

관상학 사전

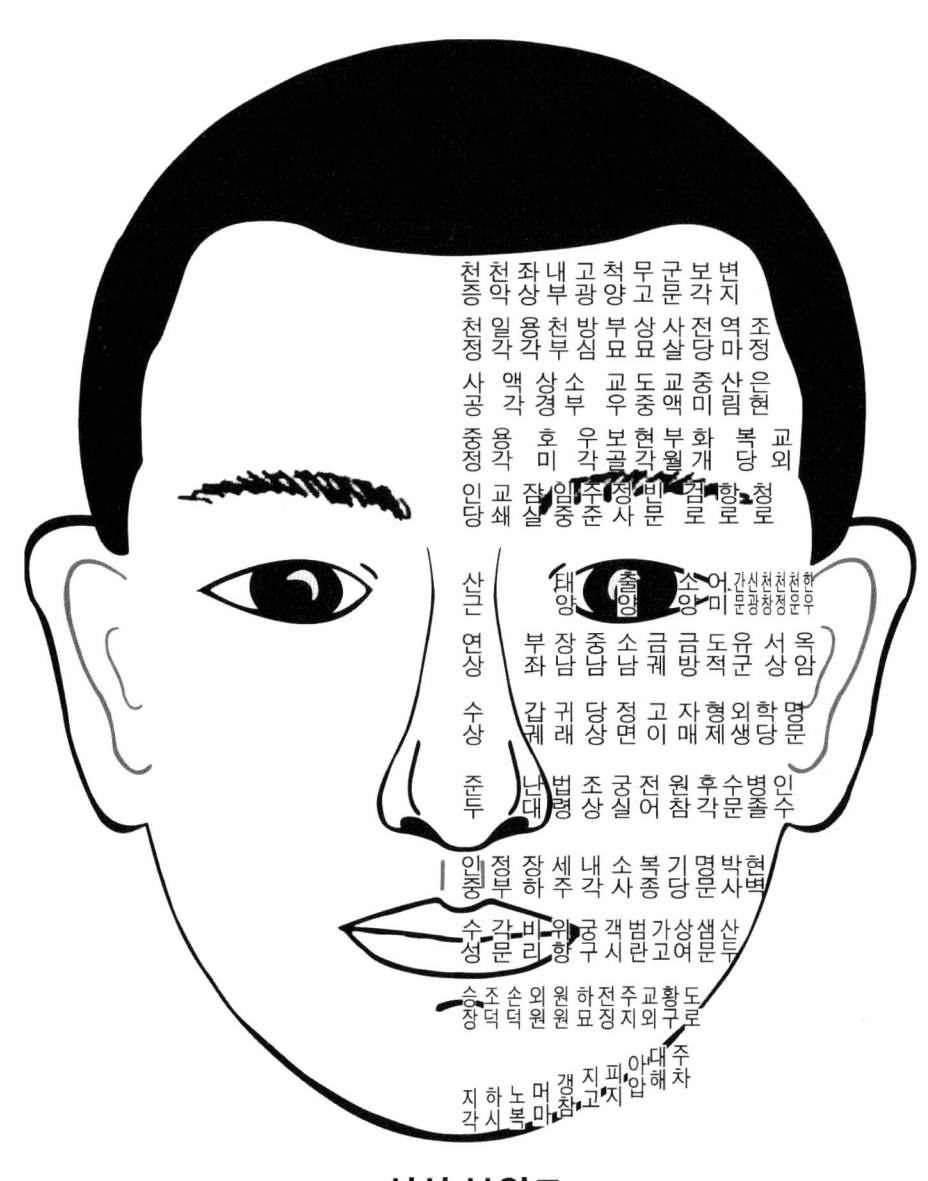

십삼 부위도